新编21世纪档案学系列教材

档案管理学基础

第四版

Introduction to Records and Archives Management Science

陈兆祦　和宝荣　王英玮　著

中国人民大学出版社
·北京·

作者简介

陈兆祦（1931—2016），中国著名档案学家、档案教育家，中国人民大学信息资源管理学院（原档案学院）教授、编审，曾任副院长，兼任空军政治学院教授、《档案学通讯》总编辑等。主编《档案管理学》《档案管理学基础》《档案工作基本知识》《三十国档案工作概况》等教材和著作，发表学术论文 70 余篇。陈兆祦教授是我国现代档案管理学的奠基者之一，将毕生精力和智慧都贡献给了中国的档案教学事业。

和宝荣（1929—2015），中国著名档案学家、档案教育家，中国人民大学信息资源管理学院（原档案学院）教授，是我国现代档案管理学的奠基者之一，国务院政府津贴获得者。主编和参编《档案工作基础知识》《档案管理学》《档案管理学基础》《档案学概论》等影响广泛的教材和著作，发表学术论文数十篇，对我国现代档案学基础理论档案、档案管理理论的发展做出了划时代的贡献。

王英玮，中国人民大学信息资源管理学院教授，博士生导师，档案管理教研室主任，学院学术委员会委员，入选全国档案领军人才（档案学理论研究领域）；中国档案学会理事，档案学基础理论学术委员会委员。主要研究领域包括档案学基本理论、档案管理应用理论、专门档案管理等。著有《档案文化论》《知识经济时代档案部门的生存与发展策略》《档案管理学》《档案学概论》《信息管理导论》《政务信息管理》《会计档案管理的原理与应用》《档案管理学基础》《信息时代的人事档案管理》《专门档案管理》等著作。发表学术论文 80 余篇。主持国家社会科学基金项目、原卫生部项目及各种横向企业（公司）项目 10 余项。

内容简介

本书系统地介绍和说明了档案管理的一般原理、原则、技术和方法。通过阅读本书，广大读者可以较为系统地学习和掌握档案管理的应用理论、知识和技能。该书是目前我国档案管理领域的工作者常用的一本综合性教科书。内容包括党政机关、企业事业单位及其他社会组织和各级国家档案馆从事档案管理专业活动的知识、经验和技能，以及文书档案管理、科技档案管理、电子档案管理等方面的知识内容。

序言

档案是人类在实践活动和思维活动中形成的原始记录。这种原始记录是人类活动的一种自觉的产物。在人类活动中，各种社会组织或个人、家庭为了满足更好地生存与发展的需要，克服人类自身脑记忆的局限性与人类长期保存凭据、学习经验、传承文明、利用智慧和信息等长久性需要之间的矛盾，才有了档案这种原始记录。在档案学术界，一些学者从社会学的角度出发，形象地将档案视为“社会记忆”“集体记忆”“个人（家庭、家族）记忆”或“脑外记忆”。这就是所谓的“档案记忆观”。这种形象的类比思维，可以帮助我们有效地理解档案存在的必然性要求和意义所在。

从心理学角度看，记忆是人脑对经验过的事物的识记、保持、回忆和再认，是进行思维、想象等高级心理活动的基础。记忆联结着人类的心理活动，是人们学习经验、开展工作和健康生活的基本机能。记忆的基本过程是由识记、保持、回忆和再认等环节组成的。记忆的基本过程也可简单地分成“记”和“忆”的过程，“记”包括识记和保持，“忆”包括回忆和再认。现代信息科学认为，记忆是对输入信息的编码、存储和提取过程；只有经过编码的信息才可被记住，而编码是对已输入的信息进行加工、改造的过程，就整个记忆的过程来说，编码是关键阶段。现代记忆科学认为，人脑的记忆（脑内记忆）包括有意识记和无意识记两种。无意识记是指没有预定目的，在识记过程中不需要做一定的意志努力，即可自然发生的识记。有意识记指有预定目的，在识记过程中要做一定的意志努力的识记。有意识记过程是在识记目的的支配下进行的。识记的目的性决定了识记过程是对识记内容的一个积极主动的编码过程。

档案学的研究借鉴了上述学科领域的研究成果，将档案看作人类社会的一种“记忆”物，看作一种经过有意识的加工、选择和留存以供满足日后凭证和参考需要的“集体记忆”和“社会记忆”。可见，从历史角度看，将“记忆”的概念引入档案学，是为了形象地说明档案的形成目的、过程和基本功能。

人类在从事社会活动的过程中，为了更好地生存和发展，自觉地将在实践活动和思维活动中产生的各种数据和所获得的信息及相关认识成果，以文档的形式记录下来，并将其中有利用价值的部分，通过加工、固化的方式整合成可以作为其活动凭据的文件，再按照一定的规律和特点，将这些文件进一步分类整合成具有相互联系的文件集合体，而这种文件集合体或称文件体系，就是人们常说的档案。档案可为相关的人类活动提供相对充分的、连续的原始凭据，其内容也具有丰富的信息价值。档案的形成过程是人类对所获得的原始数据和信息进行自觉的选择、记录、固化、积累、分类、整序、编码的过程。在现实社会中，人们把通过选择、记录、加工固化下来的原始数据和信息的集合，称为“文档”；把对这些文档进行进一步加工、整合的成果，通常称为“文件”，用以满足确定地表达意图、传递信息、留存业务凭据等的需要；把办理完毕的“文件”中对日后工作和活动依然具有凭证和信息利用价值的文件，往往习惯性地称为“归档文件”，但从科学意义上讲，应当将其称为具有档案属性的文件或简称“档案文件”；把对这些档案文件进行系统化、编码加工处理后的文件集合或文件集合体，称为“档案”。档案的形成是一个“生长”的过程，其基本成长路经是：文档→文件→档案文件（归档文件）→档案→全宗。一般而言，文档是人类活动最初的、原始的数据和信息的集合；文件是经过选择、加工、编码处理的文档的集合；档案文件（归档文件）是经过选择、加工、编码处理的文件的集合；档案是经过选择、加工、编码处理的档案文件（归档文件）的集合。从对原生数据和信息的获取、加工和使用角度看，文档是一种内容可变的记录物，而文件、档案文件（归档文件）、档案则是一种内容不可变的记录物。所以，从本质上看，档案是一种内容得到固化的原始的历史记录。

在英文语境中，中文“文档”对应的术语是“document”，中文“文件”对应的术语是“documents”或“record”，中文“档案文件”或“归档文件”对应的术语是“archival documents”或“archival record”，中文“档案”对应的术语是“archive”或“records”（“archive”多用于英式英语表达，“records”多用于美式英语表达）。值得注意的是，由于相关词汇的具体使用语境不同，人们对上述术语的翻译有时也会出现一定的差异。例如，“documents”有时也用来指称“文献”，“records”有时也用来指称“记录”，等等。脱离特定的语境去争论一些术语词汇如何翻译，往往会陷入思想的困局。

人类对通过自身活动所获得的原生数据和原始信息，进行有意识的选择和固化并留存文档凭据的行为过程，可称为“文件化”的过程。但是，这些通过“文件化”获得的东西，还不是真正意义上的档案；只有按照一定规律和特点得到进一步的选择、分类加工和编码的系统组织起来的文件集合，才是真正科学意义上的档案。人类的活动多是以群体互动的方式进行的，所以马克思认为人的本质是社会关系的总和。从一定意义上说，档案是人类活动的映射物（实践活动信息和思维活动信息的记录工具），自然也会显现出其形成主体的群体运动或称类属运动的特质。档案管理中的全宗及其主要类别（如职能类别、时间类别、组织机构类别、事件类别、项目类别、业务活动类别等），都是人类社会活动的关系性、类属性的客观反映。档案的形成具有原始性和记录性的特点；档案的存在和运动方式具有有机联系性和类属运动性的特点。一般来说，档案是人类活动（实践活动和思维活动）的产物；图书主要是人类思想的系统化产物；文物主要是人类历史文明的遗留物；文献主要是人类加工各种资料和信息材料后得到的一种知识性成果，故被称作“一切知识的载体”；资料是所有对人类的生存和发展具有参考、利用价值的记录物或实物，不论是原生的还是派生的。在特定时期、特定语境下，人们使用的一些概念往往是有所指的，且具有特定的含义。如《论语·八佾》载：“子曰：夏礼吾能言之，杞不足征也；殷礼吾能言之，宋不足征也。文献不足故也，足则吾能征之矣。”此语中的“文献”是孔子在编纂活动中找不到足够的相关历史资料和懂礼的人才时使用的，并不能简单地臆测为“档案”。

人们为了获得更为系统的、完整的社会历史记录（即现代人常说的“信息资源”），以利于使组织和个体的活动获得更多的可资参考的资料（信息资源），往往需要对所获得的资料和信息资源进行分类、组织加工、编码，这就会用到许多管理档案的方式、方法。我们可以把这种用管理档案的方法来管理网络信息和其他非档案信息资源的活动，称为“档案化”。各种不具有原始记录性质的信息资料，不会因为采用了“档案化”的管理方式而改变其本质属性，进而转化成档案。目前“档案”概念被误用或滥用，就是将这些通过“档案化”管理并由档案部门集中管理的东西都视为“档案”的缘故。例如，网上发布的信息被下载、分类存储、著录编目、归档保存后，其本质依然只是具有参考价值的东西，而非科学意义上的档案。信息发布所依据的原始记录才是真正意义上的档案来源；网上发布的信息材料则是一种派生性的信息资源，是人们利用网络传播的二手、三手“文献”而已。但出于工作目的而利用网络传输的公文、数据电文、邮件、电子合同、工程图样等文件，在确认了其来源真实性的前提下，可以成为立档单位档案的一种补充源。

资源、信息资源、档案信息资源是三个既有联系又有区别的概念。一般认为，“资源”是指对人类的生存和发展具有利用价值的物力、财力、人力等各种要素的总称，包括自然资源和社会资源两大类。其中社会资源包括人力资源、信息资源以及经过劳动创造的各种物质财富等。“信息资源”是指人类在社会信息活动中积累起来的以信息为核心的各类信息活动要素（信息技术、设备、设施、信息生产者等）的集合。“档案信息资源”是指以档案为核心的各类相关信息资源的集合，其中包括档案，已经或准备纳入档案体系的传统形态或电子形态的文件、数据、记录材料，可以弥补档案内容不足的各种文献、资料、实物，现有档案的数字化副本、缩微副本，等等。档案信息资源是一个综合性的概念，其中档案资源是其核心组成部分。

我国改革开放四十多年来，档案资源体系建设取得了巨大成就。除了按正常程序，依法合规地开展档案资源的收集和保存活动外，档案管理部门、社会组织及个人、家庭的主动“建档”意识有所提高，行动有所增加，有效地改善了我国档案资源体系的结构与内容构成。所谓建档是“建立档案”的简称，是指以一定的目的为导向，主动为有关的人、物、事和行为过程等建立记录、形成档案的活动。可以说，建档是一种目标明确的形成、积累和保存档案资源的行为。当然，从广义上讲，建档还包括通过对以往缺失记录、数据和信息的补充登记、记录等活动形成的资料。有的学者误认为建档就是“编造档案”，所以坚决反对。的确，出于不法目的，事后编造、伪造档案的行为，不仅严重违背档案的“自然形成规律”和本质规定，也是一种扰乱正常档案工作秩序的失德、失信、违法的行为。科学的建档则不同，它是针对没有形成有效档案记录的对象（人、物、事）的社会管理空白点，通过主动的数据捕获、信息记录等行为，形成原始性的文件材料，并按档案管理的要求形成档案的科学管理活动。由于种种原因，有些人类活动并没有形成有效的档案凭证保障体系，如开展健康管理缺乏居民健康档案、开展农村土地山林管理缺乏土地山林档案、开展项目管理缺乏项目建设档案、开展病患人群管理缺乏相关病人的档案、开展藏品（文物）管理缺乏藏品记录和保存档案等等，需要通过主动建档活动的开展，及时堵塞漏洞、亡羊补牢。实践表明，主动建档可以使我国的档案资源体系更加健全，并可以为满足相关社会活动的有序化、科学化管理的需要提供有利的档案凭证、信息保障条件。

档案分类是指根据档案学研究、档案实体管理、档案内容管理的需要，以档案的客观属性和特征为划分标准，根据一定的逻辑规则和方案，对档案及其内容信息进行辨识、区分和关联，使之形成相应类别体系的活动。其中包括：档案概念分类（又名档案种类划分）、档案实体分类（又名档案整理分类、全宗内档案分类）、档案内容分类（又名档案信息分类、档案信息检索分类）等。

档案概念分类是为了满足科学认识档案现象的需要，将具有某些共性特征的档案归为一类加以研究的逻辑分类活动。档案概念分类，有助于科学开展对各种种类的档案现象的研究，揭示其形成规律和特点，探索其有效的管理理论、原则、技术和方法。

档案实体分类是指依据档案实体的形成规律、特点和业务历史联系，辨识、区分和确定各个立档单位全宗的逻辑体系结构，制定分类方案，将各全宗内的档案划分为各个类别，使全宗内的档案成为有机整体的活动。

档案实体分类，应注意体现档案在来源、职能、时间、内容和形式等方面的历史联系，并考虑档案实体有效管理的需要。档案实体分类须符合客观性、逻辑性与实用性的要求。档案实体分类是实现全宗档案科学管理，有效开展档案保存价值鉴定，有序进行文件分类管理的必要条件。值得注意的是：有些部门和单位采用价值分类标准，对所形成的档案文件进行分类。这种分类标准虽然简便易行，却不符合档案分类标准选择的一般规则要求。因为，人们无论怎样用心地去判定档案的保存价值，都总会受到这样或那样的因素的限制和鉴定人员自身认识水平的局限，就连过去一直认为不会变化的某些专门档案的保管期限也已经发生了变化。另外，按照精细化的管理原则和要求，纸本档案的保管期限划分也会变得越来越细化（国外的档案处置表的编制和实践经验早已提供了相应的实践证据），而且我国目前正处在一个过渡时期，对档案保管期限的划分相对来说还较为粗略。基于上述原因，在档案分类实践中，应尽早加以改变。遗憾的是，目前的一些行业规范和标准，也堂而皇之地将“保管期限”作为一种常用的，甚至是全宗内第一级档案分类的标准来使用。

其实，我国的档案管理理论一直是将保管期限作为档案实体排架的方法来使用的。如果错误地推行这种分类标准，就很难保证立档单位档案分类方案和档案分类体系的长期稳定，同时也会造成一些档案目录数据的不稳定。为此，我们提倡将保管期限作为档案著录或元数据的一个项目，并在档案实体排架管理和档案保管活动中加以利用。

档案内容分类是以档案记述的内容（数据、信息）为对象，以国家机构、社会组织从事的社会分工为基础，以档案记述的事物属性关系为依据，结合档案用户的需求主题，进行逻辑划分，构建档案内容信息逻辑分类体系的活动。档案内容分类，是进行档案数据、信息组织，利用档案信息管理系统和信息网络，满足社会各方面多层次、多角度、动态性档案信息需求的必要条件。

档案的价值是指档案所具有的能够满足人类社会生存与发展需要的各种有用性和有益性的总称。档案价值是一种多维意义表达，具有“一元多维”的特征。所谓“一元”，是指档案的所有价值形态或作用表现，都是以其原始记录价值为根源而产生的。所谓“多维”，是指档案的价值可以在不同的维度上表现出来，而且在同一维度上的具体价值表现形态又具有多样性的特征。人们通过长期的档案管理实践和理性认识，对档案所具有的各种有用性和有益性的经验性认识和理性认识，将会越来越深刻、越来越全面。人类在长期的形成、积累、管理和利用档案资源的历史实践活动中，也在不断深化对档案的有用性和有益性的认识。这使得人类从这种宝贵的精神文化资源中获取到越来越多的经验、知识、信息、情报、智慧和财富。通过积累、保存和有效利用档案资源，人类可以提升认识、改造和利用自然的能力，增强社会治理和管理能力，同时也可以深化对自身的认知。

档案价值鉴定，就是以科学的理论为指导，依据相关的法规标准及历史经验，运用一定的规则和方法，判定档案保存价值的专业性档案管理活动。在纸质档案占主导地位的时代，档案价值鉴定的重心是对档案保存价值的评价与预测，旨在解决档案实体数量不断增长与立档单位和国家档案馆存储空间有限之间的矛盾，并为组织和社会保存相对充分的历史活动凭证和数据资源。在电子文件（记录）和电子档案占主导地位的时代，档案价值鉴定的目标是解决电子文件（记录）芜杂性与电子档案有效性之间的矛盾，切实保障电子档案的质量，并为组织和社会留存可以长期保存的完整、真实、可靠、可用的电子凭证和数字信息资源。由于档案价值鉴定是一项经验性很强的专业活动，加之每个时代人们认识能力和判断能力的局限，该项工作往往不能一蹴而就。因此，立档单位和国家档案馆需要定期开展保存期满的档案的价值鉴定工作。

在实践中，人们更习惯于从狭义的信息检索角度来理解档案检索概念，即将档案检索理解为利用检索工具或检索系统从所存储的档案信息集合中快速有效地获取所需信息或信息线索的过程。在一般的信息管理理论中，广义的信息检索包括信息组织和信息查找两个过程或曰两个流程。受这种思想的影响，档案界的多数人也持有同样的看法，只是在更多情况下把“信息组织”称为“档案信息存储”而已。但是，应当注意到，档案检索除了具备一般信息检索的功能和特性外，还有一种较为重要的功能表现，即在档案检索体系中馆藏性档案检索工具所起到的登记、统计、审计、监督等作用。其他按照档案著录规则编制或建立的检索工具、检索系统，还具有记录和反映档案的来源、所属全宗、所属档案分类体系之间历史有机联系特征的作用。档案检索的这些特点，是由档案资源本身的形成规律和特点决定的，也是档案检索有别于其他信息检索、文献检索的突出特点。因此，那种认为档案检索就是信息检索的观点是有失偏颇的。

在档案部门开展档案提供利用工作的过程中，档案人员与用户会有许多直接接触的机会。无论是与用户开展交流活动，还是有意识地同用户建立联系、进行用户辅导、处理用户的投诉等，档案人员都应充分利用这些机会向用户“学习”。一个直接的、有效的学习方法就是经常与档案用户保持联系。档案部门的工作人员如果能够定期与一些经常利用档案信息的用户保持沟通关系，那么不仅可以获取大量的有用信息，还可以使档案用户感受到档案部门对他们的关心和重视。所以，向用户学习是实现档案部门用户导向服务策略的一个非常具体且有效的方式。向用户学习不应走过场，而应当是一个连续不断的过程。只有如此，方可有效地了解和掌握档案用户动态的需求规律和主要特点，从而为更有效地组织档案提供利用工作创造有利条件。

王英玮

2020 年 8 月于中国人民大学

目　录

第一章

档案概论

内容提要

本章主要介绍了档案的起源与历史沿革的相关知识，阐述了档案的概念，解释了档案的属性、特征和种类，说明了档案的价值和作用，总结了档案价值实现的规律，等等。

从事档案管理，需要了解和回答的问题有许多，但其中首先应当清楚的是：档案管理的对象是什么？对该问题的回答就是本章所要说明的主要知识内容。通过这一章的内容，读者可以了解的知识包括：档案的起源与历史沿革，档案的概念，档案的属性、特征和种类，档案的价值和作用等方面。

第一节　档案的起源与历史沿革

档案不是一开始就有的，而是在人类社会发展到一定阶段后，因人类的生存和发展需要而产生的一种记录物。据目前的史料考察可知，依据文字产生和发展的“记号—象形—表意”的基本规律，档案的起源大体经历了三个基本阶段，即原始实物记号和绘画阶段、原始刻画符号（刻契、刻符）阶段、文字记录阶段。这三个阶段之间存在着过渡和交叉。档案作为人类社会活动的原始记录，为人类文明发展的每个阶段都提供了有力的证据，是人类文化连续体中的最重要因素。

一、原始实物记号和绘画阶段

在原始实物记号和绘画阶段，人类祖先采用的记事方法主要有结绳、绘画等。结绳是人类祖先发明的一种反映客观经济活动及其数量关系的记录方式。虽然目前尚未发现原始先民遗留下的结绳实物，但通过原始社会绘画遗存中的网纹图、陶器上的绳纹和陶制网坠等实物，可以得知当时的人类祖先已经掌握了结网技术，这是结绳记事的必要条件。根据民族学的相关资料和古文献的记载，结绳记事确为人类记录自身活动的一种方法。例如，古印加人用许多颜色的绳结编成的“奇普”来计数和佐助记忆。据我国的古文献记载，结绳记事曾是被原始先民使用的记录方式之一。战国时期的《周易·系辞下传》载：“上古结绳而治，后世圣人易以书契，百官以治，万民以察。”汉郑玄的《周易注》载：“古者无文字，结绳为约，事大，大结其绳；事小，小结其绳。”《九家易》载：“古者无文字，其有约誓之事，事大，大其绳，事小，小其绳，结之多少，虽物众寡，各执以相考，亦足以相治也。”孔颖达疏：“结绳者，郑康成注云，事大大结其绳，事小小结其绳，义或然也。”晋葛洪《抱朴子·钧世》载：“若舟车之代步涉，文墨之改结绳，诸后作而善于前事。”但这种原始记事方法已经失传，目前还没有人能够说明其全部含义。古印加人的结绳记事方法，也仅能让我们窥见这种记事方法之一斑。

世界上许多地方发现的原始绘画，是人类早期记录自身活动的另一种重要方式。在旧石器时代晚期的中国，人们的物质和精神生活日渐丰富，为原始绘画的产生和初步发展，提供了必要的条件。在1980年发现的旧石器时代晚期的“吉县柿子滩遗址”（在山西吉县清水河畔）中，有两幅迄今为止发现的最早的岩画，以赭红色赤铁矿粉末涂绘——一幅为裸体女性图，一幅似狩猎格斗图（或舞蹈图）。这一发现，说明当时的人类已有了用图画形式反映生活的需求。分布在渭河流域、关中及丹江上游地区的老官台文化（距今7 000～8 000年），已有绘着简单纹样的彩陶（迄今为止发现的最早的彩陶）。老官台文化彩陶上的红色宽带纹用宽笔绘成，而几何图案和符号则用细笔绘成。人类祖先掌握了颜料、笔等绘画工具，使原始绘画的兴起具备了必要的物质条件。

二、原始刻画符号（刻契、刻符）阶段

原始刻画符号（刻契、刻符）阶段是远古档案的记录方式发展的第二个阶段。据考古发掘所获得的史料来分析，中国各地出土的远古陶器、甲骨、石饰上的刻画符号，是古代先人用来记录生产、生活的，也是后来文字的鼻祖。汉刘熙在《释名·释书契》中说：“契，刻也，刻识其数也。”1963年夏，中国科学院古脊椎动物与古人类研究所的王择义、尤玉柱等人，在山西省雁北地区（今朔州市朔城区）的峙峪村附近，发现了一处旧石器时代晚期遗址，地质时代属晚更新世，经碳14测定，距今28 945±1 370年。在两万多件人工砸击过的碎骨片中，有数百件留有清晰的数目不等的直道。专家们根据兽骨片上的划痕推测：在文字发明以前，这很可能是人类最早使用的计数符号。1987年，在河南贾湖遗址中出土的龟甲上的契刻符号，至少有17个（有的认为有21个），经碳14测定，其年代距今7 762±128年。多数专家认为那些符号是有意识刻画的，称其为中国最早的文字雏形。安徽省蚌埠双墩遗址发现的630多个符号，在中国刻画符号体系中具有非常重要的地位。这些符号多刻画在陶器底部，内容除日月、山川、动植物、房屋等以外，还有狩猎、捕鱼、网鸟、种植、养蚕、编织、饲养家畜等。可见，从8 000年前的贾湖刻符，到7 000年前的双墩符号，再到5 000年前的大汶口符号和4 000年前的龙虬符号，淮河流域符号体系对甲骨文的形成，应产生过很大影响，在中国文字史、汉字起源史上有重要地位。

值得注意的是：1988年，什列·伍合尔基撰文认为彝文源于原始彩陶刻画符号，彝、汉两种文字有着共同的历史亲缘关系。即半坡、姜寨、柳湾等遗址出土陶器上的刻画符号，不但是彝文字的原始雏形，同时也是汉文字的原始雏形。在青海乐都柳湾遗址出土的52个彩绘符号中，专家初步辨认，有24个刻画符号，可用彝文字识读释解，占46%。①经彝族古文字研究学者朱琚元考证，河南贾湖遗址中的甲骨、石饰刻符中，有与彝族传统

① 李成生．彝文：同汉字同源的古老文字．云南日报，2011-02-11（11）．

文字形同或形似的文字。他用彝文与贾湖遗址中竖排契刻于石饰上的 4 个刻画符号进行了对比研究，释读出其完整的含义为“天雷门莫闭”；另外 3 个贾湖遗址甲骨刻符的具体意思为“禽”“福禄”“神座”。但从目前发现的刻画符号的数量来看，人类在这一时期并未形成系统记录语言的文字符号体系。这说明，在成熟的记事文字符号出现前，中国曾经历了一个较为漫长的从原始刻画符号记事到文字记事的过渡时期。

三、文字记录阶段

据目前史学界、考古界对文字起源的研究成果，作为一种书面交流方式，文字既是人类历史上最重要的发明，也是记录人类经验与文明的重要手段。目前发现的人类史上最古老的原创文字有：中国的甲骨文字（公元前 5000 年左右）、苏美尔楔形文字（公元前 3200 年左右）、古埃及圣书字（公元前 3100 年左右）和玛雅圣体文字（公元 300 年左右）。美国学者丹尼丝·施曼特-贝瑟拉在《文字起源》一书中，认真分析了从伊朗、伊拉克、地中海东部和土耳其等地 116 个考古遗址出土的 8 000 个陶筹①。她对陶筹的功用、与楔形文字的关系等问题提出了自己的见解，并明确指出：楔形文字来源于计数的陶筹。汉字是独立起源的一种文字体系，不依赖于任何一种外族文字而存在，但它的起源经过了多元的、长期的磨合。大体在进入夏纪年之际，我们的祖先在广泛吸收、运用早期符号记录经验的基础上，创造性地发明了用来记录语言的文字符号。

从考古发掘出土的文字资料来看，中国至少在虞夏时期已有了正式的文字。2007 年在山西省襄汾县陶寺遗址的 H3403 区域发现的已残破的扁壶上，有两个朱书的字符②，这是目前我国发现的最早单字。据放射性碳素断代并经校正，陶寺遗址的年代在公元前 2500—前 1900 年之间。这一发现，将中国文字应用向前推进了 1 000 多年。殷墟的甲骨文已是一种十分成熟的文字，但文字发展是一个漫长的过程，中国文字的起源应远在殷墟甲骨文之前，这一点已被不断涌现的考古发掘资料证实，并得到国内外学术界的公认。至于具体的起源时间，目前尚有不同认识，几乎所有的专家都认为，良渚文化的多字陶文和龙山文化的丁公陶文已是文字，甚至是相当成熟的文字，只是对它们与古汉字的渊源关系等方面有些不同看法。郭沫若、于省吾、李孝定和李学勤等著名专家明确指出，距今约 6 000 年的半坡陶文或距今约 4 500 年的大汶口陶文即为中国文字的源头。总之，中国汉字的发展，前后经过了 6 000 多年。

文献和考古成果证明，彝文是一种至少有 5 000 年历史的古老文字（有学者认为彝文是夏王朝的官方文字），是至今仍存活的一种古文字。《尚书·多士》载：“惟尔知，惟殷先人有册有典，殷革夏命。今尔又曰：‘夏迪简在王庭，有服在百僚。’予一人惟听用德，肆予敢求于天邑商，予惟率肆矜尔。非予罪，时惟天命。”全国各地出土的远古陶器、甲骨、石饰上的刻符和甲骨文，多可用彝文释读，这说明彝文与汉字同源。1991 年，彝族作家李乔在《彝族文化》上发表的《一个千古难解的哑谜》认为，彝文的发展与汉字相

---

① 呈几何形状或动物、器具等形状的小型陶制物，用以计数。公元前 8000 年左右，人们便开始用陶筹记数记事。公元前 4000 年末，开始出现或打洞、或刻道、或打洞刻道俱全的陶筹。

② 两个朱书文字中的一个字被多数专家认定为“文”；对另一个字的释读则各个专家观点不一，如以发掘学者何驽先生为代表的部分学者认为当为“尧”字，而有的专家则认为应释读为“易”或“阳”。

似。它由简单到复杂，由不完整到完整，由不成熟到成熟，符合文字发展的规律。半坡出土文物属于仰韶文化，仰韶文化的遗址在渭河流域和黄河流域有过不少发现，其中出土的陶器上都有同半坡刻画符号相似的符号。

我国文字档案的历史源远流长，档案资源种类丰富。自从进入历史文明时期以来，竹简木牍、甲骨金石、缣帛卷帙、金册铁券，以至纸墨文案，其年代之久远、数量之庞大、内容之广泛、价值之珍贵，都是举世少有的。

（一）简牍档案

简牍档案是自尧、舜、禹时代至东晋时期的一种以竹木为载体的历史记录。据古文献记载和考古出土的简牍考证可知：在华夏文明古国早期书写文字的材料中，简牍优于甲骨、金石和缣帛，使用历史至少有 3 000 年。《尚书·多士》载："惟殷先人有册有典。""殷先人"指先祖成汤；"有册有典"，孔颖达《疏》解为"有策书有典籍"。《吕氏春秋·先识览》载，夏末，"桀将亡，太史令终古执其图书而奔于商"。《汉书·艺文志》载："故书之所起远矣，至孔子纂焉，上断于尧，下讫于秦，凡百篇，而为之序，言其作意。"甲骨文已有"册"和"典"字。甲骨文中的"册"，象征着一捆用两道绳编连起来的简。"典"为上下结构，象征着把"册"摆放在"几"上。"如此论之，简牍起源于尧、舜、禹时代是有根据的。"① 简牍是对我国古代遗存下来的写有文字的竹简与木牍的概称。书于竹片的称"简策"，书于木版的称"版牍"。

从西汉至宋代，影响较大的简牍出土有两次：一次是"壁中书"的发现（汉景帝时鲁恭王在孔子旧宅发现《尚书》《礼记》《论语》等数十篇用战国时的文字书写的简册）；另一次是"汲冢书"的发现（汲郡人不准在晋武帝太康二年盗掘战国魏襄王②墓时，发现有竹简数十车，有 16 种古书，共 75 篇）。这些简牍除了极少量传世外，都已散佚。自 19 世纪末至 20 世纪初，瑞典、英、日、俄等国，以"探险队"的名义在中国的古楼兰、敦煌、酒泉等地盗掘了许多汉晋时期的简牍。这些简牍目前散存在英国、印度、瑞典、俄罗斯等国。1930 年至 1931 年，中国学术协会与瑞典组成的西北科学考察团，在今甘肃额济纳旗居延地区发掘出土了 1 万余枚汉代简牍，是居延汉简的第一次发现，实物现藏于中国台湾地区。新中国成立后，简牍档案共有 20 多次被发掘出土。例如，1975 年在湖北云梦睡虎地发掘出 1 157 枚秦简；20 世纪 70 年代在额济纳河原居延汉简出土遗址发掘出 19 000 余枚汉简；1983 年在湖北江陵张家山 3 座汉墓中发现了千余枚西汉早期木简；1993 年在甘肃敦煌悬泉遗址发掘出近 2 万枚汉简；1996 年 10 月在长沙走马楼发掘出 15 万枚三国吴简；1986 年在放马滩战国秦墓出土了 7 幅木板地图；2010 年在长沙市发掘出 1 万余枚东汉简牍；等等。

（二）甲骨档案

甲骨档案是我国夏、商、周时期的一种以龟甲、兽骨为载体的原始记录，目前出土的

---

① 金明生，樊瑞翡．简牍的起源及其相关问题考释．图书与情报，2012（2）：137.

② 另一种说法是战国魏安釐王。

甲骨档案多达 15 万片以上。1899 年清代的王懿荣[①]首先发现了甲骨档案。1977 年在陕西岐山发掘出土西周时期的甲骨 1.7 万余片，内容与殷墟甲骨相似。甲骨档案主要形成于商代后期（约公元前 14 世纪—前 11 世纪）的占卜活动中。甲骨档案的文字多用铜刀或石刀刻在坚硬的龟甲兽骨上，少数甲骨档案使用毛笔书写。甲骨档案的内容相当丰富，记载了商王朝的许多事迹，反映了王令、臣仆、巡游、征战、犁田、渔猎、天象、医药等各方面情况，这些档案集中地保存于宗庙所在地。它们是被有意识地收集起来，并保存在库房的档案。另外，周代也有甲骨档案相继出土，但数量较少，这是因为周人不像殷人那么迷信，没有浓重的占卜文化，因此甲骨档案也逐渐退出了历史舞台。

自 1899 年甲骨档案被发现以后，其因具有较高的经济价值和学术价值，受到了民间和学术界的极大重视。但不幸的是，大量的甲骨档案在清末民国初流失海外。“根据我国甲骨学的专家最近所做的最新统计，目前收藏有甲骨文资料的国家共有 12 个，流散到这些国家的甲骨文资料总数为 26 700 片。”[②]

（三）金文档案

金文档案是我国商周时期的以青铜器（钟、鼎、盘、盂等）为载体的书史性原始记录，盛行于殷商末期及两周。商、周时期，青铜冶铸工艺达到了全盛阶段，由于礼乐制度的发展，不仅钟鼎等青铜器物演变为贮存于宗庙的礼器，青铜器上的铭文也成为记录当时社会重大史实的历史记录。青铜器是象征统治者社会地位、政治权力的重器，每遇重大事件，都要作器勒铭，珍藏宗庙，以期“子子孙孙永宝用”。

较为著名的周代金文档案包括：《大盂鼎铭》19 行 291 字，记录了西周早期康王时，贵族盂因征伐西北强族鬼方有功而受康王册命赏赐的史实。《史墙盘铭》18 行 284 字，是微史家族中的墙颂扬其先祖功德、祈求多福的纪念文字。《散氏盘铭》[③] 19 行 357 字，是西周中晚期散国与矢国因战争纠纷而划定田界的一份双方信守的契约。《毛公鼎铭》32 行 497 字[④]，是西周晚期宣王告诫毛公的一篇完整的册命。《大克鼎铭》28 行 290 字，主要记录克依凭先祖功绩，受到周王的策命和赏赐大量土地、奴隶的内容。《曶鼎[⑤]铭》24 行，现存 380 个字，久已遗失，仅存铭文拓本。《虢季子白盘铭》111 字，记述虢季子白奉王命征伐西北玁狁族后于周庙受赏的情况。战国时期的《鄂君启金节》（车节铭 150 字、舟节铭 165 字)，是极其珍贵的金文档案。《左传·成公十三年》载：“国之大事，在祀与戎。”故金文档案以记述祭祀先祖与征伐赏赐为最多。在西周时期，金文档案多形成于周王室及其臣僚；春秋战国时期，随着诸侯卿士大夫势力的上升，他们也有了自己的金文档案。西

---

① 王懿荣，字廉生，谥号文敏，山东福山人。光绪六年（公元 1880 年）中进士，二十一年（公元 1895 年）任国子监祭酒。光绪二十五年（公元 1899 年)，王懿荣在北京任职时，因患疟疾而吃中药，其中有一味药即“龙骨”。当药从宣武门外菜市口达仁堂药店买回来之后，王懿荣亲自打开审视，发现了“龙骨”上的文字，颇为惊讶。王懿荣本来就是金石学家，精研铜器铭文之学，知道这种骨头很古老，就派人到达仁堂药铺，问明了这种骨头的来历，选取了一些文字较明者，将其买下。甲骨文就这样被王懿荣偶然地发现了。

② 范毓周．甲骨文．北京：人民出版社，1986：39.

③ 又称《矢人盘铭》。

④ 有人认为是 499 字、498 字。

⑤ 又称舀鼎。

周时期的金文档案大都是在浇铸之前，将铭文反刻于器物内范上，并随器物浇铸而成；春秋以后，开始出现刻铭。1977 年至 1978 年先后出土的《中山王鼎铭》《中山王圆壶铭》《中山王𰯼壶铭》，就是战国时期的中山国的金文档案。在西灵山一号大墓中出土的中山王十四年铸的中山王鼎上的铭文（铁足刻铭铜鼎，刻铭 77 行 469 字，记录了赏赐中山相周的历史），是迄今发现的文字数量第二多的金文档案。中山王圆壶为中山王的嗣王为先王所作，腹与圈足皆有铭文，腹部铭文 59 行 182 字。中山王𰯼壶（方壶）铭文 450 字，约刻于公元前 314 年，记录了制作时间（中山王𰯼十四年）、用料和目的，值得赞美的先王功业和事迹等，是迄今发现的文字数量第三多的金文档案。1963 年在陕西宝鸡贾村镇（今宝鸡市陈仓区）出土何尊，在铜尊内胆底部发现了一篇 12 行共 122 字的铭文，记载了周成王营建洛邑，建筑陪都的重要历史事件，而其中“余其宅兹中或”[①]（大意为我要住在天下的中央地区）更是“中国”一词最早的文字记载。这也是“中”“国”两字作为词组首次出现。截至目前，我国出土的载有铭文的青铜器已多达万件以上，其中铸刻有书史铭文的当为金文档案。

宋真宗咸平三年（公元 1000 年），乾州获得古铜鼎一件，方形四足，上有古文 21 字，真宗命儒臣考证，验其款识，认为是“史信父甗”。这是较早的金文档案研究记载。

（四）石刻档案

石刻档案是以石为载体，一直沿用至今的书史性原始记录。我国石刻档案的历史悠久，且一直延续至今。《史记·秦本纪》载：“是时蜚廉为纣石北方，还，无所报，为坛霍太山而报，得石棺，铭曰：‘帝令处父不与殷乱，赐尔石棺以华氏。’死，遂葬于霍太山。”这是目前所见最早的有关石刻的文献记载。战国时出土的《穆天子传》载：“天子五日观于舂山之上，乃为铭迹于县圃之上，以诏后世。”

现收藏于故宫博物院的石鼓文描写了君王田狩渔猎之事，故称“猎碣”。郭沫若等学者认为，石鼓文为秦襄公时作，内容描写的是秦襄公的一次规模盛大的田猎活动。清代学者俞正燮认为石鼓文应为北魏太武帝拓跋焘太平真君七年（公元 446 年）西征盖吴时的东西。近代学者姚大荣撰《石鼓文足征记》一文，支持这种观点，并认为石鼓文乃北魏时期崔浩的作品。据清嘉庆十三年（公元 1808 年）《重修石鼓寺记》载，石鼓出土于“三畤原”的雍城（即陕西雍县，今凤翔县）。石鼓文是中国现存年代较早的石刻记录之一。

1976 年，陕西省雍城考古队在凤翔县城南指挥镇南指挥村秦公一号大墓发现的石磬残片，是一种古代乐器，石磬边缘有铭文，这是目前发现最早刻有铭文的石磬。现存秦公一号大墓石磬铭文 26 条，共 206 字（包括重文 6 字）。

秦始皇巡游郡县时，为宣扬威德、宣示政令，形成了《泰山刻石》《琅琊刻石》《芝罘刻石》《碣石刻石》《会稽刻石》等石刻档案。汉代的《汉鲁相乙瑛置百石卒史碑》，是刻在石碑上的关于孔子十九世孙孔麟廉于东汉桓帝永兴二年（公元 154 年）为增设掌管庙中礼器的一员卒史，由丞相转奏朝廷及皇帝诏鲁相承办的官文书档案。唐代的《唐蕃会盟碑》，是关于唐穆宗长庆元年（公元 821 年）唐朝和吐蕃会盟立约的史实记载，用汉、藏

---

① 据考古和文字学专家考证，“中或”就是“中国”。我国古代“国”字的含义作“域”或“邦”解。“中国”就是“中央之域”或“中央之邦”。

两种文字镌刻，其中包括盟辞的原文、双方参加誓盟官员的职衔姓名、唐蕃友好关系的历史、会盟的始末，以及立碑的年月日。南宋的《平江图碑》，是南宋理宗绍定二年（公元1229年）郡守李寿朋重整平江府（今苏州）坊市后所刻的府城平面图。清代《黑龙江通志纲要》载："黑龙江省金石文字之可考者，有《得胜陀纪功碑》，出肇州沙土中，为金代金石。又奴儿干《永宁寺碑》及《重建永宁寺碑》，为明代所立，今皆沦失。案《魏书》乌洛侯，其国西北有魏先帝旧墟石室，太武帝遣中书侍郎李敞告祭，刻祝文石室之北而还，实为黑龙江石刻见于史传之始，惜今已无可考。又康熙初，墨尔根地方掘井得石，文曰莫来耕，系唐年号。此外惟辽金官印及唐宋古钱数物犹存，其余残灭者何限。乃至康熙二十八年分界碑。"此外，大量的墓志也是中国古代石刻档案的重要组成部分。川陕革命根据地也形成了大量宣传红军政策的石刻档案。人民英雄纪念碑是中华人民共和国为纪念、表彰1840—1949年为中国革命英勇牺牲的人民英雄而镌刻，由毛泽东、周恩来题写的重要石刻档案。

我国研究金石档案文献的著作主要有：学术史上第一部金石考古学专著是宋代欧阳修的《集古录》，1063年成书，上自周穆王，下至隋唐五代。欧阳修之子"撮其大要，别为录目"，撰成《集古录》十卷传世。宋吕大临的《考古图》，共10卷，1092年成书，绘图摹文，有《考古图释文》一卷。宋李公麟的《考古图》对每件器物，都图绘形状，并解释其制作、铸文、款字、义训及用途。宋王黼的《博古图》（又称《宣和博古图》），共30卷，考订编纂宋徽宗所得器物，共20类800多件，是北宋金石文物的精品。宋赵明诚《金石录》，共30卷，包括所见三代（夏、商、周）到隋、唐、五代的钟鼎彝器铭文款识，以及碑铭、墓志等石刻文字记录。宋薛尚功《历代钟鼎彝器款识法帖》，共20卷，收集从夏、商到秦、汉的铜器、石器铭文，近五百件。沈括的《梦溪笔谈》、郑樵的《通志》等书，也包括金石考古方面的内容。乾隆年间的御纂《西清古鉴》等书，推动了金石研究的复兴。其后有《考工创物小记》《积古斋钟鼎彝器款识》《捃古录金文》《斋集古录》《缀遗斋彝器款识考识》《寰宇访碑录》《金石萃编》《古泉汇》《金石索》等书。现代还建成了《中国金石总录》数据库，第一期收集的金石拓片内容为10 800拓，第二期收集的金石拓片内容为10 500拓；收集材料新颖，首次公布量巨大，其中发掘文献约占60%，稀见文献约占40%。

（五）缣帛档案

缣帛档案又称"帛书"或"缯书"，是我国以丝织物为载体的书史性原始记录。缣帛档案最早发现于1942年[①]被盗掘的湖南省长沙市子弹库战国楚墓。出土不久，该帛书落入美国人约胡·哈德利·考克斯之手，之后被他带回美国。这份珍贵的帛书在美国被几度易手，最后被美国纽约大都会博物馆收藏。其上墨书楚国文字，共900余字，奇诡难懂，附有神怪图形。1973年，我国对该墓再次进行发掘，出土战国时遗物《人物御龙帛画》一幅。1973年至1974年，在长沙马王堆3号汉墓，又发现两幅约形成于西汉文帝十二年（公元前168年）以前的古地图。1979年，在敦煌马圈湾汉代烽燧遗址发现一件长条形帛书，墨写隶

---

① 关于该帛书的出土时间众说纷纭：日本梅原末治认为出土于20世纪30年代后半期；钱存训称出土于1936—1937年间；商承祚称出土于1942年；澳大利亚学者巴纳德称他1967年、1973年曾访问过一个当年参加过盗掘帛书，现在住在中国大陆之外的人，此人说帛书的出土时间为1934年。

书30字，记录了边塞绢帛价格及来源。《后汉书·光武帝纪》载：建武十五年（公元39年）春三月议封皇子，“臣请大司空上舆地图”。秦代的丞相、御史府，汉代的石渠阁、兰台、东观、麒麟阁、云台等处，都是收藏舆图、画像的地方。简牍被纸张取代后，缣帛却得到沿用，但数量相对减少。唐代规定中书省的敕书（免罪的文书）皆用绢；宋代规定尚书省官告院颁发的告身（委以官职的文书）用绫锦；唐宋时期规定科举考试的进士登第榜帖用素绫；迄至明清，朝廷颁授文武官员的封赠文书都依规采用宫廷织染局特制的各色绫锦。

汉代的《西汉初期长沙国南部地形图》① 用拼接的双幅帛绘制而成，正方形，长97cm，宽93cm。汉代的《驻军图》长方形，长98cm，宽78cm；图中所绘山川、道路、营地等相当清晰精确，是国内现存最古老的缣帛（舆图）档案。唐宋时期的缣帛档案已亡佚不存。明清时期以丝织品制成的各种档案材料，在中国第一历史档案馆多有收藏。湖南长沙马王堆汉墓出土的帛画《导引图》，绘有44幅图像，每图均绘有一个运动姿态各异的人物图像，该图是我国现存最早的导引图谱档案。

（六）纸质档案

纸质档案是以纸张作为载体的一种原始记录。纸张是中国古代四大发明之一，纸质档案最先产生于中国（见纸质文献）。1933年曾在新疆罗布卓尔发现蔡伦之前的古纸，但未及化验就在第二次世界大战中毁于战火。1986年在甘肃天水放马滩西汉文景时期（公元前179—公元前141年）墓群中出土绘有地图的纸。纸上用墨线绘有山脉、河流、断崖及道路，绘法与马王堆汉墓出土的《驻军图》《区域图》相似。从笔迹看，山、水、断崖用软笔绘成，道路则用硬笔绘成。② 东汉时已用纸张书写文书，魏晋后纸质文书逐渐增多，但官府公文仍以简为主。东晋大亨元年（公元403年）十二月三日，桓玄在废晋安帝后正式称帝，改元“永始”，并下诏令规定：“古无纸，故用简，非主于敬也。今诸用简者，皆以黄纸代之。”公元4世纪至17世纪末，我国造纸术先后传入越南、朝鲜、日本、阿拉伯国家、欧洲各国、美洲大陆，乃至全世界。纸张的使用使得档案数量急剧增长。

（七）其他载体的档案

我国古代的档案除了上述几种形式外，还有岩书③、皮书、瓦书、玉书等。例如，流传和遗存于彝族地区的彝文文献载体形制除了木牍、竹简、骨刻、木刻、金石铭刻、印章④、纸张等外，还有岩书、布书、皮书、瓦书等。古代的彝族采用牛、羊皮作为书写载体，人们把这些写在牲畜皮上的彝文古文献称为“羊皮书”（或“牛皮档”）。1930年冬，地质学家丁文江来到大方县，开始研究“羊皮书”等彝文古文献。他与彝族的罗文笔老先生合作，翻译了大量彝文古籍。1936年，商务印书馆出版了罗文笔译的《爨文丛刻》（包

---

① 这是约成于西汉文帝十二年（公元前168年）以前的古地图。

② 该图于1986年6月出土于甘肃省天水市麦积区党川乡放马滩西汉文景时期墓群中的五号墓。放马滩战国地图是中国乃至世界上已知的最古老的地图档案文件。本地图所用放马滩纸，比蔡伦纸早300年，是世界上现存最早的用于书写的纸张实物，对研究造纸起源、造纸用料、造纸技术等具有重大价值。

③ 云南红河州存有3 000多年前的原始岩画组合画面中的彝文岩书。

④ 如西汉时期的云南昭通彝文铜印（堂琅印）等。

括11部彝文经典)，开辟了整理、翻译彝文古文献的先河。新中国成立后，彝文古文献整理、翻译取得了丰硕成果，仅毕节地区彝文翻译组就翻译出版了80多部，120卷，共3 000多万字。其中《彝族源流》[①] 是一部全面叙述彝族及其各支系起源和发展的珍贵档案史料。

在数千年的文明发展中，中国各民族还形成了数量可观的玺印档案。玺印的制作原料，有陶泥、木、竹根、砖瓦、骨角、牙、瓷、金、银、铜、铁、铅、水晶、玉、石、琥珀、玛瑙、翡翠等多种。《后汉书·祭祀志》指出："三皇无文，结绳以治，自五帝始有书契。至于三王，俗化雕文，诈伪渐兴，始有印玺以检奸萌，然犹未有金玉银铜之器也。"殷商时代的经印就仅仅起到了这样的作用。到了西周，随着以"工商食宫"为特征的商品经济的出现，玺印跻身符节[②]行列，具有了凭信的作用。秦以前，无论官、私印都称"玺"(也作"铃")。秦统一六国后，规定皇帝用印独称"玺"，臣民用印只称"印"。汉代也有诸侯王、王太后用印称"玺"的。唐武则天因觉得"玺""死"同音，改称为"宝"。唐至清沿旧制而"玺""宝"并用。汉将军印称"章"。之后，印章根据历代人民的习惯，有"记""朱记""印章""印信""合同""关防""图章""符""契""押""戳子"等各种称呼。

我国的玉刻档案，除了常见的玉制的玺印档案外，字数最多的是天津市历史博物馆收藏的战国时期的《青玉行气铭饰》[③]（传为李鸿章的后代李公木所藏)。《青玉行气铭饰》曾被多人命名，包括《玉刀珌》(邹安)、《剑珌》(罗振玉)、《玉珌铭》(闻一多)、《行气玉佩铭》(郭沫若)、《行气玉铭》(陈邦怀) 等。《青玉行气铭饰》是我国迄今为止最早的养生记录，据考为战国后期的作品。该铭饰为十二面棱柱体，每一面经抛光，自上而下阴文篆刻三字，有重文符号，记述行气要领，是我国古代关于气功的最早记录，有极高的史料价值和文字学价值。

"档案"一词，据现有的资料初见于清代。现存清代顺治年间的官府文书中，已有"档案"一词出现。例如，顺治十八年（公元1661年）十月初一户部尚书阿思哈题查审霸州乾清宫胭粉钱粮地土事本中，即有"查得顺治十四年四月臣部题定档案"[④] 之语。大约成书于康熙四十六年（公元1707年）的杨宾《柳编纪略》中载："边外文字，多书于木，往来传递者曰牌子，以削木片若牌故也；存贮年久者曰档案，曰档子，以积累多，贯皮条挂壁若档故也。然今文字之书于纸者，亦呼为牌子、档子矣。""档"字在《康熙字典》里被解释为"横木框档"。"案"字在《说文解字》中的解释是"几属"，就是像小桌子一类的东西，由此引申，又把处理一桩事件的有关文书称作一案，并通称收存的官方文书为"案"。"档"和"案"连用，顾名思义，就是存入档案架的文案、案牍。这种称呼一直沿

---

① 据百度百科介绍，经过吴三桂征水西和"文化大革命"两次浩劫后，《彝族源流》大都散佚，偶有存者也残缺不全。近年出版的该书全本全赖一位叫王兴友的老人。他属乌蒙山区著名的"芒部毕摩"世家，早年曾在毕节地区彝文翻译组工作，"文化大革命"开始后，他将家传羊皮典籍送至岩洞中隐藏，才使之免遭劫难。

② "符"是政治和军事的凭证信物，可以用于身份证明，作为出入国境、关卡、军营、要塞的凭证，又可以作为传达命令、调遣兵将的信物；"节"是君主派出的使节所持的凭信，作为代表君主出征、节制方面、监察、办理重大案件、出使外国等重大事务的证明。

③ 原拓片见罗振玉的《三代吉金文存》第20卷49页。全文共45字，郭沫若将其翻译为："行气，深则蓄，蓄则伸，伸则下，下则定，定则固，固则萌，萌则长，长则退，退则天。天几春在上，地几春在下。顺则生，逆则死。"

④ 中国第一历史档案馆．清代档案史料丛编．北京：中华书局，1979：148.

用到现在，仍有其形象上的和内在的意义，并有了新的科学含义。

第二节　档案的概念

通过对档案源流和历史沿革的认识，我们既可以充分认识到档案与人类社会文明发展的密切关系，也可以了解档案的存在价值和意义。深入揭示和说明档案概念的本质、属性、特征和价值，阐述档案的定义，科学地管理档案，有效利用和开发档案资源，是档案管理学的重要任务之一。

一、档案概念的定义

定义是认识事物或对象本质的一种重要思维方式。概念定义的一般目的在于揭示和阐明相关现象的内涵和外延，即从内涵维度和外延维度出发，向人们说明概念所指事物或对象（现象）的本质和边界。档案作为档案管理学的重要概念之一，对其进行定义，除了应当揭示和阐明其内涵和外延外，还应从价值维度出发，明确其存在价值。

（一）典型的档案概念定义

从概念的内涵和外延维度出发，人们对档案概念的研究，目前取得了许多相关思想成果。按时间顺序，具有典型代表意义的认识成果包括：

1. 荷兰学者的观点

19 世纪末，荷兰的斯·缪勒、伊·阿·斐斯、阿·福罗英在《档案的整理与编目手册》（1898 年）一书中认为，档案是“某一行政机关或其某一官员正式收到或产生并被指定由他们保管的书写文件、图片和印刷品的总和”。

2. 英国学者的观点

1922 年，英国学者希拉里·詹金逊在《档案管理手册》一书中认为，档案是在某一行政管理或行政事务（无论是公共的还是私人的）实施过程中所拟就或使用，作为该事务的组成部分，事后由该项事务的负责人或其合法继承者保管，以备不时查考的各种文件。

3. 苏联学者的观点

1935 年，苏联的克雅捷夫在《档案工作的理论和技术》一书中认为：“凡具有公务、科学和文学性质的，直接反映（通过原本）机关、团体、企业和个人过去活动的手写的或印刷的、文字的或图表的，并需要保存起来以备科学或实践利用的材料，均为档案材料。”

4. 中国民国时期学者的观点

1938 年，何鲁成在其所著的《档案管理与整理》一书中认为：“我国文字中之档案二字，适等于西文中 Archives 一名词。如合并中西文字而对档案一名词下一定义，当为：档案者乃已办理完毕归档后汇案编制留待参考者方可作为档案，其中包括机关内所收入及发出之公文及其附件。”

5. 德国学者的观点

德国阿道夫·布伦内克的文集《档案学：欧洲档案工作的理论与历史》（1953 年）认

为，档案是“某一自然人或法人在法律或事务活动中产生，并作为以往活动之查考资料和证据在特定场所永久保存的文件和文献的总和”。

6. 美国学者的观点

1956年，美国的T.R.谢伦伯格在《现代档案——原则与技术》一书中，在认真分析了世界各国档案定义中的因素的基础上，在分析了“记录[①]为什么会存在”“记录为什么会被保存”“作为档案保存的记录应具有哪些价值”等问题后，给档案下了一个定义，即“经鉴定值得永久保存以供查考和研究之用，业已藏入或已选出准备藏入某一档案机构的任何公私机构的记录”。

7. 美国档案工作协会的定义

美国档案工作协会使用的“archival records”、“permanent records”和“archives”等术语，大体上与我国的“档案”一词相一致。其对“archival records”的术语解释是：“个人、家庭或组织（公共的或私人的）在其事务行为中制作或收到的材料，因为其信息中含有持久价值或含有其形成者的职能和责任的证据而被保存。”其对“permanent records”的术语解释是：“个人、家庭或组织（公共的或私人的）在执行其事务活动中形成的材料，因为其包含的信息可作为创造者的职能和责任的证据的持久价值而被保存。”其对“archives”的术语解释是：“个人、家庭或组织（公共的或私人的）在其事务行为中制作或收到的材料，这些材料的信息中含有持久价值或含有其形成者的职能和责任的证据，成为按原来的顺序和原则集中控制起来的永久性记录的集合。”

8. 中国《档案工作基本术语》标准的定义

我国行业推荐标准《档案工作基本术语》（DA/T 1—2000）对档案术语的解释是：“国家机构、社会组织或个人在社会活动中直接形成的有价值的各种形式的历史记录。”

（二）定义档案概念应考虑的主要因素

在定义作为档案工作基本术语的档案概念时，应当注意揭示和说明档案概念的相关因素。

1. 档案概念的本质因素

档案概念的本质因素包括形成主体（来源）、内容、价值三要素。

档案是同一来源的人类活动的产物。所以，档案概念研究应注意说明其来源或形成主体因素。在以上诸种典型的档案定义思想中，持论者基本上都注意到了对这一因素加以说明的必要性。从世界范围来看，档案形成的主体基本上可以概括为公共机构或组织、私人机构或组织，以及个人（包括家庭和家族等）。忽视了这一因素，就是对档案管理实践长期以来所普遍认同的同一来源产生文件、记录、数据材料的定向形成和积累性的否认。档案这一事物，同其他类似事物相比，最为本质的特征之一就是：档案是同一来源（公私组织或个人）的人类活动的产物。如果认为这一因素是档案定义的非本质因素，就会在一定程度上影响档案的顺利形成和定向积累及保存。

档案是一种人类活动的数据、信息和知识存在。无论各种主体在活动中以何种方式、出于何种目的形成和使用文件、记录，只要这些文件、记录内容中的数据、信息和知识能

---

① 原文为records，本书译为记录，以区别于documents（文件）。

够提供其形成主体所承担人类活动的业务和法律凭证，能够为现实和日后的研究活动提供参考，就有条件成为档案。

档案是一种人类活动的价值存在。无论文件、记录的最初形成目的是什么，只要它日后可以提供其形成主体的业务凭证和法律证据（包括行政、财务、法律、业务追溯等），可以提供满足人们各种研究和文化需要的有用数据、信息，就有条件成为档案。

档案是一种按一定规律集中起来的文件（或记录）的有机体系。同个体的文件和记录材料不同，档案的运动是一种有规律的"类运动"。各种社会主体在从事社会活动中形成的个体文件、记录、数据材料等，只有纳入一定的分类体系，并经过系统加工之后，才能成为科学意义上的档案。

目前我国档案学理论研究中所说的"原始记录"就是对档案本质的揭示和说明。而所谓"原始记录"就是同一主体形成并积累的，可以满足其业务凭证和法律证据需要及其他利用者信息需要的，按一定规律集中保存起来的文件体系（或称文件有机体）。任何试图从文件个体角度揭示档案本质的思路，都只能步入死胡同。

2. 档案概念的外延因素

档案概念的外延因素，尽管属于非本质性的定义因素，但对这种因素的认识，可以在一定程度上帮助档案工作者明确管理对象的边界。其中主要包括档案的存在形态、内容的记录方式、载体（介质）形态等。

档案的存在形态是指构成档案的具体文件、记录等方面的种类形式，如文件、公文、信函、图样、照片、影片、唱片、录音文件（记录）、录像文件（记录）、音频文件（记录）、视频文件（记录）、多媒体文件（记录）、数据库文件、CAD 文件，结构化文件、非结构化文件，等等。

档案内容的记录方式是指在社会活动中各种社会主体所采用的传递、表达、存留、撷取信息、数据、知识的手段和方法。主要包括模拟记录方式和数字记录方式两种。前者属于物理性的连续记录方式，后者属于离散性的记录方式。

档案的载体（介质）形态是指档案信息、数据和知识的存储介质或媒体。如竹木、石材、甲骨、青铜器、泥板、瓦片、陶器、玉器、纸草、羊皮纸、蜡板、纸张、胶片、光盘、磁带、磁盘、磁鼓、硬盘、软盘等。

（三）档案概念的科学定义

基于上述分析，本书对档案定义的表述为：

档案是组织或个人依据其自身活动和社会发展需要及相关法律法规要求，将在特定活动中直接形成、积累的各种有价值的文件、记录和数据材料，按照一定规律集中保存起来的原始记录。

这一定义的基本含义包括以下四个方面。

1. 档案是各种组织和个人在其特定活动中形成和积累的原始记录

档案的形成和积累与一定主体的活动直接相关，是人类活动的有机组成部分。任何国家机构和社会组织及个人，都可能成为档案的形成来源。同一个组织或个人，在活动过程中，为了实现表达意图、传递消息、沟通业务、了解情况、业务留痕等目的，均需要文件、业务记录、数据记录等手段。这些文件、记录和数据材料在完成了其最初形成和使用的目的之后，被其形成主体有意识地留存下来，这就成为其转化为档案的一个必要前提条件。在档案管理实践中，世界各国都非常强调坚持来源原则，维护同一来源档案的不可分散性。在档案分类实践中，按来源分类，也是确定档案所属类别的最高准则。

2. 档案是各种组织和个人依据其自身活动和社会发展需要及相关法律法规要求形成的原始记录

成为档案被留存，并不是各种文件、记录和数据材料的最初形成目的，而是因为在这些业已形成的文件、记录和数据材料中所包含的数据和信息，可以有效满足其形成主体对业务活动凭证、法律证据的需要，可以满足其形成主体对业务活动的审计、追溯、经验积累和查考、知识发现、知识积累、知识应用的需要，可以满足国家法律法规对国家长远利益维护的需要，可以满足社会各方面科学文化及学术研究的现实和长远需要。

3. 档案是记录方式和载体形态多种多样的原始记录

在电子档案出现前，档案是指原生内容和原始载体的复合体。其存在形态丰富多彩。这主要是因为人类所采用的记录手段、方式及载体具有多样性。在人类进入电子记录时代后，档案虽然不再依赖原始的载体（存储介质或媒体）而存在，但依然要存在于一定的物理介质或媒体之上；虽然档案的记录方式从传统的模拟的方式发展为数码序列的方式，但其呈现方式依然是文字、图形、声音、影像等形态。因此，档案的内容记录方式和载体形态依然呈现出多样性的特征。

4. 档案的本质是按一定规律集中保存起来的有价值的原始记录

我国的档案学理论一般认为：只有按一定的规律保存起来的文件，才能最后成为档案。但是文件不能自动地成为档案。文件是经年累月、逐份逐件地产生的，只有把这些文件中有保存价值的部分按照一定的程序和条理集中保存起来，它们才能成为档案。以现代一般的档案来说，它是经过选择而集中保存起来的文件体系。从这个意义上说，文件是档案的前身，档案是文件的归宿和有机体。

档案的特点和优点之一，就在于它已经不是一份份孤立的文件、记录或数据材料，不是一批批杂乱文件、记录和数据材料的堆积物，而是经过系统化加工的、具有内在联系的连续性记录体系。这种系统的、连续的记录体系可以为有关形成主体的存续和发展，提供真实、完整、有效的业务活动凭证支持和法律证据保障。而那些零散、无序的积存文件、记录和数据材料，虽然也具有一定的档案属性，但并非科学意义上的档案。人类要想留下相对完整的、连续的社会历史记录，有效地继承前人或他人的经验和智慧，传承人类的文明，弘扬人类的文化，最基本的条件就是要根据档案的形成规律，采取科学有效的管理方法，积累和保存好档案这种原始记录。

“原始记录”是档案的本质，离开了这一本质，我们就无法科学地认识档案，也无法准确地理解和把握档案的各种属性和特征。档案是由有价记录（包括文件、记录、数据材料）构成的有机体系，这也是“原始记录”的基本内涵。关于档案的各种本质规定性和特征，我们将在本章的下一节中讲述。

二、档案法律法规中对档案的诠释

各种法律法规中对“档案”的诠释，与学术意义上的档案定义相比，存在着一定的差异性。两者之间的主要差异，可通过表 1-1 来加以说明。

表 1-1　　档案概念的学术定义与法律术语诠释的区别

对比项目	档案概念的学术定义	档案概念的法律术语诠释
侧重点	侧重于揭示和说明档案的本质或内涵特征	侧重于描述和说明档案的非本质或外延特征（形式、形态特征）
要求	要求完整，即定义的对象与所下定义的外延要相等，并且要从一个方面完整地揭示概念的全部内涵	并不要求完整，只要说明概念的一部分内涵就可以了；解释的对象与做出的解释外延也可以不相等
规则	有严格的逻辑规则[a]	没有严格的逻辑规则
句式	常用判断句式表述，注重回答“档案是什么”的问题	可用多种句式来表达，注重解释“什么是档案”的问题
公式	被定义概念＝种差＋属概念[b]	无固定的逻辑表达公式
特性	严整性、涵盖性和抽象性	具体性、说明性和描述性

a 定义的规则包括：定义的概念与被定义概念外延（概念所反映的事物的范围）必须相等；不应当同语反复，定义必须能够直接说明被定义概念，不能依赖被定义概念来自己解释自己；不应当是否定形式；不能采用比喻的形式；等等。

b“属概念”是被定义概念所属的大类；“种差”是在大类中，被定义概念与同类相邻概念之间的主要差别。

我国档案法律和行政法规中对“档案”的诠释，主要是为了规定和说明国家管理档案的具体范围。例如，《中华人民共和国档案法》（2020 年修订版，以下简称《档案法》）的第二条规定：“本法所称的档案，是指过去和现在的机关、团体、企业事业单位和其他组织以及个人从事经济、政治、文化、社会、生态文明、军事、外事、科技等方面活动直接形成的对国家和社会具有保存价值的各种文字、图表、声像等不同形式的历史记录。”《中华人民共和国档案法实施办法》（2017 年修正版）的第二条规定：“《档案法》第二条所称对国家和社会有保存价值的档案，属于国家所有的，由国家档案局会同国家有关部门确定具体范围；属于集体所有，个人所有以及其他不属于国家所有的，由省、自治区、直辖市人民政府档案行政管理部门征得国家档案局同意后确定具体范围。”档案法律法规对“档案”的诠释，可以归纳为以下几点。

（1）国家管理档案的时间范围：包括“过去和现在”形成的档案。实际上已包括我国各个历史时期形成的档案。

（2）国家管理档案的形成主体范围：包括我国的机构、组织和个人等形成的档案。

（3）国家管理档案的形成活动领域：包括在经济、政治、文化、社会、生态文明、军事、外事、科技等方面活动领域中形成的档案。

（4）国家管理档案的价值范围：包括由国家档案局会同国家有关部门确定的对国家和社会有保存价值的档案。而不具备这种价值特征的档案，则不属于国家法律法规管控的范围。

（5）国家管理档案的所有权范围：包括国家所有的档案和由省、自治区、直辖市人民政府档案行政管理部门征得国家档案局同意后确定的属于集体所有、个人所有的档案。

（6）国家管理档案的形式范围：包括各种文字、图表、声像等不同形式和记录方式的档案。

三、档案概念与相关概念间的关系

（一）档案与文件

“文件”是与档案概念最亲近的一个术语。目前人们对文件的定义和理解主要包括以下几种（见表1-2）。

表1-2　文件的定义

序号	定义	来源
1	国家机构、社会组织或个人在履行其法定职责或处理事务中形成的各种形式的信息记录	《档案工作基本术语》（DA/T 1—2000）
2	广义指组织或个人为处理事务而制作的记录有信息的一切材料，是人类记录、传递和贮存信息的一种工具	吴宝康，冯子直．档案学词典．上海：上海辞书出版社，1994.
3	狭义仅指法定机关、团体、企事业单位等形成的具有完整体式和处理程序的公文	
4	计算机技术应用中的专门术语。含义有二：（1）在计算机信息存贮中，将若干个项目构成一个记录，由若干个记录构成的信息集合，名为文件。（2）指光盘、磁盘、磁带、纸带或卡片存贮的内容	
5	文件是以文字或图示描述管理内容或业务内容，通过规定程序由有权人员签署发布，要求接收者据此做出规范反应的电子文档或纸质文档	ISO/TS16949 质量管理体系标准
6	计算机文件（或称文件），是存储在某种长期储存设备上的一段数据流。所谓“长期储存设备”一般指磁盘、光盘、磁带等。其特点是所存信息可以长期、多次使用，不会因为断电而消失。虽然一个文件表现为一个单一的流，但它经常在磁盘不同的位置被存储为多个数据碎片（甚至是多个磁盘）。操作系统会将它们组织成文件系统，每个文件会被放在特定的文件夹或目录中。文件是由软件创建的，而且符合特定的文件格式	https：//baike. baidu. com/item/%E8%AE %A1%E7%AE% 97% E6% 9C% BA% E6% 96% 87% E4% BB% B6/5687396

通过表1-2，我们不难看出，目前档案学术界对文件术语的解释同其他专业领域对文件术语的解释依然存在着一定的差别。但这些文件术语之间的相互映射，可以有效地加深不同专业之间的相互理解，便于有效地开展业务协同与合作。

在档案学术界，人们对文件和档案两个术语概念的关系认识，依然存在着较大的差异。其中较具代表性的观点包括以下三种。

第一种观点认为，文件是档案的前身，档案是文件中的精华，但文件转化为档案是有条件的，只有那些办理完毕、对日后业务工作具有一定查考利用价值、按照一定规律集中保存起来的文件，才能最后转化为档案。这种观点依然是主流观点，并在我国的档案管理政策和法规及标准中得到了广泛使用。例如，《档案工作基本术语》（DA/T 1—2000）对档案术语的解释就是“国家机构、社会组织或个人在社会活动中直接形成的有价值的各种形式的历史记录”。

第二种观点认为，文件特指处于业务活动过程中的记录，归档之后的文件则被称为档案。这种观点被持有第三种观点的人称为“小文件观”。

第三种观点认为，应该按照“大文件观”来理解文件——涵盖文件从产生到最终永久保存或销毁的全过程，其中有保存价值的文件被称为档案，文件包含档案。近年来，这种观点已经有了一定的影响。特别是一些涉及电子文件管理的政策、标准、教材，有的已经采纳和接受了“大文件观”的思想。例如，《电子档案管理基本术语》（DA/T 58—2014）对“电子档案”的术语定义就是：“具有凭证、查考和保存价值并归档保存的电子文件。”后续出台的许多电子文件管理行业推荐标准基本上都是用文件来定义档案的。

在上述观点中，第一种观点比较广为接受。理由是：

一般来说，文件是一个个体概念，其生命周期的长短并不是由其自身决定的，而是在与相关的文件联系的基础上，从整体上获得的。这是因为一份份孤立的文件很难成为相关人类活动的充分证据，所谓“孤证不立”讲的就是这个道理。

“归档”并不是文件成为档案的必要条件，而只是面向档案管理部门或人员的一种控制文件有规律运动的手段或一种自觉的管理活动而已。所以，不能简单地说“归档之后的文件则被称为档案”。按照第一种观点，只有按照一定的形成规律和特点集中保存起来的文件的集合体或有机体，才能成为档案。

个体性文件的运动方式不同于档案的运动方式。文件的运动方式通常具有非常明确的目的性，文件是为实现这种特定的目的而制作、产生的，其运动轨迹往往是线性的。档案的运动方式是一种类运动方式，即一类文件的集合体或称类聚体共同运动，并为人类的活动提供系统、完整、连续的业务、法律等方面的充分证明。个体运动往往是多种多样的，而群体和类聚体的运动则是有规律可循的。正因为如此，在现实的文件管理活动中，人们往往通过归档前控制的方式，将档案分类方案提前运用到文件的产生、形成和积累等项管理活动中，使在现实的各项活动中形成的文件材料，都能得到有效的分类控制，并使其运动的方式和形态都得到有效的管控，杜绝分散和文件个体的自由、散乱的运动方式的出现。这种将档案分类的工具运用到文件管理实践的行为方式和过程，我们可以称其为对文件的“档案化”管理。

值得大家注意的是，并不是所有的对象，经过档案化管理，都能成为档案。例如，我们对可以弥补档案内容不足或缺陷的相关资料、网页、实物等，实施了档案化管理，并按集中统一管理的要求，归档到立档单位的档案部门，但是，我们不能因为对这些非档案材料进行了档案化管理，就改变了其本质。因为，无论我们对图书、情报资料、实物、网页信息材料等进行了多少与档案管理相同或相似的管理，它们的本质都是没有变化的，我们只不过是通过档案化管理使它们的可用性和系统化程度得到了一定程度的提高或改善。其实道理很简单，正如你用孵小鸡的方法去“孵”一块石头，尽管你也可以把这块石头变热，但你永远也不可能改变石头的本质，也不可能从中孵出小鸡来。

档案是人类活动的真实记录或原始记录，是人类社会活动方式和运动方式的映射物，而人类的社会活动恰恰是一种关系型的运动或类运动；所以，档案的运动规律和特点归根结底也是按照人类社会运动的方式存在和运动的，是一种关系型的运动，即以“类”（全宗、类别、组合等）的方式存在和运动。

文件进入档案这种类聚体或有机体之后，其性质会发生一定的变化，尤其是其运动性质的变化更为明显。无“类”依托的文件不但会难以理解，而且存在价值会大打折扣。因此，我们可以把进入档案类聚体或有机体的文件，称作具有档案属性的文件，简称“档案文件”，对应的英文译名当为 archival document 或 archival record。

（二）档案与资料

“资料”是指生活、生产中的必需品和可供参考的依据性材料。其中包括生产资料，与人、事、物等相关的多类信息、数据和知识材料等。档案是资料的一种存在形态，是一种原始记录性的资料。根据资料与档案的关系，资料可以被划分为档案性资料和非档案性资料两类。所谓档案性资料是指具备档案本质规定性的那些资料，如地质资料、工程项目的原始资料、会计资料、统计资料、自然现象的观测和观察的记录资料、原始的影像资料等。这类资料一般可以被称为“第一手的原始资料”或“原始材料”。而非档案性资料则通常是指人们为了开展工作或生产活动，通过交换、购买、网络下载等方式和手段搜集来的，具有查考、参考价值的资料。不同属性的资料的管理方式不同。档案性资料通常按照档案管理的原理和方法，以全宗为基本分类单元进行管理。非档案性资料通常按照文献分类法（学科、主题分类法）进行管理，即一般以资料内容所属的学科、知识主题为基本分类单元进行管理。详见表 1－3。

表 1－3　档案性资料与非档案性资料的区别

项目	档案性资料	非档案性资料
本质	人类社会活动的原始记录	人类对物质世界和精神世界进行探索的认识成果的总和
来源	同源成长性	多源获得性或多源累积性
功能	凭证（证据）功能和参考功能	参考功能、查考功能
特性	内向性、职能联系性、定向积累性	社会性、公开性、主题关联性
范围	同一来源的有价记录的总和	多种来源的有价材料的总和
形式	文件、记录、数据材料等	文件、记录、数据、图书、期刊等
管理	按全宗管理	按主题（知识类别）管理

从逻辑学的概念内涵和外延角度来考察，就总体而言，档案概念是资料概念的一个种概念，资料概念是档案概念的属概念。但在实践中，人们往往是从参考意义上去使用资料概念，并强调资料概念的参考价值和作用的。所以，目前档案学术界通常根据人们在社会实践中的用语习惯，将档案和资料作为两个相对独立的概念来使用。在档案定义中，为了避免产生歧义，除了少数专业领域（如地质专业领域、人口普查领域、会计核算领域等）定义本专业档案或某种专门档案外，一般很少采用资料概念作为档案定义的属概念。

（三）档案与文献

“文献”（document）概念是一个与档案概念密切相关的概念。现知文献一词最早见于《论语・八佾》。其中记载：“夏礼吾能言之，杞不足征也；殷礼吾能言之，宋不足征也。文献[①]不足故也。”宋代马端临《文献通考》中将“文”与“献”，作为叙事与论事的依据：“文”是经、史历代会要及百家传记之书；“献”是臣僚奏疏、诸儒之评论、名流之燕谈、

① 朱熹《集注》：“文，典籍也；献，贤也。”

稗官之记录。在他的影响之下，关于文献的认识，便只限于一般的文字记载，不能表达为文字记载的东西，则不能被称为文献。在我国的档案工作实践中，人们有时将档案和文献联合使用，称为“档案文献”。所谓档案文献是指档案中有特色、有典型意义和文化价值的档案文件及依据档案编纂的各种研究成果。例如，被列入联合国教科文组织《世界记忆名录》的档案文件、依据档案史料编纂的各种编研成果等，都是档案文献。

国家标准《信息与文献　术语》（GB/T 4894—2009）对文献的术语定义是：“在文献工作过程中作为一个单位处理的记录信息[①]或实物对象。”该标准还通过注释说明，文献在“档案中也称文件”。这个定义的基本含义是：“记录信息（或知识）”是文献的核心内容，“数据媒介”是知识赖以保存的物质外壳。如果把知识理解为“知道是什么的知识（know-what），主要是叙述事实方面的知识；知道为什么的知识（know-why），主要是自然原理和规律方面的知识；知道怎么做的知识（know-how），主要是指对某些事物的技能和能力；知道是谁的知识（know-who），涉及谁知道和谁知道如何做某些事的知识”[②]，那么，从逻辑意义上讲，档案的内容无疑是文献内容的一个组成部分。但是，值得注意的是，人们在使用文献概念时多将关注的重心放在“知识”层面，而非档案专业领域所强调的“原始记录”或“凭证”层面。在档案学中，“文件”概念是指：“由创建者为现行使用，或在档案整理过程中汇集起来的属于同一主题、活动或事务的文献。”[③] 可见，文献概念与文件概念的关系更为直接、更为密切，可以说文件是文献的一个组成部分。档案是有价文件的集合（有机体）的思想，也可以表述为：档案是有价“原始文献”[④] 的集合（有机体）。文献通常按其所载知识的所属学科属性或主题属性类聚，具有明显的主观性特征；档案则通常按其产生和形成的社会职能活动属性类聚，是一种“自然生长”的结果，具有明显的客观性特征。

在档案学中，持有“档案就是机构、组织或个人在社会活动中形成的具有保存价值的文献”观点的学者，所忽视的基本事实是：档案具有有机联系性。我们可以说，原始文献是构成档案的基本因素（正如我们可以说文件是构成档案的基本因素一样），档案是有价值的原始文献的有机体或集合。

（四）档案与文物

文物概念与档案概念在外延上存在着交叉关系。文物（Cultural Relic[⑤]）是人类在社会活动中遗留下来的具有历史、艺术、科学价值的遗物和遗迹的总称。文物是不可再生的文化资源，是人类宝贵的历史文化遗产。文物概念的基本含义是：必须是由人类创造的，或者是与人类活动有关的；必须产生于已经成为历史的过去，现在不可能再重新创造。世

① 《信息与文献　术语》（GB/T 4894—2009）对“记录信息”（recorded information）的术语定义是：“用数据媒介（可记录数据并可进行检索的物质材料）存储的信息（被交流的知识，涉及事实、概念、对象、事件、观念、过程等）。”

② 经济合作与发展组织（OECD）在 1996 年的年度报告《以知识为基础的经济》对知识的分类。

③ 《信息与文献　术语》（GB/T 4894—2009）的 4.2.2.1.7 条款中对“文件”（file）的术语定义。

④ 《信息与文献　术语》（GB/T 4894—2009）的 4.2.1.1 条款中对“原始文献”（original document）的术语解释是：“由其产生复本的最初创建的文献。在档案中也称原件。”

⑤ 《公共服务领域英文译写规范》（GB/T 30240.4—2017）的 4.2.1 条款：“文物一般译作 Cultural Relic，专指古董时也可译作 Antique。”

界各个国家对文物的称谓并不一致，定义和范围也不尽相同，因而迄今尚未形成一个对文物共同确认的统一定义。

“文物”一词最早见于《左传》①，是礼乐、典章制度的统称。到唐代，其含义与今天比较接近。文物从时间上看，有古代的、现代的，也有当代的。清代以前，人们把珍贵的古物称为“骨董”，后来渐变为“古董”“古玩”。文物在时间的涵盖上要大于古董或古玩，因为文物可以是古代的，也可以是现代的或当代的，只要是优秀的文化产物就都可以被列入文物范畴。中华人民共和国建立以后，由中央人民政府政务院以及后来的国务院所颁布的一系列有关保护文物的法规，都沿用了“文物”一词。直到 1982 年全国人民代表大会常务委员会通过了《中华人民共和国文物保护法》，才把“文物”一词及其范围用法律形式固定了下来。其范围实际上包括了可移动的和不可移动的一切历史文化遗存，在时间上已包括古代、近现代和当代。

档案与文物的主要区别在于：

第一，档案是人类在社会活动中有意识地形成和保存的原始记录。文物则主要是指人类历代遗留下来的物质遗存（实物）。

第二，档案是通过一定的记录方式（模拟的和数字的）将人类社会活动的数据、信息和知识固定在一定媒介上的有确定含义的原始记录，而文物中的大多数对象却没有这种特征。档案既可以提供记录性信息又可以提供实物性信息，而多数文物只能提供实物性信息。

第三，档案的价值主要表现为对人类活动所具有的系统凭证价值和查考价值，而文物的价值则主要表现为历史价值、艺术价值和科学价值。文物是帮助人们认识和恢复历史本来面貌的重要依据，特别是对没有档案记载的人类远古历史来说，文物是人们了解、认识当时人类活动和社会发展的主要依据。

第四，档案所提供的历史和现实证据具有连续性、系统性和完整性等特征；而文物所提供的历史和现实证据却是非连续的、碎片化的，有时甚至是模糊的。

第五，档案的价值主要体现在其内容层面，尤其是当人类社会进入电子记录时代后，档案的内容不再依赖原载体而存在；但文物的价值自始至终都体现在实物层面，即只有重要的、有代表性的实物才是文物。

有些文物因其载有记录性（书史性或叙事性）文字、图形等，而具有了档案的属性。有许多档案因其具有历史价值、艺术价值和科学价值，而具有了文物的属性。所以，档案与文物两个概念之间，存在着一定的交叉关系。

（五）档案与数据、信息、知识

数据、信息和知识三个概念与档案概念之间的关系极为密切。数据（data）② 是对客观事物的性质、状态和相互关系等进行记载的物理符号或这些物理符号的组合，是对客观

---

① 《左传·桓公二年》载：“夫德，俭而有度，登降有数，文物以纪之，声明以发之；以临百官，百官于是乎戒惧而不敢易纪律。”

② 中国科学院的孙九林院士认为：数据是人类认识自然和改造自然的产物，是人们用于记忆世界客观事物的本质、特征和运动规律的符号。

事物的归纳，是用于表示客观事物的未经加工的原始素材。数据可以分为模拟数据和数字数据两类。模拟数据由连续函数组成，是指在某个区间连续变化的物理量，又可以分为图形数据（如点、线、面）、符号数据、文字数据和图像数据等，如声音的大小和温度的变化等。[①] 数字数据在某个区间内是离散的值，如各种统计或量测数据等[②]。在计算机科学中，数据是指所有能输入计算机并被计算机程序处理的符号的介质的总称，是用于输入电子计算机进行处理，具有一定意义的数字、字母、符号和模拟量的通称。

档案内容中记录的数据可以被称为档案数据，是对人类社会活动的各种职能、活动、事件、事务及其过程和结果的客观归纳，其中既包括模拟数据又包括数字数据。

信息是对客观世界中各种事物的运动状态和变化的反映，是客观事物之间相互联系和相互作用的表征，表现的是客观事物运动状态和变化的实质内容。“信息”一词在英文、法文、德文、西班牙文中均是“information”，在日文中为“情报”，我国台湾地区称之为“资讯”。信息作为科学术语最早出现在哈特莱（R. V. Hartley）于 1928 年撰写的《信息传输》一文中[③]。1948 年，数学家香农在题为《通信的数学理论》的论文中指出：“信息是用来消除随机不定性的东西。”控制论创始人维纳（Norbert Wiener）认为，信息是人们在适应外部世界，并使这种适应反作用于外部世界的过程中，同外部世界进行互相交换的内容和名称。我国著名的信息学专家钟义信认为，信息是事物的存在方式或运动状态，并以这种方式或状态直接或间接地表述。美国信息管理专家霍顿（F. W. Horton）认为，信息是为了满足用户决策的需要而经过加工处理的数据。

档案内容中的信息是经过加工的数据，可被简称为“档案信息”。档案信息与档案数据既有联系，又有区别。档案数据是档案信息的表现形式和载体；而档案信息则是档案数据的内涵，是加载于档案数据之上的具有含义的解释。档案数据和档案信息是不可分离的，档案信息依赖档案数据来表达，档案数据则生动具体地表达出档案信息。档案信息是对档案数据进行加工处理之后所得到的、对人类活动产生影响的数据或数据集合，是逻辑性和观念性的。在通常情况下，档案数据本身只有记录价值；只有当对人类活动产生影响时，档案数据才会成为具有应用价值或利用价值的档案信息。

知识是人类在实践中认识客观世界（包括人类自身）的成果总和，是人类从各个途径中获得的经过总结与提炼的系统的认识，包括事实、信息的描述或在教育和实践中获得的技能。柏拉图认为，一条陈述要能称得上“知识”，必须满足三个条件，即被验证过、正确和被人们相信。知识可分为简单知识和复杂知识、独有知识和共有知识、具体知识和抽象知识、显性知识和隐性知识等。20 世纪 50 年代，世界著名的科学哲学家迈克尔·波兰尼发现了知识的隐性维度。知识也是哲学认识论领域的一个重要概念。

现代知识管理理论认为，知识存在着“五种演进层次”，可以通过两个过程实现双向演进。第一个过程是让信息价值升华的过程，即从“噪声”中分拣出“数据”→转化为“信息”→升级为“知识”→升华为“智慧”的过程。第二个过程是智慧→知识→信息→数据；到数据这里，知识已经失去了应用价值，只有记录价值了。如果从数据衰退到噪

---

① 周屹，李艳娟．数据库原理及开发应用．2 版．北京：清华大学出版社，2013：2.

② 王珊，萨师煊．数据库系统概率．5 版．北京：高等教育出版社，2014：4.

③ 哈特莱认为，发信者所发出的信息，就是他在通信符号表中选择符号的具体方式，并主张用所选择的自由度来度量信息。

声，知识就已经是纯粹无效的东西了。

知识的主要特征包括：隐蔽性（知识的获取需要进行归纳、总结和提炼）、行动导向性（知识能够直接推动人的决策和行为、加速行动过程）、动态性（知识需要不断更新和修正）、主观性（对知识的理解，会加入主体的意愿）、可复制性和可转移性（可以被复制和转移，并可被重复利用）、延展生长性（知识在应用、交流过程中会得到丰富和拓展）、价值性和叠加性（知识可以创造价值，知识的传播会产生倍增效应）、情境性（知识必须在规定的情境下起作用）、心智接受性（知识必须经过人的心智内化，被真正理解，才能被准确运用）、结果导向性（知识可导向一个可预期的结果）、权力性（掌握知识的主体往往拥有较大的权力）、生命周期性（知识有产生和失效的过程，不是永久有效的）。

就档案的内容而言，其中绝大多数属于数据和信息，只有一部分属于知识性成果（如书稿档案的内容、科技档案的内容等）。这是由档案的形成规律和特点决定的。档案作为人类从事各种社会活动的原始记录，其内容主要是对其所从事的活动、事件及所涉及的各种对象的记录和描述。因此，人类可以从档案的内容中分离、提炼出许多关于社会、自然界及人类自身的数据；可以通过加工和应用将这些数据转化为信息；可以通过系统的认识、评价、推理和分析总结，获得大量的有用知识；并在此基础上，升华出人类认识自然和改造自然及人类自身的智慧。

同图书、情报资料等知识性成果相比，档案的内容较为芜杂，系统性知识含量较低。但是，档案的内容之中蕴含着巨量的关于人类社会、自然界及人类自身的事实性、客观性、经验性的数据和信息，通过有效的加工提炼、开发利用，人们往往会从中发现许许多多有利用价值的、可以促进人类认识能力和水平提升的资源，是人类获取知识、增加智慧的重要源泉。

通过上述分析，我们不难看出档案概念同数据、信息和知识三个概念之间所存在的密切关联性。认识和理解档案的内容，如果脱离了数据、信息和知识概念，就会失去正确的方向。档案是人类在活动中直接形成的历史记录，这种原始记录中蕴含着大量的有价值的数据和信息，也是人类获得知识的主要认识素材的来源。从一定意义上说，档案是数据、信息和知识的容器，而数据、信息和知识则是这种容器中所盛装的内容。

（六）档案与实物

自 20 世纪 90 年代以来，对档案与实物的关系，学者们一直存在着不同的意见。其中最主要的问题是“实物档案”的概念是否成立。档案的概念不可从个体角度孤立地加以理解，而应从集合体和有机体（类聚体）的角度来理解。档案不仅是一般意义上的凭证、证据，而且能够为人类有关活动（职能、活动、事件、项目等）提供相对系统、完整、充分的证据体系，即档案证据通常不是个体性的证据，而是连续的、系统的证据体系。在这种证据体系面前，任何个别的、孤立的证据都会显得黯然失色。在这个证据体系中，凡是人类在业务活动中直接形成的相关文件、记录及相关的实物，都可以被称为这种证据体系的组成部分。

实物成为档案的要件应包括：

第一，实物本身就是业务活动的直接产物。

第二，实物是数字和信息等文件的记录对象，且一旦离开了相关文件便无法得到有效的认识和理解。

第三，实物提供的凭据是辅助性的，数字和信息等相关文件提供的凭据是主要的。

第四，实物是有关人类活动的证据体系的有机组成部分。

第五，实物虽然可以单独保存，但必须通过著录、编目等方式建立与相关文件之间的联系，才能成为档案的组成部分。

只有在满足了上述五个条件的前提下，实物才可以成为实物档案。

对在生物科学、医学、地质学、博物学等学科领域和相关实践中形成的各种标本、文物等实物资料，我们可以实行文件化管理，即登记、著录、描述它们的主要数据、信息，并以文件的形式加以固化。对所形成的文件按照档案管理的要求进行分类、整理、归档保存，这一过程一般被称为“建档工作”。其目的是更好地管理文物、标本等实物资料，其所形成的文件和档案一般处于辅助地位。也就是说，文物、标本等实物资料并没有因为实行了文件化和档案化的管理而改变其本质和属性。这种实物资料，不能被称为“实物档案”。

第三节　档案的属性、特征和种类

本节将介绍档案的属性、特征和档案种类划分的知识。有效把握这些方面的认识成果，将有助于科学地开展档案的管理活动，更好地利用档案资源。

一、档案的属性

档案的属性是指所有档案具有的固有性质的集合。档案的本质是原始记录，这一本质决定了档案的各种规定性。

（一）档案的特殊本质属性

1. 原始性

档案的形成过程及所记录内容的原生性，使档案具有了这种性质。就档案的形成过程而言，所有的档案都是由人类在从事各种相关的活动中所使用的文件、文书、数据记录、信息记录等直接转化而来的，而不是事后根据某种需要或意图编造、伪造出来的。就档案的内容而言，它所承载的是人类在从事各种社会活动中所形成和积累的原生性数据、信息和知识，其中既有人类在从事各种活动的过程中获得的过程性经验、事实、数据、信息的记录，又有结果性的经验、事实、信息及理性认识成果的记录。这些记录本身都具有非常突出的原始性。

2. 记录性

档案是一种可以追溯既往职能、活动、事件等人类活动的过程和结果的连续记录。在各种相关的活动中，人类可以用于追溯既往的记录物虽然有许多，如图书、报纸杂志、资料等文献材料，都具有这种功能和作用，但是唯有档案可以为人类活动提供真实、系统、完整的连续性凭证。档案所能提供的这种令人信服的连续性凭证，是其他各种文献材料不能提供的。档案的这种品质是由其前身——文件、文书、图样、图像、影像及各种电子文件、数据记录的性质决定的。人类在从事各种活动的过程中，为了表达意图、传递信息、业务留痕、记录行为过程和成果等目的而使用的各种模拟性的、数字性的记录，都是这些活动的有机组成因素。这些事实、过程、经验、结论等记录，由于具有原生性、凭证性等特点，其作用是人类其他记录物（各种派生性的文献资料）所无法比拟的。

3. 有机联系性

档案是人类历史活动的产物。围绕着每一项职能活动，都会形成一定数量的文件、文书、记录和数据材料（以下统称文件），这些文件在产生和处理过程中很自然地形成了密切的关联性，形成了一个个有机的文件体系。一个组织、机构或个人的社会活动，可以通过其在历史活动中形成的有机文件体系得到连续的凭据支撑和保障；一项职能或活动，可以通过围绕该项职能或活动所形成的有机文件体系，获得连续的历史凭据的支撑和保障；一个事件或项目，可以通过围绕该事件或项目形成的有机文件体系，得到充分的连续的凭据支持和保障；一个内部机构或活动单元的活动，也可以通过该内部机构或活动单元所形成的有机文件体系得到系统的凭据支持和保障。档案的有机联系性，是由人类活动的规律和特点决定的，是在其前身——文件的产生和处理过程中自然形成的一种相互关联性。档案的这种有机联系性是一种整体性特征，而非构成档案有机体的每一份文件的个性特征。

从某种意义上说，图书也具有有机联系性，但图书的这种有机联系性一般是指图书内容所提供的知识或思想具有一定的关联性和整体性，而且多体现于每一本图书自身，即个体的、内在的知识内容本身的关联性和整体一致性；另外，图书的这种属性带有明显的主观性特征，因为对相同素材的加工，可以形成不同的认识成果。而档案的有机联系性，则是一种“生长的结果”，是文件之间而非个体内在的一种联系特征。有机体适应环境，在环境中发展起来，并作用于环境。档案正是这样一种“有机体”，是在人类活动的环境中，伴随着人类的实践活动和思维活动而生，同时又反作用于人类的相关活动，成为人类社会存在和发展的一种重要的文化资源和财富。

4. 来源同一性

与文献、情报和资料等记录物相比，档案具有非常突出的来源同一的属性。同一来源的档案不能分散，不同来源的档案不能混杂。这里所讲的来源既可以指档案的形成机构、组织或个人（即法律上说的法人和自然人），也可以指“职能活动”。在档案管理中，我们把同一组织或个人、家庭来源的全部档案的总和称为“全宗”。只有有效地将同一来源的档案集中管理，才能使其整体价值最大化，同时这也是有效理解其中的某一份或某一类档案文件存在价值的必要前提条件。

通过对档案所具有的上述性质的分析，可以得出的基本认识结论是：档案以兼具原始性、记录性、有机联系性、来源同一性的特征，区别于其他文献资料。与其他记录相比，原始性、记录性、有机联系性、来源同一性是档案的特殊本质属性，也是档案固有的本质性质。但是，对档案属性的认识，如果仅仅停留在这种认知层面，还不足以把握档案的所有属性。在以往的理论中，有学者认为“原始记录性”是档案的“唯一本质属性”的认识是不够全面的。其实，“原始记录性”只是档案的特殊本质属性而已。

（二）档案的一般本质属性

档案还具有许多同其他记录物共有的本质规定性，即一般属性。这些一般属性归纳起来，主要包括（但不限于）表1－4中所列举各项。

表1－4　档案的其他本质规定性（一般本质属性）一览表

序号	一般属性	说明
1	证据性	从法律意义上说，证据性是所有具有证明事实能力的事物或对象的共同本质属性。但档案的证据价值（证明力）高于其他证据性材料。这是因为档案属于原始证据和直接证据，其中有许多还是国家机关、社会团体依职责制作的公文
2	真实性（可靠性）	凡是能够客观地记录和反映人类活动的记录物、实物等，均具有真实性（可靠性）的性质。但从反映人类社会活动的本来意图、直接目的的角度看，档案的真实性（可靠性）远远高于那些人们在事后加工、编辑、整理过的，加入了更多的主观认识的文献资料
3	数据性	数据是关于事实的最小记录单元。档案的内容是由许许多多的数据单元构成的，而且这些数据多数属于人类活动的原生性数据，其价值往往大于其他文献中所包含的数据
4	信息性	信息是可以消除人类社会活动中各种不确定性的东西，包括原生性信息和派生性信息两种。档案的内容中含有大量的原生性信息，可以扩充、浓缩、扩散、分享、替代等，也可以采集、传递、存储、检索、处理、交换、利用
5	知识性	档案是知识的一种存在形式，其中既有感性知识也有理性知识。档案知识具有可应用性、可分享性及去伪存真性。但是，与图书情报资料等文献相比，档案知识还比较欠缺系统性、精细性，即档案知识的内容较为芜杂
6	经验性	经验是指从多次实践中得到的知识或技能或人的亲身经历。档案中的经验是在社会实践中产生的，是客观事物在人们头脑中的反映，是认识的开端。充分利用档案中的经验，人们可以获得更多的理性认识成果和有效的行动指南
7	内向性	档案是其形成者在社会活动中形成的，其具体的形成目的和内容多数不为公众所知晓，具有较为突出的内向性。有些档案因涉及国家秘密、企业商业秘密或个人隐私，还需要在一定时间范围内控制使用，具有很强的机密性特征。但随着时间的推移和社会条件的变化，档案的机密性会逐渐减弱，并最终会成为可以公开的信息
8	系统性（完整性）	档案是人们按照其形成规律和特点，经过分类、整理、鉴定等科学的管理而形成的文件有机整体。档案可以相对系统、完整地予以记录和呈现各种机构、组织的职能活动的客观历史样貌
9	价值性	档案的内容丰富，是一种富集性的数据、信息、知识、经验、成果资源，可以有效地满足人们在生产、生活中的各种需要，具有多种多样的有用性和有益性
10	资源性	档案作为一种宝贵的数据、信息和知识资源，蕴含了许多人类社会的组织和团体及个人所急需的有价值的数据、信息和知识。在现实社会中，谁掌握的档案资源越多，谁就越有话语权和竞争力。档案资源已成为世界各国及企业生存和发展所必需的一种核心性的宝贵资源
11	流动性	档案的内容是可以传播和流动的资源。传统媒介存储的档案资源的流动性较弱，但数字化的档案资源可以利用信息网络增强其流动性，让更多的用户分享档案数据、信息和知识，从而促进档案价值的实现

续前表

序号	一般属性	说明
12	继承性	档案可以通过各种记录媒介长期保存、继承下来。人类社会通过模拟媒介和数字媒介等手段保存档案，继承人类的精神财富。正因为档案的这种继承性，人类的经验和知识才得以不断发展，一代胜过一代，并向生产要素中渗透，使劳动者的素质不断提高、科技生产和经营管理水平不断提升、社会治理能力不断增强
13	社会性	依法公开的档案是一种社会性资源。不同的社会生产方式产生不同种类、不同数量、不同质量的档案资源。档案资源是可超越国界、超越种族关系的，谁都可以掌握和利用它创造社会财富
14	文化性（财富性）	文化是人类所创造的物质财富和精神财富的总和。档案是文化的一种重要存在形态，是人类所创造的精神文化财富的重要组成部分

二、各种档案的主要特征

档案的特征是指各种不同门类和种类档案所具有的突出特点。目前档案理论界将档案的主要门类划分为文书档案、科技档案、专门档案、声像档案和电子档案等。不同种类的档案具有各自相对独立的特征。

（一）文书档案的主要特征

文书档案与其他门类的档案相比，其主要特征包括政治性、保密性、长效性、权威性等，参见表 1－5。

表 1－5　文书档案的主要特征

序号	特征	说明
1	政治性	即权力性。文书档案是维护国家稳定和社会秩序的必要手段
2	保密性	即机要性。文书档案的内容中有些记录涉及国际秘密，如果公开，就会给国家和民族的利益造成不同程度的损害
3	长效性	文书档案包含着社会治理的经验、失败的教训和智慧的结晶
4	权威性	文书档案具有突出的法律证据地位

（二）科技档案的主要特征

科技档案的主要特征包括科技性、现实性、专业性、成套性和资产性等，参见表 1－6。

表 1－6　科技档案的主要特征

序号	特征	说明
1	科技性	科技档案作为一种对科学和技术经验与成果的记录，是一个国家生存与发展能力的体现，是一个社会生产力的重要因素，也是一个企业生存、竞争与发展的动力来源

续前表

序号	特征	说明
2	现实性	科技档案作为一种对科学和技术成果的记录，在科技成果的生命周期内，如果得到合理的开发利用，就会发挥重要的现实作用；但如果错过了其生命周期，则除少数科技档案会因其记录事实的典型性或代表性而成为研究科技史的素材外，多数科技档案会失去存在的价值。科技档案的现实性是由其所记录对象的生命周期和科技内容的现实有效性决定的
3	专业性	科技档案是人们在从事各种科技、生产等专业活动的过程中形成的，这种形成特点，决定了其具有明显的专业属性；在不同专业活动中形成的科技档案，在内容构成上也存在着显著的差异性。同一专业形成的科技档案资源，通过内容或信息共享和有效交流，可以极大地促进其现实价值的实现
4	成套性	围绕这一项科技活动或项目所形成的科技档案，往往具有密切的相互关联性，是一个个由科技文件、数据和记录等构成的有机体系
5	资产性	科技档案是一个国家、一个企业的重要的有形资产和无形资产，是科技生产活动、经济活动的要素，可以给相关主体带来现实的或预期的经济收益或财富

（三）专门档案的主要特征

专门档案的主要特征包括专门性、时效性、规范性等，参见表1-7。

表1-7　专门档案的主要特征

序号	特征	说明
1	专门性	各种专门档案都是在一定的专业领域中，围绕着某一项专门性活动形成的。这一特点决定了其形成领域和内容构成均具有较为突出的专门性特征。同一性质的专业活动，往往会形成具有相同性质的专门档案；不同性质的专业活动所形成的专门档案则往往会表现出较大的差异性。即使是同一性质专业活动中围绕不同的专门性业务活动所形成的专门档案，也会产生不同种类的专门档案
2	时效性	绝大多数专门档案的生命周期同产生该档案的专门性业务活动的周期是相适应的。即，当这种专门性业务活动在持续时，与之相关的专门档案就会有存在和利用的价值，而当这种专门性业务活动已经结束时，与之相关的专门档案多数就会失去存在的必要性和现实使用价值
3	规范性	各项专门性业务活动通常都具有严格的规范程序和质量要求，这就决定了其记录物（专门档案）的形式和内容具有规范性。在各种类型的档案中，专门档案的规范性是较为突出的

（四）声像档案的主要特征

声像档案的主要特征包括场景性、形象性和生动性等，参见表1-8。

表1-8　声像档案的主要特征

序号	特征	说明
1	场景性	声像档案由于是采用拍摄、录制及音频、视频、多媒体等手段记录人类社会活动的，所以会较为完整地呈现当时现场的情形。同文字记录相比，声像档案往往能够更完整地留存当时现场的信息，给人以身临其境的感受

续前表

序号	特征	说明
2	形象性	声像档案对特定事件、活动、项目、人物的记录，相较于其他历史记录，能够提供更多的细节层面的形象和生动的信息
3	生动性	声像档案能够使人们更多地感受到“原生态”的历史活动场景、画面、声音，具有较为突出的感染性和视觉、听觉冲击力，是一种较为生动的脑外记忆形式

（五）电子档案的主要特征

电子档案的主要特征包括数字记录性、非直读性、高科技性、非原载体依赖性、可恢复性、海量性、易得性、多样性、动态传输性和生动形象性等，参见表1－9。

表1－9　电子档案的主要特征

序号	特征	说明
1	数字记录性	电子档案是由电子文件（或电子记录）转化而来的一种原始记录。与传统档案的模拟记录方式相比，电子档案是采用数字化记录方式形成的电子记录集合。“电子记录是指在计算机系统或者其他类似设备中，或者通过计算机系统或其他类似设备，记录或保存在任何介质上，且能够被某人、某一台计算机系统或者其他类似设备读取或感知的数据。”（参见加拿大《统一电子证据法》）
2	非直读性	电子档案是以二进制码（即0或1数字编码）的形式存在的，并以电子形式存储在各种电子设备上，以光、电、磁形式存在，离开了相应的技术手段和设备，人们便无法直接读取其中的内容记录，具有无形性特点。电子档案的存取要以电磁脉冲、光束等形式进行，要存取电子档案，就必须借助一定的技术手段或电子设备
3	高科技性	电子档案的科技含量高，必须借助计算机技术和存储技术等高科技和存取设备，才能得到有效保存和利用。从电子档案依赖的设备、存储介质、传输手段来看，从其产生、形成到利用，各个环节都离不开高、精、尖科学技术的支持
4	非原载体依赖性	电子档案可以不固定依附特定的载体（媒介）而存在，可以多次原样复制（迁移）而不影响其证据性
5	可恢复性	电子档案的可恢复性指电子档案虽易篡改或删除，但并不意味着其中的电子数据就不稳定、不安全。因为电子档案在被篡改或删除时，肯定会留下痕迹，鉴定人员可以通过计算机恢复技术重现原始档案数据，从而确保其完整与安全。而其他物理形态的档案则容易毁损，且无法恢复。正是因为此，电子档案才具备了证据资格所要求的客观性
6	海量性	在网络电子环境下，人们不再为档案存储空间的有限性所困扰，可将围绕着人类社会活动所形成的更大量、更细节的记录、数据、文件、文书等以电子方式保存下来，从而实现海量原生业务数据和信息的存储
7	易得性	电子档案是一种数字化的档案资源，所以人们可以借助于计算机检索软件和互联网，不受时空条件限制，高效、快捷地获得所需要的档案内容数据、信息和知识

续前表

序号	特征	说明
8	多样性	与传统档案相比，电子档案具有形式多样的特点。计算机或者其他电子设备表现出的信息内容往往不是单一的数据、图像或声音，而是数据、声音、图像、图形、动画、文本的结合。尤其是以多媒体形式存在的电子档案的综合性和多样性特点更加突出。电子档案不仅可以直接在计算机上呈现，也可以通过打印机等设备，以传统的方式呈现出来
9	动态传输性和生动形象性	电子档案具有动态传输性。传统档案大多以静态的方式来反映人类社会活动，只能反映这些活动的某个片段或者个别情况。而电子档案则能够再现与这些活动有关的更多、更丰富的文字、图像、数据和信息，生动形象地展示人类社会活动的具体情况，并且它所反映的情况往往是一个动态连续的过程，可以更加直观地再现人类社会活动当时的情景，这也说明了电子档案具有生动形象的特点

三、档案的种类划分

根据档案自身的属性和档案管理理论研究的需要，可采用不同的标准，从各种角度划分档案的种类。

（一）按来源划分

即按档案的形成主体的性质来划分档案的种类。形成主体是档案的重要来源属性，依据该属性标准，可以将档案划分为党政机关档案、社团组织档案、企业（公司）档案、事业单位档案、名人档案、家庭档案、家族档案等种类。

（二）按职能划分

即根据档案形成的职能活动性质来划分档案的种类。人类社会的职能活动是多种多样的，所以，可以呈现的划分结果也是多样的，如党务档案、政务档案、经营管理档案、生产管理档案、技术管理档案、基本建设档案、产品（设备）生产档案、科研档案、人力资源管理档案、财务管理档案、项目管理档案等。

（三）按内容划分

即根据档案的内容性质和形成领域来划分档案的种类，如文书档案、科技档案、专门档案等。

（四）按记录方式划分

即按照档案的不同记录手段和方式等性质来划分档案的种类，如文字档案、图形档案、图像档案、声音档案、照片档案、数码照片档案、音（视）频档案、多媒体档案、缩微档案等。

（五）按载体（存储介质或媒体）划分

即按照档案的实际存储介质来划分档案的种类，如简牍档案、甲骨档案、纸草档案、泥板档案、蜡板档案、羊皮（牛皮）纸档案、棕榈叶档案、缣帛档案、纸张档案、胶片档案、磁带档案、录音带档案、录像带档案、光盘档案、磁盘档案等。

（六）按时间划分

即按照档案形成时所属的历史时期、年代、年度、阶段等性质来划分档案的种类。如按历史时期，可划分为夏商周时期档案、封建时期档案、民国时期档案、中华人民共和国时期档案等；按年代，可划分为 20 世纪 30 年代的档案、40 年代的档案、50 年代的档案等；按年度，可划分为 1949 年的档案、1958 年的档案等；按阶段，可划分为项目前期档案、项目中期档案、项目后期档案等。

（七）按所有权划分

即按照档案所有权的性质来划分档案的种类，如国家所有档案、集体所有档案、公民个人所有档案等。境外的一些国家将档案划分为“公共档案”和“私人档案”，采用的也是这种划分标准。

（八）按涉密程度划分

即根据国家法律法规所规定的档案内容的涉密程度来划分档案的种类，包括非密（公开）档案、绝密档案、机密档案、秘密档案，核心商密档案、普通商密档案，个人隐私档案，等等。

（九）按价值划分

即按照档案的不同保存或利用价值特征划分档案的种类，包括具有永久保存价值的档案、具有长期保存价值的档案、具有短期保存价值的档案，具有政治价值的档案、具有经济价值的档案、具有文化价值的档案、具有科学研究价值的档案、具有军事和国防价值的档案，具有单位价值的档案、具有国家和社会价值的档案，等等。

（十）按所属的政权性质划分

我国的档案按所属的历史时期和政权性质，可划分为中华人民共和国成立后的档案和成立前的档案。中华人民共和国成立后的档案主要包括党和国家的中央及地方的各级机关、军队、团体、企业和事业单位的档案，以及国家征集或个人捐赠的某些著名人物的档案，等等。这部分档案是国家所有的档案中完整性最好且数量还在不断增长的档案。中华人民共和国成立前的档案，按其所属的政权性质，可划分为革命政权档案和旧政权档案。

革命政权档案（也称革命历史档案）是我国新民主主义革命历史时期的档案的简称。它主要是在从 1919 年五四运动到 1949 年中华人民共和国成立以前的整个新民主主义革命时期内，中国共产党及其领导的人民政权、军队、企业、事业单位、共青团和其他革命团体、革命活动家所形成的档案。

旧政权档案包括在中华人民共和国成立前，历代王朝、中华民国、北洋军阀、日伪政权时期所有的机构、组织、军队、企业、事业单位和反动党、团、会道门的档案，以及一般社会团体、私营企业、私立学校，为国家所接收的外国在华的侵略机关、团体、企业、事业单位的档案。这些档案反映了我国各个社会历史时期的状况，是研究我国历史的宝贵史料。

第四节　档案的价值和作用

本节将介绍档案的价值和作用的概念、构成，以及档案价值实现的一般规律。

一、档案价值的概念及其构成

档案价值是指档案所具有的能够满足人类社会生存与发展需要的各种有用性和有益性的总称。档案的价值是一种多维意义表达，具有"一元多维"的特征。所谓"一元"，是指档案的所有价值形态或作用表现，都是以其原始记录价值为根源产生的。所谓"多维"，是指档案的价值可以在不同的维度上表现出来，而且在同一维度上的具体价值表现形态又具有多样性特征。人们通过长期的档案管理实践和理性认识，对档案所具有的各种有用性和有益性的经验性认识和理性认识，将会越来越深刻、越来越全面。人类在长期的形成、积累、管理和利用档案资源的历史实践活动中，也在不断深化对档案的有用性和有益性的认识。这使得人类从这种宝贵的精神文化资源中获取了越来越多的经验、知识、信息、情报、智慧和财富。通过积累、保存和有效利用档案资源，人类可以提升认识、改造和利用自然的能力，增强对社会的治理和管理能力，同时也可以深化对自身的认知能力。档案价值的构成，即档案的各种有用性和有益性，主要包括如下内容（见图 1－1）。

（一）凭证价值

档案的凭证价值是指档案在提供人类社会活动的业务证据和法律证据，维护有关社会活动主体的正当合法权益，保障社会正常的政治、经济、法律、文化秩序等方面所具有的有用性和有益性。档案的这种价值是由档案的形成规律和档案的自身特点决定的。首先，从档案形成的过程及结果来看，它是从当时当事直接使用的文件、数据材料和记录等转化而来的，并非在现今使用之际临时编造的。它客观地记录了以往的历史情况，是令人信服的历史证据。其次，从档案自身的物体形态上看，其上保留着真切的历史标记。最后，电子档案的形成和保存都得到了"元数据"的有效记录，这使其形成的背景信息、内容信息、结构信息乃至管理史的信息都得到了有效留存，为其真实性、证据性的存续提供了有力保障。档案的凭证价值是档案不同于和优于其他各种文献资料和实物对象的最基本的价值特征。

（二）参考价值

档案的参考价值是指档案所记录的内容，能够为日后处理人类社会与自然界的关系、社会内部人与人的关系，以及与此相关的探索性和准备性活动等方面提供借鉴的有用性和有益性。

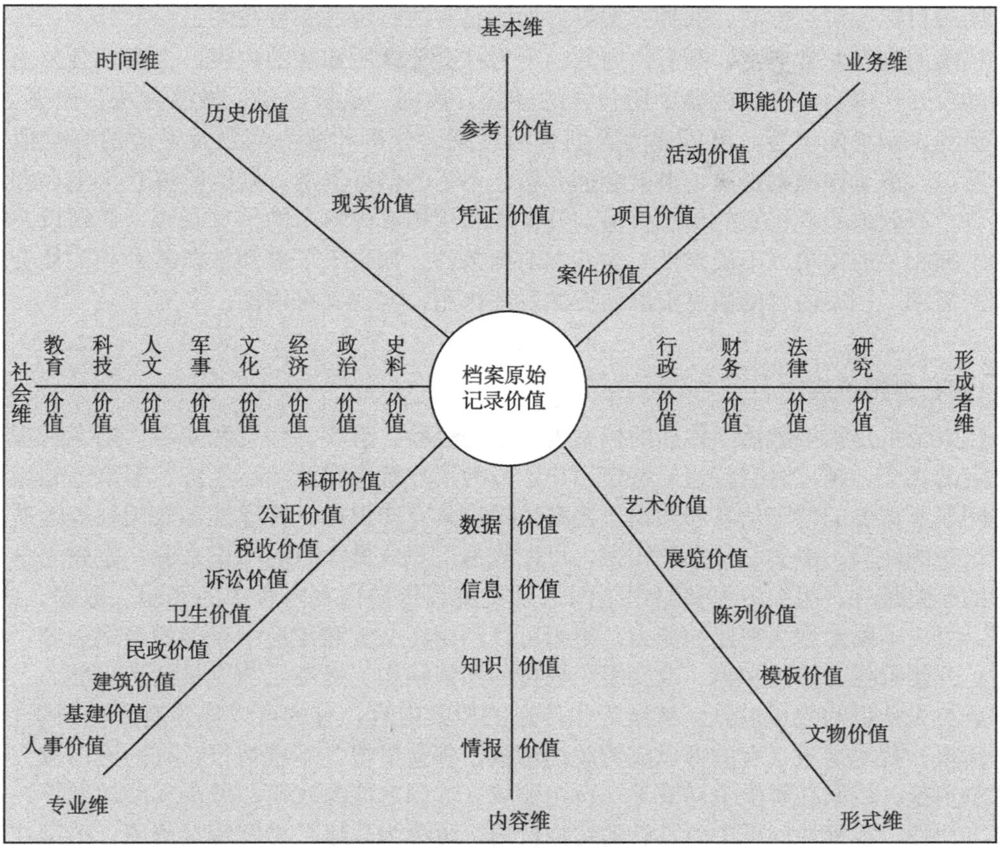

图 1-1　一元多维的档案价值示意图

注：一元多维的档案价值思想和示意图是本书作者原创，引用者应注明出处。

档案和其他文献资料等，都可以作为参考资料，其参考价值也各有所长。而档案作为参考资料的主要特点，在于它的原始性和可靠性。档案对许多人类社会职能活动来说，是一种宝贵的资源。对某些人类社会活动来说，档案甚至是不可或缺的参考依据。在日常行政事务、科技研究、生产生活以及政治、军事、外交、法律等活动中，没有档案或不去查考档案，非但不便于开展工作，有时甚至还会导致严重的后果或差错。档案之中既蕴含了许多人类做事的经验和思想成果，也有许多值得记取的教训和案例，具有非常重要的参考价值和借鉴意义。档案是第一手的资料，具有广泛的参考借鉴方面的有用性。充分利用档案资源可以使人类获得宝贵的思想财富，反思历史和启迪智慧，避免重蹈覆辙和规避风险，继承成功的经验，做出科学的决策和选择，发现创新点，获得解决问题和矛盾的方法和思路，减少重复劳动和投入，节约成本，等等。

（三）信息价值

档案信息是指档案内容中可以有效消除人们在社会活动中的各种不确定，帮助人们解决各种问题和矛盾的经验、事实、数据、结果等。档案的信息价值就是档案的内容在消除人类的思想和行为中的各种不确定性方面所具有的有用性和有益性，即档案内容在解决问题、化解矛盾、解决纠纷、应对挑战、消除隐患、发现风险点、了解脆弱环节、管理决策、明确目标、辨别方向、选择方案等方面所具有的有用性和有益性。

档案的内容非常丰富，既有内向性的不为社会公众所知晓的内容，也有社会公众广为知晓的公开性内容，这些内容中所包含的经验、数据、认识成果、做事方法、做事手段、做事流程、做事知识等，可以成为人们日后发现、分析和解决问题及矛盾的有价值的信息。所以，谁掌握档案资源，谁就会拥有取之不尽的信息资源，谁就能够获得生存和发展的优势。有效地实现档案的信息价值，开发和利用档案内容中的信息资源，必须以及时发现和掌握相关的需求（不确定性）为基本前提条件。如果不了解和掌握各种相关社会活动主体的需求，档案内容的信息资源便无法发挥作用，实现其有用性。

（四）情报价值

档案情报是指被激活、传递的档案内容中的经验、事实、信息和知识。档案情报可通过一定的媒介，越过时空传递给特定用户，成为用户解决在政治、经济、军事等领域中的具体问题所需要的特定信息和知识。档案情报也具有知识性、传递性和效用性等性质。档案中记录的经验、事实、信息和知识，可以成为组织成员学习的知识来源，是建立学习型组织的必要条件；组织内部和组织之间通过交流和传递档案内容中的经验、数据、成果、知识，可以不断地增强彼此的能力；组织可以利用在交流和传递中获得的档案内容，启迪思想、开阔眼界、增进知识、改变组织成员的知识结构、提高组织成员的认识能力、帮助组织成员去认识和改造世界。被激活和传递的档案内容，有的可以成为有用的科学情报、经济情报、技术情报，有的可以成为政治情报、外交情报、军事情报，有的可以成为企业的竞争情报。档案在解决全局或某一特定领域（如制定能源政策、城市发展规划等）一些带有方向性、政策性问题中所具有的情报价值，可称为战略性档案情报价值；档案在解决局部或某一具体问题中所具有的情报价值，可称为战术性档案情报价值。

（五）数据价值

档案数据是指档案内容中对人类社会活动和自然、社会现象的事实或观察结果的记录，是档案内容中最小的有意义记录单元。它可以是连续的值，比如声音、图像、音频、视频——被称为模拟数据；也可以是离散的，如符号、文字——被称为数字数据。在计算机系统中，档案数据以二进制信息单元 0 和 1 的形式表示。档案数据的基本价值是由其数据的完整性、稀疏性、异常值和缺失值等因素决定的。档案数据的重复使用所体现出来的有用性，是档案数据的基本价值；在基本价值实现后，档案数据的价值仍然存在，只是暂时处于休眠状态，直到它被再次利用并重新释放“能量”。在大数据[1]时代，人类可以利用相应的信息处理工具，来释放档案数据的隐藏价值。档案的数据价值是其所有现实的和潜在的有用性、有益性的总和。

---

① 大数据指无法用现有的一般软件工具提取、存储、搜索、共享、分析和处理的海量的、复杂的数据集合。大数据的特征通常用 4 个 V（即 volume、variety、value、velocity）来概括：数据体量巨大（volume），人类生产的所有印刷材料的数据量是 200PB（1PB＝210TB），而当前典型个人计算机硬盘的容量为 TB 量级，而一些大企业的数据量已经接近 EB 量级；数据类型繁多（variety），包括结构化数据和非结构化数据，相对于以往便于存储的结构化数据，非结构化数据越来越多，包括网络日志、音频、视频、图片、地理位置记录等多类型的数据，对数据的处理能力提出了更高要求；价值密度低（value）（价值密度的高低与数据总量的大小成反比）；处理速度快（velocity），这是大数据区分于传统数据挖掘的最显著特征。

（六）知识价值

档案知识是指档案内容中记录的感性的、经验性的知识和理性的、经过验证的科学知识。档案的知识价值是指档案内容中所记录的事实方面的知识、原理和规律方面的知识、管理和利用某些事物的技能知识、做事的知识等所具有的有用性和有益性。

档案知识价值具有科学性、系统性、创新性和应用性等属性。科学性是档案知识价值的根本特性，是知识得以产生、传播、开发、利用的基石。凡是能够满足人类社会活动需要的有益知识，都具有一定的科学性。无论是通过感性认识的积累而形成的知识，还是通过理性认识形成的知识，都是对人类实践活动的科学总结，只是涵盖的领域和认识的水平不同而已。系统性是档案知识价值的重要特性，是人类了解、掌握、运用知识的理论概括的重要表现。只有系统性的档案知识开发利用活动，才能对人类的生产和生活的进步与发展产生深刻的、长远的影响。创新性是档案知识价值的又一个重要特性，是人类了解、掌握、运用知识的灵活性的重要体现。由于自然和社会的运动是一个不断变化发展的过程，因而人们认识与改造自然和社会的过程，也是一个不断深化和完善的过程。这就决定了人类了解、掌握、运用知识的过程，也应当是一个不断进步与发展的过程。所以，人们在开发利用档案知识价值时，决不能停留于某一阶段，局限于某一对象，受制于某一模式，而要不断丰富与创造新知识，不断开发与利用档案知识的新价值。应用性亦是档案知识价值的重要特性之一，是人类学习、传播档案知识目的性的重要体现。认识档案知识价值的科学性，把握档案知识价值的系统性，强化档案知识价值的创新性，就是为了拓展档案知识价值的应用领域，深化档案知识价值的应用程度，从而充分发挥档案知识价值的巨大效能，创造更多、更好的精神和物质财富，满足人类社会进步与发展的需求。

（七）史料价值

档案的史料价值是指档案作为研究或探讨人类社会历史问题的依据的各种有用性。从我国的历史看，档案在史书编纂、志书编修方面所体现的有用性、有益性最为突出。我国自古以来就有编史修志的文化传统，并以史书、志书为脉，维系和传承中华文明。例如，二十五史[①]主要利用历代的官府所收藏的档案史料编修而成。在历史研究中，作为第一手资料的档案，被史学研究者用来证史之实、参史之错、补史之缺、详史之略、补史之无。我国的考据学者，利用档案证明了许多历史记载的真实性。1917 年王国维撰写《殷卜辞中所见先公先王考》和《续考》，证明了《史记・殷本纪》和《世本》所载的殷王世系几乎都可以通过甲骨卜辞得到印证，并订正了因后世传抄的失误而造成的几位先公排序的错误。关于清代同治皇帝的死亡之谜，不少稗说野史认为同治皇帝经常暗自出宫宿娼，结果得花柳病致死。但专家根据清宫脉案和医方档案考证，同治皇帝确系出天花而亡。在中国的中央档案馆、中国第二历史档案馆、辽宁省档案馆、吉林省档案馆、上海市档案馆、南京市档案馆中保存的侵华日军南京大屠杀档案，对揭露日军反人类、反人道的大屠杀暴行

---

① 二十五史是指：《史记》《汉书》《后汉书》《三国志》《晋书》《宋书》《南齐书》《梁书》《陈书》《魏书》《北齐书》《周书》《隋书》《南史》《北史》《旧唐书》《新唐书》《旧五代史》《新五代史》《宋史》《辽史》《金史》《元史》《明史》《清史稿》。除《史记》为通史外，其他皆为断代史。

及日本右翼势力篡改历史的罪行，还原真实的历史，具有重要的史料价值。

档案的史料价值，是档案的各种价值构成中最基本、最长效的一种价值形态。

（八）政治价值

档案的政治价值是指档案在维护国家和民族利益及法律秩序，开展规范化社会管理中的有用性和有益性。在人类社会的不同历史时期，档案的政治价值会有不同的表现形态，这是由人类特定时期不同的政治要求决定的。历史上，政治一开始就是围绕国家权力展开的，表现为人们攫取、维护、建设、执行、制约国家权力的全部活动，而档案作为对这种活动的原始记录，自然就成为各种权力主体获取和维护自身利益的工具，并被视作“插入鞘中的剑”，成为统治者与被统治者之间进行权力斗争，以及统治集团内部权力分配和使用的重要依据。

从一定意义上说，规范化的社会管理就是政治，非规范化的社会管理一般是指民间管理。档案是社会管理不断趋于规模化、标准化、程序化、清晰化、精确化和条文化的历史记录。档案的内容客观地记录和反映了规范化的社会管理人员的评价与选拔、社会管理机构及其管理职能的设置、社会管理程序的制定、社会管理行为的约束、自然资源配置和利益分配法则等。根据规范化社会管理对象的不同，档案的政治价值主要表现出以下几种有用性形态：

（1）作为人力资源的规范化管理依据的价值。档案记录和反映了一个国家的人力资源的配置规则，是开展规范化人力资源管理的依据。

（2）作为自然资源的规范化管理（国土资源管理与环境管理）依据的价值。档案记录和反映了一个国家的自然资源的配置规则，是国家进行自然资源规范化管理的根据。

（3）作为知识产权的规范化管理（信息管理）依据的价值。档案记录和反映了一个国家的知识产品的配置规则，是国家进行知识产权规范管理的依据。

（4）作为经济行为的规范化管理依据的价值。档案记录和反映了一个国家的经济行为的限制规则，是国家开展经济行为规范管理的重要根据。

（5）作为财产的规范化管理依据的价值。档案记录和反映了一个国家的物权、继承权的规则，是国家进行财产规范管理的基本权力依据。

（6）作为组织机构的规范化管理依据的价值。档案记录和反映了一个国家的机构治理、行政、赔偿、兵役等行为规则，是国家各级各类组织机构开展规范化管理的依据。

（7）作为创立、实施、监督和评价各种经济规则依据的价值。档案记录和反映了一个国家所创立、实施、监督和评价的各种经济规则及相应的法律法规，是国家开展相关社会监督和评价活动的重要依据。

（九）经济价值

档案的经济价值是指档案对社会经济行为体提供的、可获利的产品或服务，具有的有用性和有益性。在社会经济活动中，各种社会经济行为体在产品和服务的生产、流通、供给过程中，会形成和积累大量的档案资源；对这些档案资源的有效开发利用，不仅可以使档案资源中的有意义的内容成为有价值的生产要素，保持和提升产品和服务的品质与质量，而且可以使经济行为体从中获得更多的利益。

（十）文化价值

档案的文化价值是指档案作为一种人类社会精神文明产物在满足人们文化需要的过程中所产生的有用性和有益性。

（十一）军事价值

档案的军事价值是指档案在解决军事、国防建设中存在的问题及有效地遏制战争、打赢战争、维护和促进世界和平等方面所具有的有用性、有益性。

“兵者，国之大事，死生之地，存亡之道，不可不察也。”① 这是古人关于军事的价值的经典论断。军事是国家体系的重要组成部分，同时对于国家的经济、政治、文化又具有重要的保障作用。军事实力的强弱，往往直接决定着一个国家在国际上的政治地位，决定着一个国家能否有效地维护本国的安全和发展利益。因而，军事具有独特而巨大的经济、政治、文化价值。“自古兴亡多少事，尽在军旅博弈中。”② 要实现档案的军事价值，应注意有效发挥档案在提高国民军事素养，促进国防和军队建设，遏制战争、打赢战争，维护和促进世界和平等领域中的作用。

（十二）教育价值

档案的教育价值是指档案在教育活动中提供的人类精神文明记录成果对提升人的知识、能力和思想品德所具有的有用性和有益性。

档案价值有实然和应然两种状态。目前我们所认识和把握的档案的各种有用性和有益性，均属于实然状态的档案价值，此外，通过预测和分析，我们也可以在一定程度上把握应然状态的档案价值。

档案作为人类精神文化之一，其最主要的有用性和有益性就是能让我们从中找到可满足自己需要的精神文化内容。如果能在所传递的文化与实施的教育活动中加入档案中的真实内容，就可以使每个受教育者在档案记录中发现和感受到人类以往生存与发展的经验、知识和智慧，从而增强人类精神文化传递的效果。

二、档案作用的概念及种类

（一）档案作用的概念

档案作用是指其对人类社会活动产生的、经过实践证实的影响和效果。它是一个关系范畴，即档案对其使用者（用户）的社会活动的思想和行为所产生的实际影响及其效果。档案作用是档案功能实现的具体方式。同档案功能的概念相比，两者的主要区别在于：

第一，档案功能是中性的，即没有好与坏、积极与消极、利与弊之分，它所说明的是

---

① 《孙子兵法》的开篇语。

② 张明仓．军事价值论．昆明：云南人民出版社，2004：290.

档案对人们社会活动的影响能力；而档案作用则是现实的、实践的，其结果常常具有一定的倾向性，既有积极的作用也有消极的作用，既有有利的作用也有不利的作用。

第二，档案功能是客观的，是由其构成因素及其结构方式决定的；而档案作用则具有较为突出的主体性，即对不同的使用者来说，同一档案的作用往往会存在一定的差异性。档案作用的差异性，是由其使用者的需求强度、理解能力、知识素养等决定的。

第三，档案功能是相对稳定的，即同一全宗、类别、案卷的档案的功能通常是相对稳定的，不会因为人是否认识到而改变；而档案作用是变化的、多态的，即同一档案的作用会因时空条件的变化、使用者的不同、开发利用手段的有效性、档案机构的服务能力和服务质量等环境因素的影响，而出现多种变化和实际效果。

档案的功能和作用之间存在着密切的关系。一般的规律是：对档案功能的认识和把握程度越深刻，档案作用的实现也会越充分、越有效、越广泛；同样，对档案作用的典型经验提炼、总结得越充分、越及时、越完整，对档案功能的认识深度也会越深化。

（二）档案作用的种类

档案作用的种类是多种多样的。依据不同的划分标准，可以将人们已经认识到的档案作用划分成不同的种类。

（1）按发生的领域划分，档案作用可分为政治作用、经济作用、文化作用、军事作用、外交作用、科研作用、教育作用等。

（2）按实际效果的性质划分，档案作用可分为积极作用、消极作用等。1）档案的积极作用是指档案在发挥作用后所产生的效果，能够为使用者带来符合其需要的影响效果。即档案用户可以通过利用档案获得某种有助于其从事社会活动或思维活动的“正能量”。2）档案的消极作用是指档案在发挥作用后所产生的效果，对其使用者或所有权人产生的负面性的影响。如，让不属于知情人范围的用户利用或非法使用了涉密档案，就会给国家、企业或个人造成某种程度的损害或伤害。再如，利用了档案内容中不完整、不准确的记录、数据等，也会给使用者带来负收益。

（3）按对象划分，档案作用可分为档案对党政机关的作用、对企业的作用、对事业单位的作用、对公民个人的作用等。

（4）按影响力范围划分，档案作用可分为宏观作用、中观作用、微观作用或单位作用与社会作用。

（5）按持续性划分，档案作用可分为现实作用、长远历史作用。

（6）按重现概率划分，档案作用可分为一次性作用、多次性作用。

（7）按涉及的因素划分，档案作用可分为档案的原生性作用和派生性作用。

我国档案学对档案的一般作用的主要认识成果，集中体现在吴宝康先生主编的《档案学概论》一书中。和宝荣教授认为：“档案的具体作用主要表现在机关工作的查考凭据、生产建设的参考依据、政治斗争的必要手段、科学研究的可靠资料、宣传教育的生动素材等几个方面。”①

---

① 吴宝康．档案学概论．北京：中国人民大学出版社，1988：52.

三、档案价值实现的规律性认识

人类形成和保存档案的动力机制中最根本的是人的需要。就历史和现实而言，档案都是人类为满足自身生存和发展需要而形成、积累和保存的精神文化资源。每个立档单位形成和保存档案都出于该组织存续和发展的需要，这种需要成为它们形成和保存档案的根本动力。因此，研究档案价值的实现规律首先应研究人，应“以人为本”，满足人的需要，这样才符合科学发展观，适应档案事务发展的客观规律，才能形成有规模、成体系的档案资源。

档案价值实现的规律是指档案的各种有用性、有益性与人类社会存续和发展需求之间的一种固有的、本质的、必然的联系，是档案价值由潜在状态向现实状态转变的必然趋势。在档案管理实践中，只要具备必要的条件，合乎规律的档案价值形态就必然会重复出现。目前，人们对于档案价值实现的规律主要取得了如下认识成果。

（一）扩展律

档案的产生和形成具有不同于其他文献资料的特点和规律，这决定了档案所记录的数据、信息往往具有价值密度高、真实性强、证明力突出等特征，所以档案才成为一种不可再生的、稀缺的宝贵资源。习近平总书记在浙江工作期间就强调：“经验得以总结，规律得以认识，历史得以延续，各项事业得以发展，都离不开档案。”就整体而言，档案具有存凭、留史、资政、育人的广泛效用。一个立档单位档案价值的实现常常不会局限在其形成者的业务活动领域，这些档案同时会对单位内的其他部门、人员乃至社会上的组织和个人用户具有信息、情报等参考和利用价值。可以说，档案价值的实现是可以扩大和发展的。档案价值实现的这种必然性和发展趋势，构成了档案价值实现的扩展律。这种规律的主要表现在于：

（1）档案的价值实现从形成单位向社会扩展。档案的价值实现过程，对其形成者和社会作用而言，具有双重性和过渡性特点。

档案对其形成者的价值是档案的第一价值，对社会的价值是档案的第二价值。档案的第一价值的实现具有三个主要特征：第一，它是档案价值实现的首要阶段。档案形成后，在相当长的时期内首先作为其形成者业务工作活动必不可少的凭证和查考依据。该阶段，档案的利用率往往较高，是发挥档案现实作用的重要时期。第二，档案对形成者所具有的第一价值，也是推动形成者积累、保存档案的一种内在驱动力。档案的第一价值实现得越充分，形成者积累和保存档案的动力就越大。第三，档案的第一价值主要是在形成档案的机关、企业、事业单位和其他社会组织的保存阶段实现的。

当档案的第一价值实现到一定程度后，形成单位对这些档案的利用需要会逐渐淡化，档案的利用率也会随着时间的推移和新档案的产生而逐渐降低，不需要被经常查考；而社会各方面的利用需求则因为未得到有效满足而变得日益突出。尤其是一些具有长远保存价值的档案，其保存地点发生了变化——依据有关法规和制度的要求，被移交到国家档案馆。在这一时期，档案的价值过渡到第二价值阶段。在这个阶段，档案馆可以通过开展广泛的社会服务，利用现代档案信息管理平台，向社会提供档案信息、数据服务。

(2) 档案的价值实现向多元化方向扩展。进入第二价值阶段的档案，其价值实现主要表现出四个主要特征。第一，档案发挥作用的范围扩大，利用者的数量和类型增多。第二，档案作用向多元方向发展：一方面表现为一种（类）档案可能有多种用途；另一方面表现为原来档案的内容被重新组合，并发挥更为多样的作用。第三，档案的第二价值富有持久性。具有长远保存价值的档案的利用价值，与时间长度成正比。也就是说，档案保存的时间越久，其社会、历史文化价值也就越大。档案管理中“高龄案卷应当受到尊重”的原则，就是这一规律的重要体现。第四，随着时间的推移和条件的变化，一些原来需要保密和控制使用的档案的机密性与保密等级不断弱化，乃至可以公开提供利用和开发使用，这是一种规律性的趋势。一般来说，档案机密程度的强弱与其保存时间的久暂成反比。经过解密、降密的档案，可以被更多的用户利用和开发，在更多的领域和范围内发挥积极的作用，实现其第二价值。

（二）时效律

档案价值的实现同时间的关系极为密切，在不同的条件下，档案会发生失值、降值、增值等不同的变化。有些档案的价值具有一定时限的特点——它们只在某一段时间内有查考利用价值和凭证价值，甚至利用率相当高，而随着时间的推移，这些档案的价值则逐渐变小，乃至消失。在全部档案中，某些档案的这种“丝老成草”的情况始终存在，这是一种必然的趋势，所以被称为档案价值实现的时效律。

档案价值实现的时效律主要表现为两种情形。其一是某些档案内容包含信息、数据的老化、过时所产生的一种必然性结果的反映。随着人类实践的不断深入和认识能力的不断提升，新的数据和信息也在不断地产生，其中有的可以替代原来的数据和信息，这就使得原来的数据和信息逐渐失去了存在和使用的价值。相对而言，科技档案和专门档案所记录的数据和信息的老化速率较高，除了少数具有典型、代表意义的档案可以被继续保存并作为研究有关科技发展史和专业史的史料外，绝大多数科技档案和专门档案会逐渐失去对现实科技、生产、专业管理的现实作用和功能，失去存在的价值和意义。文书档案记录的数据和信息因其所记录对象的进步和发展速度较为缓慢，其社会组织、管理所具有的经验性价值的持续时间较长，而在国家治理、社会管理等方面持续发挥着较大的作用。其二是档案的存储介质、保存和管理技术等方面因素的影响，使一些依然具有利用价值的档案出现自然老化和数据、信息丢失等问题。因此，档案工作者必须正视档案内容数据、信息存在的老化、过时问题，自觉地掌握档案内容效用与档案发挥作用时间之间的关系这一规律性，不失时机地主动开展档案资源的提供利用和开发工作，防止本应被适时利用的档案因提供失时而失去价值实现的机会。同时，应尽可能采用先进的保护技术延长有保存和利用价值的档案的寿命，以便其在尽可能长的时间范围内发挥积极的档案作用。现代信息技术（如数字化技术、长期保存技术等）、缩微技术等可以有效地延长档案价值实现的时间，应当被积极地加以采用。对传统载体的档案，除了需要加强档案保护外，应积极地采用数字化技术进行对濒危档案的抢救。

（三）转化律

档案内容的存在形态、加工程度及与其他相关资源的聚合程度，会使档案的有用性和有益性发生变化，这种必然联系就是档案价值的转化律。从图 1－2 可以看出，通过数字化，原始形态的档案不仅会发生存在方式的变化（如从模拟记录转化为数字记录），而且可以使其内容转化为更便于加工处理和利用的规范化的数据资源；通过信息化，人类可以使规范化的档案数据与不同用户的需求及人类所掌握的其他信息资源相融合，从而使档案数据转化为能够快捷地满足人类各种工作和生活需要的信息或信息资源；通过知识化，人类可以使档案性信息资源同人类社会的知识发现、知识生产、知识积累、知识传播、知识创新等活动紧密关联，从而生产和形成更多的认识世界、改造世界的知识资源；通过工具化，人类可以将越来越多的档案性知识资源应用于现实的社会实践和思维领域，从而形成内容更加科学、更加丰富多彩的档案资源。如此循环往复，档案的价值在不断的转化过程中得到了提升、增强、增值，这种必然的相互联系，构成了档案价值实现的转化律的基本内涵。

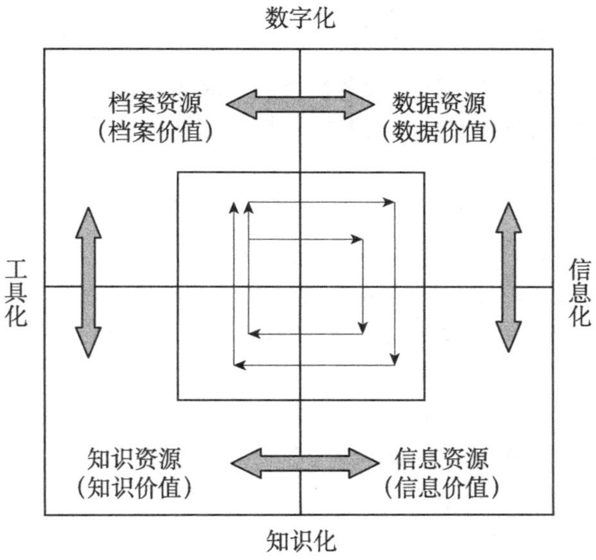

图 1－2　档案价值实现的转化律示意图

（四）演化律

由于不同时代人类的记录能力和认知能力不同，档案的整体价值也存在逐步增强的演化规律。人类在游牧时代，社会的生产力水平低下，档案所记录的内容也仅限于对自然界的认识，所以其有用性和有益性也仅限于对天文、气象、医药的初级认识层面，而且充满了原始宗教的神秘色彩。步入农业时代后，由于农耕文明的不断发展，人类应对自然环境的能力得到了进一步增强，档案所记录的内容不仅包括社会政治、农业生产、军事战争、医学、气象、天文、地理等方面的经验、信息、知识，而且包括人类思维方面的许多理性认识成果，这使得档案的有用性和有益性逐渐变得更加丰富多样。进入工业时代后，由于工业文明的持续发展，人类利用自然和管理社会的能力都有了前所未有的进步，社会生产力的水平得到了空前发展，加之人类脑外记忆的手段和能力的提高，使得档案的数量增多，记录的内容变得更加繁复，档案的有益性和有用性也随之变得更加多种多样。进入了现代社会后，由于人类社会的信息技术能力、信息获取和传播能力等都得到了革命性的进步和发展，人类对社会、自然及人类自身的认知能力越来越强，传统行业逐渐为新兴行业所取代，产业结构逐步表现出技术密集型趋势，认识的空间、领域的广度在不断扩展，深度也在不断深化，这使得档案的有用性和有益性变得日新月异且色彩纷呈。

综上所述，人类社会生产力的不断发展，人对自然、社会和自身的认知能力的持续提升，科学技术的进步，信息获取和处理能力的不断增强，脑外记忆的形成、积累、撷取、保存和处理能力的不断提高，使得不同时代和历史阶段的档案的有用性和有益性在数量和质量层面出现了愈来愈多的变化，且呈现出日益丰富的发展趋势。这种历史性的演变趋势就是档案价值实现的演变律的基本内涵。

本章思考题

1. 如何从历史的发展的角度认识和理解档案的起源问题？

2. 在档案的历史沿革中，曾经出现过哪些具有典型代表意义的档案种类？

3. 档案的概念定义是什么？如何理解档案的概念定义？

4. 如何认识和理解档案和文件的关系？归档的东西就是档案吗？

5. 什么是文件化管理？

6. 什么是档案化管理？文献、资料、网络信息材料、实物等经过档案化管理，尤其是交给档案部门或档案人员集中管理后，可否成为档案？为什么？

7. 档案和文物的区别是什么？档案和资料的区别和联系是什么？档案和图书情报资料的区别和联系是什么？档案和数据、信息的关系是什么？档案和实物的关系是什么？

8. 如何理解档案的本质和本质属性？档案的特殊本质属性是什么？档案的一般本质属性是什么？

9. 如何理解档案的价值和作用等概念？

10. 如何认识和理解档案价值的“一元多维”性？

11. 档案价值实现的规律有哪些？

第二章 档案管理概论

内容提要

本章介绍了档案管理的内容和性质、档案管理的基本原则、档案管理机构和管理网络，着重探讨了档案管理的十大应用原则。

第一节 档案管理的内容和性质

档案管理活动是人类社会生存和发展的需要，尤其是在现代社会实践中，对档案进行管理已经成为组织存续和发展的必要条件之一。这是因为在现代信息社会中，任何组织要生存与健康发展，都必须拥有一定数量和质量的信息资源，而在这种信息资源中占据核心位置的正是组织所形成的档案资源。档案资源的存在可以为组织提供正常工作所需要的凭证保障和信息保障。如果一个组织失去了档案资源，就如同一个人失去了神经系统、失去了记忆，这个组织就会成为“植物人”，失去长久存续和发展的必要条件。所以，从这个意义上说，人类的档案管理活动是人类生存与发展的必然要求。

一、档案管理的内容概述

（一）档案管理的基本业务内容

档案管理，又称档案工作，从广义上说，包括档案业务管理和档案事业管理两项基本内容。档案业务管理是指国家机构、企业事业单位等社会组织的档案管理机构（如档案室、文件中心、档案信息中心、企业或公司档案馆、国家档案馆等）所从事的各项档案业务活动。档案事业管理是指对国家各类档案事务的管理活动，包括档案业务管理、档案行政、档案教育、档案科学研究、档案宣传出版、国际档案界的交流与合作等。本书所说的档案管理主要是指档案业务管理，即用科学的原则和方法管理档案资源，为党和国家各项事业的建设和发展提供档案数据、信息和知识服务的专业性活动。

档案管理的基本业务内容包括：文件归档和档案收集、档案分类和整理、档案鉴定和处置、档案安全保密和保护、档案检索、档案提供利用和信息服务、档案编研、档案登记和统计等。这些基本业务内容，按性质可以被概括为档案管理的基础性工作和利用服务性工作。档案管理的基础性工作包括文件归档和档案收集、档案分类和整理、档案鉴定和处置、档案安全保密和保护、档案登记和统计等，档案管理的利用服务性工作包括档案检索、档案提供利用和信息服务、档案编研等。

（二）档案管理的目的、目标和基本任务

档案管理的根本性目的和最终目标是：在有效建立“三个体系”（档案资源体系、利用服务体系、安全保障体系）的基础上，形成维系人类社会存续和发展的证据保障体系，满足人类社会不断增长的档案信息利用需要。

档案管理的基本任务是：按照科学的档案管理理论、原则、技术和方法，通过有效地开展基础性档案工作，为长期满足人类社会的凭证和信息需求创造条件；通过有效地开展利用服务性档案工作，满足人类社会对原始记录数据和信息的利用需求。

（三）档案管理的种类划分

档案管理依据不同的标准，可以划分为不同的种类。

（1）按管理对象划分，其种类主要包括：文书档案管理、科技档案管理、专门档案管理、电子档案管理、声像和实物档案管理等。这种划分的主要目的是为建立档案管理分支学科、减少学科间的交叉重复、构建科学的档案管理理论体系，创造有利的条件。

（2）按管理业务的内容性质划分，其种类主要包括：档案实体管理、档案内容管理（或档案信息管理）。这种划分的主要目的是为深入探讨档案业务管理的一般规律、管理理论、管理方法、管理技术等，提供基本前提条件。

（3）按管理对象的记录方式划分，其种类主要包括：模拟记录档案管理、数字记录档案管理。这种划分的主要目的是便于深入探讨不同记录方式档案的管理理论、技术和方法。

（4）按管理对象的载体形态划分，其种类主要包括：纸质档案管理、胶质档案管理、光磁介质档案管理等。这种划分的主要目的是方便探讨不同存储介质档案的长期保存技术和方法。

（5）按管理的信息化程度划分，其种类主要包括：传统档案管理、现代档案管理等。这种划分的主要目的是区分传统与现代档案管理的理论、技术和方法的异同，并促进对现代档案管理的科学理论、原则、技术和方法的深入探索。

（6）按管理主体划分，其种类主要包括：立档单位档案管理、国家档案馆档案管理、专业档案馆档案管理、档案中心档案管理、企业档案馆（室）档案管理、档案寄存机构档案管理、家庭档案管理等。这种划分的主要目的是明确各种不同的档案管理主体的管理重点，并为形成更加有针对性的精细化的档案管理理论、技术和方法，创造基本的条件。

（7）按管理的国别划分，其种类主要包括：中国档案管理、外国档案管理等。这种划分的主要目的是进一步探讨、比较中外档案管理的异同，为有效地借鉴和吸收先进的档案管理理论、技术和方法奠定基础。

（四）档案管理的实践内容

档案管理的实践内容主要包括：

1. 文件归档和档案收集

文件是在个人或组织活动中创建或接收的具有一定内容、背景和结构的固化数据或信息。文件概念首先强调的是“内容”（具有一定背景和结构的数据或信息），其次强调的是其“固化性”（固定在某种媒介上），最后强调的是其记录功能和凭证功能。当确定性的业务活动内容、背景和结构被绑定在一起时，数据或信息便成了文件，并具有了一定的功能和意义。

各种社会组织、组织内部各个单位或机构使用的文件，往往是以个体的形式形成、运动的，相对分散；而科学的档案管理则要求档案以有机体的形式存在和运动，相对集中。为了有效地解决这种分散与集中之间的矛盾，有效地维护档案文件之间的有机联系，维护档案作为各项业务活动连续性凭证体系的功能，文件归档和档案收集工作就出现了。

2. 档案分类和整理

各立档单位形成和积累的文件，如果不对其采取有效的控制措施，就很容易变得分散、零乱、无序，而科学的档案管理则要求文件在形成之后能够按照一定的分类体系，实现有规律的积累和保存。为了有效地解决文件在形成和积累活动中存在的分散、无序与档案管理的有序化要求之间的矛盾，有效地保证文件的类运动，为后续的档案价值鉴定和科学利用创造条件，档案的分类和整理工作就形成了。

3. 档案鉴定和处置

档案是文件中的精华，并不是所有的文件都具有档案的意义和价值。在一类文件中，有的文件具有长期保存价值，有的文件具有定期保存价值，有的文件则在完成其现行使命后失去了继续存在的价值，因此，应按照科学的档案价值鉴定理论、原则和方法，对各个类内的文件进行归档鉴定，在比较分析的基础上，按照归档制度的要求，去除那些已失去存在价值的文件。对于作为档案保存的归档文件，由于其保存期限不同，所以也需要进行定期鉴定，及时清理已经失去保存价值的档案，并采取有效的方法予以处置。为了解决积累文件的芜杂性与留存有价值的档案之间的矛盾，提高档案管理的综合效益，档案的鉴定和处置工作就形成了。

4. 档案安全保密和保护

档案中记录的数据和信息，根据国家相关法律法规的要求，有些属于国家秘密，有些属于企业（公司）商业秘密，有些属于个人隐私。这些涉密的档案所记录的数据、信息如果被泄露，将会给国家利益、集体利益、企业利益和公民的合法权益造成不同程度的损害和不良影响。

档案安全保密是指保护档案内容信息及信息系统在档案存储、处理、传输过程中不被非法访问或修改，而且对合法用户不发生拒绝服务的管理活动。如果档案的信息载体、信息环境和接触档案信息的人员等方面出现漏洞，就会对档案安全造成不同程度的损害。为了解决档案管理安全保密方面的隐患与有效维护档案安全和秘密之间的矛盾，档案的安全保密工作就形成了。

由于自然的和社会的各种原因，档案总是处于渐变性的自毁过程中，或者可能遭到突变性的破坏；而社会利用的需要，则要求长久地拥有完好、可用的档案。为了更长远地利用档案，需要对档案采取保护措施，进行系统的管理，延长档案的寿命，维护其长期可用性，这就形成了档案的保护工作。

5. 档案检索

档案检索，又名“档案信息检索”，是对档案信息进行系统存储和根据需要进行查找的过程，是开展档案信息服务的必要条件和开发档案信息资源的重要手段。档案检索可以有广义和狭义两种解释。广义的档案检索包括存储与查找两个过程。狭义的档案检索就是查找档案中有用数据和信息的过程。档案检索的全过程由档案信息存储和查找两个部分构成。存储是指把档案中具有检索意义的属性和特征揭示出来，加以编排，形成检索工具或档案信息数据库的过程；查找是指利用档案检索工具或数据库，找到用户所需档案数据、信息的过程。存储是查找的前提，查找是存储的目的。为了满足广大档案用户特定的查找利用档案信息内容的需求，需要通过多种途径和方法揭示档案的内容和成分，提供查寻档案内容中的数据、信息的手段，这就形成了档案检索工作。

6. 档案提供利用

档案利用是指档案管理机构（如档案馆、档案室、档案信息中心等）通过一定的方式和方法，依法提供所管理的档案资源供组织用户或个人用户使用的业务活动。档案利用是档案管理的重要内容之一，也是实现档案价值、发挥档案作用的必要途径。为了满足档案用户的实际利用需求，需要通过各种方式和方法，向合法用户提供档案，开展阅览、咨询等项服务工作，这就形成了档案的提供利用工作。

7. 档案编研

档案编研，即档案的编辑和研究工作，是指以档案管理机构收藏的档案为主要对象，以满足社会利用需要为目的，在研究档案内容的基础上，对档案资源进行收集、筛选、加工，形成不同形式的档案内容加工品，供社会各方面利用的一项专门活动。为了满足更多档案用户的各种不同的利用需求，需要对档案资源进行研究、汇集和编写专门材料，这就形成了档案的编研工作。

8. 档案登记和统计

档案登记和统计是经常、及时地对档案和档案管理的规模、水平、程度、机构、速度、比例关系以及档案形成规律，在一定地点、时间、条件下实际作用的数量表现，进行登记和统计调查、统计整理和统计分析，为制定档案工作方针、进行决策、计划和检查工作以及总结经验教训提供数据，并反映档案事业发展的速度和状况，向国家提供丰富而又准确的统计资料。为了使档案管理做到“心中有数”，并开展科学有效的统计资料调查、整理、分析工作，档案的登记和统计工作就形成了。

上述档案管理内容，可以根据立档单位和档案馆所确立的档案管理模式、管理政策，进行科学的组织，从而打造有效的档案管理业务活动流程，实现档案管理的基本目标和具体目标，完成档案管理的基本任务和具体任务。

所谓档案管理模式，是指根据科学的档案管理理论和成功经验，依据不同的档案管理对象的形成规律和特点，以实现一定的档案管理目的和解决档案管理问题为导向，提炼升华而成的档案管理方法论。只有某种档案管理现象反复出现，与之相应的档案管理模式，如纸质档案的手工管理模式、纸电混合档案管理模式、电子档案管理模式等才会发挥一定的作用。

所谓档案管理政策，是指立档单位和档案管理部门为达到特定的档案资源管理目的，明确相关主体的档案管理责任、任务，协调各主体之间的档案业务关系而制定的指导方针和政策措施的总称。档案管理政策应与特定的档案管理模式相适应，不能把适用于某种档案管理模式的档案管理政策，生搬硬套在另一种档案管理模式中。

所谓档案管理业务活动流程，是指依据一定的档案管理模式和管理政策，以科学有效的目标为导向，设定好的一系列行为步骤。通过科学的档案管理流程，档案管理主体可以建立档案证据保障体系、利用服务体系、安全保障体系，满足档案用户对档案信息的现实需要和长远需要。

二、档案管理的性质

认识档案管理的性质是做好档案管理的必要前提。人们可以从档案管理的特点及其同其他管理工作的关系中，理解和认识档案管理的性质和规律。

档案管理的根本目的和主要任务是在坚持“统一领导、分级管理”原则的前提下，维护档案的完整与安全，以便于社会各方面对档案资源的利用。档案管理的根本目的和基本任务，决定了它是一项兼具科学性、服务性和政治性的专业工作。

（一）档案管理是一项具有科学性的专业活动

就档案管理的作业性质和基本内容而言，它是一项具有科学性的专业活动。档案管理以其专门的业务活动内容和特点，区别于其他管理性工作。

一方面，就档案管理的整体来说，它是一项专业性很强的管理活动。各立档单位和档案馆在从事档案业务活动的过程中，需要按照科学的档案管理理论、原则、技术和方法，开展档案业务实践活动，它不是凭单纯的、局部的经验就可以做好的一项工作。档案管理是党和国家各项工作的重要组成部分，不仅关系到各项工作的职能目标能否顺利实现，而且关系到这些工作能否持续、有效地进行。实践表明：开展科学的档案管理，可以使各项工作有效地实现留存证据、发现问题、总结经验、传承文明、服务社会、造福人民等目标。

档案管理应按照科学的档案管理理论、原则、技术和方法，组织档案资源的集中，进行有效的分类整理和价值鉴定，采取科学的安全保护措施，通过各种手段满足社会日益增长的档案信息利用需要。董必武同志喻示管理档案要“分肌擘理，鉴貌辨色；规圆矩方，依时顺序”①。在新形势下，我国的档案工作应在观念创新、理论创新、方法创新的基础上，努力探索档案管理的新思路、新途径，推动档案管理适应经济社会发展需要，更好地为全面深化改革提供档案信息服务。

另一方面，就特定社会组织的档案管理来说，它又是某种工作管理的组成部分。档案

---

① 董必武法学思想研究会．董必武诗选．北京：中央文献出版社，2011：11.

就其形成、保存和流转的过程而言，可以被划分为立档单位管理阶段和档案馆管理阶段。立档单位管理阶段的档案管理职责是由各单位的内部档案管理机构，如档案室、文档信息中心、文件中心等承担的。这种内部档案管理机构所保存的档案具有较强的现实意义和价值，是各个立档单位开展相关业务活动不可或缺的证据和信息资源，也是其业务活动的数据和信息流的重要组成部分。因此，可以说档案管理是立档单位各项业务工作活动的组成部分，是其职能活动健康进行的必要条件。由于立档单位的各项职能活动，如党务管理、行政管理、生产管理、科技管理、经营管理、财务管理、人力资源管理等均具有一定的专业属性，都需要从业者具有相应的科学理论知识和专业技能，所以自然对与之密切相关的档案管理提出了一定的专业管理要求。在各立档单位从事档案管理的人员，只有在掌握了相关职能活动的规律和特点的前提下，采取科学的管理措施和手段，才能有效地做好档案管理工作。

由于档案管理是一项科学性的专业活动，因而要求档案管理人员具备必要的科学知识和专业技能。首先，档案管理人员必须学习和掌握档案学知识。这是对档案管理人员素质的最基本要求。上岗前，应对档案管理人员进行系统的档案专业理论知识和基本技能的教育、培训，使其理解和掌握档案管理的理论、原则、技术和方法。其次，从事特定部门和单位档案管理的人员，还应学习和了解该部门和单位基本业务工作的科学理论和方法，认识其工作的专业规律、主要特点与要求。这是对特定部门和单位档案管理人员素质的必要要求。再次，随着计算机和网络信息技术在档案管理中的推广与应用，档案管理人员也应学习和掌握现代档案管理所要求的信息科学理论知识与技能，以便为档案用户提供更加科学、有效的档案信息服务。最后，档案管理的科学性和专业性，还要求从事档案管理的人员具备一定的业务研究能力，能探索和揭示档案管理的规律，能创新档案管理理论、技术和方法，从而为促进档案管理的科学发展提供更为有效的科学理论、技术和方法保障。

（二）档案管理是一项具有服务性的专业活动

档案管理的基本任务就是通过科学管理档案，为其他工作的开展提供有效的业务和法律证据体系保障及档案信息服务，为社会主义现代化建设服务。服务性是档案管理的根本性质。

一方面，各立档单位为了保证各项业务职能活动的正常进行，必须得到连续、有效的业务和法律证据体系的保障。这种证据体系保障，是其他文献资料、实物性的证据所不能提供的。人们之所以可以利用档案讲述一个机构、部门、单位、行业、国家和民族的完整故事，就是因为档案是一种连续的业务和法律证据体系，是各个主体社会活动的真实记录。档案不仅可以为立档单位的存续和发展提供相对充分的业务和法律证据支持，而且可以为立档单位有效地同其他社会组织进行互动，提供连续、有效的业务活动凭证和法律证据体系保障。证据性服务，是档案管理服务性的重要体现。如果社会失去了档案所提供的这种证据性服务的保障，那么不但立档单位的各项职能活动无法持续且会陷入混乱状态，而且整个社会的正常秩序也无法得到有效维护。

另一方面，各类档案馆所保存的档案资源之中，蕴藏着大量的人类社会活动的有价值的数据、信息、知识和经验，如能将其充分开发利用，并有效地融入各单位和国家与社会的数据流、信息流和知识体系，就可以使当下和今后的工作活动获得更多的可资参考与借鉴的宝贵经验、信息和知识支持。档案管理的这种性质，也是其服务性的重要体现之一。

档案管理部门在开展档案提供利用和档案信息开发服务的实践活动的过程中，应依据科学的档案管理服务理论，采取符合法律要求的手段和措施。就此而言，档案管理是一项专业性的服务工作。档案工作者应当自觉地认识档案管理的服务性，树立明确的专业化档案服务思想，认真地为各项工作提供持续有效的证据体系保障服务和数据、信息、知识服务。

（三）档案管理是一项具有政治性的专业活动

档案管理是事关国家安全和广大人民群众合法权益保障的一项重要工作，是整个国家安全保障体系的一个重要组成部分。一个国家的安全保障体系主要包括政治安全、国土安全、军事安全、经济安全、文化安全、社会安全、科技安全、信息安全、生态安全、资源安全、核安全等方面的内容。2014 年 4 月 15 日，习近平总书记在中央国家安全委员会第一次会议上指出："当前我国国家安全内涵和外延比历史上任何时候都要丰富，时空领域比历史上任何时候都要宽广，内外因素比历史上任何时候都要复杂，必须坚持总体国家安全观，以人民安全为宗旨，以政治安全为根本，以经济安全为基础，以军事、文化、社会安全为保障，以促进国际安全为依托，走出一条中国特色国家安全道路。"档案管理部门和档案工作者应按照总体国家安全观的科学内涵和实践要求，正确理解确保档案安全与维护国家安全的密切关系，把总体国家安全观的科学思想和工作要求落实到档案管理的实践中去，立足档案管理实际，切实维护和巩固国家安全。档案管理的政治性主要表现在安全性、保密性等方面。

档案管理的安全性是其政治性的重要表现之一。这是由档案管理的对象和承担的使命、任务决定的。首先，档案是在党和国家各项职能活动中直接形成的历史记录，包含了大量的国家秘密和重要敏感信息，涉及政治、经济、军事、科技、外交、司法等各个方面。这些档案具有极高的情报价值，直接关系到党和国家的核心利益，一旦发生丢失、损毁、被盗、泄密等安全事件，就会对国家安全和利益造成严重损害，甚至危及国家的政权和主权。其次，维护档案的完整与安全，有利于传承与弘扬中华民族的优秀文化，增强中华民族的文化自信，为实现国家的长治久安提供档案证据体系保障。最后，档案记录中的许多数据和信息涉及人民群众的切身利益，如果档案管理在安全方面出现问题，就可能造成社会秩序混乱、人民利益受损，引发矛盾、纠纷乃至群体性事件，直接影响人民团结和社会稳定，最终也会危害国家的整体安全。这就要求档案管理部门和档案工作者必须以强烈的责任感和使命感，以对党和国家高度负责的态度，通过科学的档案管理实践，切实履行国家法律赋予的维护档案的完整与安全的责任。档案管理部门应具备法治思维，认真贯彻《档案法》《中华人民共和国国家安全法》《中华人民共和国网络安全法》《中华人民共和国保守国家秘密法》等相关法律规定，进一步完善档案安全方面的管理制度、标准规范和操作规程，严肃处理违法违规行为，着力提高档案安全工作的制度化、规范化、科学化水平。

档案管理的保密性也是其政治性的重要表现之一。这是由档案本身的特点和国家利益决定的。古今中外任何国家的档案管理都有一定的保密要求。档案中记录了许多涉及国家利益、单位利益、公民个人隐私的信息和数据，是国内外的反动势力、不法之徒窃取的对象。为了维护国家利益、集体利益、法人利益和人民群众的根本利益不受损害，有些档案在一定时间和一定范围内应按照国家法律、法规和相关制度要求，严格保密。为此，档案管理部门和档案工作人员应树立正确的保密观念，增强保密意识，坚持保密原则和规定，采取各种有效措施和手段，切实维护党和国家的机密安全，维护企业的商业秘密安全，维护公民隐私的安全，不失密、不泄密、不使档案被破坏和篡改。

维护党和国家的历史真实面貌是档案管理政治性的基本要求。档案是历史的见证，是国之信史的证据史料保障。就历史而言，历来就存在维护历史记录真实同篡改史实之间的斗争。在我国历史上，歪曲事实、篡改历史记录的事例屡见不鲜；而据实立档、不怕杀头的“古之良史”也不乏其人。在齐有太史简，在晋有董狐笔。从古至今，秉笔直书、据实立档，可以说是中华民族的历史文化传统。在当今社会，国内外的一些不法之徒，出于私利，利用涂改、撤换、伪造、损毁、网络攻击等手段篡改档案及其内容记录，严重威胁档案的实体安全和政治安全。档案管理的完整性、真实性受到了前所未有的威胁和挑战。因此，档案工作者只有牢记所肩负的记录历史、传承文明、服务社会、造福人民的历史使命，本着对历史负责、为现实服务、替未来着想的态度，认真贯彻落实“为党管档、为国守史、为民服务”的要求，以改革创新的精神积极探索解决新形势下档案管理面临的新问题、新矛盾的有效措施和方法，才能为维护党和国家历史的真实面貌做出贡献。

第二节　档案管理的基本原则

我国档案管理的基本原则是在长期的社会历史实践中逐渐形成和完善发展的，是规范档案管理部门和档案工作者思想及行为的基本准则。1955 年 1 月 7 日，中共中央批准的《中国共产党中央和省（市）级机关文书处理工作和档案工作暂行条例》规定，机关“档案工作的基本原则，是集中统一地管理机关档案，维护档案的完整与安全，便利机关工作；反对分散保存”。中央在批准这个条例时还提出，此条例原则上也适用于国家机关和军事机关。这是我国首次明确地规定了档案管理的基本原则。由于档案管理从机关的范围向全国规模发展，1956 年 4 月 16 日国务院颁布的《关于加强国家档案工作的决定》，确立了全国范围内的“档案工作的基本原则是集中统一地管理国家档案，维护档案的完整与安全，便于国家各项工作的利用”。1959 年 1 月 7 日，中共中央《关于统一管理党、政档案工作的通知》确定了党政档案工作的统一领导和党政档案的统一管理。中央的通知，充实了档案管理的基本原则。2020 年 6 月 20 日，第十三届全国人民代表大会常务委员会第十九次会议修订的《档案法》第四条规定，“档案工作实行统一领导、分级管理的原则，维护档案完整与安全，便于社会各方面的利用”，进一步发展了我国档案管理的基本原则。

档案管理的基本原则的思想包括：确立了档案管理的组织原则和管理体制——统一领导、分级管理；明确了档案管理的基本要求——维护档案的完整与安全；指明了档案管理的根本目的——便于社会各方面的利用。

一、统一领导、分级管理

我国档案管理的组织原则和管理体制是：统一领导、分级管理国家全部档案。这一原则的思想内涵可以概括为如下三个方面。

（一）统一领导、统一管理

各级人民政府应当加强对档案工作的领导，把档案事业的建设列入国民经济和社会发展计划。为了领导全国档案工作和发展档案事业，从中央到地方都依法设立了档案行政管理部门和各级各类档案管理机构，它们在性质上属于党的机构，又是政府机构。各级人民政府均将档案事业建设纳入国民经济和社会发展计划。各级档案行政管理部门应在各级党委和政府的领导下，按照法律法规及政策要求，开展档案管理。2014 年，中共中央办公厅、国务院办公厅印发了《关于加强和改进新形势下档案工作的意见》（中办发〔2014〕15 号），要求“坚持统一领导、分级管理原则”，“县级以上各级档案行政管理部门既监督指导本行政区域内党的机关的档案工作，又监督指导本行政区域内政府机关和其他单位的档案工作；各级国家综合档案馆既集中管理本级党的机关的档案，又集中管理本级政府机关和其他单位的档案。坚持并不断完善党委和政府领导、档案部门归口负责、各方面共同参与的档案工作体制，确保分工明确、各司其职，密切配合、形成合力，促进档案事业协调发展”①。

（二）国家全部档案由各级档案机构分别集中保存，并实行党政档案的统一管理

中央和县级以上地方各级各类档案馆，是集中管理档案的文化事业机构，负责接收、收集、整理、保管和提供利用各分管范围内的档案。各级国家综合档案馆要依法集中接收保管本级党政机关、企事业单位、社会组织的各类档案（包括电子档案，下同）及政府公报等政府公开信息，同时不断扩大档案接收范围，接收本级各单位所属机构的档案。有条件的国家综合档案馆要通过整合档案目录、档案信息、档案实体和设置分馆等形式，整合本级其他专业档案馆的档案资源。各级专业档案馆接受同级档案行政管理部门的监督指导。

各级党政机关、企事业单位（包括境外派出机构）、社会组织，要根据工作实际需要，加强档案管理工作，做好本单位本系统的文件收集、整理、归档工作，集中收集保管本单位各类档案，按规定向同级国家档案馆移交档案。有条件的地方要对机关档案机构和人员进行有效整合，进一步降低行政成本，提高工作效能。各级党政机关、企事业单位要大力支持档案部门加强统筹协调和业务指导，确保归档文件材料符合要求；把档案信息化纳入本单位信息化建设整体规划，统一部署、同步实施，确保档案部门实现对电子文件形成、积累和归档的全程监督指导。村、社区及其区域内的非公有制经济组织、社会组织要设立档案室或指定专人负责档案工作，收集保管本单位的档案。

---

① 中共中央办公厅，国务院办公厅．关于加强和改进新形势下档案工作的意见．中国档案报，2014－05－05（1）.

（三）全国档案工作由各级档案行政管理机构统一、分层负责地进行监督和指导

《关于加强和改进新形势下档案工作的意见》要求各级党委和政府要切实提高档案行政管理部门依法履责能力。“各级党委和政府要为本级档案行政管理部门依法履行档案行政执法职能提供条件，提高其执法监督指导能力。支持档案行政管理部门依法管理本行政区域内机关、单位的档案事务，严肃查处各类档案违法案件。县级以上各级档案行政管理部门要积极指导国有企业开展档案工作，引导、帮助非公有制经济组织和社会组织做好档案工作；积极创建基层档案管理新模式，拓展档案工作新领域。”①

二、维护档案的完整

维护档案的完整，是对档案管理提出的最基本要求。只有保证了档案的完整，才能为档案资源体系、利用服务体系和安全保障体系的建设提供必要的前提条件。在档案管理实践中，遵循维护档案的完整原则的具体应用原则包括：来源原则、全宗原则、分类管理原则、前端控制原则、系统管理原则、全程管理原则、集中控制原则、效益管理原则、激活升值原则及整序升值原则。相关内容参见本章第四节。

三、维护档案的安全

维护档案的安全，有两个方面的含义：一方面，档案管理应力求档案不受损坏，尽量延长有价值档案的生命，即保证档案实体（档案存储介质与档案内容的复合体）的物理安全；另一方面，要保护档案实体免遭破坏、丢失、盗窃，涉密档案不失密、不泄密，档案不被非法访问和篡改，即保证档案的政治安全。

在网络信息环境下，党和国家对电子档案管理也提出了基本要求。《电子档案移交与接收办法》（档发〔2012〕7号）要求：移交与接收的电子档案应当真实可靠、齐全完整和安全可用；涉密电子档案的移交与接收应当符合国家有关保密安全的要求。档案移交单位在向国家综合档案馆移交电子档案之前，应当对电子档案数据的真实性、完整性、可用性和安全性进行检验，合格后方可移交。

电子档案的信息安全是指按照相关理论、方针政策、法律法规、标准规范和技术，保护电子档案在存储、处理、传输过程中不被非法访问或修改，而且对合法用户不发生拒绝服务。对电子档案的安全管理应坚持的基本方针是：积极防范，突出重点，既保守国家秘密，又有利于电子档案信息资源的合理利用。

维护档案的信息安全应坚持如下通用原则：

（1）整体性原则。即档案管理部门和相关信息管理部门应建立健全安全管理机制，对档案及档案信息系统实施有效的安全防护、监测和应急恢复，对受保护的档案及档案信息系统实施均衡、全面的保护。根据具体系统存在的各种安全漏洞和安全威胁采取相应的保密防护措施，避免非法攻击。所谓有效的安全防护机制，就是根据具体档案信息系统存在

① 中共中央办公厅，国务院办公厅．关于加强和改进新形势下档案工作的意见．中国档案报，2014－05－05（1）.

的各种安全漏洞和安全威胁采取相应的保密防护措施，避免非法攻击。所谓有效的安全检测机制，就是检查系统的保密情况，包括泄密渠道分析、脆弱性评估和入侵检测等，及时发现针对系统的各种攻击。所谓有效的安全响应恢复机制，就是在安全防护机制失效的情况下，进行应急处理，尽量及时地恢复信息，尽可能限制并缩小泄密范围，及时采取补救措施，以减少攻击的破坏程度。

（2）等级性原则。即档案管理部门和相关信息管理部门应合理划分档案及档案信息系统的安全层次和安全级别。其具体内容包括档案信息的保密程度分级、用户操作权限分级、网络安全程度分级、系统实现结构分级。

（3）深度防护原则。档案管理部门和相关信息管理部门应采取多种有效措施，增加保护层次，降低失窃密风险。

（4）风险管理原则。即档案信息系统的安全保密设计要能正确处理保密需求、保密风险与代价的关系，做到在技术上、管理上和经济上可行。

（5）标准化原则。档案信息系统作为一项系统工程，涉及档案的获取、存储、传输、处理、利用和销毁等整个生命周期，其安全保密体系的设计必须遵循一系列的技术标准，确保各个子系统的一致性，使整个系统能够安全地互联互通、信息共享。

（6）动态发展原则。档案管理部门和相关信息管理部门应根据系统安全的变化和时间环境的变化，不断调整保密措施，以适应新的环境，满足新的需求。

（7）最小特权及职责分离原则。即档案用户所拥有的权利不能超过其执行工作时所需的权限；职责分离是指有些许可不能同时被同一用户获取，以避免安全上的漏洞。

维护档案内容的核心机密信息安全还应坚持如下具体原则：

（1）超常措施原则。即对核心档案内容机密的存放、流转和销毁，应采取超常的管理措施和技术手段。其中包括：限制核心涉密人员的人身自由、限制核心涉密人员的言论自由、采用最新的安保技术手段、运用深度防御思路增加网络窃密的难度和复杂度等。

（2）秘密分割原则。即找到并确定档案的核心秘密，将核心秘密分割，降低核心秘密整体泄露的风险。

（3）全程审计原则。在整个档案保密工作过程中都要对核心秘密的相关操作进行审计，防止过程泄密。

总之，档案和档案信息系统的管理应坚持技术与管理相结合，合作保密与非合作保密相结合，人防、物防、技防相结合。只有遵循上述管理原则，才能有效地维护档案的真实性、完整性、可用性和安全性。

四、便于社会各方面的利用

便于社会各方面的利用，是检验档案管理的主要标准，体现了档案管理的根本目的。全部档案管理活动，最终都是为了提供档案信息和服务，满足社会各方面对档案信息的利用需要。因此，便于社会各方面的利用，是档案管理的出发点，支配档案管理的全过程。对整个档案管理的水平，也主要应从是否便于利用去验证。

2014 年中共中央办公厅、国务院办公厅印发的《关于加强和改进新形势下档案工作的意见》要求建立健全方便人民群众的档案利用体系。各级党委和政府要把提供档案信息服务作为公共服务的一部分，统筹安排档案服务、政府公开信息服务和其他公共服务，努力提供一站式服务，做到便民利民。各级国家档案馆要严格按照《档案法》积极开展档案鉴定工作并开放应开放的档案。各档案馆要依法做好档案查阅服务，改进查阅方式，简化利用手续，免除利用收费，最大限度满足利用者的需求；拓展服务渠道，紧紧围绕党委、政府、本单位和其他单位及人民群众的需要，主动开发档案资源，积极提供档案信息服务，通过报送或推介相关档案信息、编辑出版档案选编、举办档案展览、制作电视节目、发布网络视频、发行音像制品、送档案信息进农村和社区等多种形式，全方位地为社会提供档案信息服务。提供涉密档案信息服务要严格遵守保密规定。

各级档案管理部门应强化服务功能。在服务对象上，各级档案管理部门既要为有关部门和单位服务，又要为广大人民群众服务；既要为城市发展和市民服务，又要为新农村建设和农民服务。在服务内容上，各级档案管理部门既要做好立档单位内部的档案信息的服务，又要做好为社会各方面提供档案信息利用及政府公开信息、其他信息的服务，特别是要积极地把涉及民生的各类档案、信息及时整理、鉴定出来，优先提供利用，更好地为维护人民群众的合法权益提供支持。

我国档案管理基本原则的三个方面的思想内容，相互联系，相互作用。只有实行档案的统一领导、分级管理，才能切实地维护档案的完整与安全，从而便于社会各方面的利用。实行档案的统一领导、分级管理，维护档案的完整与安全，都是为了便于社会各方面利用档案；要做到便于社会各方面的利用，必须实行统一领导、分级管理和保证档案的完整与安全。从这一相对意义上说，统一领导、分级管理和维护档案的完整与安全是手段性的，便于社会各方面的利用是目的性的。没有统一领导、分级管理和维护档案的完整与安全，就没有便于社会各方面的利用的组织保证和资源基础；离开便于社会各方面的利用，实行统一领导、分级管理和维护档案的完整与安全便失去了意义和方向。所以，应全面地理解和贯彻执行档案管理的基本原则。

综上所述，我国档案管理的基本原则，是一个辩证统一的有机整体，具有丰富的思想内涵。它作为全部档案管理的基本原则，影响和决定着档案管理各项业务活动的一切具体原则。在档案管理活动中，只有始终遵循这个基本原则，才能使档案管理正常进行，健康有序地发展。

第三节　档案管理机构和管理网络

依据档案法律法规的规定，按照统一领导、分级管理原则，对国家的全部档案和档案工作，必须设置全国规模的档案机构进行管理。各单位的档案，由单位内部设立档案管理机构集中统一管理；各单位形成的需要长久保存的档案和历史上形成的档案，设立各级国家档案馆统一管理；全国档案工作，由各级党委和政府的档案行政管理部门统一、分层负责地进行监督和指导。这些保管档案和管理档案工作的机构，在全国范围内构成了一个组织严密的档案资源体系、利用服务体系和安全保障体系。建立和完善整个国家档案管理的组织体系，是保证党和国家对档案工作的领导、维护档案的完整与安全、满足社会主义现代化事业建设与发展需要的重要组织基础。

一、档案管理机构

我国的档案管理机构主要包括三种类型，即各组织的档案管理机构、各级各类国家档案馆、各级党委的档案主管部门。其中，各组织的档案管理机构，是指机关、团体、企事业单位和其他社会组织，按照档案法律法规的规定设立的集中统一管理本组织形成档案的内部机构；各级各类国家档案馆，是指中央和地方各级各类国家档案馆（包括综合档案馆和专门档案馆），是集中保存、管理档案的文化事业机构；各级党委的档案主管部门，是指国家档案主管部门和县级以上地方各级党委的档案主管部门，负责行使监督、检查档案工作的职责。

（一）各组织的档案管理机构

各组织为统一保存和管理本单位的档案资源，开展档案提供利用服务，为国家积累档案财富，应依法设立内部档案机构。《档案法》第九条规定："机关、团体、企业事业单位和其他组织的档案机构或者档案工作人员，负责保管本单位的档案，并对所属单位的档案工作实行监督和指导。"《机关档案管理规定》的第八条规定："机关应当按规定设立档案工作机构。不具备档案工作机构设立条件的机关，应当指定档案工作负责部门。档案工作负责部门的名称应当反映档案工作属性。"《企业档案工作规范》要求："企业应根据规模和管理模式设置专门的档案机构，或指定负责档案工作的机构。大型企业应设立档案馆。"

1. 各组织档案机构的类型

我国设立的各组织档案机构主要包括：

（1）档案室。

档案室是各级党政机关、事业单位、部分企业单位、社会团体设立的一种专门负责集中保存和管理本单位档案的内部组织机构。这种类型的档案机构数量最多、最具典型意义。档案室的种类有文书档案室、科技档案室、音像档案室、人事档案室、综合档案室、联合档案室、财务档案室、档案管理中心、档案信息中心、文档信息中心等。

由于一些组织的档案室还要承担对本单位所属机构和部门的档案管理的业务指导、监督和检查等职责，所以有的组织也将其称为档案处（科）、文档处（科）、文档信息处（科）等。

（2）企事业单位档案馆。

企事业单位档案馆是大中型企事业单位为集中统一保存和管理在各项职能活动中形成的对国家、社会和本单位有保存价值的各种形式的档案，维护本单位档案的完整、准确、系统和安全而设立的，主要为本单位提供档案凭证保障和档案信息服务的档案管理机构。

（3）文件中心。

文件中心是一种社会化、集约化和专业化的档案管理机构。包括政府文件中心和商业性文件中心两种。这种档案管理机构不同于上述几种类型的单位内部档案管理机构，而是介于组织和档案馆之间的一种过渡性的档案管理机构。

2. 各组织档案机构的地位和作用

这类档案机构的地位和作用主要表现在两个方面：一方面，它们是具有参谋和咨询作用的部门，是各种组织的管理决策、业务管理、项目管理、事务管理的档案证据保障中心、档案数据和信息服务中心，是各项职能活动的组成部分，是提高组织的工作效率、保证工作质量的必要条件，是维护各组织的历史真实面貌的重要前提。另一方面，各组织的档案管理是整个国家档案工作的基础，是各级国家档案馆馆藏的重要补充源。整个国家档案的完整程度和连续积累，首先取决于各组织档案管理的质量。在全国档案管理的组织体系中，各组织的档案机构是国家档案资源形成后首先发挥作用的基地，同时也是具有国家和社会长远保存价值的档案财富的过渡性管理机构，为各级国家档案馆工作的开展创造了必要条件。各组织档案管理机构的工作质量，直接关系到档案馆所接收的档案资源的质量。

3. 各组织档案机构的职责

职责是各组织要求的在特定岗位上需要完成的任务，而任务则是为达到某一明确目的所从事的一系列活动。

各组织档案机构的基本职责是：统一管理本组织各部门形成的档案，为本组织各项职能活动提供档案数据和信息服务，并为党和国家档案资源体系、利用服务体系、安全保障体系建设奠定基础。

关于各机关（各级党、政、军机关和人民团体）档案机构的具体职责，在《中华人民共和国档案法实施办法》《机关档案工作条例》《机关档案管理规定》《企业档案工作规范》等法规标准中也有明确规定，概括起来主要有四个方面：

（1）贯彻执行有关法律、法规和国家有关方针政策，建立、健全本单位的档案工作规章制度；

（2）指导本单位文件、资料的形成、积累和归档工作；

（3）统一管理本单位的档案，并按照规定向有关档案馆移交档案；

（4）监督、指导所属机构的档案工作。

企业档案管理部门的具体职责，依据《企业档案管理规定》的规定，主要包括以下四个方面：

（1）贯彻执行《档案法》等有关法律、法规和方针政策，制定本企业文件材料归档和档案保管、利用、鉴定、销毁、移交等有关规章制度；

（2）统筹规划并负责本企业档案的收集、整理、保管、鉴定、统计和提供利用工作；

（3）指导本企业各部门文件材料的形成、积累、整理和归档工作；

（4）监督、指导本企业所属机构（含境外机构）的档案工作。

文件中心的主要职责是：将文件从其形成单位接收、存储进文件中心；提供准确、快捷的文件借阅服务，满足文件形成者的需要；保证所接收和管理的文件的安全，进行科学管理；根据由文件形成单位制定、档案馆批准的档案保管期限表对文件进行拣选和价值鉴定，销毁不需要继续保存的文件，并向档案馆移交具有长远保存价值的文件。文件中心一般不从事与文件内容有关的研究工作，但应根据法律法规的要求，积极参与现行文件公开活动，整合文件与档案信息资源，为社会提供有效的文件与档案信息服务。这也是我国政府文件中心建设与发展的基本目标。

文件中心一般由国家各级档案馆负责管理，即在体制上接受国家档案馆的领导、指导和业务监督。

商业性文件中心，是由有关单位或个人依法创办的一种营利性文件与档案管理机构。其职责是为非公组织、公司、个人提供文件存储设施、文件和档案管理与利用服务。它虽然不属于国家档案管理系统之列，但应执行国家有关档案管理的法律、法规和方针政策。

（二）各级各类国家档案馆

1. 各级各类国家档案馆的性质和功能

国家档案馆是指中央和地方国家综合档案馆和专门档案馆，是各级党委和人民政府集中保存、管理档案的文化事业机构，是永久保存档案的基地，是科学研究和各方面工作利用档案史料的中心。国家档案馆的功能主要是，作为档案安全保存的基地、档案利用服务的中心、政府信息公开的中心、电子档案的管理中心、爱国主义教育的基地。

2018年机构改革后，中央档案馆和国家档案局合并，这两个单位原先的职责都没有变化，只是加强了继续履行对全国档案工作实行统筹规划、宏观管理以及集中统一管理党和国家中央机关的重要档案资料的职责。中国第一历史档案馆和第二历史档案馆，同为国家档案局与中央档案馆的直属文化事业单位。在经历了2018年的机构改革后，多数地方的国家综合档案馆的隶属关系发生了变化，多成为各级党委（省委、市委、县委）的文化事业机构；少数省份的国家综合档案馆实行双重领导体制，即成为党委和政府的文化事业机构。

（1）档案安全保存的基地。

中央和县级以上地方各级各类国家档案馆应成为具有国家和社会保存价值的档案的安全保存基地。即，国家档案馆应依法收集和接收本馆保管范围内对国家和社会有保存价值的档案，并对所保存的档案严格按照规定整理和保管。2014年中共中央办公厅、国务院办公厅印发的《关于加强和改进新形势下档案工作的意见》要求，各级国家综合档案馆要依法集中接收保管本级党政机关、企事业单位、社会组织的各类档案（包括电子档案）及政府公报等政府公开信息，同时不断扩大档案接收范围，接收本级各单位所属机构的档案。

（2）档案利用服务的中心。

中央和地方各级各类国家档案馆应成为社会各方面利用档案信息的服务中心。即：国家档案馆应依法采取各种形式开发档案资源，为社会利用档案资源提供服务，切实提高档案公共服务能力；统筹安排档案服务，努力提供一站式服务，做到便民利民。各级各类档案馆要依法做好档案信息服务，改进服务方式，简化手续，最大限度满足用户需求；拓展服务渠道，紧紧围绕党政机关、企事业单位及其他社会组织和广大人民群众的需要，主动开发档案资源，积极提供档案数据、信息服务，通过报送或推介相关档案信息、编辑出版档案信息产品、举办档案展览、制作电视节目、发布网络视频、发行音像制品、送档案信息进农村和社区等多种形式，全方位地为社会提供档案信息服务。

各级各类国家档案馆要严格按照《档案法》开放应开放的档案，提供涉密档案信息服务时要严格遵守保密规定。

（3）政府信息公开的中心。

各级各类国家档案馆应成为政府公开信息服务的公开中心。按国家规定，各级人民政府应当在当地国家档案馆、公共图书馆、政务大厅设置政府信息查阅场所，配备相应的设施、设备，为公民、法人或者其他组织获取政府信息提供便利。国家档案馆应根据《中华人民共和国保守国家秘密法》《中华人民共和国政府信息公开条例》《关于加强和改进新形势下档案工作的意见》等法律法规政策，建立政府信息主动公开机制，增强工作的主动性和实效性；要充分利用档案信息开放平台等各种便于公众知晓的方式，及时公开已接收的政府信息，并逐步完善政府信息公开目录及网上查询功能，为公众提供优质服务。

除国家档案馆主动公开的政府信息外，公民、法人或者其他组织还可以根据自身生产、生活、科研等特殊需要，向档案馆申请获取其他相关政府信息。国家档案馆在开展政府信息服务的过程中，要严格依照《中华人民共和国保守国家秘密法》及其实施条例等相关规定，对拟公开的政府信息进行保密审查；凡属国家秘密或者公开后可能危及国家安全、公共安全、经济安全和社会稳定的政府信息，不得公开。

（4）电子档案的管理中心。

各级各类国家档案馆应成为有国家和社会意义的电子档案的管理中心。2012 年 8 月 29 日国家档案局印发的《电子档案移交与接收办法》（档发〔2012〕7 号）及相关法规政策的要求规定："各级档案行政管理部门负责对电子档案的移交、接收工作进行监督和指导。档案移交单位和各级国家综合档案馆应当切实履行电子档案移交和接收职责"，"属于国家综合档案馆接收范围的电子档案，应当向同级国家综合档案馆移交"，"档案移交单位一般自电子档案形成之日起 5 年内向同级国家综合档案馆移交。对于有特殊要求的电子档案，可以适当延长移交时间。涉密电子档案移交时间另行规定"。

（5）爱国主义教育的基地。

中央和地方各级各类国家档案馆应成为开展爱国主义教育的基地。根据《国家档案馆爱国主义教育基地工作规范》的要求：国家档案馆爱国主义教育基地，是经各级党委、政府或者相关部门批准命名、公开挂牌，由国家档案馆管理，以馆藏档案为主要资源，向社会开展爱国主义、革命传统教育和国情、省情、市情、区情、县情教育及科技文化知识教育的活动场所。

爱国主义教育基地举办的各项活动应有利于培育和践行社会主义核心价值观，弘扬以爱国主义为核心的民族精神和以改革开放为核心的时代精神，繁荣中华优秀传统文化，继承和发展人类文明，传播有益于社会进步的思想道德、科学技术和文化知识。

中央和地方各级各类国家档案馆要挖掘馆藏档案的社会教育价值，结合档案的特点，开展以基本陈列和专题展览为主的多种教育形式的活动。

2. 各级各类国家档案馆的基本职责和具体任务

国家档案馆的基本职责是：集中统一地管理党和国家需要长远保管的档案和有关资料，维护历史的真实面貌，为社会主义现代化建设的现实需要和历史的长远需要服务。各级各类国家档案馆，又各有其具体任务。

国家档案馆的具体任务主要包括三个方面：

（1）收集和接收本馆保管范围内对国家和社会有保存价值的档案；

（2）对所保存的档案严格按照规定进行整理和保管；

（3）采取各种形式开发档案资源，为社会利用档案资源提供服务。

在我国，档案馆基本上是按地区并结合专业、时期等其他特点来设置的。各企业事业单位设立的部门档案馆及企业档案馆和事业单位档案馆，从性质上讲，应当是各有关组织的内部档案管理部门。但是，从整体上讲，这些档案馆都是构成我国档案馆网的组成部分。

（1）国家综合档案馆。

综合档案馆是按行政区划或历史时期设置的，负责收集和管理所辖范围内多种门类档案的档案馆。

1）中央级国家综合档案馆。

这类档案馆有三个，即中央档案馆、中国第一历史档案馆、中国第二历史档案馆。

中央档案馆负责收集管理中华人民共和国成立前中国共产党中央机关、群众团体中央机构、派出机构及边区政府形成的档案，中华人民共和国成立后中国共产党中央机关及其所属机构、全国人民代表大会及其常务委员会、国务院及其各部委（包括具有行政职能的公司）和各直属机构、最高人民法院、最高人民检察院、政协全国委员会、全国总工会、全国妇联、共青团中央等全国性人民团体及其所属机构形成的档案和民主党派中央机构移交的档案。

中国第一历史档案馆负责收集管理明、清两朝及以前各朝代中央机构形成的档案。

中国第二历史档案馆负责收集管理民国时期（中华民国临时政府、北洋政府、国民党及其政府、汪伪政权）中央机构形成的档案。

2）地方级综合档案馆。

地方级综合档案馆是指省（自治区、直辖市）、计划单列市、市（地、州、盟）、县（旗、市、区）档案馆。主要负责收集管理本级中国共产党的机关及其所属机构、人民代表大会及其常设机构、人民政府、人民法院、人民检察院、政协、工会、共青团、妇联等及其所属机构形成的档案和本级分管范围内各历史时期的有关档案。

（2）国家专门档案馆。

专门档案馆指收集和管理某一专门领域或某种特殊载体形态档案的档案馆。

属于中央主管部门的专门档案馆，有中国电影资料馆（收集管理中央、国家机关所属音、像出版，影视制作单位形成的音像档案及各电影制片厂汇交的影片、录音、录像档案或档案复制件）、中国照片档案馆（收集管理全国范围内具有重要历史价值和艺术价值的照片档案原件或复制件）、中国现代文学馆（是中国现代文学的资料中心）等。

省（自治区、直辖市）以及计划单列市、特大城市可设置专门档案馆，并按照重点加强各级各类国家综合档案馆的原则，由同级档案行政管理部门负责统筹规划，报同级人民政府批准，并报国家档案局备案。

大、中城市设置城市建设档案馆，负责收集管理有关城市规划、建设的档案及城市建设管理方面的具有永久保存价值的档案或档案复制件及有关资料。

（3）部门档案馆。

部门档案馆，是隶属于中央和地方某些专业主管部门的，负责收集管理本部门档案的事业机构。

我国根据国家外交、安全工作的特殊需要，分别设置了外交部档案馆、安全部档案馆，负责收集并永久管理本部门及其直属单位形成的档案。

最高人民法院、最高人民检察院、公安部可设置本部门档案馆，负责收集管理本部门及其直属单位形成的档案。其中具有永久保存价值的档案，在本部门档案馆保存50年后向中央档案馆移交。

某些形成专门业务和科学技术档案数量大的中央专业主管部门，经部门领导批准、国家档案局同意，可成立本部门档案馆，收集管理本部门及其直属单位形成的有关档案和资料，但其在行使国家行政管理职能活动中形成的党政领导和行政管理等具有永久保存价值的档案，要按规定向中央档案馆移交。

省（自治区、直辖市）以及计划单列市、特大城市的有关专业主管部门，根据实际情况确需设馆的，由同级档案主管部门按照重点加强各级各类国家综合档案馆的原则，统筹规划并报同级人民政府批准。

（4）事业单位档案馆。

中国科学院、中国社会科学院、国家教委直属的院校，经主管部门批准，向同级档案主管部门备案，可成立档案馆，收集管理本单位及其所属机构形成的档案。

（5）中国人民解放军系统档案馆。

中国人民解放军系统设置哪些档案馆，可根据实际需要由军委主管部门自行确定。目前设立的中国人民解放军系统的档案馆有：中国人民解放军档案馆、中国人民武装警察部队档案馆，及各军事院校档案馆等。

（三）档案主管部门

档案主管部门是党和国家指导和管理档案工作的部门。由于我国的党、政档案工作实行统一管理，因此各级档案主管部门，既是党的机构，又是国家机构。根据《国务院关于部委管理的国家局设置的通知》（国发〔2018〕7号）的要求，“国家档案局与中央档案馆、国家保密局与中央保密委员会办公室、国家密码管理局与中央密码工作领导小组办公室，一个机构两块牌子，列入中共中央直属机关的下属机构序列”。经历了2018年的机构改革后，各级档案主管部门与国家档案馆的职责进一步按照“政事分开”“党要管档”的改革原则，发生了较大改变，多数地方的档案局（档案馆）的行政职能划入同级省/市委办公厅（室），剥离行政职能的各级国家档案馆单独设置，作为同级党委直属的事业单位。

档案主管部门的基本职责是：在统一管理党、政档案工作的原则下，分级负责地掌管全国档案行政事务，对全国档案工作进行行政监督和检查。

1. 国家档案局的职责

依照《档案法》第八条第一款的规定，国家档案局应履行的职责有：

（1）根据有关法律、行政法规和国家方针政策，研究、制定档案工作规章制度和具体方针政策；

（2）组织协调全国档案事业的发展，制定发展档案事业的综合规划和专项计划，并组织实施；

（3）对有关法律、法规和国家方针政策的实施情况进行监督检查，依法查处档案违法行为；

（4）对中央和国家机关各部门、国务院直属企事业单位以及依照国家有关规定不属于登记范围的全国性社会团体的档案工作，中央级国家档案馆的工作，以及省、自治区、直辖市党委的档案主管部门的工作，实施监督、指导；

（5）组织、指导档案理论与科学技术研究、档案宣传与档案教育、档案工作人员培训；

（6）组织、开展档案工作的国际交流活动。

2. 县级以上地方档案主管部门的职责

县级以上地方档案主管部门，依照《档案法》第八条第二款的规定，应履行如下职责：

（1）贯彻执行有关法律、法规和国家方针政策；

（2）制定本行政区域内的档案事业发展计划和档案工作规章制度，并组织实施；

（3）监督、指导本行政区域内的档案工作；

（4）组织、指导本行政区域内档案理论与科学技术研究、档案宣传与档案教育、档案工作人员培训。

乡镇人民政府应当指定人员负责管理本机关的档案，并对所属单位、基层群众性自治组织等的档案工作实行监督和指导。

二、档案管理网络

档案管理网络是为实现国家档案管理根本目的和管理目标，由相关档案管理机构按照一定的管理体制和管理原则构成的功能互补、相互联系、相互作用和支持的有机体系。包括全国档案管理网络、地方档案管理网络、专业系统档案管理网络，以及各级组织单位的档案管理网络等。

（一）全国档案管理网络

全国档案管理网络，是根据《档案法》及其实施办法的有关规定，按照统一领导、分级管理的原则建立的，以各组织的档案管理为基础、以各级档案馆为主体的，由国家档案主管部门统筹规划、组织协调、统一制度、监督指导的，结构合理、分工明确、关系协调、管理科学的，具有安全保管与充分开发档案信息能力的，为社会各方面提供优质档案信息服务的有机整体。

各级各类档案机构之间的相互关系是：在各级党委和人民政府的领导下，上级档案行政机构对下级档案行政机构履行业务指导和监督、检查职责；档案行政机构对档案馆、文件中心、基层档案管理机构等档案业务管理机构履行业务指导、监督和检查职责；基层档案管理机构与档案馆之间，具有档案交接关系；文件中心与档案馆之间，具有档案交接关系；各级各类档案馆（或基层档案管理机构）之间，均无隶属关系，但有一定的业务协作关系。

（二）地方档案管理网络

地方档案管理网络，是国家档案管理网络的组成部分，是根据国家和地方档案法律法规、制度规范的要求，依据地方档案事业发展的实际需要建立的，由地方档案行政机构、地方档案馆、文件中心、基层档案管理机构等构成的，结构合理、分工明确、关系协调、管理科学的，具有维护各地方档案完整与安全和档案信息服务能力的有机体系。

（三）专业系统档案管理网络

专业系统档案管理网络，是各专业主管部门依据国家档案管理的法律法规、行业档案管理制度和规范，根据本专业系统档案的形成规律、特点及实际需要建立的，由专业系统档案行政机构、专业档案馆、各基层单位档案管理机构等构成的，结构合理、分工明确、关系协调、管理科学的，具有维护本专业系统档案资源完整与安全和专业档案信息服务能力的有机体系。

（四）各级组织单位的档案管理网络

各级组织单位的档案管理网络，是各立档单位依据档案管理的法律法规及本单位的档案管理制度，根据本单位档案的形成规律、特点及实际需要，按照“领导首责”“全程管理”“全生命周期管理”等理论、原则和方法建立的，由单位档案管理机构、各部门的档案管理机构、分管领导、专（兼）职档案人员、档案信息管理委员会等构成的，结构合理、分工明确、关系协调、管理科学的，具有维护本单位档案资源完整与安全和提高档案信息服务能力的有机体系。

第四节　档案管理的应用原则

一、来源原则

来源原则是档案管理的第一法则。来源原则是被世界各国的档案管理实践反复证明过的一条科学、有效的维护档案的完整与安全的思想和行为准则。只有按来源原则管理档案，才能使档案文件之间的历史有机联系得到最好的维护，并使档案的利用价值得到最充分的体现。按来源原则管理档案，也是档案管理区别于其他信息资源管理的主要特征。

这里所说的来源包括宏观和微观两层含义。从宏观层面上讲，来源是指形成档案有机体的党政机关、企事业单位和其他社会组织及个人、家庭、家族等，即档案的“大来源”。从微观层面上讲，来源是指与档案文件的形成存在密切关联的职能、活动、任务、事件、项目、事务、内部组织机构等；在电子网络环境条件下，来源也用来说明每一份电子档案文件的产生背景、上下文关系、管理过程等方面的信息（数据）集合。这种微观层面的来源，也可以被称为“小来源”。在档案管理的实践中，坚持按来源原则管理档案，就是要在努力维护同一个“大来源”的档案文件之间的历史有机联系的前提下，在具体整理每个“大来源”档案文件的过程中，努力维护档案文件之间在微观层面的相互关联性。所谓对来源的“概念化”理解，就是在管理档案的实践中，既要有效地“维护巴洛克建筑[①]的历

---

① 巴洛克建筑是17—18世纪在意大利文艺复兴建筑基础上发展起来的一种建筑和装饰风格。其特点是外形自由，追求动态，喜好富丽的装饰和雕刻、强烈的色彩，常用穿插的曲面和椭圆形空间。本书是以对这种历史建筑物的原始风貌及其内部结构的保存，来比喻在实践中档案工作者不能人为地破坏档案文件之间的历史有机联系，包括大的来源联系及每个全宗内档案文件之间的历史有机联系。

史本来面貌”，又要有效地维护“巴洛克建筑内部的原始秩序”，不要按照管理图书、情报资料及其他文献信息材料的方法去管理档案实体，即按照现代人一时的“便捷性”“舒适性”的要求来改造“巴洛克建筑的内部结构”。档案文件的来源联系，需要通过档案的形成、积累、收集、鉴定、保存、著录标引等项业务管理活动，进行有效的维护和延续。

按来源原则管理档案，是档案管理的第一法则，体现了档案的本质及其运动规律的基本要求，应该贯穿于整个档案管理活动的始终。

二、全宗原则

全宗是一个组织或个人、家庭形成的档案整体。所谓尊重全宗原则，就是在档案管理实践中做到：

(一) 保持同一全宗档案的不可分散性

每一个形成档案全宗的组织、个人及家庭，都可以成为一个立档单位。从具有长久保存价值的档案文件的最终归宿意义上说，同一个立档单位的档案不能分散，不同立档单位的档案不能混杂。做到这一点，是使每一份进入全宗的档案文件的价值得到全面体现和有效利用的最基本条件。换言之，一个全宗的档案只有在其整体性得到有效尊重和维护的前提下，其整体价值才会得到最充分的体现，其内的每一份档案文件的具体价值才能得到利用者的全面理解和有效利用。

(二) 保持全宗档案实体分类整理的原始顺序不被人为打乱和破坏

历史经验证明，只有档案文件的形成者和最初的分类整理人员才最熟悉档案文件的形成过程及其相互之间的历史联系。经由这些档案文件形成者和整理人员处置过的档案文件所形成的原始顺序，通常可以较为明确地反映文件在产生和处理过程中形成的相互历史联系。

(三) 保持全宗的来源背景、产生和管理历史信息的完整性

在档案管理实践中，人类可以通过有效地组织和控制档案文件的流向，编制和实施一个立档单位的整体性档案分类方案，做好档案的整理编目、登记、统计工作，开展多级档案著录等方式，来实现有效保存全宗的来源背景和管理历史沿革（脉络）信息的完整性。这是有效维护档案的凭证价值和信息利用价值的基本要求，因为这些信息的有效保存可以为用户理解档案的真实性、可靠性等，提供有力的历史证据。

全宗原则与来源原则密切相关，坚持来源原则是实现档案资源按全宗来管理的最基本要求。但是这两种原则所强调的重点依然存在一定的差别。来源原则强调的是维护与不同类型来源密切相关的档案文件之间的密切关联性，即有机的历史联系性。全宗原则更加强调一个立档单位档案的整体性及其不可分散、不可混杂的性质。

三、分类管理原则

分类管理原则，即档案实体的分类管理原则，就是在坚持上述两项原则的前提下，按

照全宗内档案文件的形成规律和特点，根据档案文件与相关立档单位的内部组织机构、职能业务活动、任务事项、事件案件、矛盾问题等方面的历史联系特征，确定分类标准和分类方法，并在统一的档案分类方案指导下，对全宗内档案文件实行分类的序化思想和行为准则。坚持全宗档案实体的分类管理原则，可以从质量上使每一份档案文件都能够与其形成者、职能业务之间保持有机关联，做到分类科学、整理有序、鉴定合理，有效保证全宗档案的系统完整。

档案文件的形成规律和主要特点之一就是其类属性，即每一份档案文件被人们理解、价值被充分认识的基本前提条件就是：每份档案文件都不是孤立的，而是紧紧依附于一定的职能类别、活动类别、组织机构类别、事件或项目类别、任务类别等运动和存在的。档案文件对相关类别的紧密依附的属性，我们可以简称为类属性。档案实体分类的根本目标就是体现和维护档案文件的类属性。一旦这种类属性被人为破坏，利用者或研究者就很难认识、理解和把握每一份档案文件的真正意义和价值。

四、前端控制原则

前端控制原则是现代文件与档案管理的基本理论之一。该原则的基本内容包括以下几个方面：

第一，倡导优化管理理念，减少重复性作业和滞后作业。前端控制作为一种文件与档案一体化管理原则，主张现代文件与档案管理系统的建设不应该是对手工管理流程的简单模拟，而应本着更科学、更合理、更有效的原则，对传统的文件管理和档案管理进行“业务流程重构”或“业务流程再造”，通过这种“重构”或“再造”来减少乃至消除文件与档案管理全程中各个管理环节的重复、疏漏和抵牾，从而实现功能合理、效率最佳的管理效果。前端控制是新构建的文件、档案管理业务流程的重要特点，是实现现代文件与档案管理一体化目标的理论保证。

第二，倡导全面、系统的管理理念，避免文件与档案管理的人为分割。文件和档案就其本质而言，是同一事物的两个不同发展阶段。在对文件和档案实施有效管理的实践活动中，我们不能人为地割裂两者之间的本质联系，甚至把它们看作本质不同的两种事物来进行管理。传统档案管理理论的一个严重缺陷就是把“文件”作为现行事物，把档案当成历史事物，并据此设计出两种关联性较差的管理系统。这种传统的管理实践的基本教训是：一些本应在文件的形成和处理阶段就可以轻而易举实现的档案管理目标和要求，被人为地拖延到归档工作之后完成；一些本来在文件的形成和处理阶段已经完成的管理事项，在档案管理阶段又重复进行一次。缺乏全面、系统的管理思想是造成传统文件与档案管理诸多弊端的根源之一。现代档案管理实践表明：只有在文件与档案管理实践中始终坚持全面、系统的管理原则和思想，我们才能够设计出有效的文件与档案管理系统，才能为组织和社会的存续和发展提供必要的证据保障，才能更有效地利用有限的资源实现文件与档案管理的根本目的。

第三，前端控制原则不仅适用于电子文件的管理，也适用于纸质及其他载体的文件和档案的管理。就目前而言，我国的文件与档案管理基本上可以被划分为三种类型，即手工管理、计算机辅助管理、电子网络管理。无论是哪一种管理形式，文件与档案管理人员都应当在实际的管理流程设计、任务分配和责任认定等方面，充分考虑能否将可以并行开展的档案业务管理内容，提前到文件的形成和处理阶段完成，并在档案管理阶段充分利用在文件管理阶段形成或捕获的数据和信息，避免重复劳动。

总之，前端控制是原则，事后补救是例外，流程重构是手段，实现优化是目的。

五、系统管理原则

系统管理原则强调一切文件与档案管理活动的实质都是对系统的管理。按照该原则，文件与档案管理活动必须遵循整体性、动态性、开放性三个理念。

（一）整体性管理理念

整体性管理理念要求文件与档案管理系统要素间的相互关系、系统要素与系统间的关系，要以整体效果最佳为主要目的。现代文件与档案管理强调文档一体化管理思想，因此在文件与档案管理流程的设计、管理系统的设计活动中，有关人员必须从整体上充分考虑文件的形成、捕获（收集）、著录、鉴定、存储、整理、利用等项业务工作的开展，能否满足未来档案管理工作的需要。例如，传统意义上的档案著录工作是在档案管理阶段实现的，工作量大且难度高，以致不能及时为用户提供满意的信息检索服务；而现代意义上的档案著录工作则被提前到文件的制作和形成阶段，并贯穿于文件和档案的整个生命周期。传统意义上的档案著录只是建立档案检索系统的一项基础性工作，目的是揭示档案的主要内容和形式特征；而现代意义上的档案著录除了具有传统的功能外，还肩负着保障文件和档案真实性、完整性的职能。再如，传统意义上的档案鉴定工作主要包括归档鉴定、期满档案的鉴定和销毁等项内容，通常是在文件形成后进行；而现代意义上的文件与档案管理中的鉴定工作则被提前到文档管理系统的设计阶段。传统意义上的档案整理主要是对档案实体的分类、组合、排列和编目，且只能保持文档之间的“线性历史联系”，而现代意义上的档案整理则要求从多方面来保持文档之间的历史联系，不仅包括实体整理方面的内容，还包括“虚拟整理”或“逻辑整理”方面的内容，可以保证文档之间的“多重的、立体的历史联系”。可见，现代档案工作者只有在文件与档案管理实践中坚持整体性的管理原则和思想，才能使文件与档案管理系统的设计达到科学、有效的目的要求。

（二）动态性管理理念

文件与档案管理系统内部之间的联系及其与所处环境之间的相互作用，都是有规律可循的。在文件与档案管理的不同发展阶段，我们可以根据实际需要，选择不同的管理流程、管理模式和管理方法。

例如，在手工管理阶段，各有关单位的具体做法是：在文件的形成阶段，由撰稿人在文件上标出该份文件的主题词或关键词；在文件的核稿阶段，由核稿人负责检查文件上主题词或关键词的质量；把文件的收发登记与档案著录合为一体，在登记阶段无法填写的项目可待立卷或缩微后再填写齐全；立卷时检查文书处理阶段的著录内容是否正确，对未著录的文件逐一进行著录，并将著录的结果与案卷一并归档。

在计算机辅助档案管理阶段，计算机在档案管理中的应用“几乎覆盖了档案管理的全过程和大部分工作环节，而且正在向与档案工作相衔接或相关的工作领域发展"[①]。具体的应用领域包括：档案自动编目和检索、档案全文（原文）存储与检索、档案业务工作辅助管理、辅助立卷、自动标引、自动编辑、文档一体化自动管理、档案保管环境的自动控制、字迹褪变档案的信息增强和恢复性处理等。

在网络信息化档案管理阶段，电子文件成为档案管理的主要对象，无论是文件与档案的管理流程和管理模式，还是具体的管理内容等都发生了较大的变化，有些方面的变化与传统的档案管理方式相比带有革命性的特征。

可见，每个立档单位都应当根据自身所处的管理阶段，选择适合本单位文件与档案管理需要的管理模式、管理手段和管理方法，不能一味地追求所谓的"先进"，也不能故步自封。

（三）开放性管理理念

文件与档案管理系统同环境之间时刻在进行着物质、能量和信息的交流。文件与档案管理系统的建设和管理，应该按照开放性的管理理念，注意收集来自政府部门和社会公众的需求信息，及时进行必要的工作目标调整，强化资源建设并有效地组织相应的文档信息服务，满足档案用户的合理合法的信息需要。

现代档案管理机构必须树立环境适应性意识和环境生存意识。一个不注意适应社会环境发展需要的档案管理机构，其生存的空间会变得越来越狭窄，同时其对社会的影响力和贡献力也会不断削弱。只有把现代档案管理系统建设成开放性的系统，才能使档案部门的生存和发展获得来自政府和社会的双重理解和支持。

六、全程管理原则

无论是传统形态的文件和档案还是现代电子形态的文件和档案，就其产生、存在和发展来说，都存在着一个生命周期。对这种生命周期的系统认识成果，目前我国档案界将其称为"文件生命周期理论"和"文件连续体理论"（本书称之为"档案连续体思想"[②]）。此外，文件和档案作为一种人类社会活动和思维活动的原始信息的承载体，其内容也存在着生命周期问题。正因为如此，文件和档案内容的管理也应遵循"信息生命周期理论"。对文件和档案实行全程管理的理论基础，就是人们通过长期的文件和档案管理实践总结出来的文件生命周期理论、文件连续体理论和信息生命周期理论。

所谓全程管理，就是按照文件和档案的生命周期及其内容信息的生命周期的特点，结合人类社会主体的现实需要和历史长远需要，并根据现代档案管理的要求，建立起一个能够保障文件和档案证据价值和内容信息价值实现的管理系统，对文件和档案的整个生命周期及其内容信息的生命周期实施全程控制、规范管理，实现文件和档案资源的有效管理和开发利用。

全程管理原则的基本内容包括如下几个方面：

---

① 孙淑扬，邱晓威．档案计算机管理教程．北京：中国人民大学出版社，1999：7.

② 参见本书第十一章第五节。

第一，现代文件与档案的管理是一种全面的管理，涉及文件与档案的管理流程、管理规则、管理方法以及质量要求。因此，若想对文件和档案实行全程管理，就必须建立起一个涵盖文件与档案全部管理活动的目标体系、程序体系和技术方法体系。

第二，文件与档案的全程管理是一种结果导向的管理，其终极目标和使命就是为人类社会留存比较完整的证据体系和记忆，并为人类社会的进步和发展提供有效的信息资源保障。正是基于这种终极目标和使命的考虑，文件与档案管理才非常关注业务管理流程的设计、制度和标准的建设，并注意通过有效的过程管理、制度管理和规范化管理来实现文件与档案管理的最高目标。在以纸质文件和档案为主要对象的环境中，档案管理部门主要通过参与和协助有关的业务部门和人员制定有关的文件管理标准、规范，建立和健全归档制度的方式，来实现对形成文件的质量和完整性加以控制的目标；在以电子文件为主要对象的环境中，档案管理部门则需要根据电子文件和电子档案的特点，对电子文件的生成、捕获、著录、流转、利用和保存等每一项具体管理内容的实施过程进行监控，以便能够及时地根据档案管理的要求，提出改进策略和调整措施。

第三，文件与档案的全程管理是一种关注文件整个生命周期及其与环境要素之间的互动关系的管理思想。这种管理思想要求根据文件生命周期理论和文件连续体理论来建构各个单位的文档管理体系，对文件的整个生命周期的各个阶段实施严密控制。其中包括管理系统的设计与运行、管理制度的设计、管理标准与规范的建设与应用、管理目标的确定与执行情况的评价等等。

第四，文件与档案的全程管理还是一种关注文件与档案内容信息生命周期的管理思想。文件与档案的内容中蕴含着丰富的信息资源。对于政府部门来说，这种资源是进行有效社会管理和服务的重要工具和手段；对于企业来说，这种资源是企业健康有序发展的必要保障；对于其他社会组织而言，这种资源是其存在和发展的重要条件。因此，每一个档案管理部门和管理人员都应当清楚，文件与档案的管理其实也是一种信息管理活动。信息的存在是有生命周期的，在其生命周期内，信息也会经历从产生到成熟再到衰败的不同阶段，信息在每个生命阶段所具有的价值是会发生变化的。文件和档案管理的责任就是在文档信息生命周期内使其信息价值最大化。

信息生命周期理论一般将信息的整个生命周期划分为六个阶段，即数据创建阶段、数据保护阶段、数据访问阶段、数据迁移阶段、数据归档阶段、数据回收（销毁）阶段。在数据创建阶段，各单位所“产生的数据需要存储环境以利于及时处理、管理和保护，因而需要稳定、可靠、高可扩展能力的存储设备。……数据的价值通常随着时间逐渐降低，因此所有数据在创建时都应当获得一个由数据的类型、价值和相关法律法规的要求决定的删除日期。系统将定期清除到期的数据。除非对过期数据的创建进行正确的控制，否则对相关数据的搜索将会导致运营效率的不断降低。信息生命周期管理就是根据应用的要求、数据提供的时间及数据和信息服务的等级，提供相适应的数据产生、存储、管理等条件，以保障数据的及时供应”①。在数据保护阶段，各单位的信息生命周期管理“将按照数据和应用系统的等级，采用不同的数据保护措施和技术，以保证各类数据和信息得到及时和有效

---

① 杜国强．信息生命周期管理．哈尔滨：黑龙江科学技术出版社，2004：150－151.

的保护”①。在数据访问阶段，信息必须便于访问，最好可以在一个单位的多个业务环节和业务应用之间共享，以最大限度地提供业务价值。这个阶段是“信息生命周期管理与业务流程管理的交叉点”。在数据访问阶段，信息管理者需要回答的问题主要有两个，一是“这些数据的真正价值是什么”，二是“这些数据被访问的频率是多少”。根据对第一个问题的回答，信息管理者可以制定出比较合理的数据存储战略；根据对第二个问题的回答，信息管理者可以决定有关数据是采取在线方式、近线方式还是离线方式存储。在数据迁移阶段，信息管理者需要考虑的问题是：如何将数据从一个存储设备转移到另一个存储设备，并且不影响系统的正常运行，不影响业务的正常开展。在数据归档阶段，信息管理者需要考虑的是：如何维持一个可以从多个方面支持本单位的业务运作的数据备份和归档系统。这些归档数据（备份数据）可以使一个单位的原始信息在因为某种原因被损坏时，得到及时恢复。数据备份是现代组织数据存储战略的重要组成部分。在数据回收（销毁）阶段，有关单位必须制定相关的政策，对没有保留或保存必要的数据进行回收或销毁。被回收或销毁的数据将被从活动和非活动系统及数据库中清除。对一些数据，不能轻率地进行销毁操作。各单位必须确保其销毁数据的行为不会与单位和政府的条例和法规相背，对单位业务工作和权利保护无碍。

通过上述理论介绍，我们不难看出，现代信息技术的应用为文件与档案内容的信息生命周期管理提供了良好的实现条件。人们可以根据信息生命周期的不同阶段，采取相应的信息技术手段，对信息的生成、捕获、存储、访问、归档、回收和销毁等进行有效控制。

七、集中控制原则

人类管理档案的长期实践经验证明：档案只有以有机体的形式存在，才能有效地体现其各种功能、发挥其作用。集中控制原则正是基于这种规律性的认识提出来的。

文件在其生命周期的现行和半现行阶段，通常以个体的形式存在并发挥作用，以满足人类社会活动中各种行政、党务、法律、财务等方面的特性利用需要；而当文件进入档案管理阶段后，则常常以群体或有机体的形式存在并发挥作用，以满足人们的文化历史等方面的族性（批量）利用需要。因此，档案管理者必须介入和参与文件的早期形成和积累工作，以便有效地了解和掌控文件的形成规律和特点，并在其形成者保存其自身的文件之内在动力不足时，通过集中管理和控制，避免具有国家和社会意义的文件的失散。这就是档案集中控制原则的主要根据。

另外，文件的双重价值理论也是我们在档案管理实践中采用集中控制方式管理档案的重要理论根据。双重价值理论认为，文件的价值包括第一价值和第二价值两种形态。所谓文件的第一价值，是指文件对其形成者所具有的各种有用性和有益性。当文件形成后，首先对其形成者有用，而非对其他社会主体有用，这正是促使文件形成者积累和保存档案的内在动力源泉。但是，文件的第一价值并不是一成不变的，而是随着时间的推移和条件的变化逐渐衰弱和淡化的，这时文件形成者就会逐渐失去保存它们的内在动力。然而，这并不意味着这些第一价值已衰弱的文件都失去了继续保存的价值，而意味着一部分文件的社会历史使命已经完结，另一部分文件则进入其生命价值的第二个阶段。所谓文件的第二价

---

① 杜国强．信息生命周期管理．哈尔滨：黑龙江科学技术出版社，2004：151.

值，就是指文件对其他社会用户所具有的各种有用性和有益性。这种价值形态的存在，是人类社会积累和保存档案财富的主要动力来源。

集中控制原则的核心思想是：根据文件和档案的存在与发展特点，在充分分析和研究文件与档案的价值实现规律的基础上，采取有效的组织形式和管理手段，将分散形成的具有档案价值的文件集中控制起来，以保证其定向积累和流动，形成文件有机体系，最大限度地满足人类社会存在和发展的各种现实需要和历史文化需要。

这种档案管理的原则要求档案管理者，在实践上根据文件和档案的运动规律和特点及其所表现出来的价值形态，对文件这一事物实行分阶段的连续性控制，并有效地防范具有档案保存价值的文件的分散与流失。根据这种原则，档案管理一般可以分为三个阶段来进行：首先，在档案依然具有很强的现实使用价值时，将其集中保存在它的产生地——组织或单位内；其次，当档案的形成者在现实的工作或生产等项活动中不再经常利用这些档案时，就可以将它们移交给中间、过渡性的档案管理机构或文件中心集中管理；最后，国家依法将经过仔细筛选的具有永久保存价值的档案，集中到各级各类档案馆中进行统一管理和控制。

世界各国长期的档案管理实践证明，对国家档案资源实施集中统一管理，是一条行之有效的管理原则。没有档案的集中统一管理，就谈不上对档案资源的综合开发利用和档案信息资源的共享。可以说，对档案资源的集中控制和管理，不仅是维护档案本质属性的要求，而且是充分实现档案利用价值的客观需要。

对档案资源实行集中控制，也是维护国家安全、民族利益、组织机密和个人隐私的客观要求。档案作为一种内向性较强的信息资源，记录和反映了许多事关国家、党派、军队、企业的机密信息，如果不加以集中控制，则很可能给国家和民族造成不同程度的损害，给企业造成经济损失，给公民个人造成伤害。

对档案资源进行集中控制，可以在不同层面实现。在国家层面，我们可以按照党政档案集中统一管理的原则，确立我国的档案管理体制和基本制度，实现对具有国家和社会保存价值的档案的宏观控制；在中观层面，我们可以通过建立和健全各项档案收集工作政策，完善文件中心和档案馆网络体系，集中控制具有一定保存价值的档案资源；在微观层面，我们可以通过建立和健全各个单位的文件归档和移交制度，实现对各单位文件进行集中控制的目标。

档案的积累需要定向进行，只有实现了有效的集中控制，才能实现档案定向积累的目标，才能从根本上保证文件有机体的“长成”。在分散条件下，任何单位的具有档案保存价值的文件都不可能实现有效的定向积累，文件的有机体系也很难形成。所以，在档案管理实践中，我们必须坚决反对分散管理档案的做法，反对人为地“肢解”档案有机体的行为。

八、效益管理原则

效益是管理永恒的主题，任何管理都是为了获得某种效益。作为档案管理者，我们非常熟悉的一句话就是：档案管理不仅要对历史和现实负责，更要对未来负责。在现实社会生活中，有人关心经济效益，有人关心社会效益，有人关心眼前效益，有人关心长远效益，有人关心组织和团队的效益，有人则关心个人和家庭的效益，而档案工作者更关心如何通过有效的档案资源管理，为档案用户提供优良的文件与档案信息服务，充分实现文件与档案资源的证据价值和信息价值，帮助用户创造更多的经济效益和社会效益。

效益管理原则，不仅是档案鉴定和档案利用工作所坚持的原则，也是整个档案管理活动所要坚持的原则。在档案资源的收集与建设活动中，档案部门要考虑所收集和积累的文档资源、相关文献资源、实物资源能否在目前和今后的档案管理实践中，给用户和社会提供必要的证据保障和历史研究的史料保障；在档案的鉴定工作中，档案部门要考虑国家和社会对档案管理的投入是否与所选留的档案的现实效益和长远效益成正比；在档案的整理工作中，档案部门要考虑对档案实体的整理和对档案信息内容的加工处理是否与档案自身的保存价值相适应；在档案的保管工作中，档案部门要根据档案的珍贵程度、保存价值的不同，决定管理资源的合理使用；在档案的编目和检索工作中，档案部门要根据档案的不同效用来选择著录和标引的对象和级次，并根据用户的需求和档案信息的价值来决定数字化加工的对象；在档案的编研工作中，档案部门要考虑国家基本史料的建设需要及现实用户的需要，使档案编研成果的社会历史效益最大化，同时兼顾档案编研成果的现实效益；在档案提供利用和服务工作中，档案部门要注意为用户提供全面、系统、及时、准确的信息服务，同时要在服务实践中积极创造条件，搭建起档案用户需求与档案信息资源之间的桥梁，使档案的隐性效益显性化。

在档案管理实践中，档案部门应当把对社会效益的追求放在首位，同时还要兼顾档案管理的经济效益。档案是国家和社会发展的重要信息资源，它的管理质量如何将直接关系到国家和社会的稳定，民族文化的延续、继承和发展，国民意识的培养与传承，人类社会历史记忆的保存。所以，档案管理不能只看到眼前的利益，也不能简单地根据档案的利用率（如利用人次或卷次等）来片面地评价档案管理的综合效益。我们不难想象，如果一个国家或民族没有比较充分的档案信息资源做支撑，这个国家和民族的前途就会令人担忧。一个国家和民族需要档案提供历史证据来说明其存在的历史，一种文化或文明需要档案提供佐证来证明其存在的合理性，一个组织需要档案提供证据来说明其存在的合法性；一个公民同样也需要档案来证明其各种权益的合法性。可见，档案作为人类社会存在与发展的一种证据保障体系和信息资源，对维护人类的正常社会秩序、国际关系秩序，对保障人类的福祉和国家、民族的合法权益等，具有十分重要的现实与历史意义。

档案资源作为人类社会活动经验、智慧、数据、信息和知识的承载体，保存了人类物质文明和精神文明的宝贵记忆，是人类文化的重要组成部分。充分发掘蕴藏在档案之中的这些宝贵的精神文化资源，不仅可以为人类社会的建设与发展节省大量的资源，而且可以使人类有条件在前人和他人的经验和智慧的基础上开展工作，创造更多的精神财富和物质财富。人类社会发展至今，城市文明的存续和发展可以说很难离开档案信息资源。如果离开了档案信息资源的支持，可以说今天存在的城市文明就会面临衰败的危机。同样，人类所创造的工业文明，如果离开了档案信息资源的保障，可以说也是寸步难行。人类社会进入 21 世纪以来，信息社会的建设与发展成为时代的主旋律，在信息社会中，物质、信息和能量依然是社会进步和发展不可或缺的三大重要资源。尤其是信息资源的质与量，已经成为影响当今社会国家、企业的竞争与发展的核心资源。所以，档案信息资源的有效管理与利用也已成为每个国家和企业生存与发展的重要战略资源，直接关系到国家经济的发展、企业效益的提高。

随着国家政治体制改革步伐的加快，服务型政府、责任政府、法治政府、“阳光”政府的建设已经成为我国政府管理体制变革的重要目标。政府部门若想更好地坚持“以人为本”的施政理念，就必须在档案管理实践中坚持“以公开为原则、以不公开为例外”的信息服务政策，使档案信息资源真正成为一种社会公共信息资源，为民所用。可以说，只有在档案管理实践中坚持信息公开原则，才能使档案管理的社会效益和经济效益得到充分实现。

在档案管理实践中，档案管理部门应运用效益管理原则管理档案信息资源，避免单纯的“经济效益”导向思想（即只把“经济效益”看成效益，对其他效益都不看重的片面效益观念）。因为如果只注重经济效益，档案部门就会陷入作茧自缚的境地，不仅会严重影响国家的基本史料建设目标的实现，损害民族记忆的完整，而且会影响国家和民族的文化传承与发展，影响民族的团结和社会的稳定，影响民族的凝聚力。所以，档案部门如果在档案管理实践中运用效益管理原则，就必须把追求社会效益与经济效益有机地结合起来，在保证大的社会效益的前提下，注意发展档案管理的经济效益，绝不可本末倒置、舍本逐末！

总之，各级各类档案管理部门，应当把追求局部效益同追求全局效益协调一致，把追求社会效益与追求经济效益协调一致，注重在档案管理实践中追求长期稳定的高效益，建立科学的档案管理效益观。

九、激活升值原则

激活升值原则的基本思想是：档案资源作为一种对人类社会活动的原始信息的记录，其中存在着大量的经验、信息和知识的片段，这些“片段性”的记录只有经过人们的有效加工、分析和转换，才能成为可以服务于一定社会实践目的的有价值的信息和知识；这种加工、分析和转换就是对档案内容所蕴含信息的活化（或称激活）。档案内容信息在通过“激活”后，可以更好地满足档案用户的利用需求，产生更大的效用。

“激活原则的确立，是因为信息不会自动地为管理者服务，未经激活的信息没有任何用处，信息只有在被激活之后才会产生效用。”① 在人类进入信息社会后，档案管理者的社会角色也发生了一定的变化，他们从以往的文件与档案的保管者和维护者，逐渐转变为信息和知识的管理者和服务者。档案管理的服务理念正在得到不断的强化。档案工作者不仅要学会自己激活档案内容中的信息，而且要学会借助“外脑”激活所管理的档案内容信息，从而为社会和档案用户提供更高水平和质量的信息服务。

在当今的档案管理实践中，档案工作者运用激活升值原则的关键是掌握和运用好各种激活文件与档案内容信息的方法。这些方法概括起来，主要包括以下几种。

（一）综合激活法

这种方法就是对“已经拥有的较多的信息进行扩展、转换而获得新信息的激活方法。它是在深入分析和认识众多相关信息的基础上，根据需要，将信息有逻辑地组合起来，以

① 司有和．信息管理学．重庆：重庆出版社，2001：47.

求形成一种新的认识”[①]。对档案内容信息进行综合激活的基本要求是：

（1）用于综合的档案信息至少在两条以上，因为如果只有一条孤立的档案信息，我们就失去了进行综合的基本前提。另外，档案人员用于综合激活的各条信息必须是真实可靠的，不能采用内容虚假的档案信息，否则综合激活后得出的结论就是错误的。

（2）综合激活的目的是找出或发现新的信息，所以综合就是对全部相关的档案内容进行合理分析，揭示各项档案内容记录之间及其与其他文献记录之间的内在联系，并找出它们之间的共同点、交叉点、相似点。在通常情况下，档案内容之间及其与其他文献记录之间的这些关联点，就是我们要寻找的新的信息。

（3）综合激活并不是简单地、机械地将有关档案内容拼凑在一起，而是在找到各项记录的内容间的关联性之后，对有关的档案内容进行重新组合和描述，并形成新的整体性信息的创造性智力劳动过程。经过激活的档案内容信息的整体功能会大于激活前各条孤立的档案内容信息的功能。

在采用综合激活法对档案内容信息进行活化的过程中，档案工作者可以根据综合对象和综合目的的不同，选择运用简单综合（包括纵向综合、横向综合、外观综合、方面综合及纵横结合的综合等具体方法）、辩证综合（包括兼容综合、扬弃综合、典型综合等具体方法）等综合方法。

（二）推理激活法

在档案管理实践中，档案工作者采用推理激活法，就是根据已经掌握的相关专业知识和经验等，从已知的档案内容信息出发，进行合乎逻辑、合乎情理、合乎规律的推导，以获得新的信息、知识的方法。这种方法与综合激活法最大的不同点就是：综合激活是从已知的多条档案内容记录中，通过寻找和揭示它们之间的相互关联性来发现新信息、新知识；而推理激活则是根据单一的档案内容记录，通过逻辑推演来获得新信息和新知识。

在档案管理实践中，我们可以通过采用因果推理法、关联推理法、辐射推理法和逆向推理法等具体方法，从已知的信息中推导出未知的信息和知识。

运用推理激活法可以增加我们对未知世界和未知事物的认识，同时也可以深化我们对已知世界和已知事物的认识，有助于我们在档案管理实践中克服单纯的“报业守摊儿”思想，促进档案管理部门对档案资源的深入开发和利用。在档案管理实践中，档案部门采用推理激活法，应该注意遵循以下几项基本要求：

（1）通过对档案内容的鉴定与分析，去粗取精，去伪存真，保证作为推理激活出发点的档案内容信息的真实性。没有真实的前提，推理的结论必然是错误的。

（2）运用推理激活法，档案工作人员必须遵循事物之间的规律性和相互关联性，注意推导后得到的新信息、新知识与推导的前提之间保持合理的关联性。

（3）通过运用推理方法获得的新信息、新知识是否具有真实性和可靠性，还需要经过实践的检验，为此档案工作者有责任向用户说明这种信息或知识的“或然性”，提醒用户在运用过程中加以注意。

---

① 司有和．信息管理学．重庆：重庆出版社，2001：48.

（三）联想激活法

“联想激活就是从已知的一条信息想到另一条信息或几条信息，而这些信息本身可能是信息主体所需要的新信息，或者可以将它们综合成新信息，或者可以从它们中得到启发从而产生新信息。”[①] 在档案管理实践中，档案工作者也应当学会联想激活的思维方式，从已知的档案内容信息出发，通过联想，发现档案内容所含信息的新用途，揭示相关的新信息，从而更好地组织档案信息服务工作。

联想激活法同前面所讲的推理激活法是不同的，因为联想并不是像推理那样通过符合规律或逻辑的推导来获得新的信息和知识，而是采用由此档案内容信息想到彼信息，或者仅仅是因为从已知的档案内容信息中得到了某种启发而发现了新的信息和新的知识。

在实际工作中，档案工作者可以通过采用相似联想、接近联想和比较联想的方法，努力发现与所收藏的档案内容信息有关的新信息和新知识。另外，运用这种方法，也可以使档案管理部门从其他的行业和部门的管理经验和做法中得到有益的启示，从而寻找到更为有利于我国档案管理事业发展的新思路、新做法。

档案管理需要适应不断发展的社会环境，需要适应人民群众日益增长的信息文化需求，所以只有不断地创新我们的管理理念、管理方法，才能实现档案管理系统与社会环境之间的有效的信息交换，并使我们的档案管理工作健康发展下去。

档案管理部门不能采取“静态”的思路和做法来从事档案信息资源的管理活动，而应该采取“动态”的思路和做法来激活档案内容中蕴藏的信息和知识，并为广大的社会用户和政府、组织用户提供更具实践价值的信息服务。

十、整序升值原则

无论是档案实体还是档案内容信息，只有通过了人们创造性的劳动，经过了组织化处理，其价值才能得到更为充分的体现。就此而言，整序是使文件和档案价值升值的一项重要的工作内容，缺乏整序的文件和档案，不仅其实体的个体和整体价值难以呈现，而且会造成人们价值判断的失误。就档案的内容来说，如果不经过科学合理的组织加工，而是以原始的形态存在，那么档案内容的信息价值也难以充分实现，甚至会被人为地埋没。长期的档案管理实践表明，档案的实体整序工作与档案内容的信息整序工作是保障档案管理价值实现的两项必要活动，缺一不可。

档案管理的整序升值原则要求我们在档案管理实践中，一方面要根据文件和档案产生和形成的规律和特点，对档案实体进行科学合理的整理和组织；另一方面要根据档案用户的需求规律和特点，对档案内容信息进行科学合理的加工和组织，使档案的内容信息真正成为一种组织化的、易用的信息资源。

整序升值原则的核心是整序原则的运用。所谓整序原则就是对档案实体和档案内容信息，按照一定的规律和特点，进行序化排列的指导思想和行为准则。

在对档案文件进行整序的活动中，档案管理部门必须注意保持文件之间的历史联系和

---

① 司有和．信息管理学．重庆：重庆出版社，2001：57.

逻辑联系，特别要注意按照来源原则和全宗原则，对档案实体进行整理和组织，并通过这种整序使文件和档案的有机体系得到更好的维护和体现。一个档案工作者必须时刻提醒自己，档案实体最好的整理方法“其实是档案自己指出来的”，不能无视文件之间的历史联系，完全采用主观性的逻辑方法对档案实体进行所谓的系统化处理。维护档案有机体的历史面貌和文件之间的来源联系，是档案实体整序所必须坚持的基本指导思想。这是因为，同其他的文献形式相比，档案是一种“自然长成的结果”，是一种伴随其形成者的社会历史活动不断成长、发育起来的文件有机体系。而图书、资料等文献形式则不同，它们可以以个体的形式长期存在并发挥作用，即使人们按照学科、专业或主题等方面的联系对它们进行了组织和整序，它们之间的联系也不是历史的、有机的联系，而只是一种逻辑的、人为的内容关联方面的联系而已。

对档案实体的整序尽管可以有效地维护文件之间的历史联系，并可以通过其有机体的存在形式来体现出更大的整体价值，但是由于多数档案内容信息的原始性特点，很难同一般社会用户所熟悉的利用信息和文献资料资源的习惯和方法相吻合。另外，档案内容信息的相对分散性、片段性等特点，也使得想要系统利用有关主题信息的用户们感到不便。因此，档案管理工作者还需要对档案的内容信息进行符合用户要求的信息层面的加工组织，这就是所谓的档案内容信息的整序。档案内容信息的整序，可以采用分类法和主题法的形式来进行，并通过采用计算机技术组建目录数据库和全文数据库等方式来实现。

档案的内容信息与图书资料的内容信息在性质上存在着较大的差异。档案的内容信息与有关社会主体所承担的社会职能分工存在着密切的关联，是对这些相关的社会职能分工的记录和反映，所以就总体来说，档案的内容信息具有非常突出的“职能分工”属性。尽管有一些档案的内容信息记录和反映了人类的知识生产活动情况和有关专业与学科研究、建设的情况，具有一定的学科属性和专业属性，但是就档案内容信息的整体而言，这些属性和特征并不占主导地位，所以只有一部分档案的内容信息可以按照学科和专业属性来进行分类整序和主题整序，而绝大多档案的内容信息只能按照它们突出的“社会职能分工”属性来进行整序。

对档案实体的整序应坚持历史主义的原则，注意保持文件有机体系的完整性。通过这种整序，各个立档单位的档案和有关项目的档案可以成为真正意义上的有机体，并比较客观地体现出文件和档案个体的价值和整体价值。档案实体在整序前后所呈现出的价值是完全不同的。混乱的、无序的档案实体，无法体现出其真正的价值；档案实体只有经过序化，才能使其价值得到比较充分的体现。就此而言，档案实体的整序可以有效地使档案增值。另外，我们还必须指出的是：尽管文件和档案的形成存在着一定的规律和特点，但是这种规律和特点往往是隐藏在文件和档案背后的“秘密的”东西，档案工作者只有通过创造性的劳动和智慧，才能洞悉和把握这些规律和特点，才能据此开展有效的档案实体整序工作。维护档案有机体的历史本来面貌，无论是在纸质档案占主导地位的时代还是在电子文件占主导地位的时代，都是至关重要的，只是在不同时代所采取的具体管理方式不同而已。

本章思考题

1. 档案管理的主要业务工作内容和基本管理原则是什么？

2. 档案管理为什么要坚持前端控制原则？在档案管理实践中实施这一原则有什么好处？

3. 系统管理思想对科学地组织文件和档案的管理有什么指导意义？系统管理的思想在档案管理中应如何体现？

4. 对文件和档案实行全程管理的理论基础是什么？

5. 档案管理为什么要坚持来源原则？如果在档案管理实践中违背了这一原则，将会给档案管理和人类社会的历史记忆造成什么样的危害？

6. 为什么要对档案实施集中管理和控制？

7. 档案管理所追求的效益是一种什么效益？

8. 如何使你所管理的档案资源的利用价值得到进一步提高？

9. 国家综合档案馆的基本职责是什么？国家专门档案馆的主要任务是什么？

10. 组织的档案管理部门有哪几种类型？它们各自的职责和任务是什么？

第三章

档案的收集

内容提要

本章着重说明和介绍了档案收集的理论、知识、相关技能及开展档案收集的主要依据与经验。主要内容包括：档案收集的意义和要求，社会组织内文件的归档，立档单位对档案的收集，档案馆的档案收集，档案馆对家庭档案、名人档案的收集，国家档案馆对口述史料的采集和征集，等等。

第一节　档案收集的意义和要求

一、档案收集的意义

档案收集，又名档案收集工作，是指各社会组织（包括各级党和国家机关、人民团体、企事业单位及其他社会组织，以下简称社会组织）所从事的档案接收和征集活动。档案收集是各组织档案管理的起点，是开展其他档案业务管理活动的前提和基础。其质量对组织和国家档案资源体系的建设具有重要影响作用。

档案收集的内容主要包括五个方面：

第一，对本组织需要归档的文件的接收；

第二，对各现行组织和撤销组织具有一定保存价值的档案的接收和集中保存；

第三，对电子档案及其元数据的接收；

第四，对可以弥补档案内容不足的口述史料、实物、资料的采集和接收；

第五，对散失的历史档案及相关资料的征集和接收。

档案收集的意义在于：档案收集是整个档案管理中极其重要的一项业务工作内容。做好档案收集对实现整个档案管理的目标，建设完整的、安全的档案资源体系都具有非常重要的现实意义和历史意义。

二、档案收集的要求

开展档案收集，应依据档案法律法规和政策标准进行。档案收集的基本要求如下。

（一）加大档案收集力度、确保档案的齐全完整

档案是各社会组织、各级国家档案馆开展工作的重要数据、信息资源和物质基础。

要把档案工作与其他工作同规划、同部署、同落实，做到全面覆盖。各级党委和政府在成立专项工作机构或协调机构时，应根据需要吸收档案部门参加，确保档案工作与开展专项工作同步进行。县级以上各级党委的档案行政部门（机构）要加强对档案收集工作的监督指导，特别是对重点工作、重大活动、重大建设项目、重大科研项目、重大生态保护项目，以及新领域、新专业、新机构、新社会组织等，要监督指导有关方面及时建立档案工作制度。各立档单位和各级国家档案馆应设置专门机构或配备专人管理档案，做到档案收集齐全完整，积极开展具有档案价值的文件材料的归档、接收与征集工作。

（二）建立健全和完善收集制度、不断提升档案收集的制度化和规范化管理水平

各社会组织的档案部门和档案工作人员要认真履行职责，建立健全文件材料归档制度，及时制定或修订本组织各类文件材料的归档范围和档案保管期限表，报同级党委的档案行政部门（机构）审核后实施，做到“应归尽归、应收尽收”。凡是应归档的文件材料（包括应归档的电子文件及传统载体的照片、录音、录像等），都要向本组织档案机构移交，任何部门和个人不得据为己有或拒绝归档。对损毁、丢失档案的，档案行政部门（机构）要依法查处，并督促档案形成单位（部门）积极予以补救。

社会组织在履行职责过程中，应当按照有关程序和要求形成归档文件材料。社会组织办公自动化和其他业务系统应当支持形成符合要求的归档文件材料。文件材料形成时，应当采用耐久、可靠、满足长期保存需求的记录载体和记录方式。归档文件材料应当真实、准确、系统，文件材料组件齐全、内容完整。社会组织文件形成部门或业务部门应当及时收集形成的归档文件材料，交本部门指定人员保管。社会组织应当编制本单位文件材料归档范围和档案保管期限表，经同级党委的档案行政部门（机构）审查同意后施行。当社会组织内部机构或工作职能发生变化时，应当对相关制度进行及时修订，经重新审查同意后施行。文件材料归档范围和档案保管期限表应当全面、系统反映社会组织的主要职能活动和基本历史面貌。人事、会计文件材料的归档范围和档案保管期限从其专门规定。

文书档案的收集范围按照《机关文件材料归档范围和文书档案保管期限规定》执行。会计、科研、基建档案的收集范围，可结合本组织的实际情况，依照《会计档案管理办法》、《科学技术研究课题档案管理规范》（DA/T 2—1992）、《建设项目档案管理规范》（DA/T 28—2018）及《国家电子政务工程建设项目档案管理暂行办法》等规范和标准来确定。照片档案的收集范围可依照《照片档案管理规范》（GB/T 11821—2002）和《数码照片归档与管理规范》（DA/T 50—2014）的要求，结合本组织的实际情况来确定。其他门类档案的收集范围可依照国家的相关规定执行。电子文件应当连同元数据一并收集。元数据的收集可依照《数字档案馆建设指南》、《电子文件归档与电子档案管理规范》（GB/T 18894—2016）、《文书类电子文件元数据方案》（DA/T 46—2009）、《照片类电子档案元数据方案》（DA/T 54—2014）、《录音录像类电子档案元数据方案》（DA/T 63—2017）等行业推荐标准，结合本组织的实际情况来确定。

（三）重视做好民生档案工作、不断完善和丰富民生档案资源

民生档案资源是指那些与广大人民群众的合法权利保障密切相关的各种门类、专业档案的总称。县级以上各级党委领导下的档案行政部门要研究制定民生档案资源的归档和接收范围、管理办法，监督指导民生档案资源的归档、收集工作。各社会组织的档案机构要把与人民群众切身利益密切相关的有利用价值的各类文件材料收集齐全，并按有关规定将其归档和移交。各级国家档案馆要积极接收各类民生档案资源，把民生档案资源的建设纳入国家档案资源体系。

（四）科学整合档案资源、及时规范档案流向

建立以各级党委领导下的档案行政部门为主导、各行业主管部门密切配合、国家档案馆和立档单位集中统一管理的档案资源管理架构。在机构改革、企业改制、行政区划调整等过程中，有关部门要会同档案行政部门及时规范档案流向，妥善进行档案处置，严防档案流失。对因处置不善造成档案流失的，应依法追究有关单位和人员的责任。各级党委领导下的档案行政部门要统筹规划，支持和鼓励打破部门和条块分割，整合同一社会组织内不同部门、同一地区各档案馆（立档单位）及不同地区档案馆（立档单位）的档案资源，推动档案资源科学配置和高效利用。

规范档案流向应坚持全宗原则。全宗是一个立档单位档案的有机整体。一个社会组织的各项活动不是孤立的，而是有联系的，这就决定了一个社会组织形成的档案之间存在固有的内在联系，是一个有机整体。保持全宗的整体性，是档案管理的一条基本原则，也是贯穿所有档案管理活动的核心问题。只有首先在收集工作中坚持全宗不可分散的原则，以后的各项档案管理活动才有可能按全宗管理。因此，在收集档案时，必须把一个社会组织的档案作为一个全宗集中在档案机构内，不允许把一个全宗的档案人为地分割。某些单位由于一时需要而把某些档案从全宗中抽走另行集中，这种做法是不科学的。如果实际工作确实需要集中使用一些档案原件或存案，应以档案副本（如数字化副本、缩微副本或纸质副本）代替。

同时，在档案收集中，不仅要保持全宗的不可分散性，还需要注意各个全宗之间的相互关系。因为，在一定时期、地点和条件下活动的各个社会组织，它们的工作都不是孤立的，而是相互联系的，并且这种联系会反映在它们各自形成的档案上，这样各个全宗之间也就自然出现了一定的联系。这种在历史上形成的有着这样或那样联系的若干全宗，被称为“全宗群”。同一全宗群的各个全宗，通常应集中收集在一个档案馆里，这才有利于反映历史上一定时间和一定区域内社会活动的全貌。

第二节　社会组织内文件的归档

各社会组织在开展档案资源体系建设的活动中，应按照国家、行业主管部门及相关规定，合法合规地进行。

一、归档制度的建立

建立健全文件材料[①]的归档制度，是各社会组织开展档案资源体系建设的主要途径。所谓归档，就是将社会组织在各项职能活动中形成的、具有一定保存价值的文件材料，由相关形成部门（机构）的工作人员，通过线上或线下的方式，实时或定期地移交给立档单位的档案部门或档案管理人员集中保存的业务活动。《档案法》第十四条规定："应当归档的材料，按照国家有关规定定期向本单位档案机构或档案工作人员移交，集中管理，任何个人不得拒绝归档或者据为己有。国家规定不得归档的材料，禁止擅自归档。"国家档案局制发的《机关文件材料归档范围和文书档案保管期限规定》《企业文件材料归档范围和档案保管期限规定》《机关档案管理规定》《国家档案局关于修改〈电子公文档案管理暂行办法〉的决定》等部门规章及相关的规范性文件，都对机关或企业的文件材料的归档工作和相关制度建设的内容，提出了明确的要求。

归档制度的内容，主要包括三个方面：规档范围、归档时间、归档要求。

（一）归档范围

归档范围是指应作为档案保存的文件材料的范围，即哪些文件应当归档，哪些文件不必归档。根据2006年12月18日公布的《机关文件材料归档范围和文书档案保管期限规定》、2012年12月17日公布的《企业文件材料归档范围和档案保管期限规定》、2018年10月11日公布的《机关档案管理规定》等部门规章的要求，各社会组织在确定文件材料的归档范围时，可遵循下述要求进行。

1. 确定文件材料归档范围的一般要求

第一，文书类或管理类文件材料的归档范围，应按照《机关文件材料归档范围和文书档案保管期限规定》《企业文件材料归档范围和档案保管期限规定》等部门规章的要求，并结合本组织的实际工作的需要来确定。

第二，会计、科研、基建类文件材料的归档范围，可依据《会计档案管理办法》、《科学技术研究课题档案管理规范》（DA/T 2—1992）、《建设项目档案管理规范》（DA/T 28—2018）及《国家电子政务工程建设项目档案管理暂行办法》等规章和标准的要求，并结合本组织的实际工作的需要来确定。

第三，照片类文件材料的归档范围，可依据《照片档案管理规范》（GB/T 11821—2002）和《数码照片归档与管理规范》（DA/T 50—2014）等标准的要求，并结合本组织的实际工作的需要来确定。

第四，电子文件及其元数据的归档范围，可依据《数字档案室建设指南》、《企业数字档案馆（室）建设指南》、《电子文件归档与电子档案管理规范》（GB/T 18894—2016）、《文书类电子文件元数据方案》（DA/T 46—2009）、《照片类电子档案元数据方案》（DA/T 54—2014）、《录音录像类电子档案元数据方案》（DA/T 63—2017）等标准规范的要求来

---

① 文件材料是一个约定俗成的称谓，在日常工作活动中，人们习惯于将工作活动中的各种公文、文件、数据材料、数据电文、电子文件等，统称为文件材料。它不是一个规范的专业术语。但为了方便读者理解和运用本书的知识内容，本书在正文叙述中，依然采用了这种说法。

确定。归档保存的数字档案资源门类应齐全、完整，各门类电子档案或数字副本也应齐全、完整，能够系统反映本单位履行主要职责的过程；关于同一事由的往来文件以及文件的组件应齐全、完整，使文件之间的有机联系得以保存；电子档案内容信息应处于原始状态，基本元数据应齐全、完整。

第五，确定其他门类文件材料的归档范围应按照国家相关规定执行。

第六，社会组织在各项职能活动中形成的有保存价值的日常公务活动文件材料，社会组织设立临时机构处理专项工作、处置突发事件、举办重要活动等形成的文件材料，社会组织承担重大建设项目、重大科研课题等形成的文件材料，社会组织所属机构撤销形成的文件材料等，均属于归档文件材料的范围。

2. 各级党政组织和人民团体文件材料的归档范围

各级党政组织和人民团体一般应将下列文件材料纳入归档范围：

(1) 反映本组织主要职能活动和基本历史面貌的，对本组织工作、国家建设和历史研究具有利用价值的文件材料；

(2) 在组织工作活动中形成的在维护国家、集体和公民权益等方面具有凭证价值的文件材料；

(3) 本组织需要贯彻执行的上级组织、同级组织的文件材料，下级组织报送的重要文件材料；

(4) 其他对本组织工作具有查考价值的文件材料。

各级党政组织和人民团体不纳入归档范围的文件材料主要包括：

(1) 上级组织的文件材料中，不需本组织办理的普发性文件材料，任免、奖惩非本组织工作人员的文件材料，供参考的抄件，等等；

(2) 本组织形成的重份文件材料，无查考利用价值的事务性、临时性文件，一般性文件的历次修改稿、各次校对稿；无特殊保存价值的信封，不需办理的一般性人民来信、电话记录，组织内部互相抄送的文件材料，本组织负责人兼任外单位职务形成的与本组织无关的文件材料，有关工作参考的文件材料；

(3) 同级社会组织的文件材料中，不需贯彻执行的文件材料，不需办理的抄送文件材料；

(4) 下级组织的文件材料中，供参阅的简报、情况反映，抄报或越级抄报的文件材料。

3. 企业（公司）文件材料的归档范围

企业（公司）应纳入归档范围的文件材料包括：

(1) 反映本企业（公司）研发、生产、服务、经营、管理等各项活动和基本历史面貌的，对本企业各项活动、国家建设、社会发展和历史研究具有利用价值的文件材料；

(2) 本企业（公司）在各项活动中形成的对维护国家、企业（公司）和职工权益具有凭证价值的文件材料；

(3) 本企业（公司）需要贯彻执行的有关组织和上级单位的文件材料，非隶属关系单位发来的需要执行或查考的文件材料，社会中介机构出具的与本企业（公司）有关的文件材料，所属和控股企业（公司）报送的重要文件材料；

(4) 有关法律法规规定应归档保存的文件材料和其他对本企业（公司）各项活动具有

查考价值的文件材料。

企业（公司）形成的下列文件材料可不归档：

（1）有关组织和上级主管单位制发的不需本企业（公司）办理的普发性文件材料，任免、奖惩非本企业（公司）工作人员的文件材料，供参考使用的抄件，等等；

（2）本企业（公司）产生的重份文件材料，无查考利用价值的事务性、临时性文件，未经会议讨论、未经领导审阅和签发的文件，一般性文件的历次修改稿、各次校对稿，无特殊保存价值的信封，不需办理的一般性来信、来电记录，企业（公司）内部互相抄送的文件材料，本企业（公司）负责人兼任外单位职务形成的与本企业（公司）无关的文件材料，有关工作参考的文件材料；

（3）非隶属关系单位发来的不需贯彻执行和无参考价值的文件材料；

（4）所属和控股企业（公司）报送的供参阅的一般性简报、情况反映，其他社会组织抄送的不需本企业（公司）办理的文件材料；

（5）其他不需归档的文件材料。

4. 电子文件及其元数据的归档范围

应纳入归档范围的电子文件应包括在各业务活动中形成的各种结构化和非结构化数据，以独立文档形式存储的具有保存价值的信息记录，包括办公自动化系统、产品或业务系统、财务会计管理信息系统、人力资源管理信息系统、门户网站、微博、微信、公务邮件系统及本企业（公司）其他职能活动业务系统中形成的电子文件，以及从外部接收的电子文件。

有些信息系统有可能通过租用基础设施或以云计算服务的形式存在，所形成的电子文件不一定存在于本单位的服务器中，但其产生的电子文件也应纳入本单位文件材料归档范围予以归档。单位已实施的支撑主营业务的信息系统均应具有归档功能，导出的归档电子文件存储格式、元数据等均应符合《电子文件归档与电子档案管理规范》（GB/T 18894—2016）的有关要求。各社会组织的数字档案馆（室）在建设期间应完成办公自动化系统形成的电子文件归档并实现至少一个核心业务系统的电子文件归档。

各社会组织应按照国家法律法规和标准规范的要求，结合各自的具体情况，确定本单位文件材料的归档范围和不需要归档的文件材料范围。

（二）归档时间

社会组织文件材料的归档时间有三种情况：定期归档、实时归档、延期归档。

1. 定期归档

社会组织根据实际工作的需要，在切实保证纳入归档范围的文件材料的完整、安全的前提下，会确定一种相对固定的向档案部门或档案人员移交档案的时间。这种归档时间通常适用于线下归档的采用传统载体形式形成的文件材料和采用光磁存储介质归档的电子文件。例如，党政组织、社会团体及其他社会组织形成的属于归档范围的文件材料，经文书或业务部门整理完毕后，应当在第二年6月底前向本单位的档案部门或档案人员归档。再如，采用物理归档的电子文件也应定期完成。

2. 实时归档

社会组织根据实际工作的需要，对通过各种业务信息系统（如办公自动化或其他业务信息系统）形成的属于归档范围的电子文件，以及那些会因采用定期归档而造成归档文件失真、失全、失密等问题出现的传统载体形态的文件材料等，可进行线上实时归档或线下随办随归档。例如，电子文件及其元数据的归档，采用逻辑归档的应实时进行；对设备随机文件材料、单位负责人外出开会带回来的文件材料等，应采用随办随归档的方式。

3. 延期归档

社会组织根据实际工作的需要，对那些形成部门（机构）在业务活动中需要经常或频繁使用的、被纳入归档范围的文件材料，可采用延期归档的时间控制方式。但是，通常情况下，归档时间的延迟不可超过 3 年，否则将会在一定程度上对档案的完整性、有效性造成损害。会计文件材料的归档、驻外机构文件材料的归档、承担特殊职能任务的派出机构的文件材料的归档等，均属于此种特殊情况。例如，对于专业方面的专门文件，或驻地分散在外的个别业务部门或单位的文件材料，为了便于形成部门（机构）日常工作的查考，可适当延长文件材料的归档时间。但是，国家或主管部门对归档时间有特殊规定的，各社会组织应从其规定。

（三）归档要求

为有效保证归档文件材料的质量，维护立档单位各项职能业务活动的原始记录之间的有机联系，保证档案资源的品质，各立档单位的文件材料归档工作应满足如下基本质量控制要求。

1. 一般要求

（1）归档时交接双方根据归档目录清点核对，并履行交接手续；对于随办随归档的文件材料，还应当按规定履行登记手续，记录电子文件归档过程元数据。任何部门和人员不得将应归档文件材料据为己有或拒绝归档。

（2）归档文件材料应当为原始记录。电子文件需要转换为纸质文件归档的，若电子文件已经具备电子签名、电子印章，且电子印章已按照规定转换为印章图形，则纸质文件不需再行实体签名、实体盖章。

（3）不具有永久保存价值或其他重要价值的电子文件，以及无法转换为纸质文件或缩微胶片的电子文件，可仅以电子形式进行归档。

（4）各社会组织应当编制本单位文件材料归档范围和档案保管期限表，经同级党委的档案行政部门审查同意后施行。社会组织内部机构或工作职能发生变化时，应当及时修订，经重新审查同意后施行。文件材料归档范围和档案保管期限表应当全面、系统反映社会组织主要职能活动和基本历史面貌。人事、会计文件材料的归档范围和档案保管期限从其专门规定。社会组织所属机构文件材料归档范围和档案保管期限表报组织审查同意后施行。

2. 各级党政组织和人民团体文件材料的归档要求

（1）凡属组织归档范围的文件材料，必须按有关规定向本组织负责档案工作的部门移交，实行集中统一管理，任何个人不得据为己有或拒绝归档。

（2）社会组织对应归档电子文件的元数据、背景信息等要进行相应归档。

（3）社会组织应归档的纸质文件材料中，有文件发文稿纸、文件处理单的，应与文件正本、定稿一并归档。

（4）社会组织联合召开会议、联合行文所形成的文件材料原件由主办社会组织归档，其他社会组织将相应的复制件或其他形式的副本归档。

（5）各社会组织应根据《机关档案管理规定》，结合本组织职能和各部门工作实际，编制本组织的文件材料归档范围和文书类档案保管期限表，经同级档案行政部门审查同意后执行。有垂直领导关系的中央、国家组织应依据《机关档案管理规定》，结合本系统工作实际，编制本系统的文件材料归档范围和文书类档案保管期限表，并经国家档案局审查同意后执行。

（6）在编制本组织或本系统文件材料归档范围和文书类档案保管期限表时，应全面分析和鉴别本组织或本系统文件材料的现实作用和历史作用，准确界定文件材料的归档范围和划分档案保管期限。

3. 企业（公司）文件材料的归档要求

（1）凡属企业（公司）归档范围的文件材料，必须按有关规定向本企业（公司）档案部门移交，实行集中统一管理，任何个人不得据为己有或拒绝归档。

（2）企业（公司）产品生产和服务业务、科研开发、基本建设、设备仪器、会计、干部与职工人事等文件材料的归档制度，按国家有关规定、标准，结合企业（公司）实际执行。

（3）企业（公司）应归档的纸质文件材料中，有重要修改意见和批示的修改稿及有发文稿纸或文件处理单的，应与文件正本、定稿一并归档。

（4）企业（公司）应将无相应纸质或确实无法输出成纸质的电子文件纳入归档范围并划分保管期限。企业（公司）对归档的电子文件的元数据要进行相应归档。

（5）多个企业（公司）联合召开的会议、联合研制的产品、联合建设或研究的项目、联合行文所形成的文件材料，原件由主办企业（公司）归档，其他企业（公司）将相应的复制件或其他形式的副本归档。

（6）企业（公司）应依据《机关档案管理规定》和国家及专业相关规定，结合本企业（公司）生产组织方式、产品和服务特点，编制本企业（公司）的各类文件材料归档范围和档案保管期限表。企业（公司）应按资产归属关系，指导所属企业（公司）根据有关规定规范各类文件材料归档范围和档案保管期限表的编制，并审批所属企业（公司）的文件材料归档范围和档案保管期限表。中央管理的企业（包括国务院国有资产监督管理委员会监管的中央企业、金融企业、中央所属文化企业等）总部的文件材料归档范围和管理类档案保管期限表，报国家档案局同意后执行。地方国有企业总部编制的文件材料归档范围和管理类档案保管期限表，报同级档案行政部门同意后执行。

（7）企业（公司）资本结构或主营业务发生较大变化时，应及时修订和完善文件材料归档范围和档案保管期限表。

（8）企业（公司）在编制文件材料归档范围和档案保管期限表时，应全面分析和鉴别本企业（公司）形成文件材料的现实作用和历史价值，统筹考虑纸质文件材料与其他载体文件材料的管理要求，准确界定文件材料的归档范围和划分档案保管期限。

4. 各社会组织电子文件及其元数据的归档要求

（1）归档保存的电子文件及其元数据应齐全、完整，各类电子文件或传统载体档案的数字副本应齐全、完整，能够系统反映本单位履行主要职责的过程；关于同一事由的往来文件以及文件的组件应齐全、完整，使文件之间的有机联系得以保存；各门类电子文件的内容信息应处于原始状态，基本元数据应齐全、完整。

(2) 归档电子文件及其元数据的品质等应符合《电子文件归档与电子档案管理规范》(GB/T 18894—2016)、《归档文件整理规则》(DA/T 22—2015)、《档号编制规则》(DA/T 13—1994) 等国家、行业推荐标准或地方规范的要求；应参照国家或地方相关标准规范设置、捕获归档电子文件元数据，推荐采用包括文件实体、机构人员实体、业务实体在内的多实体元数据方案，元数据的赋值应以自动捕获为主、手工著录为辅。

(3) 把带有归档标识的电子文件集中，制成归档数据集，拷贝至具有耐久性的载体上，至少一式两套，一套封存保管，一套供查阅使用。必要时，复制第三套，异地保存。对于加密电子文件，则应解密后再完成上述工作。

(4) 推荐采用的载体按优先顺序分别是：只读光盘、一次写光盘、可擦写光盘、磁带等。禁用软磁盘作为归档电子文件长期保存的载体。

(5) 存储电子文件的载体或包装盒上应贴有标签，标签内填写编号、名称、密级、保管期限、硬件及软件环境。

(6) 将相应的电子文件机读目录、相关软件、其他说明等一同归档并附归档电子文件登记表。

(7) 对于需要长期保存的电子文件，应当把归档电子文件与相应的机读目录存在同一载体上。如果是自行开发的应用软件，也应将软件及相关数据存在同一载体上。

(8) 原电子文件数据集载体在完成电子文件归档后，保留至少一年。

(9) 对于在网络中进行了逻辑归档操作的电子文件，应按上述归档过程完成物理归档。

(10) 电子档案管理等应用系统（ERMS、EDMS 等）应支持电子文件的分类、编目、命名和存储，完成电子文件的归档保存。

(11) 电子档案管理等应用系统（ERMS、EDMS 等）应能以自动或半自动化方式为各类电子文件或传统载体归档文件的年度、机构或问题、项目代号、案卷号、件号、保管期限等分类项赋值，调整其排列顺序，从而完成电子文件或辅助完成传统载体归档文件的分类组织，维护关于同一事由的往来文件、组件的完整性和相互间的有组织联系。

(12) 电子档案管理等应用系统（ERMS、EDMS 等）应能统筹电子文件和传统载体归档文件，根据分类结果自动赋予档号，完成归档过程。应能依据档号各构成项自动、逐级建立并命名文件夹，分类存储电子档案，并采用档号自动为电子档案命名；应使用第三方权威机构提供的技术手段，在适当时间生成电子档案原文的固化信息，提供验证途径。传统载体档案数字副本的上传、挂接和存储功能需求可参照执行。

(13) 对电子档案管理等应用系统（ERMS、EDMS 等）的建设与运行必须加强安全管理，遵守相关保密规定，安全设备配置齐全；严格控制归档文件和数据的访问权限；应制定完善的数据归档管理规范，制定备份规范。管理涉密归档电子文件及其元数据的电子档案管理系统，应按照涉密信息系统分级保护管理的要求进行安全设计和建设，并通过有关部门测评后方可投入使用。管理非涉密归档电子文件及其元数据的电子档案管理系统应根据系统重要程度及其实际安全需求，参照《计算机信息系统安全保护等级划分准则》

(GB/T 17859—1999) 确定电子档案管理系统应达到的安全等级，并依照《信息安全技术 信息系统安全等级保护基本要求》(GB/T 22239—2008)、《档案信息系统安全等级保护基本要求》、《档案信息系统安全等级保护定级工作指南》等标准要求，开展安全建设和登记管理。

二、归档工作组织

（一）档案管理部门（机构）对形成文件的作用

为保证归档文件系统完整、准确可靠、安全有效，便于保管和利用，各社会组织的档案管理部门（机构）和人员不仅要通过归档制度做好归档文件的接收归档工作，而且要按照全生命周期（或全程管理、前端控制）的管理要求，关心文件的形成情况。各社会组织往往有些工作做了，但没有做到"业务留痕"或记录不全，这都会在一定程度上影响立档单位归档文件的质量。因此，档案管理部门（机构）和人员有责任对文件管理制度、流程、格式、存储介质等方面存在的问题，通过本组织的档案管理网络，向主管领导和相关业务职能部门反映和提出改进意见，以便从根本上提升本组织文件材料的归档质量，切实维护本组织归档文件的齐全和完整。

（二）重视指导和协助各业务职能部门组织的归档工作

第一，应指导和协助各业务职能部门执行文件归档制度。实践表明，由本组织的各业务职能部门和文件处理部门集中开展文件材料的归档工作，可以有效地发挥其熟悉文件的形成规律和特点的优势，从而提高归档文件的质量。改变承办人分散保存文件的现象，有利于保守国家秘密和单位的秘密事项。

第二，应协助和督促有关业务职能部门做好归档前的准备工作，包括做好平时文件材料的分类、积累、价值鉴定、日常整理、安全控制工作等。

（三）临时性文件的归档管理

即使建立了本组织的文件归档制度，也会有些"账外文件"不能按归档要求及时归全，做到"应归尽归"。如果社会组织内的归档制度本身就不够健全，那么归档文件的完整性可能会受到更大的影响。因此，各立档单位的档案管理部门（机构）和人员需要采取某些临时性的措施，以补充归档制度的不足。各社会组织可以结合安全保密检查、节假日前的文件清理工作、机构调整和人员调动，以及临时性的工作活动，随时把应归档的文件集中、登记，并做好记录。

（四）加强对归档工作重要性的宣传和日常管理

为了推动归档制度的顺利实施，应针对各立档单位的具体情况，宣传国家的相关法律法规、政策规范，说明文件归档对保证本单位各项业务工作的连续性和健壮性的必要性，说明归档对维护本单位证据体系的完整性、保障单位和相关人员切身利益的重要性。同时，各立档单位还应通过业绩考核和评奖等方式，对本组织各业务职能部门在归档工作中表现突出的，给予表彰和奖励；对归档工作落后、不认真执行归档制度的部门和人员，给予相应的惩戒。

第三节　立档单位对档案的收集

一、立档单位收集档案的种类

（一）各级党和国家组织、人民团体收集档案的种类

根据《机关档案工作条例》《机关档案管理规定》的规定，组织收集档案的种类包括：

（1）文书、科技（科研、基建、设备）、人事、会计档案；

（2）组织履行行业特有职责形成的专业档案；

（3）照片、录音、录像等音像档案；

（4）业务数据、公务电子邮件、网页信息、社交媒体档案；

（5）印章、题词、奖牌、奖章、证书、公务礼品等实物；

（6）其他档案。

上述档案中无论是传统载体档案还是电子档案，均具有同等效力。

（二）企业收集档案的种类

根据《企业文件材料归档范围和档案保管期限规定》的要求，企业收集档案的种类依据保存价值和保管期限可分为永久和定期档案两类。具体种类包括：企业经营管理、生产技术管理、行政管理、党群工作等管理类档案，企业产品生产和服务业务、科研开发、基本建设、设备仪器、会计、干部与职工人事类档案，等等。

1. 永久保管的企业管理类档案的种类

永久保管的企业管理类档案的种类主要包括：

（1）本企业设立、合并、分立、改制、上市、解散、破产或其他变动过程中形成的文件材料，本企业董事会、监事会、股东会构成、变更、召开会议、履行职责和维护权益的文件材料。

（2）本企业资产和产权登记、评估与证明文件材料，资产和产权转让、买卖、抵押、租赁、许可、变更、保护等凭证性文件材料，对外投资文件材料；本企业资本金核算、确认、划转、变更等文件材料，企业融资文件材料。

（3）本企业关于重要问题向有关组织和上级主管单位的请示、报告、报表及有关组织和上级主管单位的复函、批复；有关组织和上级主管单位制发的需本企业办理的重要文件材料；行业协会、中介机构等对本企业做出的重要决定，出具的审计、公证、裁定等重要文件材料；本企业与其他组织和个人形成的重要合同、协议及补充协议等文件材料。

（4）本企业发展规划、战略决策、重大改革、年度计划和总结文件材料，内部管理制度、规定、办法等文件材料。

(5) 本企业机构演变、人力资源管理的重要文件材料，本企业涉及职工权益的其他重要文件材料，企业文化建设文件材料。

(6) 本企业经营管理工作的重要文件材料。

(7) 本企业生产技术管理工作的重要文件材料。

(8) 本企业行政管理工作的重要文件材料。

(9) 本企业党群工作的重要文件材料。

(10) 新闻媒体对本企业重要活动、重大事件、典型人物的宣传报道。

(11) 有关组织和上级主管单位领导、社会知名人士等重要来宾到本企业检查、视察、调研、参观时的讲话、题词、批示、录音、录像、照片及企业工作汇报等重要文件材料；本企业参与国家和社会重大活动的重要文件材料，本企业职工参加上级党、团、工会、人大、政协等的代表大会形成的重要文件材料。

(12) 本企业直属单位，所属、控股、参股、境外企业和机构报送的关于重要问题的报告、请示和批复等文件材料。

2. 定期保管的企业管理类档案的种类

定期保管的企业管理类档案主要包括：

(1) 本企业资本金管理、资产管理的一般性文件材料，本企业涉及职工权益的一般性文件材料。

(2) 本企业部门工作或专项工作规划，半年、季度、月份计划与总结等文件材料。

(3) 本企业召开会议、举办活动的一般性文件材料，发布的一般性公告。

(4) 本企业经营管理工作的一般性文件材料。

(5) 本企业生产技术管理工作的一般性文件材料。

(6) 本企业行政管理工作的一般性文件材料。

(7) 本企业党群工作的一般性文件材料。

(8) 本企业关于一般性问题向有关组织和上级主管单位的请示、报告、报表及有关组织和上级主管单位的复函、批复，有关组织和上级主管单位、行业协会制发的需本企业贯彻执行的一般性文件材料和对本企业出具的一般性证明文件，本企业与其他单位和个人形成的一般性合同、协议文件材料。

(9) 直属单位、所属和控股企业关于一般性问题的请示、报告、来函与本企业的批复、复函等文件材料。

(10) 本企业参与国家和社会活动的一般性文件材料，本企业职工参加上级党、团、工会、人大、政协等的代表大会形成的一般性文件材料，本企业接待重要来宾的工作计划、方案等一般性文件材料。

二、立档单位收集电子档案的质量要求

根据《数字档案室建设指南》和《企业数字档案馆（室）建设指南》的要求，数字档案室的数字档案资源应包含文书、声像（照片、录音、录像）、科技、专业等各门类电子档案、传统载体档案数字副本和数字资料等，若条件成熟，公务电子邮件、网页等门类的电子档案也应作为数字档案资源建设内容。各立档单位收集电子档案的质量要求一般包括：

（一）文书类电子档案的收集质量要求

文书类电子档案的收集，应符合国家档案局第 8 号令、《归档文件整理规则》（DA/T 22—2015）等规范标准的一般要求。此外，在办公自动化等业务系统形成并归档保存的电子公文，其质量还需满足以下要求。

1. 完整性要求

关于同一事由的往来电子公文齐全、完整，电子公文的组件（包括正本、定稿、公文处理单）、集中记录修改过程的彩色留痕稿以及确有必要保存的重要修改稿等齐全、完整；红头、电子印章齐全、完整；文件标题、文号、主送组织、正文、发文组织署名和成文日期六个要素齐全、完整。

2. 版面格式要求

电子公文正本的公文格式应符合《党政机关公文处理工作条例》第三章的要求，正本的页面尺寸及版面要求，公文格式各要素编排规则，公文的特定格式、式样应符合《党政机关公文格式》（GB/T 9704—2012）的要求。

3. 文件格式要求

电子公文的正本、定稿、公文处理单应以 OFD、PDF、PDF/A 等版式文档格式归档保存，版式文档格式应符合《版式电子文件长期保存格式需求》（DA/T 47—2009），并支持向同级国家综合档案馆采用的长期保存格式转换；集中记录修改过程的彩色留痕稿以及确有必要保存的重要修改稿可以 WPS、RTF、DOC 等同级国家综合档案馆认可的格式归档保存。

4. 元数据捕获要求

应参照《文书类电子文件元数据方案》（DA/T 46—2009）设置、捕获电子公文元数据，内容至少应包括聚合层次、来源、立档单位名称、电子文件号、档号、年度、保管期限、内容描述、题名、日期、密级、形式特征、存储位置、脱机载体编号、权限管理、机构人员名称、业务状态、业务行为、行为时间、实体标识符等 20 项。

5. 封装要求

若条件成熟，根据同级国家综合档案馆的要求，可以对文书类电子档案与其元数据进行封装。封装可参照《基于 XML 的电子文件封装规范》（DA/T 48—2009）执行。

（二）声像类电子档案的收集质量要求

1. 一般要求

声像类电子档案的收集质量要求应参考《照片档案管理规范》（GB/T 11821—2002）第 4 章或同级档案行政部门的具体要求执行。收集声像类电子文件应经过挑选和系统整理，应能系统、客观地记录本单位的重要职能活动，以及历次活动的主要内容、主要人物、主要场景等。按照客观事实编辑形成的录音、录像类电子文件可收集、归档。

2. 品质要求

（1）主题鲜明、影像和语音清晰、人物形象端正。

照片类电子档案应以 TIFF、JPEG 格式保存，其可交换图像文件（EXIF）信息保存完整，像素数不低于 300 万；重要或珍贵的录音类电子档案以 WAV 格式保存，其他的以 MP3 格式保存，音频采样率不低于 44.1kHz；录像类电子档案以 MPG、MP4 格式保存，比特率不低于 8Mbps。

（2）照片类电子档案基本元数据集。

应参照《照片类电子档案元数据方案》（DA/T 54—2014）设置、捕获照片类电子档案元数据，内容至少应包括：聚合层次、档号、年度、题名、摄影者、摄影时间、人物、地点、业务活动描述、保管期限、密级、计算机文件名、格式信息、计算机文件大小、垂直分辨率、水平分辨率、图像宽度、图像高度、色彩空间、捕获设备、固化信息，以及描述电子档案管理过程的机构人员、管理活动元数据。

（3）录音类电子档案基本元数据集。

应参照相关元数据标准设置、捕获录音类电子档案元数据，内容至少应包括：聚合层次、档号、年度、题名、录音者、录音时间、人物、地点、业务活动描述、保管期限、密级、计算机文件名、格式信息、计算机文件大小、时间长度、音频编码标准、音频比特率、音频采样率、音频采样精度、声道数、捕获设备、固化信息，以及描述电子档案管理过程的机构人员、管理活动元数据。

（4）录像类电子档案基本元数据集。

应参照相关元数据标准设置、捕获录像类电子档案元数据，内容至少应包括：聚合层次、档号、年度、题名、摄像者、编辑者、摄像时间、人物、地点、业务活动描述、保管期限、密级、计算机文件名、格式信息、计算机文件大小、时间长度、视频编码标准、色彩空间、帧大小、帧速率、视频比特率、音频编码标准、音频比特率、音频采样率、音频采样精度、声道数、捕获设备、固化信息，以及描述电子档案管理过程的机构人员、管理活动元数据。

（5）著录要求。

为确保所收集的声像类电子档案的质量，电子文件的形成部门、档案部门应按照国家、行业或地方相关标准规范，围绕声像类电子档案记录的中心内容，对题名、人物、地点、主题、业务活动描述等元数据进行全面著录。

（三）科技和专业类电子档案的收集质量要求

1. 科技类电子档案收集的一般质量要求

科技类电子档案的收集应参照《科学技术档案案卷构成的一般要求》（GB/T 11822—2008）、《建设项目档案管理规范》（DA/T 28—2018）及《国家电子政务工程建设项目档案管理暂行办法》等标准规范执行。图形类电子档案应以 DWG 等通用格式收集，其他电子档案的保存格式可参照文书、声像类电子档案执行。

2. 专业类电子档案收集的一般质量要求

在履行本单位主要职能过程中产生的专业类电子文件都应被收集、归档，包括但不限于国家档案局颁布的第一批、第二批国家专业档案基本目录所列内容。各种专业类电子文件的整理、鉴定、编目参照相应的管理办法执行。仅以数据库形式存在的专业类电子文件，如人口、环境、农业等各种普查数据，可以 XML 等跨平台通用格式收集、归档，或直接以原数据库数据文件归档，同时归档一套完整的数据库设计文档。以电子文档形式存在的专业类电子文件，可参考文书类电子档案的各项管理要求执行。

3. 科技、专业类电子档案元数据的设置与捕获质量要求

应参照《档案著录规则》(DA/T 18—1999)、《文书类电子文件元数据方案》(DA/T 46—2016) 等有关标准，设置、捕获科技、专业类电子档案元数据，内容至少应包括：聚合层次、档号、年度、题名、责任者、成文时间、文号、密级、稿本、保管期限、计算机文件名、格式信息、计算机文件大小，以及描述电子档案管理过程的机构人员、管理活动元数据。

(四) 纸质档案的数字化副本的收集质量要求

纸质档案数字化的各项技术要求应按照《纸质档案数字化技术规范》(DA/T 31—2017) 以及同级国家综合档案馆的相关要求执行。为保证档案数字副本的真实性、完整性和可用性，参照《缩微摄影技术缩微品的法律认可性》(GB/Z 20650—2006)、《信息与文献——档案数字化实施指南》[ISO/TR 13028：2010 (E)] 等标准规范的相关规定，纸质档案数字化还应符合以下要求。

1. 数字化对象确认要求

应按完整性、规范性要求确定需数字化的纸质档案。原则上，年度内、每个案卷内或保管期限内、关于同一事由的往来文件、每份文件的组件应完整数字化。涉密纸质档案数字化应符合相应规范要求。推荐实行数字化对象审批制，即拟数字化的档案原件应经过本单位相关负责人的审查签批。

2. 元数据捕获要求

在数字化过程中，纸质档案数字化系统应以件为单位自动捕获数字化元数据，内容至少应包括：数字化授权信息、数字化日期与时间、水平分辨率、垂直分辨率、色彩空间、格式信息、计算机文件大小、数字化软硬设备等。应将数字化元数据与目录数据组合形成纸质档案数字副本的元数据库，并导入数字档案室应用系统提供检索服务。

3. 数字化质量控制要求

应制定并在数字化过程中实行各种相应、有效的质量控制措施，对纸质档案的安全、数字副本的完整性和规范性、图像质量、元数据库的准确性等实施全程监控。

4. 数字化工作文档管理要求

在数字化项目实施过程中形成的重要数字化工作文档应归档保存，保存期限应与纸质档案数字副本的相同。应归档的数字化工作文档包括数字化对象审批书、招投标文件、数字化成果验收报告、数字化流程单等。

值得注意的是：现实的工作和一些单位制定的档案管理规范，将传统载体档案的数字化副本简称为“数字档案”，这是一种非常不严谨、不科学的忽视档案本质要求的观点，应当坚决杜绝。这是因为，档案是对立档单位各项职能业务活动的原始记录，任何改变了其原始形成形态的做法，都会使其“原始记录性”受到一定的损害，并影响其作为立档单位和人类活动的有效凭证的价值属性。文件的形成“轨”通常有两种，一是通过各种业务信息系统形成的“电子轨”，二是通过线下作业方式形成的“手工轨”，这两种“轨”即人们常说的“双轨”。通过“电子轨”形成的属于归档范围的电子文件及其元数据，在具备

了国家法律法规、标准规范所要求的条件后，可以采用电子的方式进行归档，形成电子档案。这种电子档案，根据《中华人民共和国电子签名法》《会计档案管理办法》《机关档案管理规定》等法律法规的规定，与传统形态的纸质档案具有同等的法律效力和业务效力，既具有业务和法律层面的凭证价值，又具有业务、研究等层面的查考价值（信息价值、情报价值等）。由于电子档案可以脱离其形成时的"原载体"而存在，可以摆脱对原存储载体的依赖性，所以从理论上讲，电子档案可以保存无数套，且每一套都具有同样的凭证价值和参考价值。

根据电子档案制作的缩微或纸质等形态的副本或复制品，不能被简称为"缩微档案"或"纸质档案"，而应使用"档案缩微副本"或"电子档案纸质副本"等名称，以申明其属性和主要价值特征。在实际工作中，为了防止由技术的发展和系统升级、软件版本升级所带来的一些电子档案无法正常进行存取（可读性无法实现）状况的出现，一些单位将需要归档的电子文件，打印出纸质副本予以保存。这种电子档案的纸质副本虽然可以在一定程度上保存电子档案的内容，但是，它并不能如非信息系统环境下产生的纸质等传统载体形态的档案那样，在载体上留存其在产生、处理和保存过程中形成的各种原始的"痕迹"（在电子环境下称为"元数据"），从而失去了作为立档单位的业务和法律层面凭证的价值属性。在名称上，也不能将这种电子档案的纸质副本简称为"纸质档案"。有的学者根据《中华人民共和国档案法实施办法》的第二十一条"各级各类档案馆提供社会利用的档案，应当逐步实现以缩微品代替原件。档案缩微品和其他复制形式的档案载有档案收藏单位法定代表人的签名或者印章标记的，具有与档案原件同等的效力"之规定，认为电子档案的纸质副本或其纸质复制品就是"档案"，这实际上是一种对法规内容的误解。该法律规定的含义是：为了有效保护馆藏档案的完整与安全，可以通过制作缩微品、纸质复制品等复制形式代替档案原件向社会用户提供服务，利用者没有必要再通过查阅档案的原件来核实或印证信息（国家档案馆的公信力就可以保证）；而非这些缩微品或纸质副本（复制品）可以取代原始档案被加以保存。

同样的道理，各种传统形态的档案，如纸质档案、胶片档案等，利用各种现代的信息扫描技术、数码摄影技术及相关的软件和硬件设备制作的数字化扫描件或数字化副本，也不具备档案的价值特征，即不具备严格意义上的业务和法律层面的档案凭证价值。档案部门制作的各种数字化档案副本，只有在原始档案依然存在的情况下，才可以在利用层面代替档案。有的学者认为：电子文件的形成来源有两种，一种是由各种业务信息系统直接形成，另一种是通过数字化方式对纸质文件等传统形态的文件进行扫描、数码拍照或摄录而形成；这两种电子文件在归档后都可以成为"电子档案"。这种认识对有效地维护档案的本质要求是有害的。其主要错误或误区在于：忽视了档案形成的一般规律和价值特征，在表述上偷换了概念，将不具有形成过程原始性的扫描件等数字化副本视为"电子文件"，又利用"归档"概念作为遮掩，将归档的原始文件的数字化副本，当作"档案"看待。如果这种偷换概念的错误逻辑成立，岂不是所有的纸质等传统载体的原始档案都可以变成"数字档案"了吗？而且，如果这种"数字档案"概念成立，那么还有什么必要保存那些在形成过程中以纸张等为载体的档案呢？因此，本书主张将这些档案的数字化副本纳入"档案数字化资源"的概念范畴。

总之，在档案收集实践中，应坚持科学的档案观念，切实维护档案的"原始记录"本质，维护其作为业务和法律乃至科学研究凭证价值的属性。各立档单位的档案管理部门或国家档案馆的工作人员都应当铭记：档案的前身——各种形态的文件材料，以什么形态产生或形成，最好就以什么形态加以收集和保存。电子文件及其元数据最好利用现代信息技术和信息系统进行收集和保存，传统形态的文件材料最好以传统的形态加以收集和保存。电子档案至少应保存三套，才能切实维护其完整性、可靠性、真实性和安全性，才能进行有效的相互印证；纸质等传统载体形态的档案，除非在文件的形成阶段有意识地多形成若干套，才能实现多套制收集和管理的目标，否则只能被动地接受只有一份原件可供保存的现实。诚然，为了实现长期保存档案内容的目标，可以对传统载体形态的档案进行数字化加工，制作多套档案数字化副本，丰富各立档单位数字中心（信息中心、数字档案馆、数字档案室）和国家数字档案馆的资源库的内容。

第四节　档案馆的档案收集

一、国家档案馆保存档案的来源

依据 2011 年 11 月 21 日公布并实施的《各级各类档案馆收集档案范围的规定》（国家档案局第 9 号令）及各省市制定的实施细则，各级各类国家档案馆要贯彻科学发展、以人为本的理念，在各级党委的档案行政部门的监督指导下，按照统一规划、分级管理的原则，依法开展档案收集，将属于本馆收集范围的具有长久保存价值的档案收集进馆。各级国家档案馆保存档案的主要来源应包括以下四个方面：

（1）接收现行组织的档案。即现在正在进行日常工作活动的组织形成的档案。其特点是：每个立档单位的档案处于生长状态，全宗档案的规模在不断扩大。按党和国家的有关规定要求，这些组织形成的档案中具有长久保存价值的部分，需要定期向国家档案馆移交，因此这种档案是档案馆保存档案的主要来源。

（2）接收撤销组织的档案。一般是指在新中国成立后，由于党和国家的体制改革、机构变革、行政区划调整等各种原因被撤销的组织形成的档案。接收撤销组织的档案，也是各级国家档案馆保存档案的主要来源之一。

（3）征集历史档案。凡是在历史上曾经存在过的组织、个人形成的有国家和社会意义的档案、文件材料等，都属于国家档案馆档案征集的对象。征集来的档案材料也是弥补馆藏档案缺陷和不足，提高国家档案馆馆藏质量的必要补充源。

（4）档案馆之间交接档案，也是档案馆补充档案资源的方式之一。

二、国家综合档案馆接收档案的范围

根据《各级各类档案馆收集档案范围的规定》的要求，各级国家综合档案馆的档案接收范围包括：

（一）现行组织及相关单位具有长远保存价值的档案

（1）中国共产党委员会及所属各部门具有长远保存价值的档案。

（2）人民代表大会及其常设机构具有长远保存价值的档案。

（3）人民政府及其所属各部门和单位具有长远保存价值的档案。

（4）人民政协及其常设机构具有长远保存价值的档案。

（5）人民法院、人民检察院具有长远保存价值的档案。

（6）各民主党派机关具有长远保存价值的档案。

（7）工会、共青团、妇联等人民团体具有长远保存价值的档案。

（8）国有企业、事业单位具有长远保存价值的档案。

（9）立档单位的下属单位或临时机构具有长远保存价值的档案。

（10）乡镇机构形成的具有长远保存价值的档案。

（11）国家综合档案馆所在行政区域内重大活动、重要事件形成的档案。

（12）国家综合档案馆所在行政区域内涉及民生的专业档案。

（13）本行政区内社会组织、集体和民营企事业单位、基层群众自治组织、家庭和个人形成的对国家和社会有利用价值的档案。

（14）各专业主管部门及其所属的组织、机构履行行政管理职能的档案。

（15）现行组织移交来的电子档案。《机关档案管理规定》第五十三条要求："电子档案一般自形成之日起5年内向国家综合档案馆移交，也可按本规定第五十二条与相应的纸质文件或缩微胶片同步移交。电子档案移交可以采用在线移交或离线移交。在线移交应当通过档案行政管理部门指定的电子档案接收系统和专用网络，不得通过未设置安全可靠措施的互联网移交。电子档案移交后，机关继续留存的，应当按照档案管理的要求进行管理。"《各级各类档案馆收集档案范围的规定》第八条要求："档案馆要适应信息化建设的需要，收集电子档案和纸质档案的数字化副本。有条件的档案馆应根据国家灾害备份的要求，建立电子文件备份中心，开展电子文件备份工作。"

所谓具有长远保存价值的档案是指：省级以上（含省级）档案馆接收保管期限为永久的档案，省级以下（不含省级）档案馆接收保管期限为永久和30年以上（含30年）的档案。

（二）撤销组织及相关单位的档案

组织根据《机关档案管理规定》《各级各类档案馆收集档案范围的规定》撤销或合并的，档案移交按照下列办法进行：

（1）撤销组织的档案，应当由有关主管组织代管或按照规定向同级国家综合档案馆移交。

（2）撤销组织的业务分别划归几个组织的，其档案不得分散，可由其中一个组织代管或向同级国家综合档案馆移交。

（3）一个组织并入另一个组织或几个组织合并为一个新的组织的，其档案应当移交给合并后的组织代管或向同级国家综合档案馆移交。

（4）组织所属机构撤销的，其档案由主管组织代管，属于国家综合档案馆接收范围的可按照规定向同级国家综合档案馆移交。

（5）国有企业发生破产转制，事业单位发生撤销等情况的，其档案可按照有关规定由本级国家综合档案馆接收。

国级国家综合档案馆应积极接收上述组织移交来的档案，不得以任何理由拒绝接收。

（三）新中国成立前的历史档案

根据《各级各类档案馆收集档案范围的规定》的要求：新中国成立前本行政区内各个历史时期的政权机构、社会组织、著名人物的档案列入国家综合档案馆的收集范围。

对于保存在境内外各级各类档案馆、图书馆、博物馆、纪念馆等机构中的珍贵档案资料，国家综合档案馆可通过接受捐赠、交换、资源共享等方式开展收集工作。

三、部门档案馆和专门档案馆收集档案的范围

根据《各级各类档案馆收集档案范围的规定》的要求，各级部门档案馆收集档案的范围包括本部门及其直属单位形成的档案，但其中履行行政管理职能的档案，要按有关规定定期向综合档案馆移交。

各级专门档案馆收集本行政区内某一专门领域或特定载体形态的专门档案或档案副本。

四、国有企业、事业单位设立的档案馆收集档案的范围

根据《各级各类档案馆收集档案范围的规定》的要求，国有企业、事业单位设立的档案馆，收集本单位及其所属机构形成的档案。国有企业发生破产转制，事业单位发生撤销等情况的，其档案可按照有关规定由本级综合档案馆接收。

此外，《各级各类档案馆收集档案范围的规定》第九条还要求："档案馆在收集档案时，应同时收集有助于了解档案内容、立档单位历史的资料，收集有助于管理和利用档案所必需的专用设备。"

五、几种特殊情况的档案收集和处置要求

（一）移交进馆时间的处置要求

属于向国家档案馆移交范围，但尚未达到移交年限的档案，由于立档单位保存条件恶劣可能导致不安全或者严重损毁的，经档案形成组织与国家档案馆协商同意，应提前移交进馆；专业性较强或者需要保密的档案，经各级党委的档案行政部门审查和同意后，可适当推迟移交进馆的时间。

（二）电子档案及其他数字化档案资源的移交要求

属于向国家档案馆移交档案范围的各组织，应按相关标准和保密要求移交电子档案或纸质档案的数字化副本。涉密电子档案和纸质档案的数字化副本，应当严格按照保密规定进行保管、存储和使用。

（三）档案馆收集档案的门类及相关的电子档案和数字化档案副本的要求

档案馆收集档案的门类应包括文书档案、科技档案、专业档案、音像档案和实物等，

音像档案包括照片、音频和视频档案。其中，文书档案、科技档案、专业档案和照片档案包括纸质档案和与之相对应的电子档案。档案馆在接收各单位纸质档案的同时，接收与内容相对应的电子档案及其元数据、档案的数字化副本。

（四）涉及民生内容的专业档案的收集要求

国家档案馆应关注涉及民生内容的专业档案的收集工作。国家档案局在 2011 年发布了两批《国家基本专业档案目录》，列举的与民生相关的专业档案多达 40 余种。2012 年，全国档案局馆长会议要求各级综合档案馆涉及民生内容的专业档案要达到馆藏的 60%左右。《各级各类档案馆收集档案范围的规定》也明确要求：涉及民生的专业档案列入综合档案馆收集范围。

（五）收集和征集保存在社会其他机构的档案的要求

对于保存在境内外的其他收藏机构中的珍贵档案、资料，档案馆可通过接受捐赠、交换、资源共享等方式开展收集工作。

（六）死亡干部的档案的收集要求

死亡干部的档案，应按照新的《干部档案工作条例》的规定，由相应的档案馆接收保存。

（七）《档案馆接收档案单位名录》的编制要求

为保证档案收集的正常有序开展，各级国家档案馆应编制和实施《档案馆接收档案单位名录》，并根据实际情况，依《各级各类档案馆收集档案范围的规定》及其实施细则进行调整、发布和实施，分期分批地开展国家档案馆的档案收集工作。

第五节　档案馆对家庭档案、名人档案的收集

根据建设覆盖人民群众的、内容丰富的、结构合理的国家档案资源体系的要求，各级各类档案馆要按照贯彻科学发展、以人为本的理念，拓展档案收集的范围。在新时代，我国许多档案馆在积极探索拓展与民生和老百姓关心的事项相关的档案资源的收集问题，并取得了一定的成效。在家庭档案的收集方面，辽宁省沈阳市的经验值得推广和借鉴。各省市县国家档案馆制发的名人档案收集方面的地方规范性文件，都为国家档案资源体系的建设，提供了有效的支持。

一、档案馆对家庭档案的收集

（一）家庭档案的概念及管理原则

依据《沈阳市家庭档案管理规范》，家庭档案是家庭及家庭成员在家庭生活和社会活动

中形成的可归属个人保存备查的文字、图表、音像及其他各种形式的历史记录。

家庭档案是维护家庭及家庭成员合法权益、经济利益，反映家庭历史真实面貌的重要依据，应集中存放、统一管理。

（二）档案馆对家庭档案的收集要求和范围

1. 对家庭档案的收集要求

家庭档案所有者可以自愿向国家档案馆捐赠其家庭档案。家庭档案被捐赠给档案馆后，家庭档案所有者对其家庭档案享有优先利用权，并可对其家庭档案中不宜向社会开放的部分提出限制利用的意见。

家庭档案的所有者有权公布自家的家庭档案，但必须遵守国家有关规定，不得损害国家安全和利益，不得侵害他人的合法权益。

家庭所有的对国家和社会具有保存价值的或者应当保密的家庭档案，向国家档案馆以外的任何单位或者个人出卖的，应当经各级党委的档案行政部门批准，严禁倒卖牟利，严禁卖给或者赠送给外国人。

2. 对家庭档案的收集范围

对国家和社会具有保存价值的家庭档案，包括证书、书信、票据、手稿、字画、病历、照片、录音（像）带、电子记录、综合性记录材料等，可列入档案馆的收集范围。主要包括：

（1）家庭主要成员的婴幼儿记录材料：计划生育材料，胎儿诞生及发育成长材料，婴儿出生材料，婴幼儿保健材料，婴幼儿教育材料，婴幼儿音像材料，等等。

（2）家庭主要成员的学生时代记录材料：典型的学习课本、学习作业、学习成绩单，毕业证等证件，学校生活的照片、音视频材料，升学考试材料，学习日记，师生书信，毕业纪念及同学互赠材料，择业材料，等等。

（3）家庭主要成员的恋爱婚姻记录材料：恋爱书信及照片、结婚证书、结婚照片、婚礼录像等。

（4）家庭主要成员的成果记录材料：工作日记，发表的论文及著作手稿，科研、革新、发明材料，工作照片及录像，等等。

（5）家庭理财记录材料：当家理财记录、购物发票、家庭参与经营和财产购置材料等。

（6）家庭主要成员的医疗保健记录材料：病历、身体检查的片子、化验单、家族病史记录等。

（7）家庭历史档案：家族简况、家史，父系亲属和母系亲属简况记录，谱牒，等等。

（8）综合性记录材料：阖家欢聚的照片，家庭成员生日录像，有纪念意义活动的录音、录像，家庭大事记，家庭成员基本情况记录，等等。

二、档案馆对名人档案的收集

（一）名人档案及社会著名人物的范围

1. 名人档案的概念

名人档案也称著名人物档案，是指社会各界名人在从事各种活动中直接形成的对国家和社会具有保存价值的各种文字、图表、声像等不同形式的历史记录。

各级国家综合档案馆可设立名人档案库或名人档案管理中心，专门管理本行政区划范围内的历史著名人物和现代著名人物的档案。

2. 社会著名人物的范围

主要包括：一定行政区划范围内的历代原籍（包括在域外或国外的人士）或曾在某行政区划范围内长期活动过的非原籍的，在政界、军界、工商界、科技界、文化界等领域具有重要影响的政府领导人、专家学者、社会贤达及其他重要人物。可参考的具体标准是：

（1）政界：担任过本行政区域重要职务或任高职的政府领导人及其他著名政治家（包括相当级别的各党派领导人、无党派民主人士领导人）。

（2）军界：授予少将以上军衔或担任过师级以上（含师级）职务的军官及其他著名的军事家。

（3）工商界：具有重要影响和名望的企业家、实业家、金融家。

（4）科学技术界：担任国家级科学院、工程院院士，以及在某项科学技术领域（包括自然科学和社会科学）有较深造诣、有突出成就的专家、学者。

（5）文化教育界：有重要影响、较深造诣、突出成就的专家、学者、作家、艺术家、编辑、记者、教师、医师等，在世界和全国比赛中获得冠、亚军的运动员及其教练员。

（6）宗教界的著名领袖。

（7）著名的社会活动家、知名人士，著名民间艺人、匠人。

（8）有名望的祖籍在本地的华侨领袖及外籍华人。

（9）对国家和社会有突出贡献或有社会声望的人士，如全国“五一劳动奖章”获得者等。

（10）长期在本行政区域内活动过的有重要影响的港、澳、台人士及外国人。

（11）国家档案馆经研究认定需要建立名人档案的具有代表性和典型意义的社会人士等。

（二）国家综合档案馆名人档案的收集内容

（1）反映名人一生经历及其主要活动的生平材料，如自传、他传、回忆录。

（2）反映名人职务活动及社会交往的材料，如文章、日记、信函、音像、实物。

（3）反映名人成就的材料，如著作、研究成果、书画。

（4）社会对名人研究、评价的材料，如纪念性、回忆性材料，著作，研究介绍材料。

（5）反映名人身份、资历、权属的材料，如各类证书、委任状、谱牒、信函。

（6）反映名人活动的音像（录音带、录像带、照片）、实物等载体形式的材料。

（7）名人收藏的反映本地区（行政区划范围）历史的珍贵图书、稀有资料、文物、字画及其他有保存价值和历史研究价值的收藏品。

（8）名人的口述历史材料。

（9）其他有保存价值的名人物品等。

（三）国家综合档案馆收集名人档案的方法

国家综合档案馆应依据《档案法》及其他档案法规接收和征集名人档案。收集方法包括：

（1）依据《档案法》及相关档案法规进行征集。

（2）单位或个人依法向国家综合档案馆移交。

（3）对其他档案馆及其他部门（如图书馆、博物馆等）保管的名人档案进行复制或交换目录。

（4）对流散在域外、国外的名人档案进行购买、复制或交换。

（5）对散存在其他地方的名人档案进行征集。

（6）档案所有者将档案向国家综合档案馆捐赠、出售、寄存。

A. 捐赠。档案所有者向国家综合档案馆捐赠名人档案时，国家综合档案馆应向捐赠人颁发“名人档案收藏荣誉证书”，并给予表彰或适当奖励。

B. 出售。档案所有者向国家综合档案馆出售名人档案时，国家综合档案馆与出售人签订征购协议，支付征购款，并向其颁发“名人档案收藏荣誉证书”。

C. 寄存。档案所有者向国家综合档案馆寄存名人档案时，国家综合档案馆与寄存人办理寄存协议，并颁发寄存证书。

（7）国家综合档案馆与档案所有者商定的其他收集方式。

值得注意的是，各级国家综合档案馆在接收和征集名人档案的过程中，不能盲目扩大范围，必须遵循名人档案形成的客观规律，保持文件材料之间的内在联系，并组织专家对征集到的名人档案进行鉴定，确保名人档案的真实性。名人档案的保管期限统一划分为永久保存。

档案馆应设名人档案库，专门保管名人档案，并采取有效措施，配备相关设备，科学规范保管名人档案，确保名人档案的安全，防止名人档案丢失或损坏。

档案馆需定期检查名人档案的保存状况，对破损、变质的档案及时采取修复、复制等技术进行保护抢救。

档案馆可以每个名人为单位设立全宗。名人全宗内档案的分类，按“载体结合问题或重要程度”进行：

（1）纸质类包括生平传记、著作、手稿、学术论文、信件、题词、外事活动、出版物、报刊等纸质材料。

（2）照片类包括感光照片和数码照片等。

（3）声像类包括录音、录像及光盘等由磁性材料制成的记录材料。

（4）实物类包括奖杯、奖状、奖章、像章、证章、证书、纪念品、书画及有保存查考价值和纪念意义的其他物品等。

整理单位：

名人档案以卷（册）为单位进行整理。名人档案中的纸质档案和实物的整理，照片、声像、电子等档案的整理，参照国家相关标准和相关规定执行。名人档案采取装订或不装订方式进行整理。

排列与编目：

（1）在分类的基础上按问题、时间顺序对档案材料以卷为单位进行编排。

（2）为保护名人档案的原样，不在名人档案原件上编页号和加盖档号章，将卷内每件名人档案文字材料装入 A4 纸大小的信封，在信封右上角加盖档号章并填写相关内容。

(3) 将名人档案材料按类别顺序装入档案盒，盒号即为案卷号。不同载体形式的档案材料一般不能混装，名人的字画及其他实物，应根据不同的形状与尺寸制作装具。

第六节 国家档案馆对口述史料的采集和征集

口述史料（oral historical materials）是国家档案馆资源体系建设的重要内容和组成部分。2018年年初，国家档案局为适应我国口述史料采集和管理工作的需要，实现口述史料采集规划、采集流程、史料管理的规范化、标准化、科学化，发布和实施了行业推荐标准《口述史料采集与管理规范》(DA/T 59—2017)。

一、口述史料采集概述

（一）口述史料的概念

口述史料是由事件亲历（见闻）者口述或转述的，经采集者以标准方法采集的，能弥补历史事件和人物相关记忆的，具有一定保存价值、历史研究价值的文字、图表、声像等形式的记录材料。国家档案馆收藏口述史料既是对口述史工作的推动，也为国家档案馆履行保存和传播中华文化的职责提供了重要资源。

口述史料由不同形式的载体组成，包括采集过程中形成的文字、照片、录音、录像等。主要包括：录音录像带、数码录音录像音视频文件，纸质照片、数码照片，录音录像文字转录形成的电子文稿，已整理成文字材料的纸质材料，等等。

在我国的学术界一直有一种误解，即口述史料就是“口述档案”。“口述档案”概念的产生，直接原因是档案部门对口述历史研究的介入。在1988年召开的第十一届国际档案大会上，塞内加尔档案学工作者提出了“口述档案”概念。此前，肯尼亚国家档案馆馆长梅那·卡哥姆贝在1980年第九届国际档案大会上所做的“口述史与档案”报告，新加坡档案工作者谭莉莉在1984年第十届国际档案大会上所做的“档案馆职能的扩大——关于口述史料的管理问题”报告，皆论述了口述历史与档案的关系。在1984年国际档案理事会出版的《档案术语词典》中，“oral history”词条下的法文词条“archives oracles”，成为档案学界“口述档案”这一概念使用的最直接证据。至此，我国部分档案工作者也开始在相关问题的研究中援引国际档案理事会的《档案术语词典》中的“口述档案”一词。

国际档案理事会的《档案术语词典》中的法文词条“archives oracles”的定义实质上对应的是英文中的“口述历史”概念。根据上下文，将国际档案理事会的《档案术语词典》中的法文词条“archives oracles”译为“档案馆藏口述史料”更符合实际。1979年颁布的《法兰西共和国档案法》的第1章第2条对档案的界定为“任何自然人或法人，任何国家机关或组织，任何私人机构或部门，在自身活动中产生或收到的文件整体，不管其形成日期、形式和制成材料”。根据这一解释，“口述史料”或“口述历史”并不具有法国人所说的档案概念特征。在法国人看来，所谓“口述历史”就是“记录历史事件当事人或目击者等相关人的回忆而保存的口述凭证”；法国“政府通过档案等相关部门把口述史作为日常工作加以组织，并在经费上予以充分保证。即口述史在法国不仅是学者的一种研究方法，而且是政府工作的一个组成部分”。所以，将“archives oracles”直接翻译成“口述档案”本身即存在着偷换概念的问题，把国际档案理事会的《档案术语词典》中中法文词条“archives oracles”作为“口述档案”概念使用的直接依据并不成立，对法文词条“archives oracles”的翻译也不够严谨。

《口述史料采集与管理规范》（DA/T 59—2017）中采用了“口述史料电子文件”并将其对应的英文术语翻译成“electronic oral history materials”，认为它是“在数字设备及环境中生成，以数字形式存储于磁带、磁盘、光盘等载体，依赖计算机等数字设备阅读、处理，并可在通信网络上传送的口述史料文件及相应的支持软件产品和软、硬件说明”。这种解释也有些牵强。“electronic oral history materials”的翻译应为“电子口述史料”，怎么就成了“口述史料电子文件”了呢？按照这样的逻辑，岂不是这些文件归档后就成了“口述档案”了？这个问题值得大家深入思考。

（二）口述史料的采集范围

一般来说，口述史料的采集主体对象范围应包括：对国家、民族、集体或个人的历史、现实、未来具有重要历史价值和研究价值的重大历史事件、重要活动的亲历者、亲见者、亲闻者及其后代知情者（见闻）者。

口述史料的采集主题应选择可以有效弥补档案内容不足，有效丰富国家档案资源体系的重大历史事件、重要社会活动、重要工程的建设、重大科技发明，以及在我国历史上和现在曾经产生过重大国际、国内影响的活动主题。

按采集口述史料的紧迫程度，还可以把采集的主题范围划分为现代主题和历史主题。按采集口述史料所涉及的领域，采集的主题范围可以包括每个社会发展历史阶段的重要人类活动领域的事件和人物主题，如口述史料战争、外交、文化艺术、体育、宗教、民俗、经济、政治，农村改革、工业改革、体制变革，专家学者、科学家、农民、工人、民营企业家、金融家、外交家、将军、政府领导人、留学生，等等。

对亲历（见闻）者年事已高、发生时间久远的重大历史事件和重要活动应优先确定为采集主题，进行抢救性采集。同时，也应按照人类记忆的规律和特点，将我国改革开放前，尤其是“文革”前和“文革”中的重大事件、重要活动、重大项目、重要会议等方面的主题，有计划、有组织地进行相关口述史料的采集。对于改革开放后 40 年中，我国所经历的重大事件、活动、项目等，同样也要有计划地进行口述史料的采集。人类的记忆往往是越久远越模糊，越接近越清楚，因此口述史料采集主题的确定一定要立足历史的长远发展需要，为子孙后代了解真实的社会历史考虑，不能等到当事人都已年近古稀的时候，才想起来做抢救性的采集活动。

口述史料的采集工作也不能仅仅依靠国家档案馆及其他国家文化研究机构来进行，应当鼓励社会力量的参与，如中国传媒大学提供了一座约 8 000 平方米的独立大楼，建立了中国传媒大学崔永元口述历史研究中心和口述历史博物馆，其口述历史库里就有 10 000 人的口述史料。实践表明，政府与民间互动和合作，是有效采集口述史料，积累口述史料资源，丰富和延续民族历史记忆的良好途径。

二、采集口述史料的组织

国家档案馆开展口述史料的采集工作，应做好如下组织工作。

（一）编制口述史料采集方案

国家档案馆的口述史料采集者应根据采集方案，在采集范围内有计划、有重点、有针对性地开展工作。所谓采集方案，是依据已确定的采集规划、计划和主题，查找、梳理线索，明确采集对象和采集主题而编制的采集工作提纲和行动安排。

编制采集方案，应在调查研究的基础上，全面细致地进行。采集方案的主题要突出，内容一般应包括主题、历史背景信息、口述者、时间、地点、方式、经费、设备、采集者等。

（二）确定口述史料的采集流程

口述史料的采集流程主要包括：

1. 确定口述者

依据采集主题内容，遵循最大限度地弥补历史记录不足的原则，从不同的角度、层次、角色出发，将有关历史事件和活动的亲历者、亲见者、亲闻者确定为口述者。口述者中年事已高的人应被优先安排采访。在同类历史事件和活动中，那些道德和知识素养较高且身体状况较好、记忆清晰、表达清楚的亲历者、亲见者、亲闻者，应被优先安排采访。

2. 采集准备

凡与采集的主题内容、事件、人物、历史背景直接或间接相关的资料，都应当被收集梳理，全面翔实地掌握相关的信息素材，以便增强采集的针对性、准确性。采集准备工作的具体内容包括：（1）了解主题内容、事件、背景信息。根据总的采集规划所确定的采集方案与主题的具体实施计划，选择熟悉该项主题内容的人员作为采集者。（2）了解口述者的主要经历，尤其是与采集的主题内容、事件、人物有关的部分，包括其他背景资料及其与采集内容之间的关系，以保证采集的完整性与科学性。（3）了解口述者的家庭、身体状况、性格、谈话特点等，以保证采集工作的顺利实施。（4）掌握与采集主题内容、事件、人物相关的历史和专业知识，以保证采集内容的针对性。每次采集应围绕主题进行。对群体口述者除掌握和具备以上条件外，还应了解群体中的个体差异。（5）做好采集时间、地点的安排。一般应根据采集方案确定采集时间和地点。为避免口述者忘记采集时间和地点，应做好口述者家属的联系协调工作，在采集前同口述者确认并预约。

3. 采集实施

口述史料采集必须遵循真实性、准确性、完整性的原则和采集流程规范化的要求。采集者要真实记录口述者的叙述，保持口述者叙述的录音录像的原始性、完整性，不可断章取义。对所采集历史事件的年代、月份、日期、人名、地名，以及相关领域的专用名词等进行标识，做好记录，经核对无误后留待整理文稿时备用。当出现某一口述者与其他口述者对同一事件描述的信息不一致时，不做主观评断，保留口述史料的原始性。要充分尊重口述者的情感、人格、隐私等，并与其建立互相信任的合作关系。当口述者出于某种原因拒绝叙述某些方面内容时，应尊重其意愿。采集过程中口述者和采集者通过语言交流，由于口述者的生活经历、文化层次和个性特点各有不同，采集可采用多种方式。同时，采集者的知识结构、专业特点、兴趣爱好不同，对采集技巧的运用也不同，但采集应以挖掘事实为原则。

在采集工作中，采集者要充分了解口述者、采集事件主题和相关专业知识，对采集主题内容进行深入探查，充分挖掘事件内容和细节；注意拓展范围，在一次采集达到了预期目标时，可根据实际情况拓展采集范围，补充和增添其他可能有价值的内容；控制好采集环境，选择适宜口述者口述和录制的良好环境，避免噪声源和其他方面的干扰，以确保口述者注意力集中和采集工作的质量与效果；用好采集技巧，采集者在采集过程中应注意恰当运用采访技巧、措辞、语气等，同时应积极倾听，并对周围环境具有敏锐的洞察力，让采集者与口述者保持良好的状态，以确保采集工作的顺利完成；注重采访礼仪，在采集过程中，采集者应注重礼仪，做到语气温和、措辞恰当而有礼貌；在采集过程中，采集者应减少或完全避免个人的意见和随意的“聊天”，不应在提问过程中与口述者发生争论；注意提问恰当，对口述者的提问应按照采集提纲进行，要准确、简练、不产生误导；在采集中如有不明之处，采集者应将问题即时笔录，一般不要打断口述者的叙述，待口述者讲完后再核实；积极倾听，在采集过程中，采集者应积极倾听口述者，避免随意打断口述者的讲述，以防错过真正有用的信息。

在采集实施的过程中，还应做好采集协议。采集者应明确告知口述者采集的主题、意义、方法、目的、个人权益、法律保证等，经口述者确认或签订书面协议；该协议应与采集内容一并归档保存。另外，采集者还应掌握口述者的基本信息。对口述者的主要经历、在主题和事件中的角色，以及口述人与参与事件的相关人员的情况进行详尽的了解和掌握。确定口述者的姓名、国籍、民族、性别、籍贯、出生日期、口述者口述时年龄、社会身份、政治面貌、文化程度、工作单位、简历、口述者与亲历（见闻）者之间的社会关系；以上信息要有相关的印证材料。

4. 其他要注意的问题

主要包括设备选择、设备调试、采集录制、采集小结：(1) 设备选择。可采用传统的模拟磁带录音录像专业级设备，或采用专业级数码录音录像设备。录制介质应选择优质、标准的录音录像带和其他存储介质。具体技术参数和设备选择参见《电工术语　数字录音和录像》(GB/T 2900.75—2008)。(2) 设备调试。采集设备调试应处于最佳待机状态，以确保采集质量。(3) 采集录制。采集录制是口述史料采集的重要环节，要严格遵守实施要求，确保采集工作达到预期目标。(4) 采集小结。采集工作完成后，应针对采集过程、效果、不足进行分析、归纳、总结，做好后续采集工作的安排。

(三) 口述史料的整理加工

1. 口述史料的整理原则

主要包括：(1) 以一个事件或一个人物为一个整理单位；(2) 遵循口述材料的形成规律，保持记录材料的联系；(3) 可采取档案化的整理方法对口述史料进行整理加工，便于计算机管理或计算机辅助管理；(4) 口述史料整理应保证纸质记录材料和电子记录材料的协调统一。

2. 口述史料的整理要求

主要包括：(1) 对所采集内容应尽快整理、保存，以防遗忘、错乱、丢失；(2) 对口述者录音录像材料应进行实事求是的整理，严格排除采集者的个人倾向、误解、臆测等，在整理时切忌用主观价值取向决定原始口述史料的取舍和采集者个人进行评论；(3) 能够证明该口述史料真实性、权威性的实物材料都应被分类整理，同时保存；(4) 采集过程中形成的录音、录像、照片、纸质材料的整理方法可参照国家有关规定执行；(5) 口述者有地方口音或不善表达造成录音不清晰或较难听懂的部分，应在文字材料中加注释，以备下一步补录核实，对录像中的人物要进行注释；(6) 口述史料涉及国家秘密的，应按照《中华人民共和国保守国家秘密法实施条例》的要求进行管理；(7) 采集编号构成规则为专题代码-主题代码-口述者-件号，并在采集成果封面右上角标注；(8) 形成的口述史料记录材料的组件（件的组织）、分类（专题、主题）、排列、编号、编目，可参照《归档文件整理规则》(DA/T 22—2015) 的要求执行。

3. 整理内容

包括基本信息记录材料的整理、主题事件内容记录材料的整理、采集实施情况材料的整理。主要包括：(1) 基本信息记录材料——采集信息表；(2) 主题事件内容记录材料——录音录像、现场笔录、录音录像的文字整理材料、照片；(3) 采集实施情况材料——采集方案、采集实施的情况、采集口述史料使用权协议等。上述所有材料，整理后可打印两份，并交口述者审核后签字盖章，与形成的记录材料一并登记造册，由课题组指定的专人保存。

4. 口述史料的录音录像的文字记录

口述史料采集时对录音录像的文字记录的要求包括：(1) 编制与采集主题相关的特殊术语和专业用语词汇表，以便对照核准。(2) 国家、地名、人名、机关、团体、企事业单位和其他组织和个人的名称使用全称或通用简称。(3) 采集者要经过缜密的考证后，形成文字说明材料。(4) 对所采集的内容、方式、载体、地点、当事人等应做文字概述。(5) 录音及录像文件的音频内容应形成文字记录材料，并与录音录像口述史料一并分类整理保存。(6) 采集者要对口述者的记录和录音录像进行认真核对、校正，避免由口述者年龄、口齿、方言等因素造成的误差。进行文字记录整理时，对口述者以方言方音讲述的重要地名、人名、风俗等，应采用国际音标注音法标注。(7) 口述者使用多种语言时，需要进行翻译和注释。

5. 口述史料的打印格式要求

一般应使用统一的封面和正文格式打印口述史料整理文本。内容包括封面（包括采集主题名称、口述者、采集者姓名、采集编号、采集时间、采集时长、文稿页数)、口述者生平简介、正文、录音录像形成的标注等。

6. 口述史料的照片整理

采集者可按照《照片档案管理规范》(GB/T 11821—2002)、《数码照片归档与管理规范》(DA/T 50—2014) 的要求，对采集形成的照片进行整理。采集过程中形成的照片要与其他相关材料一并保存。

7. 口述史料编目

要求包括：(1) 可依据采集编号顺序编制口述史料文件目录。编目应准确、详细、便于检索。(2) 应逐件编目。采集方案、采集实施情况材料、录音录像的文字转录材料打印稿、采集信息表、采集口述史料使用权协议等材料各作为一件进行编目。

8. 装盒与排架、编目

(1) 口述史料按采集编号的顺序装盒。(2) 口述史料整理完毕装盒后，上架排列，按采集编号的顺序上架排列。(3) 可按照《中国档案机读目录格式》(GB/T 20163—2016)的要求，并且根据口述史料的自身特点，对采集形成的口述史料进行编目著录录入。移交的口述史料机读目录数据库应采用通用的数据格式。所选定的数据格式应能直接或间接与DBF文档或通过XML文档进行数据交换。

9. 电子口述史料的通用格式

(1) 音频格式包括WAV、MP3、AAC等；(2) 视频格式包括AVI、MPEG、VOB、FLV、RM、ASF、MOV、WMV、MP4等；(3) 照片格式包括JPEG、TIFF等；(4) 文本格式包括PDF、TXT、DOC、CEB、OFD、RTF等； (5) 数据格式包括DBF、EXCEL、XML等。

10. 电子口述史料的命名

电子口述史料包括文字材料、照片、音视频文件等，其命名方式的选择应遵循如下原则：(1) 可根据采集编号为其命名；(2) 同一类载体的电子口述史料的命名要具有同一性；(3) 应科学建立电子口述史料的存储路径，确保数据批量挂接的准确性。

三、口述史料的收集方式

各级国家综合档案馆口述史料的收集方式包括：

第一，各级国家综合档案馆直接采集形成的口述史料，按以上采集流程和整理方式归档，并列入本馆馆藏保存。

第二，各级国家综合档案馆根据馆藏的实际情况，对各机关、团体、企业事业单位及个人采集形成的口述史料进行有计划的接收进馆。

第三，各级各类专门档案馆直接采集形成的口述史料，按以上采集流程和整理方式归档，列入该馆馆藏保存。

第四，征集其他社会组织或个人采集形成的口述史料。

在口述史料采集工作中，需要形成和填写的工作用表，可参照图3-1、图3-2和表3-1等执行。口述史料的机读目录数据库结构及字段参照《口述史料采集与管理规范》(DA/T 59—2017) 的附录D（资料性附录）“口述史料机读目录数据库结构及字段一览表”执行。

采集编号：

采集主题名称

口述者：
采集者：
采集单位：
采集时间：　　年　　月　　日
采集时长：　　　　　　小时
文稿页数：

年　　月　　日

图3-1　口述史料整理盒封面

口述史料采集协议书

采集编号：

采集者：
地址：
口述者：
地址：

第一条　口述者同意接受采集者对其口述过程的拍摄录制。

第二条　口述者权利和义务。

（1）口述者保证所讲述的内容是真实的。

（2）录制内容凡涉及第三方权利和义务由口述者负责。因口述者口述内容不真实或是口述者没有取得第三方的许可和同意而产生的纠纷由口述者负责处理，产生的法律责任由口述者承担。

（3）口述者有权对口述史料录制内容不宜向社会公开的部分提出限制利用的意见。采集者原则上应采纳口述者限制利用的意见，如有不同意见，可依据国家档案、保密工作相关法律法规进行处理。

（4）口述者对所录制的口述史料享有使用权，但如果用于商业目的，则应征得采集者书面同意。未经采集者书面同意擅自将所录制的口述史料用于商业目的造成采集者损失的，口述者应承担赔偿责任。

第三条　采集者的权利和义务。

（1）采集者应将经口述者确认的口述史料，按照档案馆管理规定安全妥善保管。

（2）口述史料拍摄录制成果的知识产权属于采集者所有，口述者可以行使使用权，但如果用于商业目的，则应征得采集者书面同意，收益分配由双方另行协商确定。

（3）采集者应确保所录制的口述史料用于社会公益活动。

（4）口述者已经知悉并同意，采集者将该口述史料用于以下宣传：A. 出版、刊登以口述文字内容为主的书籍或期刊；B. 在网络、电视等多媒体播出公益宣传片；C. 举办多种形式的公益展览，如口述史料专题展或档案馆馆藏展；D. 采集者确认为公益宣传目的的转载、转播等行为。

第四条　本协议于双方签字并盖章之日起生效，授权代表签字的应提交授权委托书。文本一式二份，双方各执一份，具有同等法律效力。

第五条　其他未尽事宜，经双方协商进行。

口述者：（签章）　　　　　　　　采集者：（签章）
签名：　　　　　　　　　　　　　签名：
日期：　　　　　　　　　　　　　日期：

图 3－2　口述史料采集协议书

表 3－1　　口述史料采集信息表

采集编号	
采集主题	
口述者类别	亲历者□　亲见者□　亲闻者□
姓名	
曾用名	

性别			
民族			
国籍			
籍贯			
出生地点			
出生日期			
口述者口述时年龄			
政治面貌			
文化程度			
社会身份			
工作单位			
现任职业			
住址			
家庭电话		办公电话	
手机		传真	
电子邮件			
其他受访者			
项目名称（主题、事件）			
口述者与亲历者（见闻者）之间的社会关系			
口述语言（普通话/方言）			
采集者			
采集时间			
采集地点			
录音磁带总数（盘）			
录像磁带总数（盘）			
CD 总数（张）			
总录音时间			
总录像时间			
数码录音格式（WAV、MP3）、大小（MB）			
数码录像格式（AVI、MPEG）、大小（MB）			
版权			
利用权	公开/受限（口头/书面）		
简历（教育经历、工作经历）			
相关资料	身份证或其他有效身份证明证件的复印件或数字化副本		

本章思考题

1. 档案收集的概念、内容、要求是什么？
2. 组织或立档单位如何有效地开展本单位的文件归档工作？
3. 归档制度的主要内容是什么？
4. 立档单位档案收集工作的内容和具体做法有哪些？
5. 立档单位如何开展文书档案的收集工作？
6. 立档单位如何开展电子档案的接收工作？
7. 国家档案馆保存档案的主要来源有哪些？
8. 国家档案馆如何开展电子档案的收集工作？
9. 国家档案馆为什么要接收家庭档案和名人档案？
10. 名人档案的收集范围和注意事项是什么？
11. 口述史料的采集对丰富档案馆的档案信息资源体系有什么作用？
12. 口述史料的采集工作如何正常进行？相关工作如何合理安排？

第四章

档案的整理

内容提要

本章系统介绍了档案整理工作理论、知识、相关技能及开展工作的依据。主要内容包括：档案整理工作概述、全宗、全宗内档案实体的分类、类内档案文件的整理与系统化、档号的编制、档案整理中的组织管理等。

第一节　档案整理工作概述

一、档案整理工作内容

档案整理工作（以下简称档案整理）就是按照档案的形成规律和特点，根据一定的原则和要求，对具有档案价值的文件，进行分类、组合、排列、编目（基本编目）、编码（档号），使其成为便于保管和利用的有序档案体系的业务活动。其中，分类是档案整理的核心工作内容。只有编制了科学的档案分类方案，各立档单位的档案整理的其他业务活动才能有效进行。

档案整理直接关系到各立档单位和国家档案馆保存档案资源的质量，并对档案资源的信息开发和利用服务工作有着决定性的影响。

档案整理的内容主要包括：区分全宗，全宗内档案文件的分类，终端类内文件的组合，归档文件的排列或案卷内文件的排列，归档文件或案卷的基本编目，档案代码或档号的编制，归档文件目录或案卷目录（文件/案卷分类目录）的编制，归档文件装盒上架或案卷排架。

由于档案存在的状况不同，因此各立档单位的档案整理内容也会有所差异。档案整理按其内容的范围可以分成三种类型。

（一）系统排列和编目

当一个立档单位的档案管理部门（如档案室、文档信息中心、企业档案馆、事业单位档案馆、联合档案室、文件中心等）接收的是本单位各部门按照归档要求整理好的档案时，档案整理主要是在更大范围内，根据档案保存和管理的需要，对全宗内档案进行系统排列，对馆藏档案目录进行某些加工。

（二）局部调整

对于业已存入立档单位的档案管理部门和国家档案馆的档案，其中显然不符合整理要求、不便于保管利用的部分，应进行加工以提高其质量。另外，档案自身或整理体系会随着时间的推移而发生变化，也需要进行必要的调整。

（三）全过程整理

立档单位的档案管理部门和国家档案馆，有时也接收和征集一些零散文件、积存文件。这时，为了有效地维护档案资源体系的完整性和系统性，就必须对零散文件和积存文件进行全过程的整理工作。

二、档案整理的意义

（一）档案整理是有效保持档案文件之间有机联系，形成完整、系统的档案资源体系的前提条件

保存档案的主要目的是及时、有效地提供档案资源，为党和国家及社会各项事业服务。为实现这一个目的，档案资源完整、系统是必要条件。没有经过整理和系统化加工的档案文件，往往不能充分体现出档案的原始记录本质及其有机联系性、真实记录性等特点，也不能完整地反映出立档单位各项职能活动的历史联系和本来面貌，会影响乃至丧失档案的存在和利用价值。档案整理的基本目标就是把各立档单位的档案文件组成一个连续的、完整的证据、信息保障体系，并通过编目等方式使其整理成果固定下来，使之成为方便社会各方面开发利用的档案资源体系。

（二）档案整理是开展其他档案业务活动，建设档案利用服务体系的必要条件

科学有效的档案整理不仅可以为档案的利用创造条件，而且可以为整个档案管理奠定良好基础。在档案管理的各项业务内容中，档案收集是起点，有效提供利用服务是档案工作的根本目标，而档案整理则是承上启下的关键性业务工作。接收或征集来的档案文件，经过档案整理这项活动的加工处理，可以让人进一步了解和检查档案收集的质量，对档案收集有一定的促进作用。档案的整理往往是与档案价值的鉴定结合进行的。可以说没有分类基础做保障的档案价值鉴定，常常是盲目的；而要鉴定档案的价值和划分档案的保管期限，必须对档案进行全面的考察和仔细认真的分析，只有经过系统整理的档案文件，才能提供这种可能性。经过整理以后的案卷（保管单位）或纳入分类体系的归档文件，是档案的保管、统计和检查的具体工作对象和基本单位，也使编制档案检索工具和档案参考资料、建立档案数据库、构建档案数据中心和档案信息中心有了主要依据。

（三）档案整理是实现档案管理现代化目标，构建档案资源安全保障体系的必要条件

采用现代化手段管理档案，要求对档案实体加以整理，使之达到一定的系统化程度。例如，档案信息管理系统需要以档案实体的一定体系为基础。档案的数字化、信息化加

工，更要求每个全宗的档案文件完整有序，并体现出档案文件之间的有机联系。无序、混乱的档案文件，不利于实现档案管理数字化、信息化、网络化的档案管理现代化的目标，同时也会给档案的安全管理和有效保护工作带来麻烦和不良影响。

三、档案整理原则

档案整理的一般原则是：充分利用原有的整理基础，保持档案文件之间的有机联系，便于保管和利用。

（一）充分利用原有的整理基础

档案不仅记录了其产生时的社会活动情况，也反映了整理和保存的状况。在整理档案时，要尊重历史和前人的劳动成果，充分利用原有的整理基础。这样也有利于保持档案文件之间的历史联系，提升档案整理的效率，提高档案整理的质量。

要充分利用原有的整理基础，应在档案整理实践中做到：

1. 提高对原有整理工作的认识

对于过去的整理方法，应该采取实事求是的态度。对原有整理基础予以充分的重视，认真分析研究其利弊，合理部分应该继承保持下来。

2. 不要轻易重新整理已整理过的档案

一般情况下，只要不是零散文件，而是已经有了一定的整理基础，就应该力求保持原有的整理体系。可以通过必要的加工整理或者其他补救措施，提高整理档案的整体水平。如果轻易把档案打乱、返工重整，则不仅费时费力，增加管理成本，也会对档案资源的正常利用产生不利影响。

总之，原有整理基础是一定时期档案整理水平的反映，不要对其轻易否定。除非原有整理基础太差，否则不要轻易改变。

（二）保持档案文件之间的有机联系

档案文件之间的有机联系（也称历史联系或内在联系），就是文件在产生和处理过程中所形成的各种关联关系。档案文件虽然是以个体形式陆续产生的，但却是以组合的群体形式（类的方式）存在和运动的。因此在整理档案时，必须保持档案文件之间的固有联系，这样才能把档案文件组成科学的有机体系，反映各立档单位历史活动的原貌和档案文件之间的关联性。

档案文件之间的有机联系，主要表现在来源、时间、职能内容和形式等几个方面。

1. 来源方面的联系

档案文件在来源方面的联系主要指，文件是以一定的社会组织或个人、家庭为单位形成的，每份档案文件都与其形成者有着不可分割的历史联系。档案整理应保持文件之间的这种固有的联系，不可随意脱离形成单位。档案文件之间的有机联系是多方面的，而来源方面的联系是首要的。只有在保持了档案文件来源方面联系的前提下，其在时间、职能内容、形式等方面的联系，才能更深刻地反映档案形成单位的活动面貌，体现档案作为原始记录的本质要求。

2. 时间方面的联系

档案文件在时间方面的联系主要是指，形成文件的社会组织或个人进行的工作活动都有一定的过程和阶段性，从而使文件之间具有一定的时间联系。在整理档案时，应该在保持文件来源联系的同时，注意保持文件之间的这种时间联系。

3. 职能、内容方面的联系

文件在职能、内容方面的联系主要是指，文件是立档单位在行使、履行其法定职责的过程中形成的，是在解决一定问题、处理一定事务的过程中产生的。一项职能活动、一项工作任务、一起事件、一次行动、一次会议等形成的所有文件，在职能（内容）上往往有着非常密切的联系。整理档案时必须考虑到这种密不可分的联系。

档案文件之间在职能（内容）方面的联系有时是它们之间最紧密的联系。例如，分类、组卷、组件等整理活动如果完全没有体现出档案文件之间在职能（内容）方面的联系，那么档案文件在来源、时间、形式等方面的联系，也会受到一定的影响。诚然，只有在坚持来源原则、保持档案文件大的来源联系不被破坏的前提下，它们之间在职能（内容）方面的有机联系才会得到更深刻的体现。

4. 形式方面的联系

档案文件在形式方面的联系是指，文件的形式标志着文件的特定作用，并在一定程度上反映了文件的来源、时间、职能（内容）的性质。因此，文件的形式联系也是它们之间的一种有机联系。文件的形式包括内部形式（如种类、名称）和外部形式（如载体和记录方式）两方面。

对于保持档案文件之间的有机联系，应从以下两个方面辩证地看待和处理。

一方面，要善于找出和保持文件之间最紧密的联系，并尽量在各方面全面保持联系。档案文件之间的联系有时错综复杂、多种多样，其中的一些联系反映了文件最紧密的联系。因而应该根据文件情况，找出和保持文件之间最紧密的联系。不能只看到文件之间的某种联系，就随意整理。同时，在整理档案的全过程中应该力求从档案的来源、时间、职能（内容）和形式等各方面，全面地保持文件的联系，为档案的鉴定、检索和利用工作创造良好的条件。

另一方面，不能离开实际整理归档文件。不能简单地确定某种整理方法和评说其优劣，应该根据一定的条件，如不同门类档案的特点、形成的不同情况等，采取保持文件联系的不同方法。另外，要从整理工作的各个环节和各个方面，全面考虑是否保持了档案文件之间的联系。不能只从某一个方面，孤立地看待整理工作是否保持了文件的有机联系，不要把某种联系理想化和把某种整理方法绝对化。

（三）便于保管和利用

在一般情况下，如果在整理档案时，注意利用原有的整理基础，保持档案文件之间的有机联系，就可以基本上达到便于保管和利用的目的。但是，有时保持档案文件的联系和便于保管利用又不一致。例如，一次会议的文件，有纸质的，也有胶片的、磁性载体的，有机密性的，也有可以公开的，有永久保存的，也有定期保管的，等等。如果单纯强调保持文件之间的有机联系，全部混同起来进行整理，显然不便于保管和利用。因此，在整理档案时，如果保持文件之间的联系和便于保管利用发生矛盾，相关人员就不能机械地运用保持文件联系的原则，而要充分考虑档案保管和利用的方便。对于不同种类的档案，以及记录方式、载体材料、涉密程度和保管价值等显然不同的文件，应该根据情况分别整理，恰当组合，在相应的范围内保持文件最优化的联系。

为了便于理解档案整理的原则，我们把它分成上述三个层次加以说明。实际上这三个层次是一体的，都不可偏废。

第二节 全宗

一、全宗的概念和种类

全宗是一个社会组织或个人、家庭形成的具有有机联系的档案整体，是国家档案馆保存档案的第一层分类、管理单位。

我国档案全宗的类型，按形成全宗的单位和全宗内容的性质，分为组织全宗和名人（人物）全宗两种；按全宗的范围和构成方式，分为独立全宗、联合全宗、全宗汇集和档案汇集四种。

全宗概念的基本含义包括如下三个方面。

（一）全宗是一个立档单位形成的档案整体

全宗是有机联系的档案整体，说明全宗具有不可分割性。全宗是组成国家档案全宗和进行档案分类管理的基本单位。同一全宗的档案不能分散，不同全宗的档案不能混淆。

在我国，全宗的整体性还受到国家法规的约束与保障。1983 年中共中央办公厅与国务院办公厅发布的《机关档案工作条例》和国家档案局发布的《档案馆工作通则》分别规定，“一个机关的全部档案是不可分割的整体，应统一向一个档案馆移交”“进馆档案应保持全宗的完整性”。1987 年 12 月 4 日国家档案局印发的《机关档案工作业务建设规范》规定：“一个机关在其工作活动中形成的各种门类和载体的档案为一个全宗。”2018 年国家档案局发布和实施的《机关档案管理规定》也规定：“机关全部档案构成一个全宗。”

电子档案与传统载体档案具有同等效力。电子档案的管理依然要遵循来源原则，并维护好电子档案的来源（形成或产生背景）、内容、结构、管理过程等方面的元数据，这样才能有效地保持电子档案与其所属全宗之间的有机联系。失去与全宗的联系的电子文件或电子记录，无论人们通过什么信息组织的方法加以整理，都将无法为利用者全面认识、理解电子文件或电子记录的整体意义和价值，提供充分的保证，甚至会丧失作为人类社会活动凭证价值的属性。为此，有学者提出对来源原则要做“概念化”的理解，是有一定道理的。但是，如果不是从整体上，即从全宗意义上去理解来源原则，而是从个体文件的角度去加以诠释，则会使电子档案的管理部门或人员陷入“只见树木、不见森林”的困境之中。因此，任何脱离全宗概念去理解来源原则的思想，都是在实践中必须加以摒弃的错误思想。

（二）全宗是立档单位在一定的历史活动中形成的

全宗是社会组织或个人、家庭在其社会历史活动中形成的。它的"生长"是对一个立档单位的整个生命周期的真实记录。按全宗管理档案，就是要将每个立档单位视为一个生命体，并根据其存在和发展的规律和特点，对其所形成的档案进行全生命周期的管理。

（三）全宗是以一定的社会单位为基础而构成的

全宗是以一定的社会单位为基础而构成的，说明了特定的档案整体的来源和界限。全宗是以产生它的社会组织和个人为单位而构成的，这就为档案全宗确定了一个区分标志。全宗定义中的来源要素对档案整理具有实用价值。

档案为什么必须以全宗为单位整理呢?

第一，按全宗整理档案，能够揭示档案内容的实质，从而正确评价档案的价值，为档案的提供利用奠定科学基础。按照全宗来整理档案，能比较完善地反映机关或个人活动的面貌，从而便于对档案的利用，使人们有可能通过档案全宗全面地、系统地去研究历史上各个机关或著名人物在工作活动中所积累下来的丰富的历史经验与教训。

第二，全宗是档案整理的基本单位，对档案整理有重要的组织作用。在档案整理的全过程中，相关人员要以全宗为基本单位进行分类、组合、排列、编目、编码等整理工作，避免造成某种不必要的混乱发生。区分全宗是档案整理的第一步。

第三，按全宗整理档案，不仅仅是个方法问题，也是一个理论问题。按全宗整理档案，是档案管理区别于图书管理及其他文献管理的重要特点之一。同一全宗的档案不能分散，不同全宗的档案不能混淆。应该按照档案的来源把全宗内已被分散的各部分档案集中起来，从而维护全宗的完整性以及挖掘全宗内档案价值的潜力。

总之，不应该把全宗理论绝对化，而忽视全宗理论不断发展的规律。同时也要防止把全宗问题看得过于简单，甚至取消全宗的理论。全宗问题不解决或解决得不好，都将直接影响档案整理工作的进行。因此，整理档案必须以全宗为单位进行。

二、组织全宗和立档单位

从组织层面讲，立档单位是构成档案全宗的国家机构、企业、事业单位及其他社会组织，又称"全宗构成者"。一个立档单位产生的全部档案就是一个全宗。确定全宗要从组织的社会独立性入手。用以确定组织社会独立性的因素被称为立档单位的构成条件。另外，社会著名人物（一般称"名人"）、家庭在非公务活动中形成的有保存价值的文件材料也可以构成独立的档案全宗，即名人档案全宗、家庭（族）档案全宗。名人档案全宗（简称"名人全宗"）、家庭（族）档案全宗的形成者，包括社会著名人物、家庭、家族等，也可以成为立档单位或全宗构成者。

组织全宗是全宗的主体部分，在现实中占绝大多数。组织全宗的构成者就是立档单位。立档单位与通常所说的各机关、企事业单位等社会组织，在多数情况下是一致的，但有时也不一致。那么，什么样的社会组织是立档单位，什么样的社会组织不能够成为立档单位呢？应该有一个划分的条件和标准。

要确定一个社会组织是不是立档单位，主要应该分析它能否独立行使职权，能否以自己的名义单独对外行文。通常情况下，在行政管理、财务管理、人力资源管理上有一定独立性的社会组织均可成为立档单位。构成立档单位的具体条件是：

（1）可以独立行使职权，能以自己的名义对外行文。

（2）设有会计单位或独立的核算单位，自己可以编制预算或财务计划。

（3）设有人力资源管理机构或人员，并有一定的人事任免权。

上述构成立档单位的条件是相互联系的。在一般情况下，上述三个条件是统一的。如果不统一，通常应按第一个条件来判定。

在档案整理中，怎样去确定一个社会组织是否具备立档单位的条件呢？通常是从两个方面去考虑。一方面，应该依据法律法规文件去分析。另一方面，应该从社会组织的实际情况去分析研究。在实际工作当中，有比较健全的文书工作的单位，通常就是一个立档单位。此外，单位名称、印信等也可作为分析是否构成立档单位的参考。比如，中国人民大学是一个立档单位，而各个院、系、处（室）就不是立档单位。

尤其值得注意的是：确定一个社会组织是不是立档单位，不能以这个社会组织人员的多少、权限的大小和形成档案数量的多少来确定。

各党政机关、企事业单位的党委（党组）的档案，工会、共青团等组织的档案，都是立档单位全宗的有机组成部分，应被作为一个全宗看待。我国各级政府机关、企事业单位的党、政、工、团、群等机构是密切联系的一个整体，应当作为一个立档单位。它们所形成的档案，是一个社会组织内互有联系的档案，应当构成一个全宗。

根据以上构成立档单位和划分全宗的基本条件，按照有关规定的精神，对在全国档案馆网中占有重要地位和较大数量的省、地、市、县级机关的档案，其全宗一般可做如下划分。

（一）省级机关

（1）中共省委，包括各部、委的档案，通常应被划为一个全宗。

（2）省直属机关党委，包括直属机关团委的档案应单独构成全宗。

（3）省级政协、工会、共青团、妇联、各民主党派和工商联等的档案各为一个全宗。

（4）省人大常委会、省人民政府，包括办公厅及省人民政府各办公室的档案各为一个全宗。

（5）省级各委、厅、局、院、行、社等的档案各为一个全宗。

（6）省级各厅、局所属院、校、所、公司等下属机构的档案，亦可单独构成全宗。

（7）省级各厅、局派驻省内外各地的临时工作机构，如办事处等的档案一般不单独构成全宗，归入各有关厅、局的档案全宗。如系固定常设机构，机构较大、文件较多、驻地较远，其档案亦可单独构成全宗。

（二）地、市、县级机关

（1）中共地、市、县委，包括办公室、各部的档案各为一个全宗。

（2）中共地、市、县纪律检查委员会的档案各为一个全宗。

（3）地、市、县直属机关党委，包括直属机关团委的档案各为一个全宗。
（4）地、市、县工会、共青团、妇联、政协的档案分别各为一个全宗。
（5）市、县人大常委会的档案各为一个全宗。
（6）行政公署、市、县人民政府，包括各办公室的档案各为一个全宗。
（7）地、市、县级各局、行、院的档案分别各为一个全宗。
（8）地、市、县各级企事业单位的档案分别构成全宗。

三、全宗的划分

立档单位不是固定不变的。社会发展、体制改革、职能调整、业务增减，常常引起一些社会组织的增设、分立、撤销或合并。这些变化常给全宗的划分带来一些新的问题，需要认真对待。这就要求在划分全宗时，应研究立档单位的各种变化情况，辨别哪些变化是根本性的，应当产生新的立档单位和全宗，哪些变化是非根本性的，不能产生新的立档单位和全宗。

（一）政权更迭及跨政权立档单位全宗的划分

不同政权中的政权机关（立档单位），虽社会职能相同或相近，但因所属政权性质不同，名称也不会完全相同，绝不能被作为跨政权的同一立档单位看待，其档案自然也应构成不同全宗。跨政权存在的非政权性质的立档单位，如企业、学校、文艺团体、政党、社团、宗教组织等，其档案一般构成一个全宗，但在管理中可分为两个不同的政权时期或部分。跨政权存在的政治色彩较强、对政权依附性较大的立档单位，如警官学校、军事院校等，一般在政权更迭时要进行重大改造，其档案应分别构成不同的全宗。名人全宗，无论其立档单位（个人）是否跨政权存在，无论其政治立场、信仰、职业等是否有重大变化，其档案均构成一个全宗。

判断某一立档单位是否有根本性变化，主要应该从立档单位的政治性质和基本职能等有关方面去考察。对于政府机关、团体和事业单位，主要应从政治性质分析它们的变化。

（二）立档单位变化时全宗的划分

在立档单位的政治性质无根本变化的情况下，主要分析其基本职能是否有根本变化。凡是基本职能发生根本性变化的，就会产生新的档案全宗；相反，则一般不会产生新的档案全宗。《机关档案管理规定》要求："机关隶属关系、名称发生变化但工作性质和主要业务范围未变化的，维持原全宗不变。"中共中央办公厅、国务院办公厅转发的《国家档案局关于在地方机构改革中加强档案工作的意见》（以下简称《意见》）也对机构改革中出现变化的机关、单位的全宗划分提出了明确要求。

1. 新建

新成立的机关、企事业单位，其形成的档案均可以构成一个全宗。比如，城乡环保部是新成立的机关，其档案就构成一个新的全宗。《意见》要求："新组建机构自成立之日起形成的档案，由各部门各单位新设档案全宗进行管理。"

2. 分立

分立指新成立两个或两个以上的机关（单位）代替了已被撤销的一个旧的机关（单位）的职能，即一个机关（单位）分为两个或两个以上的单位。由于旧的机关（单位）已被撤销，它所形成的档案应该单独构成全宗。新成立的机关（单位）各自形成的档案，应分别构成不同的全宗。比如，原北京市电子仪表工业局，在1984年机构调整时撤销，分别成立了电子工业总公司、仪表工业总公司、光学工业总公司，这些新成立的公司所形成的档案，应分别构成新的全宗。《意见》要求："部分职责划入其他机构的，划入前履行该职责形成的档案仍属原档案全宗，不得分散。"

3. 合并

合并指由两个或两个以上的撤销机关（单位）合并成一个新机关（单位）。尽管新机关（单位）与原有的机关（单位）有一定的联系，但在基本职能上是不同的，它所形成的档案应构成全宗。

4. 独立

独立指原机关（单位）的一部分职能，从原机关（单位）独立出去，成立新的机关（单位），它所形成的档案应构成新的全宗。

5. 从属

从属指原来是一个立档机关（单位），后来因为工作需要，改变为某一机关（单位）的一个组织机构。改变前它的档案为一个全宗，改变后它的档案应作为另一全宗的一部分，不能单独构成全宗。

6. 合署

两个机关（单位）合署办公，而文件又是分别处理的，它们形成的档案，应该分别构成全宗。比如，某市民主建国会与市工商联合署办公，但它们的文件是分别处理的，它们形成的档案分别构成两个全宗。

7. 撤销

不再保留、纳入重新组建的机关（单位），撤销建制的机关（单位），自变动之日起档案全宗终止，档案整体移交新组建机关（单位）代管，实行封口管理，不得分散，在达到规定年限后移交同级综合档案馆。

（三）临时性机构档案全宗的划分

各种临时性机构形成的档案，一般不设立新全宗。因为临时性机构的业务往往属于某机关（单位）或若干机关（单位）业务范围之内，且其存在的时间不长，形成档案的数量不多。个别的临时性机构，独立性较强，存在时间较长，其档案也可以考虑成立新的全宗。

上述情况说明，只要一个机关（单位）的职能发生了根本性的变化，其档案就可构成新的全宗。

属于下列情形者，没有发生根本性的变化，不能形成新的全宗：立档单位名称的改变，立档单位领导关系的变更，立档单位内部组织机构的调整，立档单位工作地点的变更，立档单位短期停止活动以后又恢复。在立档单位的变化中确定与划分全宗问题，情况错综复杂，应该遵循全宗理论做具体分析研究，实事求是地加以解决。《意见》规定，“保留机构或单位名称的、优化职责或部分职责发生变化的，沿用原档案全宗”“更名、调整领导管理体制的部门和单位继续沿用原档案全宗”。

（四）判定档案文件所属全宗

在档案整理过程中，尤其在整理历史档案或被撤销机关（单位）的档案时，会遇到几个全宗混在一起的情况，有些零散文件分辨不清是哪个立档单位形成的。在这种情况下，就需要判定档案文件的所属全宗。只有这样，才能确保全宗档案的完整，避免档案体系的混乱，便于档案资源的查找和开发与利用。

判定档案文件的所属全宗，关键在于确定档案文件的形成者（立档单位）。判定档案文件所属全宗一般应从收文、发文和内部文件两个方面着手。

1. 收文

只要查明了文件的实际收受者（收文单位），也就确定了它所属的全宗。在通常情况下，文件上会指明主送单位或个人，而收文机关在收到文件后要加盖收文章并附阅办单，写明领导批办意见。根据以上特征，可以判明文件的收受者。在实际判定时，会发现虽然文件上写明了主送单位，但是该机关收到文件后又将其转给另一机关办理的情况，这时应该判定实际办理文件的机关是收受者。

2. 发文和内部文件

发文和内部文件的作者就是档案的形成者，只要查明了文件的作者，也就确定了它所属的全宗。在通常情况下，发文有固定的文件格式，而且有发文机关的印信，所以判定文件作者并不困难。但有些文件并无固定的发文字头，有时也不盖机关印章。在这种情况下，可以从文件的其他方面，比如发文的起草人、文件的签批人、文件外形特点等，去考察文件的作者。内部文件由于没有固定的文件格式，加上制成材料多样，应从文件的标题、落款、负责人签名、印章和文件内容去分析文件的作者。

对于全宗混淆状况严重的特殊情形，不能运用通常的方法去判定档案所属全宗，往往要借助文件上的各种标记去判定，比如承办单位负责人或承办人的签字、批注的记号、收文和归档的印章或其他戳记、文件上的各种日期等等。还可以通过研究文件的内容，根据文件内容所涉及的领导机关和领导人以及时间、地点、内容、范围等方面进行分析研究；利用档案形成机关的收发文簿、文件移交清册及其他簿册、目录来查对文件；通过将文件从外形、标记、笔迹、墨水、载体和书写方面同标明作者和收受者的文件进行比较来判定。但是，不论用什么方法去考证，都常常要把这些方法联系起来加以综合分析判断，才能比较准确地判定档案的所属全宗。

四、名人全宗

名人全宗是社会知名人士，如社会活动家、科学家、艺术家、教育家、企业家、英雄模范、将军及其他有社会影响力和贡献力的著名人物等，在其一生活动中形成的档案整体。历史上一些著名的家庭、家族所形成的档案，在我国也属于名人全宗。形成名人全宗的个人、家庭和家族，也是立档单位。

名人全宗，包括个人的著作、手稿、日记、信件、遗嘱以及记载个人或家庭、家族活动的全部有价值的材料，还包括别人撰写和收集的与名人全宗构成者个人、家庭和家族有关的材料以及直系亲属的、能够说明全宗构成者情况的材料。

名人全宗中不得收入全宗构成者在其社会组织公务活动中处理的官方文件原件。我国以及其他国家多年的实践证明，如不切实掌握名人全宗的这种界限，必然导致许多全宗管理的混乱以及不良后果。

个人、家庭和家族的文件材料，无论在何时、何地形成以及全宗构成者的政治思想和社会地位有何重大变化，都只能构成一个全宗。

名人全宗是国家档案全宗的组成部分，其中往往拥有相当珍贵的材料，对于科学、经济、政治、历史、艺术、军事等方面的研究，具有重要的价值。人物的知名度是相对的，不同的档案馆应从不同的社会领域和不同层次，根据人物的特点，确定如何组建名人全宗。

五、全宗的补充形式

在整理档案的过程中，并不是所有的档案文件都能按全宗明确地分开整理。在一些特殊情况下，档案整理人员必须采取一些变通的措施来整理档案文件，并形成一些类似于全宗的档案整理成果。这些档案整理成果，一般被称为全宗的补充形式。全宗的补充形式主要有下面几种。

（一）联合全宗

联合全宗指两个或两个以上立档单位形成的、互有联系而不易划分全宗的档案构成的全宗。

能够作为联合全宗的主要有以下两种情形：一种是前后有密切继承关系的立档单位，由于工作关系密切，档案互相混淆，很难区分。在这种情况下，就可以把两个立档单位形成的档案组成联合全宗进行整理。另一种是两个机关合署办公，对内一套编制，对外两块牌子，而文件又是混在一起无法区分的。在这种情况下，可以把这种合署办公的机关所形成的档案，作为一个联合全宗进行整理。例如，档案局与档案馆，在许多地方是对外两块牌子，对内一套编制，文件常常混在一起，它们的档案就可以被作为联合全宗对待。

（二）全宗汇集

若干个立档单位形成的，可以立为全宗但数量很少的，具有某些相同特征和联系的档案构成的全宗，被称为全宗汇集。

档案馆所保存的全宗，其档案数量是不等的。有一些小全宗，全宗之间的界限十分清楚，能够分清，但档案数量很少。如果把这些数量极少的全宗也作为保管单位，势必增加保管和利用上的麻烦和不便，也没有这种必要。遇到此种情况，就可以把档案数量很少而性质又相近的全宗集中起来，组成全宗汇集，只给一个全宗号，相当于一个全宗那样保管和统计，如“××革命历史档案全宗汇集”。

全宗汇集与联合全宗的区别在于：全宗汇集中单个全宗的档案数量少而且能够分开，

而联合全宗的档案之间联系密切，档案混在一起很难分开。联合全宗具有长久性，一旦固定下来，就基本保持不变；而全宗汇集具有不稳定性，一旦发现新的补充档案，就需要做出相应的处理，重新进行整理和编目。

（三）档案汇集

用人为方法将不知其所属全宗的残缺不全的文件，按照一定特点集中起来的混合体，被称为档案汇集。它也和其他全宗一样，被赋予全宗号作为一个单位保管，统一编号。在整理新中国成立前的档案时，或因特殊情况接收被撤销机关档案时，会发现一些残缺不全的档案，很难确定它们所属的全宗，或者虽然能判明全宗，但其所属全宗已不存在，只剩下很零碎的一些档案，已经很难再按全宗进行整理。为了便于管理和提供利用，可以采取档案汇集这种补救措施。

档案汇集主要是针对残缺不全、全宗界限十分模糊的档案，在档案管理中很少采用这种办法。只有在很特殊的情况下，确实找不出更好的处理方法时，才采用档案汇集这种应急措施。

上述几种形式，都是以全宗理论为基础，从档案整理的实际情况出发，作为按全宗整理和保管档案这一基本形式下的一些必要的补充形式。但上述形式不能随意乱用，只有在极少数特殊的情况下才能运用，而且一旦发现这种补充形式有不合理之处，就应立即采取补救措施加以纠正。因此，在实际应用中应注意以下几方面问题：

第一，上述补充形式不应随便采用，只有在无法区分全宗，或确实不便于按全宗管理的不得已的情况下才可以采用。

第二，全宗补充形式的组成有一定的灵活性，可以根据实际情况进行必要的调整与补充。

第三，档案馆在根据馆藏建设的总体规划，有选择地接收一些机关的部分档案时，由于接收档案的数量较少，也可以采用全宗汇集的方式加以管理。

六、全宗群及其划分

各个立档单位的社会活动不是孤立的，而是互有联系的。这就使得它们所形成的全宗之间，存在着历史时期、地理区域、职能、工作性质等方面的种种联系。在档案管理实践中，人们常常把具有上述某种或几种联系的若干全宗，视为一个群体，称其为全宗群。

为了便于档案的保管和利用，可以将互有联系的全宗组织到一起，维护一定类型全宗的相互关系。全宗群可首先按照档案形成的不同时期分为几大部分，如新中国成立前的档案、革命历史档案、旧政权档案和新中国成立后现行机关的档案。然后对每一部分再按立档单位的类型和特点进行细分。比如，按照立档单位的性质分成工业交通系统，农林水利系统，财政、金融、商业贸易系统，科学文化、教育、卫生系统等，或者按区域划分，并分别组成全宗群。全宗群的划分一般应和档案的分库保管相一致，一个或几个性质相近的全宗最好集中保存在同一档案库房内。

值得注意的是：全宗群不是对档案实体进行整理和统计的一个固定单位和保管单元，而是在档案管理中起指导和组织作用的一种思想方法，一般可用于指导馆藏全宗的组织管理或指导全宗档案的基本流向。

第三节　全宗内档案实体的分类

一、档案实体分类的概念和内容

档案实体分类是指依据档案实体的形成规律、特点和业务上的有机联系，辨识、区分和确定各个立档单位全宗的逻辑体系结构，制定分类方案，将各全宗内的档案划分为各个类别，使全宗内的档案成为有机整体的活动。

档案实体分类，应注意体现档案在来源、时间、内容（职能）和形式等方面的有机联系，并考虑档案实体有效管理的需要。档案实体分类须符合客观性、逻辑性与实用性的要求。档案实体分类是实现全宗档案科学管理，有效开展档案保存价值鉴定，有序进行文件分类管理的必要条件。

档案实体分类的主要业务活动内容包括：选择分类标准，确定分类方法（通过分析立档单位的职能和业务活动及相关档案实体的客观属性与特征来进行）；确定分类规则；制定分类方案；档案文件归类；对归入“其他类”中的文件进行分析，并通过靠类归类或另立新类目来归类等方式予以处置；调整分类方案中不适当的类目，并在分类方案的编制和使用说明中予以注释。

二、档案实体分类的意义和要求

（一）档案实体分类的意义

档案实体分类的意义可以从以下几个方面来理解和认识。

1. 档案实体分类是科学档案管理的重要方法

仅仅以全宗为单位来整理档案还不够。由于一个立档单位的活动有许多方面，这些活动之间既有联系又有区别，为了有效提高不断积累的档案的管理效益并为档案利用创造有利条件，就需要把一个全宗内的档案分出一定层次类别。实践表明，科学合理的分类可以揭示出全宗内档案文件之间的有机联系，使全宗内的档案文件成为便于保管和利用的有序体系。

2. 档案实体分类是档案整理的关键环节

全宗内的档案只有经过分类，才能为有效鉴定、系统化和编目等工作的开展，提供必要的条件。实践证明，科学合理的档案分类方案的编制，不仅可以为分类工作提供有效的行动指南，保证档案文件的类别划分和归类工作的正常有序进行，而且对于各立档单位平时的文件组织管理、归档文件价值鉴定、归档移交，以及国家档案馆的期满档案价值鉴定、档案检索系统的建设和实体档案的科学排架管理等项业务活动的顺利进行，也是不可或缺的重要前提条件。

3. 档案实体分类是体现档案价值的必要条件

科学的档案实体分类，是一个立档单位的档案成为有机整体的关键保证，也是形成连续的、相对完整和可靠的档案凭证体系和档案信息体系的关键。分类可以使各全宗的档案资源成为方便管理和利用的有序整体，更好地体现全宗的整体的“力量”，从而使档案成为更有效地满足社会各方面的利用和开发需求的信息资源。

（二）档案实体分类的要求

档案实体分类的基本要求包括：

1. 档案实体分类应具有客观性

档案实体是组织或个人、家庭在从事社会活动中直接形成的历史记录。档案实体分类应以来源原则为指导，遵循档案形成规律，体现各立档单位的实际情况，努力维护档案文件之间的历史联系，科学地选择分类标准、确定分类方法，合理地设置类目，准确地归类。尤其需要注意的是，档案分类标准的选择和确定不能主观地进行，而应从分类对象的客观属性和特征出发。避免主观性和随意性是档案分类的最基本要求。

2. 档案实体分类体系应该具有逻辑性

全宗内的档案实体是组织或个人、家庭在处理各种事务的活动中形成的，全宗的成分及其纵横联系往往比较复杂，全宗内档案实体的分类又常常采用几种方法，所以分类体系的构成应力求逻辑严整。因此，在一般情况下，应遵循逻辑规则，做到每次分类都按照同一标准进行，保证子类的外延之和与母类的外延一致，同位类目之间应相互排斥，不应出现交叉的现象。

3. 档案实体分类应该注重实用性

档案实体分类后必须便于保管，便于查找和利用。各立档单位的档案实体分类既有相同之处又有不同之处，这是由它们承担的社会职责不同、活动方式不同、经历的事件不同等造成的。因此，进行档案实体分类不能搞“大一统”或“一刀切”，而应允许不同的立档单位根据自身的档案形成规律和特点，根据自身的实际情况，具体问题具体分析。实践证明，那种试图搞“大一统”式的档案实体分类的做法，往往是徒劳的，也会人为地造成档案实体分类的混乱。档案内容的信息分类可以通过编制统一的档案信息分类表的方式实现统一，以便建立区域性、行业性或国家性的档案目录信息中心。但不能因此就认为档案实体也可以照搬照套这一做法。主要原因就是：每个立档单位的档案实体都是一种“生长”的结果或有机体，它们之间的差异性是客观存在的，不能搞人为的统一，否则就会出现“削足适履”的严重问题。诚然，对那些同类型的组织的档案实体分类，有关主管部门可以推荐一些档案实体分类方案，但必须强调适用单位有结合自身的档案形成规律和特点，对相关的类目设置进行增、删、改的权利，主管部门不能做僵硬的、死板的规定。

三、档案实体分类的一般标准

就档案分类整体而言，档案分类标准是指用于档案实体分类或档案信息分类的相关属性和特征。档案实体分类标准是为满足便于档案的科学管理和有效利用的目的要求而选择出来的，作为档案实体分类或划分依据的档案客观属性和特征。全宗内档案实体的属性和特征很多，只有那些对于档案实体的科学组织管理和档案资源的有效开发与提供利用有意义的、稳定的档案属性和特征，才能成为档案实体的分类标准。

（一）选择档案实体分类标准的规则

选择档案实体的分类标准，应始终遵循客观性、长期稳定性、易操作性、实用性等规则。具体内容如下：

1. 档案实体的分类标准应具有客观性

该规则的基本思想内涵是：档案实体的分类标准必须取自分类对象——档案文件自身的客观属性或特征，不能是主观想象的，也不能是从图书、情报、资料等分类经验中简单照搬过来的。在档案管理历史上，曾经出现过照搬图书的分类标准来管理档案的失败案例。如法国的国民议会档案馆（后来的法国国家档案馆），就曾经采用图书的分类标准对档案实体进行分类的错误实践，结果造成了许多全宗档案的整体性受到破坏且难以恢复的不良后果。我国1949年以前的一些机关也曾犯过类似的错误，但是好在是在机关内部进行的。前事不忘，后事之师。现代档案工作者应更加重视根据档案的形成规律和特点，客观地选择档案实体分类标准的重要意义。

2. 档案实体的分类标准应具有长期稳定性

在档案实体分类实践中，有的档案特征是不容易被准确识别和把握的，如档案的价值特征、保密性特征等。即使人们通过一定的鉴定、鉴别标准或尺度进行了划分，也仅仅是一个时期或一个时代人们的认识而已。比如，一些记录和反映立档单位职能业务活动微观情况的文件材料，在以纸文件为主体的时代，由于其数量巨大而难以进行有效留存，所以被判定为“没有价值的东西”；一些本应被划定为定期保存的档案也因为考虑到保存空间不足，而做了“忍痛割爱”的处置。但是，这些情况在网络信息时代，得到了有效的改变，尤其是当档案部门引入了“大数据思维”，采用了“存量资源数字化、增量资源电子化”的管理策略和信息技术之后，许多档案又获得了新的生存机会。因此，那些掺入了过多的主观判断认识内容的所谓档案属性和特征等，很难保持长期的相对稳定性，一般不应被作为档案实体分类的标准来选择应用。这些标准主要包括：档案的保管期限、档案的保密等级、档案的重要程度等等。

3. 档案实体的分类标准应具有易操作性

选择档案实体的分类标准，应注意其易操作性。有些分类标准，如主题分类标准，虽然可用，但是归纳主题的难度较大，而且许多档案文件的内容涉及两个甚至两个以上主题，如果按主题标准来划分，就会出现某些主题的档案集中、某些主题的档案分散的问题。有的分类标准，如组织机构、年度、职能、活动项目、业务阶段、型号、课题、专业等，则具有良好的可辨性，可以使设类和归类工作顺利进行。

4. 档案实体的分类标准应具有实用性

档案整理的目的是为档案的科学管理和有效利用创造条件。同样的道理，对档案实体分类标准的选择也应符合这一根本目的的要求。有些分类标准，对于一些档案来说是科学、有效的，但对于另一些档案来说是不实用的，甚至会损害档案的有机联系性。例如，档案文件的载体、文种、规格、形状等特征，在一些情况下，可以作为档案分类的标准来使用，如载体较为特殊的档案可以根据档案保护的特殊要求，采用载体分类标准来划分；一些专门性的文件因其文种与内容的高度一致性，也可以把文件的文种作为档案分类的标准来使用。但是，对于绝大部分档案实体而言，这些标准都不能成为档案分类的主要标准。其主要原因是这些标准不能体现出多数档案的主要特征和本质要求。在档案分类实践中，当分类人员在采用何种分类标准上产生意见分歧时，应根据实用性规则来认定采用哪种分类标准更有利于实现档案整理的根本目的，更能体现档案的形成规律和主要特点，更能有效地反映档案的类运动的要求。

（二）档案实体分类的常用标准

综合国内外档案实体分类的经验和相关理论思想成果，档案实体分类的常用标准主要包括以下几种。

1. 体现档案文件的产生时间特征的分类标准

体现档案文件的产生时间特征的常见分类标准有三种，包括年度分类标准、历史时期分类标准、工作（业务）活动阶段分类标准等。

2. 体现档案文件的来源特征的分类标准

体现档案文件的来源特征的常见分类标准有七种，包括组织机构分类标准、职能分类标准、作者分类标准、通信者分类标准、型号分类标准、项目分类标准、课题分类标准等。

3. 体现档案文件的内容特征的分类标准

体现档案文件的内容特征的常见分类标准有四种，包括问题分类标准、实物对象分类标准、地理（或地域）分类标准、专业分类标准等。问题分类标准是指档案的内容所涉及的主题或问题；实物对象分类标准是指档案文件内容所涉及的相关实物，比如粮、棉、钢、铁、石油等；地理（或地域）分类标准是指文件内容所涉及的地理区域、行政区域等；专业分类标准是指档案文件内容所涉及的专业，例如，基建档案文件分类涉及的专业包括土建、结构、水、暖、电等。

4. 体现档案文件的形式特征的分类标准

体现档案文件的形式特征的常见分类标准有三种，包括文件种类分类标准、文件制成材料分类标准、文件形状（规格）分类标准等。

四、档案实体的分类方法

（一）档案分类方法概述

档案分类方法是为实现档案分类目的而采取的途径、步骤、方式，是完成档案分类任务的一系列具有逻辑关系的行为的集合。档案分类方法因分类的对象不同，可以分为档案概念划分方法、档案实体分类方法和档案信息分类方法三种。按照实践效果的不同，档案分类方法可以划分为科学的档案分类方法和主观无效的档案分类方法。

科学的档案分类方法，是档案分类人员有效进行全宗内档案实体分类和开展档案信息分类的重要指导思想和实践方式。

确定档案分类方法的基本逻辑关系行为一般包括：

（1）分析和选择档案分类标准。通过分析档案分类对象的客观属性和主要特征，选择符合档案科学研究需要、实体有效管理需要、用户利用需要的相关属性和特征作为档案分类标准。

（2）明确分类标准使用的先后顺序。即根据分类的目的和任务要求，遵循一定的分类逻辑规则：首先使用最能够体现分类对象属性的分类标准进行一级类目的划分；然后根据每个一级类目的分类对象的主要特征，分别确定它们的分类标准（注意，每个一级类目的下位类目的分类标准可以一致，也可以不一致）；对二级及以下类目的划分，也应遵守上述规则。

（3）将分类标准的逻辑顺序用分类规则固定下来，并通过分类方案或分类大纲的形式予以体现。

（4）对归类或聚类后每个类目的情况进行必要的检查，消除重复归类、交叉归类、错误归类等隐患，保证分类体系的严整性。

（5）根据档案管理需求和用户利用需求，对分类方案实行版本管理，及时调整和补充相关的类目安排。

不同立档单位档案的具体特点和形成规律不尽相同，在坚持来源原则、保持档案文件之间有机联系、便于保管和利用的前提下，各立档单位可以根据实际情况，在合法合规的基础上，开展档案的分类工作。

（二）文书档案分类的基本方法

以文书档案为构成主体的组织全宗的档案分类最常用的基本分类法有三种，即年度分类法、组织机构分类法与问题分类法。这三种分类方法的特点、适用范围和需要注意的问题可参见表 4-1。

表 4-1　常用的文书档案分类法比较表

方法	特点	适用范围	需要注意的问题
年度分类法	● 保持文件在时间方面的联系 ● 与文书（文件）的处理制度相吻合 ● 标准客观，便于归类	绝大多数党政机关、事业单位、社团组织	准确判定文件所属年度
组织机构分类法	● 保持文件在来源方面的联系 ● 与文书处理方式相吻合 ● 标准客观，便于归类	单位内部机构比较健全、稳定且职能分工明确的党政机关、事业单位、社团组织	按机构设类并确定适当分类层次；涉及若干机构的文件规定统一分类方法
问题分类法	● 保持文件内容方面的联系 ● 类目设置与文件归类难以掌握	单位内部机构分工简单或职能有交叉，各内部机构之间文件已混淆的党政机关、事业单位、社团组织	类目设置符合实际；类目体系符合逻辑；类项的确定力求逐步完善

1. 年度分类法

年度分类法是以形成和处理文件日期所属的年度为依据进行分类。在实际工作中，它是一种比较常用的分类方法（见表 4-2）。一个立档单位一般存在若干年时间，每年都要形成一定数量的档案。从文书工作来看，它也是以年度为单位整理归档，客观上很自然地形成了一个个类别。

表 4-2 文件的种类和分类时所依据的日期表

文件种类	分类可依据的日期特征
内部文件、一般发文	写成日期
一般收文	收到日期
法规性文件	批准、发布或生效日期
指示、指令性文件	签署与落款日期
计划、总结、预算、决算、统计表	内容针对时限（跨年度、计划放入开始年度、总结放入最后年度）
跨年度处理的一般文件	关系最密切年度或结案年度

当然，有的立档单位可能因为工作特点不同，或者因为每年档案数量不多，首先把档案按时期（或历史阶段）分开，然后再按其他方法分类。比如，有的全宗把档案分为第一个五年计划时期（1953—1957）、第二个五年计划时期（1958—1962）……这种按历史时期或阶段分类的方法，也可被视为年度分类法的一种灵活运用。

采用年度分类法，应该注意准确地判定档案的所属年度。在判定年度时会遇到下面几种情况：

（1）文件上没有明确的日期。

文件上如果没有日期或者日期不准确，就给按年度分类带来了困难，应该运用多种方法，判定文件的准确日期或者接近准确的日期。分析文件的内容、研究文件的制成材料，或者从文件的字体、格式、编排和标记等来判定，都是行之有效的方法，同时还可以利用已有准确日期的文件与没有日期的文件比较对照的方法来判定，而且这些方法应当结合起来使用。

（2）文件上有两个以上日期而又属于不同年度。

在这种情况下，应根据文件的不同特点，确定一个最能说明文件时间特点的日期作为分类的根据。法规性文件以批准日期为根据（公布之日生效的文件，应以公布日期为根据），指令性文件以签署日期（即落款日期）为根据，会议记录以开会日期为根据，计划、总结、预决算以内容针对时间为根据，来往文书中的收文以收到日期为根据。当档案文件的形成时间和文件内容记述的时间不一致的时候，当文件的制成和发出、收到和办理跨了年度的时候，就要具体分析实际情况，确定各类文件归入哪一个年度内最适宜。

（3）跨年度文件。

属于跨年度的文件有两种情况：一是文件内容跨了两个年度。比如一份文件既有前一年的工作总结，又有后一年的工作计划，内容针对两个年度。这份文件如果以工作总结为主要内容，应该被归入前一个年度；如果以工作计划为主要内容，就应该被归入后一个年度；如果内容分不清主次，而是平分秋色，一般应被归入形成文件的最后年度。还有的计划和总结，其内容不是针对一个年度，而是涉及几个年度，如五年计划、三年总结、十年规划等。属于计划性的，应该被归入计划开始的一年；属于总结性的，应该被归入总结针对的最后一年。二是一组有密切联系的文件，形成时间长达两年或者两年以上。

（4）专门年度的文件。

在实际工作当中，除了一般通用的年度外，各专业部门还采用专门的年度来开展工作。如学校中的教学年度，是根据工作上的特殊需要而制定的一种计算方法，它的一个年度的起止日期，不是以1月1日至12月31日来计算的，而是另外规定一种起止日期来计算。比如，2018—2019学年，就是从2018年9月1日起至2019年8月31日上，分为第一和第二两个学期。

2. 组织机构分类法

这种分类方法也是一种主要的和经常被采用的分类方法。

（1）组织机构分类法的优点。

首先，采用组织机构分类法进行分类，符合档案形成的特点。在一个立档单位里，档案是由其内部组织机构在履行职能的过程中形成的，而各内部组织机构所承担的任务是不尽相同的。按组织机构分类就能客观地反映立档单位各个组织机构工作活动的面貌和状况，能较好地保持档案在来源上的联系。

其次，采取组织机构分类法分类，便于按组织结构查找利用档案。

最后，采用组织机构分类法，有比较明显的客观标准，简便易行，归类准确。

（2）采用组织机构分类法需要具备的条件。

虽然按组织机构分类有上述优点，但全宗档案只有具备下述条件才能采用这种分类方法。

第一，要考察档案的实际情况——各内部组织机构之间的档案有没有被混淆，是否残缺不全。如果内部组织机构之间的档案已经混乱、缺损不全，有的已按其他方法分类，那么在这种情况下，已经很难再按组织机构分类，应该采取其他方法分类。

第二，要了解立档单位的组织机构情况——内部组织机构是否健全，是否经常变动。如果内部组织机构少、工作简单，或者虽有内部组织机构，但经常变化、内部很不稳定，那么在这些情况下，也不一定按组织机构分类。

（3）采用组织机构分类法需要处理的一般问题。

第一，按组织机构分类应该分到哪一层机构，主要由立档单位的大小和形成档案数量的多少来决定。

第二，在一般情况下，对临时性机构所形成的档案，在分类时应该与其他内部机构形成的档案一样对待，单独设类，并排在最末一类。

第三，按组织机构分类，还会遇到立档单位内党、工、团档案的分类问题。对于立档单位内党、工、团等组织形成的档案，应视立档单位的情况，采用切合实际的分类办法。一种办法是针对立档单位较大、内部组织机构层次多的，可将党、工、团的档案分开归类。如立档单位的一级机构（比如大企业中的工厂、高等学校中的校部）党、工、团和二级机构（如公司中的处、室、车间，高等学校中的处、院系）党、工、团所形成的档案分别列类整理。另一种办法是无论哪一级机构形成的关于党、工、团的档案，一概集中为党（党组、党委、党总支、党支部）、工会、共青团三类。如果立档单位小、档案数量少，还可以将党、工、团合设为一类，即党群类。

3. 问题分类法

问题分类法是按照档案内容所说明的问题来分类，也是被经常采用的一种分类方法。它和组织机构分类法有许多共同点，也能较好地保持文件之间的联系，能使性质相同的档案得到集中，减少同类问题档案分散的现象，便于档案的查找和利用。但是，问题分类法在类目设置，尤其是档案文件归类等具体问题上，常常使人难以掌握，比起前两种分类方法要复杂一些。由于档案工作人员知识与业务水平的不同以及各种因素的影响，采用问题分类法往往不易准确分类。所以，是否采用问题分类法，要根据立档单位和档案工作人员的实际情况来决定。遇到下面几种情况，可以考虑采用问题分类法：

(1) 立档单位小，内部组织机构只有简单的分工，职能常有交叉。

(2) 立档单位内的档案已经混淆，很难再按组织机构分类。

(3) 立档单位内部虽有组织机构，但经常变动，按组织机构分类有实际困难。

总之，一般是在不可能或不适于按组织机构分类的情况下，采用问题分类法。在按问题分类时，有下面几个问题需要注意：

(1) 类目设置力求符合实际。

在按问题分类时，类目设置不像按组织机构分类那样明确，需要认真地调查研究，才能提出切合实际的分类方案。

(2) 类目体系力求符合逻辑。

按问题分类所设的类目，概念要明确，层次要清楚。在一般情况下，按问题分类类目的设置取决于全宗的大小和立档单位档案数量的多少。所设各类之间是平行关系，不能互相交叉，更不能互相包括。

(3) 类项的确定力求逐步完善。

一个全宗内的档案分类，究竟设立哪些类，不是在整理工作一开始就能确定下来的，而是要经过反复研究和实践，了解情况，初步确定分类方案，在实际归类过程中，对分类方案进行补充和修订，最后确定类和属类。有些全宗要设立一个综合类（总类）。设立综合类并不是随心所欲的，而是要根据分类时客观实际的需要。综合类具有伸缩性和灵活性的优点，但是也不要把综合类变成杂类，能归入专门类的就应该单独设类，甚至合并设类，而不应一遇到难以分类的文件就轻易将其归到综合类内。

（三）科技档案分类的基本方法

科技档案分类常用的基本方法主要有职能分类法、型号分类法、课题分类法、项目分类法等。

这四种分类方法的特点、适用范围和需要注意的问题可参见表 4-3。

表 4-3　常用的科技档案分类法比较表

方法	特点	适用范围	需要注意的问题
职能分类法	● 保持文件在职能方面的联系 ● 与立档单位各部门承担的业务职责相关联 ● 标准客观，便于归类	绝大多数企业（公司）	一般用于划分企业（公司）全宗内的基本大类，如企业的管理性档案，可按职能划分为经营管理、生产技术管理、行政管理、党群工作等类别

续前表

方法	特点	适用范围	需要注意的问题
型号分类法	● 保持文件在型号方面的联系 ● 与产品、设备、仪表的研发、制造、安装、调试、使用维护等活动相一致 ● 标准客观，便于归类	立档单位内的设备档案、产品档案等	如果设备或产品的型号比较多，可先按设备等对象的使用性质等特征划分大类，然后在每种性质的档案范围内，按型号划分属类；同一型号的设备等对象的档案，还可按其结构或生产、制造、管理、维护等阶段特征进行细分
课题分类法	● 保持文件在课题方面的联系 ● 类目设置与科研工作按课题进行的规律和特点相适应 ● 标准客观，便于归类	立档单位内的科研档案	注意保持同一课题的各个阶段所形成的档案文件，都能归入同一课题类目之下；不同课题的档案文件在归类时应区分清楚
项目分类法	● 保持同一项目文件之间的联系，维护其按项目成套的本质要求 ● 类目设置与基本建设活动、某些研究活动的规律和特点相适应 ● 标准客观，便于归类	立档单位内的建设项目档案、科研档案	注意同一项目的档案文件应按项目类别或项目性质加以集中归类；不同项目、科研活动形成的文件，在归类时不可相互混淆；同一项目类的档案比较多时，还可按项目阶段、专业等特征进行细分

1. 职能分类法

职能分类法就是依据各种社会组织的职能分工，将档案实体（或档案信息）分成若干类别的方法。职能分类法可以同其他分类法分层使用，是档案实体分类和档案信息分类实践中常用的一种方法。

进入 21 世纪以来，在企业（公司）档案分类中，职能分类法得到了较为广泛的使用。

分类人员在对各种社会组织的职能分工或某个专业（行业）系统职能分工加以分析的基础上，可按照职能分类标准并结合档案信息内容所记述和反映的各种主题特征，进行各个层级类目的设置。

同一职能活动所形成的归档文件或档案信息，一般应被统一归入分类体系中相关职能、活动、事件的类目。如果一份归档文件的内容涉及两个或两个以上的职能类别，则应根据其所记述和反映的主要职能活动，归入该主要职能活动的类目。如果难以区分主次，则应将类似的归档文件统一归入其中某个职能类目，其他相关类目仅作为交替类目。对于数量较少，不能以独立的类目存在的归档文件或档案信息，则应采用靠类归类的方式处理，并通过类目注释予以说明。

根据职能分类法建立的档案分类体系，通常具有良好的稳定性，既可以客观地反映立档单位及其各个组织机构的职能活动状况，又可以在档案信息分类实践中按职能分工会聚相关的档案信息。职能分类法能较好地保持全宗内文件之间在职能活动方面的固有联系，便于用户从职能活动角度查找和利用档案资源或档案信息的内容。

2. 型号分类法

型号分类法是以设备或产品的型号特征为分类标准，将有关设备档案（设备仪器档案）或产品档案划分成各个类别的方法。每个型号的设备档案或产品档案，就是一个基本的分类单元。

型号分类法的主要特点是：能将同一个型号的设备或产品档案集中在一起，保持其完整成套，反映一个设备或一个产品的全貌及其内部组、部件之间的结构隶属关系，便于成套地利用设备和产品的科技档案。

以设备档案的分类为例。不同单位和不同设备，其具体的分类形式有三种：性质-型号分类法、工序-型号分类法和时间-型号分类法。性质-型号分类法就是按照设备的使用性质结合设备型号，对设备档案进行分类。首先，按照设备性质设置类目，然后于每一个类目内，以型号为单元划分档案类别。凡是独立性较强的单体设备，其档案都可以采用这种分类方法。工序-型号分类法多适用于对生产工艺或工序连续性较强的设备档案的分类。这种分类方法的特点是：以型号为基础，保持了一个型号设备档案材料的完整。时间-型号分类法多适用于设备档案不多的机关、企事业单位。这种分类方法，就是按照设备的购置时间先后，结合设备型号，对设备档案进行分类。

3. 课题分类法

课题分类法是以科学研究（包括基础科学研究、应用科学研究和开发研究等）的课题特征为分类标准，将有关课题的科研档案（科研项目档案）划分成各个类别的方法。每个课题的科研档案或科研项目档案，就是一个基本的分类单元。

课题分类法的主要特点是：能将同一个科研课题的档案集中在一起，保持其完整成套，反映一个课题研究活动的全貌及其科研活动过程、各阶段的情况，便于成套地利用有关科研课题的科技档案。

课题分类法是科研档案的基本分类方法。在实际工作中，各相关单位可以根据不同科研项目所具有的学科或专业属性特征，对科研档案实施有效的管理。例如，基础科学研究形成的科研档案，可以以课题为基础，结合所属学科进行分类和归类工作；而对于应用性和开发性的科研项目活动所形成的科研档案，由于研究活动都是在一定学科范围内分专业进行的，许多科研单位也有较为明确的科研专业分工，所以在分类时，可以先按专业划分大类，之后再以课题为基础进行细分。

4. 项目分类法

项目分类法是以建设项目（指在建筑、安装等形成固定资产的活动中，按照一个总体设计进行施工的，独立组成的，在经济上统一核算、行政上有独立组织形式、实行统一管理的单位）的项目特征为分类标准，将有关建设项目活动中形成的档案划分成各个类别的方法。每个项目的档案，都是一个基本的分类单元。

各种建设项目，无论是单项工程（建设项目中具有独立设计文件，可独立组织施工，建成后可以独立发挥生产能力或工程效益的工程）、单位工程（具有独立设计文件，可独立组织施工，但建成后不能独立发挥生产能力或工程效益的工程），还是部分工程（按工程的不同部位、结构形式等划分的工程项目）等形成的档案，都具有明显的按项目成套的特征。只有按项目分类法进行分类，才能将有关项目的档案有效地集中在一起，为日后的管理、维护、改进和扩建等活动的开展，提供充分的档案资源保证。为此，项目建设和管理形成的全部项目文件在归档前应根据国家有关规定，并按档案管理的要求，由文件归档责任单位进行整理。

五、联合分类法及其适用范围

档案联合分类法是依据两种或两种以上的分类标准，将立档单位的档案文件划分成各个类别的方法。

（一）文书档案常用的联合分类法

社会组织文书档案分类常用的联合分类法主要包括以下几种（见表4-4）。

（1）年度-组织机构分类法。这种联合分类法是党政机关、社团组织和事业单位文书档案最常用的分类方法。

（2）组织机构-年度分类法。这种联合分类法通常用于立档单位积存档案的整理分类。

（3）年度-问题分类法。这种联合分类法适用于内部组织机构不稳定且经常调整、变化或不设内部组织机构的立档单位归档文件的整理分类。

（4）问题-年度分类法。对于不适合按组织机构分类的立档单位积存档案的整理分类，可考虑采用此种联合分类法。

按上述联合分类法分类的文书档案，可以依据其保管期限的不同进行系统排列。

表4-4　　党政机关、事业单位和社团组织常用的联合分类法比较表

方法	适用范围
年度-组织机构分类法	内部组织机构分工明确、比较稳定，且具有一定数量的文件的立档单位。多用于现行机关（单位）全宗
组织机构-年度分类法	内部组织机构分工明确、基本稳定，且具有一定数量文件的立档单位。多用于历史档案和撤销机关（单位）全宗
年度-问题分类法	内部组织机构分工不明确、变动频繁，或文件已混淆的立档单位。多用于现行机关（单位）全宗
问题-年度分类法	多用于历史档案与撤销机关（单位）全宗

（二）科技档案常用的联合分类法

科技档案常用的联合分类法是指在编制科技档案分类方案（大纲）的过程中，将两种或两种以上的分类方法联合使用，以实现对有关单位科技档案整体分类目标的分类工作方法。

科技档案联合分类法的典型形式主要有：（1）基本建设项目档案的联合分类法，如性质-工程项目分类法、流域（水系）-工程项目分类法等。（2）产品档案的联合分类法，如使用性质-型号分类法、系列-型号分类法、年度-型号分类法等。（3）设备档案的联合分类法，如性质（设备的使用性质）-型号分类法、工序-型号分类法等。（4）科研档案的联合分类法，如学科-课题分类法、专业-课题分类法等。

科技档案采用联合分类法的意义和价值在于：（1）可以使科技档案之间各个层级的联系形成有效体系；（2）可以使科技档案资源的可用性得到进一步提升；（3）便于按科技档案的各种特征标准，查找和利用科技档案信息资源。

六、档案分类方案的编制

（一）档案分类方案的概念和类型

1. 档案分类方案的概念

档案分类方案是规范和指导档案实体分类或档案信息分类的计划性文件，其中档案实体分类方案是指用于规范和指导一个立档单位或若干同类型、同系统的立档单位的全部档案实体或某种专门档案实体分类活动的文件，档案信息分类方案是指用于规范和指导一个立档单位或若干同类型、同系统的立档单位的全部档案信息或某种专业档案信息分类活动的文件。

档案分类方案是各个立档单位建立归档文件、档案实体分类体系，组织档案实体排架，建构档案信息分类检索系统的重要工具，也是开展科学的档案价值鉴定，为用户提供有效信息服务的必要条件之一。

2. 档案分类方案的类型

按照适用对象，档案分类方案可分为：一个立档单位的档案分类方案，一种档案的分类方案，同类型立档单位的档案分类方案，同一行业、同一系统的档案分类方案，同一地区范围内的档案分类方案；同一历史时期的档案信息分类方案（如革命历史档案信息分类方案、民国档案信息分类方案等）。

按照涉及的档案种类范围，档案分类方案可分为：综合性档案分类方案、专门（专业）档案分类方案、特定类别档案分类方案等。

（二）档案分类方案的编制原则和规则

1. 档案分类方案的编制原则

（1）档案实体分类方案的编制原则是：根据立档单位的业务活动的规律和特点，以相关立档单位的职能活动和档案的主要特征为主要划分依据，以保持文件之间的有机联系为目标，以便于档案实体的保管和利用为目的，尽最大可能使类目设置符合实际。

（2）档案信息分类方案的编制原则是：以国家机构、社会组织从事社会实践活动的职能分工为基础，结合档案记述和反映的事物属性关系，并兼顾用户需求的主题类型。

两种档案分类方案中的类目体系都应具有总体概括性、严整性、相对稳定性、实用性和伸缩性；分类号的设计应科学、简明，并与相关的类目保持密切的对应关系。

2. 档案分类方案的编制规则

档案分类方案的编制，应该注意遵守如下逻辑规则：

（1）同一性规则。

在编制分类方案时，一般一次分类（划分）只能采用一个分类标准。这一规则可以保证档案分类在同一类目中划分标准的一致性，避免各类目因划分标准不统一而产生相互交叉等问题。有的学者将这种规则解释为“同一级的类目只能采用一个分类标准来进行”，这是一种误解。因为，在一个档案分类方案中，二级以下的类目可能分属不同的上位类目，只要保证在一个上位类目的范围内档案分类的标准同一，就是符合逻辑要求的。所以，一个分类方案的同一层级的类目的划分标准，可以一致，也可以不一致。而在一次分类中，除了特殊情况外，一般不能同时并列采用两种以上分类标准。比如，分类方案的一级大类在采用年度分类标准来划分时，就不能同时并列使用组织机构或问题等分类标准了。

（2）排斥性规则。

在编制分类方案时，同一级的类目之间，在类目概念的外延上应相互排斥，不能相互交叉、包含，类的范围必须明确。这一要求即分类的排斥性规则。遵守这一规则，可以保证分类方案在使用过程中将不同属性的归档文件顺利归入相应的类别，即保持归类工作的前后一致性。如果违背这一规则，归类时就会出现同一性质的文件，时而归入这个类，时而又归入那个类的问题。

（3）伸缩性规则。

在编制分类方案时，应充分考虑到立档单位业务活动发展的需要，在类目体系的设计和分类号的编制上，留有可扩展的余地。档案是社会实践活动的产物，而社会实践活动是丰富多彩的。工作内容时而增加，时而减少，组织机构时而拆分，时而合并，因此，分类方案中的各类，均应留有伸缩的余地供增加或减少类别，以适应客观变化的需要。例如，有的单位在编制档案分类方案时，对某类的下位类目采用了十进分类编号法，而且这10个分类号全部用完了。这种情况就违背了伸缩性规则，没有给日后可能出现的新类目留下充分的延展空间。为此，我们建议，一级大类可采用英文字母编制分类号（注意字母I、V、U、O等最好不用，以免与阿拉伯数字混淆；其他的22个英文字母都可以被采用），二级类目及下位类目比较多的三级类目可采用双位法编制分类号，终端类目一般可考虑采用十进分类编号法编制分类号。

（4）扁平性规则。

在编制分类方案时，编制人员应注意控制好分类层级，并坚持“除非必要，勿增层级”的要求。这就是所谓的扁平性规则。采用该规则，可以使立档单位的档案分类方案更加实用，方便管理和查找利用。为了保证反映重要活动的档案类目不被淹没在类目的“海洋深处”，编制人员有时可以将本属于下位的类目提升到上一级的类目中，但在这样做时应通过类目注释或系统归类提醒的方式，防止错误归类问题的出现。

实践经验表明，一部编制质量良好的档案分类方案可以成为指导档案管理，乃至前端文件管理（归档前文件管理）的有力工具。规则不是机械的、僵化的，在实际工作中，各立档单位应结合具体情况，辩证地对规则加以应用。档案分类方案质量的高低，最基本的衡量标准就是是否为档案的科学管理和保管、利用等业务工作的开展，提供了良好的条件。

（三）档案分类方案的一般体例结构和编制方法

1. 档案分类方案的一般体例结构

根据国家的有关规定，一个立档单位应编制统一的档案分类方案。一部档案分类方案的基本体例结构应包括：编制目的说明、适用范围、责任规定、编制原则、基本大类设置说明、依据文件、档案分类主表（主分类表）、档案分类辅助表、术语表和附录（编号示例）等。

2. 档案分类方案的编制方法

（1）编制目的说明。

通常应从满足立档单位主要职能活动的开展，统一立档单位范围内的档案实体分类号的编制，促进档案实体分类、编码、检索的标准化和规范化，推动文档管理的一体化，实现立档单位档案资源的有效利用等方面，说明编制本单位统一档案分类方案的目的。

（2）适用范围。

主要用于说明所编制的档案分类方案的适用对象（如机关、企业总部或立档单位的所有内部组织机构等）。

（3）责任规定。

应明确档案分类方案的修订升级管理工作的责任部门或责任人，执行部门（如公司档案部门）的检查、监督和指导责任，应用部门（如业务部门、信息中心）的责任，等等。为了保证档案分类方案的质量，及时发现问题和修改完善，各立档单位应鼓励实际使用部门和人员根据业务发展的需要，适时向档案部门提出对分类方案的完善、修改意见或建议，以保证档案分类方案的科学性和适用性。

（4）编制原则。

指指导和规范档案分类思想和行为的基本准则，一般包括：

第一，尊重档案的来源联系。来源联系具体体现为档案与各种事务活动（或事件）、任务、项目、职能及相关主体之间的有机关联性。档案分类只有有效地保持了文件及各种记录之间的来源联系，才能使档案的利用价值得到更充分的体现。

第二，体现立档单位的职能活动。职能活动是指一个立档单位各部门所管理的事项和承担的职责。在立档单位的存续与发展过程中，有的立档单位的组织机构会因客观需要进行必要的调整和变动，采用组织机构分类法难以保证档案分类体系的长期稳定性。职能活动是立档单位各部门档案所具有的一种相对稳定的基本特征。依据职能活动进行档案分类，将某一项或者某一方面职能活动产生的全部档案会聚在一起，不仅有利于反映立档单位职能活动的整体情况，也有利于保证各项职能活动档案的完整性，并且可以使立档单位的档案分类体系保持长期稳定性。

第三，反映业务活动特点。例如，在档案分类实践中，通过分析各个项目的工作过程，梳理伴随这些工作过程产生的文件、记录，不仅可以组建反映该项目（或事项）全过程的档案有机体，还可体现和保证一个立档单位项目档案的完整性。

第四，继承档案管理的合理方式。立档单位的各部门在既往的档案分类实践中，形成和积累了一些合理的经验并形成了相应的管理规范。充分利用这些智力劳动成果，不仅可以保持立档单位档案分类工作的连续性，而且有助于维护立档单位档案的有机联系、减少重复劳动、降低管理成本、提高档案管理效益。

第五，满足档案分类体系的可扩展性需要。档案分类既要充分满足目前立档单位已形成档案的分类的客观要求，又要预见立档单位未来职能活动发展的需要，为新类目的增设预留空间。为此，应通过在档案分类编码中增设对象特征码，以及在二级类目编码中采用双位法、八分法等方法，有效地满足立档单位档案分类体系的扩展需要。

第六，控制档案分类的深度和层级。档案分类方案的类目设置，应在保持逻辑相对完备性的基础上，充分考虑档案归类的可操作性和档案用户检索档案的便利性需要，立足档案管理数字化、信息化和网络化的发展趋势，优化档案分类编码的层级设置。档案分类编码应根据立档单位实际工作需要和职能状况，适当增加档案分类方案一级类目的数量，并通过增加对象特征码的方式，降低分类深度，减少分类层级。

（5）基本大类设置说明。

档案分类方案应主要以职能活动为分类轴心，按照所确定的分类原则，通过对立档单位内各部门业务活动的分析和梳理，设置基本大类，并对所设立的基本大类的类目名称加以列举说明。例如，某企业的档案分类方案列举了党群工作、行政管理、法律事务、人力资源、财务会计、投资管理、信息管理、经济贸易、基建工程、设备管理、实物档案等十一个基本大类。

（6）依据文件。

应列出编制分类方案依据的所有法律法规和标准规范。

（7）档案分类主表（主分类表）。

档案分类主表一般应包括“分类代码”、“类目名称”和“类目范围说明”等内容（见

表 4-5）。

表 4-5　　某公司档案分类主表

分类代码	类目名称	类目范围说明
A	党群工作	
A11	党团工作	
A110	党务工作	公司党委工作的计划和报告、学习制度、规定、表彰先进、党务往来文件，党委会纪要，党委制度，政工职称评审工作文件，等等 党务机要保密工作的文件、制度、规定等归入此类
A111	团务工作	团组织建设工作文件及会议文件，团员、青年名册，统计报表，等等
A12	组织宣传	
A120	党员管理	党员名册、党员统计报表等
A121	组织建设	公司党委的设立、撤销、换届选举、增补委员的文件，民主评议党员，团组织设立、撤销、换届选举、增补委员文件，等等
A122	宣传工作	公司党团组织的宣传工作的计划、宣传出版物及稿件、政工简报等
A13	统战工作	公司的民主党派、无党派、港澳台、华侨工作文件，民族、宗教事务等工作活动的文件
A14	纪监信访	
A140	纪检监察	纪检监察案件材料（案件报告、处理决定）、纪委会议纪要等
A141	信访工作	信访登记表、处理报告、处理决定等文件，信访工作的会议文件
A15	工会工作	
A150	工会管理	工会工作计划、报告，表彰先进的文件，“职工之家”和建家升级工作的文件材料，计划生育工作的文件，合同文件（职工服装购买合同、场租合同），等等
A151	会议管理	工代会、职代会文件，工会会议材料，等等

（8）档案分类辅助表。

档案分类方案中的分类辅助表是将主表中一些重复性较高的子类划分表抽取出来，单独编成若干个“小分类表”。在需要对主表中的某个类目加以细分时，只要将辅助表中的分类代码接续在主表的分类号后面即可。常见的档案分类方案中的辅助表包括：档案存储介质代码表、组织机构代码表、工程专业代码表、档案所属门类代码表等。

（9）术语表。

术语表是为了方便档案分类方案的使用者（部门）正确理解分类方案中所使用的专业术语的含义，防止因误解而产生问题，大型机关或企业单位应在档案分类方案中设置档案分类术语表。立档案单位档案分类常见的术语定义参见表 4-6。

（10）附录（编号示例）。

详见本章第五节。

表 4-6　　立档单位档案分类常见的术语定义

序号	术语名称	术语定义
1	档案	在立档单位各项业务职能活动中直接形成的有价值的各种形式的历史记录
2	档案实体	以各种物理载体形式存在的档案，包括纸质、照片、缩微胶片、光盘、磁性载体等形态的档案

续前表

序号	术语名称	术语定义
3	文件	在履行法定职责或处理事务中形成的各种形式的信息记录
4	电子文件	以数码形式记录于磁带、磁盘、光盘等载体，依赖计算机系统阅读、处理并可在通信网络上传输的文件
5	文档	可以作为一个单元存在的记录信息或信息实体，是档案分类的具体对象
6	档案分类	依据档案分类体系中所规定的逻辑结构、方法和程序规则，按照类目对业务活动和业务活动记录文档进行的系统标识和整理活动
7	档案分类方案	根据档案科学化和规范化管理需要，依据职能活动、业务活动、工作项目及档案文件的主题特征、文档类型特征等统一编制的，用以指导档案分类工作的类目体系，包括分类主表和辅助表等
8	分类规则	在各职能部门档案分类活动中应遵守的基本行为规范
9	编码规则	在确定档案代码（档号）时应遵守的编码行为规范
10	分类轴心	在进行档案实体分类时所采用的各级类目的划分标准和分类依据
11	分类方法	在进行档案实体分类时所选用的各种分类标准的实现过程与方式
12	类目	一组性质相同的、互有联系的档案文件的主题名目及其分类逻辑代码的总称，包括类名和分类号两个部分
13	档案编码	即档案号，简称“档号”，是在档案的整理和统计工作中，用以固定档案整理和统计成果而编制的一组代码
14	编码形制	档案编码的方式和方法，包括单纯号码制和混合号码制。档案实体分类采用混合号码制，即以字母和阿拉伯数字混合使用的方式来编制档案号
15	档案分类号	依据档案实体分类表赋予的档案实体分类代码
16	对象特征码	档案实体编码的组成部分，是用以表示档案分类实体对象的各种重要特征的一组代码，如部门来源特征、文书档案的年度特征、保管期限特征、安全级别特征，合同档案的部门来源特征、合同号特征、保管期限特征、安全级别特征，工程档案的部门来源特征、工程项目代号特征、工程阶段特征、工程专业特征，设备档案的部门来源特征、型号特征、保管期限特征、安全级别特征，经济贸易档案的部门来源特征、项目号特征、国别特征，等等。采用对象特征码来编制档案代码，可以有效地降低分类深度，减小分类主表的体积，也有助于通过它所提供的档案实体重要特征方便地进行检索，并为档案的安全保管、防止越权利用等提供可识别的标识
17	案卷号	档案实体编码的组成部分，是对由互有联系的若干文件组合成的档案保管单位——案卷的统一编号。案卷号采用四位编码制
18	件号	档案实体编码的组成部分，是对以“件”为整理基本单元的文书档案的统一编码。文书档案件号采用四位阿拉伯数字编码制，通常应以年度为单位，分段编制。具体编码方法依《归档文件整理规则》执行
19	职能	依法承担的各项主要工作职责，是进行公司档案实体分类的主要分类轴心
20	正本	有规范格式和生效标志的正式文本
21	原件	最初产生的区别于复制件的原始文件
22	复制件或数字副本	与原件内容相同的文档复制品

七、综合档案室保存档案的分类

综合档案室保存档案的分类方法归纳起来主要有三种：一是门类分类法，即基本上保持原来对档案门类的划分，仍将全部档案分为文书档案、科技档案、人事档案、会计档案等若干门类，在各门类档案中亦沿用原来的分类编号方法，也可以从综合管理的要求出发，赋予每种门类档案以一定的门类代字或代号。二是组织机构分类法，即打破原来对档案门类的划分，将全部档案按其形成机构划分。三是问题分类法，即打破原来对档案门类的划分，将全部档案按其内容所涉及的问题分成若干类目。这几种方法均可与年度分类法结合运用。

八、名人全宗档案的分类

名人全宗内的档案是否进行分类以及怎样分类，也要根据其档案数量、成分、内容等实际情况和管理上的需要来决定。名人全宗与组织全宗最大的不同之处是其档案成分、来源、类型比较复杂，且其内容均与立档单位个人或家庭（族）成员有密切关系，能说明立档单位个人或家庭（族）成员某一方面的情况和问题。其分类方法一般就是按立档单位个人或家庭（族）成员社会活动和个人生活的现实状况分为若干类别。其具体类别大致如下。

（一）生平传记材料

凡能说明立档单位个人或家庭（族）成员生平、历史基本情况的档案文件均归入此类，如出生证明、学历证明、身份证明（身份证、工作证等）、各种登记表、履历表、个人自 传、奖状及奖励、荣誉证书、有关组织对其历史问题的鉴定审查材料、遗嘱等。

（二）创作材料

创作材料主要包括立档单位个人或家庭（族）成员在进行科学研究和文学艺术创作活动中形成的各种手稿（如书稿、图纸、画稿、乐谱等），以及在日常生活中形成的各种基础性创作材料，如日记、笔记、摘抄、记录等。

（三）公务活动材料

即立档单位个人或家庭（族）成员在从事公务活动中形成的档案材料。正式担任公职且以公职身份形成的、具有组织全宗与名人全宗双重属性的档案材料，应归入组织全宗；在组织全宗实际上已不复存在的情况下，方可归入名人全宗。因此，名人全宗中的公务活动材料一般只是其立档单位个人或家庭（族）成员参与公务活动的通知、发言稿、个人性的笔记、记录、抄件，以及担任公职的聘书，等等。

（四）个人书信

即立档单位个人或家庭（族）成员写给别人的信函底稿和别人的来信、贺卡等。

（五）经济材料

即反映记录立档单位个人、家庭（族）成员经济财产状况的文件材料，如动产或不动产的契约（合同）证书、账簿、票据、账单等。

（六）亲属材料

即立档单位个人或家庭（族）成员的直系亲属和重要的非直系亲属的有关材料。

（七）评价材料

即别人和社会有关组织对立档单位个人或家庭（族）成员的评价文章、纪念文章、介绍材料、回忆录、祭文、悼词、口述记录等。

（八）声像材料

即立档单位个人或家庭（族）成员及其亲友、同事、同学等的照片、画册、录音、录像材料。

（九）其他材料

指不能归入以上各类别的有关材料。如与立档单位个人或家庭（族）成员有特殊关系的别人（如挚友）的材料，立档单位个人或家庭（族）成员收藏的字画、古玩等文物和其他收藏品（如邮票、钱币等），立档单位个人或家庭（族）成员接受的珍贵礼品，能说明立档单位个人或家庭（族）成员重要情况和问题的某些实物和日常生活用品，如摄影家的相机、书法家的笔砚、音乐家的乐器，以及奖章、锦旗，等等。

第四节 类内档案文件的整理与系统化

本节着重讲述全宗内的档案文件经过分类后的进一步系统化整理和编目工作的理论、规则要求和方法，主要依据《机关档案管理规定》、《机关档案工作条例》、《归档文件整理规则》（DA/T 22—2015）、《科学技术档案案卷构成的一般要求》（GB/T 11822—2008）等规章和标准的相关规定来介绍。

所谓档案文件就是指纳入归档范围的，也已确定作为档案保存的文件（或文件材料）。在实践中，人们习惯于将这种档案文件称为“归档文件”。类内档案文件（以下简称类内文件）的整理就是对完成实体归类或虚拟归类（逻辑归类）的归档文件，进行进一步系统化整序、编目组织，使之成为便于保存和利用的最基本的档案保管单位（件、组件、案卷等）的过程。

一、文书档案的类内文件整理与系统化

根据《机关档案管理规定》、《归档文件整理规则》（DA/T 22—2015）、《文书档案案卷格式》（GB/T 9750—2008）等规范和标准的要求，各级机关、团体、企事业单位和其他社会组织应对作为文书档案（反映党务、行政管理等活动的档案）保存的归档文件加以

整理。以下方法和要求主要适用于各立档单位形成的纸质归档文件和作为电子档案纸质备份的副本文件的整理。

（一）以“件”为单位进行类内文件整理的一般要求

在立档单位已经通过档案信息管理系统（EDMS/ERMS）实现了有效管理和控制本单位归档文件的前提下，相关单位对纸质归档文件的整理和系统化工作，可以简化进行，不必再去进行较为复杂的立卷整理和系统化工作，而可以按照《归档文件整理规则》（DA/T 22—2015）的要求，以“件”为单位，对各个类内的文件（材料）进行加工处理。

1. 类内文件整理的原则

归档文件整理应遵循文件的形成规律，保持文件之间的有机联系；应区分不同价值，便于保管和利用；应符合文档一体化的管理要求，便于计算机管理或计算机辅助管理；应保证纸质文件和电子文件整理协调统一。

2. 组件的一般要求

归档文件一般以每份文件为一件：正文、附件为一件；文件正本与定稿（包括法律法规等重要文件的历次修改稿）为一件；转发文与被转发文为一件；原件与复制件为一件；正本与翻译本为一件；中文本与外文本为一件；报表、名册、图册等一册（本）为一件（作为文件附件时除外）；简报、周报等材料一期为一件；会议纪要、会议记录一般一次会议为一件，会议记录一年一本的，一本为一件；来文与复文（请示与批复、报告与批示、函与复函等）一般独立成件，也可为一件；有文件处理单或发文稿纸的，文件处理单或发文稿纸与相关文件为一件。

3. 组件内文件排序要求

归档文件排序规则：正文在前，附件在后；正本在前，定稿在后；转发文在前，被转发文在后；原件在前，复制件在后；不同文字的文本，无特殊规定的，汉文文本在前，少数民族文字文本在后，中文本在前，外文本在后；来文与复文作为一件时，复文在前，来文在后；有文件处理单或发文稿纸的，文件处理单在前，收文在后，正本在前，发文稿纸和定稿在后。

4. 归类要求

（1）一般应采用年度-组织机构或年度-问题的分类方法进行分类，档案数量较少、内设组织机构简单的单位可采用年度分类法。各立档单位应制定本单位档案分类方案，并保持其相对稳定。终端类的归档文件应区分保管期限，分别集中排列。

（2）确定归档文件所属年度类别，一般应以文件签发日期（即落款日期）为准进行归类。对于计划、规划、总结、预决算、统计报表、表彰先进以及法规性文件等内容涉及不同年度的文件，统一按文件签发日期来判定文件所属年度类别。

（3）跨年度形成的文件，按文件办结年度归类。例如：跨年度的会议文件材料，归入会议闭幕年度类；跨年度的案件材料，归入案件办结年度类；跨年度的请示、批复，归入批复年度类。当形成年度无法考证时，将文件归入其归档年度类，但要在附注项加以说明。

（4）当若干份文件作为一件时，应以排在最前面的文件日期为归类依据。例如：正文与附件为一件时，以正文日期为准进行归类；正本与定稿为一件时，以正本日期为准进行归类；转发文与被转发文为一件时，以转发文日期为准进行归类；来文与复文为一件时，以复文日期为准进行归类。

（二）类内文件整理的主要内容

1. “件”的排列

归档文件应在分类方案的最低一级类目内，按时间结合事由排列。

同一事由中的文件，按文件形成先后顺序排列。会议文件、统计报表等成套性文件可集中排列。未及时整理归档的零散文件，可以排在年度、组织机构、问题等类别的所有文件的最后，并将该情况在备考表中加以说明。

2. 编定档号

归档文件应依分类方案和排列顺序逐件编写档号。档号编制应遵循唯一性、合理性、稳定性、简单性等规则。详见本章第五节。

3. 归档章的内容和填制要求

归档章内容应包括全宗号、年度、保管期限、件号以及页数等必备项，机构（问题）可以作为选择项（见图 4－1）。为便于识记，归档章保管期限可以使用“永久”“30 年”“10 年”等简称标识，机构（问题）也可以用“办公室”等规范化简称标识（见图 4－2、图 4－3）。

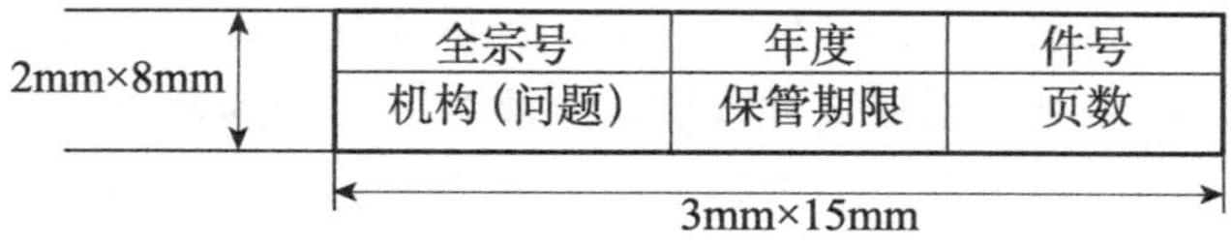

图 4－1 归档章样式图

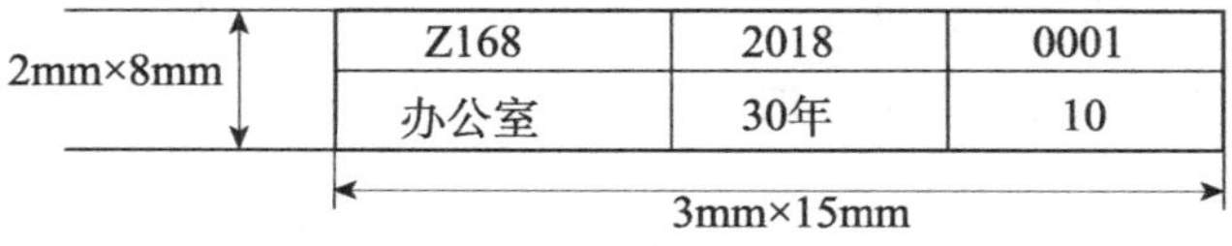

图 4－2 归档章示例一

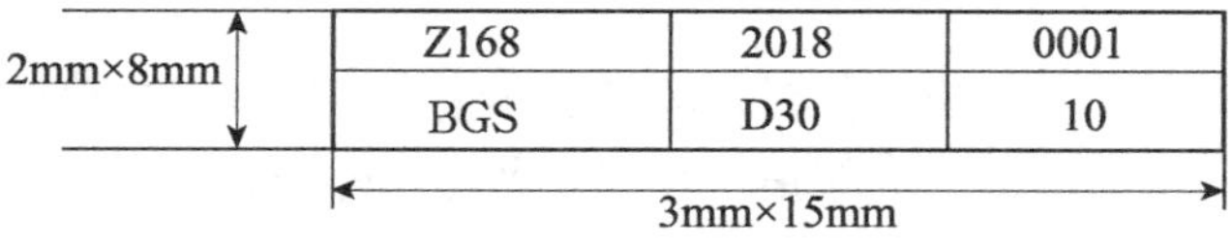

图 4－3 归档章示例二

归档文件应在首页上端的空白位置加盖归档章并填写相关内容。电子文件可以由系统生成归档章样式或以条形码等其他形式在归档文件上进行标识。

填写归档章的各项目时应使用符合档案保护要求的字迹材料。需要生成电子文件纸质复本的可以由系统生成归档章样式或以条形码等其他形式在归档文件上进行标识。

光荣册等光面印刷文件材料，首页上无法盖章，也无法在文件首页前另附纸页，因此可在材料内第一页上端的空白位置加盖归档章。统计报表等横式文件，在文件右侧居中位置加盖归档章。

4. 类内文件的编目

归类文件应依据档号顺序编制归档文件目录。编目应准确、详细、便于检索。

归类文件应逐件编目。当来文与复文作为一件时，对复文的编目应体现来文内容。归档文件目录设置序号、档号、文号、责任者、题名、日期、密级、页数、备注等项目。

（1）序号：填写归档文件顺序号。

（2）档号：按照《归档文件整理规则》（DA/T 22—2015）等的要求编制。

（3）文号：文件的发文字号。没有文号的，不用标识。文号中的年度用“〔 〕”（六角括号），不使用“[ ]”（方括号）或实心“【 】”（方头括号），如“国办〔2018〕8号”。

（4）责任者：制发文件的社会组织或个人，即文件的发文机关或署名者。它可以是一个或几个机关，也可以是一个或几个人。责任者应填写全称或规范化简称，不能使用“本委”“本局”等含义不明、难以判断的简称。没有责任者的文件材料，要考证清楚后填写，并加“[ ]”。联合发文的文件一般应将所有责任者照实抄录，责任者过多时可适当省略，但立档单位本身是责任者的必须填写，被省略的责任者用“[等]”表示。个人作为责任者的文件材料，责任者应著录个人责任者。在著录个人责任者时，应在姓名后著录职务、职称或其他职责，并加“（ ）”。

（5）题名：文件标题。没有标题、标题不规范，或者标题不能反映文件主要内容、不方便检索的，应全部或部分自拟标题，自拟内容外加“[ ]”。当文件只有一个题名时，应照实抄录。当文件有副题名（即文件标题中破折号或冒号后面的部分，对正题名进行解释说明）时，如果正题名能够反映文件内容，副题名一般无须抄录。文件没有标题、标题不规范，或者标题不能反映文件主要内容、不方便检索的，应全部或部分自拟标题，自拟内容外加“[ ]”。题名拟写应力求反映文件内容，题名一般包括责任者、内容、文种，如字数过多，可以省略责任者和文种。会议记录须重拟题名时，应写明会议的时间和主要内容。人员任免、表彰的文件，可以在字数允许的情况下，尽量多著录原题名中未提及的本单位其他人名，并在增加的人员外加“[ ]”，如“关于×××［×××、×××］等6位同志职务任免的通知”。

来文与复文作为一件时，对复文的编目应体现来文内容。编制题名时除照实抄录外，还应增加“及请示”“及函”字样，外加“[ ]”，如“××局关于档案室建设规范的批复[及请示]”。

介绍信（存根）若干份组成一件时，题名要尽量揭示时间、内容和所涉及的人，题名格式一般为责任者+起止时间+介绍信（存根）名称，外加方括号“[ ]”。如“[××局2014年×月—×月干部调入介绍信：××、×××]”。

（6）日期：文件的形成时间，以国际标准日期表示法标注年月日，如“20180909”。当文件无时间、文件时间不全或字迹不清时，必须根据文件内容、形式特征进行判定，若判定不出时间，则以“0”补之，如“20180000”。

（7）密级：文件密级按文件实际标注情况填写。没有密级的，不用标识。

（8）页数：每一件归档文件的页面总数。文件中有图文的页面为一页。

（9）备注：注释文件需说明的情况。

归档文件目录推荐由系统生成或使用电子表格进行编制。目录表格采用A4幅面，页面宜横向设置（见图 4－4）。归档文件目录除保存电子版本外，还应打印装订成册。装订成册的归档文件目录，应编制封面（见图 4－5）。封面设置全宗号、全宗名称、年度、保管期限、机构（问题），其中全宗名称即立档单位名称，填写时应使用全称或规范化简称。归档文件目录可以按年装订成册，也可每年区分保管期限装订成册。

归档文件目录								
序号	档号	文号	责任者	题名	日期	密级	页数	备注

图 4－4　归档文件目录样式

归档文件目录

全 宗 号＿＿＿＿＿＿＿＿＿＿＿＿＿＿＿

全宗名称＿＿＿＿＿＿＿＿＿＿＿＿＿＿＿

年　　度＿＿＿＿＿＿＿＿＿＿＿＿＿＿＿

保管期限＿＿＿＿＿＿＿＿＿＿＿＿＿＿＿

机构（问题）＿＿＿＿＿＿＿＿＿＿＿＿

图 4－5　归档文件目录封面样式

5. 纸质归档文件的修整、装订、编页、装盒、加备考表和排架

（1）归档文件的修整。

在装订归档文件前，应对不符合要求的文件材料进行修整。归档文件已破损的，应按照《档案修裱技术规范》（DA/T 25—2000）予以修复；字迹模糊或易消退的，应予复制。归档文件应按照保管期限要求去除易锈蚀、易氧化的金属或塑料装订用品。对于幅面过大的文件，应在不影响其日后使用效果的前提下进行折叠。

（2）归档文件的装订。

归档文件一般以件为单位装订。归档文件装订应牢固、安全、简便，做到文件不损页、不倒页、不压字，装订后文件平整，有利于归档文件的保护和管理。装订应尽量减少对归档文件本身的影响，原装订方式符合要求的，应维持不变。

永久保管、定期 30 年保管的归档文件，宜采取线装法装订。文件页数较少的，使用直角装订方式；文件较厚的，使用“三孔一线”装订方式。使用不锈钢订书钉或糨糊装订的，装订材料应满足归档文件长期保存的需要。用于装订的材料，不能包含或产生可能损害归档文件的物质。

凡移交国家综合档案馆保存的档案应采用线装法，不允许使用普通糨糊、封套、回形针、大头针、燕尾夹、热熔胶、办公胶水、装订夹条、塑料封等装订方式。

定期 10 年保管的归档文件，原装订方式、材料能够满足保管期限需要的，可以维持原装订方式不变。

应根据归档文件保管期限确定装订方式，装订材料要与保管期限要求相匹配。为便于

管理，相同期限的归档文件装订方式应尽量保持一致，不同期限的归档文件装订方式应相对统一。

（3）归档文件的编页。

纸质归档文件一般应以件为单位编制页码。页码应逐页编制，宜分别标注在文件正面右上角或背面左上角的空白位置。文件材料已印制成册并编有页码，且拟编制页码与文件原有页码相同的，可以保持原有页码不变。

（4）归档文件的装盒。

应将归档文件按顺序装入档案盒，并填写档案盒盒脊及备考表项目。不同年度、机构（问题）、保管期限的归档文件不能装入同一个档案盒。档案盒应采用无酸纸制作。

档案盒封面应标明全宗名称。档案盒的外形尺寸为310mm×220mm，盒脊厚度可以根据需要设置为20 mm、30mm、40mm、50mm等。

档案盒应根据摆放方式的不同，在盒脊或底边设置全宗号、年度、保管期限、起止件号、盒号等必备项，并可设置机构（问题）等选择项。其中，起止件号填写盒内第一件文件和最后一件文件的件号，起件号填写在上格，止件号填写在下格；盒号即档案盒的排列顺序号，按进馆要求在档案盒盒脊或底边编制。

（5）归档文件的备考表。

备考表（297mm×210mm）置于盒内文件之后，项目包括盒内文件情况说明、整理人、整理日期、检查人、检查日期。

盒内文件情况说明：盒内文件缺损、修改、补充、移出、销毁等情况。

整理人：负责整理归档文件的人员的签名或签章。

整理日期：归档文件整理完成的日期。

检查人：负责检查归档文件整理质量的人员的签名或签章。

检查日期：归档文件检查完毕的日期。

（6）排架。

归档文件整理完毕装盒后，上架排列方法应与本单位归档文件分类方案一致，排架方法应避免频繁倒架。归档文件按年度-组织机构（问题）分类的，在库房排架时，每年形成的档案按机构（问题）序列依次上架，便于实体管理；排架在具体操作上按照“从上到下，从左到右”的原则进行。

（三）归档电子文件的整理要求

归档电子文件组件（件的组织）、分类、排列、编号、编目，可参照《归档文件整理规则》（DA/T 22—2015）的一般要求执行。

归档电子文件的格式转换、元数据收集、归档数据包组织、存储等整理要求，参照《数字档案室建设指南》、《电子文件归档与电子档案管理规范》（GB/T 18894—2016）、《基于XML的电子文件封装规范》（DA/T 48—2009）、《电子文件归档光盘技术要求和应用规范》（DA/T 38—2008）等标准执行。

归档电子文件整理，应使用符合《数字档案室建设指南》、《电子文件归档与电子档案管理规范》（GB/T 18894—2016）等标准的应用系统。

（四）以“卷”为单位进行类内文件整理的一般要求

根据国家推荐标准《文书档案案卷格式》（GB/T 9705—2008）的要求，凡是不适宜采用以“件”为单位整理全宗内文件的立档单位，即没有依托的档案管理信息系统和计算机辅助管理系统的单位，可以采用立卷的方式，对类内的归档文件进行系统化整理和编目工作。《机关档案管理规定》的第三十二条要求：“机关档案整理应当遵循文件材料的形成规律，保持文件材料之间的有机联系，区分不同价值，便于保管和利用，逐步推进卷件融合管理。”关于文档档案立卷所采用的相关包装材料和目录规格，各立档单位可以参照《文书档案案卷格式》（GB/T 9705—2008）的附录执行。

1. 案卷的概念和组卷要求

案卷是一组有密切主题或问题联系的，记录和反映同一活动、事件、任务的一组归档文件的集合体。案卷是档案保管的基本单位之一。纳入同一案卷保存的归档文件材料，通常保存价值和保管期限相同或者相近，保密等级相同或者相近，存储介质相同（存储介质不同的，应分开组卷，并通过参见号的方式等来保持文件之间的联系）。组卷应当遵循文件材料的形成规律，保持文件材料之间的有机联系，区分不同价值，便于保管和利用，逐步推进卷、件融合管理。

2. 案卷的包装材料（卷皮）的种类和规格质量要求

（1）文书档案案卷种类和规格。

卷皮分两种，一种是硬卷皮，另一种是软卷皮。

硬卷皮外形尺寸为：封面尺寸规格为 310mm×220mm，封底尺寸同封面尺寸。封底三边（上、下、翻口处）要另有 70mm 宽的折叠纸舌。卷脊可根据需要分别设置 10mm、15mm、20mm 三种厚度。用于成卷装订的卷皮，上、下侧装订处要各有 20mm 宽的装订纸舌。推荐使用 250g 无酸牛皮纸制作案卷硬卷皮。

软卷皮设封皮和封底，其封皮和封底采用 297mm×210mm 的规格。使用软卷皮装订的案卷，必须装入卷盒内保存。

（2）文书档案卷盒的规格。

文书档案卷盒规格为 310mm×220mm，其高度可根据需要分别设置 30mm、40mm、50mm 的规格。在盒盖翻口处的中部要设置绳带，使盒盖能紧扣住卷盒。

3. 案卷封面项目及编目要求

（1）案卷封面项目。

案卷封面项目包括全宗名称，类目名称，案卷题名，时间，保管期限，页、件数，归档号，档号。

（2）案卷封面项目的填写方法。

填写案卷封面及卷脊时应使用符合耐久性要求的字迹材料，字迹工整。

全宗名称：与立档单位的名称相同。填写全宗名称必须用全称或规范化简称。如“中国共产党中央委员会”可简称为“中共中央”，“中华人民共和国外交部”可简称为“外交部”，“河北省人民政府人事局”可简称为“河北省人事局”，不得简称为“本部”“本委”“本省人事局”等。

类目名称：指全宗内分类方案的第一级类目名称。在一个全宗内应按统一的方案分类，并应保持分类体系的稳定性。

案卷题名：即案卷标题，一般由立卷人拟写。案卷题名应当准确概括本卷文件的主要制发机关、内容、文种。文字应力求简练、明确。

时间：卷内文件的起止年月。

保管期限：立卷时划定的案卷保管期限，一般由立卷人填写。

页、件数：装订的案卷要填写总页数，不装订的案卷要填写本卷的总件数。

归档号：填写文书处理号，由立卷人填写。

档号：按照《归档文件整理规则》（DA/T 22—2015）等的要求编制。

（3）卷脊项目。

卷脊项目包括全宗号、目录号、年度、案卷号、归档号。

（4）软卷皮封二项目。

软卷皮封二项目包括顺序号、文号、责任者、题名、日期、页号、备注。

（5）软卷皮封三项目。

软卷皮封三项目包括本卷情况说明、立卷人、检查人、立卷时间。

4. 卷内文件目录格式和填写要求

卷内文件目录采用 A4 幅面。

页边与文字区尺寸：卷内目录用纸上白边（天头）宽 20±0.5mm，卷内目录用纸下白边（地脚）宽 15±0.5mm，卷内目录用纸左白边（订口）宽 25±0.5mm，卷内目录用纸右白边（翻口）宽 15±0.5mm。

卷内文件目录项目包括：顺序号、文号、责任者、题名、日期、页号、归档章、备注。

（1）顺序号：按卷内文件排列先后顺序填写的序号，亦即件号。

（2）文号：文件制发机关的发文字号。

（3）责任者：对档案内容进行创造或负有责任的团体和个人，亦即文件的署名者。机关团体责任者可著录统一规范的通用简称，不得著录“本市”“本局”等。个人责任者一般只著录姓名，必要时在姓名后著录对档案负有责任的职务、职称或其他身份，并用“(　)”表示。联合行文的责任者，应著录列于首位的责任者，立档单位本身是责任者的必须著录，两个责任者之间用“;”间隔，被省略的责任者用“[等]”表示。

（4）题名：即文件的标题，应照实抄录。没有标题或标题不能说明文件内容的文件，应自拟标题，外加“[　]”号。

（5）日期：文件的形成时间。填写时可省略“年”“月”“日”字样。时间以 8 位数字表示，其中前 4 位表示年，中间 2 位表示月，后 2 位表示日，月日不足两位的，前面补“0”。

（6）页号：填写每件文件首页所对应的页号；最后一件文件，填写该文件起止页号。卷内文件页号应从 1 开始编制通号。

（7）归档章：单份装订的案卷应逐件加盖档号章。档号章的位置在每件文件首页上端空白处。

（8）备注：留待对卷内文件发生变化时做说明之用。

5. 卷内备考表格式及编目要求

（1）卷内备考表规格、页边与文字区尺寸均同卷内文件目录。卷内备考表的编目项包括：本卷情况说明、立卷人、检查人、立卷时间。

（2）卷内备考表中各项目的填写方法。

本卷情况说明：填写卷内文件缺损、修改、补充、移出、销毁等情况。立案后发生或发现的问题由有关的档案管理人员填写并签名、标注时间。

立卷人：由责任立卷者签名。

检查人：由案卷质量审核者签名。

立卷时间：立卷完成的日期。

6. 案卷各部分的排列格式要求

（1）当使用硬卷皮组卷时，无论装订与否，其案卷各部分的排列顺序均是：案卷封面—卷内文件目录—文件—备考表—封底。

（2）当使用软卷皮组卷时，其案卷各部分按下列顺序排列：软卷的封面（含卷内文件目录）—文件—封底（含备考表），按案卷号排列次序装盒保存。

二、科技档案的类内文件整理与系统化

依据《科学技术档案工作条例》、《企业档案管理规定》和《科学技术档案案卷构成的一般要求》（GB/T 11822—2008），各立档单位形成的科技档案[①]的类内文件整理与系统化工作，主要包括如下基本内容和要求。

（一）科技档案的案卷组织

科技档案案卷是由互有联系的若干科技文件[②]组合而成的档案保管单位。案卷组织应遵循相应的科学组织原则，按照一定的要求和方法来进行。

1. 组卷原则

组卷应遵循科技文件的形成规律，保持案卷内科技文件之间的有机联系和案卷的成套、系统，便于档案的保管和利用。在科技档案的组卷中，各立档单位还应遵循相关的标准和规范要求。例如，建设项目档案的组卷，应遵循《建设项目档案管理规范》（DA/T 28—2018）提出的“项目文件整理应遵循项目文件的形成规律和成套性特点，保持卷内文件的有机联系，分类科学，组卷合理”的原则进行。

2. 组卷要求

组卷的基本要求包括：案卷内的科技文件应齐全、完整，签章手续完备；案卷内科技文件的载体和书写印制材料应符合档案保护要求。

各门类科技档案具体的组卷要求，按相应的行业推荐标准执行。

3. 组卷方法

针对具体项目的管理性科技文件应放入所针对的项目文件中，按阶段或分年度组卷。

---

① 国家机构、社会组织以及个人从事各项社会活动形成的，对国家、社会、本单位和个人具有保存价值的，应当归档保存的科技文件。

② 记录和反映科学研究、生产运营、项目建设活动和设备仪器运行、维护及管理工作的文字、图表、声像等不同形式文件材料的总称。

科研课题、产品、设备仪器方面的科技文件，应按其项目、结构、阶段或台（套）等分别组卷。成册、成套的科技文件宜保持其原有形态。

通用图、标准图可放入相应的指定项目文件中或单独组卷。其他涉及这些通用图、标准图的项目，应在卷内备考表中注明，并标注通用图、标准图的图号、档号。底图以张或套为保管单位进行整理。

在产品局部或零部件的变更、建设项目和设备仪器的维修和维护中形成的科技文件，宜采取插卷的方式，放入原案卷中；亦可将它们单独组卷，排列在原案卷之后，但应在原案卷的备考表中予以说明和标注。产品升级换代，建设项目后评估、改扩建或重建所形成的科技文件应单独组卷排列。

建设项目形成的科技文件，应根据《建设项目档案管理规范》（DA/T 28—2018）的规定，按下述方法组卷：

（1）立项审批、勘察、设计及设计基础文件按内容组卷，其中施工图设计按单位工程（专业、装置）组卷。

（2）项目管理文件按内容组卷，其中招投标、合同文件按招标项目、标的组卷。

（3）施工文件按单位工程、装置、阶段、结构、专业组卷。

（4）监理综合性文件按内容、时间组卷，质量、进度、投资、安全等控制文件按单位工程组卷。

（5）设备工艺文件按设备台套组卷，科研文件按项目、课题组卷。

（6）竣工验收文件按内容组卷，试运行文件按内容结合形成时间组卷。

（二）科技档案的案卷和卷内科技文件的排列

科技文件宜按系统、成套性特点进行案卷或卷内文件排列。卷内文件的一般排列方法是：文字材料在前，图样在后；译文在前，原文在后。

案卷内管理性文件按问题结合时间（阶段）或重要程度排列。一般排列方法是：正本在前，定稿在后；正件在前，附件在后；复文在前，来文在后。

科研类案卷卷内文件的一般排列方法是：按课题可行性研究立项、方案论证、研究实验、总结鉴定、成果和知识产权申报、推广应用等阶段排列。

产品类案卷卷内文件的一般排列方法是：按产品设计（含初步设计、基础设计、技术设计）、工艺、工装、制造、定型等工作程序，或按其产品系列、结构等排列。

建设项目类案卷卷内文件的一般排列方法是：按项目前期、项目设计、项目施工、项目监理、项目竣工、项目验收及项目后评估等阶段排列。

设备仪器类案卷卷内文件的一般排列方法是：按设备仪器立项审批、外购设备仪器开箱验收（自制设备仪器的设计、制造、验收）、设备仪器安装调试、随机文件材料、设备仪器运行、设备仪器维护等阶段或工作程序排列。

（三）科技档案的案卷编目和案卷装订

1. 卷内科技文件页号编写要求

卷内科技文件页号编写要求一般包括：卷内科技文件以“件”为单位编写页号，以有效内容的页面为一页；已有页号的文件可不再重新编写页号；卷内目录、备考表可不编写页号。

2. 案卷封面编制

案卷封面编制要求一般包括：

（1）案卷封面应印制在卷盒正表面，亦可采用内封面形式，封面式样参见《科学技术档案案卷构成的一般要求》（GB/T 11822—2008）附图 A.1。

（2）案卷题名：应简明、准确地揭示卷内科技文件的内容，主要包括产品、科研课题、建设项目、设备仪器名称或代字（号）、结构、阶段名称、文件类型名称等。

（3）立卷单位：应填写负责组卷部门或单位。

（4）起止日期：应填写卷内科技文件形成的最早和最晚的时间。

（5）保管期限：应填写组卷时依照有关规定划定的保管期限。

（6）密级：应填写卷内科技文件的最高密级。

（7）档号：按照《归档文件整理规则》（DA/T 22—2015）等的要求编制。

3. 案卷脊背的编目

案卷脊背应印在案卷盒的侧面，脊背式样参见《科学技术档案案卷构成的一般要求》（GB/T 11822—2008）附图 A.2。案卷题名、保管期限、档号的填写方法同封面。案卷脊背项目可根据需要有选择地填写。

4. 卷内文件目录编制

卷内文件目录（以下简称卷内目录）是指登录卷内文件题名和其他特征并固定文件排列次序的表格，排列在卷内文件之前。科技档案案卷的卷内目录应排列在卷内文件首页之前，式样参见《科学技术档案案卷构成的一般要求》（GB/T 11822—2008）附图 A.3。

卷内目录的著录项目包括：序号、文件编号、责任者、文件题名、日期、页数、备注、档号等。

填写要求和方法是：

序号：应依次标注卷内文件排列顺序。

文件编号：应填写文件文号、型号、图号或代字、代号等。

责任者：应填写文件形成者或第一责任者。

文件题名：应填写文件全称。文件没有题名的，应由立卷人根据文件内容拟写题名。

日期：应填写文件形成的时间，格式为年—月—日。

页数：应填写每份文件的总页数。

备注：可根据实际填写需注明的情况。

档号：填写方法同案卷封面的要求一致。

5. 卷内备考表编制

卷内备考表是科技档案案卷的卷内文件状况的记录单。科技档案案卷的卷内备考表式样参见《科学技术档案案卷构成的一般要求》（GB/T 11822—2008）附图 A.4。卷内备考表应标明案卷内全部文件总件数、总页数，以及在组卷和案卷提供使用过程中需要说明的问题。卷内备考表应排列在卷内全部文件之后，或直接印制在卷盒内底面。

卷内备考表编目项目包括：立卷人、立卷日期、检查人、检查日期、互见号、档号等。

具体的编目要求是：

立卷人：应由立卷责任者签名。

立卷日期：应填写完成立卷的时间。

检查人：应由案卷质量审核者签名。

检查日期：应填写完成案卷质量审核的时间。

互见号：应填写反映同一内容不同载体档案的档号，并注明其载体类型。

档号：填写方法与案卷封面的要求一致。

6. 案卷目录编制

科技档案的案卷目录是登录案卷题名、档号、保管期限及其他特征，并按案卷号次序排列的档案目录。

各立档单位在编制案卷目录时，应参照《科学技术档案案卷构成的一般要求》（GB/T 11822—2008）附图 A. 5 的式样执行。案卷目录的著录项目包括：序号、档号、案卷题名、保管期限、总页数和备注等。其中，序号应填写登录案卷的流水顺序号；档号、案卷题名、保管期限填写方法同案卷封面的要求一致；总页数应填写案卷内全部文件的页数之和；备注可根据管理需要，填写案卷的密级、互见号或存放位置等信息。

7. 案卷装订

科技档案的卷内文件可整卷装订或以“件”为单位装订；以“件”为单位装订的应在每件文件首页空白处加盖归档章［归档章的式样参照《科学技术档案案卷构成的一般要求》（GB/T 11822—2008）附图 A. 7 执行］。规格大于卷盒幅面的科技文件，应折叠后装盒［图纸折叠方法可按《技术制图 复制图的折叠方法》（GB/T 10609. 3—2009）的要求执行］。破损的科技文件应修复。

第五节　档号的编制

一、档号的含义和编制依据

（一）档号的含义

在我国的《档号编制规则》（DA/T 13—1994）中，档号这一术语的含义是：“档案馆（室）在整理和管理档案的过程中，以字符形式赋予档案的一组代码。档号是存取档案的标记，并具有统计监督作用。”

鉴于目前人们对档案馆和档案室的理解问题，有必要对“档案馆（室）”这一“种差”做如下两种修改。其一，删除。好处是各单位在编制档号时不必纠结谁来编的问题。其二，细化。即把“档案馆（室）”描述得更加具体，如立档单位及其内部组织机构的档案部门和国家档案馆（综合档案馆和专门档案馆）。

档号从本质上讲是一种人工标识语言。从功能意义上分析，档号的基本含义是：

（1）档号是表征立档单位和国家档案馆所管理档案的整理体系，反映和固定全宗内档案文件或其基本保管单位（案卷）的整理和管理特征的一组代码。

（2）档号是以档案整理的基本单元——归档文件（档案文件）或案卷为实体对象编制的。

（3）档号是因其唯一性特征而具有指代作用的固定代码。

（4）档号具有对档案实体进行存取的标记功能。

（5）对于档案的整理、统计、检索和提供利用以及库房日常管理等活动，档号都是重要的管理工具。如利用档号对立档单位的档案工作进行统计监督和审查等。

（6）档号是对电子档案和数字化档案副本进行命名的依据。

因此，档号可以被定义为：在档案的整理和管理活动中编制的，以字符形式赋予档案的基本保管单位（案卷或文件）的一组固定的，具有标识、指代和存取功能的代码。

（二）档号的编制依据

编制档号不是一种随意的行为，而是只有遵循相关的规范要求和标准，结合立档单位的档案管理实际需要，才能合理合规完成的一项业务工作。编制档号的主要依据包括：

1. 各级党和国家机关、人民团体的档号编制依据

各级党和国家机关、人民团体（以下统称机关）在编制档号时，主要的规范依据包括《机关档案管理规定》、《档号编制规则》（DA/T 13—1994）、《归档文件整理规则》（DA/T 22—2015）、《数字档案室建设指南》等。

（1）《机关档案管理规定》提出的档号编制要求。

2019 年 1 月 1 日开始实施的《机关档案管理规定》第三十三条规定："机关档案应当逐卷或逐件编制档号。档号应当指代单一，体现档案来源、档案门类、整理分类体系和排列顺序等档案基本属性。档号结构应当符合《档号编制规则》（DA/T 13）、《归档文件整理规则》（DA/T 22）和《数字档案室建设指南》要求，不同载体或形式的档号编制方法应当协调呼应。"

（2）《档号编制规则》（DA/T 13—1994）提出的档号编制要求。

《档号编制规则》（DA/T 13—1994）规定了纸质档案案卷档号的结构、编制原则和编制方法。

A. 档号的结构：档号的结构包括三种，即"全宗号-案卷目录号-案卷号-件、页（张）号""全宗号-类别号-案卷号-件、页（张）号""类别号-项目号-案卷号-件、页（张）号"。

B. 档号的编制原则：包括唯一性原则、合理性原则、稳定性原则、扩充性原则、简单性原则。

C. 档号的编制方法：具体规定了全宗号、案卷目录号、案卷号、类别号、项目号、件号及页（张）号的编制方法。

（3）《归档文件整理规则》（DA/T 22—2015）提出的档号编制要求。

该行业推荐标准对机关归档文件的档号的概念、编制原则、结构、编制要求和方法等都提出了具体的要求。具体内容包括：

档号（archival code）：是"在归档文件整理过程中赋予其的一组字符代码，以体现归档文件的类别和排列顺序"。

档号的编制原则：归档文件应依分类方案和排列顺序编写档号。档号编制应遵循唯一

性、合理性、稳定性、扩充性、简单性原则。

档号的结构宜为：全宗号-档案门类代码·年度-保管期限-机构（问题）代码-件号。上、下位代码之间用“-”连接，同一级代码之间用“·”隔开，如“Z109-WS·2011-Y-BGS-0001”。

档号的编制要求和编制方法如下。

A. 全宗号：全宗号是档案馆给立档单位编制的代号，用4位数字或者字母与数字的结合标识，按照《档号编制规则》（DA/T 13—1994）编制。

B. 档案门类代码·年度：归档文件档案门类代码由“文书”的汉语拼音首字母“WS”标识。年度为文件形成年度，以4位阿拉伯数字标注公元纪年，如“2013”。

C. 保管期限：保管期限分为永久、定期30年、定期10年，分别以代码“Y”“D30”“D10”标识。

D. 机构（问题）代码：机构（问题）代码采用3位汉语拼音字母或阿拉伯数字标识，如办公室代码“BGS”等。归档文件未按照机构（问题）分类的，应省略机构（问题）代码。

E. 件号：件号是单件归档文件在分类方案最低一级类目内的排列顺序号，用4位阿拉伯数字标识，不足4位的，前面用“0”补足，如“0026”。

（4）《数字档案室建设指南》提出的档号编制要求。

《数字档案室建设指南》5.2“数字档案资源命名规则”要求：

应采用档号或唯一标识符为数字档案资源命名。采用档号为数字档案资源命名的，若以卷为单位整理，按《档号编制规则》（DA/T 13—1994）编制档号，推荐增设档案门类代码作为类别号的子项；若以“件”为单位整理，档号可采用“全宗号-档案门类代码·年度-保管期限-机构（问题）代码-件号·子件号”结构。具体编制要求和编制方法如下。

A. 全宗号：用4位代码标识，按照《档号编制规则》（DA/T 13—1994）编制。

B. 档案门类代码·年度：文书、照片、录音、录像、科技、专业的门类代码分别为“WS”“ZP”“LY”“LX”“KJ”“ZY”。年度为文件形成年度，以4位阿拉伯数字标注公元纪年，如“2013”。当文件形成年度无法考证时，年度为其归档年度，并在附注项加以说明。

C. 保管期限：保管期限分为永久、定期30年、定期10年的，分别以代码“Y”“D30”“D10”标识。采用其他保管期限的，也应使用其相应缩写代码。

D. 机构（问题）代码：机构（问题）代码采用3位汉语拼音字母标识，如办公室可用“BGS”标识。未按照机构（问题）分类的，应省略机构（问题）代码。

E. 件号·子件号：件号是单件归档文件在一个保管期限下排列的顺序号，用4位阿拉伯数字标识，不足4位的，前面用“0”补足，如“0026”。子件号是指件内单份文件排列的顺序号，用3位阿拉伯数字标识，不足3位的，前面用“0”补足，如“001”。不需要编制子件号的，子件号可以省略。如有需要，可以在件号·子件号之后编制下位代码，比如页（张）号等。

2. 企业的档号编制依据

各企业在编制档号时，主要的规范依据包括《企业档案工作规范》（DA/T 42—2009）、《档号编制规则》（DA/T 13—1994）、《科学技术档案案卷构成的一般要求》（GB/

T 11822—2008)、《企业数字档案馆（室）建设指南》(国家档案局 2017 年 9 月 1 日发布）等。

(1)《企业档案工作规范》(DA/T 42—2009) 提出的企业档号编制要求。

国家档案局于 2009 年 11 月 2 日发布了《企业档案工作规范》(DA/T 42—2009)。它规定了档号的一般编制要求、原则、结构等。该规范要求：企业应根据分类方案和排列顺序编制档号。档号应指代单一，具有唯一性。档号编制方法见《档号编制规则》(DA/T 13—1994)。档号可采用“[全宗号-] 分类号（或项目代号或目录号）-案卷号（或件号或盘、盒、张号)”([　] 表示可选）结构。全宗号由企业根据对所属单位集中统一管理档案的需要和企业产权变更情况自行设定。

(2)《科学技术档案案卷构成的一般要求》(GB/T 11822—2008) 提出的企业档号编制要求。

《科学技术档案案卷构成的一般要求》(GB/T 11822—2008) 对科技档案档号的概念、结构组成等，提出了要求。该标准规定：档号是“以字符形式赋予档案实体的用以固定和反映档案排列顺序的一组代码”。档号，由全宗号、分类号（或项目代号或目录号)、案卷号组成。其中各部分的编制要求是：

A. 全宗号：需向档案馆移交的档案，其全宗号由负责接收的档案馆给定。

B. 分类号：应根据本单位分类方案设定的类别号确定。

C. 项目代号：由所反映的产品、课题、项目、设备仪器等的型号、代字或代号确定。

D. 目录号：应填写目录编号。

E. 案卷号：应填写科技档案按一定顺序排列后的流水号。

(3)《企业数字档案馆（室）建设指南》提出的企业档号编制要求。

《企业数字档案馆（室）建设指南》提出的企业档号编制要求是：“依据档号编制规则形成档号，所形成档号唯一、简明、合理、稳定、可扩充。”

3. 其他编制档号的依据

我国各主管机关会同国家档案局或单独制定了相应档案的档号编制规范，各相关立档单位在档案整理实践中，应遵循这些特殊的规范要求。例如，照片档案的档号编制可依据《照片档案管理规范》(GB/T 11821—2002) 的要求执行。高等学校档案的档号编制可依据 2008 年 9 月 1 日起施行的教育部和国家档案局制定的《高等学校档案管理办法》(中华人民共和国教育部令第 27 号）的要求执行。会计档案的档号编制可依据《会计档案管理办法》执行。

二、档号的编制规则

在编制档号的过程中，各立档单位的档案部门和国家档案馆应遵循以下基本规则：

(一) 唯一性规则

档号应指代单一，一个编号对象只能被赋予一个代码，一个代码只表示一个编号对象。具体地说，一个立档单位和国家档案馆内不能有重复的全宗号，一个全宗内不能有重复的案卷目录号或类别号、项目号，一本案卷目录或一个类别中不能有重复的案卷号，一个案卷或一个终端类中不能有重复的页（张）号或件号。

（二）合理性规则

档号结构必须与库藏档案的整理分类体系相适应。档号应保持完整，不能随意减少某种代码；档号最末的代码（页号、张号、件号）的选择应从档案的实际情况出发；按流水顺序编号时不应有空号。档号应留有适当的递增容量，以备不断补充档案的需要。

（三）稳定性规则

档号一经确定，一般不应随意改变。这一规则要求，除非十分必要，不应在档号中增加主观的、可变的编码成分。对必须改变的档号进行更改时，应在卷皮、卷盒，以及所有相关检索工具和档案数据库中做出相应的更改；对用档号命名的电子档案或数字化档案副本的相应编码也要做出相应的更改，以严格保持档号在实体存放处与检索工具上的一致性。改变档号时，还应注明原来的档号。

（四）简单性规则

档号应力求简短明了，以便减少代码差错，节省存贮空间，提高处理效率。

三、档号的结构和编制方法

（一）文书档案档号的结构和编制方法

1. 以案卷形式整理的文书档案的档号结构和编制方法

（1）档号结构：全宗号-案卷目录号-案卷号-件、页（张）号。

（2）档号编制方法。

● 全宗号的编制方法：

全宗号用四位代码标识。其中第一位用汉语拼音字母标识全宗属性，后三位用阿拉伯数字标识某一属类全宗的顺序号。全宗号的格式是：全宗属类代码＋全宗顺序号。全宗属类代码的编制方法是：在一个档案馆内，全宗属类代码不应重复；全宗属性单一的档案馆可以“0”为属类代码。全宗顺序号的编制方法是：全宗属类内的各个全宗可依排列次序先后流水编号，在一个属类内不应有重复的全宗顺序号。参见如下示例：

示例 1：某省档案馆收藏的新民主主义革命历史档案第 2 号全宗，标识为“G002”，其中“G”表示“新民主主义革命历史档案”，“002”表示第 2 号全宗。某省档案馆收藏的旧政权档案第 17 号全宗，标识为“J017”，其中“J”表示“旧政权档案”，“017”表示第 17 号全宗。某省档案馆收藏的中华人民共和国成立后档案第 18 号全宗，标识为“Z018”，其中“Z”表示“中华人民共和国成立后档案”，“018”表示第 18 号全宗。

示例 2：某市档案馆馆藏旧政权档案第 1 号全宗，标识为“J001”，其中“J”表示“旧政权档案”，“001”表示第 1 号全宗。某市档案馆收藏的中华人民共和国成立后档案第 58 号全宗，标识为“Z058”，其中“Z”表示“中华人民共和国成立后档案”，“058”表示第 58 号全宗。

示例 3：某县档案馆馆藏中华人民共和国成立后档案第 127 号全宗，标识为“0127”，其中“0”表示“中华人民共和国成立后档案”，“127”表示第 127 号全宗。

示例 4：河北省档案馆馆藏原热河省第 123 号全宗，可标识为“R123”。

示例 5：四川省档案馆馆藏已撤销的川东行署 003 号全宗，可标识为“D003”。

示例 6：中国第一历史档案馆馆藏明清档案第 74 号全宗，可标识为“0074”。

注意：不同的国家档案馆对馆藏档案的全宗编号可以重复，在进行档案目录信息和数字化档案资源交流或整合的过程中，可以通过档案馆代码来加以区分，故此不会造成混淆。《编制全国档案馆名称代码实施细则》(国档发〔1987〕4 号)，经 2011 年 1 月 28 日国家档案局局务会议审议，属于继续有效的规范性文件。例如，湖北省档案馆的代码为 442001，湖北省武汉市档案馆的代码为 442002，武汉市江岸区档案馆的代码为 442003，湖北省黄石市档案馆的代码为 442030，等等。

● 案卷目录号的编制方法：

案卷目录号以三位阿拉伯数字标识。案卷目录号应根据全宗内档案整理状况设置。可按不同时间、不同组织结构、不同保管期限、不同专题或不同载体形态设置案卷目录号。

每一案卷目录所含案卷数量一般以三位数为宜。即，当一本案卷目录内登录的案卷数量不足 1 000 时，一般不另立案卷目录和另编案卷目录号；当一本案卷目录内登录的案卷数量超过 1 000 时，一般应另立案卷目录，并另编案卷目录号。一个全宗内不应有重复的案卷目录号。

● 案卷号的编制方法：

案卷号用三位阿拉伯数字标识。一本案卷目录内的案卷按其排列次序流水编号，不应有空号。每一案卷目录内的全部案卷只应编一个流水顺序号。当一个目录中出现两个以上（含两个）案卷流水顺序号时，应重新编案卷号或分设案卷目录；当一个案卷中的流水顺序号分登于两个以上（含两个）案卷目录时，应将这几个案卷目录合并为一个目录号或按目录分编相应数目的案卷流水顺序号。

● 件号的编制方法：

不装订的案卷，卷内文件必须单件装订编号。件号用阿拉伯数字标识。卷内的文件依其排列次序流水编号，不应有空号。件号在使用时，其前必须同时列写案卷号及其以前各号。

● 页（张）号的编制方法：

页（张）号用阿拉伯数字标识。卷内文件各页（张）按其排列次序流水编号，不应有空号。但空白的页面，不需要编写页（张）号。

2. 以“件”的形式整理的文书档案的档号结构和编制方法

档号不能等同于归档章上的所有编目项目。在归档章上出现的保管期限，一方面是为了固定档案价值鉴定的成果，另一方面是为了方便针对期满档案文件的鉴定工作的开展。将保管期限编入档号，是违背前述档号编制的稳定性原则要求的，即将一种主观性较大的认识成果置入了档号。从长远来看，将保管期限编入档号会造成管理工作量的增加和管理成本的提高。随着档案部门元数据管理能力的不断提高，这种做法就更失去了其存在的意义。

以“件”为单位整理的档号结构为“全宗号-档案门类代码·年度-机构（问题）代码-件号·子件号”或“全宗号-分类号·年度-件号·子件号”。

(1) 全宗号：用四位代码标识，按照以“卷”为单位的档号中全宗号的编制方法执行。

(2) 档案门类代码·年度：文书、照片、录音、录像、科技、专业的门类代码分别为“WS”“ZP”“LY”“LX”“KJ”“ZY”。年度为文件形成年度，以四位阿拉伯数字标注公元纪年，如“2013”。当文件形成年度无法考证时，年度为其归档年度，并在附注项加以说明。

(3) 机构（问题）代码：机构（问题）代码采用三位汉语拼音字母标识，如办公室可用“BGS”标识。未按照机构（问题）分类的，应省略机构（问题）代码。组织机构代码表样例参见表4-7。

表4-7　组织机构代码表样例

序号	职能部门名称	部门代码
1	总裁办公室	ZCB
2	文档科	WDK
3	外事办公室	WSB
4	党群办公室	DQB
5	财务管理部	CWB
6	人力资源部	RZB
7	业务管理部	YWB
8	审计部	SJB
9	法务部	FWB
10	服务中心	FWZ
11	离退休办公室	LTB
12	信息中心	XZX

(4) 分类号：档案文件在立档单位统一分类方案中所获得的分类代码。

(5) 件号·子件号：件号是单件归档文件在一个保管期限下排列的顺序号，用四位阿拉伯数字标识，不足四位的，前面用“0”补足，如“0026”。子件号是指件内单份文件排列的顺序号，用三位阿拉伯数字标识，不足三位的，前面用“0”补足，如“001”。不需要编子件号的，子件号可以省略。如有需要，可以在件号·子件号之后编制下位代码，比如页（张）号等。

示例：Z126-WS·2010-WSB-0001

这一编码中的“Z126”是全宗号，“WS”是文书档案的门类代码，“2010”为该文件形成的年度，“WSB”是“外事办公室”的部门代码，“0001”是归档文件的件号。

示例：0168-J111·2009-0001

这一编码中的“0168”是全宗号，“J111”是根据档案分类主表确定的档案文件分类号，“2009”为该文件形成的年度，“0001”是件号。

（二）科技档案档号的结构和编制方法

1. 科技档案档号的结构

《档号编制规则》(DA/T 13—1994) 推荐的档号结构有三种，即“全宗号-案卷目录号-卷号-件、页（张）号”“全宗号-类别号-案卷号-件、页（张）号”“类别号-项目号-案卷号-件、页（张）号”。

2. 科技档案档号的编制方法

（1）类别号的编制方法：类别号是由汉字、汉语拼音字母或阿拉伯数字组成的代码标识。不同级位的类别之间可用间隔符“·”分开。当不产生误解时，可省略间隔符。类别号一般不应超过三级。在一个档案馆（立档单位档案管理部门）内或一个全宗内，不应有重复的类别号。

（2）项目号的编制方法：项目号引用有关管理部门编制的项目代号。

（3）案卷号的编制方法：案卷号用三位阿拉伯数字标识。目录内的案卷按排列次序流水编号，不应有空号。每一案卷目录内的全部案卷只应编一个流水顺序号。当一个目录中出现两个以上（含两个）案卷流水顺序号时，应重新编案卷号或分设案卷目录；当一个案卷中流水顺序号分登于两个以上（含两个）案卷目录时，应将这几个案卷目录合并为一个目录号或按目录分编相应数目的案卷流水顺序号。

（4）件号的编制方法：不装订的案卷，卷内文件必须单件装订编号。件号用阿拉伯数字标识。卷内文件依次流水编号，不应有空号。件号前必须同时列写案卷号及其以前各号。

（5）页（张）号的编制方法：页（张）号用阿拉伯数字标识。卷内文件各页（张）依次流水编号，不应有空号。

此外，《企业档案工作规范》（DA/T 42—2009）推荐的企业档案的档号格式为“［全宗号-］分类号（或项目代号或目录号）-案卷号（或件号或盘、盒、张号）”（［　］表示可选）。全宗号由企业根据对所属单位集中统一管理档案的需要和企业产权变更情况自行设定。

（三）基于企业统一的档案分类方案的企业档案档号的结构和编制方法

企业应根据职能分工的情况，结合档案管理的实际需要，编制本企业统一的档案分类方案。通过这种统一的档案分类方案，企业的档案可以获得相对稳定的分类代码标识（分类号）。这也是国家档案行政管理部门的统一要求。

下面将介绍基于企业统一的档案分类方案的企业档案档号的基本结构和编制方法。

1. 企业档案档号的基本结构

企业档案档号一般由全宗号、档案分类号、对象特征码、案卷号（或件号）等四段编码组成。具体编码格式如下：

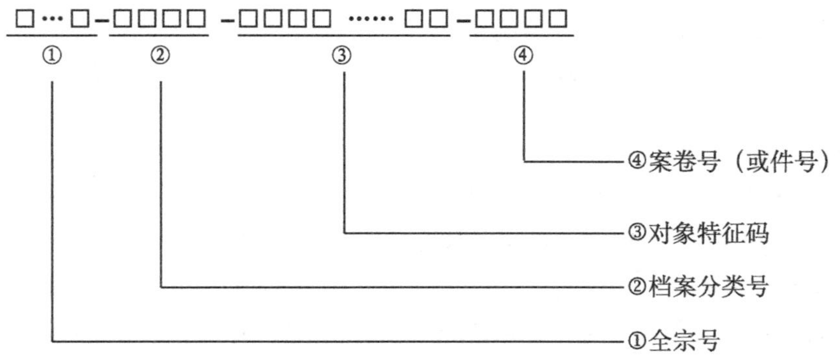

2. 档号编制方法与要求

企业档案档号可采用英文字母和阿拉伯数字混合编码制。档号中左边为上位代码，右边为下位代码，四段代码之间用“-”（短横线）分隔。

（1）全宗号：可采用公司名称的英文或汉语拼音的缩写，如 HUAWEI、WANKE、HLONG、CEDB、BJJY 等。

（2）档案分类号：一级类代码用英文字母表示，为避免混淆，档案分类编码中的部门代码和分类号编码禁止使用英文字母 I、O、U、V。二级类代码用阿拉伯数字表示，为保证编码的可扩展性，采用双位法编制，即用 11、12、13……19，21、22、23……29，……，91、92、93……99 来依次标识各一级类中的二级类，禁用 00～09，以及 10、20……90 等阿拉伯数字。三级类代码采用一位阿拉伯数字标识，即采用 0～9 十个阿拉伯数字中的一个表示；如果三级类代码的数量较多，也可以采用“双位法”或“八分法”编制。档案分类号应从档案分类主表中获取。企业各部门如需增加三级类代码，可在相应的二级类代码下细分。

档案分类号的编码应力求简短明了，便于检索利用，并能适应档案类别扩充的需要。档案分类号的编码结构和方法一经确定，原则上不应更改。

（3）对象特征码：用 N 个阿拉伯数字或字母表示，企业各部门可以根据所形成档案的稳定性对象特征（如文书档案的“年度”和“部门”特征，基建工程档案的“工程项目号”“国别与地区”“工程阶段”“工程专业”“部门”特征，设备档案的“型号”特征，合同档案的“合同号”特征，员工业绩档案的“职工代码”特征，贸易项目档案和招标档案的“项目代号”特征，以及各种门类档案的“载体类型”特征，等等）来确定对象特征码，并将其区分为必要的对象特征码和可选的对象特征码两种。不同的对象特征码之间用“·”分隔。企业档案的对象特征码可包括（各企业可以根据实际需要加以确定）：

- 工程项目代码——工程项目代号
- 项目阶段号——工程运作阶段的代码标识
- 工程专业代码——结构、供水、供电、供暖等代码
- 设备代码——设备型号
- 年度——公历纪年法
- 业务活动项目代码——贸易项目代码和招标项目代码
- 合同代码——公司标准合同编号
- 员工代码——公司职工代码
- 采购订单号——标准采购订单编号
- 报关单号——标准报关单编号
- 文件载体类型代码
- 各部门代码
- 《世界各国和地区名称代码》(GB/T 2659—2000)
- 《中华人民共和国行政区划代码》(GB/T 2260—2007)
- 其他特征代码等

（4）案卷号：即案卷顺序号，一般用三位阿拉伯数字（001～999）标识。特殊情况依事先确定的规则处置。

（5）件号：公司的文书档案和实物应以“件”为单位整理并编件号，件号用四位阿拉伯数字（0001～9999）标识。

3. 企业档案档号示例和使用说明

（1）企业管理性档案（包括党群工作类、行政管理类、法律事务类的档案）编码示例。

编码格式：□…□-□□□□-□□□·□□□□-□□□□

注释：第一段代码企业的为全宗号；第二段代码为文书档案的分类号；第三段代码为文书档案的对象特征码，其中前三位代码为部门代码，后四位代码为年度代码；第四段代码为件号。

示例：HLONG-A110-GAB·2010-0001

这一编码中的“HLONG”是企业的全宗号；“A110”是根据档案分类主表确定的党团工作类的下位类“党务管理”的分类号；“GAB”是“外事办公室”的部门代码，“2010”为该文件形成的年度；“0001”是归档文件的件号。

（2）财务会计类档案编码示例。

编码格式：□…□-□□□□-□□·□□□□-□□□

注释：第一段代码为企业的全宗号；第二段代码为财务会计类档案的分类号；第三段代码为财务会计类档案的对象特征码，其中前两位代码为部门代码，后四位代码为年度代码；第四段代码为案卷号。

示例：HLONG-E140-GC·2009-001

这一编码中的“HLONG”是企业的全宗号；“E140”是根据档案分类主表确定的财务会计类档案的“会计账簿”类下位类“总账”的分类号；“GC”是“财务管理部”的部门代码，“2009”为该档案形成的年度；“001”是案卷号。

（3）投资管理类档案编码示例。

编码格式：□…□-□□□□-□□·□□□□-□□□

注释：第一段代码为企业的全宗号；第二段代码为投资管理类档案的分类号；第三段代码为投资管理类档案的对象特征码，其中前两位代码为部门代码，后四位代码为年度代码；第四段代码为案卷号。

示例：HLONG-F110-KA·2009-001

这一编码中的“HLONG”是全宗号；“F110”是根据档案分类主表确定的投资管理类档案的“全资子公司管理”类下位类“成立子公司”的分类号；“KA”是“投资管理部”的部门代码，“2009”为该档案形成的年度；“001”是案卷号。

（4）经济贸易类档案编码示例。

编码格式：□…□-□□□□-□□·□□…□□·□□□-□□□

注释：第一段代码为企业的全宗号；第二段代码为经济贸易类档案的分类号；第三段代码为经济贸易类档案的对象特征码，其中前两位代码为部门代码，后面的 N 位代码为合同号和国别代码；第四段代码为案卷号。

示例：HLONG-J111-LA·2009H1088·502-001

这一编码中的“HLONG”是全宗号；“J111”是根据档案分类主表确定的经济贸易类档案的下位类“民品自营出口项目”的分类号；“LA”是“特种装备部”的部门代码，

“2009H1088”为合同号，“502”为美国的代码；“001”是案卷号。

（5）基建工程类档案编码示例。

编码格式：□…□-□□□□-□□·□□…□□·□-□□□

注释：第一段代码为企业的全宗号；第二段代码为基建工程类档案的分类号；第三段代码为基建工程类档案的对象特征码，其中前两位代码为部门代码，后面的 *N* 位代码为基建工程项目代码、基建工程项目专业代码或项目阶段代码；第四段代码为案卷号。

示例：HLONG－H110－GH·2009001·1－001

这一编码中的“HLONG”是全宗号；“H110”是根据档案分类主表确定的基建工程类档案的二级类“公司房产”的下位类“竣工图”的分类号；GH 是“服务中心”的部门代码，“2009001”是工程项目代码，“1”是工程项目专业代码；“001”是案卷号。

示例：HLONG－H120－LC·A701·Q－001

这一编码中的“HLONG”是全宗号；“H120”是根据档案分类主表确定的基建工程类档案的二级类“海外工程”的下位类“项目决策”的分类号；“LC”是“海外工程事业部”的部门代码，“A701”是工程项目代码，“Q”是工程项目阶段代码；“001”是案卷号。

（6）设备管理类档案编码示例。

编码格式：□…□-□□□-□□·□□…□□-□□□

注释：第一段代码为企业的全宗号；第二段代码为设备管理类档案的分类号；第三段代码为设备管理类档案的对象特征码，其中前两位代码为部门代码，后面的 *N* 位代码为设备型号代码；第四段代码为案卷号。

示例：HLONG－K12－GH·SBJ950－001

这一编码中的“HLONG”是全宗号；“K12”是根据档案分类主表确定的设备管理类档案的下位类“车辆”的分类号；“GH”是“服务中心”的部门代码，“SBJ950”为车辆型号代码；“001”是案卷号。

（7）实物类材料的编码示例。

编码格式：□…□-□□□□-□□□·□□□□-□□□□

注释：第一段代码为企业的全宗号；第二段代码为实物类材料的分类号；第三段代码为实物类档案的对象特征码，其中前三位代码为部门代码，后四位代码为年度代码；第四段代码为件号。

示例：HLONG－M110－GAA·2008－0001

这一编码中的“HLONG”是全宗号；“M110”是根据档案分类主表确定的公司荣誉档案类的下位类“国家级”荣誉档案的分类号；“GAA”是获奖的“文档科”的部门代码，“2008”为该获奖年度代码；“0001”是件号。

（四）照片档案档号的结构和编制方法

1. 照片档案底片档号的结构和编制方法

照片档案底片的档号，简称“底片号”，是固定和反映底片在全宗内排列顺序的一组字符代码，由全宗号、张号组成。其格式是：全宗号-张号。

(1) 全宗号：档案馆给立档单位编制的代号，或企业的汉语拼音或英文译名的首字母缩写。

(2) 张号：在某一全宗某一保管期限内底片的排列从“1”开始的顺序编号。

2. 照片档案照片档号的结构和编制方法

照片档案照片的档号，简称“照片号”，是固定和反映每张照片在全宗内分类与排列顺序的一组字符代码，由全宗号、册号、张号（或全宗号、张号）组成。照片号有两种格式：

(1) 全宗号-册号-张号。

(2) 全宗号-张号。

若采用第二种格式编制档号，可选用照片、底片分别编号法或合一编号法（影像相符的照片、底片编号相同）。选用合一编号法宜以照片、底片齐全为基础。

(1) 全宗号：档案馆给立档单位编制的代号，或企业的汉语拼音或英文译名的首字母缩写。

(2) 册号：在某一全宗某一保管期限内的照片册的排列从“1”开始的顺序编号。

(3) 张号：第一种格式中的张号是指照片在册内的排列从“1”开始的顺序编号。第二种格式中的张号是指在某一全宗某一保管期限内照片的排列从“1”开始的顺序编号。

值得注意的是，为了更好地保证照片档案档号的长期稳定性，不应在档号中增加保管期限代码。

第六节 档案整理中的组织管理

为了科学地进行档案整理，还必须从各方面研究档案整理诸环节的特点、它们之间的相互关系，以及与之相适应的工作程序和劳动组织。所有这些都是档案整理的组织管理问题，其目的和意义在于以最少的人力、财力、物力和最短的时间整理好大量的档案，保证整理工作的质量和提高工作效率，以便及时提供档案供党、国家及社会各个方面的利用。

一、档案整理中的各个环节及其相互关系

档案整理是为解决文件的凌乱无序和系统化管理要求之间的矛盾而进行的一项工作，它不仅是制约档案工作其他业务内容的一项重要工作，而且是由密切联系的各个具体环节组成的统一体。档案整理的诸环节，都各有其特点和作用，而又彼此联系，相互制约。为了合理地组织档案整理，应该了解它是为了解决什么矛盾，同时也必须研究怎样才能完成这个任务。为此，档案工作人员不仅要掌握档案整理的一般原则和操作方法，而且需要从档案整理的工作程序、作业性质和操作特点等不同侧面，研究档案整理各个环节及其相互关系。

(一) 档案整理的基本程序

档案整理按其工作程序一般分为：划分全宗、分类、立卷（组件）、案卷（文件）排列，以及编制归档文件目录和档案文件目录、案卷目录、档案分类目录等。这些通常也被

称为档案整理的各个环节。它们之间的相互关系，决定了档案整理的基本程序和一般步骤。正确地处理它们之间的关系，恰当地规定各个环节的要求，合理地确定劳动分工和质量检查的重点等，都有助于提高档案整理的质量。

档案整理一般是从划分档案文件所属的全宗开始的，只有把属于一个全宗的档案文件有效地集中起来，才能根据全宗的具体情况进行下一步的系统整理工作。如果不先划分全宗，属于不同全宗的文件混淆不清，就不可能正确地做进一步的整理。实践经验不止一次地证明，在全宗文件混杂的情况下进行分类、类内文件的整理和编目等工作，都将产生一定的混乱，以致档案不能更科学地反映社会活动的历史面貌。档案馆对现行机关计划由档案馆接收的全宗，有条件的应事先划定，并指导机关以全宗为单位完成有关的整理工作。档案先前已被接收进馆，以后仍需不断补充移交的立档单位，当遇到重大的机构变动涉及全宗界限时，应研究和确定全宗如何分合、互相连续等处置方案，以免造成以后整理工作的紊乱。

一个全宗内的档案文件的系统整理，一般是先分类再立卷（组件）。分类通常是立卷（组件）的前提和现行步骤。分类的方法和质量，对立卷（组件）有一定的影响，甚至起决定性作用。如果全宗内的档案未经过分类就直接进行立卷（组件）或以“件”为单位进行整理，那么立卷（组件）就不易着手，以致影响类内文件的整理质量或造成一些重复劳动。文件怎样分类以及分类是否正确，与案卷或文件有重要关系，因为立卷（组件）是在一个类的范围内把文件组成许多小的单位，不是一个类的文件不能组成一个保管单位。在现行机关中，文件是经文件形成部门或综合办公部门整理后归档的，档案管理部门在收到整理好的案卷或文件后分类保管，这种程序仿佛是先立卷（组件）后分类；其实，各立档单位一般都是逐年立卷（组件）归档，许多单位又由各个内部组织机构各自按年度分别组织归档，事实上已经自然地进行了分类工作（按年度—组织机构分类法或组织机构—年度分类法），所以，立卷（组件）仍然是在分类之后进行的。为了对陆续归档的案卷（文件）合理地分类，必须在文件归档之前，就通盘地考虑和确定妥善的分类方案，使整个立档单位的类内文件组织和编目有所遵循，归档文件得到有序的日常管理和存放。

立卷（组件）对分类也有一定的制约关系。特别是有些案卷（文件）是历史上形成的密不可分的一组文件的整体，分类时不能机械地破坏这些案卷（文件）之间的有机联系。也就是说，立卷（组件）不能完全在分类之后进行。这种情况对于公安、司法、检察、人事部门的档案来说，更为明显。因为有关某个案件的全部文件相互之间是不可分割的，必须组成一个保管单位（案卷或若干分册），分类就只能在这些案卷的基础上来进行。这就要求在确定分类方法和制定分类方案之前，必须考虑到这些文件将如何组成案卷的问题，并且在实际分类过程中，把历史上形成的密不可分的一组文件集中组成一个或若干个案卷。同时，在立卷（组件）过程中，如果发现所定分类方案有缺点或分类有错误，就应该随时加以修改，并做好记录工作。

总之，分类和立卷（组件）这两个环节既有一定区别，又有密切联系。分类是把全宗内的档案文件，按照一定的特点分成若干部门；立卷（组件）则是把各个局部的甚至零散的文件，按照一定的特点组成各个保管单位。这就是分类与立卷（组件）的基本区别。从分类和立卷（组件）的结果看，两者有相似之处：分类的结果，是将具有共同特点的文件集中为一类；立卷（组件）的结果，是将具有共同特征的文件集合为一个保管单位。从分类和立卷（组件）的方法看，两者又有不尽相同之处：分类的方法是分中有合，其主要方法是分析；立卷（组件）的方法是合中有分，其主要方法是综合。从一定意义上说，分类和立卷（组件），都可以被看作分离，它们是全宗内文件系统化过程中的两项主要工作。总的说来，应当先分类而后立卷（组件）；具体操作时，两者要相互结合，在先后交错过程中有规律地进行。

立卷（组件）和案卷（文件）的排列相互影响。案卷（文件）的系统化排列，只能在立卷（组件）之后才能进行。立成的案卷，为案卷排列提供了实际的对象，而排列又确定了案卷（文件）的位置。案卷排列时所采用的方法，在很大程度上取决于立卷（组件）的状况；而在案卷排列过程中，往往会发现案卷质量的问题，如果问题较大，还应该边调整案卷边进行系统排列。案卷组成状况的调整，必然又要影响到案卷（文件）之间的位置。

归档文件目录和案卷目录的编制，是在案卷（文件）排列之后进行的。案卷（文件）排列为编制归档文件目录提供了具体内容，而案卷目录或归档文件目录又最后固定了案卷（文件）的排列顺序。同时，在编制归档文件目录或案卷目录的过程中，检查和调整案卷（文件）及其排列顺序的工作又可以同时进行。

（二）档案的系统化与基本编目

档案整理，按其各个环节的作业性质，又可以概括地分为系统化和基本编目两大部分。

档案的系统化，就是按照一定的方法对档案进行分门别类，组织综合，条理排比。它的具体内容，包括划分全宗、分类、立卷（组件）、案卷（文件）排列等。系统化是档案整理的主要内容，是编目工作的前提。

档案的编目，就是以一定的形式揭示和介绍档案的内容与成分。档案编目工作的内容和种类很多，其中属于整理工作范围的编目工作，通常被称作基本编目。它包括卷内（类内）文件的编号、卷内文件或归档文件目录和备考表的编制、案卷封面的编目，以及案卷目录的编制等项内容。它是档案整理的重要内容之一，反映与固定档案系统化的状况，标志着档案整理的最终完成。档案的基本编目工作，又是其他各种编目工作的起点和基础，是建立档案目录中心和信息中心的必要条件，为开展档案利用、统计、保管、价值鉴定、检索、编研等工作，提供了一定的条件。

研究档案的系统化和编目这一划分的实际意义，在于了解和掌握这两种不同作业的特点和要求，正确地处理它们之间的关系。

档案系统化各个环节共同的特点和任务，是研究归档文件的科学分类和组合，并使它们构成具有内部联系的有机体系。因此，在进行系统化工作的时候，应该特别注意了解和研究文件形成的规律，掌握文件的来龙去脉，保持文件之间的联系性及其组织体系的逻辑性。系统化的各个环节，前后之间的连续性较强，且往往相互结合，不易截然分清，所以不宜按横向工序进行分工，如有些人专管分类、有些人专管立卷（组件）、有些人专管案卷（文件）的排列等，而应采取纵向分工方法。在系统化工作中采取按工序的“流水作业法”是违背系统化原理的。

档案编目各个环节共同的特点和任务，是在系统化的基础上做好各项基本编目工作，并使它们科学地显现档案整理工作的结果。因此，在进行档案基本编目时，应该特别注意研究文件的内容与实质，强调著录的准确性、鲜明性和概括性。编目过程中有些技术性的操作项目，如编制类（卷）内文件的顺序号、填写封面、填写脊背标签、去除金属物、加盖归档章等工作，其作业方法相对稳定，这些工序的划分也比较清楚，因此，在需要时也可进行横向分工，采用流水作业的方式。

档案系统化和编目各自的特点，也说明了它们之间不是彼此孤立的，而是紧密联系和相互制约的两个方面。一般说来，系统化是档案整理的开始，编目是档案整理的结束；系统化是编目的前提条件，编目是系统化的最终反映。然而，从档案整理的具体步骤和关系看，系统化和编目是相互交错的，而它们之间的交错又有一定的管理：系统化—编目—系统化—编目，即划分全宗—分类—立卷（组件）—编目—案卷（文件）排列—编制目录。

二、立档单位的档案部门对文件归档和档案整理的协调

（一）归档制度与各立档单位档案整理的关系

归档文件整理的质量如何，直接影响到各立档单位的档案整理。因此，各立档单位的档案部门（包括档案室、企事业单位档案馆、文件中心和文档信息中心等）应该把档案整理的基本要求体现在归档制度中。这不仅有利于文书部门和业务部门日常工作对文件的利用，而且减少了档案部门许多不必要的重复劳动，提高了档案整理的质量和效率。这是一种合理的制度安排，也是文书部门、业务部门与档案部门在档案整理工作上的一种有效协作。2019 年 1 月 1 日开始实施的《机关档案管理规定》明确要求：“机关文书或业务部门应当指定人员，承担相应部门文件材料的收集、整理和归档工作。机关应当建立以机关档案部门为中心，由相关人员组成的机关档案工作网络。”“机关履行职责过程中应当按照有关程序和要求形成归档文件材料。机关办公自动化和其他业务系统应当支持形成符合要求的归档文件材料。”“机关文书或业务部门应当及时收集形成的归档文件材料，交本部门指定人员保管。”

（二）在档案形成过程中划分全宗与分类

为了及时对陆续形成的档案文件进行分类，在文件归档前，即应确定分类方法和分类方案，有条件的单位可以将档案分类方案嵌套到各个业务信息系统之中，逐步实现文件的线上自动归档，或在人为的干预下完成日常的固化文件的归档工作。在档案分类实践中，可以调整分类方案中某些设置不合理的类目，但是必须注意防止本单位档案分类方案的频繁更改和变化。

为了保证归档文件分类工作和某些基本编目工作的顺利进行，档案部门应将所确定的立档单位和分类方法体现在归档制度的内容之中。例如，当两个机关合署办公时，如果确定了它们仍然属于两个立档单位，它们形成的档案文件（归档文件）仍属于两个全宗，在归档制度中就可规定两个机关的文件要分别整理归档。又如，一般档案按年度-组织机构分类，可在归档制度中规定各文书部门、业务部门的文件各自逐年整理，分别归档。否则，在文书部门和业务部门把应属不同全宗和不同类别的文件编立在一个保管单位内归档

后，档案部门为了划分全宗和分类，就得重新立卷（组件），重新编制归档文件目录或案卷目录。这样就势必造成人、财、物的浪费，延缓档案整理工作的进程。

（三）档案文件形成过程中的整理和目录的编制

为了使归档文件和归档文件目录符合日后档案整理工作的要求，一方面应将档案部门对档案文件的质量要求、分类要求、价值鉴定要求等有关规定，纳入本单位的归档制度之中；另一方面，档案部门还应经常对文书部门和业务部门的归档工作进行监督、指导和检查。《机关档案管理规定》明确要求：机关档案部门应“对机关各种文件材料的形成、积累和归档工作进行监督和指导，对所属机构的档案工作进行监督和指导”。机关档案部门还应积极通过组织培训、现场指导等方式，协助各个业务部门做好平时文件的积累、整理、归类、鉴定、组件、归档和移交工作。

三、积存文件和零散文件的整理工作

积存文件和零散文件的整理工作内容一般包括：制定整理工作方案、编写立档单位和全宗历史考证、确定整理程序等。

（一）制定整理工作方案

为了使积存文件和零散文件的整理工作能够顺利进行，在实际整理工作开展之前，档案部门应先组织相关人员了解积存文件和零散文件的基本情况，制定一个整理工作方案。这种方案的内容一般包括：立档单位的历史沿革和档案状况、整理的要求和具体工作方法、工作程序、劳动组织，以及各项工作的完成时间安排，等等。由于所要整理的积存文件、零散文件状况、数量以及参加整理的人员数量不同，整理工作方案和实际内容也可详简适度。

整理工作方案一般以全宗为单位来制定。当整理互有联系的或同类型的若干全宗时，也可以合编一个整理工作方案。根据需要，还可以将整理工作方案中的某些部分，如立档单位和全宗历史考证、分类方案、立卷（组件）的规则等，写成单行材料。

（二）编写立档单位和全宗历史考证

积存文件和零散文件的整理，一般是从研究立档单位的历史沿革和档案管理状况开始的。只有熟悉了相关立档单位及其档案的历史和现状，才能深刻地了解和掌握整理对象的各种特点，才能正确地解决整理中的一系列问题。对立档单位历史沿革和档案管理状况的研究结果，应写成书面材料，即立档单位和全宗历史考证，作为整理工作方案的一部分，也可作为单行材料。

立档单位和全宗历史考证，对于积存文件和零散文件的整理和日常档案的管理等，均有一定的利用价值。它是制定具备可行性的整理工作方案和科学地组织档案整理工作的依据，如对该全宗及其各个部分档案的整理要求如何确定、采取何种方法等，均应在研究全宗材料实际情况的基础上加以确定。较为详细的历史考证，不仅是档案整理的整个过程中必要的参考材料，而且对判定文件所属全宗、考证文件日期和所属组织机构等，有一定的辅助作用；同时，它对日后进行档案价值鉴定工作、编制检索工具、建设数据库和利用档案资源等，也具有一定的参考价值。质量较高的历史考证，实际上是一种颇有使用价值的工具书。

立档单位和全宗历史考证，一般由立档单位沿革和全宗状况两部分构成。

1. 立档单位沿革

该部分的内容包括：（1）立档单位成立的时间和原因、单位名称的变化、撤销的时间和原因、继承单位的名称。（2）立档单位的性质、任务和职责范围，它在社会中的地位，它与其他组织的关系。（3）立档单位的活动情况，如活动地点、范围等。（4）立档单位的内部组织机构设置及其职责、机构的变化、立档单位及其各组织机构的负责人姓名。（5）立档单位的文书工作制度及其变化情况、文件处理中使用的各种印章戳记及其作用。

2. 全宗状况

即档案的情况说明，一般包括：（1）全宗档案内容与成分的概况。（2）全宗的历史，即档案进入档案部门前的保管地点和保管情况（如档案是否经过整理，是否受过损失和经过鉴定，以及其他相关情况，等等）。（3）档案现状，如整理、鉴定的质量等。（4）档案被利用的情况。

编写立档单位和全宗历史考证，通常应在开始整理全宗之前写出初稿，在档案整理过程中边使用边补充修改，在全宗整理结束时最后修订定稿，并放置于全宗卷中加以保存。

（三）确定整理程序

整理积存文件特别是零散文件，在研究立档单位及其档案情况的基础上制定整理工作方案时，应科学地安排整理程序，它对于提高整理工作效率和档案整理质量都具有一定意义。整理积存文件和零散文件的工作程序大致如下：

（1）划分全宗。

（2）进行对全宗内文件的分类（在分类中补充划分全宗）。

（3）立卷或组件（在组卷中补充分类）。

（4）进行对终端类内文件的排列或案卷内文件的排列。

（5）调整案卷或组件内的文件材料的顺序，明确文件题名或案卷题名。

（6）开展案卷或组件的编目，填写案卷的卷内文件目录、备考表、脊背标签、封面的著录事项；对案卷或组件中的文件进行技术修正；等等。

（7）确定各类内文件或案卷的排列顺序。

（8）编制档案文件目录或案卷目录。

这些整理程序安排，只是全面系统整理积存文件和零散文件的一般性程序要求。在实际工作中，各有关单位应根据具体情况，采取相应的程序安排。从上述步骤的全过程可以看出如下特点：积存文件和零散文件的整理程序，是在档案整理工作基本程序的基础上，有规律地交错结合而组成的。积存文件和零散文件的整理程序及其实际运用应建立在对所在单位相关情况和影响因素加以分析的基础上，并科学有效地开展。

本章思考题

1. 档案整理的目的、内容、任务、原则是什么？如何有效开展档案整理？

2. 什么是全宗？如何理解全宗的概念？划分全宗的意义是什么？
3. 全宗的构成条件是什么？如何判定一个组织是否可以成为立档单位？
4. 全宗的补充形式有哪些？名人全宗的档案文件分类如何进行？
5. 档案分类的概念如何理解？档案分类的目的是什么？
6. 档案实体分类常用的分类标准有哪些？
7. 如何有效开展全宗内档案文件的分类工作？如何编制科学合理的档案分类方案？
8. 如何编制档号？编制档号应当遵循哪些规则？
9. 如何开展本单位的积存文件和零散文件的整理分类工作？
10. 如何在立档单位的变化过程中，科学合理地进行全宗的划分？
11. 全宗群的概念是什么？如何运用全宗群思想开展馆藏档案的组织管理工作？
12. 什么是全宗卷？如何组建全宗卷？

第五章

档案价值的鉴定

内容提要

本章系统介绍和说明了档案价值鉴定的五个方面的内容：档案价值鉴定的内容与要求、档案价值鉴定的规则与方法、档案价值鉴定标准、档案保管期限表、档案价值鉴定的制度与程序。

第一节　档案价值鉴定的内容与要求

一、档案价值鉴定的概念

档案价值鉴定，就是以科学的理论为指导，依据相关的法规标准及历史经验，运用一定的规则和方法，判定档案保存价值的专业性档案管理活动。档案价值鉴定又称“档案鉴定工作”。

在纸质档案占主导地位的时代，档案价值鉴定的重心，是对档案保存价值的评价与预测，旨在解决档案实体数量不断增长与立档单位和国家档案馆有限存储空间之间的矛盾，并为组织和社会保存相对充分的历史活动凭证和数据资源。在电子文件（记录）和电子档案占主导地位的时代，档案价值鉴定的目标是解决电子文件（记录）的芜杂性与电子档案有效性之间的矛盾，切实保障电子档案的质量，并为组织和社会留存可以长期保存的完整、真实、可靠、可用的电子凭证和数字信息资源。

档案价值鉴定概念的基本含义主要包括：

第一，档案价值鉴定必须以科学的价值鉴定理论为指导。没有科学理论指导的档案价值鉴定，必然是盲目的实践活动，也会给组织和社会的档案凭证体系的完整性、系统性和安全性带来巨大的风险和挑战。为此，中外档案学理论研究都非常重视对档案价值鉴定理论的研究和探索，并提出了诸如“双重价值论”“职能鉴定论”“年龄鉴定论”“宏观鉴定”“文献战略”“相对价值论”等理论思想。

第二，档案价值鉴定必须遵从切合实际的档案价值鉴定规则、法律规范、标准、程序和方法。“合法合规”已经成为一种通行的指导档案价值鉴定活动的基本要求。这种要求可以有效地避免档案价值鉴定实践中的随意、主观性行为，并可以统一参与鉴定的工作人员的思想，规范其鉴定思想和行为，保证档案价值鉴定成果的质量，提高档案价值鉴定活动的效率。

第三，档案价值鉴定是对档案的“保存价值”的评价和预测。档案之所以有保存的必要，首先是因为它可以为其形成者提供较为充分的业务活动凭证和法律所要求的证据，并可以为组织和社会积累和保存具有参考价值的经验、数据、信息和知识。其次，在纸质档案占主导地位的时代，因文件和记录的数量以几何级数增长，人类社会没有能力保存数量巨大的文件和记录，所以只能通过鉴定“去粗取精”，并根据有限的保存空间决定文件和记录的“存”与“毁”，将其中“保存价值”较大的留存下来，而对那些“保存价值”不大或没有“保存价值”的加以销毁。

第四，档案价值鉴定应对确定留存的档案划定保存期限。档案作为一种证据性记录和历史信息记录，其发挥作用的时限各有不同。有的档案发挥作用的时限是短期的，有的档案发挥作用的时限是长期的，有的档案发挥作用的时限是永久的。档案价值鉴定组织和人员应根据对档案发挥作用时间长短的合理估计和预测，划定留存档案的保存期限。

第五，档案价值鉴定是一项专业性很强的档案管理业务。从事档案价值鉴定的人员，不仅应当熟悉和掌握档案价值鉴定的理论、原则、规则、程序、规范、标准和方法，而且要拥有足够的业务工作经验、严谨的工作作风、科学的工作态度和团队合作精神。只有如此，才能保证档案价值鉴定的质量，避免组织和国家档案财富的损失。

二、档案价值鉴定的基本内容

（一）建立档案价值鉴定的工作组织，完善档案价值鉴定工作机制

需要开展档案价值鉴定的单位，应按法律法规的要求，成立档案鉴定委员会或档案鉴定工作小组，并在单位主管（分管）领导的统一指挥下，开展档案价值鉴定。完善的档案价值鉴定工作机制是确保档案价值鉴定质量的必要条件。其中应包括：有效的沟通机制——确保鉴定工作中遇到的难点问题得到合理解决；有效的管控机制——确保国家有关法律法规和标准得到切实执行；经验记录机制——保证在档案价值鉴定中取得的经验得到总结和记录；风险防范机制——确保列入销毁范围的档案得到合法合规的处置，杜绝擅自销毁有保存价值的档案和档案处置过程中的失密、泄密等风险和问题的发生。

（二）制定科学的档案价值鉴定政策和规则，订立合理的工作程序、制度和标准

档案价值鉴定政策应明确说明档案价值鉴定的主要目的和目标，承担档案价值鉴定任务的组织和人员的责任与义务，档案价值鉴定中的重点、难点问题的应对措施，以及开展档案价值鉴定的人财物条件保障，等等。档案价值鉴定的规则、程序、制度和标准是开展此项工作的要件，缺一不可。档案价值鉴定规则，可以有效地保证参与鉴定的人员明确自己在整个鉴定工作中的行事要求和权限，有利于统一鉴定人员的思想和行为方式，防范违规事件的发生。档案价值鉴定程序，是根据档案价值鉴定的目标和任务做出的整体工作业务流程安排。档案价值鉴定制度、标准，是根据鉴定对象的实际情况，根据国家的有关法律法规制定的档案鉴定工作制度和档案保管期限表。

（三）具体判定档案的保存价值，划定需要保存档案的具体保管期限

档案价值鉴定人员，可根据对档案保存价值的判断和估价结果，按照档案保管期限

表，划定列入保存范围的档案的保管期限。

（四）处置列入销毁范围的档案

在保证档案内容安全的前提下，档案价值鉴定组织可以根据档案销毁制度和档案安全保密制度的要求，选择合理的方式和方法，销毁经鉴定已失去保存价值或保存价值不大的档案，并做好后处理工作。

由于档案价值鉴定是一项经验性很强的专业活动，加之每个时代人们认识能力和判断能力的局限，所以该项工作往往不能一蹴而就。因此，立档单位和国家档案馆需要定期开展针对保存期满档案的价值鉴定工作。

三、档案价值鉴定的要求

立档单位和国家档案馆在开展档案价值鉴定时，必须从国家和社会的整体利益出发，既要考虑档案形成者的业务工作需要，又要考虑国家和社会的长期发展需要，用全面的、历史的、发展的和科学的效益观点，科学合理地判定档案的保存价值。

（一）应从国家和社会的整体利益出发去判定档案的保存价值

档案价值鉴定是一项直接关系到一个国家和民族的社会历史记忆能否得到有效维护、传承和保存的重要工作，应从国家和社会的整体利益出发，科学地组织和开展。那种只考虑本单位利益，而忽视国家和社会整体利益的档案价值鉴定思想是十分有害的。因为，每个立档单位之所以会保存档案，其直接的动力来源是为本单位的业务工作的可持续进行，留存足够的业务活动证据和法律所要求的证据，同时也为保证本单位业务活动的健康性，留存那些具有参考价值的文件和记录。但是，随着时间的流逝和立档单位的业务发展，原来留存的档案会逐渐失去其业务证据价值和业务参考价值，这时，立档单位继续保存这部分档案的“原动力”就不存在了。如果一个组织只顾及自身的利益，而缺乏国家、民族的整体利益意识，那么必然的结果就是整个国家和社会的历史记忆不断流失。为此，在开展档案价值鉴定时，尤其是在对“保存期满”的档案进行定期鉴定时，各立档单位和国家档案管理部门只有遵循“从国家和社会的整体利益出发去判定档案价值”的原则性要求，才能保证我们的国家记忆、民族记忆、社会历史记忆的相对完整性，才能保证我们民族文化的长久传承和发展。

（二）应采用全面的观点指导档案价值鉴定

不谋全局者，难以谋一域。所谓用全面的观点指导档案价值鉴定，从立档单位的角度看，就是在判定档案保存价值时，应全面分析影响档案保存价值的相关因素，综合判定档案的保存价值。从社会角度看，就是在判定档案保存价值时，应避免只从一个机关、一个部门（机构）或个人的需要出发，而应从社会的需要出发去开展价值鉴定工作。从档案管理的整体效益角度看，坚持以全面的观点开展档案价值鉴定，也是实现整个国家档案资源体系建设整体优化目标的需要。有效地消除全宗之间的“档案重复留存”问题，关键的办法之一，就是在档案价值鉴定中切实采用全面的观点，采取有效的整体控制手段和措施。

用全面的观点指导档案价值鉴定，有助于档案鉴定人员从整体上认识和把握全宗、类别（系列）、案卷的保存价值，避免孤立地判定每一份文件（记录）的保存价值。

（三）应采用历史的观点指导档案价值鉴定

档案是原始的历史记录，具有鲜明的历史时代性特征。那种只从“现实需要”出发判定档案保存价值的思想和行为，会给人类社会档案资源的完整性和连续性造成极大的损害。在鉴定档案价值时，坚持历史的观点，就是要根据档案产生的历史条件及其在历史上的作用，科学地评价其对维护人类社会历史记忆的有用性，确定其保存价值。在档案价值鉴定实践中，要坚持历史的观点，就必须坚决反对片面的实用主义观点。

（四）应采用发展的观点指导档案价值鉴定

按照发展的观点开展档案价值鉴定，就是要充分考虑到档案保存的未来意义。档案的保存不仅是现实社会存续和发展的需要，也是子孙后代生存与发展的需要。档案价值鉴定人员应具有一定的预测未来社会发展需要的能力。随着数字时代的到来，一些在纸质档案占统治地位的时代被鉴定为“保存价值不大”的档案文件和记录，其数字形态的记录却因为蕴藏着丰富的可分析和加工的“数据”，而成为一种非常具有留存价值的信息资源。所以，那种简单地认为“纸质文件”与“电子文件”的保存价值相同的观点和做法，是非常武断和有害的。正确的做法是：纸质档案按传统的价值鉴定标准去判定其保存价值，数字档案（或电子档案）的价值鉴定标准则应重新确定。

（五）应采用科学的效益观点指导档案价值鉴定

对于纸质档案等传统载体形态档案的价值鉴定，必须考虑立档单位和国家档案馆的保存能力。那种认为只要文件和记录具有些许利用价值就应作为档案加以保存的思想观念，不仅脱离实际，而且一旦实施就会劳民伤财。为此，在开展档案价值鉴定时，鉴定人员应对列入保存范围的文件和记录的利用价值和利用效益，进行充分的预测和评价。只有当档案发挥作用时所带来的经济效益和社会效益大于我们所付出的管理成本时，我们才能认为档案是具有保存价值的。诚然，单纯的“效益”观点（即只评价档案保存的经济效益，却忽略档案保存的社会效益的观点），在档案价值鉴定中也要坚决避免。

第二节　档案价值鉴定的规则与方法

一、档案价值鉴定的规则

档案价值鉴定的规则，是依据国家档案价值鉴定的法律规范和制度要求来制定，供参与档案价值鉴定的全体成员共同遵守的制度性行为规范。其内容通常包括：

（一）规范有据

该规则要求机构、组织在开展档案价值鉴定时，自觉遵从国家法律、法规、行政规章、地方规章及地方法规的有关规定进行。机构、组织及各级各类档案管理部门开展档案价值鉴定，应依据《档案法》、《中华人民共和国档案法实施办法》、《机关文件材料归档范围和文书档案保管期限规定》（国家档案局第 8 号令）、《企业文件材料归档范围和档案保管期限规定》（国家档案局第 10 号令）、《机关档案管理规定》（国家档案局第 13 号令），各专业主管部门制定的相关实施细则、部门规章，地方人大和人民政府制定的行政规章、行政法规等规范性文件中的有关规定执行，并注意遵循“法无授权即禁止”的原则要求。

（二）统一管控

该规则要求机构、组织在开展档案价值鉴定时，自觉接受国家档案行政管理部门的行政监督和业务指导。《机关文件材料归档范围和文书档案保管期限规定》第十二条规定：“各机关应根据本规定，结合本机关职能和各部门工作实际，编制本机关的文件材料归档范围和文书档案保管期限表，经同级档案行政管理部门审查同意后执行。有垂直领导关系的中央、国家机关应依据本规定，结合本系统工作实际，编制本系统的文件材料归档范围和文书档案保管期限表，并经国家档案局审查同意后执行。”国家档案行政管理部门通过档案保管期限表的“审批制”，可以使我国各级党政机关、人民团体及具有行政管理职能的事业单位的档案价值鉴定得到有效的管控，防止国家档案财富的流失。军队系统、民主党派、企事业单位要在同级档案行政管理部门的帮助指导下，开展本单位的文书档案保管期限表的编制工作，无须经同级档案行政管理部门审批。

（三）依理行鉴

该规则要求机构、组织在开展档案价值鉴定时，自觉运用科学的档案价值鉴定理论和方法，如体现系统鉴定思想的“职能鉴定论”“双重价值论”，体现“高龄案卷应当受到尊重”思想的“年龄鉴定论”，体现内容分析思想的“内在价值论”，体现辩证拣选思想的“相对价值论”，等等。

（四）标准先行

该规则要求机构、组织在开展档案价值鉴定时，事先编制适合本单位（或本系统、本行业、本地区）形成文件归档鉴定需要的具体标准——档案保管期限表；在没有编制经过档案行政管理部门审核通过或认可的档案保管期限表前，机构、组织不能开展本单位的档案价值鉴定。

（五）擅存禁止

该规则要求机构、组织在开展档案价值鉴定时，遵守《档案法》第十条的规定：“对国家规定的应当立卷归档的材料，必须按照规定，定期向本单位档案机构或者档案工作人员移交，集中管理，任何个人不得据为己有。国家规定不得归档的材料，禁止擅自归档。”机构或组织所确定的本单位文件归档范围，是其开展归档鉴定的重要依据和标准，凡是未被列入归档范围的文件，一律禁止擅自作为档案保存。

（六）证据保全

该规则要求机构、组织在开展档案价值鉴定时，从保持本单位业务工作活动连续性的需要出发，注重本单位业务证据、法律证据留存的完备性，使所保存的档案满足本单位业务工作的存续和发展的需要。

（七）记忆保健

该规则要求机构、组织在开展档案价值鉴定时，为本单位的组织记忆留存相对完整的历史记录，以保证本单位历史记忆的健康性，为本单位的组织文化建设及社会历史文化建设提供充分的档案资源保证。

（八）以我为主

该规则要求机构、组织在开展档案价值鉴定时，将本单位形成的记录和反映本单位主要职能活动、重大任务、重要活动、重大事件的档案作为保存的重点，而对来自其他机构或组织的文件的留存“从严把关”。留存档案保管期限的划分，本单位的档案应从宽，外单位的档案则应从严。

（九）宽严适度

该规则要求机构、组织在开展档案价值鉴定时，在不影响本单位业务活动证据体系完整性和系统性的前提下，掌握好“孤本从宽，复本从严；原件从宽，复制件从严；正件从宽，过程件从严；高龄从宽，低龄从严；涉及公民权益的从宽，涉及基础性、常规性、事务性的从严；本单位的文件从宽，外来文件从严”等鉴选尺度。

（十）期满重鉴

该规则要求对那些保存已满最初所划定年限的档案，定期进行重新鉴定和复核，并根据业务工作、历史研究需要，进行相应处置。这是因为档案价值鉴定是带有一定主观色彩的业务工作，不能一蹴而就。加拿大档案学家特里·库克认为：鉴定不可避免地是一个主观过程，任何“价值”判断都会随着时间、地点、政府结构/定位，以及社会和民族文化的变化而变化——现在的档案工作者正在建构未来将要知道的过去。“时间是最好的鉴定师”，通过对保存期满档案的重新鉴定，我们可以保证有价值的档案得到有效留存，并可以对那些确实没有继续保存必要的档案，及时加以销毁。

（十一）程序合规

该规则要求机构或组织的档案价值鉴定，按照规范的业务工作流程，有领导、有组织地进行，并且要杜绝无领导、无组织的鉴定销毁档案的行为。

（十二）业务留痕

该规则要求机构、组织通过编写“档案价值鉴定报告”（或“档案价值鉴定分析报告”）、编制“档案销毁清册”（或“档案销毁清单”）等方式，总结档案价值鉴定的经验，明确档案价值鉴定的主要问题及应对措施和办法，并为已销毁档案留下可追溯的业务活动证据。由于鉴定的复杂性、社会重要性以及主观性，档案工作者及其所在的机构应该对背景研究、鉴定过程、存毁决定，以及最终的档案文件移交等做出充分和透明的记录，以保证鉴定者对鉴定决定负责。

二、档案价值鉴定的方法

档案价值鉴定的方法，主要包括档案整体价值评估法、内在价值鉴定法、相对价值评估法和其他档案价值评估方法等。

（一）整体价值评估法

整体价值评估法是从整体上评价和预测档案价值的方法的总称。这类档案价值评估方法，目前最具影响力和理论与实践意义的主要包括宏观鉴定法、档案双重价值鉴定法两种。宏观鉴定法的主要适用对象是电子文件、记录和档案；档案双重价值鉴定法的主要适用对象是纸质文件、记录和档案。档案双重价值鉴定法在纸质文件、记录和档案依然大量存在的时代，是一种指导档案价值鉴定实践的经典专业方法；但是，随着电子文件、记录和档案的大量涌现，其局限性已经逐渐暴露出来。宏观鉴定法可以较好地解决电子文件、记录和档案的价值鉴定难题，其有效运用不仅可以使留存的电子档案的数量得到有效控制，而且更为重要的是，可以简化档案价值鉴定的业务，保证留存电子档案的整体质量，使人类社会建立覆盖社会治理的“全景档案综合体”成为可能。

1. 宏观鉴定法

（1）宏观鉴定法的概念及其提出。

宏观鉴定法是基于职能来源，以形成档案的社会背景及目前可知的档案利用需求（而非预测的研究利用需求）为根据，从整体上判定档案价值的方法。宏观鉴定法是确定哪些形成者、职能、工作项目、活动，哪些相关的文件或记录，将被反映在档案之中的鉴定工作方法。它也是从整体上判定哪些人和事将不被载入档案的档案价值分析与评价方法。

1989 年，特里·库克提出了这种档案鉴定工作方法。宏观鉴定法中的“职能”概念作为其中心理论假设，揭示了什么有价值、什么没有价值，什么值得被社会铭记、什么不值得，什么文件或记录应成为档案永久保存、什么文件或记录可以被销毁。通过宏观鉴定的职能分析，档案工作者可以确认应长久保存的档案。

(2) 宏观鉴定法的基本思想。

当运用宏观鉴定法开展档案鉴定工作时，档案工作者不是运用直接鉴定法去具体针对每份文件或记录进行鉴定，而是要鉴定这些文件或记录的各种形成背景及其当下被利用的状况，即对文件或记录的职能来源进行鉴定。因此，运用这种鉴定方法，档案工作者可以同时对围绕某一特定职能形成的文件或记录，实施综合性鉴定活动。

宏观鉴定法的应用前提条件是：档案工作者对组织文化、机构职能，对文件或记录的管理体系、信息流、记录载体及其在时空转换中的变化等方面的信息，进行深入研究。

运用宏观鉴定法，档案工作者需要做出如下两种价值判定：

其一，依据档案形成者形成和利用这些文件的职能，即相关的组织背景和文化，进行价值判定。

其二，根据各种社会活动主体（包括公民、客户、团体、公司、协会等）如何与该背景和文化进行互动、如何受其影响等情况，进行价值判定。

宏观鉴定理论和方法，对文件或记录的职能来源加以解构的思想内容包括：

A. 机构依据法律、法规、政策规定等确立其正式、内部的职能。

B. 这些机构的存在就成为社会的趋势、活动、需要、观念、愿望，以及社会“珍视”的那些事物和概念的“过滤器”和“镜子”。

C. 这些机构的价值和愿望，通常会借助非常宏观的若干类大职能得到表达。例如，就政府而言，其职能主要包括：社会职能，文化、遗产职能，经济发展职能，自然资源开发职能，国防和外交职能，等等。

D. 这些大的宏观职能中的一部分，再由高层中央机构分派给不同的组织，先是大机构，然后是规模较小的机构（但并非总是如此）。

E. 针对这些指派的职能，相关机构要确定各项分职能，然后再把它们分派给机构内部不同的部门或单位，授权一个部门履行、实施一个职能、一个职能的一部分或若干职能的若干部分。

F. 这些重要的职能部门为了履行其职责，又会计划和开展各项持续性或一次性的工作项目和活动，而这些项目和活动又会引发具体的行动和事务处理；同时职能部门为了有效地处理这些事务，会建立信息系统。

G. 各种社会活动主体（公民、客户、团体、公司、协会等）与这些职能、组织、项目、活动等发生互动，凭借互动所能达到的高度和灵活度，他们反过来又在不同程度上直接对这些工作提出挑战并加以塑造、修改，从而通过这一直接的互动式职能行为对社会价值再次产生有力的影响。数字媒体的出现，使这种互动变得更为普遍。在这种互动的过程中，档案就是在那些事务处理信息系统（公民、社会与国家互动的信息系统）中形成的最终证据。

影响政府档案价值的职能背景因素参见表5-1。

表 5-1　　影响政府档案价值的职能背景因素表

序号	背景因素			因素说明
1	宏观职能[a]	政治职能		政府为维护国家统治阶级的利益，对外保护国家安全，对内维持社会秩序的职能
		经济职能		政府为促进国家经济的发展，对社会经济生活进行管理的职能
		文化职能		政府为满足人民日益增长的文化生活的需要，依法对文化事业所实施的管理。它是加强社会主义精神文明，促进经济与社会协调发展的重要保证
		社会职能		除政治、经济、文化职能以外，政府必须承担的其他职能。这类事务一般具有社会公共性，无法完全由市场解决，应当由政府从全社会的角度加以引导、调节和管理
2	具体职能	政治类	军事保卫职能	维护国家独立和主权完整、保卫国防安全、防御外来侵略的职能
			外交职能	通过政府的外交活动，促进本国与世界其他各国正常的政治、经济往来，建立睦邻友好关系，促进国与国之间互惠互利，反对强权政治，维护世界和平等方面的职能
			治安职能	维持国家内部社会秩序、镇压叛国和危害社会安全的活动、保障人民的政治权利和生命财产安全、维护宪法和法律尊严的职能
			民主政治建设职能	通过政府活动，推进国家政权完善和民主政治发展的职能
		经济类	宏观调控职能	政府通过制定和运用财政税收政策和货币政策，对整个国民经济运行进行间接、宏观调控的职能
			提供公共产品和服务职能	政府提供良好的经济发展环境（基建）和市场信息（数据）的职能。政府通过政府管理、制定产业政策、计划指导、就业规划等方式对整个国民经济实行间接控制；同时，还要发挥社会中介组织和企业的力量，使其与政府一道承担提供公共产品的任务
			市场监管职能	政府为确保市场运行畅通、保证公平竞争和公平交易、维护企业合法权益而对企业和市场所进行的管理和监督等方面的职能。
			社会管理职能	政府为维护社会生产安全，处理突发性、群众性事件，解决纠纷，协调市场主体的利益所承担的职能
		文化类	发展科学技术的职能	政府通过制定科学技术发展战略，加强对重大科技工作的宏观调控，做好科技规划和预测等工作，重视基础性、高技术及产业化研究的职能
			发展教育的职能	政府通过制定社会教育发展战略，优化教育结构，加快教育体制改革，逐步形成政府办学与社会办学相结合的新体制的职能
			发展文化事业的职能	政府通过制定各种方针、政策、法规等，引导整个社会文学艺术、广播影视、新闻出版和哲学社会科学研究等各项事业健康繁荣地发展的职能
			发展卫生体育的职能	政府通过制定各种方针、政策、法规等，引导全社会卫生体育事业的发展的职能
			调节社会分配和组织社会保障的职能	即政府为保证社会公平、缩小地区发展差距和个人收入差距，运用各种手段来调节社会分配、组织社会保障，以提高社会整体福利水平，最终实现共同富裕的职能

续前表

<table>
<tr><th>序号</th><th colspan="3">背景因素</th><th>因素说明</th></tr>
<tr><td rowspan="3">2</td><td rowspan="3">具体职能</td><td rowspan="3">社会类</td><td>保护生态环境和自然资源的职能</td><td>即政府通过各种手段，对经济发展、人口膨胀等因素造成的环境恶化、自然资源破坏等进行恢复、治理、监督、控制，从而促进经济的可持续发展的职能</td></tr>
<tr><td>促进社会化服务体系建立的职能</td><td>即政府通过制定法律法规、进行政策扶持等措施，促进社会自我管理能力的不断提高的职能</td></tr>
<tr><td>提高人口质量，实行计划生育的职能</td><td>计划生育，是中国的一项基本国策，也是关系到国家长远发展的一件大事，因此中国政府应加强对计划生育工作的管理，包括完善计划生育的法制建设，促进方针、政策的制定，规划组织计划生育科学研究，加强计划生育的宣传、咨询和技术服务工作</td></tr>
<tr><td rowspan="5">3</td><td rowspan="5">运行职能[b]</td><td colspan="2">决策职能</td><td>决策职能是行政管理过程的首要职能。决策贯穿于管理的全过程</td></tr>
<tr><td colspan="2">组织职能</td><td>为有效地实现行政管理的既定目标和任务，通过建立行政组织机构，确定职位、职责和职权，协调相互关系，将组织内部各个要素联结成有机的整体，使人、财、物得到最合理的使用，就是组织职能</td></tr>
<tr><td colspan="2">协调职能</td><td>协调活动是行政管理过程的重要环节。因为行政管理归根到底就是要设计和保持良好的行政环境，使人们能在组织内协调地开展工作，有效地完成行政目标</td></tr>
<tr><td colspan="2">控制职能</td><td>是按行政计划标准，来衡量计划完成情况并纠正计划执行中的偏差，确保目标实现的管理活动</td></tr>
<tr><td colspan="2">监督职能</td><td>政府在社会中应当起到一个“掌舵人”的作用，应按照社会道德、法律、规范标准，引导、监督社会各个生产生活环节。当然，政府的监督必须是在一定范围内的，其职能不能无限扩大</td></tr>
</table>

资料来源：表中内容系根据百度百科、搜狗百科所提供的资料整理。

注：[a] 政府宏观职能又称政府基本职能，是指国家行政机关在依法对国家和社会公共事务进行管理时应承担的职责和所具有的功能。政府宏观职能反映着公共行政的基本内容和活动方向，是公共行政的本质表现。其中包括政治职能、经济职能、文化职能和社会职能 4 种类型。

[b]政府运行职能是指政府管理社会公共事务的程序、方式和方法，即政府在管理过程中所起的作用。政府职能必须通过各个管理环节才能实现，从政府职能管理过程来看运行职能包括决策职能、组织职能、协调职能、控制职能、监督职能等。

（3）宏观鉴定法的应用要点、解决的鉴定问题及其意义。

宏观鉴定法要求鉴定人员把鉴定工作的重点放在分析、鉴别那些数量上可控的职能、项目、活动及公民互动的重要性方面，而不是放在鉴定那些数量庞大的文件、记录或事务处理信息系统方面。

档案工作者如果能知晓整个背景（职能、项目、活动及公民互动的重要性），就可容易地辨认和剔除那些价值不大及重复的文件，迅速锁定、鉴别出重要职能部门形成的，记录在最佳介质上的那些最简明、最准确、最重要的文件，并将它们作为档案长久保存。

宏观鉴定法把鉴定的主要焦点，从档案及档案本身所具有的研究特征或研究价值，转移到了形成档案的职能背景，即档案的概念来源、虚拟来源或职能来源上。

档案工作者通过对机构职能进行分析（包括对职能与组织的互动、组织文化的动力、文档管理系统、公民或客户的参与及其与机构或职能的互动等情况的分析)，并运用从分析中获得的知识，就可以顺利地开展档案鉴定工作。

对档案工作者而言，档案鉴定工作需要回答的主要问题就可分为如下三个层面：

第一，形成者的哪些职能和活动应该被记录（而不是哪些文件应该被保存)?

第二，谁在制定和执行关键性的职能及项目计划？在机构的事务处理中，谁会有动机和责任去形成文件？所形成的可能是哪种类型的文件？形成者在这些文件的形成或使用中与谁发生了互动关系?

第三，哪些文件形成者或职能（而不是文件本身）最为重要?

只有在回答了上述问题后，档案工作者才能从“宏观鉴定”的角度，按其认定的详细程度（或者按传统鉴定所采用的诸如年代、广度、唯一性、时间跨度、完整性、破损度、可靠性等“判定标准”)，切实锁定哪些文件或记录最具潜在的档案价值。同时，档案工作者也只有在这种情况下，才能确定哪些私人领域形成者的文件或记录，可用来充实或补充政府档案的不足，从而建立起可以覆盖社会治理的“全景档案”综合体。

鉴于这些宏观层面的问题是政府一方回答的，这便意味着大量的文件不用经过细致调查即可被销毁。在此基础上，机构和档案馆用在鉴定和文件处置工作上的时间、空间和资金成本，可以大为节省。

宏观鉴定法是基于职能而不是基于档案的鉴定方法。首先，宏观鉴定法不仅聚焦职能，还聚焦职能、组织、公民的三方互动。其次，用来评判（或鉴定）职能的方法是评估一个项目计划对社会的重要性（进而也是相关文件或记录的重要性）的手段。鉴定理论的焦点在于社会性，也即要鉴定那些为政府有力影响社会提供证据的文件，而不是为政府职能本身提供证据的文件。最重要的是聚焦社会（公民）治理和公民与政府的互动，而不仅仅是记录政府的职能。

由上而下的职能路径，不仅是理论之需求，也是实践之诉求。宏观鉴定实践就是把基于背景的来源放归鉴定，不再关注文件的具体主题内容。在宏观鉴定实践中，档案工作者主要的鉴定研究焦点及随后的决策，应放在职能互动过程这个治理概念的核心上。处在不稳定的自动化办公室空间或持续变化的关系数据库中，或面对浩瀚的现代纸质文件时，档案工作者要在文件间做出存毁决定，要么不可能，要么极其困难和极不准确。因此，基于来源背景，文件在现代机构中被形成和管理，它既包括政府的职能运作和各个项目的实施，也包括公民与政府职能活动的互动（公民是怎样接受、拒绝、抗议、申诉、改变、修正，以及影响这些职能工作的，反过来又是怎样受之影响的)。通过把鉴定焦点放在社会治理和公民与政府互动这个双向职能作用上，而不是仅仅关注政府职能，宏观鉴定使档案工作者有机会为未来挑选出更有价值的档案。

宏观鉴定法的应用是信息时代档案鉴定工作的必然选择，是对在各种业务信息系统中生成、存储、归档的电子文件和记录，进行“批处理”鉴别的重要理论方法和实践工具。

2. 档案双重价值鉴定法

档案双重价值鉴定法是一种从整体上预测和估计档案保存价值的专业方法。我国档案管理学中所讲的档案双重价值鉴定法的思想，源自美国档案学者谢伦伯格的“文件双重价值论”。谢伦伯格在 1956 年出版的《现代档案：原则与技术》一书中，系统说明和阐述了其“文件双重价值论”。他认为，公共文件具有两种不同的价值：一是对原机关的原始价值，即第一价值；二是对其他机关与私人利用者的从属价值，即第二价值。具体来说，第一价值是指文件对其形成部门工作事务的有用性，分别体现为行政管理价值、法律价值、财务价值和科技价值。第二价值是指文件对形成机关以外的其他利用者的有用性，包括证据价值和情报价值。“文件双重价值论”为美国档案鉴定奠定了理论基础，谢伦伯格也因此被誉为“美国档案鉴定之父”。

我国学者陈兆祦、和宝荣先生参考谢伦伯格的“文件双重价值论”，依据我国档案价值鉴定的实际，结合我国档案概念术语的边界，创造性地提出了“档案双重价值论”。他们认为，档案的价值具有双重属性——档案的第一价值和第二价值。即档案对其形成者所具有的作用（有用性和有益性），构成了档案的第一价值；档案对其形成者之外的其他利用者的作用，构成了档案的第二价值。在档案价值实现的历程中，首先实现第一价值，然后实现第二价值。档案所具有的第一价值，是每个立档单位自愿积累和保存档案的内在动力。但是，档案不仅对其形成者有用，还具有对其他社会利用者的有用性。在档案价值鉴定实践中，档案工作者也是基于对档案的第一价值和第二价值的综合分析和判定，来确定档案的“存”与“毁”，评估档案发挥作用的时间长短，从而合理地划分档案的保管期限，并剔出那些已经失去档案保存价值的文件或记录予以销毁的。

从某种意义上说，“档案双重价值论”既是揭示档案价值实现过程及其规律性的一种档案学基础理论思想，也是一种指导我国档案价值鉴定实践的应用理论和方法。其实质是根据文件生命周期理论，从整体上分析、评价和预测档案保存价值，确定档案保管期限，决定档案如何处置的一种专业理论和方法。

档案双重价值鉴定法，就是在档案价值鉴定实践中，运用“档案双重价值论”的思想，综合分析影响档案保存价值的各种档案自身因素和档案形成单位的业务需求，以及社会用户的工作、生活和研究等方面的需求因素，进而合理评价和预测档案的保存价值，划分档案的保管期限，并对已经失去保存价值的档案予以销毁的一种整体性档案价值鉴定方法。

档案双重价值鉴定法，在纸质档案占统治地位的时代，对有效解决各种社会机构、组织的文件数量激增和整个人类社会有限的档案保存空间之间的矛盾，确实起到了不可低估的作用，也较好地保存了人类社会的历史记忆。因此，作为一种指导以纸张文件和记录为主体的档案价值鉴定实践的专业方法，它不失为一种有效的经典理论和专业方法。即使在现在（纸质文档和电子文档并存的混合时代），它也依然具有较强的生命力。例如，国家档案局分别于 2006 年 12 月 18 日和 2012 年 12 月 17 日发布的《机关文件材料归档范围和文书档案保管期限规定》和《企业文件材料归档范围和档案保管期限规定》，都是对这种档案整体价值鉴定方法的应用性成果。

（二）内在价值鉴定法

1. 内在价值概念的提出及其含义

内在价值概念及其鉴定法是 1980 年由美国国家档案与记录管理局（National Archives and Records Service，又译“档案与文件局”）的一个专门研究内在价值的委员会提出并付诸实践的一种档案价值分析方法。

所谓内在价值，是一个档案学术语，用以说明具备永久价值记录的属性和特征。它使这些记录被以档案部门唯一接受的原始物理形式加以保存。记录的原始物理形式所具备的属性和特征不能被保留在其副本中，因此，具备内在价值的档案必须以记录的原始物理形式保存。

决定档案内在价值的属性或特征，可能是记录的物理形式或智力内容，即它们可能与记录的物理载体、记录信息的方式或记录所包含的信息相关。档案工作者有责任确定哪些记录具有内在价值。档案工作者通常是在记录的系列层级做出这种判断的。因为在所有其他档案鉴定活动中，做出判断的关键是记录之间的联系（背景关系），通常通过考查所有系列，可更好地保持这种联系。但是，档案工作者也可以在一个系列范围内决定某些个体记录，尤其是那些因具备特殊物理特征而被保存的个体记录的内在价值。

2. 影响档案内在价值的记录属性和特征

具备以下一个或多个特定的属性或特征（见表 5－2）的所有记录，均具有内在价值。这些属性或特性与记录的物理特征、潜在用途及其所包含的信息相关。

在档案价值鉴定实践中，档案工作者通常通过分析和评价记录是否具备如下属性和特征，判定其内在价值。

表 5－2　　具有内在价值的档案的属性和特征一览表

序号	属性和特征	备注与说明
1	物理形式	记录的物理形式可能成为研究课题——如果记录提供关于这种物理形式的有意义的证据或值得注意的例证。某些文件因其可作为技术发展的证据而被以原始形式加以保存，如新闻稿件、玻璃底片、蜡筒唱片等。虽然不是所有记录都会因为具备某种特定的物理形式而被视为有内在价值，但那些足以提供技术发展历史证据的记录被认为具有档案保存价值
2	美学或艺术性	具备美学或艺术性的记录，包括照片，用铅笔、墨水绘制的素描，地图，建筑图纸，雕刻，印刷品，等等，往往具有独特的或奇特的物理特性。独特的或奇特的物理特性可能包括质量和纸张的纹理、颜色、火漆印、水印、油墨和不寻常的绑定。虽然不是具备特定物理特征的所有记录因此都被认定具有内在价值，但每种类型记录的示例性选择，具有档案保存价值
3	年龄（独一无二的时代性）	年龄因素是相对的而不是绝对的内在价值特征。一般来说，早期形成的记录比晚期形成的记录具有更多的意义。这可能是由记录形成者职能活动的历史性转变所造成的。早期形成记录往往具有稀缺性、记录方式的改变或这些因素的组合等特性。年龄甚至可以成为比较最近的记录的一个内在价值因素。例如，在无线电行业或核电的发展历程中最早形成的记录，可能因为年龄特性而具有内在价值
4	在展品中具有使用价值	常被用于展出的记录，通常具备一些可赋予其内在价值的属性和特点。具备展出价值的记录所传达的紧迫性的事件、所描述的重要的问题、记录的主体或发起人是谁等信息，往往给人以深刻印象。在这些情况下，原始记录的影响不能被其复制品替代

续前表

序号	属性和特征	备注与说明
5	真实性、日期、作者或其他特征有疑义	是指有研究意义的，但通过物理检查确定在真实性、日期、作者或其他方面存有疑义的记录。一些记录，其真实性是值得怀疑的或其含有可公开质疑的信息内容，我们不可能预见到这些记录在未来会受到怎样的质疑。某些记录的真实性是众所周知存在争议的。在有些情况下，人们可以通过检查手稿和签名，鉴别纸张的年龄，或运用其他物理测试等方法，验证记录的真实性。在某些情况下，争议可以通过诉诸原物的方法解决（如通过检查笔迹、纸张的年龄、影印照片的原底片等），而在其他情况下，该方法将不会是决定性的，但可为研究者提供最好的证据，帮助他们得出结论（比如 UFO 的原始照片等）
6	广泛的和实质性的公众兴趣	记录因为与著名的或具有历史意义的人物、地点、事情、问题或事件等存在直接关联，能够引起广泛的和实质性的公众兴趣。这个标准不仅最难运用，而且决定将其运用于哪些记录也非常重要。档案的历史重要性，可以用来证明应以原始形式保留全部具有永久价值的记录。记录是否可以引发广泛的和实质性的公众兴趣，是否是直接相关的，是否是著名的或具有历史意义，都是档案价值鉴定应考虑的至关重要的问题。通常，含有这类高浓度信息的记录应保存下来
7	对一个部门或机构的建立或存续有法律依据意义	部门或机构通过行政、立法及政府司法部门而成立并获得或失去其职能。记录这些行动的文件可能集中在某个系列或分散在各个系列中。它们在最高层面上共同记录了部门或机构职能的变化特征
8	作为制定政策文件的意义	这种记录对最高行政机构的政策制定具有重要意义——超越了对其形成机关或机构的影响，而具有重要意义和广泛影响的政策。反映决策的记录数量很多；然而，大多数政策性记录只有相对有限的影响，反映出相对较小的地区影响力。具有内在价值特征的政策记录的特点是：是最高行政级别记录的起源，具有深远的影响，包含重要的主题。

资料来源：National Archives and Records Administration. Intrinsic value in archival material. Staff information paper，1982.

3. 内在价值鉴定法的应用

如果可能，具有任何内在价值属性或特征的记录，都应被以其原始形式加以保存。然而，内在价值概念是相对的。关于记录是否具有内在价值的认识，不同的档案工作者之间、不同时代的档案工作者之间是不同的。因此，必须在所有关于内在价值的决定中进行专业性的档案判断。在一个档案机构内，记录保存各单位之间的协调，也许是必要的。例如，保存了相似研究课题记录的各单位，应当相互协商来避免重复。内在价值概念被应用于古老记录可能比较容易，而与内在价值有关的决定能够被应用于所有具有充分价值的记录尚需验证。

研究人员使用过的、具有内在价值的记录的副本，也可以进行必要的备案。事实上，由于记录的脆弱性、稀有性或重要性，研究人员可能需要通过复制品开展工作。

具有内在价值的记录应受到保护或得到修复；但是，在做出长期保存的连续性判断活动中，记录具有内在价值的判断也只是第一步而已。保存活动的步骤，还应考虑其他影响因素。例如，记录的重要意义和利用频率、恶化率、未来潜在的保存问题的严重性，以及现有的修复方法的效果和费用成本，等等。

具有内在价值的记录是档案机构应该以原始形式保存的档案的核心组成部分，同时，档案机构也必须保留那些不能进行档案复制的副本性记录。在研究活动中，这些副本的使用可以使原始记录的耐久性和使用性得到提升。如果不能制作这种记录的足够的复制件，那么缺乏内在价值的原始记录副本就不能考虑销毁。例如，当采用视听记录副本制作的复制品比依据原件制作的复制品的质量低时，大多数视听记录的原始副本均应予以保存。只有当根据记录的复制品制作的备份质量相当于或优于原始记录副本时，才可考虑销毁原始记录的副本。

某些记录虽然不具有内在价值，但因法律要求保存，所以也必须保留原有的物理形式。

下面列举了三个应用内在价值概念的实例。在这些例子中，档案工作者首先按照内在价值标准审查了记录系列；其次，如果确定记录不具有内在价值，则会考虑审查是否有法律层面的记录保存要求；最后，如果前两者都不具备，档案工作者还需要研究记录的备份是否充分。

档案工作者也许不需要准备包含下述问题的正式文件，但是在处置原始记录时应当提出并回答相似的问题。

示例 1：RG 33，美国联邦政府推广管理局的记录，关于劳动力计划、战争囚犯的管理计划，1943—1946 年，1 英尺[①]（排架长度），按字母顺序排列。

鉴定对象描述：是同农业生产中雇用战争囚犯的需求、地点和战争囚犯劳动力的地位有关的通信记录。这些记录反映了所使用的战争囚犯劳动力与从墨西哥和加勒比海地区来的移民劳动力之间的关系。

档案工作者在鉴定工作中所进行的价值判断过程参见表 5－3：

表 5－3　　内在价值判断示例 1 的问题、答案和鉴定结论一览表

序号	问题	答案	鉴定结论
1	记录的物理形式是否具有典型性？	否，这些记录采用了 20 世纪中叶记录常见的物理形式	这些记录系列不具有内在价值。保管单位可以复制并要求处置这些记录
2	记录是否具备美学或艺术性？	否，这些记录不具有直观有趣性	
3	记录是否具有独特的或奇特的物理特征？	否，这些记录上没有三维性或不寻常的绑定、印章、纸张或油墨	
4	记录是否具有年龄方面的代表性特征？	否，根据年龄因素判断，这些记录不具有独一无二性。因形成于第二次世界大战时期的此类记录众多，在永久保存的档案中，这个时期的战俘记录也较多	
5	记录是否具有展览方面的潜在价值？	否	
6	记录的真实性是否受到了质疑？	否，人们对这些记录的真实性，包括其中的签名和字迹鉴定，不存在任何疑义	
7	记录是否会引起公众的普遍兴趣？	否，虽然这些记录反映了美国历史中一些有意义的问题（如在第二次世界大战中的战俘待遇问题），但其中没有涉及重要历史人物和历史事件的内容。这些记录并没有被经常使用的情况	

① 1 英尺约为 0.304 8 米，下同。

续前表

序号	问题	答案	鉴定结论
8	记录是否为某个部门或机构存在的法律依据？	否，它们只是执行性的记录	
9	记录是否为高层政府政策的思想来源？	否，它们只是操作层面的记录	
10	记录是否被某个法令要求以原有的物理形式保留？	否	
11	是否可以用这些记录制作质量良好的复制件？	是，因为这些记录在复制过程中不存在尺寸、规格、色调、隐私权保护等方面的问题	

资料来源：National Archives and Records Administration. Intrinsic value in archival material. Staff information paper，1982.

示例 2：RG 49，美国联邦土地管理局的记录，关于公有土地（废弃的军事用地）的处置，1818—1945 年，60 英尺，根据保留地的最初处置或行动时间顺序排列。

鉴定对象描述：记录美国联邦土地管理局活动的行政命令、信函、头衔证件、图版、地图、蓝图、描图纸及其他印刷材料。这些记录反映了该局在处置和管理陆军部和海军部所放弃的公共土地活动中所起的作用。记录包括该局在履职过程中使用物资和服务等方面的信息。在该局的其他记录系列中保留有相关的记录，在内政部、军需办公厅、副官的办公室、美国陆军司令部，以及军法署署长办公室（军）的记录系列中也存在相关记录。

档案工作者在鉴定工作中所进行的价值判断过程参见表 5 - 4：

表 5 - 4　　内在价值判断示例 2 的问题、答案和鉴定结论一览表

序号	问题	答案	鉴定结论
1	记录的物理形式是否具有典型性？	否，这些记录都是在 19 世纪和 20 世纪的常规类型的政府档案	这些记录系列具有内在价值
2	记录是否具备美学或艺术性？	偶尔，虽然有些记录上带有艺术性的装饰，但制图和建筑记录通常是功利性的	
3	记录是否具有独特的或奇特的物理特征？	否，这些记录上没有三维性或不寻常的绑定、印章、纸张或油墨	
4	记录是否具有年龄方面的代表性特征？	是，相比于南北战争后期的记录，关于战争前期的美国军事的记录数量较少。在这些案卷中，战争前期和后期的材料均有归档	
5	记录是否具有展览方面的潜在价值？	是，这些记录可用作军事展品，以及西部大开发、组织的边界、测绘、土地配置、军事组织，甚至名人签名威廉·提康普赛·谢尔曼、乔尔·波因赛特的展示	
6	记录的真实性是否受到了质疑？	否	
7	记录是否会引起公众的普遍兴趣？	是，许多军事历史学家和爱好者使用这些材料；他们尤其对废弃的军事用地感兴趣	

续前表

序号	问题	答案	鉴定结论
8	记录是否为某个部门或机构存在的法律依据？	否，这些都是土地收购和处置政策的实施记录，没有提供制定基本政策的依据性记录	
9	记录是否为高层政府政策的思想来源？	否，虽然这些记录中包含了南北战争期间各部门之间的重要通信与实施土地处置政策的最初记录，但这种记录并不是土地处置政策的思想来源	

资料来源：National Archives and Records Administration. Intrinsic value in archival material. Staff information paper，1982.

示例 3：RG 341，美国空军总部的记录。由美国空军航空技术情报中心、莱特帕特森空军基地、俄亥俄空间现象研究机构等形成，分为三个相关联的视听记录系列，由反映“蓝皮书计划”的照片（7280）、录音记录（23）、影片（20）组成。时间跨度为1950—1967年。共7 323件。按箱号排列。

鉴定对象描述：通过三种不同的形式制作的视听记录，是美国空军在其正式调查不明飞行物期间获得或收集的。其中包括所谓的不明飞行物目击事件照片（35毫米底片）21幅，包括一些记录在胶卷上的表明所观察到的现象的雷达响应时间的照片；影片（8毫米和16毫米），主要由军事人员和平民用原始摄像机镜头（未修改）拍摄；由美国空军记录或收集的录音，还包括对宣称见过不明飞行物的目击者的访问记录，以及在所谓的目击时间留下的声音记录；伴随着“蓝皮书计划”项目档案和案件档案形成的相关的文字记录。

档案工作者在鉴定工作中所进行的价值判断过程参见表5-5：

表5-5　　内在价值判断示例3的问题、答案和鉴定结论一览表

序号	问题	答案	鉴定结论
1	记录的物理形式是否具有典型性？	否，表现形式为标准的、常见的音像复制形式	这些记录系列具有内在价值
2	记录是否具备美学或艺术性？	否	
3	记录是否具有独特的或奇特的物理特征？	否	
4	记录是否具有年龄方面的代表性特征？	否	
5	记录是否具有展览方面的潜在价值？	是	
6	记录的真实性是否受到了质疑？	是，关于不明飞行物的历史和整个现象，以及关于“蓝皮书计划”的目的和作用问题，都存在争议，研究需要美国空军保存的、由空军获得或制作的原始记录，提供可用于审查、实验、检测及验证的证据材料	
7	记录是否会引起公众的普遍兴趣？	是，不明飞行物的历史虽然是一个专门性研究课题，但能引起广泛的公众兴趣	
8	记录是否为某个部门或机构存在的法律依据？	否	
9	记录是否为高层政府政策的思想来源？	否，这些记录属于操作层面的记录	

资料来源：National Archives and Records Administration. Intrinsic value in archival material. Staff information paper，1982.

（三）相对价值评估法

从某种意义上说，人们对档案价值的预测与判断都只具有相对意义。所谓相对价值评估法，就是要求档案工作者在正确的档案相对价值鉴定理论的指导下，从不同角度出发，综合判断和估计档案对人类社会的存在和发展所具有的各种积极意义。

首先，就档案的整体而言，只有在档案有机体保存相对完整的情况下，其保存价值和利用价值（业务价值和文化价值）才会最大化；而如果档案有机体遭到自然和人为因素的破坏，其价值就会受到严重的损害，并会严重影响其业务价值和历史文化研究价值。

其次，就档案文件的个体来说，多数只记录和反映了组织和个人业务活动的零星、片段性的数据和信息，任何个体文件都不足以满足业务持续性和发展性的需要，当然也不足以为组织和社会留下相对完整的“记忆”。因此，过分强调残存档案的价值会相应提高的“原理”和“方法”，而忽视对档案有机体“完整性”之重要意义的肯定，或者片面地强调“档案的完整程度越高、绝对数量越多，每一份档案文件的价值就相对越低”的思想，无疑都会将鉴定工作实践引入歧途。实践表明，如果在档案价值鉴定中，过分地强调“个体”档案价值的相对性判断，就会严重影响档案全宗整体价值的相对性判断。

最后，就人类历史文化、历史记忆的保存而言，完整的档案有机体的价值也远远高于“残缺不全”的零散档案文件的价值。当档案有机体可以有效保证各种现实业务活动的正常运作和持续发展时，其价值最大，管理档案的效益最高；而当档案有机体不能有效保证各种现实业务活动持续正常开展的时候，其价值就会大大降低。

档案工作者可以从以下几个层面，分析和鉴别档案文件及其有机体所具有的相对价值。

1. “来源”因素导向档案的相对价值判断方法

在影响档案相对价值的各种因素中，“来源”因素是一个非常重要的关键性“价值因子”。一般来说，档案的“来源”价值因子的主要呈现形式包括：形成档案有机体的立档单位的社会地位、责任者的职任与社会影响力、相关业务活动项目的重要性及其社会关注度等。在具体鉴定实践中，鉴定人员必须注重分析上述三个方面的因素，比较分析立档单位的社会地位高低、责任者的职任重要性与社会影响力的大小、相关业务活动项目的重要性及其社会关注度的大小。根据已有的档案价值鉴定经验，结合国外先进的理性认识成果，我们可以得出这样一些档案相对价值判定的基本标准：

其一，档案价值会随着立档单位地位的高低而变化，两者一般成正比关系。

其二，档案价值的大小与其形成者所承担的社会责任的重要程度及其社会影响力成正比关系。

其三，档案价值的大小与形成档案的项目的重要程度成正比关系。

2. “内容”因素导向档案的相对价值判断方法

档案的“内容”因素是影响档案相对价值的核心性“价值因子”。档案内容的真实性、完整性、可替代性、稀缺性、保密性和时效性等子因素，均会对档案的相对价值产生重要的影响作用。通过对档案“内容”因素的对比分析、真实性分析、完整性分析、可替代性分析、稀缺性分析、保密性分析和时效性分析，理清档案内容所含数据和信息的集中性、独特性和重要性，将有助于人们合理判断档案的相对价值。实践经验表明，档案文件及其有机体所包含数据和信息的集中度高低、是否具有独一无二性、所涉及“事件”的重要性和受社会关注的程度等，均会影响档案的相对价值。以往的档案鉴定实践和理论研究成果虽然已经对此有所认知，但多是将关注的焦点放在“个体”档案文件上，缺乏对档案有机体的有效关注，所以对档案价值鉴定实践的实际指导也受到了一定影响。为此，将关注点和关注的重心转移到“档案有机体”层面，是深化我国档案价值鉴定实践的必然要求。通过对已有研究和认识成果的总结，我们目前可以得出以下结论：

其一，档案文件及其有机体所涵盖数据的集中度高低、文件内容反映的信息的新颖度与其保存价值的大小成正比。

其二，档案文件及其有机体内容的独特性（独一无二性），在很大程度上影响着档案价值的大小。同样，档案文件及其有机体内容的真实性、完整性也影响着其价值的大小。

其三，档案文件及其有机体内容的可替代性、保密性、时效性及所涉及事件的重要性和社会影响性等因素，也在一定程度上影响着档案的保存价值。

3.“形成时间”因素导向档案的相对价值判断方法

档案的“形成时间”因素是影响档案相对价值的重要因素之一。构成档案“形成时间”因素的子因素主要有档案文件及其有机体的形成时期、年代和产生的业务工作阶段。在档案相对价值的判定实践中，鉴定人员如果能切实分析档案文件及其有机体“形成时期的重要性”“形成年代的重要性和久远性”“产生的业务工作阶段的关键度”，就会更有助于取得合理的价值判断成果。基于此，我们可以得出如下三点结论：

其一，组织确立后早期形成的文件及其有机体，尤其是支持和证明组织存在合法性的文件价值较高。“高龄案卷”应当受到尊重。

其二，重要历史时期（如发生变革、转型时期）的组织文件及其有机体通常具有较高的保存价值。在非常时期、年代形成的文件应多留存一些。

其三，关键性、总结性业务工作阶段形成的文件及其有机体的保存价值较高。

4.“职能”因素导向档案的相对价值判断方法

档案及其有机体是围绕着有关组织的职能活动形成的，因此，职能活动的重要性无疑对档案的相对价值存在着重要影响。随着档案存在形态的日益数字化，传统意义上档案价值鉴定所要解决的“文件数量几何级数增长”与“人类社会有限的存储空间”之间的矛盾已经逐步化解，目前我们需要关注的新矛盾是“数字档案的质量”与“人们业务需求和文化需求的多样性、有效性、及时性”之间的矛段，即人们需要有较为充分的、高品质的档案资源来满足其不断增长的业务连续性需求和文化知识性需求。档案价值鉴定组织对在各种职能活动中形成的文件的处置，更多地依赖文档管理系统，并以“批处理”的方式来加以实现，档案价值判断已逐步走向智能化的发展道路。而这种转变的关键是人们在文档管理系统的设计和开发实践中，更为重视对诸如“职能重要性”“任务重要性”“事件或项目重要性”的分析与说明。那种认为现代档案价值鉴定更加“粗放”的观点是非常有害的，相反，较为“精细化的职能活动分析”才是我们应当选择的正确道路。档案价值鉴定人员和工作组织，应当有能力编制和管理相关单位的“职能活动重要性分析地图”，言明各种职能、任务、事件、项目的相对价值等级，并对“地图”实施动态管理，以保证“地图”

的相对合理性。基于上述分析，我们可以得出如下结论：

其一，围绕单位重要或主要职能活动形成的文件及其有机体的价值，高于围绕辅助职能活动形成的文件及其有机体的价值。

其二，围绕重要工作活动、任务形成的文件及其有机体的价值，高于围绕一般性工作活动、任务形成的文件及其有机体的价值。

其三，围绕主要任务事项形成的文件及其有机体的价值，高于围绕事务性任务事项形成的文件及其有机体的价值。

5. *“形式”因素导向档案的相对价值判断方法*

“形式”因素是影响档案相对价值的“价值因子”之一。分析档案文件的内在、外在形式特征，可以在一定程度上帮助我们解决某些通过上述“价值因子”分析无法最终得出结论的问题。在运用这种方法的实践中，我们应注意明确这样几个问题，即“是否为首次采用的形式”“是否为独一无二的形式”“形式与内容的关联度如何”。之后，我们可以依据下述标准来实施判断：

其一，含有首次出现的形式的文件，价值高于其后出现的具有相同形式的文件。

其二，特殊文种、形状、结构、规格的文件，价值高于常规文件。

其三，形式与内容关联度高的文件，价值高于形式与内容关联度低的文件。

综上所述，档案的相对价值问题研究不能仅仅停留在对“相对价值”概念的探讨层面，更应当深入鉴定工作亟待解决的“方法”层面。从整体上（即从档案有机体）认识档案的相对价值，远比从个体上认识档案的相对价值更为有效、科学。在现实的理论研究实践中，我们既要考虑到传统纸质档案的鉴定工作需要，还要考虑到电子文件档案的鉴定需要。对档案相对价值的判断，应充分考虑到档案有机体的存在意义，考虑到它与社会组织的职能活动之间的密切关联，确立宏观的、整体性的鉴定思想意识。可以说，没有科学理论指导的档案价值鉴定是盲目且无实效的。只有选择好正确的路径并依据合理的方法工具，才能使我们对档案及其有机体的相对价值认识得更为清楚、明了。

（四）其他档案价值评估方法

在现实的档案价值鉴定实践中，档案鉴定人员和工作组织有时会遇到一些较为特殊的矛盾和问题。合理地化解这些矛盾和解决所面临的问题，对促进档案价值鉴定效率的提高、鉴定工作质量的提升等，均具有非常重要的意义。下面主要介绍几种可以在特殊情况下选择使用的档案价值评估方法。

1. *弹性方法*

在进行档案价值鉴定的过程中，档案鉴定人员有时会遇到这样一些介于“两可”之间的难题：某些文件可以归档也可以不归档；纳入归档范围的某些文件的保管期限可以划分为 10 年，也可以划分为 30 年，某些文件可以长期保存也可以永久保存；档案馆或档案室在开展期满档案价值鉴定时，某些档案可以销毁也可以不销毁，某些档案的保管期限可以延长 5 年也可以延长 10 年；等等。

能否科学合理地解决好这类问题，不仅会影响鉴定工作的效率，也会影响档案价值鉴定的质量。

传统的档案价值鉴定理论认为，当遇到上述问题时，档案鉴定人员应当采取“就高不就低”的处理方法。即：可归档也可不归档的文件，一律归档保存；保管期限划分存在争议时，一律从长；档案可以销毁也可以不销毁时，一律留存；对期满档案进行重新鉴定时，一律从长。但是，我国的档案价值鉴定实践的检验，已经证明了这种“弹性方法”存在许多弊端。其中包括：

（1）由于滥用“弹性方法”，一些立档单位文件归档范围被人为扩大，甚至出现了“有文必档”的严重问题。其不良影响是：增加了档案管理成本，造成了档案库房和档案装具紧张，增加了无效的档案管理工作量，阻碍了真正具有长远保存价值的档案的保管条件的改善。

（2）采用传统的“就高不就低”方法划分档案的保管期限，人为地造成了档案鉴定人员和鉴定工作组织的“惰性”，并在档案保管期限的划分上出现了过度“从宽”的问题，使得所留存档案呈现出“两头小中间大”（短期保存档案、永久保存档案的数量少，长期保存档案的数量多）的不正常情况。例如，按照“介于两可之间的档案保管期限一律从长”的做法，本来可以只保存 10 年的档案，就被人为地划入保存 30 年，甚至更长的时间。这样的实践结果，不仅大大降低了档案价值鉴定的质量，而且给机关、组织和国家的档案管理部门增加了大量的管理负担。

（3）由于采用传统的“弹性方法”，粗放的鉴定思想风气获得了生存的土壤，进而又助长了档案价值鉴定中某些人员的官僚作风和得过且过的做法，严重影响了档案价值鉴定专业人才队伍的建设与发展。

可见，如何重新界定“弹性方法”已成为现代档案学理论必须面对的一个重要问题。

通过总结我国档案价值鉴定的实践经验和教训，本书提出如下改进策略。

第一，将传统的“就高不就低”的提法，改造为：在合法合规的前提下，对于列入档案保存范围的文件、记录的保管期限进行划分，如若发现其保管期限介于两可之间，则应采取“就低不就高”的处理方法，即首先为归档文件、记录确定一个最低的保存期限，待保存期满后，再进行二次价值鉴定。如果发现某些保存期满的档案不再需要延长保管期限，即可销毁档案；如果发现某些保存期满的档案依然具有保存价值，则可以确定一个新的保存期限。

第二，对于介于“销毁”和“保存”两可之间的文件或档案，则应以“保存年限从低”的方法来处置。即，对于介于“归档”与“不归档”两可之间的文件，先应按规定将其纳入归档范围，然后再划定一个最低的保存期限，待保存期满后，再对这些档案的保存需要，进行重新评估。

第三，在档案销毁鉴定中，对于介于“销毁”和“保存”两可之间的档案，应按规定，先“判处死刑”，再确定一个 2 年左右的观察期。待观察期满后，如果经过重新评估，确定确实没有继续保存必要，则应加以销毁；如果经过重新评估后发现档案依然具有一定的有用性或保存 价值，则应予以继续留存。

第四，对那些保存已满一定年限，经过反复斟酌与评价，依然无法确定可否销毁的档案，则应考虑做出抉择：如果档案被销毁后，无法通过其他档案或资料来满足可能会出现的“零星”性用户需求，则应选择继续留存的处置方法；如果期满档案被销毁后，利用者依然可以通过查找到其他相关的档案或资料来满足需要，则可以对期满档案进行销毁处理。

值得注意的是："弹性方法"是一种只有在上述特殊情况下，才可以被考虑采用的档案价值鉴定方法。

2. 典型抽样法

在档案价值鉴定中，所谓典型抽样法是指从具有相同或相似保存价值的样本（文件有机体）中，抽取某一个完整的样本加以保存的方法。

应用这种方法开展档案价值鉴定应注意如下两个问题：

（1）涉及对象的特殊性。只有当需要进行档案价值评估的对象存在多个具有相同或相似保存价值的样本时，才可以考虑采用这种方法。

（2）抽取对象的完整性和代表性。不同于随机抽样法，典型抽样法的应用要求是：必须从具有相同或相似保存价值的样本（文件有机体）中，抽取某一个完整的样本加以保存。

3. 随机抽样法

在档案价值鉴定中，所谓随机抽样法是指从具有相同或相似保存价值且数量巨大的样本（文件个体或有机体）中随机抽取一些样本加以保存的方法。

应用这种方法开展档案价值鉴定应注意如下两个问题：

（1）涉及对象的大量重复性。只有当我们发现需要鉴定的文件、记录存在具有相同或相似保存价值且数量巨大的样本（文件个体或有机体）时，才能考虑采用这个方法。

（2）抽取样本活动的随机性和适当选择性。尽管该方法所采用的抽样方法是随机性的，但档案鉴定人员依然需要认真检查所抽取保存的文件或记录样本的质量。如果发现所抽出的文件或记录样本的质量有问题，则应重新进行抽取，直到能够确认所抽出的文件或记录样本的质量可以满足档案留存的需要时，才可结束抽样活动。

4. 暂留观察法

所谓暂留观察法，是指对那些一时难以判断其保存价值的文件或文件有机体，暂时将其保存一段时间，待时机成熟时再做鉴定。但观察期一般不要超过 5 年。

立档单位或档案馆的鉴定工作组织，在鉴定工作中确定列入销毁范围的档案，通常应当再保存一段时间。这段继续保存的时间，称为观察期，一般可以分为短期、中期、长期 3 种。短期观察的时限可确定为 1～6 个月，中期观察的时限可确定为 1～2 年，长期观察的时限可确定为 3～5 年。设立观察期的主要益处，就是防止人为性的档案价值判断失误、失当，错误地销毁依然有保存价值的档案。

应用这种鉴定方法，还可以使立档单位和档案管理部门有效避免"鉴而不销""鉴后急销"等问题的产生。例如，有的单位在档案价值鉴定已经确定了档案的销毁对象后，无限期地拖延应依法准销档案的销毁时间；有的单位分管档案工作的领导，迟迟不肯在"档案销毁清册"或"档案销毁清单"上签字，担心日后承担责任；有的单位出于"规避"法律风险和"躲避"责任追究风险的考虑，对于被列入销毁范围的档案，采取了"判处死刑、立即执行"的急迫销毁行动；等等。这些做法，从法律意义上说，都有违程序正当原则和权责统一原则，应尽早改正。

5. "计划生育"法

所谓"计划生育"法，是指根据每一项职能工作的需要，预先制订文件的"出生"计划，并同时确定文件的保管期限的方法。使用“计划生育”法能够实现前端控制。

各立档单位的档案管理部门与各业务部门之间应加强业务沟通和工作联系，并通过业务协同、业务融合的方式，让各个业务部门了解档案留存的需要和具体的价值鉴定标准要求。在现阶段，各立档单位应按照国家档案行政管理规范的要求，认真编制好本单位的档案保管期限表。在编制档案保管期限表的实践中，各单位的档案人员不能仅凭自身的经验或采取简单模仿的方法，就草率地、应付性地完成编制档案保管期限表的任务。正确的工作程序方法是：

第一，各单位应成立档案保管期限表编制工作组，专门负责编制本单位的档案保管期限表，单位主管或分管领导应承担工作组的管理和组织责任；工作组的人员构成应包括档案人员、各部门熟悉本部门业务工作的人员、单位分管领导、专家等。

第二，工作组要认真学习国家档案行政部门发布的规范性文件、本行业的档案保管期限表、同行业其他单位的档案保管期限表，提升对档案价值鉴定理论、原则、规则、方法的认识水平，提高编表人员的业务能力。

第三，档案人员应设计一个要求各个业务部门的相关人员填写的调查问卷，以便查明各个部门的主要职能分工情况、业务类型及业务活动内容、文档类型、业务工作的文档需求等方面的信息。

第四，档案人员应对回收的调查问卷内容，进行必要的数据整理分析。对那些没有得到确切回答的问题，档案人员还应主动与有关人员进行反复沟通，直至问题解决。在此基础上，提出本单位档案保管期限表草案或建议书。

第五，档案保管期限表编制工作组对所提出的档案保管期限表草案或建议书进行认真研讨，修订完善。

第六，将修订后的档案保管期限表分发给每个组织成员，广泛征求意见，博采众长，真正实现文档价值鉴定工作的全员参与。

第七，档案保管期限表编制工作组再次对档案保管期限表进行修改和完善，并形成定稿，报送给同级档案行政管理机关审核。

第八，将经过档案行政管理机关审核的档案保管期限表，依据其条款内容进行分解，使单位的每个部门的工作人员都能知晓与之相关的文档留存范围，明确责任部门和责任人；有条件的单位还可以将档案保管期限表嵌套在业务管理系统中，实现文档形成和保存的自动控制。

6. 专家评估法

所谓专家评估法，是指对那些难以确定保存价值的文件或文件有机体，请同行专家参与鉴定评估，并根据专家意见划定保管期限的方法。

第三节　档案价值鉴定标准

档案价值是客观存在的，而人们对档案价值的认识和评价，却带有很强的主观性。为了使这种主观认识活动最大限度地符合实际，保证档案价值鉴定的质量，必须建立明确的档案价值鉴定标准。坚持按照科学的鉴定标准来认识和评价档案价值，可以有效地提高档案价值鉴定结论的客观性、可靠性和准确性。

一、档案属性标准

从档案客体方面分析，档案的来源、内容、时间及形式特征可作为分析、判断和预测档案价值的标准。

（一）来源标准

档案来源一般是指档案的形成者。档案形成者是指文件的责任者（作者）和立档单位。

第一，分析文件的价值，应站在本单位的角度，本单位制发的文件是保存的重点，大部分需要长期保存。一个立档单位的档案是否齐全完整，能不能反映本单位的历史面貌，在很大程度上是看本单位制发的重要文件是否被保存了下来。但一个单位也不能只保存本单位制发的文件，还应保存外单位制发的文件，主要是直属上级、下级制发的文件。判断对外单位制发的文件是否保存，要看外单位文件在本单位的承办处理情况及与本单位的关系：是针对本单位需要直接承办并产生文件的，还是没有产生文件和不是针对本单位的；是直属上级、下级的文件，还是同级和非直属上级、下级的文件。只有把握住文件与立档单位的关系这一线索，将一个单位的全部档案与本单位的主要职能活动和任务联系起来，才能分析文件在行使本单位主要职能和完成主要工作任务，以及反映基本情况方面的作用。凡是记述和反映本单位的主要职能、中心任务、基本情况等方面，对本单位、国家建设和历史研究有长远利用价值的档案，应长期保存；反之，可短期保存。

第二，分析文件的价值，应看立档单位在社会上的地位和作用。由于立档单位担负的职能，在政府机关体系中、社会上、历史上所处的地位、所起的作用不同，所形成文件的价值也不同。一般地说，担负的职能和地位重要的立档单位所形成的档案全宗及其所属档案文件，从总体上看具有较高价值。如党中央、国务院及各部委、中央军委及各总部、人大常委等高级领导机关、地方上的党政领导机关所形成的档案，在政治、经济、科研等方面的价值要大一点，应多保存一些；一些基层组织，如小商店、小学、小公司等形成的档案，价值相对小一点，保存的数量应少一些，具有抽样保存性质的档案，甚至可以考虑整个全宗都不必永久保存。就人物全宗来说，党和国家领导人、著名科学家、社会活动家等知名人物形成的档案价值很高。

第三，在立档单位制发的文件中，具体的撰写者、制发机构也对档案价值产生影响。单位领导人、决策机构、综合性办公机构、主要业务职能机构、人事机构、外事机构制发的文件大多比较直接地反映本机关的主要职能活动和基本情况，因而具有长久保存价值的文件的比例较高，而一般行政事务机构、后勤机构及某些辅助性机构中具有长久保存价值的文件的比例则较低。

（二）内容标准

档案内容所包含的信息和反映的情况，是分析判定档案价值的关键因素。因为档案的用途的大小同档案内容之间的联系密切。分析档案的内容，主要应分析：

（1）档案内容的重要性。要看档案内容说明了什么问题，反映了什么事实。一般说来，反映党的方针政策、重大事件、主要业务活动的档案比反映行政事务、一般业务活动的重要；反映本机关主要职能活动、基本情况的档案比反映非主要职能活动和一般情况的重要；反映中心工作的档案比反映日常工作的重要；反映全局性的档案比反映局部性的重要；有针对性、依据性，需要贯彻执行的档案比普发性、参考性的重要；有效时间长的档案比有效时间短的重要；典型性的档案比一般性的重要。上述情况中，前者是重要档案，要永久保存，后者是一般档案，价值较小，多数只能定期保存。

（2）档案内容的独特性。实践证明，内容独特、新颖的档案文件有较大的利用价值。因此，立档单位和档案馆在鉴定档案价值时，应充分重视档案内容的独特性。凡是具有本单位、本系统、本地区特色的档案，特殊事件、特殊产品、特殊人物、特殊成果和具有开创意义的新人、新事、新方针、新政策方面的档案，以及各种特色档案，都应尽可能予以保存，并适当延长保管期限。要力求减少立档单位和档案馆馆藏档案的重复，将重复现象减至最低限度。

（3）档案内容的真实性。档案内容只有真实可靠才具有利用价值，内容不实则丧失了利用价值而应当被剔除，若将内容不实的文件保存起来并提供利用，会因以讹传讹而产生负面影响。只有在特定历史条件下，为避免人为造成“历史空白”，才允许保存一些文件本身形成是真实的但内容不真实的文件材料，并谨慎地、批判地加以利用。

（4）档案内容的综合性或集中性。分析档案内容的综合性或集中性，主要看档案在记载某一事件、某一活动、某一主题时，是详细还是简略，是深入具体还是肤浅概括。这种分析需要与其他档案文件联系起来进行比较、判断。例如，综合性总结、年度总结的价值一般高于季度、月度总结的价值；记录事件、活动的发生、过程、结果比较详细，信息量大而且集中的档案文件，其价值高于记录内容肤浅和不具体的档案文件。

（三）时间标准

档案形成时间具体涉及档案文件形成时间的远近，档案文件是形成于特别时期还是一般时期。第一，形成时间久远的历史档案，应尽量多保存。一般来说，档案文件产生的时间愈早，保存下来的就愈少，就显得愈珍贵，就愈具有鉴赏的文物价值。早在 20 世纪初，普鲁士的迈斯奈尔就提出“高龄档案应受到尊重”的思想。它揭示出文件作为一种证据性材料所固有的历史价值，改变了人们只注重档案文件行政参考作用的片面做法，使人们认识到档案文件可以作为考察机构职能活动与历史情况的凭证，从而避免了大量古老的珍贵档案受到人为的毁坏。根据这一思想，许多国家制定了禁销档案的日期，禁销日期以前的档案应全部保存。新中国成立前形成的各种档案，如明清档案、革命历史档案、民国档案等，应该被列入禁止销毁的范围。第二，对新中国成立后的档案，一般来说形成于特殊时期或重要历史时期的价值相对大一些。如新中国成立初期、“文革”时期、改革开放时期形成的档案应适当多保存一点，因为这些时期是今人或后人研究历史和社会发展所关注的焦点。

分析档案的现实使用价值，就是看档案在现实的工作、生产活动中的行政效力与法律效力。如条约、契约、协定、协议书、合同、法律、指示、方针政策、规章制度、规划、决算等文件材料，在一定时间和条件下，具有行政上和法律上的效力，这就有相当的价值，应予以保存。当有效性丧失后，文件会降低或失去原有的价值。在实际工作中，这类档案在有效期满后，通常再保存相当于有效期限的时间，以备查考。所谓历史的参考价值，是指档案是历史的产物，是在特定的历史条件下形成的，是前人实践活动的信息积淀。就某一事件而言，此部分档案，即为此事件之历史。就某一组织而言，该组织之档案即为该组织之历史。因此，在鉴定档案价值时，要充分认识档案的历史价值，即史料价值，也即所谓鉴赏文物价值。年代久远的档案，如甲骨档案、简牍档案、缣帛档案、明清档案，除本身的史料价值外，兼具文物价值。

（四）形式特征标准

档案的形式特征是指文件的名称、作者（责任者）、文本、外形特点、载体形态、记录方式等，这些形式特征在某种情况下，也可能对档案的价值产生影响。

1. 文件的名称

文件的名称具有特定的性质，表示不同的作用，也在一定程度上反映出文件的不同价值。比如决定、决议、命令、指示、条例、纪要、报告等，就比一般性的通知、简报、来往函件重要；会计档案中的决算报告、账簿，就比凭证的价值大；教学档案中的教学计划、教学大纲，就比教学日历、课程表的价值大。但是，文件的名称只具有参考的性质，由于文件名称用法上的不统一，以及实际情况的复杂性，有的文件不能只看名称，还要看内容。比如有些通知就含有重要指示、决定的意义，不能被当作一般通知看待。又如一些党政领导人、知名人士之间关于某些重要活动的来往函件，就不能被当作一般性的函件来处理。

2. 文件的文本

同一文件在撰稿、研制过程中可以形成各种稿本，如正本、副本、草稿、定稿、底图、蓝图等。不同稿本的文件，在行政效能、凭证作用等方面是有区别的，因此价值亦不相同。正本具有标准的格式，有机关的印章或负责人的签章，是机关进行工作的依据，具有法定的效能和凭证作用，可靠性高，其价值也大一些。副本、草稿、草案的可靠性差一些，价值也小一些。但某些重要文件的草稿、草案可以反映文件的形成过程，也具有较高的保存价值，应与定稿、正本同样永远保存。

3. 文件的外形特点

有些文件从内容上看并不重要，但它的外形特点影响其价值。如制成材料、书法、图案等方面有科研或艺术价值，或者文件上有著名人物的批示、题词、签字等，也影响其保存价值。

档案属性特征的各个方面是互有联系，不可分割的。档案自身各方面的特征对档案的保存价值发生影响时，往往呈现出比较复杂的情况。有时，某些方面相辅相成，一致地影响着档案保存价值的大小；有时，某些方面相互抵消，交错性地影响档案的保存价值；有时，在各方面相互作用的基础上，某一方面的特征更加突出地影响着档案的保存价值。为此，在分析档案价值时，必须综合地分析和考察文件各个方面的特征及其作用，切忌孤立地、机械地单从某一方面的特征就判定档案的保存价值。总之，鉴定档案的价值，必须根据每份或每组文件的具体情况，以文件的内容为中心，全面联系地分析文件所属立档单位，文件的责任者、产生时间、名称、可靠程度、有效性、外形特点等诸种因素，全面分析文件自身的有关特点，从而科学地判定档案的价值。

二、社会需求标准

从社会的利用需求和利益角度来评价档案价值，是鉴定工作的重要方面，社会需求对档案的价值有影响、调节作用。在鉴定工作中，必须重视社会需求标准，凡社会需要的档案（说明档案对社会有用，即有价值），应当予以保存；而社会不需要的档案或较少需要的档案（说明档案对社会的作用小甚至无作用），若无潜在的价值，则一般不予保存。社会需求标准，一般包括以下几方面。

（一）社会需求方向

所谓社会需求方向，是指广大利用者需要利用哪些内容和哪些类型的档案，把握住总的发展趋向。但在不同历史时期，不同类型、不同目的的利用者所需要的档案信息内容有很大的区别，因此，档案人员要站在社会需求的高度，把握公民个人、机关以及社会方方面面利用档案信息的需要。从总的方面看，留存档案应满足社会主义物质文明和精神文明建设的需要，满足全面地为政治、经济、军事、科学、文化，以及党和国家各项事业发展服务的需要，满足各研究领域和人民大众维权、丰富业余生活、休闲利用的需要，等等。在过去的档案鉴定工作中，曾经有过重政治、轻业务，重宏观、轻微观，以及某些盲目现象，致使一些档案馆的档案利用率很低，不能满足广大利用者的利用需求。近年来，许多立档单位和档案馆调整了收藏结构，在保存党政档案的同时增加了专门业务档案的比例，在保存“宏观”档案的同时，也抽样保留了一些具有典型性、代表性的包含“微观数据”的档案，受到了利用者的欢迎。为了把握社会需求方向，档案人员要加强对现有档案利用状况的统计和研究，总结经验，摸索规律，开展预测，尽可能地使选留保存的档案资源能满足社会各方面的需要。

（二）社会需求面

社会对档案的需求是多方面和多层次的。社会生活丰富多彩，人们对档案的需求多种多样，而档案的内容上至天文、下至地理、中及人事，无所不包，可以满足社会的广泛需求。人们在社会实践中，有的利用档案解决行政管理、生产建设，以及日常生活中的各种具体问题；有的使用档案进行科学研究与著书立说。利用档案的领域有政治、经济、科技、文化等方方面面。利用者有行政管理人员、专业技术人员、工人、农民、商人、学生等。无论在何种情况下，档案只要能满足社会需求，就具有价值，否则就无价值。需求的满足程度对社会的利益影响愈大，档案价值就愈大，反之就愈小。因此，在鉴定工作中决定档案的留存和确定保管期限时，应以一定的社会需求面（即广泛性）为前提，要避免片面地以个别需求为鉴定标准，而要考察每份文件的社会意义。有些档案在失去现行效用之后，不仅对本机关有查证、参考意义，而且可作为其他方面工作人员、研究人员的工作参考和研究素材，具有较大的社会意义，从而具有较高的价值。

（三）社会需求时间

社会对档案的需求，从时间上可分为近期利用需求与长远利用需求。近期利用需求是指档案形成机关在一定时期内需要查考利用档案，以及档案进馆初期社会各方面对档案的利用。在鉴定档案价值时，既要照顾重点用户（形成机关），又要兼顾社会各方面现实的近期利用需求。长远利用需求是指在鉴定档案价值时，应深入预测档案未来的潜在的利用需求，通过对既往利用频率、利用效果、利用需求、用户状况等方面的调查分析，仔细剖析影响社会对档案的需求的种种因素，探索利用需求的发展规律，从而准确地判定社会对档案的潜在需求，充分发挥档案馆史料基地的作用。

三、相对价值标准

从理论上讲，每一份文件和记录的价值都是客观存在的，取决于档案的自身属性及其满足利用者需求的程度。但在鉴定工作中，实际上还有一种被鉴定档案与其他档案相比较而存在的价值——相对价值。它是通过相互比较来衡量档案保存价值的一种标准。例如，某一件/卷档案的价值并不大，但由于这个时期、这个机关保存下来的档案数量少，这一件/卷档案的价值就应相对提高，保管期限也应适当延长；相反，孤立地看某一件/卷档案似乎很重要，但当出现同一全宗内有众多的同类型档案，或档案进馆后与其他全宗的档案重复的情况时，这种档案的价值就会相应降低，就可适当缩短其保管期限。根据档案价值相对性的特点，在开展档案鉴定工作时，一定要全面观察一个全宗和一个档案馆档案的整体状况，既要分析档案本身的固有价值，又要重视馆（室）藏档案质量的优化，减少档案重复。

（一）相关档案的保存状况

分析档案的价值，不能孤立地从单份文件或单个案卷出发，而应从全宗文件之间的有机联系出发，从全宗群以及同时期、同类型全宗的档案数量、结构、完整程度、可靠程度出发，全面地考查文件的价值。全面地分析档案价值，有一个被鉴定档案的价值与相关档案价值的比较问题。就某一份档案文件来说，其价值不大，但该时期的档案文件很少被保存下来，这份档案文件会因具有“样本”性质而被加以保存。某些档案就一个全宗看有保存价值，但从档案馆角度看，相关全宗已经被保存，为减少重复就应当将这些档案剔除。为此，在鉴定档案价值，看相关档案的保存状况时，应注意以下几点：

第一，看档案的完整程度。在正常情况下，如果一个全宗、全宗群或同类单位的档案数量大、保存得比较完整，那么在鉴定档案价值时，应严格一些，挑选确有价值的档案保存。假若由于某种原因，某一个历史时期或某一全宗、全宗群保存下来的档案文件不完整，在鉴定档案价值时，就应把条件放宽一些。

第二，看档案是否重复。档案之所以珍贵，是因为它们向以“孤本”著称。若保存过多重份文件，就会给保管、保护工作带来困难，造成人力物力的浪费。鉴定档案价值，应注意对全宗内的重复文件和各全宗之间的交叉重复文件进行清理和剔除，力求做到一个全宗内不出现重份文件，档案馆内各全宗之间少出现重份文件。

第三，看文件的可靠程度。如前所述，同一文件在撰稿、印制过程中，以及根据使用的需要，可以形成各种稿本，如正本、副本、定稿、草稿、草案等，它们在行政效能、凭证作用等方面是有区别的。正本可靠性高，价值也就大一些；副本、草稿、草案的可靠性差一些，价值也小一些。由于科学技术的进步，副本与正本在内容和形式上可以毫无差异，副本也可以起凭证作用，特别是在没有正本的情况下更是这样。某些重要文件的“草稿”“草案”也具有一定的价值，它们可以反映重要文件的形成过程，需要保存一段时间。

第四，看档案内容的可替代程度。如果一份文件的内容已被其他更重要的文件包含，那么这份文件的价值可以从严判定；相反，如果一份文件独立地反映了一个方面的问题，那么这份文件的价值就会相对提高。例如，一般说来，本机关的年度总结、统计报表等应永久保存。季度、月份的总结、统计报表应定期保存，但在无年度总结、统计报表的情况下，季度或月份的总结和统计报表就会变得重要起来，其价值就会相对提高。再如，在有正本的情况下，副本、草稿的价值就比较小，一般可不归档，而在没有正本的情况下，副本、草稿的价值会相对提高，可归档视同正本保存。

（二）现有保管条件和成本

鉴定档案价值的目的，就是挑选有价值的档案继续保存，剔除无须保存的档案予以销毁。但在具体判定哪些档案值得保存和保存多久、哪些档案不值得保存时，应考虑档案的现有保管条件和成本。

1. 现有保管条件

我国是发展中国家，在较长时期内在档案保管方面投入的财力是有限的，档案馆（室）的库房建设及设备的增加速度远远赶不上档案数量的急剧膨胀速度，档案的数量和保管条件之间的矛盾十分突出。在鉴定工作中，当确定应保存档案的数量和保管期限时，要适当考虑现有的保管条件与设备的承受能力。

2. 保管成本

所谓保管成本，是指保管档案过程中的花费，包括储存费用、处理费用、保护费用、参考咨询费用。保存档案应考虑效益问题，只有当档案发挥作用所带来的利益，超过因保存档案所付出的代价时，档案才具有保存价值。有的档案虽然具有一定的价值，但限于现有条件不足或保管费用过高，也难以保存。所以，档案工作者在鉴定工作中应有效益观念。但是，必须指出，在考虑档案的效益时，不能只考虑经济效益，还应全面分析档案的社会效益。只有从整体效益和局部效益、当前效益和长远效益等方面，具体比较档案的“投入”与“产出”，才能使档案价值的评价更准确、更与实际相符合，才能避免在效益问题上的片面性。

第四节　档案保管期限表

档案保管期限表，是用表册的形式列举档案的来源、内容和形式并指明其保管期限的一种规范性、指导性文件。它是立档单位和国家档案馆鉴定档案价值和确定档案保管期限的依据和标准。

一、档案保管期限表的作用

（一）保证档案鉴定质量、提高档案鉴定工作效率

档案保管期限表是根据鉴定档案价值的原则，认真总结鉴定工作经验，经过反复讨论研究而形成的，经实践检验行之有效的规范性文件和工具。有了档案保管期限表，就有了一个明确的标准，档案鉴定人员可以根据档案保管期限表来统一进行档案鉴定工作。档案保管期限表可以在一定程度上避免由于个人认识上的局限性和片面性所造成的判定档案价值过宽或过严的倾向，从而确保相对准确地判定档案价值，提高鉴定工作的质量。同时，由于档案价值的鉴定标准明确，因此鉴定人员可以顺利地开展鉴定活动，避免了相互扯皮，从而也有利于提高鉴定工作的效率。

（二）防止错误地销毁有保存价值的文件

因为档案保管期限表明确规定了什么样的文件要保存，什么样的文件不保存，标准明确，界限清楚，加上严格的档案鉴定制度和组织管理，所以能够有效地防止有意或无意地错误销毁有保存价值的文件等问题的发生。

二、档案保管期限表的类型

目前我国的档案保管期限表，归纳起来有通用档案保管期限表、专门档案保管期限表、同系统机关档案保管期限表、同类型立档单位档案保管期限表、立档单位档案保管期限表 5 种。

（一）通用档案保管期限表

通用档案保管期限表是由国家档案行政管理机关编制的，在全国各机关、团体、事业单位鉴定档案时通用的一种保管期限表。其特点是：第一，概括了全国各机关、团体、事业单位普遍产生的文件及其保管期限，具有通用性，是确定全国各机关、团体、事业单位档案文件保管期限的标准和依据；第二，是制定其他各种档案保管期限表的依据。各个系统、各个部门、各个机关都可以根据通用档案保管期限表的原则精神，结合自己档案文件的具体情况，编制本系统、本部门、本组织的档案保管期限表（参见《机关文件材料归档范围和文书档案保管期限规定》中的《文书档案保管期限表》和《企业文件材料归档范围和档案保管期限规定》中的《企业管理类档案保管期限表》）。

（二）专门档案保管期限表

专门档案保管期限表是由档案行政管理机关会同专业主管部门编制，供各机关、团体、企事业单位鉴定专门档案时使用的一种档案保管期限表。例如，2016 年 1 月 1 日起施行的《会计档案管理办法》附表中的《企业和其他组织会计档案保管期限表》《财政总预

算、行政单位、事业单位和税收会计档案保管期限表》，就是供全国各级财政机关、行政单位、事业单位和税收机关鉴定会计档案的统一标准。专门档案保管期限表是每个立档单位在编制本单位档案保管期限表时用以确定专门档案保管期限的规范性依据。

（三）同系统机关档案保管期限表

同系统机关档案保管期限表是由主管领导机关编制的，供同一系统各立档单位鉴定档案价值时使用的一种保管期限表。同时，它也是每个属于同一系统的立档单位编制本单位档案保管期限表时的规范性依据。

（四）同类型立档单位档案保管期限表

同类型立档单位档案保管期限表是由档案行政机关或主管机关编制的，供同一类型各立档单位鉴定档案时使用的保管期限表。同时，它也是每个同类型立档单位编制本单位档案保管期限表时的规范性依据。

（五）立档单位档案保管期限表

立档单位档案保管期限表是各立档单位依据上述档案保管期限表，结合本单位档案的具体情况编制的，供本单位在鉴定档案保存价值、确定档案保管期限时使用的一种保管期限表。这种档案保管期限表包括了一个立档单位在工作活动中可能产生的所有归档文件类型及其保管期限，明确具体，使用起来很方便。需要注意的是：在编制一个立档单位的档案保管期限表时，不能缩短前述四种档案保管期限表所规定的档案文件的保管期限，但可以结合本单位的需要，适当予以延长。

三、档案保管期限表的结构

档案保管期限表的结构，包括顺序号、条款、保管期限、附注以及说明等部分。对于条款较多的档案保管期限表，还可以加上类别。以上是档案保管期限表的一般结构，各立档单位可以根据档案保管期限表的特点和实际需要，增加或减少某些项目，但条款与保管期限是最基本的项目，任何档案保管期限表都必须有。一般而言，编制档案保管期限表应在本单位的档案分类方案的基础上进行，并依据档案分类方案的基本类目，对档案保管期限表中的条款进行分类排序，也可将档案分类方案与档案保管期限表合而为一，以便于更好地使用。

（一）顺序号

当档案保管期限表的各条款经过系统排列后，应在各条款的前面编上统一的顺序号。编顺序号的目的，是固定条款的排列位置，作为鉴定人员使用档案保管期限表时引用条款的代号。因此，条款必须从头到尾，统一编流水号，不能有重号。

（二）条款

条款是一组类型相同的文件的名称或题名。条款要求能反映出一组文件的来源、内容、名称和形式，文字要简明确切。在列举一组文件的来源、内容和形式时，可以指出具体的作者、问题，也可以概括出一组文件所反映的级别、问题和名称，如“会议文件”“上级机关”“下级机关”“报表”等。必要时，还需要指出文件的作用和可靠程度，如“执行”“批准”“备案”“参考”，以及“定稿”“草稿”“正本”“副本”等。每一条款应代表一组有内在联系的价值相同的文件，有时为了使条款简洁醒目，也可以将价值不同而有联系的一组文件写成一个条款，然后在条款下面分别指出不同的保管期限。条款一般不宜拟制得过多过细，但也不能概括成文教、卫生等类别，以免使用时发生困难。

（三）保管期限

保管期限的划分是鉴定档案价值的主要任务。保管期限划分得是否正确，是衡量档案价值鉴定质量高低的重要标准。所以，确定保管期限，是编制档案保管期限表的核心工作。

档案的保管期限分为永久、定期两种。

1. 永久档案

凡是反映立档单位主要职能活动、中心工作和基本历史面貌的，对本单位工作、国家建设和历史研究有长远利用价值的，以及在维护国家、集体和个人权益等方面具有永久性凭证价值和文化价值的各种文字、图表、声像等不同形式的档案的保管期限，定为永久保管。2006 年国家档案局颁发的《机关文件材料归档范围和文书档案保管期限规定》，将一个立档单位应划为永久保管的文书档案分为八种：（1）本机关制定的法规政策性文件材料；（2）本机关召开重要会议、举办重要活动等形成的主要文件材料；（3）本机关职能活动中形成的重要业务文件材料；（4）本机关关于重要问题的请示与上级机关的批复、批示，重要的报告、总结、综合统计报表等；（5）本机关机构演变、人事任免等文件材料；（6）本机关房屋买卖、土地征用，重要合同协议、资产登记等凭证性文件材料；（7）上级机关制发的属于本机关主管业务的重要文件材料；（8）同级机关、下级机关关于重要业务问题的来函、请示与本机关的复函、批复等文件材料。

2. 定期档案

在一定时期内，对本机关进行工作、总结经验有查考利用价值的档案的保管期限，定为定期保管。2006 年国家档案局颁发的《机关文件材料归档范围和文书档案保管期限规定》，将定期保管的文书档案分为九种：（1）本机关职能活动中形成的一般性业务文件材料；（2）本机关召开会议、举办活动等形成的一般性文件材料；（3）本机关人事管理工作形成的一般性文件材料；（4）本机关一般性事务管理文件材料；（5）本机关关于一般性问题的请示与上级机关的批复、批示，一般性工作报告、总结、统计报表等；（6）上级机关制发的属于本机关主管业务的一般性文件材料；（7）上级机关和同级机关制发的非本机关主管业务但要贯彻执行的文件材料；（8）同级机关、下级机关关于一般性业务问题的来函、请示与本机关的复函、批复等文件材料；（9）下级机关报送的年度或年度以上计划、总结、统计、重要专题报告等文件材料。

（四）附注

附注亦称注释，就是对某些条款及其保管期限所做的必要注释和说明。如“重要的”

是指方针政策性或重大问题、具有科学历史价值的文件材料，“一般的”是指一般业务和事务性问题、科学历史价值不大的文件，等等。

（五）说明

说明一般应指出档案保管期限表的使用范围、制定档案保管期限表的依据、档案保管期限表的结构、档案保管期限的计算方法、档案保管期限表的批准机关，以及其他有关事项。

第五节　档案价值鉴定的制度与程序

一、档案价值鉴定的制度

档案价值鉴定是一项严肃、细致的工作，直接决定国家宝贵的文化财富的命运。因此必须严格按照党和国家的规定办事，建立和健全鉴定工作制度，确保鉴定和销毁档案有组织、有领导地进行，减少工作中的失误，防止敌人有意破坏档案，力争将这项工作做好。根据国家的有关规定，档案价值鉴定制度的基本内容主要包括以下几个方面。

（一）确立统一的鉴定原则和标准

由党和国家及其档案行政管理机关制定统一的全国性鉴定标准，各地区、各系统、各机关据以制定具体的鉴定标准，各档案馆、各机关根据鉴定标准进行鉴定工作。如 2006 年 12 月 18 日国家档案局颁发的《机关文件材料归档范围和文书档案保管期限规定》中的《文书档案保管期限表》就是鉴定工作的指导性文件、统一的鉴定标准。

（二）实行鉴定工作的组织领导制度

鉴定工作必须有组织、有领导、有计划地进行。机关档案的鉴定工作，一般由办公厅（室）领导人、档案人员、业务人员组成的鉴定小组负责进行。档案馆档案的鉴定工作，由馆长、同级档案行政管理机关和档案馆的有关人员组成的鉴定工作委员会负责进行。在鉴定某一机关档案的时候，还可邀请机关的代表参加。建立鉴定工作组织是为了加强对鉴定工作的领导，提高鉴定工作的效率与质量，防止片面性和草率从事。

（三）实行销毁档案的批准与监销制度

根据党和国家及档案行政管理机关的有关规定，销毁档案，应编制销毁清册，办理批准手续，坚持执行监销制度。省档案馆销毁档案，由鉴定委员会审查后，报请主管领导机关批准；县档案馆销毁档案，也要报请主管领导机关批准；机关销毁档案，由机关领导人批准。销毁 1949 年以前的历史档案，除经主管领导机关同意外，还要同时报国家档案局批准。未经鉴定和批准，不得销毁档案。销毁档案应注意安全保密，一般要有两人以上监销。档案销毁后，监销人应在销毁清册上签字盖章，并注明销毁方式（焚毁、粉碎或打成纸浆）和日期。

（四）制定档案保管期限表，实行审批制度

为强化各级档案行政管理部门对机关文件材料归档与进馆档案的监督指导力度，提高档案保管期限表的质量与权威性。2006 年 12 月 18 日国家档案局颁布的《机关文件材料归档范围和文书档案保管期限规定》，将 1987 年《文书档案保管期限表》中的“各机关根据本规定和《文书档案保管期限表》，以及有关的专门档案保管期限表，结合本机关的实际情况，编制本机关或本系统档案保管期限表，经本机关领导人审查批准后执行，并报同级档案行政管理部门备案”改为“各机关应根据本规定，结合本机关职能和各部门工作实际，编制机关的文件材料归档范围和文书档案保管期限表，经同级档案行政管理部门审查同意后执行。有垂直领导关系的中央、国家机关应根据本规定，结合本系统工作实际，编制本系统的文件材料归档范围和文书档案保管期表，并经国家档案局审查同意后执行”。改备案制为审批制，是我国档案鉴定制度的一个新发展，使档案行政管理部门能更好地发挥宏观监控和微观调整的能力，对于提高档案鉴定工作质量与确保档案保管期限表的质量，都具有积极的意义。

二、档案价值鉴定的程序

（一）机关档案室档案价值鉴定的程序

在机关档案室，档案价值鉴定通常分三个阶段实施。一是在机关文件归档时确定归档范围，同时剔除一部分没有保存价值的文件（由机关文书处理部门或业务部门保存一两年后销毁)。归档的过程是对文件价值的初步判定，是文件能否转化为档案的“资格审查”，是档案鉴定工作的第一个“关口”。二是对于归档的文件确定保管期限。通常的做法是各机关在每年的归档文件目录中初步确定保管期限，平时根据每份文件的内容和价值将其分别归入不同的档案盒，在正式整理时再以件（或卷）为单位依据档案保管期限表确定其保管期限。这一阶段的鉴定工作主要由机关档案工作人员与文书立卷人员共同实施。三是到了一定年限进行价值复审。永久与部分定期保管档案的价值复审，是在机关档案室向档案馆移交档案时，由机关档案工作人员与档案馆有关接收人员共同进行。档案馆接收人员除了对每卷（件）档案的自身价值进行考察外，还要从优化馆藏出发，重视消除进馆档案的重复问题。定期保管档案的复审通常在保管期满时进行，经复审后，机关档案室将确实具有长久保存价值的档案向档案馆移交。

（二）档案馆档案价值鉴定的程序

档案馆保存的档案，大都是由机关经过鉴定程序后移交来的，档案馆只需定期复审，拣出保管期满的档案予以销毁即可。但是，由于种种原因，档案馆也接收了一些未经鉴定的档案，仍须对其全面进行档案价值鉴定。档案馆对档案进行鉴定工作，应当在鉴定委员会或鉴定小组的领导下进行。

三、档案的销毁

档案销毁就是把经过鉴定失去价值的档案做毁灭性处置的过程。为了方便机关领导人审查批准档案的销毁，必须编制档案销毁清册。它是登录被销毁档案题名、数量等内容并由责任人签字的文件，也是日后查考档案销毁的凭证。档案销毁清册封面的项目有：全宗号、全宗名称和立档单位名称、编制档案销毁清册的单位名称和编制日期等。销毁档案的登记项目有：顺序号、案卷或文件的题名、起止日期、号码（案卷目录号、案卷号或文件字号）、数量、原保管期限、销毁原因、备注等。为了方便分管领导的审查，也可增加档案保管期限表的条款号、审查意见等项目。档案销毁清册应编制一式两份，一份送有关领导审查批准，一份留档案馆（室）保存。如果档案销毁清册须送档案行政管理机关或上级主管机关审查批准，还应多编制两份同时送去，一份经批准后退回。

为了方便机关领导人或主管机关领导了解必要的情况，在报送档案销毁清册的同时，应附上对销毁档案的简要说明。为了便于主管领导部门审批，应对销毁档案的主要原因、法律依据、鉴定过程、鉴定人员组成、内容、种类数量等情况做出简要说明。必要时还须附上一份对立档单位和全宗的简要说明，内容包括：立档单位和全宗的历史概况，档案的形成、保管、完整程度，以及现存档案的主要成分，历次鉴定工作情况，等等。

档案部门在准备好档案销毁清册和销毁档案的简要说明后，还应以档案馆（室）的名义，向有审批权力的部门领导呈交简明的书面报告，提出批准销毁档案的请求，报告的附件是档案销毁清册和销毁档案的简要说明。

准备销毁的档案，在未被批准销毁前应单独保管。在档案销毁清册被正式批准后，档案馆（室）一般可将销毁档案送造纸厂做原料或自行焚毁与粉碎。为保守国家机密，严禁将销毁档案出卖或做其他用途。无论采用什么方式销毁，均应有两人以上监销，负责在监督档案确已销毁后，在档案销毁清册上注明“已销毁”字样和销毁日期，并由销毁人签字。

本章思考题

1. 为什么要对档案进行价值鉴定？档案价值鉴定的意义和作用是什么？
2. 档案价值鉴定的标准有哪些？如何开展档案内在价值的鉴定工作？
3. 鉴定档案价值的原则与方法是什么？
4. 档案保管期限表的类型有哪些？如何编制本单位的档案保管期限表？
5. 档案鉴定工作的制度和程序如何确定？
6. 在编制立档单位的档案保管期限表时，如何将档案分类方案、文件材料的归档范围等相关规定融为一体？
7. 如何运用相对价值鉴定法开展档案价值的鉴定工作？
8. 如何有效地组织档案价值鉴定？
9. 宏观鉴定法和档案双重价值鉴定法如何实施？
10. 电子档案的销毁有哪些需要注意的事项？

第六章

档案保护与安全管理

内容提要

本章主要说明和介绍了档案保护管理和档案安全管理的相关理论、知识、技能和实际工作经验。包括：档案保护管理概述、档案库房建设与管理、档案实体保护、档案安全管理、档案安全保障体系和档案应急处置管理。

第一节　档案保护管理概述

一、档案保护管理的含义和内容

在档案管理业务活动中，档案保护管理通常被人们习惯性地简称为“档案保管”，它是指为实现有价值档案的长期保存这一目标，根据档案的成分和状况，采取各种有效的手段和措施，防止档案受损、延缓档案褪变、及时抢救和修复受损档案的活动。它是档案部门的基本职责之一，同时也是法律要求组织和公民个人应当承担的法律义务。档案保护管理的根本目的是维护档案实体的完整与安全。

所谓档案实体就是指档案的内容（人类活动的数据和信息）与一定存储介质（无论是需要长期保存的介质还是需要在一定时间范围内保存的介质）的复合体。传统意义上的档案具有内容与存储介质不可分离的特点，需要通过档案保护管理尽可能地延长档案的寿命；现代意义上的电子档案及传统档案的数字化副本，需要通过档案保护管理来保证其在发生转存、迁移等变化前，其存储介质（光磁介质）处于有效状态，维护其真实性、完整性、可靠性、可读性的安全。

《档案法》第五条规定：“一切国家机关、武装力量、政党、团体、企业事业单位和公民都有保护档案的义务，享有依法利用档案的权利。”《机关档案管理规定》要求：“机关档案管理应当维护档案的真实、完整、可用和安全，便于检索、利用和开发。”《档案馆工作通则》规定：“档案馆应研究和改进档案保护技术，延长档案的寿命。对已破损和字迹褪色的重要档案，要及时修复或复制。”“档案馆应对馆藏档案和资料的保管情况进行定期检查，遇有特殊情况应立即检查，及时处理。”“档案库房必须坚固适用，并应具有抗震、防盗、防火、防水、防潮、防尘、防虫、防鼠、防高温、防强光等设施。”

档案保护管理的内容，主要涉及两个基本方面，即档案库房管理和档案实体保护。具体工作内容包括：(1) 档案库房的日常管理和库内档案的保护；(2) 对流动过程中的实体的保护；(3) 保护档案所采取的各项专门措施。

档案库房的日常管理和库内档案的保护工作内容包括：档案库房的编号、档案装具的编号、档案的存放和全宗排列、档案存放位置索引的编制、全宗卷的建立和管理、档案库房温湿度控制等。

对流动过程中的实体的保护工作内容包括：在各项档案业务管理活动中为维护档案的完整、准确、系统和安全所采取的安全防护措施和行动。

保护档案所采取的各项专门措施的内容包括：为有效延长档案的寿命所采取的技术保护措施和制度安排，如防火、防水、防潮、防尘、防虫、防鼠、防高温、防强光、防盗、防磁、防震、防风等。

二、档案保护管理的任务

社会对档案资源的利用需求是长期的，这就要求档案部门有效维护档案实体的完整与安全。有些档案的存在涉及党、国家、立档单位的特定利益，必须采取有效的保护措施、制度安排与行动，对其加以妥善保存。但是，种种社会的和自然的不利因素的干扰和影响，往往会在保护措施或管控活动不正常、不科学、不到位的情况下，对档案实体造成损坏甚至损毁，从而使档案实体的完整性和有效性等受到破坏。由于档案实体的长期保存要求同档案可能遭受损坏之间的矛盾始终存在，所以档案部门需要开展积极的档案保护管理工作来有效地解决这一矛盾。

档案损坏和遭受破坏的原因，不外乎社会原因和自然原因（人为因素和自然因素）两个方面。

人为的损毁，主要表现为以下三种情形：

其一，由于政治斗争及其他各种原因，某些档案文件遭到有计划、有意识的破坏。

其二，档案工作人员或因利用档案等而接触档案的有关人员，由于麻痹大意、玩忽职守、不守规章，导致管理或使用不善而造成档案的丢失、损坏或档案系统的紊乱。

其三，在档案的利用和管理过程中，档案会因被频繁使用而加速老化。

自然损毁，概括起来有两个原因：一是内因——档案本身，即档案的制成材料，如纸张、胶片、光盘、彩带（盘）等介质材料，书写材料，技术发展等因素的变化，直接影响档案的寿命；二是外因——档案所处的环境和保管档案的条件，如不适宜的温度、湿度，有害气体、灰尘、水火、虫鼠，以及机械磨损等因素对档案的破坏。

档案保护管理的任务，是了解和掌握档案损坏的规律，通过经常性工作，采取专门的技术措施，最大限度地防止和减少档案的损毁，延长档案实体的寿命，维护档案实体的系统性和完整性。档案保护管理就是人们同一切可能损毁档案的自然的、社会的不利因素进行斗争。维护档案实体的完整与安全是我国档案工作基本原则对全部档案工作的基本要求，而档案保护管理是维护档案实体的完整与安全的重要环节和直接手段。换言之，维护档案实体的完整与安全就是档案保护管理最基本、最经常的任务。因此，档案工作者必须学习和掌握有关的科学技术知识，具有高度的政治警惕性和严格的纪律性，使档案实体的保护管理处于最佳状态。

三、档案保护管理的原则

实践表明，档案的保护管理如果有效地遵循了如下工作原则，就可以为档案实体的完整和安全提供最基本的思想和行为保证。这些原则及其思想内容包括：

（一）以防为主，防治结合

即在整个档案管理和利用活动中，采用各种必要的设施和技术手段，避免档案损毁或损坏问题的出现。在档案管理实践中，档案部门应积极地采取“八防”措施，包括防火、防水、防有害气体、防光（紫外线）、防尘、防霉、防虫、防盗，尽可能减少不利因素对档案的损害；如果发现问题，档案部门应予以及时解决和处置，改善档案保护的条件，修复受损档案。

（二）加强重点，兼顾一般

档案部门应根据档案保管期限的长短及发挥作用的重要程度，对重点的档案采取特别的措施加以管控，并在资源和条件保障方面优先考虑。而对一般的非重点档案的保护，则应做到兼顾，保证其在需要保存的时间范围内可以正常地使用。

（三）制度保证，违规必究

如果没有科学合理的档案保护管理制度作为保证，任何先进的技术措施和手段都会失去其应发挥的作用。所以档案部门必须加强档案保护管理的相关制度建设，对重点保护的档案还应做出更为严整的制度安排，并在实际工作中，尤其是在日常的管理活动中，切实加以落实。档案保护管理的制度设计应做到责任主体明确、责任内容清晰且目标合理、奖惩措施到位。对于在档案保护管理方面出现的问题、发生的事故、出现的安全事件等，应予以及时解决；对在档案保护管理中能够及时发现隐患、潜在风险和问题的工作人员，以及在档案保护管理模式创新、档案保护技术发明、档案保管方面业绩突出的机构和个人等，应给予物质和精神方面的奖励、表彰；对违反工作制度和工作纪律的人员，要给予批评教育，造成损失的要依法依规进行及时处理。

第二节 档案库房建设与管理

档案库房是档案保护管理的先决性条件之一。《档案馆工作通则》规定：“档案库房必须坚固适用，并应具有抗震、防盗、防火、防水、防潮、防尘、防虫、防鼠、防高温、防强光等设施。”没有良好的库房条件，档案保护管理的许多措施和手段都会失去其应有的效果。本节结合国家的有关行业推荐标准和相关的制度要求，着重介绍档案库房建设和库房管理的基本业务工作内容和相关的要求。

一、档案库房的建设规范和要求

依据 2011 年 2 月 1 日起实施的《档案馆建筑设计规范》(JGJ 25—2010) 和 2008 年 7 月 1 日实施的《档案馆建设标准》(建标 103—2008) 的相关规定，档案库房的设计和建设应充分考虑如下要求。

（一）对档案馆基地选址的要求

《档案馆建设建设标准》(JGJ 25—2010) 对档案馆的基地选址提出了四点要求。第一，应选择工程地质条件和水文地质条件较好的地段，并宜远离洪水、山体滑坡等自然灾害容易发生的地段；第二，应远离易燃、易爆场所和污染源；第三，应选择交通方便、城市公用设施较完备的地段；第四，应选择地势较高、场地干燥、排水通畅、空气流通和环境安静的地段。

（二）对档案馆建筑设计的一般规定

档案馆建筑应根据其等级（副省级市以上的档案馆建筑为一级，市地县级档案馆建筑为二级）、规模和功能设置各类用房，并宜由档案库、对外服务用房、档案业务和技术用房、办公用房和附属用房组成。

档案馆的建筑布局应按功能区分布置各类用房，并应达到功能合理、流程便捷、内外相互联系又有所分隔以避免交叉等标准。各类用房之间进行档案传送时，不应通过露天通道。档案馆建筑设计应使各类档案及资料保管安全、调阅方便；查阅环境应安静；工作人员应有必要的工作条件。

四层及四层以上的对外服务用房、档案业务和技术用房应设电梯。两层或两层以上的档案库应设垂直运输设备。锅炉房、变配电室、车库等可能危及档案安全的用房，不宜毗邻档案库。

（三）档案库的设计与布置要求

档案库可包括纸质档案库、音像档案库、光盘库、缩微拷贝片库、母片库、特藏库、实物档案库、图书资料库、其他特殊载体档案库等，并应根据档案馆的等级、规模和实际需要选择设置或合并设置。

档案库应集中布置、自成一区。除更衣室外，档案库区内不应设置其他用房，且其他用房之间的通道也不得穿越档案库区。档案库区的平面布局应简洁紧凑。档案库区及档案库入口应设缓冲间，面积不小于 6m^2；当设有专用封闭外廊时，可不再设置缓冲间。

档案库区内地面应比库区外楼地面高出 0.5m，并应设置密闭排水口。每个档案库应设两个独立的出入口。档案库净高不应低于 2.6m。档案库内档案装具布置应成行垂直于有窗的墙面。档案装具间的通道应与外墙采光窗相对应，当无窗时，应与管道通风孔开口方向相对应。

档案装具排列的各部分尺寸应符合：主通道净宽不小于 1.2m，两行档案装具之间净宽不小于 0.8m，档案装具端部与墙体的净距离不小于 0.6m，档案装具背部与墙的净距离不小于0.1m。

档案装具的档案存储定额的计算指标规定：当采用五节档案柜时，库房每平方米（使用面积）存储档案长度不小于2.7延长米；当采用双面档案架时，库房每平方米（使用面积）存储档案长度不小于3.3延长米；当采用密集架时，库房每平方米（使用面积）存储档案长度不小于7.2延长米。

档案库楼面均布活荷载标准值不应小于5kN/m²；采用密集架时不应小于12 kN/m²。母片库不应设外窗，珍贵档案存储应专设特藏库。

各档案馆在设计各种用房时应按《档案馆建设标准》（建标103—2008）的规定和要求执行。

二、档案库房围护结构防热措施与要求

档案库房围护结构中的屋顶、墙体、门窗等需要采取的防热和隔热措施与要求如下。

（一）屋顶防热

因平屋顶比斜屋顶的防热效果差，所以在可选择的情况下，档案库房的屋顶最好是斜（坡）屋顶。

实体材料隔热屋顶，即在屋顶的内层或外层铺设一定厚度的隔热材料，使库内温度有所降低，通常屋内同屋外相比，出现最高温度的时间应延迟3～5小时。

空气间层隔热屋顶，即通过设置架空层，利用空气及其流动的方式达到阻热的效果。架空层的高度不应小于0.3m。当炎热多雨的地区的斜（坡）屋顶下层为空间夹层时，库房内部应通风流畅。

（二）外墙隔热

可利用墙体隔热材料和结构来隔热，也可通过设置外走廊，在外墙表面涂布浅色涂料，设置屋檐，以及在档案库周围增加绿色植被等方式，达到隔热目的。

（三）门窗隔热

档案库房的门窗应尽量南北朝向，选用合成树脂类玻璃及含铁质玻璃材料制作的双层窗户或真空窗户。窗户的面积与同一面墙的面积比不大于1∶10。库门应选择双道密闭门。要保证门窗的密闭性，并采用必要的遮阳设施等。档案库门应为保温门。窗户的气密性能及保温性能分级要求应比当地办公建筑的要求提高一级。档案库房不得采用跨层、跨间的通长窗。

三、档案库房围护结构防水措施与要求

对档案库房的屋顶、地面、墙体及门窗的缝隙应采取必要的密闭措施，防止库外水汽进入库内。具体要求如下。

（一）屋顶防水（防潮）

屋顶防水或防潮的措施包括：采用防水的屋顶结构设计，如坡屋顶等；在屋顶上铺设

防水材料，如沥青、油毡等卷材或新型的防水材料；等等。

（二）外墙防水（防潮）

具体措施包括：在档案库房外墙表面涂布一层由水泥砂浆与防水砂浆制成的防水材料；墙体内层选用透气性差的材料；把墙体设计成空心墙或空斗墙；加厚踢脚部墙体，设置防潮层；外墙周围设一定宽度的散水坡和排水沟；对库房的墙基进行隔潮处理；等等。

（三）门窗防水（防潮）

库房的门窗要有良好的密封性，防止库外潮湿空气和雨雪水通过门窗缝隙侵入库房。

（四）地面防水（防潮）

地面以架空地面防潮为主，也可采用水泥砂浆防水、铺设混凝土垫层、铺设油毡防水层等方法。

四、档案库房的防火措施和要求

档案库房的防火设计，应符合《建筑设计防火规范》（GB 50016—2014）和《建筑内部装修设计防火规范》（GB 50222—2017）的有关规定。

档案库区中同一防火分区内的库房之间的隔墙应采用耐火极限不低于 3 小时的防火墙，防火分区间即库区与其他部分之间的墙体应采用耐火极限不低于 4 小时的防火墙，其他内部隔墙可采用耐火极限不低于 2 小时的不燃烧体。档案库中楼板的耐火极限不应低于 1.5 小时。

供垂直运输档案的电梯应临近库房，并要设在防火门外；电梯井要封闭，其围护结构应为耐火极限不低于 2 小时的不燃烧体。

注意，档案馆的特藏库房最好单独设置防火分区。

特级、甲级档案馆和属于一类高层的乙级档案馆的建筑要设置火灾自动报警系统。其他乙级档案馆的库房等房间应设置火灾自动报警系统。馆区要设室外消防给水系统。特级、甲级档案馆中的特藏库和非纸质档案库、服务器机房，要设惰性气体灭火系统。特级、甲级档案馆中其他档案库房可采用洁净气体灭火系统或细水雾灭火系统。档案库内部不得设置明火设施。档案装具最好采用不可燃烧材料或难燃烧材料。档案库区建筑及每个防火分区的安全出口不应少于 2 个。

档案库区缓冲间及档案库的门要向疏散方向开启，并采用甲级防火门。

库区内设置楼梯时，应采用封闭楼梯间，门要采用不低于乙级的防火门。档案馆建筑应配置灭火器，并符合《建筑灭火器配置设计规范》（GB 50140—2005）的规定。

五、档案库房的管理

库房管理工作是档案保管工作的基础，只有做好日常的、具体的库房管理工作，才能为整个档案工作顺利进行创造必要的条件。

（一）档案库房的编号

为了有条不紊地管理库房，应将各个库房加以统一编号。库房的编号有两种方法：一种是为所有的库房编一个总顺序号，适合库房较少的档案馆（室）；另一种是根据库房所在地的方位及库房建筑的特征进行分区编号，如“东一楼”“东二楼”“西一楼”“西二楼”等。每幢库房的内部，应根据建筑及房间的划分情况进行编号。如系楼房，就应自下而上地编层号；每层房间，应从入口开始，从左向右编房间号。

（二）档案架（柜）的编号

为了便于对库房内档案进行管理和能够迅速地存取，对所有档案架（柜）应进行统一编号。编号方法是：自门口起从左至右编架（柜）号，每个架（柜）子的栏从左向右编号，每栏的格自上而下编号（如果没有栏，则从上而下地编格号）。

（三）档案的存放

1. 存放和全宗排列

在我国，一般的档案馆和档案室所保存的档案，都是按照全宗进行整理和保管的，因此当考虑档案存放的时候，首先应按全宗来进行，一个全宗内的档案应集中在一起。但是，有些特殊情况应予妥善处理。例如，当库房或柜架预留的空位已被排满，新入馆的档案不能与先入馆的同一全宗的档案放在一起的时候，可以暂时单独保存，待有可能调整时，再将一个全宗的档案集中起来，或有计划地分阶段分库定位排列保管。有的全宗内可能还包括一部分影片、照片、录音带、录像带、技术图纸或会计报表等档案，这些不同类型的档案，可以分别保管。对于暂时或定位分别保管的全宗中的这部分档案，应填写参见卡，并把它放在原全宗（全宗主体）存放位置内，指明其存放地点，以保持它们之间应有的联系。对库房内各个全宗单位，应进行系统排列。全宗排列方法，主要有按全宗顺序号流水排列法和全宗分类排列法两种。前者对库房空间和全宗实体的安排比较方便，后者对全宗的系统管理和全宗的信息控制较为有利。在我国，通常采用按全宗群排列的方法，即在保持全宗完整的情况下，在安排所有全宗存放地点的时候，尽量将同一时期、同一系统或相同性质的全宗放在一起，以保持全宗与全宗之间的联系。在安排一个全宗内案卷排列次序的时候，必须严格地按照全宗内既定的分类体系和案卷的顺序号进行，以保持案卷之间的联系。当确定了全宗和案卷的排放次序以后，就可以组织上架，上架的次序应根据档案架（柜）及其“栏”“格”的编号次序进行。

2. 存放方式

存放方式一般有两种：竖放和平放。竖放是目前采用比较广泛的一种方式，好处是检取和存放案卷比较方便。平放的方法，虽然取放不太方便，但对保护档案是有利的。平放文件较舒展，文件上的褶皱日久后就会消失。这种方法适用于保管珍贵档案和不宜竖放的档案（如卷皮质软、没有装订、幅面过大等）。平放档案时，为了取放方便和避免文件承担过重的压力，堆叠的高度以不超过 0.4m 为宜。此外，还有卷放的存放方式。

例如，底图存放的方法有平放、卷放两种。平放，即按整理顺序将底图平放在多层抽屉的底图柜中。这种方法能较好地保持底图的平整，存取比较方便，有利于底图的保护，也便于查找利用。卷放，即将底图按套或案卷卷成筒状排放在底图柜中。具体可以将底图卷成小圆筒或者用薄木板、纸板作柱，将底图卷成扁平卷。重要和加长的底图在卷好后可放进特制的底图筒里。卷放的优点是节约库房面积和空间，但经常卷绕会增加底图磨损。特大特长幅面的底图以卷放为好。

再如，蓝图及复印图、白图可以选择竖放。折叠方法可依据《技术用图 复制图的折叠方法》（GB/T 10609.3—2009）执行。即以“手风琴”式，将档案折叠成 A4 图纸（297mm×210mm）幅面大小，折叠时右下角的标题栏应露出以便查阅，如果需要装订，左边应空出装订线。蓝图折叠后装入卷盒或卷皮中保存。其中图样一般采用散装的形式，而文字材料一般采取装订的形式。

（四）档案存放位置索引

为了便于档案保管人员切实掌握档案馆（室）档案的存放情况和迅速地取放档案，还必须给所排放好的档案，编制档案存放位置索引。档案存放位置索引，按其作用可以分为两种。

第一种指明档案的存放位置，即以全宗及其各类档案为单位，指出它们的存放地点，参见表 6-1。

表 6-1　　以全宗及其各类档案为单位编制的索引

全宗名称：			全宗号：					
案卷目录号	案卷目录名称	目录中起止案卷号	存放地点					
			楼号	层号	房间号	架（柜）号	栏号	格号

第二种指明各档案库房的保存档案情况，即以档案库房和档案架（柜）为单位，指出它们保存了什么档案，参见表 6-2。

表 6-2　　以档案库房和档案架（柜）为单位编制的索引

楼号			层号			房间号	
架（柜）号	栏号	格号	存放档案				
			全宗号	全宗名称	案卷目录号	案卷目录名称	目录中起止案卷号

上述两种索引，按形式又可分为簿籍式和卡片式两种。而第二种存放位置索引还可以采用图表形式，就是把每个库房（或楼、或层、或房间）内档案存放的实际情况绘成示意图。此种图表，可悬挂在相应的库房入口处，以便于保管和调卷人员随时参看使用。上述两种索引的详细程度和表格中的项目，可以根据档案馆（室）的规模和查找档案的频繁程度等具体情况来决定。

（五）档案代理卡

为了提供利用或满足档案馆（室）内部工作（如重新整理、修补、复制、编检索工具等）的需要，经常要将库房中已上架排放好的档案暂时移出库外。为了便于库房管理人员掌握档案流动情况和进行安全检查，可以填制一种卡片，放在档案原来存放的位置，这就是通常所说的“代理卡”或“代卷卡”，参见表 6－3。

表 6－3　　档案代理卡

全宗号	案卷目录号	案卷号	移出日期	移往何处		库房管理人员签字（移出）	归还日期	库房管理人员签字（收回）
				单位名称	经手人			

档案代理卡是一种简便适用的管理工具。当案卷调出量大、频繁时，如不设或不用档案代理卡，往往就会发生虽从检索工具中查到，但到架上提取案卷时没有案卷，而又不知道其短缺原因或何时借往何处的情况。仅凭档案出库登记和借出登记簿，往往因按时间流水登记，而在查阅时一时查不出某一案卷的去向，而通过档案代理卡就可以随时了解档案的具体去向。

六、全宗卷

全宗卷是由记录和说明全宗立档单位及档案历史和现状的有关文件材料组成的专门案卷，是管理全宗档案的重要工具。《机关档案管理规定》要求：“机关应当建立并定期完善全宗卷。全宗卷应当包含全宗背景、档案状况、工作制度、管理记录等内容，编制要求按照《全宗卷规范》（DA/T12）执行。”《档案馆工作通则》的第十一条规定：“每个全宗都要建立全宗卷，记载立档单位和全宗历史演变情况。”

（一）全宗卷的编制原则

全宗卷的编制，应遵循如下原则：

（1）档案馆（室）应以全宗为单位编制全宗卷，收集、保管在档案管理过程中以单个全宗为对象形成的相关文件材料。

（2）全宗卷中收集的文件材料应做到齐全、完整、真实，力求全面反映全宗及其管理的历史面貌。

（3）对全宗卷的整理应做到分类合理、方法科学、格式规范。

（4）综合全宗卷可以按馆（室）藏、全宗属类、全宗群或联合全宗进行编制，收集、保管在档案管理过程中以馆（室）藏、全宗属类、全宗群或联合全宗等多个全宗为对象形成的相关文件材料。综合全宗卷是由记录和说明多个全宗立档单位及档案历史和现状的综合性文件材料组成的专门案卷，是管理馆（室）藏档案的重要工具。

（二）全宗卷的内容构成

全宗卷通常包括如下 9 种类型的管理性文件材料：

1. 全宗（馆藏）介绍性材料

即全宗指南（全宗介绍）、大事记等说明全宗背景和档案状况的文件材料。

2. 档案收集活动形成的材料

包括档案接收和征集工作的办法、标准，档案（资料）交接文据及相关目录，档案来源和档案历史转移过程说明材料，等等。

3. 档案整理活动形成的材料

包括文件材料分类、保管期限和归档范围的规定，档案整理工作方案、说明和小结，等等。

4. 档案鉴定活动形成的材料

包括档案保管期限鉴定、档案开放鉴定、档案分级鉴定、档案销毁鉴定、珍贵档案考证鉴定等鉴定工作的制度、组织、方案和标准，鉴定工作形成的报告、请示及批复，鉴定及销毁处置档案的目录（清册），等等。

5. 档案保管活动形成的材料

包括档案保管工作制度，档案安全检查、档案破损情况调查与修复（抢救）、重点档案保护、珍贵档案仿真复制件制作等工作的记录和说明材料，档案保管状况分析和工作总结、报告，等等。

6. 档案统计活动形成的材料

包括档案基础统计台账、档案工作基本情况统计报表、档案工作统计分析材料等。

7. 档案利用活动形成的材料

包括档案利用制度、检索工具编制情况、档案开放与控制情况、档案编研与出版情况、档案展览与公布情况、珍贵档案介绍、档案利用效果典型事例等。

8. 新技术应用活动形成的材料

包括应用现代技术管理档案的情况记录、工作报告及说明材料，档案信息化和数字化工作情况，电子档案（文件）创建和应用环境（硬件和软件）及数据格式说明，等等。

9. 综合全宗卷材料

包括管理馆（室）藏、全宗属类、全宗群或联合全宗的综合性业务工作规范和管理制度，以及上述8类材料中涉及多个全宗的文件材料。

（三）全宗卷的整理

1. 全宗卷内文件材料装订和编号

全宗卷内各类中的文件材料以件为单位进行装订，并在文件材料首页上方的空白处进行编号。文件材料的编号格式是：全宗号-类号-件号。其中，全宗号填写文件材料所属全宗的编号。联合全宗卷的全宗号，填写档案馆（室）编号或档案属类代号。类号即前述9类全宗卷内容的编号。件号填写文件材料在相关类目中的流水排列序号。编号示例如下：

SZ1-1-2（中共湖北省委全宗，全宗介绍类，第2件）

2. 编制文件材料目录

全宗卷中的文件材料，分类别，以件为单位，按照排列顺序编制文件目录。全宗卷文件目录采用A4纸张，以表格形式，设置“类目名称”“件号”“责任者”“题名”“日期”“备注”等项目。

新增文件材料在相关类目中接续编制目录。当相同材料出现新旧几种版本时，应在目录备注栏中，注明新版本文件和旧版本文件的名称及替代时间。

3. 文件材料装盒和编制盒号

全宗卷文件材料按照分类编号顺序装盒。当文件材料较多，一盒装不下时，可按分类编号顺序装入数盒。装有文件材料的全宗卷应填写卷盒封面和脊背。

全宗卷装具采用无酸纸制作的翻盖式卷盒。封面与脊背分别设置“全宗号”“全宗名称”“盒号”等填写项目，卷盒的外形尺寸为 310mm×220mm（长×宽），盒脊厚度为 30mm、40mm 两种规格。

编制全宗卷卷盒号。全宗卷卷盒区分全宗，可按卷盒排列顺序编制流水号。联合全宗卷单独编制盒号。

（四）全宗卷的管理

档案馆和保管全宗较多的档案室，宜将全部馆（室）藏档案的全宗卷集中保管，并按照全宗编号顺序组织排列。

区分馆藏档案全宗属类的档案馆，也可按照全宗属类分别集中管理全宗卷。保管单一全宗的档案室，全宗卷宜与档案一并保管，可将全宗卷置于该全宗档案的卷首，也可以将全宗卷与书本式检索工具放在一起管理。档案室建立全宗卷，宜采用双套制。档案室在向档案馆移交档案时，应同时移交与该批移交档案相关的全宗卷。

第三节　档案实体保护

档案实体保护内容一般包括温湿度控制、防潮防水、防日光及紫外线照射、防尘、防污染、防有害生物和安全防范等。

一、档案实体保护的库房条件要求

（一）档案库房的温湿度控制

对于纸质档案库房的温湿度控制的要求是：温度应控制在 14～24℃，相对湿度应控制在 45%～60%。

特藏库、音像磁带库、胶片库等特殊档案库的温湿度的控制要求分别是：

（1）特藏库温度应控制在 14～20℃，相对湿度应控制在 45%～55%。

（2）音像磁带库温度应控制在 14～24℃，相对湿度应控制在 40%～60%。

（3）胶片库中的拷贝库的温湿度控制要求同音像磁带库；母片库的温湿度的控制要求是，温度应控制在 13～15℃，相对湿度应控制在 35%～45%。

档案库房的温湿度选定后，还应注意昼夜温度波动幅度不能超过±2℃，相对湿度波动幅度不能超过±5%。

（二）档案馆区的防潮和防水控制

一般要求是：馆区内应排水通畅，不得出现积水；室内外地面高差不应小于 0.5m；

室内地面应有防潮措施；档案库应防潮、防水，特藏库和无地下室的首层库房、地下库房应采取可靠的防潮和防水措施；屋面防水等级应为Ⅰ级；地下防水等级应为Ⅰ级，并要设置机械通风或空调设备。

（三）防光控制

档案库及其他档案用房应具备防光的功能，防止日光直射，并应避免紫外线对档案的照射危害。

档案库、档案阅览室、展览厅及其他技术用房的人工照明应选用紫外线含量低的光源。当紫外线含量超过每小时 75μW 时，应采取防紫外线的措施。

（四）防尘和防污染控制

档案馆区内的绿化设计，要有利于防尘、净化空气、降温和防噪声等。档案库要防止有害气体和颗粒物对档案的危害。锅炉房、除尘室、消毒室、实验室以及洗印暗室等的位置应合理安排，并结合实际需要设置通风设备。

档案库楼的地面应平整、光洁、耐磨。档案库内装修、档案装具和固定家具等应表面平整、结构简单，并选用环保材料。

（五）有害生物的防治

库房门与地面的缝隙不应大于 5mm，最好采用金属门。档案馆应设立消毒室或配备消毒设备。档案库的外窗的开启扇要设纱窗。通过这些设施和措施的采用，可以在一定程度上减少和消除外界有害生物的侵入，保护档案实体的完整与安全。

（六）安全防盗控制

档案馆建筑的外门及首层外窗，要有可靠的安全防护设施。档案馆应设置入侵报警、视频监控、出入口控制、电子巡查等安全防范系统。档案馆的重要电子档案的保管和利用场所，要满足电磁安全屏蔽的要求。

对重要的珍贵档案的安全保护应注意：严格限制利用；即便提供利用，一般也不提供原件，只提供缩微品或复印件；在利用中要格外注意保护问题，必要时可责成专人全程监督。对重要档案的复制也应比一般档案有更严格的限制和保护性措施。

二、常见档案的保护要求

（一）纸质档案的保护要求

纸质档案要长久保存，必须选用耐久的字迹材料。评价字迹材料的耐久性，应将色素成分和转移固定方式两个因素结合起来综合考虑。

1. 最耐久的字迹材料

色素成分是碳黑，转移固定方式是结膜的字迹材料最耐久。由于碳黑是性质极其稳定的无机颜料，它耐水、耐光、耐热、耐酸碱，因而是最耐久的色素。另外，字迹材料以结膜方式与纸张结合的，既不易被摩擦掉，又不易扩散，因而此种固定方式比较耐久。这种字迹材料色素成分和转移固定方式的综合效果最耐久。属于这种字迹材料的有：墨和墨汁、黑油墨。

2. 较耐久的字迹材料

色素成分是颜料，转移固定方式是结膜或吸收的字迹材料比较耐久。颜料是一种颗粒细小的有色物质，它的特点是不易溶于水、油和其他溶剂，耐光性能好，并有一定的耐酸、耐碱性，属于较耐久的色素。另外，字迹材料被吸收在纸张纤维里，不易被摩擦掉，但易发生扩散。因而，吸收方式属于较耐久的转移固定方式。此种字迹材料的色素成分和转移固定方式的综合效果为较耐久。此种字迹材料有：蓝黑墨水、彩色油墨、印泥、蓝图铁盐线条。

3. 不耐久的字迹材料

凡色素成分是染料的，无论它采用哪种固定方式，均属于不耐久的字迹材料。染料是一种有色的有机化合物，它易溶于水、油或其他溶剂，并且不耐光、不耐酸碱，属于不耐久色素。因此，无论采取何种固定方式，其字迹的耐久性都差。此种字迹材料有：红墨水、纯蓝墨水、圆珠笔、复写纸、重氮盐线条。

（二）胶片档案的保护要求

1. 控制温湿度

胶片档案对环境温湿度的要求较为严格，控制好库房的温湿度在胶片档案的保护工作中占有重要的地位。根据国家档案局《照片档案管理规范》（GB/T 11821—2002）的要求，保存一般胶片的适宜温度为14～24℃，相对湿度为45%～60%；保存母片的适宜温度是13～15℃，相对湿度为35%～45%。底片、照片应恒温、恒湿保存。长期贮存环境，24小时内温度的周期变化超过±2℃，相对湿度变化不应超过±5%。中期贮存环境，24小时内温度的周期变化不应超过±5℃，相对湿度变化不应超过±10%。所推荐的温度、湿度条件，应在各单独的贮存器具内或整个贮存室内予以保证。

2. 防止阳光照射

阳光直接照射在胶片上，会使胶片变色、脆裂。保存胶片档案的库房最好选用无窗库房。库房有窗时，可加设外遮阳和内遮阳设施，也可以把窗户密封起来，以防止阳光直接照进库内。

3. 保持库内清洁

灰尘能随风飘扬而散布到库房的每一个角落，从而对胶片造成危害。要防止灰尘对胶片造成危害，首先要杜绝灰尘的来源。而要杜绝灰尘的来源，除在库房围护结构内表面采取必要的防尘措施外，在库房日常管理中，定期进行库房清洁卫生工作是必不可少的。

4. 注意预防火灾

胶片制成材料多为易燃性物质，一旦发生火灾，将会造成无法挽回的损失。在胶片保管过程中，胶片库房要远离火源；要禁止将火种，如火柴、打火机等携带进库；严禁在库内吸烟；库内禁止使用明火；定期检查电气设备和线路，发现问题及时处理；库内应设置气体灭火设备和自动报警装置。

5. 加强检查

胶片入库时，均应严格检查验收。要认真检查胶片有无影响阅读的划伤、手印、污迹，有无受潮、脆裂、生霉现象，对于不符合要求的胶片应采取适当措施及时进行处理。在库房管理工作中，应建立并严格执行检查制度。可采用定期和不定期相结合的方法，随时观察和发现胶片的异常变化，以免造成胶片严重受损。此外，当库内外温湿度相差较大时，胶片进出库房前应在调节室或调节柜中进行温度和含水量调节后方能进出库房。

（三）磁带、光盘档案的保护要求

1. 磁带档案的保护要求

对磁带档案的保护要做到：防止外磁场的消磁影响，远离磁场源，同时放入用抗磁介质制成的装具内保存；防止产生复印效应（可将磁带置于低温环境中，每半年或一年重新绕带一次，最好以正常带速进行，让磁带在一根磁性很弱的磁棒上通过）；减轻自退磁效应的影响（应选用矫顽力大的磁介质）；创造适宜的温度和湿度。

2. 光盘档案的保护要求

（1）减少使用。光盘寿命的长短，与光盘累计使用时间的长短相关。激光光能对光盘制成材料稳定性的影响，是随光盘累计使用时间的增加而加大的。为延长光盘寿命，要采取有效措施，减少光盘的使用时间。

（2）防污染物。工业区的空气中常有氟化氢、氯化氢等有害气体。在靠近海洋的地方，空气中含有较多的海盐微粒。为了减轻这些卤化物对光盘的影响，光盘保存环境要注意远离以上使用和产生卤化物的场所，必要时须采取空气过滤措施。氨气对光盘的寿命有较大的影响。室温下，氨极易挥发成气体，使用氨气的工业区、晒图室等场所的空气中常含有氨，因此，保存光盘的环境同样应注意远离这些场所。当用氨气进行纸质档案、文献和图书资料的气相去酸，以及用磷化铝片剂进行熏蒸杀虫时（磷化铝片剂中的氨基甲酸铵潮解后会产生氨气），如果库房内同时保存有光盘，则应采取隔离保护措施。有机溶剂会使光盘表面产生龟裂，因此，光盘的保管环境要注意远离使用有机溶剂的工厂和实验室等场所。

（3）调控温湿度。低温干燥、恒温恒湿的温湿度环境，最适宜光盘的长期保存。由于光盘的构成物质较为复杂，各种组成物质因其性能有别，所以适宜的温湿度不尽相同。在综合考虑各组成物质的特点后，光盘保存比较适宜的温度范围是 14～24℃，较适宜的相对湿度范围是 45％～60％，且每天温度的变动不应超过±2℃，相对湿度每天的变化范围不要超过±5％。为此，保存光盘的环境最好设置自动恒温恒湿的空气调节装置；库房的外围护结构应采取必要的隔热防潮措施；受条件限制时，可采用通风降湿、除湿机降湿、吸潮剂除湿等与密闭相结合的方法，以调控库房的温湿度。

（4）保持读取面清洁。虽然采用编码技术能够检测和纠正光盘上长达 2.5mm 的轨迹误码，但这一误码的纠正还必须依靠对其同一轨迹前后位置数倍于 2.5mm 的轨迹信息的正确拾取。这就要求必须保证光盘读取面的清洁，不能有过大的脏污和划痕。在每次拿取光盘时，只能接触光盘的内外沿，不能触摸光盘的数据区，以免油渍、汗渍和指纹落在读取面的数据读取区。使用完毕后，应将光盘立即放回到盘盒中，避免灰尘、异物的污染。

（5）预防标记面机械损伤。由于标记面的保护涂层非常薄，距离信息记录的坑点只有约 30/μm，因此，即使轻微的划伤也有可能大面积地破坏信息记录的坑点，导致原始记录信息的不可纠正的损坏。因此绝对禁止在标记面上进行任何形式的书写、划刻，以免造成信息记录层的损坏。

三、档案实体的修复技术

（一）档案修复原则

档案修复是一项复杂而细致的技术工作。在整个修复过程中，档案修复人员要遵循以下基本原则：

（1）有利于延长档案寿命。修复中采用的各种材料、方法对档案制成材料不能有损害，应有利于延长档案寿命。

（2）保持档案原貌。档案是对历史的原始记录，在修复过程中不能丢掉片纸只字，不能任意涂改字迹，不能损坏档案上的任何历史痕迹。

（3）试验先行。使用的修复方法事先要经过试验，在确有把握后，才能着手修复工作。

（二）档案修复技术的种类和方法

档案的修复技术主要包括：档案字迹和纸张加固技术、档案去污技术、档案去酸技术、档案修裱技术等。

1. 档案字迹和纸张加固技术

目前主要的技术方法有涂料加固、丝网加固和塑料薄膜加固。涂料的主要成分有成膜物、溶剂和助剂。常用的加固涂料包括乙基纤维素、氟树脂、聚甲基丙烯酸甲酯等。

2. 档案去污技术

溶剂去污法是利用溶剂的溶解力清除污斑。它主要包括水洗法和有机溶剂去污法。水斑、泥斑和一些溶于水的污斑，可以用水洗法去除。对某些不溶于水的污斑，如油斑、蜡斑等，可以用有机溶剂去除。档案的霉斑、蓝黑墨水斑等色斑，需使用氧化去污法（如过氧化氢去污法、高锰酸钾去污法等）。

3. 档案去酸技术

去酸的实质就是去除氢离子。去酸方法有液相去酸法和气相去酸法。液相去酸法是使用某些碱性溶液与氢离子反应而达到去酸目的。它包括碱性水溶液去酸和碱性有机溶液去酸。碱性水溶液去酸又包括氢氧化钙-碳酸氢钙去酸、碳酸氢镁溶液去酸及缓冲溶液去酸等方法。气相去酸法是将档案置于碱性气体或蒸汽中进行去酸的一种方法，包括氨气去酸、吗啡啉去酸、二乙基锌去酸等。

（1）氢氧化钙-碳酸氢钙去酸。

- 将去酸档案在清水中浸透，然后放入 0.15mol 的氢氧化钙溶液中 10～20 分钟。氢氧化钙溶液中的氢氧根与氢离子发生中和反应生成水。
- 取出档案后放在清水中清洗，以除去纸张上大部分氢氧化钙残留。然后放入

0.15%～0.2%的碳酸氢钙溶液中10～15分钟，碳酸氢钙与氢氧化钙反应生成碳酸钙，这样就能去除残留在档案上的氢氧化钙。

● 将去酸后的档案放在吸水纸中压干。残留在档案上的碳酸氢钙会慢慢分解变成碳酸钙。

这种去酸方法最后残留在档案上的是颗粒微小的碳酸钙，它慢慢渗入档案纸张纤维中，既能增加纸张白度，又能防止纸张酸度增高（因为它具有抗酸作用），这是该方法的最大优点。

（2）缓冲溶液去酸。

缓冲溶液是一种能够抵制外界少量强酸或强碱、稀释的影响，而其pH值基本不变的混合溶液。它具有调节、控制酸碱度的能力。缓冲溶液的去酸原理是：缓冲溶液中存在着大量能吸收、结合外加氢离子的负离子，因此，当档案被放入缓冲溶液中时，纸张中的氢离子被吸收而得以去除。去酸后，档案纸张的pH值与缓冲溶液的pH值一致。

不同化学物质可组成不同pH值的缓冲溶液。档案纸张经缓冲溶液去酸后，其pH值与缓冲溶液的pH值基本相同。纸张的酸碱度呈中性或微碱性，有利于提高其耐久性。因此，档案去酸时应选择pH值为7～8的缓冲溶液。一般采用磷酸盐组成的缓冲溶液，如磷酸氢二钠-磷酸二氢钾缓冲溶液。

4. 档案修裱技术

（1）揭档案砖。主要有干揭、湿揭及生物酶解等技术。

（2）修补技术。包括：补缺技术，即对档案残缺或有孔、洞处进行修补的技术（搭接处不宜宽，约2mm）。托补技术，主要包括溜口（补纸宽度一般为1cm左右）和加边、接后背等技术。托裱技术，即在整页的一面或二面托上一张纸的技术。湿托技术，即把糨糊刷在档案上，然后再上托纸的技术（适用于字迹遇水不扩散的档案）。补缺技术，即对档案上的孔洞进行补缺的技术。干托技术，即把糨糊刷在托纸上，然后再与档案黏合的技术（包括飞托和腹托两种技术。其中飞托是把糨糊刷在托纸上，然后把档案上到托纸上；腹托是把刷有糨糊的托纸上到档案上，适用于破损严重的档案）。干托技术主要用于修裱字迹遇水扩散的档案。

第四节　档案安全管理

一、档案安全管理的内容、原则、目标和任务

（一）档案安全管理的概念和基本内容

档案安全管理是指各级各类立档单位、国家档案馆为实施“以人为本、服务为先、安全第一”的战略，依据相关安全理论、法规政策、规范标准，为保证档案实体安全和档案内容的政治安全，而采取的各项切实维护档案及档案信息系统的安全的活动及相关策略、措施和手段。

档案安全管理的基本内容，一般包括以下三个方面：

（1）采取有效保护措施，保证档案实体避免受到自然灾害或人为侵害，并使其处于安全状态。

（2）保证档案信息系统在接收归档、整理鉴定、存储保存、利用服务、风险管控的过程中不被非法访问或修改，对合法用户不发生拒绝服务。

（3）为保证档案安全而采取专项管理策略、技术措施和手段。

（二）档案安全管理的原则

2016 年 4 月 1 日，国家档案局印发的《全国档案事业发展“十三五”规划纲要》（以下简称《纲要》）明确指出：“电子政务建设极大推进和实现了电子档案的形成、管理；档案信息化与互联网利用成为发展趋势；云计算、大数据和移动网络技术的发展，给信息安全、隐私保护和数字记忆留存带来挑战。”《纲要》要求继续实施深入推进“三个体系”建设，其中就包括“档案安全防范体系”的建设。为实现这一体系的建设目标，《纲要》确立了 5 项档案事业发展必须坚持的基本原则：“坚持把牢方向、着眼大局。坚持正确的政治方向，把高度的政治自觉和强烈的政治责任贯彻到档案工作始终，紧紧围绕党和国家工作大局推进档案事业发展。”“坚持以人为本、服务为先。把以人为本作为档案工作的核心，努力满足社会各方面对档案信息的利用需求，更好地为党和国家各项事业发展服务。”“坚持夯实基础、筑牢根基。注重协调、持续、健康发展，着力解决档案工作中的薄弱环节和重点难点问题，全面加强各项基础业务建设，推动绿色环保型档案馆库建设。”“坚持安全第一、守牢底线。把档案安全摆放在档案工作头等重要位置，坚持实体安全与信息安全并重，切实提升安全保障能力，牢牢守住档案安全底线。”“坚持创新驱动、开放带动。把创新作为档案事业发展的动力源泉，以开放、共享理念，积极构建百姓走进档案、档案走向社会新格局。”这些基本原则为档案安全管理工作的开展，提供了基本的思想和行为准则。《机关档案管理规定》的第六十六条规定：“机关应当统筹开展传统载体档案数字化、电子文件归档与电子档案管理的安全保密工作，采取有效措施严防信息篡改、丢失、外泄。涉密档案进行数字化、涉密电子文件归档与电子档案管理应当严格遵守保密规定。”

基于上述规定，档案安全管理应坚持的主要原则，归纳起来包括：

（1）坚持正确的政治方向。各类立档单位的档案部门、国家档案馆都应本着“对历史负责、为现实服务、替未来着想”的宗旨，按照“为党管档、为国守史、为民服务”的档案管理方向，在新时代的档案管理数字化、信息化、网络化的进程中，把握正确的方向，不断增强档案安全管理意识，提高档案安全管理水平。没有正确的政治方向，档案安全管理的任务和目标就难以实现。

（2）坚持以人为本、服务为先的原则，是档案安全管理的核心。在档案安全管理实践中，不能以没有政策法律法规和相关制度为依据为借口，人为地限制档案用户的合法利用需求，片面地强调保密和信息安全。

（3）坚持夯实基础、筑牢根基的原则。着力解决档案工作中的薄弱环节和重点难点问题，是维护档案安全的重要前提条件之一。档案安全管理不只是档案安全保密责任人或责任部门的事情，而是贯穿于整个档案管理过程的，需要全员参与的事情。实践表明，任何一个档案管理环节出了问题，都会给档案及其内容的安全造成损害。

（4）坚持安全第一、守牢底线的原则。各立档单位和国家档案馆都应把档案安全摆放在档案工作的头等重要位置，坚持实体安全与信息安全并重，切实提升安全保障能力，坚决守住档案安全底线。

（5）坚持综合治理、强化档案安全防范体系建设的原则。各立档单位必须按照党和国家的统一部署和要求，结合本单位的实际，利用现代信息技术手段和管理措施，不断提升信息时代的档案安全管理能力；坚持综合治理，多管齐下、多措并举，做到综合施策、全面覆盖；要突出重点部位治理，对档案库房、设备机房、档案数据库、档案信息系统，以及涉密载体、设备、网络等高风险部位，要严格落实各项安防措施和管理制度，并对设备设施运行情况等经常进行巡查；要突出关键环节治理，对档案交接、整理、利用、运输以及档案信息系统改造、档案数据迁移等容易出现问题的环节，要加强业务培训、严格工作流程、明确操作规范；要突出薄弱领域治理，对电子档案管理、档案数字化外包、档案社会保管服务、企业资产与产权变动过程中的档案处置、农村档案工作等领域的档案安全问题，要加强研究、完善制度；要突出特殊时段治理，针对严重自然灾害、极端天气情况、突发公共事件、重大会议活动、敏感历史事件周年日等特殊时段和时间节点，要提前制定工作预案，密切关注形势发展变化，有针对性地加强防范应对，既要确保档案本身的安全，又要防止有人借助档案炒作敏感话题、制造负面影响。

（三）档案安全管理的主要目标和任务

《纲要》提到的“档案安全管理的高效化”是档案安全管理的主要目标。为实现这一管理目标，各立档单位和国家档案馆应按如下要求行动：

（1）提供更加完善的档案安全保障基本条件。

（2）建立健全档案安全管理机制，包括应急管理机制、灾备管理机制等。

（3）建设人防、物防、技防“三位一体”的更加健全的安全防范体系。

（4）全面提升档案网络和信息系统风险管理能力。

为确保档案实体与档案内容的信息安全，立档单位和国家档案馆应努力完成如下安全管理工作任务：

（1）完善落实档案库房安全管理制度，加强档案库房的安全管理和检查。

（2）严格执行国家保密制度，完善档案信息公开发布保密审查程序。

（3）建立档案数据安全管理制度，保障档案的安全、高效、可信应用。

（4）加强档案信息资源在公开共享等环节的安全评估与保护。

（5）加强对涉密信息系统、涉密计算机和涉密载体的管理，强化涉密人员的保密意识。

（6）建立健全人防、物防、技防“三位一体”的档案安全防范体系。

（7）改善档案库房环境，加强对档案的保护修复。

（8）以容灾为目标，制订相关标准和规范，开展数字档案资源异地异质备份。

（9）制定数字档案馆应急处理预案，加强演练，提高应对突发事件的应急指挥和处置能力。

（10）开展对机关、企业档案管理安全保护系统、档案管理应急预案的检查。

二、档案安全管理的各项制度建设

（一）档案安全管理制度建设的主要依据

各立档单位和国家档案馆在开展档案安全管理的制度建设实践中，应遵循的主要法规政策、规范标准依据如下。

1. 主要政策性依据

我国开展档案安全管理制度建设的主要政策性依据包括：

(1)《关于加强和改进新形势下档案工作的意见》。

2014年5月，中共中央办公厅、国务院办公厅印发了《关于加强和改进新形势下档案工作的意见》(中办发〔2014〕15号)，明确了做好新形势下档案工作的重要要求之一就是“以确保档案安全保密的档案安全体系为目标”。该文件要求“建立健全确保档案安全保密的档案安全体系”，并对档案安全体系的建设提出了具体的政策性和纲领性的要求。其中包括：

A. 加大安全保密执法检查力度 。

建立健全人防、物防、技防“三位一体”的档案安全防范体系。县级以上各级党委的档案行政管理部门要会同有关部门，经常对档案馆（室）进行安全保密执法检查，发现隐患及时督促整改。对发生档案安全事故的，依法追究有关领导和责任人的责任。各档案馆（室）要建立健全并严格执行各项规章制度，经常开展档案安全保密自查，及时发现和排除隐患，堵塞漏洞，严防档案损毁和失泄密事件发生。

B. 建立完善档案安全应急管理制度。

各地区、各部门、各单位要建立档案安全应急处置协调机制和档案安全应急管理制度，制定应急预案，把档案馆（室）列入重点保护范围，确保档案受到危害时得到优先抢救和妥善处置，把损失降到最低限度。

C. 切实改善档案保管保密条件。

严格按照有关规范和标准加快改造或新建、扩建档案库房，进一步提高档案库房的安全防灾标准，采用先进的安全保密技术、设备和材料，改善档案保管保密条件，确保档案安全保密。

D. 对重要档案实行异地异质备份保管。

县级以上各级综合档案馆要对同级党政机关、企事业单位、社会组织的重要档案（包括新闻类电影、电视片、照片、录音、录像等音像档案）实行异地备份保管，对重要的电子档案实行异地异质备份保管，确保党和国家重要档案绝对安全。

E. 保障档案信息安全。

建立标准，采取措施，确保电子文件、电子档案长期保存和利用。按照国家规定建立档案信息管理系统安全保密防护体系，推进档案信息系统安全等级保护和分级保护工作。进一步完善数字档案馆测评标准，严格执行档案安全保密管理制度，对上网文件、档案进行严格审查，严防把涉密文件、档案传输到非涉密网络上。加强对涉密信息系统、涉密计算机和涉密载体的安全保密管理，按照涉及国家秘密的信息系统分级保护要求，严防文件、档案在传输过程中失泄密。对涉密档案、重要档案的存储介质进行检验和认证，确保长期可用。

（2）《关于进一步加强档案安全工作的意见》。

2016 年 4 月 26 日，国家档案局印发了《关于进一步加强档案安全工作的意见》。该文件对档案安全管理工作提出了非常明确的要求。其内容包括：

第一，对档案安全工作提出总体要求。

A. 充分认识档案安全工作的重要性。做好档案安全工作是推动档案事业科学发展的前提，是健全档案工作“三个体系”，构建国家基础性战略资源的重要保证。各部门、各单位要充分认识加强档案安全工作的重要性和迫切性，不断增强忧患意识和戒惧之心，增强责任感和使命感，从推动各项事业科学发展，维护党和国家及人民群众根本利益的高度，把档案安全工作抓实抓紧抓好。

B. 指导思想。要求各级各类档案部门坚持“安全第一、预防为主”的档案安全工作方针，以高度的政治责任感和使命感，继续强化对档案安全工作的领导，进一步明确档案安全责任，积极开展档案安全分线防控和治理，不断完善档案安全保障，建立健全人防、物防、技防“三位一体”的档案安全工作新格局。

C. 目标任务。全面建成“党委政府领导、档案部门依法监督、各部门各单位全面负责”的档案安全工作机制，各部门和单位建立起档案安全责任清晰明确、档案安全风险治理切实有效、档案安全预防控制完备可靠、档案安全保障健全有力的档案安全体系，有效防范各种档案安全风险。

第二，对档案安全管理的责任提出了原则性要求。

A. 完善档案安全工作领导机制。各级党委和政府应支持和加强对档案安全工作的领导，并作为档案工作的重点列入党委和政府工作的议事日程，研究部署重要工作、重点项目时要强调和安排档案安全工作，检查工作任务完成情况时要检查档案安全措施落实情况。要定期研究档案安全工作，保障相关经费落实，解决影响档案安全工作的重大问题。

B. 加强档案安全工作监督管理。

C. 落实档案安全主体责任。各部门和单位要按照“谁主管、谁负责，谁实施、谁担责”的原则，切实承担档案安全职责。国家档案馆主要负责人、立档单位分管领导等是第一责任人，对档案安全工作负全面责任；档案管理部门的业务人员为直接责任人，对档案安全工作负直接责任。各部门和单位要以建立健全档案安全责任、风险治理、防控和保障工作机制为目标，进一步完善各项档案安全规章制度，设置档案安全和应急管理机构，配备足够的专兼职管理人员，并按权责一致的原则，建立健全以第一责任人为核心的档案安全管控体系，形成档案安全责任共同体。

第三，明确了风险治理的要求。

A. 法律政策执行风险治理。各部门和单位档案工作要紧密结合党和国家的方针政策展开，要积极维护《档案法》和《关于加强和改进行新形势下档案工作的意见》等档案法律、政策的权威并贯彻落实到位。

B. 制度安全风险治理。各级党委的档案行政管理部门要不断完善和细化涵盖各个重点领域、各种形式载体、各个管理流程的档案标准规范和技术要求，做到标准统一、要求明确、制度之间协调一致。

C. 资源安全风险治理。档案资源风险安全治理要抓住收集归档、移交接收两大关键点，做到“应收尽收”“应归尽归”“应交尽交”“应接尽接”，从源头上保障档案资源安全。

D. 档案实体管理风险治理。要求切实改善档案保管条件，按《档案馆建设标准》《档案馆建筑设计规范》加快改造或新建、扩建档案库房，提高档案库房的安全防灾标准，注意采用先进技术和设备，做好“八防”工作，加强对档案库房的精细化管理，严格执行各项档案业务管理和利用工作程序。

E. 档案信息管理风险治理。各部门和单位要在环境及设备、网络、系统、数据和数据载体安全等方面制定完善信息安全策略并贯彻执行，保障档案信息数据真实、完整、可用和安全。数字档案馆（室）的信息环境及设备、基础设施和信息安全设施应能保障电子档案管理系统的正常运行和内容管理、传输需要；要按照《档案信息系统安全保护基本要求》等规范建立健全档案信息管理系统安全保护体系，保存数字档案资源的信息系统要与其他信息系统物理隔离；要制定数据备份和迁移策略并认真实施，要对重要的数字档案资源实行异地异质备份，并及时进行检查、迁移，确保数据长期安全保存；要针对不同的数据载体制定相应的保管方案，保证数据载体的可用和安全；要按照《档案数字化外包安全管理规范》等要求，开展档案数字化安全管理工作。

F. 档案保密、开放与利用风险治理。各部门和单位要加强对涉密信息系统、涉密计算机和涉密载体的保密管理，按照涉及国家秘密的信息系统分级保护要求，严防档案在传输过程中失泄密。要按照相关规范要求，对涉密档案、重要档案的存储介质进行检验和认证。要严格执行档案保密管理制度，对上网档案信息进行严格审查，严防把涉密档案信息传输到非涉密网络上。各级各类档案馆要依法依规开展馆藏档案解密、划控和开放工作，落实保密责任审查制度。要严格执行档案利用制度，避免超权限、超范围利用档案。

第四，明确了预防控制要求。

A. 加大安全检查力度。

B. 提高应急处置能力。要按照应急预案要求，经常开展演练，提高应急处置能力。主要依据《档案工作突发事件应急处置管理办法》《档案馆防治灾害工作指南》等执行。

C. 严肃事故责任追究。要建立健全档案安全事故问责机制，加强对事故隐患的事前问责和事故发生后的责任追究。发生档案安全事故的，要按《档案法》及其实施办法、《档案管理违法违纪行为处分规定》等予以查处，严肃追究直接责任人和第一责任人的责任。

D. 完善激励约束机制。要坚持失职追责，同时激发和保护各部门和单位档案安全工作的积极性。要将档案安全工作纳入年度考核机制。要加强对档案中介服务机构的监管。

第五，完善保障措施要求。

A. 加大档案安全工作投入。

B. 推进档案安全人才队伍建设。

C. 强化档案安全技术支撑。

D. 推进档案安全文化建设。

2. 主要法律法规依据

开展档案安全管理，应注意遵循国家的法律、行政法规、地方法规、行政规章、地方规章及相关的档案安全工作规范性文件的要求。

（1）法律。

●《档案法》（2016 年 11 月 7 日修订）

●《中华人民共和国保守国家秘密法》（2010 年 4 月 29 日修订）

●《中华人民共和国网络安全法》（2016 年 11 月 7 日第十二届全国人民代表大会常务委员会第二十四次会议通过，自 2017 年 6 月 1 日起施行）

●《中华人民共和国突发事件应对法》（2007 年 8 月 30 日通过，自 2007 年 11 月 1 日起施行）。

（2）行政法规。

●《中华人民共和国档案法实施办法》（2017 年修正版）

●《中华人民共和国保守国家秘密法实施条例》（2014 年 1 月 17 日发布）

●《中华人民共和国计算机信息系统安全保护条例》（中华人民共和国国务院令 147 号）

（3）地方法规。

●《北京市实施〈中华人民共和国档案法〉办法》

●《辽宁省档案条例》

●《江苏省档案管理条例》

●《上海市档案条例》

●《青岛市档案管理条例》

●《徐州市档案条例》

●《沈阳市档案管理条例》

注意：相关的地方法规较多，这里只是列举了其中较有代表性的几部。

（4）行政规章。

●《机关档案管理规定》（国家档案局第 13 号令）

●《企业文件材料归档范围和档案保管期限规定》（国家档案局第 10 号令）

●《机关文件材料归档范围和文书档案保管期限规定》（国家档案局第 8 号令）

（5）地方规章。

●《辽宁省纸质档案数字化外包安全保密管理办法》

●《辽宁省破产企业档案管理规定》

●《辽宁省档案行政执法办法》

注意：相关的地方档案规章较多，这里只是列举了其中较有代表性的几部。

（6）规范性文件。

●《关于国家秘密载体保密管理的规定》（厅字〔2000〕58 号）

●《国家档案局办公室关于印发〈档案信息系统安全保护基本要求〉的通知》（档办发〔2016〕1 号）

●《档案工作突发事件应急处置管理办法》（档函〔2008〕207 号）

●《国家档案局印发〈关于进一步加强档案安全工作的意见〉的通知》（档发〔2016〕6 号）

●《关于进一步筑牢安全防线确保档案安全的通知》

●《数字档案馆建设指南》（档办〔2010〕116 号）

●《档案信息系统安全等级保护定级工作指南》（档办发〔2013〕5 号）

●《国家电子政务工程建设项目档案管理暂行办法》（国家档案局、国家发展和改革委员会于 2008 年 5 月 20 日发布）

●《中共中央办公厅、国务院办公厅关于印发〈电子文件管理暂行办法〉的通知》（厅字〔2009〕39 号）

●《各级国家档案馆馆藏档案解密和划分控制使用范围的暂行规定》（国家档案局、国家保密局于 1991 年 9 月 27 日发布）

●《信息安全等级保护管理办法》（公通字〔2007〕43 号）

注意：相关的档案行业规范性文件较多，这里只是列举了其中较有代表性的几部。

3. 主要标准规范依据

●《信息安全技术 信息系统安全等级保护基本要求》（GB/T 22239—2008）

●《信息安全技术 信息系统灾难恢复规范》（GB/T 20988—2007）

●《信息安全技术 信息安全风险评估规范》（GB/T 20984—2007）

●《信息安全技术 信息安全应急响应规范》（GB/T 24363—2009）

●《信息安全技术 信息安全风险管理指南》（GB/Z 24364—2009）

●《电子文件归档与电子档案管理规范》（GB/T 18894—2016）

●《信息技术安全性评估准则》（GB/T 18336—2001）

●《处理涉密信息的电磁屏蔽室的技术要求和测试方法》（BMB3—1999）

●《计算机信息系统设备电磁泄漏限值》（GGBB1—1999）

●《信息处理系统开放系统互连基本参考模型第 2 部分：安全体系结构》（GB/T 9387.2—1995）

●《计算机场地安全要求》（GB9361—2011）

●《信息处理 数据加密 物理层互操作性要求》（GB/T 15278—1994）

●《信息技术 安全技术 实体鉴别机制》（GB/T 15853.1—2017）

●《计算机信息系统安全保护等级划分准则》（GB17859—1999）

●《涉及国家秘密的计算机信息系统保密技术要求》（BMZ 1—2000）

●《企业数字档案馆（室）建设指南》（国家档案局办公室于 2017 年 9 月 1 日发布）

●《数字档案室建设指南》（国家档案局于 2014 年发布）

●《档案馆建设标准》（建标 103—2008）

●《档案馆建筑设计规范》（JGJ 25—2010）

注意：相关的档案安全管理的标准文件较多，这里只是列举了其中较有代表性的几部。

（二）档案安全管理制度的种类

立档单位的档案部门和国家档案馆，应依据国家的法律法规、规范标准的要求，建立健全各项档案安全管理制度，有效激励和约束各部门和单位的档案安全管理思想和行为。在当前形势下，必须建立和完善的档案安全管理制度包括：

（1）档案库房安全管理制度；

（2）档案保密管理制度；

（3）档案数据安全管理制度；
（4）档案网络和信息系统风险管理制度；
（5）涉密档案信息系统、涉密计算机和涉密载体管理制度；
（6）档案工作突发事件应急处置管理制度；
（7）档案数字化外包安全保密管理制度；
（8）重要档案容灾备份管理制度。

（三）档案安全管理制度的主要内容设计

建立健全各项档案安全保密制度是新时代档案事业发展的必要保障条件，也是切实维护档案的完整与安全，保证党和国家及各立档单位的正常档案数据、信息资源供给，促进各项现代化建设事业健康发展的重要条件。设计各项档案安全管理制度，应着重考虑做好以下制度内容的安排。

1. 体现“三位一体”的档案安全防范体系建设思想

《全国档案事业发展“十三五”规划纲要》提出了“档案安全高效化”的档案事业发展目标。即在总体国家安全观的基本思想指导下，完善档案安全的基本条件和应急管理机制，建立健全人防、物防、技防“三位一体”的安全防范体系，提高档案网络和信息系统风险管理能力。建设“三位一体”的安全防范体系是档案安全制度的重要内容。所谓人防，就是按照党和国家的要求，把档案人才队伍管好。只有完善档案安全主体责任制度，才能充分发挥人在档案安全制度建设中的重要作用。所谓物防，就是通过不断改善档案管理的各项软件和硬件设施等基础条件，维护档案资源的安全和档案信息系统的安全。所谓技防，就是通过不断增强档案部门的信息技术安全保障能力，维护档案资源的安全和档案信息系统的安全。

在现时代和今后一个时期内，档案安全制度的建设和实施与档案工作人员密不可分，各级档案部门务必对档案干部队伍存在的问题给予足够的重视，并在人才识别、培训教育、选聘、留用、裁汰等方面，采取积极的行动。具体要求包括：（1）完善档案安全主体责任制。各立档单位和国家档案馆的主要领导是档案安全的第一责任人，对档案安全负总责；档案部门或机构具体负责相关工作的人员是档案安全的直接责任人。各部门和单位的档案部门要实行安全责任一票否决制，对安全问题采取零容忍。（2）建设档案安全人才队伍。在“人人有责”的安全责任制的约束下，组建专门的由分管领导、各部门负责人及专（兼）职档案人员构成的档案安全人才队伍，并通过培训不断提升整个队伍的政治和业务素养。

构建“三位一体”的档案安全防范体系，其物质基础必不可少。随着档案资源体系建设的“存量资源数字化、增量资源电子化”战略的实施，档案安全管理模式、管理对象、管理设施、应用技术等，都发生了一定的变化。例如，档案安全管理模式已由“人工管理模式”转变为“人机交互”“人机协同”模式；档案安全管理的对象中的电子档案和档案数字化资源所占比例越来越高；档案安全设施由以传统形态的档案实体安全设施为主，转变为以数字档案资源的信息安全设施为主；档案安全的应用技术已经由以传统的档案保护技术为主向以现代信息安全技术为主的方向发展。这些变化对档案部门的物防措施提出了新的要求，只有不断完善实体档案、数字档案资源的安全设施建设和安全管理，才能减少各种内部和外部不利因素对档案安全的威胁和影响。

移动互联网、云计算、大数据等技术的兴起，在为档案工作提供了先进管理方式的同时，也给档案安全带来了新的风险和问题。面对新形势、新情况，传统的工作思路和方法已不能完全适应档案安全工作的需要，必须通过创新发展特别是引入新技术、新手段来应对档案安全风险。为此，档案部门应进一步加强档案实体保护技术的应用，提升重要档案异地异质备份的能力，实现档案长期安全保存的目标，将档案实体的安全风险降到最低限度。同时，应进一步提升对现代信息安全技术的应用能力和水平。档案部门应不断完善安全防护体系，利用信息技术保障档案信息安全，建立健全档案云存储备份中心，等等。

2. 不断强化档案实体和档案信息系统的安全管理机制

一般来说，机制通常指制度机制，是从属于制度的。机制通过制度系统内部组成要素按照一定方式的相互作用实现其特定的功能。《全国档案事业发展“十三五”规划纲要》提出要建立健全档案安全管理机制，包括应急管理机制、容灾备份管理机制等。在档案安全管理实践中，建立健全档案安全管理机制应遵循严格管理、预防为主、防治结合、确保安全的原则。通过档案安全管理职责、档案实体安全管理、电子档案安全管理和档案库房安全管理等项管理制度的建立和实施，避免档案实体及其信息管理系统受到自然灾害或人为侵害，并使其处于安全状态，形成良性的互动机制。

3. 加强档案安全管理制度体系的建设，形成整体制度合力

对档案安全管理制度的设计应考虑全面，不能顾此失彼，并将设计科学、实施有效、持续改进作为档案安全制度体系建设的指导思想。档案安全管理制度应包括：档案实体安全管理制度、数字档案资源安全管理制度、档案信息系统安全管理制度等。

第一，不断完善和持续改进档案实体安全管理制度的内容。具体制度安排应包括：

(1) 完善文件材料归档和档案收集安全管理制度。各立档单位应通过建立健全和持续改进文件材料的归档制度，确保其在职能业务活动或服务活动中形成的、有保存价值的文件材料被及时归档，做到“应归尽归”，从源头上维护档案的完整性、系统性、可靠性、可用性和机密性不受损害。实践表明，“完整”是维护档案实体安全和档案内容政治安全的最重要前提条件。档案的残缺不全，是造成档案安全隐患的最大风险点。各立档单位的档案部门和国家档案馆，应建立健全各种属于本单位收集范围档案的接收、征集工作制度，明确接收和征集档案的范围及相关的时间和程序安排，保证有价值档案的完整、真实、可靠、可用，维护涉密档案的机密安全。在保证档案完整性的前提下，档案收集是否及时，往往是影响档案实体安全的关键性因素。尤其是在信息系统环境下，如果档案收集工作不能及时进行，就会使档案质量安全受到一定程度的影响甚至损害。为此，对档案的形成单位或个人来说，应做到“应交尽交”，而且要“及时移交”；对于各类档案部门来说，应做到“应收尽收”“应接尽接”，并且要“及时接收”。

(2) 完善档案文件的登记、检查和清点核对制度。各立档单位的档案部门应加强对流动和使用之中的档案文件的管控，并通过建立健全档案归卷制度、借阅制度、复制管理制度、出入库登记制度、安全检查制度、归还档案的清点制度、档案登记台账制度等，有效控制流动和使用中的档案的安全。

(3) 完善档案的存放制度。各立档单位的档案部门和国家档案馆应建立健全档案的，

尤其是珍贵、涉密档案的存放制度，对不同载体材质的档案应分类存放、规范保存。对特殊载体档案、珍贵档案的存放应做出特殊的制度安排，如通过建立特藏室并建立特藏档案的管理制度等，有效保证档案实体的安全，尤其是要保证珍贵、重要的，有特殊意义的档案和对保管条件有特殊要求的档案的实体安全和档案内容的政治安全。

（4）完善档案的修复和抢救制度。对老化、破损、褪色、霉变等受损的档案文件，必须采取及时有效的抢救措施，确保各档案的全宗档案的完整和安全。档案部门应采取复制（如制作档案缩微复制品或数字化档案副本）等方式，对珍贵、重要的档案进行复制，并用复制件代替原件提供利用。

（5）完善涉密档案及涉密载体的管理制度。应体现国家保密法律法规和对涉密载体的专门管理规定的要求。

第二，加强数字档案资源安全管理制度和档案信息系统安全管理制度的内容设计和制度落实。数字档案资源包括电子档案、传统载体档案的数字化副本等。档案管理部门应从有效实现数字档案资源长期保存的需要出发，采取现代信息技术手段，并通过建立健全相关的制度等方式，实现数字档案资源的长期可用、完整可靠、涉密内容安全等安全管理目标。

（1）完善电子文件归档和电子档案安全管理制度。电子文件归档过程的安全管理要求应包括：建立和执行科学的归档制度，保证电子档案内容逻辑上的准确，归档时要尽可能地以主流技术统一电子档案的保存格式。

（2）完善电子档案保管和利用过程中的信息安全制度。其内容应包括：保证电子档案载体物理上的安全的原则、规范和管理技术与信息技术手段，对电子档案载体进行有效的检测与维护的安全规范要求，电子档案管理系统或档案信息系统的设计、设施、维护和使用、废止淘汰等安全规范要求，对电子档案管理软件的选择、升级、更新的安全规范要求，对电子档案的格式转换、数据迁移、数据备份、数据转换等的安全规范要求，对电子档案管理系统或档案信息系统的访问、存取的安全规范要求，等等。

三、档案信息系统的功能及安全保护定级管理

依据2013年7月国家档案局制发的《档案信息系统安全等级保护定级工作指南》的要求，档案信息系统的功能及安全保护定级工作，可按下述内容进行。

（一）档案信息系统的功能

档案信息系统一般包括档案信息管理系统、档案信息服务系统和档案办公系统三种类型。这三种类型的档案信息系统的基本功能描述，可参见表6-4。

表6-4　　档案信息系统基本功能描述

系统类别	系统名称	管理对象	网络环境	基本功能
档案信息管理系统	档案目录管理系统	案卷级目录、文件级目录、专题目录等	局域网	目录数据采集、整理、检索、统计等
	数字档案接收系统	数字档案接收工作	局域网、政务外网	档案接收、业务指导，档案数量、质量检查，交接手续办理，等等

续前表

系统类别	系统名称	管理对象	网络环境	基本功能
档案信息管理系统	数字档案管理系统	馆藏档案数字化成果、接收进馆的电子档案、采集接收的数字信息资源等	局域网、政务外网	数字档案资源的接收、导入、整理、鉴定、审计、统计和长期保存等，部分系统同时具有档案目录管理、利用服务等功能
	档案数字化加工系统	传统载体档案、档案数字化成果	局域网	对各类传统载体档案的数字化处理、数据质量控制和数据统计、备份、导出等
档案信息服务系统	档案利用服务系统	由政务外网提供的目录及其数字档案信息	政务外网	数据导入、用户注册、权限管理、档案检索服务、数字档案阅览服务及利用档案审核、利用统计等
	档案网站系统	公开档案目录、全文，公开政务信息，等等	互联网	用户注册、权限管理、信息发布、统计等，部分系统同时具备政务信息公开的功能
档案办公系统	办公业务系统	档案局（馆）档案工作管理办公业务	局域网、政务外网	公文制发、文件处理、工作督查、事务管理、会务管理、内部邮件收发或其他辅助办公功能

（二）档案信息系统的定级原则

档案信息系统的定级原则主要有：

（1）自主定级原则。档案信息系统使用单位按照国家相关法规、标准和《档案信息系统安全等级保护定级工作指南》要求，自主确定档案信息系统的安全保护等级，自行组织实施安全保护。

（2）重点保护原则。根据重要程度和业务特点，将档案信息系统划分为不同等级，实施不同强度的安全保护，集中资源，优先保护涉及重要数字档案资源的信息系统。

（3）动态保护原则。根据档案信息系统管理对象、服务范围等方面的变化，重新确定安全保护等级，及时调整安全保护措施。

（4）同步建设原则。档案信息系统在新建、改建、扩建时应当同步规划和设计安全方案，投入一定比例的资金建设信息安全设施，保障档案信息安全与档案信息化建设相适应。

（三）档案信息系统安全保护等级的划分

1. 受侵害客体的定义及判定顺序

受侵害客体是指受法律保护对象受到破坏时所侵害的社会关系，主要包括国家安全，社会秩序、公共利益，公民、法人和其他组织的合法权益三方面。确定档案信息系统受到破坏后所侵害的客体时，应首先判断是否侵害国家安全，然后判断是否侵害社会秩序、公共利益，最后判断是否侵害公民、法人和其他组织的合法权益。

2. 对客体侵害程度的划分

等级保护对象受到破坏后对客体造成侵害的程度有三种：

第一，造成一般损害。这种损害会使单位的工作职能受到局部影响，业务能力有所降低但不影响主要功能的执行，出现较轻的法律问题、较小的财产损失、有限的社会不良影响，对其他组织和个人造成较低损害。

第二，造成严重损害。这种损害会使单位的工作职能受到严重影响，业务能力显著下降且严重影响主要功能执行，出现较严重的法律问题、较大的财产损失、较大范围的社会不良影响，对其他组织和个人造成较严重的损害。

第三，造成特别严重损害。这种损害会使单位的工作职能受到特别严重影响或使单位丧失行使能力，业务能力严重下降且/或功能无法执行，出现极其严重的法律问题、极大的财产损失、大范围的社会不良影响，对其他组织和个人造成非常严重的损害。

3. 档案信息系统安全保护等级

根据国家有关信息系统安全保护等级的相关规定和标准，档案信息系统安全保护等级可被从低到高依次划分为自主保护级、指导保护级、监督保护级、强制保护级、专控保护级五级（参见表 6-5）。

表 6-5　档案信息系统安全保护等级

等级	等级名称	等级描述
第一级	自主保护级	档案信息系统受到破坏后，会对公民、法人和其他组织的合法权益造成损害，但不损害国家安全、社会秩序和公共利益。
第二级	指导保护级	档案信息系统受到破坏后，会对公民、法人和其他组织的合法权益产生严重损害，或者对社会秩序和公共利益造成损害，但不损害国家安全。
第三级	监督保护级	档案信息系统受到破坏后，会对社会秩序和公共利益造成严重损害，或者对国家安全造成损害。
第四级	强制保护级	档案信息系统受到破坏后，会对社会秩序和公共利益造成特别严重损害，或者对国家安全造成严重损害。
第五级	专控保护级	档案信息系统受到破坏后，会对国家安全造成特别严重损害。

4. 档案信息系统安全保护等级确定的方法

档案信息系统安全保护等级确定的步骤包括：确定定级对象，确定档案信息系统受到破坏时受侵害的客体，确定档案信息系统受到破坏时对客体的侵害程度，确定档案信息系统的安全保护等级，编制定级报告。

第一步：确定定级对象。根据《档案信息系统安全等级保护定级工作指南》对档案信息系统的划分，档案部门对本单位档案信息系统进行梳理，确定本单位应定级的档案信息系统。

第二步：确定档案信息系统受到破坏时受侵害的客体。根据档案行业特点，分析档案信息系统受到破坏时所侵害的客体，侵害的事项主要包括三个方面，即：（1）国家安全方面。档案信息系统受到破坏后影响到国家政治、经济、文化、外交、科技、民族、宗教、安全等档案信息保管、利用、发布、展示的正常进行，进而损害国家政权稳固、国防建设、国家统一、民族团结和社会安定。（2）社会秩序、公共利益方面。档案信息系统受到破坏后影响数字档案资源的真实性、完整性和可用性，致使国家机关政务信息发布、档案业务开展、办公等工作无法正常进行，进而侵害社会正常生产、生活秩序和公众获取公开信息资源、使用公共设施、接受公共服务等方面的合法权益。（3）公民、法人和其他组织的合法权益方面。档案信息系统受到破坏后影响到档案的移交、接收、管理、保存、查阅、利用、获取、公布、展示、捐赠等工作的正常进行，进而侵害公民、法人和其他组织的隐私、知识产权、物权、信息获取等方面的合法权益。

第三步：确定档案信息系统受到破坏时对客体的侵害程度。档案信息系统受到破坏后，对客体的侵害程度与信息系统所属单位的行政级别、所管理信息的重要敏感程度以及信息系统的影响范围有关。分别描述如下：

（1）国家级“数字档案管理系统”所管理的档案记录了过去和现在的国家政权的历史真实面貌，对国家历史、现在与未来具有不可或缺的重要作用，社会影响极大。这些系统受到破坏，可能直接造成国家档案的损失，对国家安全造成一般损害或严重损害，对社会秩序和公共利益造成特别严重损害。

（2）省级“数字档案管理系统”所管理的档案记录了过去和现在的省级党政机构的历史真实面貌，对该地区历史、现在与未来具有不可或缺的重要作用，社会影响重大。这些系统受到破坏，可能直接造成该地区档案的损失，对国家安全造成一般损害，对社会秩序和公共利益造成一般损害或严重损害。

（3）国家级“档案目录管理系统”“数字档案接收系统”“档案利用服务系统”包含有国家较高级别的敏感信息，具有很大的社会影响力。这些系统受到破坏，可能导致敏感档案信息或政务信息的泄露或损失，档案管理和服务能力下降，对国家安全造成一般损害，对社会秩序和公共利益造成一般损害或严重损害，对公民、法人和其他组织的合法权益造成严重损害。

（4）省级“档案目录管理系统”“数字档案接收系统”“档案利用服务系统”包含的业务信息有一定的区域性和社会影响力。这些系统受到破坏，可能造成本地区敏感档案数字资源信息或政务信息泄露，档案管理和服务能力下降，对社会秩序和公共利益造成一般损害或严重损害，对公民、法人和其他组织的合法权益造成严重损害。

（5）国家级、省级“档案数字化加工系统”包含有较高级别的敏感信息，且存储档案数量较少。这些系统受到破坏，可能导致档案业务能力下降，给信息系统所属单位造成一定损失，对单位权益造成严重损害。

（6）国家级、省级“档案网站系统”“办公业务系统”受到破坏，不直接影响档案管理业务，但可能造成公布信息的篡改、办公效率的下降，给信息系统所属单位造成一定的财产损失、经济纠纷、法律纠纷等，对单位权益或社会秩序造成一般损害或严重损害。

第四步：确定档案信息系统的安全保护等级。确定档案信息系统安全保护等级时需要考虑业务信息安全和系统服务安全两个方面，其中业务信息安全是指确保信息系统内信息的真实性、完整性和可用性等，系统服务安全是指确保信息系统可以及时、有效地提供服务。

根据业务信息安全被破坏时所侵害的客体以及对相应客体的侵害程度，可以形成业务信息安全保护等级矩阵表（见表6－6），并可据此得到业务信息安全保护等级。

表 6-6　　业务信息安全保护等级矩阵表

业务信息安全被破坏时所侵害的客体	对相应客体的侵害程度		
	一般损害	严重损害	特别严重损害
公民、法人和其他组织的合法权益	第一级	第二级	第二级
社会秩序、公共利益	第二级	第三级	第四级
国家安全	第三级	第四级	第五级

根据系统服务安全被破坏时所侵害的客体以及对相应客体的侵害程度，可以形成系统服务安全保护等级矩阵表（见表 6-7），并可据此得到系统服务安全保护等级。

表 6-7　　系统服务安全保护等级矩阵表

系统服务安全被破坏时所侵害的客体	对相应客体的侵害程度		
	一般损害	严重损害	特别严重损害
公民、法人和其他组织的合法权益	第一级	第二级	第二级
社会秩序、公共利益	第二级	第三级	第四级
国家安全	第三级	第四级	第五级

在确定档案信息系统的安全保护等级时，应按业务信息安全保护等级和系统服务安全保护等级的较高者定级。

确定档案信息系统安全保护等级，应在综合分析档案信息系统业务信息安全保护等级和系统服务安全保护等级的基础上，主要通过考察所管理档案信息的重要程度和敏感程度来确定。但是，重要和敏感信息的数量与档案信息系统所属单位的行政级别存在一定关系，一般来说，高行政级别单位的重要和敏感信息要多于低行政级别单位的重要和敏感信息。为便于操作执行，对档案目录管理系统、数字档案接收系统、数字档案管理系统、档案数字化加工系统、档案利用服务系统、档案网站系统、办公业务系统七种常用档案信息系统的安全保护等级建议如下（见表 6-8）。

表 6-8　　档案信息系统安全保护等级定级建议表

系统类别	系统名称	行政级别	建议等级
档案信息管理系统	档案目录管理系统	国家级	三或二
		省级	三或二
	数字档案接收系统	国家级	三或二
		省级	三或二
	数字档案管理系统	国家级	四或三
		省级	三或二
	档案数字化加工系统	国家级	二
		省级	二
档案信息服务系统	档案利用服务系统	国家级	三或二
		省级	三或二
	档案网站系统	国家级	三或二
		省级	二
档案办公系统	办公业务系统	国家级	二
		省级	二

第五步：编制定级报告。初步确定定级对象的安全保护等级后，档案信息系统使用单位应编制定级报告。跨地区的档案信息系统由该系统的主管部门统一确定安全保护等级。

总之，档案信息系统安全保护至关重要。如果出现问题，就会在一定程度上造成整体性、全局性的危害。各立档单位和国家档案馆要把档案信息系统安全保护纳入信息化建设整体布局，做到同步规划、同步实施、同步考核；按照《档案信息系统安全等级保护定级工作指南》《档案信息系统安全保护基本要求》，建立健全档案安全管理制度，并认真将所建立的制度落到实处，要坚决杜绝"制度如林、执行无人"等问题的出现。同时，各立档单位和国家档案馆要采用先进的信息技术和管理手段，切实维护物理安全、网络安全、主机安全、应用安全和数据安全。各级档案部门应进一步做好档案数据的安全备份，建设适用的电子档案存储应用系统，实现电子档案在备份阶段的可验证、可维护、可迁移和可控制，确保电子档案的长期保存和其他数字档案资源的安全有效。

第五节　档案安全保障体系和档案应急处置管理

档案安全保障体系的建设是新时代我国档案事业发展的重要保证。各立档单位应按照国家法律法规和规范标准的要求，结合本单位的具体情况，切实做好数字档案资源的安全保障体系的建设工作。

一、数字档案资源的备份管理

数字档案资源的备份管理，是构建档案安全保障体系的重要基础性工作。各立档单位和国家档案馆应着眼于本单位电子政务整体备份需求，制定数字档案资源备份策略，明确备份对象、近线和离线备份策略及管理规范，配备必要的恒温恒湿柜、防磁柜等设施设备。

（一）备份对象的选择

数字档案资源备份对象应包括：各门类电子档案、各门类传统载体档案数字化副本、元数据库、目录数据库、各类数字资料、数字档案馆（室）应用系统配置文件与日志文件等。

（二）备份的方式和要求

数字档案资源的备份方式和备份要求归纳起来主要包括：

（1）近线备份。各立档单位和国家档案馆应结合虚拟带库、带库等备份系统作用机制和便于本单位管理等情况，明确数字档案资源的备份策略，包括容错级别、增量备份或全量备份、备份周期、核验和检测机制、磁带更新等。

（2）离线备份。各立档单位和国家档案馆应根据数字档案资源的形成与大小特征等，确定各门类数字档案资源的离线备份介质与管理规范。应确定离线备份介质的编号规则，推荐编号由数字档案资源门类代码、离线备份介质类别代码、备份年度、介质流水号等若干项构成。

各立档单位和国家档案馆应按照规范的存储结构备份数字档案资源，推荐在离线备份介质根目录下建立数据文件夹、目录文件夹、授权文件夹、其他文件夹及说明文件。数据文件夹存储各门类电子档案或传统载体档案数字化副本，目录文件夹存储元数据、目录数据及数字档案室应用系统配置文件和日志文件等，授权文件夹存储数字化、备份、介质转换等的审批文件，说明文件用于描述与离线备份介质制作有关的各方面情况。

各立档单位和国家档案馆应定期检测、更新离线备份介质，并记录检测情况、介质转换情况等。

除上述备份要求外，各立档单位和国家档案馆所收藏的重要档案还应通过纸质或缩微胶片等方式进行异质备份；重要档案的范围应按照国家或地方的相关规范执行。

二、机关数字档案室的安全保障体系建设

数字档案室是机关电子政务的核心信息资源中心，其建设、运行和维护是一项长期的系统工程，需建立经费、制度和人才等各方面的保障机制。根据国家档案局 2014 年印发的《数字档案室建设指南》的要求，数字档案室的保障体系建设应得到经费、制度和人才条件的保障，从而为构建各立档单位的数字档案安全保障体系，提供必要的条件。

（一）经费保障

各立档单位应为数字档案室建设给予经费保障。要将各门类电子（文件）档案的归档管理、纸质档案数字化、数字档案资源备份管理，以及数字档案室应用系统的运维、升级费用等纳入本单位预算，给予长期的经费保障。

（二）制度保障

各立档单位应制定保障数字档案室正常运行的各项制度，并切实贯彻实施。包括：各门类电子文件归档管理制度，人才配备与经费保障制度，数字档案资源备份管理制度，数字档案室应用系统运维和安全管理制度，机关档案管理部门和电子文件形成部门、信息化部门职责分工及奖惩制度，等等。

（三）人才保障

各立档单位应为数字档案室配备满足工作需要的专职管理人员，条件成熟的，应配备 2 名以上专职管理人员。配备人员应具备档案或信息技术相关专业的本科学历，应具有较好的管理才能和计算机应用技能。各立档单位应在制度上为专职档案管理人员的发展和进步予以保障。

三、企业数字档案馆（室）的安全保障体系建设

企业为有效维护本单位的数字档案资源的完整与安全，履行法律所规定的企业社会责任和义务，保证企业的各项职能活动的正常有序进行，应依据国家档案局印发的《企业数

字档案馆（室）建设指南》，并结合本企业的实际情况，建立和健全数字档案资源的安全保障体系。

企业数字档案馆（室）建设与运行必须加强安全管理，遵守相关保密规定，安全设备配置齐全；严格控制信息资源利用范围，制定严密的信息发布审核制度，严格控制数据访问权限；制定完善的数据接收、移交、销毁等管理规范，制定备份规范。

管理涉密档案的电子档案管理系统，应按照涉密信息系统分级保护管理的要求进行安全设计和建设，并通过有关部门测评后方可投入使用。

管理非涉密档案的电子档案管理系统，应根据系统重要程度及其实际安全需求，参照《计算机信息系统安全保护等级划分准则》（GB/T 17859—1999）确定电子档案管理系统应达到的安全等级，并依照《信息安全技术 信息系统安全等级保护基本要求》（GB/T 22239—2008）、《档案信息系统安全保护基本要求》、《档案信息系统安全等级保护定级工作指南》等开展安全建设和登记管理。

企业应为数字档案馆（室）建设与运行提供经费与人才保障。

（一）经费保障

经费主要包括计算机硬件采购费，软件开发、升级、购置、接口开发、评测费，运行维护费，传统载体数字化费，项目实施费，人员培训费，等等。企业数字档案馆（室）建设应按照整体规划，制订相应的经费计划，确保软硬件设备购置、实施经费及管理经费的落实，为企业数字档案馆（室）的建设工作提供必要的保障。

（二）人才保障

各企业应结合本企业业务实际，积极开展档案部门人员的业务技能、信息化技能的培养。在人才引进方面，应注重档案和信息化方面的人才引进，以满足数字档案馆（室）建设和运行的需求。

四、档案工作突发事件应急处置管理

应急处置是档案安全管理的最后一道防线。2005 年，国务院印发了《国家突发公共事件总体应急预案》，设立了专门的应急机构，建立了应急管理制度。2007 年，国家又颁布了《中华人民共和国突发事件应对法》，明确了应急处置工作的法律要求。2008 年，国家档案局编制了《档案工作突发事件应急处置管理办法》，对做好档案部门的应急处置工作做出了制度安排。2010 年，国家档案局编制了《档案馆防治灾害工作指南》，为各级国家档案馆做好防灾减灾工作，提供了有效指引。

（一）档案工作突发事件及其应急处置的原则和要求

所谓档案工作突发事件，是指由人为或自然因素引起的，危及或可能危及档案安全和严重干扰档案工作秩序，需要采取应急处置措施以应对的突发性事件。

档案工作突发事件应急处置工作的原则是：统一领导、分级负责、及时反应、果断决策、合作互助。

档案工作突发事件应急处置工作的一般要求是：

(1) 各立档单位和国家档案馆应建立严格的突发事件防范和应急处置责任制。

(2) 各立档单位和国家档案馆应依据法律法规、规范标准，制定和不断完善本单位的突发事件应急处置工作预案。突发事件应急处置工作预案应向当地党委和政府、有关主管机关和上级档案行政管理部门备案。

(3) 各立档单位和国家档案馆应切实履行各自的职责，做好档案安全保管工作，防范突发事件的发生，重视应急培训和演练，避免"纸上谈兵"，保证突发事件应急处置工作有序进行。各立档单位和国家档案馆应定期对突发事件应急处置人员进行相关知识的培训，组织救灾演练和对防灾、救灾设备设施进行检查；对本单位全体工作人员开展突发事件应急知识教育，增强工作人员对档案工作突发事件的防范意识和应对能力。

(4) 各立档单位和国家档案馆要推进联防联动。在建立完善系统内部的协调联动机制的同时，还要主动加强与公安、消防、气象、保密、网管等部门的联系，并在预警信息上实现资源共享，增强对安全形势的研判能力，争取在应急处置上做到无缝对接，形成应对合力。

(5) 各档案部门应指定专门机构或人员负责突发事件的日常监测工作，建立突发事件预警机制，及时收集有关政府机构、气象部门发出的预警信息。当在监测过程中发现潜在隐患以及可能发生突发事件时，应及时启动有关预案，采取果断措施进行处置，防止危害和事故的发生。

(二) 档案工作突发事件应急处置预案的内容

档案工作突发事件应急处置预案应包括以下八项基本内容：

(1) 编制和实施预案的有关危机情况和背景；

(2) 应急处置工作的目标、要求和具体措施；

(3) 应急指挥机构的建立及其人员组成，应急处置工作队伍的数量、分工、联络方式、职能及调用方案；

(4) 有关协调机构、咨询机构及能够提供援助的机构、人员及其联系方式；

(5) 抢救档案的顺序及其具体位置，库房常用及备用钥匙、重要检索工具的位置和管理人员；

(6) 档案库房所在建筑供水、供电开关及档案库区、重点部位的位置等；

(7) 向当地党委和政府、有关主管机关和上级档案行政管理部门报告的联系方式；

(8) 其他预防突发事件、救灾的注意事项。

(三) 档案工作突发事件应急处置措施

1. 应急处置的一般措施

各立档单位和国家档案馆在突发事件发生后，要采取下列应急处置措施：

(1) 及时报警，在第一时间通知抢险负责人和相关人员，通知专业抢险救援部门，等等。在可能的情况下，采取行动消除事故。

(2) 组织救援遇险人员，转移和妥善安置受威胁档案。迅速控制危险源，标明危险区域，关闭和限制使用有关设备、设施，采取防止发生次生、衍生事件的必要措施。

(3) 对突发事件可能造成的危害和损失做出初步判断，启动相关应急处置预案。

(4) 对灾害事故造成的受损档案，立即组织力量进行抢救。特别是对受水淹档案，要及时采取冷冻或干燥的办法稳定档案的状态，避免灾情进一步恶化。

2. 应急处置报告制度的建立与实施

各立档单位和国家档案馆应在突发事件发生后立即向当地党委和政府、有关主管机关和上级党委的档案行政管理部门报告。

有下列情形之一者，县级以上党委的档案行政管理部门和各级国家档案馆在向当地党委和政府、有关主管机关和上级党委的档案行政管理部门报告的同时，须向国家、档案局报告：

(1) 因人为、自然原因或其他原因造成档案严重损坏或丢失的；

(2) 因人为、自然原因或其他原因造成档案馆库房建筑损坏，危及档案安全的；

(3) 国家档案馆工作秩序受到冲击，危及档案安全的；

(4) 法律、法规规定的其他重大安全事故。

档案工作突发事件报告应包括如下内容：

(1) 事件发生或可能发生的地区（单位、部门）、时间、地点和现场情况；

(2) 事件的简要经过和档案损失情况的初步估计；

(3) 事件原因的初步分析；

(4) 事件发生后已经采取的措施及效果；

(5) 其他需要报告的事项。

3. 档案工作突发事件报告制度执行的要求

档案工作突发事件报告制度执行的要求主要包括：

第一，任何单位和个人对突发事件不得隐瞒、缓报、谎报或者授意他人隐瞒、缓报、谎报。

第二，接到突发事件报告的档案行政管理部门应依照《档案工作突发事件应急处置管理办法》，立即组织力量对报告事项进行调查核实，采取必要的控制措施，并及时向有关部门报告核查情况。

第三，省级以上党委的档案行政管理部门接到突发事件报告后，应视事件严重程度，决定是否有必要组成突发事件应急处置小组对突发事件进行调查处理。突发事件应急处置小组人员构成应包括突发事件所涉及的有关部门负责人和相关档案业务方面的专家。

第四，国家档案局应根据接报突发事件的情况，及时向中共中央办公厅、国务院有关部门报告。突发事件发生地的省、自治区、直辖市档案行政管理部门，应根据突发事件发生的情况，向相关单位通报。

第五，各级国家档案馆、中央和国家机关档案部门未依照《档案工作突发事件应急处置管理办法》规定履行相应职责的，由其上级档案行政管理部门责令改正。

第六，各级党委的档案行政管理部门、各级国家档案馆、中央和国家机关应对参加突发事件应急处置工作并做出贡献的机构和个人，给予表彰和奖励。

本章思考题

1. 档案保护管理的目的、内容、任务、原则是什么？如何有效地组织开展档案保护管理工作？

2. 作为一个单位的档案工作者，你应如何有效地开展档案库房的各项管理工作?
3. 在网络信息时代下，档案管理部门应当如何组织和开展档案安全管理工作?
4. 有效的档案信息系统管理应当具备哪些基本条件?
5. 如何有效地提升和持续改进我国档案部门的档案安全管理工作的质量?
6. 你对档案安全管理工作的相关法律法规、标准规范的修改建议或评价是什么?
7. 从用户角度出发，你对档案信息网站的安全管理有什么建议?
8. 开展档案工作突发事件应急处置工作有何意义?
9. 档案部门如何有效地组织开展档案工作突发事件应急处置工作?

第七章

档案的检索

内容提要

本章着重介绍和讲述了档案检索的原理、规则、标准和方法等方面的管理知识。主要内容包括：档案检索概述，档案检索语言，档案的著录标引，档案检索体系和档案目录数据库的建设，等等。

第一节　档案检索概述

本节将着重介绍档案检索的基本概念和基本原理，明确档案检索的类型、检索效率和检索策略等。

一、档案检索的概念与基本内容

（一）档案检索的概念

我国的《档案工作基本术语》(DA/T 1—2000) 对检索下的术语定义是“存储和查找档案信息的过程”。美国档案工作协会的在线《档案与记录术语汇编》(A Glossary of Archival and Records Terminology)①，把“检索”概念解释为“在存储中查找材料或信息并将其提供使用的过程”。

一般来说，档案检索是对档案信息进行系统存储并根据需要进行查找的过程。档案检索是开展档案信息服务的必要条件和开发档案信息资源的重要手段。档案检索可以有广义和狭义两种解释。广义的档案检索包括存储与查找两个过程。狭义的档案检索就是查找档案中有用数据和信息的过程。因此，就整体而言，档案检索的全过程由档案信息存储和查找两个部分构成。存储是指把档案中具有检索意义的属性和特征揭示出来，加以组织，形成检索工具或档案信息数据库的过程；查找是指利用档案检索工具或数据库，找到用户所需档案数据、信息的过程。存储是查找的前提，查找是存储的目的。

在实践中，人们更习惯于从狭义的信息检索角度来理解档案检索的概念，即将档案检索

---

① A glossary of archival and records terminology. (2018 - 01 - 10) [2019 - 01 - 20]. https: //www. archivists. org/glossary/terms/r/retrieval.

理解为利用检索工具或检索系统从所存储的档案信息集合中快速有效地获取所需信息或信息线索的过程。在一般的信息管理理论中，广义的信息检索包括信息组织和信息查找两个过程或两个流程。受这种思想的影响，档案界的多数人也持有与之相同的看法，只是在更多情况下把“信息组织”称为“档案信息存储”而已。但是，应当注意到，档案检索除了具备一般信息检索的功能和特性外，还有一种较为重要的功能表现，即在档案检索体系中，馆藏性档案检索工具所起到的登记、统计、审计、监督等作用。其实，不仅馆藏性的档案检索工具有这种特殊的作用，其他按照档案著录规则编制或建立的检索工具、检索系统，还具有记录和反映档案的来源、所属全宗、所属档案分类体系之间历史有机联系特征的作用。档案检索的这些特点，是由档案资源本身的形成规律和特点决定的，也是档案检索有别于其他信息检索、文献检索的突出特点。因此，那种认为档案检索就是信息检索的观点是有失偏颇的。

（二）档案检索的主要内容

档案检索的存储工作的主要内容包括：

（1）著录和标引。著录是对档案的来源、全宗、类别、管理史、内容和形式特征进行分析、选择和记录的过程；标引主要是根据档案记录和反映的职能活动主题内容，赋予其规范化检索标识的过程。相关知识可参阅本章第三节的内容。

（2）组织检索工具。即对著录和标引后形成的条目进行系统排列，组成各种检索工具，或输入档案信息管理系统，建立档案目录数据库的过程。

档案检索的查检工作的主要内容包括：

（1）确定查检内容。即对用户的检索需求进行分析，明确用户需求主题的过程。

（2）查检操作。即档案人员或用户利用档案目录、索引、指南或档案信息检索系统，从中找到与所需主题相匹配的信息线索或档案数据、信息的过程。

二、档案检索的意义和作用

档案检索是开发利用档案信息资源的必要条件和基本手段。其作用主要表现为：

（一）是提高档案管理部门业务工作质量和利用服务水平的重要手段

档案检索，尤其是在信息网络环境下开展的档案检索工作，要求档案的著录、标引人员具备较好的业务素养，不断地根据信息技术的发展要求和信息检索技术的应用要求，提高自身的业务素质和工作能力。立档单位的档案部门和国家档案馆的用户满意度高低，在很大程度上取决于档案检索系统的质量和档案检索服务的水平。

（二）是广泛传播档案信息，促进档案利用价值实现的必要途径

从某种意义上说，档案检索是一种在大量的档案信息和用户需求之间进行居间促成的过程，是从最接近用户请求的档案信息中检索选定的相关信息线索和信息内容的过程。这说明，档案检索常常是促进档案价值实现的必由途径。通过检索，可以及时、准确地将用户所需要的档案数据、信息查找出来，实现档案信息及时利用、有效利用和广泛传播的档案管理目标。

（三）是维护档案真实性、可理解性、可利用性的必要手段

通过编制和使用某些档案检索工具，开展规范的档案著录标引工作，可以实现对档案资源的智力控制，保证为利用者提供可靠、真实、可理解、可利用的档案资源。例如，通过对多级档案著录等规则的应用，立档单位和国家档案馆可以有效地分析、选择和记录档案的所属全宗、档案文件及其组合体的来源线索、档案的管理史、档案的所属类项及法律法规约束要求等方面的信息线索，从而为从事历史研究、科学研究、业务研究的档案用户以及档案管理人员等，提供清晰可辨的历史线索及档案文件之间的关联信息线索。

三、档案检索的基本原理

就整体而言，档案检索的一般原理可以被理解为：对经过系统化整合的档案资源检索信息集合与档案利用者需求信息集合进行合理匹配、选择的过程（见图 7－1）。

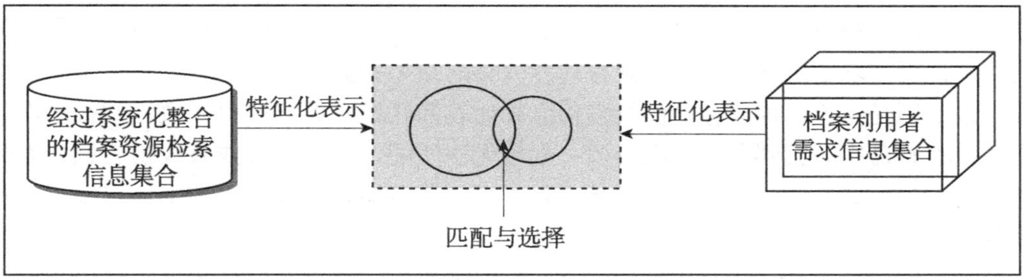

图 7－1　档案检索的一般原理

资料来源：马费成，宋恩梅．信息管理学基础．2 版．武汉：武汉大学出版社，2011：242.

不同立档单位的档案部门和国家档案馆所面对的档案利用需求可能不尽相同，每个利用者获取档案内容信息的渠道和方法也存在一定的差异，但档案检索的基本原理没有太大的差别。从本质上说，档案检索基本原理的核心是用户信息需求与档案资源检索信息集合的比较和选择，是两者匹配的过程。具体来说，档案检索包括以下两个基本过程。

（一）存储

存储也称档案资源信息组织，其目的是通过一定的方式，按照一定的规则要求，把原始状态的档案资源转化为一种有序的档案信息集合。本书在许多地方采用了“档案资源”概念而非“档案”概念，两者的区别是：档案资源既包括一般意义上的档案，同时也包括通过数字化加工而获得的档案数字化副本、可以弥补档案内容不足的文献资料等。所以，档案资源是一个综合性的概念。

各立档单位和国家档案馆通过组织开展档案资源的著录和标引、元数据采集等方式，可以使档案资源成为一种组织化的资源，使其来源、全宗、类别、内容和形式等方面的有价值的数据得到有效的记录，并成为管理和查找档案资源的信息线索。这些信息线索被各组织和国家档案馆整合和集中，就成为真正意义上的档案资源检索信息集合。档案资源利用者，正是根据这些档案资源的检索信息集合的指引和导向，才可以实现从大量的（甚至

是海量的）的档案资源中，找到可以满足其需要、消除其不确定性的相关档案文件及档案资源。同时，通过档案检索信息，档案利用者还可以判断所获取的档案资源信息线索的可靠性及与之相关的其他档案资源的信息线索。

档案资源不同于图书、情报资料等文献资源，因为一本图书、一份经过整理加工的资料往往具有较强的相对独立性；而档案却不同，作为人类活动的原始记录，每一份档案文件所能提供的信息较为有限，只有一系列的档案文件集合，才能为利用者提供有关活动、事件的相对完整的“故事”信息。换言之，只有按形成规律得到的有效关联的一组、一类档案文件才具有较大的价值。为此，绝大部分档案资源检索信息都具有这种历史的、职能的关联性质。

（二）查检

档案检索的查检过程实质上是存储过程的逆过程。查检的过程是利用者的信息提问与档案资源检索信息相比较而决定档案取舍的过程。在一般的检索实践中，档案利用者首先要通过自然语言将自己对档案资源的需求表达出来，之后档案资源管理部门针对用户的信息提问，进行需求主题概念分析，并将概念分析的结果根据一定的检索语言规则转换成检索词。最后则是用检索词与存储的检索信息相比较和匹配，如能取得一致，则被档案信息检索系统检索命中，找到所需档案资源；如果无法匹配，就需改换或修改检索词，继续重新查找，直到两者一致为止。这个过程，对于手工档案检索和计算机档案检索来说，没有本质的不同。

可见，档案检索就是从利用者的特定信息需求出发，采用一定的方法、技术手段，根据一定的线索与规则，从特定的档案资源检索信息集合中找出相关信息的全过程。

四、档案检索的类型

从历史和现实角度看，档案检索的类型多种多样。从不同的角度，我们可以对档案检索的类型形成不同的认识结果。

（一）从存储和查检的内容角度

从该角度，我们可以把档案检索区分为如下几种类型。

一是全文检索。这种检索是以档案文件或其组合体的全文、摘要等为对象的档案检索活动。例如，利用者为了进行历史研究、科学研究、编写参考资料等，需要大量的档案文件作为参考和支撑，为满足这些利用需求，就需要档案部门开展相应的全文检索服务。

二是数据检索。档案数据库中存储了大量的业务活动数据、专业性数据、科技数据、自然现象的观测观察及分析性数据、各种统计数据等，这些数据资源常常是决策者、研究者、设计者、市场分析者、数据分析工程师等用户经常需要检索和访问的对象。为此，档案部门应利用相应的档案信息检索系统，满足此类用户对数据查询、数据分析的利用需求。

三是事实检索。档案资源的检索信息集合中，包含了大量的反映人类活动事件、项目、案件等方面的著录信息线索（如时间、地点、人物、事件过程、事件结果等）和相关的元数据。这些信息可以有效地满足相关档案用户对历史事件的事实性数据查询的需要。

高级的事实检索要求档案检索系统不仅可以从事实数据集合中查检出已存入的档案数据或事实，还可以从已知的档案数据或事实中推演出新的数据或事实。事实检索是档案资源信息检索中最复杂的一种。它要求档案信息系统中的数据和事实最好以自然语言的方式被存储；不仅要将档案内容中的各种数据、事实单元存入检索系统，还要将各单元之间的语义关系、句法关系及相关的背景信息等存入检索系统；利用者可以用自然语言提问，检索系统也可以用自然语言回答利用者的提问。所以，具备事实检索功能的档案资源信息检索系统应有一定的逻辑推理和理解自然语言的功能。

可见，事实检索是一个相当复杂的过程，目前通常还需要依靠人工来完成。具体做法是：首先利用档案检索工具、工具书、数据库或其他途径查出相关的原始档案数据、事实或档案文件的信息线索，然后进行比较分析，筛选过滤，最后才将得到的事实数据提供给利用者。

随着信息社会的进步和发展，数字档案资源和电子档案资源在整个档案资源中所占的比重越来越高，尤其是电子政务、电子商务、物联网的发展，极大地改变了人们保存和利用信息资源的理念和做法。档案资源的检索对象越来越数字化，档案检索的类型也出现了新的变化。文本检索、图像检索、声音检索、图片检索等都已成为现代档案资源信息检索的重要组成部分。下面着重介绍一下文本检索和图像检索。

1. 文本检索

文本检索，亦称自然语言检索，是指根据文本内容（如关键字、语意等）对文本集合进行检索、分类、过滤等。从信息技术角度来说，文本检索，指在不对档案资源对象进行任何标引的情况下，直接通过计算机以自然语言中的语词匹配查找的系统检索方式。文本检索进行匹配的对象，可以是完整的档案文件或其组合体，也可以是它的各个数据元，如题名、责任者、成文时间、职能主题、事件主题、业务活动主题、记录对象等。以档案文件正文为对象进行的匹配查找，被称为全文检索。这种方式无须标引，数据库制作快，可以很快投入运行。

随着档案资源数量的增加，运用第一代文本检索技术已经很难查检出精确的检索结果，于是根据文本内容的第二代文本检索技术应运而生，即根据系统对文本和检索语句的理解，计算文本和检索语句的相似度，再根据相似度对检索结果进行排序，将相似度最高的检索结果呈现给用户。

2. 图像检索

基于内容的图像检索是通过对图像集中的各个对象进行内容特征分析、相似度匹配来实现检索目标的。20 世纪 90 年代以后，出现了对图像的内容语义，如图像的颜色、纹理、布局等进行分析和检索的图像检索技术，即基于内容的图像检索（Content Based Image Retrieval，CBIR）技术。CBIR 属于基于内容检索（Content Based Retrieval，CBR）的一种，CBR 中还包括对动态视频、音频等其他形式多媒体信息的检索技术。该技术的出现和应用，为档案部门提升对图像型档案资源的检索能力，创造了有利条件。

基于 CBIR 技术的图像检索系统，在建立图像数据库时，系统对输入的图像进行分析并分类统一建模，然后根据各种图像模型提取图像特征存入特征库，同时对特征库建立索引以提高查找效率。用户在通过用户接口设置查询条件时，可以采用一种或几种特征组合来表示，然后系统采用相似性匹配算法计算关键图像特征与特征库中图像特征的相似度，最后按照相似度的大小顺序将匹配图像反馈给用户。用户可根据自己的满意程度，选择是否修改查询条件重新查询，直到获得令人满意的查询结果为止。①

CBIR 的实现依赖于两个关键技术的解决：图像特征的提取和匹配。从图像中提取的特征可以组成一个向量，两个图像之间可以通过定义一个距离或者相似性的测量度来计算相似程度。图像特征匹配是图像检索的一个关键环节，具有特征依赖的特点，不同的特征应该采用不同的度量方法。在检索的过程中，根据系统相似性度量的算法计算查询特征与特征库中对应的每组特征的相似程度，把所得结果由大到小排序后得到一个匹配图像序列返回给用户。最早成功应用基于内容的图像检索技术的是国际商业机器公司（IBM）的 QBIC 系统。除了 QBIC 系统之外，比较著名的系统还包括伊利诺伊大学香槟分校的 MARS 系统、麻省理工学院的 Photo Book、加州大学伯克利分校的 Digital Library Project，以及哥伦比亚大学的 Visual Seek 等。基于内容的图像检索体系结构参见图 7－2。

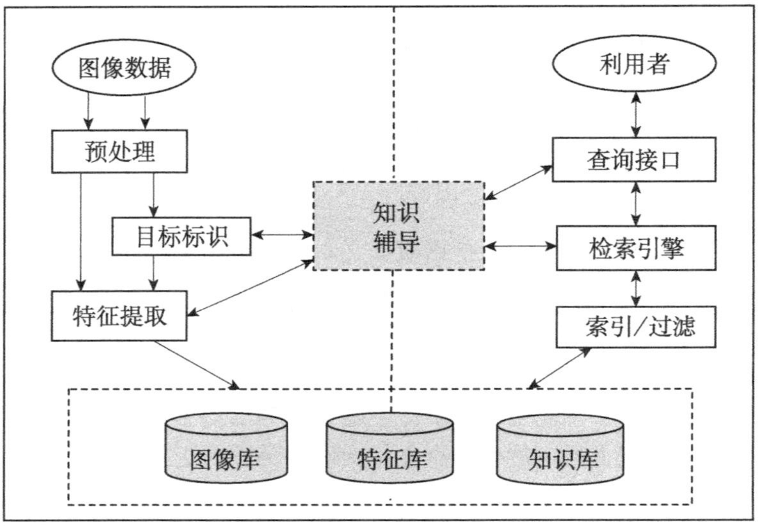

图 7－2　基于内容的图像检索体系结构（特征提取和查询子系统）

（二）从检索系统中档案信息的组织方式角度

从该角度可以把档案检索划分为全文检索、多媒体检索和超媒体检索等类型。

1. 全文检索

全文检索是依托全文数据库而进行的一种档案检索类型。档案全文数据库是将一个完整的信息源的全部内容转化为计算机可以识别、处理的信息单元而形成的数据集合，它具有对全文数据进行词、字、段落等更深层次的编辑加工的功能。

档案全文数据库的特点是：（1）档案全文数据库包含的信息基本上是未经信息加工的原始文本，具有良好的客观性。（2）档案全文数据库的信息检索可对文中任何内容及其位置关系进行查检。（3）以自然语言检索档案文件。（4）档案数据具有相对稳定性。（5）数

① 基于内容的图像检索．（1992－01－10）[2019－01－21]．https：//baike.baidu.com/item/基于内容的图像检索/10506348.

据库中的档案数据结构具有非结构性。

档案全文检索系统的实现技术，主要包括：(1) 档案数据准备。即对计划加载到全文数据库中的档案数据进行预处理，并组织专门人员录入建库。(2) 文本预处理。包括规范格式，当格式多种多样时，应加以整理，使档案文件的格式规范化。(3) 数据加载。数据准备好以后，便可以加载到数据库文件中去了。加载数据可用单件方式或批量方式。单件方式一次加载一份，适用于平时对档案文件的随时加载。批量方式一次加载多份，适用于集中大量加载的情况。(4) 数据检索。数据库建立起来之后，利用者便可根据全文检索系统提供的检索功能对数据库进行检索了。(5) 数据维护。在全文数据库建立以后，档案部门需要经常对数据库的内容进行索引、更新、追加和清理。

2. 多媒体检索

多媒体检索是一种基于内容的图像（视频）的检索，是通过提取图像（视频）的颜色、纹理、形状和运动等视觉特征来表征图像（视频）内容所蕴含的语义，进而实现查询与管理图像（视频）数据的检索目标。多媒体检索一般指多媒体分类分检索。

由于多媒体本质上是由文本、视频和音频等多种媒质交互融合而成的，它们之间存在或多或少的语义关联，一种媒质和另外一种媒质可以表示同一语义，媒质之间可以相互索引。其中，音频中蕴含了大量的语义信息[①]，基于内容的音频检索受到越来越多的关注，其主要思想是通过提取音频流中的时域（频域）特征来描述音频内容。

基于内容的视频检索、音频检索和基于视觉、听觉感知特征相似度比较的检索，对多媒体内容的描述都是基于其所蕴含的语义信息来实现的。目前，语义概念模型主要包括：(1) 高级语义，是对不同时空的若干多媒体事件高度抽象概念化的结果，它需要探讨人脑的思维机制。(2) 中级语义，是对高级语义中涉及的人、事件的分别描述，不涉及几个事件的交叉。(3) 低级语义，是利用视觉、听觉信息对多媒体数据进行初步分类，如音乐、语音等。档案部门及相关信息管理部门可以通过对多媒体数据进行语义标注，实现多媒体档案的结构化，从而有效组织多媒体数据流，为多媒体档案资源的检索提供方便。

3. 超媒体检索

超媒体即“超级媒体”。超媒体是一种采用非线性网状结构对块状多媒体信息（包括文本、图像、视频等）进行组织和管理的技术。超媒体在本质上和超文本是一样的，只不过超媒体技术在诞生的初期所管理的对象是纯文本，所以被叫作超文本。随着多媒体检索技术的兴起和发展，超媒体检索技术的管理对象从纯文本扩展到了多媒体。

(三) 从档案检索的实现方式角度

从档案检索的实现方式角度来划分，档案检索包括线下检索和线上网络检索两种类型。从今后的发展趋势看，线上网络检索，尤其是移动网络检索，将成为档案利用者检索和利用档案资源的主要方式。

从历史上看，档案资源的信息检索经历了从手工检索、计算机辅助检索到网络化、智能

---

① 语义信息是指能够消除事物不确定性的有一定意义的信息。语义信息可以借助自然语言去领会和解释。只有人类社会的信息才包含语义信息。由于人们在知识水平和认识能力方面存在差异，对语义信息的理解往往带有较强的主观色彩，所以从同一语法信息中所得到的语义信息和语用信息会有明显不同。

化检索等多个发展阶段。档案资源的信息检索的对象从相对封闭、稳定一致、由独立数据库集中管理的档案资源的信息内容扩展到开放、动态、更新快、分布广泛、管理松散的网络内容；档案资源的信息检索的利用者也由原来的档案专业人员扩展到包括公务员、企业人员、教师学生等在内的人群。利用者对档案资源的信息检索从结果到方式都提出了更高的要求。适应网络化、智能化以及个性化的需要，是目前档案资源的信息检索技术发展的新趋势。

（四）从档案检索的匹配方式角度

我国的《数字档案馆建设指南》《企业数字档案馆（室）建设指南》均对数字档案馆、数字档案室的信息检索系统的功能提出了指导性的要求。包括：不设定检索字段的简单检索，选定多项检索字段及其逻辑关系的高级检索，精确检索和模糊检索，跨档案门类检索，全文检索，筛选检索，截词检索，等等。应支持用户根据需要设定任意检索条件查找其权限许可范围内的数字档案资源，并能在检索结果中做更精确查找。

1. 精确检索

精确检索，又称精确搜索，即精确匹配检索，是指检索词与资源库中某一字段完全相同的检索方式。精确匹配是指只有整个字段与检索词相同才匹配。精确检索是指将输入的检索词作为固定词组进行检索。

2. 模糊检索

模糊检索，即同义词检索，是指档案信息检索系统自动按照利用者输入关键词的同义词进行模糊检索，从而获得更多检索结果。同义词应由档案信息检索系统的管理界面配置。如当配置了“档案”与“archival record”为同义词后，在检索“档案”时，包含“archival record”的结果也会出现在检索列表中。模糊检索的同义词是利用者通过档案信息检索系统中的“同义词典”来配置的。利用者在检索界面中输入同义词中的任一检索词时，只要选中“模糊检索”复选框，则该关键词的所有同义词信息线索及相关文档也都会被查检出来。

3. 跨档案门类检索

跨档案门类检索，又称跨库检索，是指档案信息检索系统自动按照利用者输入的检索词，在不同的档案数据库（包括目录库、全文库、专题库等资源库）中进行检索，为利用者提供更多检索结果的匹配检索方式。这种检索可以极大地提高档案资源利用者所需档案信息的查全率。

4. 筛选检索

筛选检索，又称筛选搜索，是档案资源数据检索流程中的一个重要阶段。数据检索包括数据排序和数据筛选两项操作。（1）数据排序。在查看数据时，往往需要按照实际需要，把数据按一定的顺序排列展示出来，这个过程被称为数据排序。（2）数据筛选，是指根据给定的条件，从排序表中查找满足条件的记录并且显示出来，不满足条件的记录会被隐藏起来，这些条件被称为筛选条件。

5. 截词检索

档案信息截词检索是预防漏检、提高档案信息查全率的一种常用检索技术。档案信息检索系统应具备提供截词检索的功能。所谓截词，是指在档案检索词的合适位置进行截断，然后使用截词符①进行处理，这样既可减少输入的字符数目，又可达到较高的查全率。截词检索一般采用后截断，部分支持中截断，能够帮助提高检索的查全率。

综上所述，运用计算机及其相关技术设备管理数字档案资源信息，当前一般采取数据库技术方法进行。数字档案资源库包括：目录数据库、元数据库或内容数据集等。

目录数据库是数字档案资源管理的基础，是将反映数字档案特征的规范数据，依照一定的字段要求存入计算机中，并通过系统的排序等处理，形成由计算机检索的目录数据体系。目录数据库的建立主要有两种基本途径：一是传统载体档案数字化采集的档案目录数据库，一般通过人工录入建库方式建立；二是通过接收电子文件方式形成的数字档案，一般通过档案管理系统自动采集生成或从数字档案元数据库中提取而形成，之后经过数据整理规范审核与补充完善后建立。

保存数字档案元数据是保证数字档案可靠和可用的一项重要措施。元数据库按照数字档案元数据采集规范要求建立。元数据主要通过对电子文件或数字档案的背景、结构和管理过程信息进行自动生成和适当人工添加而形成。

内容数据集是数字档案资源建设的主体，是通过数据库、数据仓库等技术方法将档案全文按照一定的分类、排序方式排列形成的集合。内容数据一般通过与目录数据挂接的方式实现有效管理，随着信息技术，特别是检索技术的发展，将来也会采用其他技术方法对内容数据进行有效管理。对于由电子文件归档形成的电子档案，其内容数据还应与其元数据建立持久有效的联系，防止非法修改，要采取技术措施，确保其可靠和可用。

数字档案资源库建设应遵循《中国档案机读目录格式》（GB/T 20163—2006）和《档号编制规则》（DA/T 13—1994）等标准规范。

五、档案检索效率和检索策略

（一）档案检索效率

档案检索效率，主要是指查找所需档案信息、数据的全、准程度，即查全率和查准率。衡量档案检索效率的指标有查全率、查准率、漏检率、误检率、检索速度。这五个评价指标的具体含义和计算方法如下。

1. 查全率

档案查全率，是指从档案资源数据库内检出的相关的信息量与总量的比例。查全率的绝对值很难计算，只能根据档案资源数据库内容、数量来进行估算。它可用下式表示：查全率=（检出的相关文档数据量÷数据库内相关文档数据总量）×100%。

2. 查准率

档案查准率是衡量某一检索系统的信号噪声比的一种指标，是指检出的相关档案数据（档案信息线索）与检出的全部数据（档案信息线索）的百分比。它可用下式表示：查准

---

① 不同的系统所用的截词符也不同，常用的有?、$、*等。截词符可分为有限截词（一个截词符只代表一个字符）和无限截词（一个截词符可代表多个字符）。截词时可采用以下几种形式：后截断，即前方一致，如 file? 表示 file、files、filing 等。前截断，即后方一致，如? computer 表示 minicomputer、microcomputer 等。中截断，即中间一致，如? compute? 表示 minicomputer、microcomputers 等。

率＝（检出的相关文档数据量÷检出的文档数据总量）×100％。

3. 漏检率

档案漏检率即漏检比例或漏检概率，是与查全率相对应的概念。它是指未检出的相关文档数据量与文献库中该种相关文档数据总量之比。它可用下式表示：漏检率＝（未检出的相关文档数据量÷数据库内相关文档数据总量）×100％。

4. 误检率

档案误检率是指检出的不相关文档数据量与检出的文档数据总量之比。它可用下式表示：误检率＝（检出的不相关文档数据量÷检出的文档数据总量）×100％。

5. 检索速度

档案检索速度是指利用者检索相关档案信息时的系统响应时间长短。检索在计算机的应用中无所不在。检索速度是衡量一种检索技术最重要的指标之一。检索速度主要受检索算法和硬件影响。

影响档案检索效率的因素是多种多样的，具体来说包括如下因素。

（1）造成档案查全率低的因素主要包括：档案资源库收录数据不全；档案索引词汇缺乏控制和专指性；档案词表结构不完整；词间关系模糊或不正确；标引不详；档案标引前后不一致；档案标引人员遗漏了档案文件的重要概念或用词不当；检索策略过于简单；档案查检的选词和进行逻辑组配不当；档案检索途径和方法太少；档案检索人员业务不熟练；档案信息检索系统不具备截词功能和反馈功能；档案检索时不能全面地描述检索要求；等等。

（2）造成档案查准率低的因素主要有：索引词不能准确描述档案主题和档案检索要求；档案标引的组配规则不严密；选词及词间关系不正确；标引过于详尽；组配错误；档案检索时所用检索词（或检索表达式）的专指度不够，档案检索面宽于检索要求；档案信息检索系统不具备逻辑“非”功能和反馈功能；检索表达式中允许容纳的词数量有限；截词部位不当；检索表达式中使用逻辑“或”不当；等等。

在信息网络环境下，档案利用者提高档案信息检索效率的主要途径有：选择响应速度快、界面友好的检索系统；选择档案数据库容量大、检索结果准确度高的检索系统；选择合适的上网时间，避开上网高峰；使用恰当的检索词；使用高级检索；利用网络导航；多使用布尔逻辑检索；等等。

（二）档案检索策略

档案检索策略，就是在分析检索提问的基础上，确定检索的数据库、检索用词，并明确检索词之间的逻辑关系和查找步骤的计划安排。所谓“检索表达式”是指检索用词与各运算符组配成的算式。

在网络信息环境下，档案资源利用者可通过确定检索系统、选择检索途径、选择检索词、在检索规程中调整检索方案等方法，提高网络信息的检索效率。

档案信息检索过程中的首要环节，就是明确利用需求。模糊的档案利用需求不能形成良好的检索效果。由于档案利用者对自己的需求，特别是潜在的、模糊的需求表达并不明确，因此需要对这些需求进行分析，才能得到一个完整而明确的需求表达。档案部门在对档案利用者的需求分析中，通常应澄清如下问题。

1. 分析档案信息利用者的检索目的

例如，科研人员在开始某一项科学研究或承接某项工程设计时，通常需要对与任务相关的档案资源信息进行全面的普查，并从中筛选出所需的信息材料，用以编写可行性报告、计划任务书等。对这类需求，档案部门应选择一个收录相关专业的档案信息较为丰富的数据库，在全面回溯检索的基础上，选出相关的档案目录信息线索，再获取档案全文数据信息。再如，对那些为解决某个技术难题，想查找关键性的技术档案信息的用户，档案部门应为其选择工程和技术类档案数据库或专利信息数据库。又如，对那些为制定某项决策而需要查找有关档案信息的利用者，档案部门应根据决策的不同性质，进行综合性的全面档案信息调研，并为利用者提供涉及产品、市场、科研、技术发展等方面最新动态的档案信息服务。

2. 主题分析

在明确档案利用者的检索需求后，档案部门就要对利用者需求的具体内容做主题分析，这是正确选用检索词和逻辑算符的关键步骤。它将决定检索策略的质量并影响检索效果。主题分析就是对利用者的需求进行主题概念的分析，并用一定的概念词来表达这些主题内容，同时明确概念与概念之间的逻辑关系。对利用者需求的主题分析应注意处理好以下几个问题：

第一，需求概念的表达要确切。抓住需求的实质性内容，分析出需求中有几个概念组面。

第二，找出核心需求的概念因素，排除掉无关概念因素；对意义不大的概念和重复概念，应加以排除。事实上，过多过严的概念组配很可能导致大量的漏检，甚至使检索结果为零。因此有时需要简化逻辑关系，减少概念的限定词，以提高检索效果。

第三，找出隐含的概念。档案数据库的标引往往使用比较专指的词，而用户对标引规则又不甚了解，往往会列出比较抽象的概念，而忽略了较专指的概念。

第四，明确概念之间的逻辑（“与”“或”“非”）关系。弄清什么概念可用于扩大检索范围，什么概念可作为进一步缩小检索范围的用词。

确立检索策略的过程会涉及较多的知识与技能。例如，档案信息利用者对检索需求表达的明确程度，对检索需求主题分析的准确度；档案服务人员对档案数据库及档案信息检索系统功能和特性的熟悉程度；档案服务人员或利用者制定逻辑检索表达式的技巧，以及调整检索策略的方法；等等。以上因素都会影响档案利用者的整体检索效果。[①]

第二节　档案检索语言

一、档案检索语言概述

档案检索语言是一种与自然语言相对的，根据档案资源检索需要而创制的人工语言。其功能是规范地表达档案的主题概念和检索主题概念，建立档案检索工具或计算机档案信息检索系统。

---

① 本部分的编写参考了：罗少芬．网络信息检索策略的设计．图书情报知识，2000（1）．

档案检索语言由词汇和语法组成。它通常具有三个构成要素：一组系统的文字或符号，用来构成检索词汇要素，如分类号、主题词、档号等；具有一定量的词汇，基本上可以表达档案信息中所包含的主题概念；一套明确的语法规则，用以满足档案检索系统多样化的检索需求。

档案检索语言的种类包括三种：档案分类检索语言、档案主题检索语言和档号检索语言（亦称馆藏法检索语言）。

档案检索语言的主要特点是：（1）可以简明、专指地表达档案及检索需求的主题概念；（2）词语与概念一一对应；（3）可以明确显示出概念之间的相互关系，便于对概念进行系统排列；（4）方便检索时对档案标引用语进行相符性比较；（5）对人类活动的职能、事务、事件等概念的明确表达，有助于利用者更好地理解和使用档案的信息内容。

档案检索语言的作用，概括起来说就是保证检索效率，提高查全率和查准率。它是档案信息存储和查检的桥梁，也是档案人员与档案利用者之间沟通和满足档案信息利用需求的桥梁。档案检索语言质量的高低直接影响着档案信息的检索效率。

二、《中国档案分类法》简介

《中国档案分类法》（以下简称《中档法》）是我国为建立统一、规范的档案分类检索方法，实现档案分类检索体系规范化，提高档案检索的效果，为全国和地方建立档案目录中心和进行分类标引提供的一部词典。《中档法》的第一版于1987年问世，经过其后的十年使用，又于1997年出版了第二版。《中档法》在编制过程中，总的强调了思想性、科学性、逻辑性和实用性，也运用了系统工程的原理，特别是整体性、结构性、层次性、有序性、开放性的原理。

（一）《中档法》的编制原则

《中档法》是以国家机构及其他社会组织所从事的社会实践活动的职能分工为基础，结合档案记述内容和特点，分门别类组成的分类表。这个分类法的编制原则包括：

（1）分类体系的确立、类目的设置和其序列的先后，都力求具有思想性、科学性、逻辑性、实用性，充分反映我国档案的特点，适应我国社会各项事业利用档案的需要。

（2）分类法的体系和基本类目的设置，以不同历史时期的国家机构、组织从事社会实践活动的职能分工为基础，紧密结合档案内容记述和反映的事物属性关系，采取从总到分、从一般到具体的逻辑体系。

（3）分类法在总体上具有概括性和包容性，能够容纳各个历史时期、各项社会实践活动所形成的各类档案，并力求保持基本类目的稳定性。分类法既能满足档案管理部门现存档案的内容信息分类的需要，又给今后的变化留下了充分的余地。

（4）分类法的类目名称和标记符号，力求准确、规范、简明、易懂、好记，便于人们掌握和使用。

（二）《中档法》的体例结构

《中档法》的宏观结构包括：

（1）编制说明。包括《中档法》的编制目的、原则、体系结构、标记制度、适用范围，以及使用《中档法》应注意的问题等。

（2）分类表。《中档法》提供的分类表包括中华人民共和国档案分类表、新民主主义档案分类表、民国档案分类表和清代档案分类表。四个分类表中的每一个分类表，都由主表和辅助表组成。主表是分类法的主体，是分类体系的具体体现。辅助表是对主表类目进行复分的依据。

（3）附录。《中档法》的附录包括编委会名单、综合编审组名单，以及审定委员会的审定意见和后记等。

《中档法》的微观结构即四大分类表。

1. 中华人民共和国档案分类表

中华人民共和国档案分类表包括主表和辅助表两大部分，主表共设置了 19 个基本大类（见表 7-1）。

表 7-1　《中档法》的中华人民共和国档案分类表的主表所列大类一览表

分类号	大类类目名称	分类号	大类类目名称
A	中国共产党党务	L	贸易、旅游
B	国家政务总类	M	农业、林业、水利
C	政法	N	工业
D	军事	P	交通
E	外交	Q	邮电
F	政协、民主党派、群众团体	R	城乡建设、建筑业
G	文化、教育、卫生、体育	S	环境保护、土地管理
H	科学研究	T	海洋、气象、地震、测绘
J	计划、经济管理	U	标准、计量、专利
K	财政、金融		

中华人民共和国档案分类表的辅助表包括：综合复分表、世界各国和地区表、中国行政区划表、中国民族表、科技档案复分表等。

2. 新民主主义档案分类表

新民主主义档案分类表由主表和综合复分表组成，主表中其设置了 13 个基本大类（见表 7-2）。

表 7-2　《中档法》的新民主主义档案分类表的主表所列大类一览表

分类号	大类类目名称	分类号	大类类目名称
A	中国共产党党务	J	经济管理
B	政务	K	财政、金融
C	公安、政法、法院	L	商业
D	军事	M	农业
E	国际共运、外事	N	工业
F	群众团体、群众运动	P	交通
G	文化、教育、卫生、科研、体育		

新民主主义档案分类表的综合复分表，列出了政策法规、会议、计划规划、报告总

结、调查统计、出版物、历史、人物八个方面的类目，供主表各大类需要复分时使用。

3. 民国档案分类表

民国档案分类表由主表和辅助表构成，主表中共设置了 16 个基本大类（见表 7－3）。

表 7－3　《中档法》的民国档案分类表的主表所列大类一览表

分类号	大类类目名称	分类号	大类类目名称
A	中国国民党党务	J	教育、文化、科学研究
B	政务总类	K	经济总类
C	内政	L	财政、金融
D	社会	M	农、林、水利
E	考试、监察	N	工、矿、电业
F	司法	P	商业
G	军事	Q	交通
H	外交	R	邮电

为适应共性复分的需要，《中档法》特别编制了综合复分表、世界各国和地区表、民国时期行政区划表三个辅助表。

4. 清代档案分类表

清代档案分类表由主表和辅助表构成，主表中设置的大类参见表 7－4。

表 7－4　《中档法》的清代档案分类表的主表所列大类一览表

分类号	大类类目名称	分类号	大类类目名称
A	政务总类	K	文化、教育、卫生、科学研究
B	宫廷、皇族及八旗事务	M	财政
C	职官、吏役	N	金融
D	军事	P	农业、水利、畜牧业
E	政法	Q	手工业、工业、公共事业
F	民族事务	R	建筑
G	中外关系	S	交通邮电
H	镇压人民斗争活动	T	商业
J	宗教事务	V	天文、地理

主表后面附有四个辅助表，即综合复分表、世界各国和地区表、清代行政区划表、中国民族表，供主表共性类目的复分。

三、《中国档案主题词表》简介

（一）选词原则

《中国档案主题词表》（以下简称《中主表》）共收录主题词 27 288 条，其中正式主题词 22 759 条，非正式主题词 4 529 条。在选词中遵循的原则是：

第一，以马列主义、毛泽东思想为指导，坚持辩证唯物主义和历史唯物主义观点，力求思想性、科学性和实用性的统一。

第二，选用的主题词能够反映综合性档案馆、机关档案室收藏档案内容的主题概念，在标引和检索中具有使用价值和一定的使用频率。

第三，选用的主题词符合汉语的结构特点，词形简练、概念明确、词义单一。

（二）体例结构

《中主表》由主表、词族索引、范畴索引、首字笔画检字表和附表、附录组成。

（1）主表。主表的基本单元是主题词款目。主题词款目由款目主题词及其汉语拼音、范畴号、注释和词间关系项等内容构成。

（2）词族索引。词族索引是把主表中具有属分关系、包含关系和整体部分关系的正式主题词，按规定属分级别展开全显示的一种词族系统。这种索引在标引和检索中提供系统查词和选定标引词的辅助工具；在机检系统中是实现自动扩检、缩检、上位登录及满足族性检索的重要手段。

（3）范畴索引。它是将主表中的全部主题词按照既定的类目分类排列，以便按类查词的一种辅助工具。

（4）附表。即人名表和机构名表。

（三）《中主表》的使用方法

根据主题概念查找《中主表》，选词的方法包括：

（1）按汉语拼音音序、调序、字形笔画参照天头提示，从主表或附表中查找标引用的主题词，或按笔画笔顺从词目首字笔画检字表中检出主题词的首字，再按该字所在页码从主表中查找标引用的主题词。

（2）按分类类目从范畴索引中查找标引用的主题词，必要时再从主表中查阅该词的词间关系项，以选定更恰当的主题词。

（3）所选词在主表、附表或范畴索引中标明属非正式主题词者，应转换为正式主题词做标引词。

（4）在主表中查到的主题词，如果不能恰当反映档案文件主题，可参考该词的词间关系进行校正，也可按该词的范畴号或族首词在索引表中查找更恰当的词。

（5）从词族索引中查找属性相同的某一族词，从中选定最专指的主题词。必要时，再从主表中查阅该词的其他词间关系，以选定更恰当的主题词。

（6）在应用计算机进行标引、检索时，可利用计算机机读主题词表中的词族索引进行上位登录和自动扩检、缩检，以提高标引速度和检索效率。

第三节　档案的著录标引

一、档案著录的概念和价值

（一）档案著录概念的术语定义

档案界对档案著录概念的理解是："在编档案目录时，对档案内容和形式特征进行分析、选择和记录的过程。”我国的《档案工作基本术语》（DA/T 1—2000）和《档案著录规则》（DA/T 18—1999）中对这一概念的解释大体相同。这样的术语解释与《文献著录第1部分：总则》中对“文献著录”的解释是基本一致的，即“在编制文献目录时，按照一定规则，对文献的形式特征和内容特征进行分析、选择和记录的过程”。但档案界对档案著录概念的解释也存在一定的差异，如目前的多数教材对档案著录术语概念的定义中，并没有强调“按照一定规则”这一关键性的种差。

《国际标准——档案著录规则（总则）》[ISAD（G）：General International Standard Archival Description]，是由国际档案理事会档案著录标准化特别委员会制定，并由国际档案理事会于1994年正式颁布的，简称ISAD（G）。1999年，国际档案理事会档案著录标准化特别委员会对ISAD（G）第一版进行了修订，并于2000年正式颁布了第二版。ISAD（G）的第二版对第一版的著录规则做了部分调整，并在其中增加了更多的档案著录实例。ISAD（G）是当今国际上被应用最广的国际标准，其采标率达到92%以上。[①] ISAD（G）的主体部分（著录规则的主要内容），是由第一部分档案多级著录规则和第二部分档案各著录项规则两部分构成的。

ISAD（G）的制定，是建立在档案的来源原则、全宗原则和档案实体分类管理原则的基础之上的，体现了档案管理的特殊要求。ISAD（G）在档案著录中具有对其他档案著录标准制定的引领性，这一作用地位的确立是由该国际标准是其他国际档案著录标准制定的基础所决定的。如国际档案理事会颁布的《国际标准——团体、个人和家族档案规范记录著录规则》[简称ISAAR（CPF）]，就是以ISAD（G）为基础而制定的，而当今国际档案领域中档案著录的最佳实践——《档案置标著录》（简称EAD），更是以ISAD（G）为基础制定的。由此，现在以ISAD（G）为中心，已形成了一个完整集成的档案著录标准体系，如国际档案职能著录标准、国际档案机构著录标准、档案背景信息的置标著录标准等。[②]

我国目前的《档案著录规则》（DA/T 18—1999）尽管取得了一定的实践应用效果，但同ISAD（G）相比，依然有需要改进和完善之处，尤其是对多级著录规则的运用，更应多加注意。

档案著录是在编档案目录和建立档案信息检索系统时，按照档案管理的基本原则，依据一定规则，对档案的来源、内容和形式特征进行分析、选择和记录的过程。这个术语概念的基本含义是：

第一，明确了档案著录的主要目标。开展档案著录的主要目标是建立方便档案管理和档案内容信息利用的档案目录和档案信息检索系统。

第二，明确了档案著录需要遵循的基本思想和行为准则。档案著录是档案业务工作的一项重要内容，肩负着维护档案的来源、全宗等方面历史联系的使命，所以它不仅仅是为档案用户提供检索利用档案资源的服务的。通过有效地著录档案的各数据项，它也可以为档案用户深刻地理解档案的内容、系统客观地总结历史经验、呈清历史事实、发现业务活动的规律和发展趋势等，提供可靠、真实的历史信息线索。

---

① 张正强．论《国际标准：档案著录规则（总则）》的主要著录规则、特点及启示．档案学研究，2013（3）.

② 同①.

第三，明确了档案著录应按一定规则进行的基本要求。编制较为理想的档案著录规则可以通过制定必要的行业统一标准来实现。为了实现档案资源体系、利用体系和安全体系的整体建设目标，统一的标准引领是必不可少的。目前我国在开展档案著录活动中，虽然有《档案著录规则》（DA/T 18—1999）等行业标准，但是由于其制定的时间较早，针对的又主要是以纸质档案为对象的手工著录，所以在标准引领方面还需加强。在建设档案信息检索系统的实践中，各有关省份出台了档案目录数据交换格式等地方性推荐标准，起到了弥补国家层面的相关标准不足的作用，即使这样，依然存在着一些要求和规则不够统一的问题，这对构建全国档案目录中心或档案数据中心来说，是不利的。所以，应当在采标方面，积极向 ISAD（G）靠拢，并组织人力加速进行《档案著录规则》（DA/T 18—1999）等标准的修订和完善工作，并将多极著录的规则作为档案著录的规则纳入标准的规范性要求之中。

第四，著录不能仅局限在对档案的内容和形式特征的分析、选择和记录的层面，还应对著录的档案对象所属的全宗、来源特征及分类结果等信息线索进行分析、选择和准确记录。

（二）档案著录的价值和作用

档案著录的价值和作用是多方面的，归纳起来主要表现在以下几个方面。

1. 档案著录是人类实现对档案资源进行全生命周期管理和利用的重要手段

根据我国以往的档案著录工作经验，将档案著录完全作为立档单位档案部门、档案人员和国家档案馆的一项工作任务，是缺乏远见和实现可能性的。对巨量的档案资源进行著录，是一项非常艰巨的工作任务，只有以全生命周期管理理论为指导，化整为零，科学组织，才能使这项工作的目标得以实现。各立档单位的档案部门或档案人员应结合本单位的实际情况，按照国家或行业统一的档案著录标准及相关规范文件的指引，充分利用档案部门在档案管理网络中的特殊地位和作用，通过制度机制建设、任务分解等方式，加强同本组织的信息化部门和业务部门的合作，在文件材料归档组织中，落实档案著录的任务和要求。档案部门或档案人员应对相关的著录结果进行质量检查、业务指导以及必要的补充完善等工作。组织的档案部门和国家档案馆可在遵循统一规则的前提下，依据国家的相关规范、标准和制度要求，将一部分档案（可开放档案）的著录工作以业务外包的方式，交给专业的社会服务机构来进行；档案部门则应组织人员强化质量检查、指导和监督，以保证档案著录的整体质量。

2. 档案著录是对档案进行智力控制，保证利用者所用档案资源的可靠性、真实性、可理解性、可利用性的重要措施

通过多级档案著录等规则的应用，立档单位和国家档案馆可以有效地分析、选择和记录档案的所属全宗、档案文件及其组合体的来源线索、档案的管理史、档案的所属类项及法律法规约束要求等方面的信息线索，从而为从事历史研究、科学研究、业务研究的档案用户及档案管理人员等，提供清晰可辨的历史线索及档案文件之间的关联信息线索。

一些历史上保存下来的档案文件，由于没有得到及时的著录，特别是许多档案馆保存

的声像档案，由于缺乏必要的著录信息而变得无法理解和正常利用。这说明开展档案著录工作是科学的档案管理实践必不可少的一项业务工作。

3. 档案著录具有登记、介绍、报道、传播档案内容信息的功能和促进档案资源利用与开发的价值

档案著录是登记、管控档案资源，维护档案完整与安全的必要手段。档案著录可以使组织和国家档案馆顺利地了解所管理档案资源的数量、质量状况，掌握各种档案资源的利用限制对象和控制使用对象的数量和质量情况。

档案著录所提供的档案资源内容信息，是立档单位档案部门和国家档案馆介绍、报道、传播存量档案资源的重要前提条件。档案著录提供了大量的存量档案资源的信息线索，是档案部门开展信息推广、推介、推送服务的有利条件。

档案著录是建立和有效运作档案信息检索体系、检索系统、查询平台的必要条件，是开发档案内容资源服务与满足党和国家及广大人民群众需要的基础性、支撑性管理活动。如果缺少了这种条件，技术水平再先进的信息系统也不能发挥有效作用，并会陷入“有路、有车，但无货”的尴尬境地。

二、档案的标引

（一）档案标引的概念和作用

从一定意义上说，标引是档案著录的一项内容。在档案著录过程中，著录人员依据一定的规则，根据对档案的来源、内容、形式特征及管理史的分析和选择，赋予档案统一检索标识的过程，就是档案标引。其中，按规则赋予档案规范化的分类号的过程，就是档案的分类标引；按规则赋予档案规范化的主题词或关键词标识的过程，就是档案的主题标引。

目前，档案的标引工作可按照档案分类标引规则和主题标引规则及相关实施细则等标准规范文件的要求，利用主题转换工具，对所选择确定的档案主题进行标引。

档案分类标引规则和主题标引规则主要包括：《档案分类标引规则》（GB/T 15418—2009）、《档案主题标引规则》（DA/T 19—1999）、《民国档案分类标引细则》（DA/T 20.3—1999）、《军队档案分类标引规则》（GJB 4339—2002）、《革命历史档案资料分类标引规则》（DA/T 17.4—1995）、《革命历史档案资料主题标引规则》（DA/T 17.3—1995）、《民国档案主题标引细则》（DA/T 20.2—1999）及相关主管部门发布和实施的档案分类、主题标引细则。

档案标引过程中所采用的主题转换工具包括《中档法》（第二版）、《中主表》等。

档案标引的主要作用是通过为档案用户提供规范化的档案检索标识，有效地提高档案检索效率，使档案检索的主要评价指标，如查全率、查准率等得到有效保证和提升。鉴于档案的数量巨大、标引的难度值较高等特点，本书推荐对具有长久保存价值的档案进行标引，而对于只有定期保存价值的档案，可以根据实际需要，有的放矢地确定标引的对象范围。

（二）档案分类标引规则

1. 基本规则

依据《档案分类标引规则》（GB/T 15418—2009），档案分类标引应遵守以下六项基

本要求：

（1）确定分类标引依据要求。档案分类标引应以社会组织从事实践活动的职能分工为基础，结合档案记述和反映的事物属性关系，并兼顾档案的其他特征。分类标引时，应对档案文件进行周密的主题分析，把握其所述及的主题概念，准确地给予分类标引对象以分类号标识。

（2）分类标引工具选择要求。应选择《中档法》（包括各专业主管部门编制的档案分类法）及其使用指南。

（3）分类标引类目理解要求。要正确地理解分类标引词典中的类目含义和范围，避免脱离类目之间的联系和类目注释的限定，片面地理解类目含义。

（4）分类标引深度和分类标识要求。分类标引应充分考虑实际的检索需求和检索方式，根据档案的具体内容和用途，选定适当的分类标引深度。涉及两个或两个以上主题的档案文件或案卷，除按第一主题或最重要的主题标出确切的分类号外，必要时也可对其他主题附加相应的分类号。

（5）专指性要求。分类标引必须按专指性的要求，分入恰当的类目，切不可分入较宽的上位类或较窄的下位类。当分类表中无恰当的类目时，可分入范围较大的类目（上位类）或与档案内容密切相关的类目。

（6）一致性要求。分类标引应保持一致性。含有相同或相似主题内容的档案对象所标引的分类号均应一致。遇有某些难以在分类表上找到恰当类目可归的档案，无论是归入上位类还是归入与其密切相关的类目，抑或是归入增设类目，都应予以记录，以后遇有类似情况，均按此处理。

2. 各种类型档案分类标引规则

《档案分类标引规则》（GB/T 15418—2009）明确了各种类型档案分类标引时选择标引工具的规则和标引级次的确定规则。具体要求包括：

（1）档案分类表的选用。清代档案使用清代档案分类表进行分类标引；民国档案使用民国档案分类表进行分类标引；革命历史档案使用新民主主义档案分类表进行分类标引；中华人民共和国时期的档案使用中华人民共和国档案分类表进行分类标引；专业档案馆（室）、部门档案馆（室）、企事业单位档案馆（室），在使用《中档法》进行分类标引时，本专业的档案可使用行业分类表进行分类标引。

（2）档案分类标引级次。一般以文件级、案卷级为单元进行分类标引。若遇档案内容联系紧密或者几份文件或几个案卷记述同一事物的情况，也可以将其作为一个单元进行分类标引。

3. 各种主题档案分类标引规则

（1）单主题文件或案卷，一般依主题主体因素所属的类目标引。若是从一个方面对主题进行论述，就依这方面所属类目标引；若是从多方面对主题进行论述，一般只依主题所属类目做整体标引。

（2）文件或案卷论述的主题内容互相交叉时，应依据《中档法》关于集中与分散的有关规定进行标引。

（3）文件或案卷论述的主题涉及国家、地区、民族、时代等因素时，若《中档法》中注明需要复分，则应标出复分号，否则可以省略。

(4) 多主题的文件或案卷，标引时应充分考虑利用者的检索需要、主题价值及主题逻辑关系加以综合分析，再赋予一个或几个分类号。

(5) 文件、案卷论述的多个主题之间是并列关系且均具有检索价值，可分别予以标引。

(6) 文件、案卷论述的多个主题之间是从属关系，一般应对母主题做整体标引；如果子主题也具有检索价值，也可对子主题做互见标引。

(7) 文件、案卷论述的多个主题之间是因果或影响关系，一般应对结果或受影响的主题进行标引。对于互为因果的、互相影响的主题，做全面标引。

(8) 档案内容涉及的几个主题之间，如存在应用关系，一般依被应用主题所属类目标引。必要时可以对其他主题附加相应的分类号。

（三）档案分类标引程序

档案分类标引的一般工作程序如下。

第一步，研读分类标引词典，如《中档法》等。深入透彻地掌握其使用方法。

第二步，分析档案主题。应充分考虑立档单位的性质、职能和任务，通过分析题名、浏览正文、参考文件版头和案卷封面，从而了解档案的中心内容和涉及的主要问题，判明其属性特征，以便正确归类。

第三步，判定所属类别。进行主题分析后，须确定在文件、案卷所论述的事物中，哪些主题能为利用者提供检索途径，应予以标引。然后根据主题性质，到分类标引工具书（分类表）中查找其所属的类目。

第四步，标引分类号。这是用《中档法》等工具书（分类表）中的类号来表达档案主题性质的标引过程，也就是将判定的类别赋予分类标识。给予分类号，应根据文件、案卷内容的属性、主题多寡、起草意图、利用对象检索需求等特点，采用恰当的方式和方法，准确、一致、适度地标引出来。遇有难以分类的新事物、新主题的档案材料，分类表上无确切类目可归时，各档案馆（室）可增设新类目予以分类标引，同时上报《中档法》编委会确认。今后若遇到同类主题的文件、案卷亦照此办理，确保一致性。

第五步，审校。审校是分类标引的最后一道工序，是确保标引质量的最后关口。审校内容包括检查验证档案的内容是否得到全面的分析，主题概念是否准确、恰当，类目辨识是否准确，同一主题的档案是否归类一致，标引的类号是否充分、完整、准确，书写是否正确无误。审校程序通常包括自校、互校和总校等。

（四）档案主题标引

档案主题标引是依据一定的规则，利用档案主题词表等主题概念转换工具，根据对档案内容主题分析的结果，赋予档案以主题词标识的过程。档案主题词表是由反映档案内容的主题词及其词间关系组成的规范化词典，是将档案、标引人员或用户的自然语言转换成规范化主题检索语言的一种术语控制工具。

1. 主题分析

主题分析是主题标引的基础，是通过对档案的内容特征进行分析，准确提炼和选定主题概念的过程。其工作内容包括：

(1) 审读档案。即通过审读档案，了解和判断档案所反映的中心内容及主题因素。标引人员可通过阅读题名、浏览全文等方式审读档案，了解档案的主题情况。在档案无题名或题名不能全面、准确地反映档案主题时，标引人员应浏览全文，发掘档案所述及的隐含主题。浏览全文的重点是阅读全文的开头、结束语、段落题名，必要时还应阅读批语、摘要、简介、目次、图表、备考表等。

(2) 明确主题类型。档案的主题类型可以被分为单主题和多主题两种。单主题包括单元主题和复合主题（即多元主题），多主题则由几个单主题组成。

(3) 分析主题结构。任何主题都是由一定的主题因素构成的。构成主题的因素一般可以被分解为：主体因素、通用因素、位置因素、时间因素、文种因素等。

(4) 选定主题概念。提炼选定出一个或若干个表达档案主题的自然语言主题概念。选定主题概念的原则是：选定的主题概念应是档案中论述的问题，应具有实际检索意义，应能准确地表达档案的核心主题及有检索价值的主题。

2. 选词标引

选词标引即对档案主题概念给予主题词标识的过程。具体内容包括：

(1) 选出的主题概念应转化成档案主题词表中的正式主题词进行标引，书写形式应与词表中的词形相一致，非正式主题词不能作为标引词使用。

(2) 应选用档案主题词表中与档案主题概念直接相对应的、专指的主题词。

(3) 当词表中没有与档案主题概念直接相对应的专指主题词时，应选用两个或两个以上的主题词进行组配标引。组配应是概念组配，其中包括交叉组配（指用两个或两个以上具有概念交叉关系的同级主题词组配表达相应的下位概念）和限定组配（指由一个表示事物的主题词与另外一个或几个表示事物某个属性或某个方面的主题词组配表达相应的下位概念）。

组配标引的规则是：优先考虑交叉组配，然后考虑限定组配；应选用与档案主题概念关系最密切、最临近的主题词进行组配，不能越级组配，即不能用其上位或下位主题词组配；组配结果所表达的概念应清楚、确切，只能表达一个主题概念；避免多主题虚假组配造成误检；当某一主题概念在词表中有组代主题词（先组复合词）时，应选用规定的组代主题词，不应另选其他主题词进行组配标引。

(4) 当某一主题概念在词表中查不到专指的主题词，也无法通过组配标引来表达该主题概念时，可以采用靠词标引法。靠词标引法有两种：一是用上位概念主题词做靠词标引，即从词族索引中选用最直接的上位概念主题词进行标引，但不应使用越级上位主题词标引。二是用近义词做靠词标引，即从范畴索引中选用与主题概念含义最相近的主题词进行标引。

(5) 关键词标引。关键词是主题词表以外的、未经规范化处理的自然语言词。采用关键词标引的情形包括：某些概念采用组配的结果会出现多义；某些概念虽可进行靠词标引，但这些概念的被标引频率较高；词表中明显漏选的词；表达新生事物的词。关键词应尽可能选自其他词表或较权威的参考书、工具书，选用的关键词应词形简练、概念明确、实用性强。使用关键词标引后，应有所记录，并反馈到所用档案主题词表的管理部门。一个标引对象，标引用词一般为 2～10 个。

三、档案著录的主要规则

（一）ISAD（G）的著录规则介绍[①]

ISAD（G）的著录规则主要包括“档案多级著录规则”和“各档案著录项规则”两个部分。下面着重介绍一下档案多级著录规则。

档案多级著录规则，是指根据档案实体分类的不同级次，自上而下依次加以著录的规则。即档案著录必须首先从全宗著录起，由全宗逐级向下著录到类别，然后再由类别著录至案卷、文件的规则。档案多级著录规则是档案管理的来源原则、全宗原则及档案实体分类管理原则在档案著录中的实际运用与体现。

档案多级著录的级次可分为全宗级著录、类别级著录、案卷级著录和文件级著录四级。其中也包括中间过渡级次，如分全宗或分类别级别的著录。其中每一级次都可以根据档案形成机构的行政管理结构和职能的复杂性以及档案的组织体系进一步细分。

档案著录的级次应该与档案实体管理的级别一一对应，形成由全宗至文件的多级著录，也正因为如此，档案著录规则只有建立起多级著录规则，才能满足档案著录的根本要求，才能更进一步地满足档案检索与利用的要求，实现档案信息资源在深度与广度上开发利用的目标。目前，我国的档案行业标准《档案著录规则》（DA/T 18—1999）还没有设置档案的多级著录规则，因此，我国的档案著录规则还有很大的提升与改进的空间。

ISAD（G）中的著录规则共细分为26项，其中有一部分与《档案著录规则》（DA/T 18—1999）中的著录规则相同，但有许多著录规则是《档案著录规则》（DA/T 18—1999）没有的。这些目前还没有被我们列入档案著录规则的内容包括：

1. 行政管理沿革、传记梗概著录规则

该著录规则主要是对著录单位形成负有责任的组织机构的由来、形成、发展及工作等的重要信息，或对著录单位负有责任的个人的生平或工作等的重要信息进行简要著录。规则目标是：提供档案形成单位的行政管理沿革或档案形成者的生平传记的情况，以便使档案处于一定的历史背景中，使之能被更好地理解。

对于组织机构，著录诸如官方名称、存在时间、授权、职能、机构的宗旨和发展、行政的隶属关系，以及早期的、不同的或相继使用过的名称。示例如下：

示例：中国红十字会创设于1904年（清光绪三十年），当时称万国红十字会。1907年该会改名为大清红十字会，1909年定名为中国红十字会，1912年加入瑞士万国红十字会，是年十月在上海召开统一大会，成立中国红十字会总会，获准在内务部立案。其职责为履行日内瓦红十字公约赋予之战争救护、灾难救济和国际救济义务。中国红十字会总会的职权为：执行全国会员代表大会决议；监督、指导所属各分会及各直属机关；统筹红十字会事业及养成救护人才；征求会员及筹募捐款基金。中国红十字会总会内部设4个处，分掌总务、组训、业务、秘书、会计事项。（全宗级）

对于个人或家族，著录其全名和头衔、生卒年月、出生地、曾经居住地、活动、职业

---

① 本部分内容主要根据张正强教授的《论〈国际标准：档案著录规则（总则）〉的主要著录规则、特点及启示》一文整理，该文发表在《档案学研究》2013年第3期。

或职务、原名及其他名称、重要的成就及死亡地等信息。示例如下：

示例：冯玉祥，字焕章，安徽巢县（现巢湖市）人。他曾任北洋陆军第十六混成旅旅长，第十一师师长，陕西、河南督军及陆军检阅使，国民军总司令。1927 年后，他任国民党第二集团军总司令、抗日同盟军总司令、军事委员会委员长等职。1948 年，他在由苏联回国途中，因轮船失事遇难。（全宗级）

2. 档案历史沿革著录规则

该著录规则主要是对著录单位所具有的拥有权、责任和保管的历次转换进行著录，并著录对其当前结构和整理起作用的活动，如有关该著录单位整理的沿革、各时期的检索工具的编制和软件移植的文件的再利用等。规则目标是：提供对于档案的凭证性、完整性和可理解性具有重要作用的历史信息。档案历史沿革著录示例如下：

示例 1：孙中山的手稿及写给宋庆龄的信件是由宋庆龄捐赠的，并由宋庆龄保管直到她去世。宋庆龄去世之后，根据其遗嘱，这些手稿被送交第二历史档案馆。现在这些手稿作为孙中山全宗的一部分。（全宗级）

示例 2：本类档案是 1979 年移交给上海档案馆的，当时这些档案包括了经部分整理的和未经整理的两部分，本类档案是将这两部分档案合并后再进行整理而成的。（全宗级）

3. 档案整理体系著录规则

该著录规则主要是对著录单位的内部结构、排序及分类体系等的有关情况，以及档案工作人员的处理情况进行著录。对于电子文件，还需著录有关系统设计方面的文件或参考信息。规则的目标是：提供档案内部结构、排序及（或）分类体系等有关信息。档案整理体系著录示例如下：

示例 1：全宗内的档案是按原有的顺序保管的，并被整理成五类，以反映档案形成者在档案形成中的主要活动。（全宗级）

示例 2：该全宗档案从 1978—1985 年共 19 卷，共有文件 1 309 份。文件基本齐全，按年度-组织机构分类法排列，直属单位的案卷排列在每年度的最后，历年干部任职存入党委类。（分全宗级）

4. 档案查阅管理条件著录规则

主要是对影响著录单位查阅的法律或法律情况、契约、规章制度和政策等情况的著录。著录时，还应说明该著录单位不可被查阅的时间期限和未来将适时开放查阅的时间。规则的目标是：给档案利用者提供有关限制或影响查阅档案的法律情况或规章制度等方面的信息。具体的著录示例如下：

示例：本全宗中包括的个人档案资料，根据《档案法》，从其形成之日起 30 年内不对外开放查阅。研究人员要利用这些文件时，可根据档案馆档案利用规定提出书面申请。（全宗级）

5. 档案复制管理条件著录规则

该著录规则主要是对在著录单位被提供查阅后有关其是否可被复制的管理条件的著录，如版权的著录。如果有关这些管理条件的情况不详，那么应予以著录说明。规则的目标是：明确档案利用时对档案是否可进行复制的任何限制条件。示例如下：

示例 1：本全宗档案的艺术家声明保留其版权。（全宗级）

示例 2：本档案利用时只提供阅读，不能复制。（文件级）

6. 档案物理特征与技术要求著录规则

该著录规则主要是对任何影响著录单位使用的重要的物理条件进行著录，如对保管要求及对利用著录单位所需的软件、硬件进行著录。规则的目标是：说明影响档案使用的任何重要的物理特征或技术要求的信息。具体的著录示例如下：

示例 1：录像带是 1/2 英寸开盘式螺旋制式。（类别级）

示例 2：由于时间和相纸的不稳定的化学条件，至少有 6 幅相片的图像已模糊不清。（类别级）

7. 档案检索工具著录规则

该著录规则主要是对档案机构或文件形成者所能够提供检索著录单位的背景及内容信息的检索工具进行著录。规则的目标是：确认可供检索档案的任何检索工具。具体的著录示例如下：

示例 1：本全宗有电子版全宗目录可供利用，其网址是 http：//www. mnhs. org/library/findaids/00020. xml。（全宗级）

示例 2：本全宗可通过检索工具进行检索，该检索工具在互联网上可获取使用，其网址是 http：//www. nla. gov. au/ms/findaids/8822. html。（全宗级）

8. 档案原件的留存及收藏地规则

该著录规则主要是对可利用的著录单位的原件的收藏地进行著录。如果原件已不存在，或其收藏地不详，也应说明此情况。规则的主要目标是：当利用的档案是复制件时，说明其原件的留存、收藏地、可利用性及毁坏情况。具体的著录示例如下：

示例 1：自文件原件 81645 于 1988 年 8 月从案卷 A471 中抽出后，该案卷就不知被存放在何处。故现以该案卷的照片复制件放在本类中以代替原件。（类别级）

示例 2：原件存放在××档案馆。（类别级）

9. 复制件的留存及收藏地著录规则

该著录规则主要是对可利用的著录单位的复制件的收藏地进行著录。规则的主要目标是：说明档案复制件的留存、收藏地及可利用的情况。具体的著录示例如下：

示例 1：美国克里斯蒂家族南北战争信件的数字化副本可以在网上获得，其网址是 http：//www. mnhs. org/collections/christie. html。（全宗级）

示例 2：中国国际救济委员会文件在北京档案馆被缩微在 11 卷 35mm 的缩微胶卷上，缩微号为 106 - 38976。全套缩微胶卷由中国第二历史档案馆保存。（全宗级）

10. 相关档案的著录单位著录规则

该著录规则主要是对在同一收藏机构或别处收藏机构中根据来源或其他联系相关的著录单位的信息进行著录。规则的主要目标是：提供相关档案材料的著录信息。具体的著录示例如下：

示例 1：参见中国红十字会全宗，全宗号 ZHS201。（全宗级）

示例 2：王人健副市长的讲话录音带保存于大连连云港水警区全宗中，全宗号为 HJ310。（全宗级）

从 ISAD（G）中所设置的以上著录规则可以看出，它们对建立完整的集成的档案资源体系、档案利用体系乃至档案安全体系都具有实质性的现实和历史意义。

（二）《档案著录规则》（DA/T 18—1999）的著录规则介绍

我国现行的档案著录规则是国家档案局于1999年5月31日批准的，自1999年12月1日起开始实施的行业推荐标准《档案著录规则》（DA/T 18—1999）。我国的档案著录标准化工作开始于20世纪80年代中期，当时实施的标准是国家推荐标准《档案著录规则》（GB/T 3792.5—85）。档案著录规则的实施，对推进我国的档案著录工作的开展，起到了积极作用。

《档案著录规则》（DA/T 18—1999）的主要内容包括支持手工档案目录编制工作的著录项目、标识符号、著录格式、著录级次、著录用文字和著录来源、著录细则等。其中著录细则是《档案著录规则》（DA/T 18—1999）的核心内容，共包括7个大项（题名与责任说明项、稿本与文种项、密级与保管期限项、时间项、载体形态项、附注与提要项、排检与编号项）和若干个小项（子项）。

《档案著录规则》（DA/T 18—1999）规定的7个大项的著录项目中，每个大项还包括若干个子项（见表7-5）。其中所规定的著录项目用标识符号主要适用于手工检索工具，编制记录目录及建立档案目录数据库应执行相关的标准，一般应省略这些著录项目用标识符号。

表7-5　《档案著录规则》规定的著录项目一览表

序号	著录大项	著录子项	著录项目说明及著录规则要求
1	题名与责任说明项	正题名	a）正题名是档案的主要题名，一般指单份文件文首的题目和案卷封面上的题目。正题名照原文著录 b）单份文件没有题名，依据其内容拟写题名，并加“[ ]”号 c）单份文件的题名不能揭示内容时，原题名照录，并根据其内容另拟题名附后，加“[ ]” d）单份文件的题名过于冗长时，在不丢失重要信息和损伤原意的情况下，可删去冗余部分，节略内容用“……”表示 e）案卷题名不能揭示案卷内容或题名过于冗长时，一般应重新拟写，将原题名修改好后再著录
		并列题名	并列题名是以第二种语言文字书写的与正题名对照并列的题名，必要时并列题名与正题名一并著录，并列题名前加“＝”
		副题名及说明题名文字	a）副题名是解释或从属于正题名的另一题名。副题名照原文著录，正题名能够反映档案内容时，副题名不必著录 b）说明题名文字是指在题名前后关于档案内容、范围、用途等的说明文字。必要时说明题名文字照原文著录 c）副题名及说明题名文字前加“：”
		文件编号	a）文件编号是文件制发过程中由制发机关、团体或个人赋予文件的顺序号。文件编号包括发文字号、科研实验报告流水号、标准规范类文件的统编号、图号等 b）文件编号除年度用“[ ]”外，其余照原文字符号抄录，其前加“：” c）联合发文或档案上有多个文件编号时，一般只著录一个文件编号，但立档单位的文件编号必须著录。若著录多个文件编号，中间用“；”隔开 d）档案室一般应著录文件编号

续前表

<table>
<tr><th>序号</th><th>著录大项</th><th>著录子项</th><th>著录项目说明及著录规则要求</th></tr>
<tr><td rowspan="2">1</td><td rowspan="2">题名与责任说明项</td><td>责任者</td><td>a）责任说明著录责任者，必要时著录职责或身份（职务、职称等）。责任者，也称作者，是指对档案内容进行创造、负有责任的团体或个人
b）责任者只有一个时，照原文著录，其前加“/”
c）责任者有多个时，著录列居首位的责任者，立档单位本身是责任者的必须著录，其余视需要著录。被省略的责任者用“[等]”表示。第一个责任者之前加“/”，责任者之间以“;”相隔。多个责任者具有同一职责或身份又必须著录时，可将职责或身份置于最末一个责任者后的“( )”中，责任者之间以“,”相隔。同一责任者有多个职责或身份又必须著录时，可将多个职责或身份置于责任者后的“( )”中，职责或身份之间以“,”相隔
d）机关团体责任者必须著录全称或不发生误解的通用简称
e）历代政权机关团体责任者，著录时其前应冠以朝代或政权名称，并加“( )”
f）个人责任者一般只著录姓名，必要时在姓名后著录职务、职称或其他职责，并加“( )”。当文件所署个人责任者有多种职务时，只著录与形成文件相应的职务
g）清代及以前的个人责任者应冠以朝代名称，并加“( )”
h）少数民族个人责任者称谓各民族有差异，著录时，应依照该民族的署名习惯著录
i）外国责任者，姓名前应著录各历史时期易于识别的国名简称，其后著录统一的中文姓氏译名。必要时著录姓氏原文和名的缩写。国别、姓氏原文和名的缩写均加“( )”
j）文件所署责任者为别名、笔名时，均照原文著录，但应将其真实名称附后，并加“( )”
k）未署责任者的文件，应著录根据其内容、形式特征考证出的责任者，并加“[ ]”；考证无结果时，以三个“□”代之
l）文件责任者不完整时，应照原文著录，将考证出的完整责任者附后，并加“[ ]”
m）文件责任者有误时，仍照原文著录，但应考证出真实责任者附后，并加“[ ]”
n）考证出的责任者根据不足时，在其后加“?”，一并著录于“[ ]”</td></tr>
<tr><td>附件</td><td>a）附件是指文件正文后的附加材料，只著录附件题名，其前冠以“+”
b）文件正文后有多个附件时，应逐一著录各附件题名，各附件题名前均冠以“+”。如附件题名过长，也可简略，其节略内容用“……”表示，自拟附件题名加“[ ]”
c）若附件题名具有独立检索意义，亦可另行著录条目，但应在附注项中加以说明</td></tr>
<tr><td rowspan="2">2</td><td rowspan="2">稿本与文种项</td><td>稿本</td><td>稿本是指档案文件的文稿、文本和版本。稿本项依实际情况著录为草稿、定稿、手稿、草图、原图、底图、蓝图、正本、副本、原版、试行本、修订本、影印本、各种文字本等，其前加“. —”</td></tr>
<tr><td>文种</td><td>文种是指文件种类的名称。文种项依实际情况著录为命令、决议、指示、通知、报告、批复、函、会议纪要、说明书、协议书、鉴定书、任务书、判决书、国书、照会、诰、敕、奏折等，其前加“:”</td></tr>
</table>

续前表

序号	著录大项	著录子项	著录项目说明及著录规则要求
3	密级与保管期限项	密级	a）密级是指文件保密程度的等级。密级按《文献保密等级代码与标识》（GB/T 7156—2003）文献保管等级代码表划分为 6 个级别（见表 7－6） b）密级一般按文件形成时所定密级著录，对已升、降、解密的文件，应著录新的密级，公开级、国内级可不著录。密级前加“. —”
		保管期限	a）保管期限是指根据档案价值确定的档案应该保存的时间，一般分为永久、长期、短期三种 b）保管期限一般按案卷组成时所定保管期限著录，其前加“:”，若已更改，则应著录新的保管期限
4	时间项	文件形成时间	a）文件形成时间：一般公私文书、信札为发文时间，决议、决定、命令、法令、规程、规范、标准、条例等法规性文件为通过或发布时间，条约、合同、协议为签署时间，技术评审证书、技术鉴定证书、转产证书为通过时间，获奖证书、发明证书、专利证书为颁发时间，科研实验报告、学术论文为发表时间，工程施工图、产品加工图为设计时间，竣工图为绘制时间，原始实验记录、测定检验数据为记录时间，等等 b）时间项一律用 8 位阿拉伯数字表示，第 1～4 位数表示年，第 5、6 位数表示月，第 7、8 位数表示日 c）历史档案中的朝代纪年、农历、地支代月、韵目代日，应照原文著录，同时将换算好的公元纪年附后，并加“( )” d）没有形成时间的文件，应根据其内容、形式特征等考证出形成时间后著录，并加“[ ]” e）文件时间不完整或部分时间字迹不清时，仍著录原时间，原时间中缺少或字迹不清部分以“□”补之，再将考证出的时间附后，并加“[ ]” f）文件时间记载有误或有疑义时，仍照原文著录，再将考证出的时间附后，并加“[ ]” g）文件形成时间考证不出时，著录为“. —□□□□□□□□”，亦可著录文件上的收文时间、审核时间、印发时间等其他时间，但应在附注项中说明 h）若考证出的时间根据不足时，在其后加“?”，一并著录于“[ ]”内 i）文件起止时间：以一组文件、一卷、一组案卷为对象著录一个条目时，著录其中最早和最迟形成的文件的时间，其间用“—”连接。起止时间的表示，无论是本年度还是跨年度，著录时均不能省略年度
5	载体形态项	载体类型	档案的载体类型分为甲骨、金石、简牍、缣帛、纸、唱片、胶片、胶卷、磁带、磁盘、光盘等。以纸张为载体的档案一般不予著录，其他载体类型据实著录，其前加“. —”
		载体形态	a）数量及单位：数量为阿拉伯数字，单位用档案物质形态的统计单位，如“页”“卷”“册”“张”“盒”“米”等。著录时其前加“:” b）规格：规格指档案载体的尺寸及型号等，著录时其前加“:”

续前表

<table>
<tr><th>序号</th><th>著录大项</th><th>著录子项</th><th>著录项目说明及著录规则要求</th></tr>
<tr><td rowspan="2">6</td><td rowspan="2">附注与提要项</td><td>附注项</td><td>a）附注项著录档案中需要解释和补充的事项。附注项的内容依各项目的顺序著录，项目以外需解释和补充的列在其后。每一条附注均以“.—”分隔
b）各著录项目中需要注明的事项：题名附注——注明同一文件的不同题名或其他称谓；责任者附注——注明考证出责任者的依据和责任者项未著录责任者的数目或名称；时间附注——注明考证出时间的依据，若著录为非文件形成时间时，应注明为何种时间；载体形态附注——注明载体形态的破损、残缺、变质及字迹褪变等情况
c）著录项目以外需要注明的事项</td></tr>
<tr><td>提要项</td><td>提要项是对文件和案卷内容的简介，应反映其主要内容、重要数据（包括技术参数等）。提要在附注之后另起一段空两个汉字位置著录，一般不超过 200 字。提要内容依汉语的语法和标点符号使用法著录</td></tr>
<tr><td rowspan="7">7</td><td rowspan="7">排检与编号项</td><td colspan="2">排检与编号项是目录排检和档案馆（室）业务注记项</td></tr>
<tr><td>分类号</td><td>分类号依据《中档法》和《档案分类标引规则》（GB/T 15418—2009）的有关规定著录，置于条目左上角第一行</td></tr>
<tr><td>档案馆代码</td><td>档案馆代码依据《编制全国档案馆名称代码实施细则》所赋予的代码著录，置于条目右上角第一行。档案馆代码在建立目录中心或报道交流时必须著录</td></tr>
<tr><td>档号</td><td>档号是指档案馆（室）在整理和管理档案的过程中，以字符形式赋予档案的一组代码。档号著录于条目左上角第二行，与分类号齐头。档号中各号之间以“-”相隔</td></tr>
<tr><td>电子文档号</td><td>电子文档号是档案馆（室）管理电子文件的一组符号代码，著录于条目第二行的中间位置</td></tr>
<tr><td>缩微号</td><td>缩微号是档案馆（室）赋予档案缩微制品的编号，著录于条目右上角第二行，与档案馆代码齐头</td></tr>
<tr><td>主题词或关键词</td><td>主题词是在标引和检索中用以表达档案主题内容的规范化的词或词组。关键词是在标引和检索中取自文件题名或正文，用以表达档案主题并具有检索意义的词或词组。主题词按照《中主表》、《档案主题标引规则》（DA/T 19—1999）及本专业、本单位的规范化词表进行标引。主题词或关键词著录于附注与提要项之后，另起一行齐头著录。各词之间空一个汉字位置，一个词或词组不得分作两行书写</td></tr>
</table>

表 7-6　文献保管等级代码表划分级别及代码表

名称	数字代码	汉语拼音代码	汉字代码
公开级	0	GK	公开
国内级	1	CN	国内
内部级	2	NB	内部
秘密级	3	MM	秘密
机密级	4	JM	机密
绝密级	5	UM	绝密

四、档案标引的步骤

档案标引一般可以分两个步骤来进行。

（一）主题分析

主题分析是确定被标引档案内容主题概念的过程。档案的内容主题主要有：职能主题、业务活动主题、事件主题、人物主题、项目主题、任务主题等。档案主题分析的工作内容一般包括两个方面：一是分析档案内容的主题类型；二是分析主题的构成因素。档案内容的主题类型又可以划分为单主题和多主题。单主题是指一份档案文件、一个档案文件组合、一个案卷、一个终端档案类别等只表达了一个问题，讲了一个“故事”；多主题是指一份档案文件、一个档案文件组合、一个案卷、一个终端档案类别等表达了两个以上的问题，讲了多个“故事”。

档案的内容主题因素主要有五种。其中包括：(1) 主体因素，它是反映档案主题内容的关键性概念；(2) 通用因素，它是对主体因素起补充和限定作用的通用概念；(3) 位置因素，它是档案内容所记述对象的空间和地理位置概念；(4) 时间因素，它是档案所记述对象的存在时间概念；(5) 档案文件类型因素，它是档案文件所属类型和形式方面的概念。在档案标引中，档案内容的主体因素是最重要的，是不可遗漏的标引对象（即必须通过规范的分类号、主题词或关键词予以表达的对象）；而其他主题因素，则可通过分析，选择有意义的予以标引。

档案的内容主题是通过对档案的内容构成、来源、形式特征的分析、筛选而得到的。内容构成特征是主要依据，来源特征是根本，形式特征是补充。在开展档案主题分析时，标引人员可通过了解立档单位的职能分工、任务安排、事件处理、项目计划等来源信息、背景信息，以及阅读档案文件的题名、案由、批注，浏览档案文件正文，检阅档案文件的外部特征等方式，认真细致地进行此项工作。

在组织安排上，建议由档案人员或熟悉业务的人员，按档案的分类方案进行分工作业，即两个人负责同一类别的档案主题分析工作。这样可以有效地提高工作效率，加快主题分析工作的进程。

（二）档案主题概念转换

所谓概念转换，就是利用档案标引工具（如《中档法》《中主表》）等，将分析所得的档案主题概念以检索语言的形式表达或标识出来。

档案分类标引概念转换的基本做法是：根据对档案主题分析的结果查找档案分类标引工具书，如《中档法》及其他专业档案分类法（表），将用自然语言或书目语言表达出来的档案主题概念，转换为分类号并赋予档案分类标引对象。档案主题标引概念转换的基本做法是：根据档案主题分析的结果查找规范化的档案主题词转换工具书，如《中主表》及各相关专业的档案主题词表等，将用自然或书面语言表达出来的档案主题概念，转换为规范的主题词并赋予档案主题标引对象。如果采用自然语言中的关键词直接表达档案的主题概念，即为关键词标引。

对单主题的档案标引对象的概念转换，只要赋予其相应的一个分类号或一个（或若干个）主题词标引即可；对多主题的档案标引对象的概念转换，首先要将多主题分解为单主题，然后再分别赋予其相应的分类号或主题词。

第四节　档案检索体系和档案目录数据库的建设

一、档案检索体系

档案检索体系是由立档单位的档案部门或国家档案馆主导，根据利用者的检索需求，结合所存档案资源的实际情况建立的，可以满足各需求方对档案及其内容数据、信息查询和管理需要的，功能完备的信息服务系统。档案检索体系通常包括设计合理、功能上相互配合的各种档案检索工具、数据库和相应的数据库管理系统（DBMS）及信息查询服务平台。它所体现的是档案管理主体、档案用户、档案资源和档案检索系统之间的相互作用关系。建设科学的档案检索体系，不仅可以为档案资源的完整与安全维护提供必要的管控工具和手段，而且可以为广大档案用户创造利用和开发档案资源的有利条件。

（一）档案检索体系的建设原则和概念模型

1. 建设原则

各立档单位的档案部门和国家档案馆在建设档案检索体系的过程中，应遵循如下三项基本原则：

第一，规范性原则。档案检索体系的建设应严格遵从国家及行业性标准和规范的要求，为档案资源的有效查找和管理服务奠定基础。

第二，适用性原则。档案检索体系的建设应充分考虑本单位及相关用户的信息检索需求，以为用户提供快捷、满意的档案资源检索服务为目标。

第三，可扩展性原则。档案检索体系的建设应考虑档案资源数据库（目录数据库和全文数据库）建设对标准提出的更新、扩展和延伸的要求，为将来的技术发展提供框架和发展余地，并随着信息技术发展和相关国家标准、行业标准的不断完善而对档案检索体系进行充实和修订。

2. 概念模型

档案检索体系的建设是为立档单位和国家档案馆保存的档案资源的有效管理、合理控制和有效利用提供途径。档案检索体系的建设可参照图 7－3 的概念模型来进行。

（二）档案检索工具的概念及作用

开展档案著录和标引的主要目的之一，就是为建立各种类型的档案检索工具，构建档案检索体系服务。

档案检索工具是用于存储、查找和报道档案信息的系统化文字描述工具，是目录、索引、指南等的统称。在档案管理中，档案检索工具具有交流和管理等方面的作用。

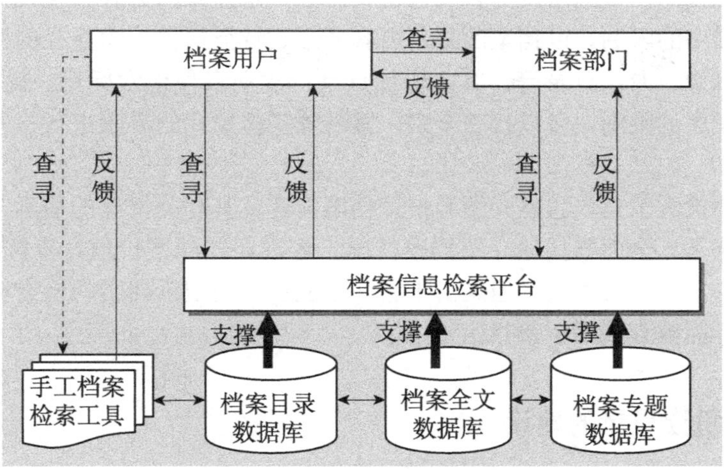

图 7-3 档案检索体系概念模型

(三) 档案检索工具的种类

无论是手工档案检索工具还是电子档案检索工具，按其编制体例，都可以被分为如下三种类型：

(1) 目录。它是将档案的著录条目按照一定次序编排而成的检索工具。

(2) 索引。它是将档案中的某一内部或外部特征及其出处按一定次序编排而成的检索工具。索引和目录没有严格的界限，一般说来，目录条目是对档案内容和形式特征进行全面、系统的著录，著录项目比较完整；索引条目则比较简单，通常只有排检项（如档案涉及的类名、人名、地名等）及其出处（档号）两个项目。

(3) 指南。它是以文章叙述的方式综合介绍档案情况的检索工具。

档案检索工具按其载体形式，可以被分为：

(1) 书本式检索工具。它是将著录条目连续记录并装订成册的检索工具。

(2) 卡片式检索工具。它是将一个条目著录于一张卡片，将卡片按一定顺序排列而成的检索工具。其主要优点是具有较大的灵活性，便于增减条目和调整条目之间的顺序，耐翻检，等等。其主要缺点是卡片数量多、体积大，不便于管理、传递和交流。

(3) 缩微式检索工具。它是以缩微摄影方式制作的以胶片为载体的检索工具，手工检索时可使用缩微阅读器对其进行放大阅读，也可将其用于计算机检索。

(4) 机读式检索工具。它是将档案目录等按照一定格式输入计算机内，由计算机读取、管理、检索的档案目录信息。

档案检索工具按其按功能，可以被分为：

(1) 馆藏性检索工具。它是反映档案实体整理体系及其排列顺序的检索工具，如案卷目录、全引目录、归档文件目录等。其主要功能是固定和反映档案整理顺序，档案管理人员可借助它了解馆藏情况，并按照整理顺序查找档案。其缺点是，目录组织方式受档案整理顺序的限制，检索途径单一，检索深度较浅。

(2) 查找性检索工具。上述馆藏性检索工具当然都具有查找性，它们一般是在整理程序中“自然”形成的。这里所说的查找性检索工具，是指专门为各种查找而编制的，不受档案实体排列顺序的限制，以档案的某一内容或形式特征提供检索途径的检索工具，如分类目录、主题目录、专题目录等。其主要优点是：建立多种检索标识，提供多途径检索；不受档案整理顺序的限制，可以打破全宗、案卷等实体单元的界限进行检索；可以选择任意的检索深度。

（3）介绍性检索工具。它是介绍和报道档案内容及其有关情况的检索工具，如各种指南。其主要功能是，全面概括地介绍档案情况，客观评述档案价值，发挥宣传报道作用，向利用者提供一定的档案线索。但是由于它并不能系统地记录档案的检索标识和建立排检项，因此一般不能被直接用于查找。

二、档案机读目录的建设

（一）中国档案机读目录相关标准的建设现状

从档案检索工具的发展趋势上看，机读目录代表了今后立档单位和国家档案馆档案目录建设的发展方向。档案机读目录的建设也是档案部门实现档案信息检索现代化（信息化、网络化）的必然要求。

2006年3月15日，中国国家质量监督检验检疫总局和中国国家标准化管理委员会发布了《中国档案机读目录格式》（GB/T 20163—2006），当年10月1日起实施。在《中国档案机读目录格式》（GB/T 20163—2006）实施前后，我国各地档案行政管理部门和专业主管部门也陆续出台了一系列的相关机读目录格式标准和规范文件，如《明清档案机读目录数据交换格式》（DA/T 33—2005）、《民国档案机读目录软磁盘数据交换格式》（DA/T 20.4—1999）、《革命历史档案机读目录软磁盘数据交换格式》（DA/T 17.5—1995）等。另外，有关地方档案行政管理部门编制了档案机读目录交换格式，如《辽宁省文书档案目录数据库结构与交换格式（试行）》《江苏省文书档案文件级目录数据库结构与数据交换格式》《浙江省综合档案馆电子目录数据库结构与交换格式》《江西省直机关文书与声像电子档案著录及数据交换格式规范（试行）》《重庆市文书档案目录数据交换格式》等。

（二）《中国档案机读目录格式》（GB/T 20163—2006）的主要内容

《中国档案机读目录》（GB/T 20163—2006）的框架是根据国际标准化组织制定的《信息与文献 信息交换格式》（ISO 2709：1996）编写的。此标准的执行格式是根据国际图书馆协会和机构联合会制定的《国际机读目录格式》和国际档案理事会制定的《国际标准档案著录规则（总则）》并结合我国档案机读目录著录的实际编写的。其目的是规范档案机读目录格式，为实现档案信息资源的共享，建立高质量的档案目录数据库奠定基础。

《中国档案机读目录格式》（GB/T 20163—2006）的体例结构包括：前言、引言、范围、规范性引用文件、术语和定义、总则、记录①结构、记录头标和数据字段②字段描述，

① 记录是字段的集合，由一个记录头标、一个记录目次区、一个数据字段区及一个记录结束符构成。

② 字段是由标识符标识并已被定义的字符串，可包含一个或多个子字段。在数据库中，记录是指一行，字段是指一列。

以及附录 A（规范性附录[①]）中国档案机读目录格式数据格式样例、附录 B（资料性附录）中国档案机读目录格式数据字段实例。

《中国档案机读目录格式》（GB/T 20163—2006）是我国各立档单位和国家档案馆机读目录建设的基本指导性标准依据。

1. 总则

（1）字段描述。

《中国档案机读目录格式》（GB/T 20163—2006）为各种字段的使用提供了指南，为保证叙述的完整性和查找的方便性，该标准按字段标识符数字递增顺序予以说明，并规定各种数字字段的描述结构，即：

字段定义：对每个字段内容做简要说明。

出现情况：对每个字段是否重复，是必备字段还是选择使用字段进行说明。在有些字段中，还包括了对字段出现情况的说明和限定。

指示符：对指示符的值进行说明。

子字段：按序列出子字段，及其适用范围、重复性和是否必备的说明。

字段内容注释：对字段的数据内容和字段中子字段之间的关系进行说明，包括适用范围、著录用标识符以及字段内容形式的建议。

相关字段：列出与本字段内容相关的字段或数据元，以有助于字段的比较，并对相关字段的用法进行简要的说明。

如果在某一字段的描述结构中缺省其中的某一项，则表明该项内容在该字段中尚无说明。

（2）符号规范。

《中国档案机读目录格式》（GB/T 20163—2006）所列举的字段、指示符和子字段以及在与其有关的著录和实例中，对符号采用下列规范：

字段标识符：用符号“&”表示《信息技术 信息交换用七位编码字符集》（GB/T 1988—1998）中的 IS1，作为子字段标识符的第一个符号。

空格符：用符号“#”表示《信息技术 信息交换用七位编码字符集》（GB/T 1988—1998）中的空格符，即七位编码字符集代码表中的 2/0 位置上的这个字符。“#”表示该标准文本中的空格，或表示行文上显现得不明显但又必须出现的空格。

子字段分隔符：用符号“@”表示《信息技术 信息交换用七位编码字符集》（GB/T 1988—1998）中的 IS2，作为完整实例中的字段分隔符。

记录结束符：用符号“%”表示《信息技术 信息交换用七位编码字符集》（GB/T 1988—1998）中的 IS3，作为完整实例中的记录结束符。

“未定义”：当短语“未定义”与指示符连用时，则表示在该指示符位置没有赋值，用空格填充。

---

① 标准的附录有两种，一种是规范性附录，一种是资料性附录，二者都属于标准的可选要素。规范性附录属于标准的规范性技术要素之一，它给出标准正文的附加条款。规范性附录一般在正文中以“遵照附录××的规定”的形式来引用，和标准正文一样，是要执行的；资料性附录属于标准的资料性补充要素之一，它给出对理解或使用标准起辅助作用的附加信息，可以执行，也可以不执行。

系统外字符号：对目前暂不能录入的系统外字符采用系统外字符号“＝”代替。

非排序字符：ISO 6630 目录控制字符集中的 08/08 与 08/09 位置上的字符，即“≠NBS≠”和“≠NBE≠”字符，分别表示“不排序开始”和“不排序结束”，即指明在两个排序符号之间的数据是不用于排序的。

2. 记录结构

（1）框架结构。

《中国档案机读目录格式》（GB/T 20163—2006）是国际标准化组织制定的 ISO 2709 的执行格式，对用于交换的机读目录数据记录规定了必须遵循的框架结构，即由记录头标、记录目次区、数据字段区（变长）和记录结束符构成。

记录的框架结构如图 7－4 所示：

记录头标	记录目次区	数据字段区	……	记录结束符

图 7－4　记录的框架结构

（2）记录头标。

根据 ISO 2709 的规定，每一条记录由 24 个字符的记录头标开始，记录头标包含有 ISO 2709 中定义的关于记录结构的数据和作为 ISO 2709 的执行格式而由《中国档案机读目录格式》（GB/T 20163—2006）专门定义的数据元①。这些作为执行格式而定义的数据元是：记录类型、记录级别、记录级别关系、档案控制、著录等级、记录的完整程度以及在编制记录中是否采用《档案著录规则》（DA/T 18—1999）等。记录头标中的数据元主要是为满足记录处理的需要，并被间接地用来确认档案著录单位。

（3）记录目次区。

在记录头标之后为记录的目次区，目次区中每个目次项由三个部分构成：三位十进制数表示的字段标识符、四位十进制数表示的数据字段的长度，以及由五位十进制数表示的字段起始字符位置。除此之外，在目次项中不再允许有其他字符。记录的目次项结构如图 7- 5 所示：

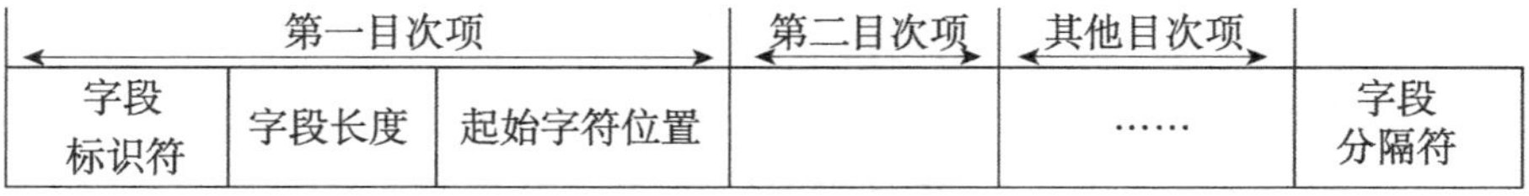

图 7－5　记录的目次项结构

目次区的另一个部分是该字段的字符数，其包括该字段的全部字符：指示符、子字段标识符、行文字符或代码数据，以及字段分隔符。在字段长度之后，是字段起始字符位置，即相对于记录可变长字段部分的第一个字符位置的字段起始字符位置，第一个可变长字段的第一个字符的位置为 0，0 字符位置在整个记录中的位置由记录头标中第 12～16 位上的数字表明。

字段标识符的长度为 3 个字符，数据的长度为 4 个字符，起始字符位的长度为 5 个字

① 数据元是被明确标识的最小信息单元。在可变长字段内，数据元由子字段标识符标识，并由此构成子字段。在记录头标、目次区和定长子字段内，由代码构成的数据元是由其字符所在位置标识的。

符。所有由 12 个字符所构成的目次项均对应于记录中的各个数据字段，标识目次区结束的分隔符是《信息技术 信息交换用七位编码字符集》（1988—1988）中的 IS2。目次区中各目次项是按字段标识符的第一个数字排序的，记录中的数字字段本身不需要排序，因为其位置完全是由目次区确定的。

（4）变长数据字段①。变长数据字段在目次区之后，其通常包括档案目录数据，而不是处理数据。变长数据字段的结构如图 7－6 所示：

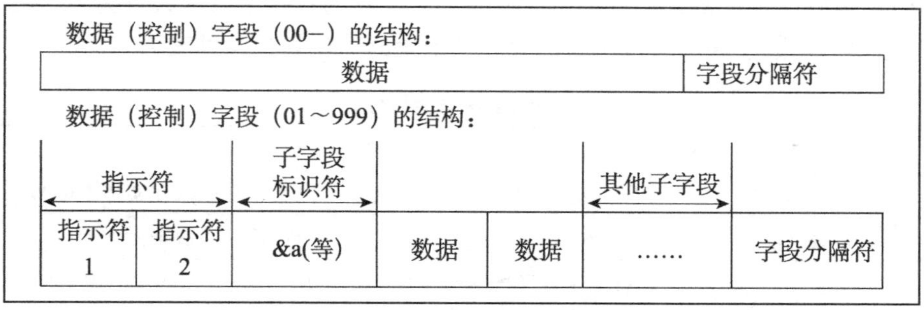

图 7－6　变长数据字段示例图

各个子字段均以一个子字段标识符开始，子字段标识符由一个子字段分界符和一个标识该子字段的代码（一位字母或一位数字）构成。

（5）必备字段。

机读目录的必备字段是指在机读目录记录中必须提供的字段。《中国档案机读目录格式》（GB/T 20163—2006）要求的必备字段包括：001——记录标识号；020——档号；100——通用处理数据；101——档案语种；200——题名与责任说明项；801——记录来源。

（6）记录长度。

《中国档案机读目录格式》（GB/T 20163—2006）对记录长度的限定为 99 999 个字符。记录的长度当然也可以由交换单位双方协商来确定。

（7）记录连接。

在实际著录工作中，如果需要将一个著录单位②的记录与另一个著录单位的记录连接，可使用记录连接块中的连接字段，这些字段就是专门为建立这样的连接而设定的。

（8）字符集③。

根据《中国档案机读目录格式》（GB/T 20163—2006）生成的档案机读目录，应使用国家的字符集标准，或使用由国际标准化组织制定的字符集标准。记录头标、记录目次区、指示符、子字段标识符以及《中国档案机读目录格式》（GB/T 20163—2006）所规定的代码值，应使用《信息技术 信息交换用七位编码字符集》（GB/T 1988—1998）中的功能字符和图形字符，该字符集在机读目录中被认为是默认的字符集。

---

① 变长数据字段是指长度不定的字段。可包含一个或多个数据元或子字段。其长度按字符数计算，包括文字数据所占的字符数及字段指示符、子字段标识符及字段分隔符所占的字符数的总和。

② 著录单位是指被作为一个实体进行处理或其本身就是一个实体而构成一条记录基础的任何载体形式的文件或文件集合。

③ 字符集（character set）是多个字符的集合，字符集种类较多，每个字符集包含的字符个数不同，常见字符集有：ASCII 字符集、GB2312 字符集、BIG5 字符集、GB18030 字符集、Unicode 字符集等。

（9）数据重复。

数据可能会出现重复的情况包括：数据既以编码形式又以文字形式出现，既以显示形式又以非显示形式出现；档案中含有不同语言文字的同一种信息；为熟悉多种语言文字的读者提供多种著录语言文字；为适应各种复杂的输出要求，同一种信息以不同文字形式重复。

（10）记录块功能。

《中国档案机读目录格式》（GB/T 20163—2006）的数据字段区共分为10块。各个字段标识符的第一个数字表示字段所属的块。各个块的功能划分参见表7-7。

表7-7　各记录块功能划分

标识符	字段功能块名称	说明
0	标识块	著录标示记录或是标识著录单位实体并记载在实体上的号码
1	编码信息块	著录描述记录或数据各个方面的定长编码数据元
2	著录信息块	著录《中国档案著录规则》（DA/T 18—1999）所规定的著录项目，但附注项和有关代码（档案馆代号、缩微号等）除外
3	附注块	著录关于著录单位的任何附注或与之相关的记录的附注，以补充说明著录项目、检索点①等
4	记录连接块	著录该记录与其他档案记录之间的关系，这些关系包括：时间、级别和平行关系
5	相关题名块	著录非正题名而又通常出现在档案著录单位实体上的与所著录的档案相关的题名
6	主体分析块	著录由语词或符号构成的不同体系的主要数据
7	文件责任块	著录对著录单位负有某种责任的个人、机关团体和家族
8	国际使用块	著录国际上一致约定的不符合0—至7—块的字段
9	国内使用块	著录与本单位有关的库藏信息等一些具有交换意义的数据

3. 记录头标和数据字段——基本说明

这部分内容主要说明了“字段和子字段重复”、“字段顺序”（记录中的字段不需要规定其顺序）、“子字段顺序”、“字符”、“有歧义时使用的字符”、“非排序控制符”、“数据的形式与内容”、“著录用标识符”、“中国追加字段”等方面的规则和建议。

4. 记录头标和数据字段——字段描述

记录头标部分的内容主要包括：记录头标的定义，出现情况，字段标识符、指示符和子字段，定长数据元，字段内容注释，相关字段等。记录头出现在每条记录的开始，必备且不可重复；总长度为24个字符（其中记录长度为5个字符，记录状态为1个字符，执行代码为4个字符，指示符长度为1个字符，子字段标识符长度为1个字符，数据基地址为5个字符，记录附加定义为3个字符，目次区目次项结构为4个字符）。

记录头标部分主要对10个功能块的定义、出现情况（说明是否必备）、指示符、子字段、字段内容注释、相关字段、代码符号等方面的著录规则和要求进行说明。

① 检索点是专门用于检索目录记录的名称、词语和代码等。

值得肯定的是，《中国档案机读目录格式》（GB/T 20163—2006）在记录功能块的“记录连接块”中，对《中国档案著录规则》（DA/T 18—1999）的著录（记录）级别做了必要的补充。规定如果在数据库中含有一个全宗、全宗中的类别以及属于该类别的案卷和文件，则应建立下列记录：

（1）一份文件建一条记录，每条记录含有一个字段，用于标识该文件所在的案卷。

（2）一个案卷建一条记录，每条记录含有一个字段，用于标识该案卷所在的类别。

（3）一个类别建一条记录，每条记录含有一个字段，用于标识该类别所在的全宗。

（4）一个全宗建一条记录。

值得注意的是：这种补充有效弥补了我国《档案著录规则》（DA/T 18—1999）缺乏多级著录规则的缺陷。

5. 附录 A（规范性附录）中国档案机读目录格式数据格式样例

该附录对“记录交换形式”和“记录字段形式”进行了举例说明。

6. 附录 B（资料性附录）中国档案机读目录格式数据字段实例

该附录共列举了 11 个类别的实例。其中包括：“B. 1 记录头标实例”“B. 2 0——标识块实例”“B. 3 1——编码信息块实例”“B. 4 2——著录信息块实例”“B. 5 3——附注块实例”“B. 6 4——记录连接块实例”“B. 7 5——相关题名块实例”“B. 8 6——主题分析块实例”“B. 9 7——文件责任块实例”“B10 8——国际使用块实例”“B11 9——国内使用块实例”等。

三、档案目录数据库管理系统

数据库管理系统（DBMS）是管理数据库的系统软件，它将大量的结构化数据按照一定的数据模型组织、存储起来，并提供建立、操作、维护档案目录数据的命令和方法。

主流的数据库管理系统采用关系型数据结构，关系型数据库管理系统相比于其他类型的数据库管理系统，在数据的可靠性、冗余度、一致性和并发控制方面更具优势。目前，结构化的档案目录数据库均选择关系型数据库管理系统，如 SQL Server、Oracle、Access 等。作为档案管理系统的“内核”，产品的选择对系统的运行效率和性价比的提高具有举足轻重的作用。

（一）档案目录数据库管理系统的性能要求

考虑到档案目录数据管理向档案全文数据管理的延伸，所选的数据库管理系统应当符合以下要求：

（1）安全性能高。数据库管理系统应具有完备的安全技术措施，能有效控制对数据的各种操作，诊断并拒绝非法数据请求；具有抗干扰和抗故障能力、较强的数据容错和数据恢复能力，不会因某条记录的错误而导致数据库被破坏，也不会因用户的误操作而轻易死机；具有较强的抗病毒和抗黑客侵袭能力。

（2）具有良好的开放性。数据库管理系统应能够运行于多种操作系统平台和硬件环境；具有很好的向后兼容性；提供有效的开发工具，可以通过标准接口与其他应用软件相连，以便与其他信息系统集成或与外部数据库建立灵活的交互关系。

（3）数据处理能力强。数据库管理系统的选择要充分考虑用户所需的数据容量，能够高效地管理所存储的海量档案数据，提供可选的、有效的文件存储结构和存储数据的有效路径，保证系统有较好的性能。

（4）操作简便。系统管理员、档案管理人员和档案用户均能很方便地操作。当然，要做到这一点，除了合理选择数据库管理平台外，还要基于这一平台开发出界面友好、检索方便的档案管理应用系统。

（5）支持多用户共享。此处的共享有两层含义：一是多个用户共享同一份档案数据，不同用户享受不同的权限，因此要求数据库管理系统在提供信息共享时能够实施良好的分级安全控制；二是多用户可能同时存取同一档案数据，因此要求数据库管理系统具有良好的多用户并发控制机制，保证数据操作的合理性。

（6）具有高性价比和适用性。档案部门要从档案数据库的现有规模和发展需要出发，充分比较不同品牌数据库管理系统及同品牌数据库管理系统产品不同版本和不同购置方式的性价比，在此基础上确定合理的版本及购置方式。在比较性价比时要重视不同产品售后服务的质量。

总之，适合于档案目录数据库管理的数据库管理系统应具有开放性、分布性和集成性。在具体选择时，要立足实际，在上述要求和购置价格之间进行权衡，不能片面地追求全、高、新。

（二）档案目录数据库管理系统的选择

一般来说，馆藏量较丰富的国家档案馆或大型企事业单位的档案馆，可以优先考虑 SQL Server。作为主流产品，其品牌信誉和市场支持程度较高，在兼容性和售后服务方面比较优秀。

Oracle、DB2 这些大型数据库产品虽然系统性能和安全性更好，但价格过高，对操作人员的要求也偏高，更适合高端的商业性应用，对一般档案机构来说软硬件配置费用过高。当然，有条件的国家档案馆或大型企业集团档案馆也可以考虑选用这些数据库管理系统。

库藏量不大的档案馆或综合档案室，考虑到今后的可扩充性，在条件允许的情况下可选择用中型的数据库管理系统，如 SQL Server、Sybase 等，以保证档案的安全性。

普通档案室档案数据量少，一般仅对本单位内部提供服务，对网上查询和网络安全的要求较低，可以选择 Access 或 VFP。Access 的网络性能比 VFP 好一些，要在网上提供档案目录查询的档案室最好使用 Access。这两种数据库管理系统的优点是价格便宜、操作简单，普通用户适当培训即可使用；缺点是安全性和网络功能较差。

购置数据库管理系统可采取两种办法：

一是选择一些基本软件包，保证应用系统的运行和一些数据库的辅助操作，然后在此基础上编程。

二是不考虑经济因素，选择其全部软件包，然后根据自己的技术能力进行深层次开发。

（三）档案目录数据库建设工作的组织实施

档案目录数据库建设工作量大，一个县级档案馆的文件级条目数量就达百万以上。立档单位和国家档案馆可在保证档案安全的前提下，引入市场力量，组织实施档案目录数据库建设工作。具体措施可包括：

（1）引入市场化运作机制。将档案目录数据的录入工作外包给专门从事数据处理的公司，或者聘用数据录入人员专职从事该项工作。在引入外部力量时，必须注意引入模式，并进行合理分工。例如，通过招投标方式来选择合作公司，通过签约来明确技术要求和双方的权利、责任。在合作过程中，档案部门要科学地分解任务，采取“两头在内、中间在外”的分工模式，即前处理工作和质量验收工作由档案部门负责，而著录数据的录入工作主要依靠外部力量来完成。动用社会力量建库，必须对参与者进行严格的专项培训并保证馆藏档案的安全。

（2）分解任务，馆、室共建。档案馆对于新移交的文件，可通过行政命令规定移交单位在移交档案的同时，必须提交按规范格式制作的机读档案目录。

四、常用的手工档案检索工具

在现实的档案管理中，由于各单位的档案管理现代化水平不一，因此有许多中小单位还需要编制和使用手工档案检索工具。有时，出于安全考虑，即使是实现了档案检索的信息化的单位，也应输出和保存一定种类的手工档案检索工具。常见的手工档案检索工具包括以下几种类型。

（一）案卷目录

案卷目录是以案卷为单位，依据档案整理顺序组织起来的，固定案卷位置，统计案卷数量，监督、保护档案材料的一种管理工具。它也是档案馆（室）最基本的一种检索工具。它既是查找档案最基本的工具，又是编制其他检索工具所必须参考使用的工具。档案馆（室）为开展利用工作和发挥案卷目录的更大作用，还可将案卷目录汇编成册，印发给各机关单位使用。案卷目录的汇编一般以全宗为单位，可根据全宗所有目录的数量状况编成一册或若干分册。为了保证出版质量，需进行必要的编辑加工，应对原目录表达能力（主要是案卷标题）进行审查，在结构上应以原目录中案卷的系统化为基础加以编排。

（二）卷内文件目录汇集

卷内文件目录汇集亦称“全引目录”，即根据全宗或全宗的某一部分案卷内的文件目录汇编而成的检索工具。它是案卷目录与卷内文件目录“合二而一”的产物。其主要形式是，先列出每一个案卷的卷号、标题、起止日期、页数，接着就在下面列出这个卷的卷内文件目录。这种检索工具的优点是不仅有案卷号、案卷标题，而且有卷内每份文件的作者、文号、文件标题、文件成文日期、所在页码，揭示内容和成分比较具体，查找案卷或单份文件都方便；即便档案被保存在分库，档案人员对库存情况也可了如指掌；编制也比较简便，只需将案卷目录与卷内文件目录打印或复印装订成册即可。缺点是案卷文件目录汇编之后，往往条目和册数较多，体积庞大；而且只能沿用原来案卷的分类体系，不能按照每份文件内容的性质来分类，问题不够集中，不便按专题查找利用。

各立档单位还可以按照《归档文件整理规则》（DA/T 22—2015）的要求，编制归档文件目录。

（三）档案分类目录

档案分类目录是根据立档单位的档案实体体系分类方案编制的一种检索工具。

档案分类目录的著录项目主要包括分类号（简称“类号”）、案卷号（简称“卷号”）、案卷题名、年度、数量（页、件、张）数、保管期限、备注等。

例如，××组织的档案实体分类方案将档案资源划分为党群工作、行政管理、法律事务、人力资源、财务会计、投资管理、信息管理、经济贸易、基建工程、设备管理、招投标管理、实物12个大类。它可以依据大类划分的结果，分别为每一类档案编制分类目录。档案分类目录的样式可参照图7-7执行。

序号	档号		案卷题名	数量	责任者	形成时间	保管期限	备注
	类号	卷号						

图7-7　档案分类目录的样式

（四）专题目录

专题目录是系统揭示档案馆（室）内有关某一专门题目档案内容和成分的一种检索工具。专题目录的编制方法大致如下：

（1）选题。选定专题是编制专题目录工作的一个特点，也是编制工作的重要环节。专题题目的选择和确定，与这一专题目录是否切合实际，是否具有现实利用价值，有很大的关系。选定题目，一般应考虑党和国家各项工作的需要，或一定的利用者的某些特定的迫切要求，并根据本馆（室）所保存的有关该题目档案材料的状况来确定。

（2）制订计划。对一些较大的专题，在编制工作开始之前应制订计划。计划的主要内容包括：专题的名称；题目内容大纲和选材标准，即草拟条目的系统分类方案及其说明；题目所包括的年限和涉及的地区；查找档案的范围所属全宗及在全宗的哪些部分；工作步骤与方法、人员分工；等等。

（3）选材。选材是在确定题目和拟定计划之后的一项重要工作，也是编制专题目录的一个特点。

（4）条目著录。

（5）条目的排列。

（五）档案索引

档案索引的著录项目一般包括索引项（如人名、部门名、文号、关键词、项目号、合同号等)、档号等。档案索引的式样可参照图 7－8 执行。

索引项	档号

图 7－8　档案索引式样

（六）全宗指南

全宗指南是以文章叙述的形式介绍某一个全宗档案内容和成分及其意义的一种工具书，又称全宗介绍。目前有全宗管理权限的立档单位和国家档案馆，应依据行业推荐标准《全宗指南编制规范》(DA/T 14—2012)，结合本单位的具体情况，开展全宗指南的编制工作。

全宗指南的结构为段落式条目信息，通常由全宗指南名称、全宗来源简况、档案内容与成分介绍、检索查阅注意事项四部分组成。

1. 全宗指南名称

全宗指南名称由全宗号、全宗构成者名称（全称或通用简称)、“全宗指南”、起止时间构成，并列成分之间用空格分开。

例如，北京市计划委员会的全宗指南的名称可确定为“J211 北京市计划委员会 全宗指南 1949—1990 年”。再如，钟南山人物全宗的指南名称应为“R322 钟南山 全宗指南 1936—2000 年”。

(1) 全宗号。照录档号四位全宗代码。第一位用汉语拼音字母，后三位用阿拉伯数字。

(2) 全宗构成者名称。全宗构成者名称书写全称，通用简称书写在全称后面的圆括号内，如“中共中央纪律检查委员会（中纪委)”。联合全宗和汇集全宗的全宗构成者名称从其联合或汇集的全宗构成者实有名称，如“中国共产党广东省高等院校党委 广东省高等教育局”。

中华人民共和国成立前形成的档案全宗，全宗构成者的名称后应加圆括号注明政权名称限定词，如“成都市财政局（民国)”“政务院（民国)”“外交部（民国汪伪)”“兵部(清)”“李鸿章（清)”“廖仲恺（民国)”。

需要注意的是，全宗构成者所有曾用名称应按时间顺序书写在全宗来源简况中。

(3) 起止时间。起止时间是涉及立档单位及其档案形成的时间跨度标识。一般采用公元纪年表示，使用“—”连接起止年份。必要时，可用年号或其他特殊纪年方式表示，亦可以其一为主，另一为辅，为辅者加圆括号书于为主者正下方。如“1928—1948 年”“光绪三十二年至宣统三年（1906—1911 年)”等。

2. 全宗来源简况

编制这部分内容时，可采用列表方式依时间顺序登记变化情况，记录和反映全宗来源背景的内容。其顺序为：全宗构成者形成和职能，全宗构成者所有曾用名称，全宗管理机构和全宗档案数量，全宗档案收集、征集、接收、移交、寄存数量。

个人全宗来源简况，应登记个人的姓名、别名、生卒年月日、籍贯、职务、职称和个人主要经历、业绩、荣誉称号、家族简况，以及全宗档案收集、征集、接收、移交、寄存数量。

3. 档案内容与成分介绍

档案内容与成分介绍一般应使用综合概括的介绍方法来进行。其内容一般包括五个方面的情况，即：反映全宗构成者基本职能和主要活动方面的档案；反映全宗构成者各阶段中心工作或特殊工作所形成的档案；具有重要历史价值和地方特色的档案；涉及具有全国和国际意义知名人物的档案；馆藏年代久远和具有特殊载体的档案。

档案内容与成分介绍一般应按全宗内档案的实际分类体系，用文字叙述全宗构成者基本职能和主要活动的内容，并列举文种名称。具体情况可分为三种：

（1）以组织机构分类的档案全宗，分别简介机构基本职能和主要活动的内容，并列举文种名称。

（2）以问题分类的档案全宗，分别简介问题涉及的全宗构成者基本职能和主要活动的内容，并列举文种名称。

（3）以其他体系分类的档案全宗，应根据该全宗分类的特点，结合问题简介全宗构成者基本职能和主要活动的内容，并列举文种名称。

需要专门说明的档案按下列方法介绍：

（1）指明该档案文件的名称、责任者和文件形成的时间。

（2）列出该档案文件的检索要素。

（3）对该档案文件的内容单独介绍。

一般性文件介绍不使用引用原文的方式，特殊性文件介绍如需引用原文，应符合的条件和原则包括：引用原文有助于阐述文件的内容实质；引用原文时不详细转述文件中叙述的事实和事件。

对与全宗构成者基本职能和活动没有直接关系的上级文件不做介绍，必要时只做简要交代。

人物全宗应按全宗构成者的活动特点，结合全宗内档案材料的实际情况介绍，内容包括：个人手稿、著作、作品、题词、日记、回忆录的名称和特点；履历、自传、证书、来往信件以及公务活动与社会活动中形成的文件名称和特点；财产状况与经济活动材料的名称和特点；家庭亲属与主要社会关系材料的名称和特点；图片、照片、录音、录像材料的名称和特点。

未开放的档案，可注明档案数量和使用范围。涉密档案，可注明档案数量，不做任何内容和成分介绍。非纸质档案应简介其种类、特色和数量。

4. 检索查阅注意事项

（1）检索注意事项包括：可使用的检索工具和已编制的参考资料的名称；机读目录、手工检索工具条目的数量；纸质档案数字化副本的画幅数量，以及占全宗档案总数的比例；纸质档案缩微副本的数量，以及占全宗档案总数的比例；非纸质档案副本的形式、数量，以及占全宗档案总数的比例。

（2）查阅注意事项包括：档案的完整和完好程度，以及遗失、销毁的情况；档案的分类与整理方法，以及不同载体组卷、装订和保管的情况；档案的利用价值和鉴定的情况；

划分的保管期限种类和各类保管期限档案的数量；档案内容向社会开放的情况；本全宗指南完成时间和编制者的情况；其他有关问题的说明。

（七）专题指南

专题指南是按照一定的题目，以文章叙述的形式，综合介绍报道档案馆中保存的有关该题目的档案的一种工具书，又称专题介绍。专题指南所报道的材料，可以不受全宗限制，把几个全宗有关某个题目的材料加以综合介绍，便于利用者从中了解到有关该专题的全部档案，这是专题指南同专题目录一致的地方。但在作用上专题指南有其自身的特点，它能向外介绍印发和综合叙述档案的内容与成分，而在查找档案的作用方面略逊于专题目录。

专题指南的编制方法，在确定题目、制订计划、查找档案和选材等方面与专题目录是一样的；而在档案内容和成分的介绍方面，则又类似于全宗指南，即概要地介绍档案的来源、内容、形式、可靠程度、所属的年度，其中也有简单介绍、详细介绍和重点与全面结合介绍等方法上的区别。但专题指南与全宗指南也有不同的地方，即专题指南只按专题所包含的内容分类介绍档案，而没有按立档单位组织机构介绍档案的方式。专题指南的项目分类，也就是专题目录中的类别，但是它以“章”“节”结构的形式出现。因此，如果是根据专题目录编制的专题指南，其章节结构，实际上就是专题目录的分类框架。专题指南虽不必根据档案内容逐条指出其所属全宗，但为便于利用者了解所介绍档案的全宗范围，应在专题指南中列出一个总的全宗名单。这种名单可以单独编制，也可以写在专题指南序言中。

专题指南的编制工作，一般通过专题条目进行。即先把选出的档案在计算机中填制成条目，然后把条目系统排列后的内容综合编辑成专题指南。

（八）档案馆指南

《档案馆指南编制规范》（DA/T 3—92）规定了档案馆指南的编制原则、结构和编写细则，为各级国家档案馆编制档案馆指南，提供了参照标准。

档案馆指南是以文章叙述形式全面概要地介绍档案馆所存全部档案情况的一种工具书，又称档案馆介绍。和宝荣曾言：“档案馆指南属于综合性叙述式的全宗分类目录型的工具书。所以它的核心是各全宗评介。”① 档案馆指南要让利用者读后产生“览录而知旨，观目而悉词”之效。

编制档案馆指南应做到内容全面、系统、准确、实用、文字简洁。

档案馆指南的结构一般包括：提示部分、正文部分和补充部分。下面分别加以介绍和说明。

1. 提示部分

档案馆指南的提示部分主要由封面内容、扉页内容、前言、目次等方面内容构成。

---

① 和宝荣．一枝红杏绽春蕾：评《中国第一历史档案馆馆藏概述》兼论档案馆指南．档案学通讯，1986（3）.

（1）封面内容。应交代清楚“指南名称”（通常由档案馆名称加“指南”构成）、“编著者”（一般用编著馆馆名）、“出版者”（就是承担指南出版的出版社名称）。厚度超过6mm的指南，应在书脊上重复标示封面所署指南名称、出版者。

（2）扉页内容。应包括：指南名称、编著者、出版者（与封面项目相同），指南版本（即修订本、增订本、续编、简本等），指南出版年份。

（3）前言。前言的内容包括编著指南的目的和作用、指南框架结构、使用方法、编著指南的简要过程、参加编著工作的人员及其他要说明的问题。前言应另页排印，结尾落编著馆名和完稿日期。

（4）目次。目次由指南各章节的题目及其所在的页号组成。目次另页排印，单记页号。

2. 正文部分

档案馆指南的正文部分主要包括档案馆概况、馆藏档案介绍、馆藏资料介绍等。

（1）档案馆概况。

这部分应该介绍档案馆历史沿革、馆藏档案综述、馆藏资料综述、汇编出版档案资料情况、利用工作综述。在编写具体内容时，注意简明扼要，切忌写成流水账和工作总结。

档案馆历史沿革：简要介绍档案馆的馆址，成立时间，档案馆类型，隶属关系，档案馆代码，历任正、副馆长，内部机构设置，工作发展概貌。

馆藏档案综述：简要说明档案的来源、进馆方式；档案总数量，即全宗（非全宗形式档案的类别等）总数，案卷（包括作为案卷看待的册、袋、盒）总数，档案上架排列总长度（m），如有特殊的档案统计单位或其他专用术语，应在附录中予以解释；档案起止年代，馆藏档案形成的最早和最晚年代（一般用公元纪年表示，必要时可使用朝代年号表示，亦可以其一为主，另一为辅，为辅者书于后并加圆括号）；档案的种类、各类档案的整理简况。

馆藏资料综述：简要说明资料的来源、进馆的方式；资料的总数量，即册（件）数、上架排列总长度（m）；资料的种类及分类方法；汇编出版档案资料情况；等等。

利用工作综述：简要说明接待利用者的日期和时间；开放的档案、资料的范围及其查、借阅手续；档案资料检索工具编制情况综述；提供利用的方式，即提供原件、复印件、缩微件、档案资料汇编等；索取档案资料内容的方法，即摘抄、复印、外借、购买、函调、咨询等；为利用者提供的实际服务设施；等等。

（2）馆藏档案介绍。

馆藏档案介绍的方法包括：馆藏档案以其实际整理、保管的体系为单位，对档案数量、内容及其特点等分别进行介绍；按立档单位整理保管的档案，以全宗为单位介绍；按类别、项目等整理、保管的档案，以相应的类项为单位介绍。

馆藏档案介绍的核心是全宗介绍，其也是档案馆指南的核心部分。馆藏重要全宗一般要逐个介绍；非重要全宗可将职能、任务、性质相近的组合在一起综合介绍；一些案卷数量少、利用率不高的小全宗，可只列入附录中的全宗名册，不做具体介绍。全宗介绍的内容，可参照表7-8执行。

表 7－8　　档案馆指南中馆藏档案全宗介绍内容一览表

序号	介绍内容
1	全宗名称的全称、简称、全宗号
2	全宗构成者（立档单位）沿革：名称、成立时间（如是已撤销单位，应注明撤销时间）、性质、主要职能、隶属关系、内部机构设置及其演变情况；个人全宗构成者主要介绍个人姓名、别名、生卒年月、简历、籍贯、职务、职称、主要业绩及荣誉称号等
3	全宗来源：一般不再说明。特殊情况（如私人捐赠等）应予说明
4	全宗内案卷数量、上架排列总长度（m）、起止年代
5	使用非汉字文字和非纸质载体的档案的情况
6	全宗内案卷分类排列，非纸质载体的档案的情况
7	档案内容介绍：一般按全宗内档案的实际分类体系，结合问题进行介绍；反映全宗构成者基本职能和主要活动方面的档案，具有全国和国际影响和知名人物、历史事件，以及具有地方特色和具有重要科学研究价值的档案，馆藏年代久远和具有特殊载体的档案，要详细介绍，需要保密的档案不做介绍

全宗介绍的排列方法：全宗介绍可以按馆藏档案全宗号编排顺序排列，也可结合全宗重要程度、全宗构成之间的隶属关系（组织机构序列）或地区特征等进行排列。

非全宗形式档案[①]介绍的内容可参照表 7－9。

表 7－9　　档案馆指南中“非全宗形式档案介绍”内容一览表

序号	介绍内容
1	非全宗形式档案的全称、档号
2	档案集中的简要进程，主要档案形成者（或主持单位）的名称、职能
3	案卷（册、袋、盒）数及其上架排列总长度（m），起止年代
4	使用非汉字文字和非纸质载体的档案的情况
5	类别、项目内档案分类、排列和编制检索工具情况
6	一般按类别、项目内档案分类、排列体系或结合重要程度进行档案内容的介绍

非全宗形式档案，一般可按历史时序、重要程度或参照《中档法》的有关类目进行排列。

需要注意的是，在编写档案馆指南时，不能将有明确全宗归属的档案抽取出来，作为非全宗形式档案加以介绍。

(3) 馆藏资料介绍。

对馆藏档案有重要补充作用的资料应逐类介绍，但一般性资料不做具体介绍。

资料介绍的内容应包括：资料类目的名称、代号；资料的数量、起止年代；重要资料需注明编撰者；资料内容介绍，即按资料的实际分类体系结合资料涉及问题的重要程度等进行介绍。

资料介绍排列按资料的实际分类体系进行。

值得注意的是，编制档案馆指南不需要对馆藏的全部资料，尤其是一些与档案内容关系不大的资料，不分轻重地予以详细介绍。一般而言，与馆藏档案全宗的立档单位有关的文件选编、汇集，公报、法律法规汇编，与民生有关的文件选编、汇编，地方史书、方

① 非全宗形式档案指不是按全宗而是按类别、项目等整理保管的档案。

志、报刊、期刊、出版物，地方统计资料，口述史料，典型的实物资料，等等，应予以介绍。

3. 补充部分

档案馆指南的“补充部分”包括索引、附录和插图三种。下面分别加以说明。

（1）索引。

为方便利用者查阅档案馆指南的“馆藏档案介绍”“馆藏资料介绍”中重复出现的、分散在指南各章节的人名、地名、机构名、历史事件及专题等方面的信息，档案部门可通过编制索引的方式，满足利用者的需要。编制索引的方法，可参照表 7－10。

表 7－10　档案馆指南中的索引编制方法一览表

序号	索引名称	组成及编制方法
1	人名索引	由人名及其在指南中的页号组成，按姓氏笔画或汉语拼音顺序排列
2	机构索引	由机构名称及其在指南中的页号组成，按机构名称首字的笔画或汉语拼音顺序排列
3	事件索引	由事件名称及其在指南中的页号组成，按事件名称首字的笔画或汉字拼音顺序排列

（2）附录。

附录是指附在档案馆指南正文之后，与正文内容有关的文字、表册等材料。主要包括“全宗名册”“档案资料出版情况一览表”“馆藏档案形成单位系统表”“开放利用档案规章制度”“职官图表”“纪年对照表”。附录的内容和编制方法可参见表 7－11。

表 7－11　档案馆指南中的附录内容及其编制方法一览表

序号	索引名称	编制方法
1	全宗名册	馆藏全部全宗（全宗名称需保密者除外），应按实际编号顺序逐一列出全宗代号、全宗名称、起止年代、案卷数量及其在指南中的页号等内容
2	档案资料出版情况一览表	本馆公布出版物名称、出版单位名称、出版日期、册（卷）数、字数等内容
3	馆藏档案形成单位系统表	根据档案形成单位之间或其内部机构的隶属关系，采用直线连接法示意
4	开放利用档案规章制度	一般应将本馆有关规章制度原文照录
5	职官图表	介绍与馆藏档案所涉及历史时期密切相关的历史职官的名称、建置、品级、职掌等，为历史爱好者和历史人员提供参考信息
6	纪年对照表	纪年方法主要有帝王纪年、岁星纪年、干支纪年、公元纪年等，可以根据需要编制与馆藏档案内容所涉及的历史时期相关的历史纪年与公元纪年的对照表

（3）插图。

刊印于指南中的用以表现馆藏珍贵档案、资料、馆舍建筑，以及需要用形象介绍工作情况的照片与图形，应配有图号和文字说明。

在编制档案馆指南的过程中，“附录”部分的内容应繁简适度，不宜过度渲染。在一般情况下，应体现“如无必要，勿增实体”的思想原则，将有价值的精华成果、选择结果，呈现给利用者。

本章思考题

1. 如何理解档案检索的概念？档案检索工作的主要内容是什么？
2. 档案检索的类型有哪些？未来的发展趋势是什么？
3. 什么是档案检索语言？档案检索语言的种类和作用是什么？
4. 《中档法》《中主表》的用途和基本内容有哪些？
5. 为什么要开展档案著录？档案著录的规则和主要著录项目有哪些？
6. 如何理解档案标引的概念和作用？档案标引的类型有哪些？
7. 如何建立档案检索体系？
8. 档案目录数据库的建设应注意哪些问题？
9. 机读档案目录的建设内容和要求有哪些？
10. 档案目录数据库管理系统的建设应注意哪些问题？
11. 常用手工档案检索工具有哪些？
12. 如何编制全宗指南？如何编制档案馆指南？

第八章

档案编研工作

内容提要

本章主要介绍了档案编研工作的基本内容，以及常见档案编研成果的组织编写方法。

第一节　档案编研的主要内容和作用

档案编研工作是档案管理部门（包括档案馆、档案室、文件中心、文档信息中心等）为了更好地满足档案用户对系统化档案内容信息的利用需求，按照一定主题，提炼、整合、浓缩相关档案及资料的数据和信息，形成各种参考资料、史书志书、专著教材、音视频作品的一项档案管理业务活动。

一、档案编研工作的基本内容

我国档案编研工作的基本内容，概括起来说，包括以下几方面。

（一）编写档案参考资料

档案参考资料是档案部门根据一定的主题，对相关档案内容及资料进行研究、整合、加工而成的一种参考性、史料性的材料。档案参考资料主要包括大事记、组织沿革、基础数字汇集、专题概要等等。

（二）编辑文件汇编和专题档案史料

文件汇编是档案部门根据机关、团体、企业、事业单位及其他组织和社会的需要，按照一定的题目，将有关档案文件的副本或复制本汇编起来，所形成的纸本或电子版本的文集，包括收文汇编、发文汇编、重要文件汇编、政策法规文件汇编、专题文件汇编等等。专题档案史料是指档案部门根据一定的编纂题目，在系统查找和编辑加工的基础上编辑而成的各种史料书（包括电子史料书）。

（三）编修史书和志书，参加历史课题研究

从古至今，我国的档案工作者一直有参加编修史书和地方志的优良传统。虽然现在档

案工作和史学工作已形成了专门的分工，但是对于作为档案史料基地的各级各类档案馆，仍需根据党和国家的需要，深入梳理和研究档案的内容，通过科研成果向社会传播档案记载的历史信息，从而有效地实现档案的历史史料作用。党和国家领导人曾多次倡导，档案工作者要向司马迁学习，把档案管理和历史研究有效结合起来，在做好档案管理各项基础工作的前提下，积极主动地开展档案史料的研究和撰述工作。

档案管理部门所从事的历史研究和学术专题探索，同历史学界和其他学术研究工作不尽相同且有自身的特色。国家档案馆所从事的历史研究通常侧重于对档案史料和相关资料的汇集和编纂，注重为更加深入的史学研究和专题研究提供翔实、系统的凭证性参考素材。各级各类档案馆和档案室应依法积极开展档案史料的纂辑和公布工作，为广大历史工作者提供系统的史料编纂成果，发挥档案馆（室）作为史料中心的作用。此外，有条件的档案馆（室）还应充分利用档案资源，做好纠史之谬、证史之误、补史之漏等方面的研究工作，努力维护党和国家的历史真实面貌。

二、档案编研的作用

档案编研在整个档案管理中具有非常重要的作用。具体表现在以下三个方面。

（一）开发利用档案内容资源的重要方式

档案编研是为用户提供高质量档案数据和信息加工品的高级服务方式，是促进现行文件和档案内容有效传播与价值实现的重要手段，同时也是档案馆向社会开放历史档案的重要措施。与其他的档案提供利用服务方式相比，档案编研具有提供成果的研究性、提供成果的系统性和权威性、提供方式的主动性和灵活性等优势。

（二）提升档案服务水平的有效方式

实践证明，档案管理机构可以通过开展档案编研有效提升档案服务的整体水平。档案的收集、整理、保管等基础工作是开展档案编研的必要前提。没有良好的档案资源作为保证，档案编研就无从谈起。档案编研的开展，又可以暴露出档案资源存在的结构和内容方面的问题，从而为改进档案的收集、整理等工作提供科学的依据。开展档案编研还可以有效促进档案工作人员业务能力的提升，并使档案工作的科学研究性质得到充分体现。

（三）保护档案原件的有效手段

我国长期的档案管理实践表明，让档案用户通过使用档案编研成果来满足其需求，不仅可以提高用户的满意度，而且可以有效减少对档案原件的使用。从这个意义上讲，开展档案编研是实现档案长远保存目标的有效手段和必要措施。由于自然和人为因素的影响，许多原始档案已经消失在历史长河中了，但是我们的文明并没有因此而中断，其中主要的原因之一就是我国自古以来就有依据档案史料编修史书、志书的优良传统。正是档案编研和编纂工作的持续有效开展，才使我国的历史文明和文化得到了有效传承。

随着档案管理的数字转型，档案资源的构成已经逐渐发生了根本性的变化。按照“存量档案资源数字化、增量档案资源电子化”的档案资源体系建设战略，我国档案编研也应积极转变观念和做法，向数字编研方向转型和发展。

第二节　档案参考资料的特点、种类和编制方法

一、档案参考资料的概念和特点

档案参考资料是档案管理机构（档案馆或档案室等）根据用户需求，以档案内容为主要依据，围绕一定主题或专题综合编写而成的一种编研成果。

档案参考资料的主要特点包括：

第一，整合与揭示相关主题或专题档案内容的集中性。各种档案参考资料都是围绕着一定的主题或专题，在深入研究档案内容的基础上综合编辑加工而成的。所以，同档案文件或其复制件的汇编成果相比，相关主题的内容更为集中、凝练。

第二，加工编排的系统性。各种档案参考资料的内容都是对相关档案文件和材料进行系统查找、筛选、梳理加工而成的。相对于档案原件及其副本而言，档案参考资料具有非常突出的系统性优势。

第三，“述而不作”的真实性。档案参考资料不同于一般的史学著述成果，它不重评说，而重据实记述档案的内容数据与信息，为用户提供“原汁原味”的参考性素材。

二、档案参考资料的种类

我国档案管理机构编制的档案参考资料虽然数量较多，但就其主要类型而言，无外乎大事记、组织沿革、基础数字汇集和专题概要等四种。

（一）大事记

大事记是按照时间顺序简要地记载一定历史时期发生的重大事件的一种参考材料。它系统扼要地记载一定事件的历史发展事实，揭示重要事件和活动的发生、发展的过程以及它们彼此之间的关系。

大事记的作用主要包括：向利用者提供某一事件或活动的历史梗概，便于档案用户研究历史事件或活动的演变及其特点和规律；帮助各单位负责人和业务人员回顾过去的工作，了解相关业务工作活动和发展的历史情况，便于总结工作经验，发现工作模式；对历史研究人员探究各种历史问题、编撰史书、编修地方志，具有很重要的参考作用；可以作为宣传教育的素材，通过提供许多系统的大事记述材料，帮助公民从历史发展的事实中认清事物的本来面目，汲取经验教训，增强明辨是非曲直的能力。

大事记种类主要包括以下四种。

1. 社会组织大事记

记载一个社会组织（机关、团体、企业、事业单位等）在一定年度、年代或历史时期范围内重大活动、事件，并按时间顺序加以编排的档案参考资料，如《北京市海淀区人民政府大事记》《承德市人民政府二〇一七年机关大事记》《某某公司成立四十周年大事

记》等。

2. 国家或地区大事记

记载一个国家或一个行政区划范围在一定年度、年代或历史时期内重大事件、活动，并按时间顺序加以编排的档案参考资料，如《某某县改革开放四十年大事记》《某某省解放前自然灾害大事记》《某某市解放后重大项目建设活动大事记》等。

3. 专题大事记

按照一定专题记载一个国家、地区或一个社会组织在一定时期内某一方面重大事件的档案参考资料，如《某某省改革开放四十年工业生产大事记》《某某县林业发展大事记》《某某国家蝗灾大事记》《某某河流域水灾大事记》等。

4. 个人生平大事记

记载某一人物一生生活、工作经历的重大事件、重要社会活动，并按时间顺序加以编排的档案参考资料，通常也称年谱，如《梁启超生平年谱》《孙中山生平活动》《毛泽东生平大事记》《周恩来总理生平年谱》等。

编写大事记，要求选材真实、用材准确、叙述简明扼要。通常一事一条，把大事涉及的具体时间、地点、人物、数据、发展过程、因果关系，用简练的书面语言表达出来。形式多为条列的文字叙述，也可采用表格形式。编写方法有三种：第一种是将大事按时间顺序（年、月、日）排列，先排有确切日期的大事，后排接近准确日期的大事，日不清者附于月末，月不清者附于年末，年不清者一般不记。第二种是先分若干时期，再将每一时期内的大事综合归纳为几个问题。第三种是先分几个大问题，在大问题下再按时间分。

大事记的条目结构，通常由大事时间和大事记述两部分组成。还可以根据大事记的编写目的、对象、篇幅大小、时间长短等因素，增加前言、资料来源和出处、引文注释和参考文献注释等，为进一步研究提供必要的材料线索。

为了准确反映有关事件的历史进程，档案编研人员应在认真考证和分析的基础上，准确记载大事的发生时间，并按照各个事件发生的时间顺序先后排列。对大事时间的表述应准确、具体，通常要明确每件大事发生的年、月、日；对于特殊事件，编研人员还应澄清其发生的更为详细的时间，如时、分、秒等。对 1949 年中华人民共和国成立前发生的历史事件的记述，还应在标明公元纪年的同时，注明对应的历史年号，如“公元 1931 年（民国二十年）”等。对于那些没有准确记载发生时间的大事，编研人员应首先进行认真考证，确实难以确定大事发生的准确时间的，可以暂时标注大致的时间，并加以注释说明。暂时难以澄清的事件发生时间，可留待日后查实后再行补充。

大事记述是大事记的主要组成部分，要求选择反映事物本质的事件，并照顾事件之间的联系，形成一个有机体系，通过许多重大历史事件的记述，展示历史发展的概貌和规律。因此，大事记应选用确属重大事件的材料，避免事无巨细地罗列材料；也防止片段摘取和割裂材料，不能全面反映历史事件的真实面貌。所谓大事与小事是相对而言的，受一定时间和空间的制约，譬如一个机关的大事，对全市、全国而言就不一定是大事。一般来说，凡是涉及全面性的事件、重要的活动、典型的事件、对工作和历史发展有重要影响的事件等，都应列为大事；局部性的、只有一般意义的事件和活动，都可作为小事。在具体选择和确定大事时，要把握一定的时空范围、事件的特点和相互关系。这主要表现在：一方面，要立足于本地区、本系统、本机关，突出本身活动。全国、全省的大事，只有与本地区、本机关密切相关的才记，否则不予记载。记载的目的在于衬托和说明本机关大事的背景、由来和后果。另一方面，要根据本机关的性质、任务和主要职能活动选择大事。一般情况下，只有反映机关主要职能活动的事件、一定时期的中心工作和重要事件等，才能被列入大事的范围。为扩大取材范围，应从多方面选择。档案是大事记材料的主要来源，必要时，应辅之以报刊资料、调查访问材料，在广泛搜集材料的基础上严格挑选，把真正的大事记述下来并且条理化。

（二）组织沿革

组织沿革是系统记载一个机关、地区或专业系统的体制、组织机构和人员编制变革情况的一种材料。内容大致包括地区概况，机构名称改变，地址迁移，成立、撤销或合并的时间，隶属关系，性质和任务，职权范围，领导人员变动，编制扩大与缩小，以及内部机构设置等变化情况。

组织沿革的主要用途是：便于人们查考和研究本地区、本机关、本系统的机构和人员的发展变化情况；为研究国家机关史、地方史、革命史和专业史提供必要的参考材料；为档案馆（室）编写立档单位历史考证提供系统材料，对整理档案、鉴定档案价值和帮助利用者了解立档单位的历史情况，都有一定的参考作用。

组织沿革的类型，大致有下列几种。

1. 一个机关的组织沿革

记载一个机关、单位（如党政机关、企业单位、事业单位、团体等）及其内部组织机构和人员的演变情况，如《中共北京市委组织沿革》。

2. 一个地区内的组织沿革

记载一定区域内（如省、市、县、乡等）所属党、政、群各级组织的设置和变化，如《某某市直属事业单位组织沿革》。

3. 一个专业系统的组织沿革

记载一定专业系统（电力、交通、能源、科技、电信系统等）所属组织的设置和变化。

组织沿革既可采取文字叙述或图表的形式，也可图文并用。其主体结构的体例通常有两种：一种是年度（或阶段）-内容，即以时期为主线，将材料先按年度或阶段分开，然后在每时期下面分别叙述其机构设置、职能任务等内容，逐年编写下去；另一种是内容-年度（或阶段），就是以题目为主线，先将材料按其叙述的内容分成若干题目，然后在每个题目下面逐年叙述。为便于从不同途径查考和不同方面的研究，通常对以时期为主线的文字叙述，附以以机构为主线的机构、人员变化图表；对以题目为主线的文字叙述，附以以时期为主线的历年机构、人员变化图表。

（三）基础数字汇集

基础数字汇集，就是以数字的形式反映一定地区或某一方面的基本情况的参考资料。基础数字汇集，实际上也就是对原来各种统计的综合工作，因此又被称为“基本情况统计”。

档案材料中的各种数字，是人们在以往的各种活动中记载和积累下来的，反映了人们实践活动的状况和成果。人们现实的各项工作，又往往从不同的角度需要有关的数字，但是这些数字被分散记载在机关的各种统计报表、总结报告、计划等文件中，不便于系统地使用。编写基础数字汇集的目的和任务，就是根据一定的需要和题目，将分散的基础数字集中起来，汇集成系统的材料提供利用。

基础数字汇集有很多用途：它可以为了解情况、研究问题、总结经验提供系统的数据，往往成为制订计划、指导工作的依据和参考；它可以用作展览、报告会等宣传教育活动中的典型材料；由于它有内容简单明了、形式灵活等特点，利用起来方便，因此许多单位把它专门刊印，发给领导和有关人员随时使用，成为常备的袖珍手册。

基础数字汇集的种类、形式很多，按其基本内容可以分为两种类型：一是综合性的基础数字汇集，二是专题性的基础数字汇集。

综合性的基础数字汇集，是记载和反映某一个地区、系统、机关、单位全面情况的数字汇集。这种数字汇集包括的范围较广，篇幅也较大，如《某某市基础数字汇编》内容包括土地面积、人口、工农业产值、文化教育设施等。

专题性的基础数字汇集，是记载和反映某一个方面的基本情况的数字汇集，如《某某乡“十二五”期间农业发展基础数字汇编》等。专题的范围和内容可大可小，应从各个不同方面、不同的需要和目的出发去确定专题的范围和内容。

（四）专题概要

专题概要就是用文章叙述的形式，简要地说明和反映某一方面的工作、经营管理或其他社会现象和自然现象的产生、发展、变化的一种专题性参考资料。其一般称呼和专题的具体名称很多，如“专题资料”“发展基本情况”“资源分布概要”“自然资源概况”“历届党代会（团代会）会议简介”“人民代表大会简介”“疫情专题资料”等。这种资料的主要用途，是向利用者集中地提供某项工作、经营管理和其他方面的系统的专题性参考资料。

专题概要根据其内容涵盖范围的不同，可被划分为两类。一类是综合性的专题概要。这类专题概要通常对某一工作领域、某类自然或社会现象的相关档案内容材料进行综合性叙述。另一类是专门性的专题概要。这类专题概要通常仅对某一特定题目的档案内容素材进行专门性叙述。

三、档案参考资料的编制步骤

档案参考资料的编制工作，大致可以分为如下几个步骤进行。

（一）编制工作计划

编制工作计划是编写档案参考资料的准备工作之一，是保证档案参考资料编写工作顺利进行的第一步。工作计划可包括以下内容：

（1）档案参考资料的题名和编写目的。

（2）档案参考资料所涵盖的内容、时间和地点的范围。

（3）档案参考资料的结构体制。

（4）编写的组织管理分工和时间安排等。

编制工作计划可依据各个时期的中心工作、科学研究等各方面提出的要求和档案管理的需要来编制。同时，选题要注意大中小型结合、为中心工作服务与为其他职能活动服务相结合，统筹兼顾，适当安排。这就要求档案参考资料的编写人员注意了解和研究档案用户需求的新趋势、新问题，加强与档案用户的联系与沟通，做好用户需求的调研工作，有的放矢地开展档案参考资料的编制工作。

（二）查找档案及相关资料

查找材料，一般应该借助于档案管理机构的档案检索系统和相关的指南性工具书，了解所需素材的分布情况，然后调阅有关档案的数字化资料和原始档案资源进行选材和摘录。必要时，也可以从历史书刊资料中收集补充材料。为了保证参考资料的质量，选择的材料必须全面、准确、典型，力求不遗漏重要材料。

档案管理机构应根据新修订的《中华人民共和国档案法》的规定，注意维护档案（尤其是非公所有档案）所有权人的档案公布权及知识产权。此外，档案参考资料的编写人员还应注意遵守《中华人民共和国保守国家秘密法》及相关保密规定。涉密、涉权材料的选用与否，需要根据所编档案参考资料的分发对象和范围来确定。

在选择材料的时候，可能会遇到同一事件在不同档案资料中记载不一致的情况，这时档案人员必须依据相关的史料和工具书进行深入的材料考证工作，找出正确或接近正确的材料。对于通过考证依然无法确认的材料，应注明对同一历史事件或人物记载不一致的地方。

（三）综合撰述

档案参考资料绝不是材料的罗列和堆积，而是根据一定的目的和要求，对摘选的材料进行分析综合，接着按一定的体例，行文撰述。即使是节录的材料，也要经过一定的编辑加工。档案参考资料的编制，对材料的叙述必须保证政治上不发生错误，特别是在利用旧政权档案材料时，更须慎重，必须以新时代中国特色社会主义思想的观点，批判地对待和使用材料，保证档案参考资料所提供的材料及表述的准确性和可靠性。

档案参考资料的内容和体例结构如何安排，主要取决于档案参考资料的种类与编写目的。在通常情况下，档案参考资料是按主题或专题结合时间、地区组织划分章节，分层次第记述档案的内容信息。这里需要进一步明确的是，档案部门在编制档案参考资料时，不应无的放矢地空发议论，而应把编制工作的主要精力放在对相关素材的综合叙述和对模糊问题的澄清上。

为了便于对档案参考资料的使用，档案工作人员还必须为档案参考资料编写序言、目录、注解，并指明材料的出处。

编写档案参考资料的序言是为了说明编写档案参考资料的目的和价值、材料来源和可靠程度、选材原则和编写体例，以及在编写过程中发现和遇到的一些需要交代和说明的问题，等等。序言可以让利用者有效地使用档案参考资料。

注解的作用主要是对档案参考资料中所提到的某些不易为用户或读者所了解的专门名词、人物或史实做必要的解释和补充。它可以让用户和读者更清楚地了解档案参考资料的内容。

材料出处是指档案参考资料所记史实的材料来源（包括档号、档案形成者、保管机构等）。其作用是便于利用者在需要深入研究重大事实的详细情况时，可以有效地追根溯源。值得注意的是，档案人员应根据档案参考资料的编写目的和实际需要来具体决定是否为相关材料注明出处。如果处理不当，就会人为地增加档案资料的篇幅。一般的处置原则是：对于没有异议的材料，通常不必注明出处；但对于那些存有疑义或十分重要的关键性数据和信息，应注明出处。

为了让档案利用者更便捷地使用档案参考资料，档案人员还可以为档案参考资料编写辅助性查找工具，如组织机构索引、人名索引、地名索引、名词索引等等。

本章思考题

1. 简述档案编研工作的主要内容和作用。
2. 档案参考资料的特点和种类是什么？
3. 简述大事记的概念、种类和编制方法。
4. 简述组织沿革的概念、种类和编制方法。
5. 简述基础数字汇集的概念、种类和编制方法。
6. 简述专题概要的概念、种类和编制方法。

第九章

档案提供利用与用户服务

内容提要

本章所讲述的档案提供利用工作理论及用户服务理论和方法，将有助于档案人员在从事档案信息服务工作的实践中，得到必要的理论引导和启发。本章主要内容包括：档案提供利用工作与用户服务概述、档案提供利用工作的方式、档案开放与公民权利的保障、档案用户需求的特点与规律、网上用户服务等。

第一节　档案提供利用工作与用户服务概述

一、档案提供利用工作的含义

档案工作的根本目的就是通过对档案及相关信息资源的集成，并通过各种渠道和方式有效地满足社会各方面对档案信息的合法需求，为人类社会的进步和发展服务。为了实现这一目的，档案管理机构（如文件中心、档案室、档案馆等）必须通过合法的途径，积极主动地提供档案信息，满足用户的需要。

一般认为，档案管理机构所从事的直接提供档案信息以满足用户需要的业务工作，就是档案提供利用工作，简称“档案利用工作”或“档案利用”。

目前学术界对“档案提供利用”往往有不同的理解：“有的认为是指档案机构提供利用；有的认为是指用户使用档案；有的认为兼指二者。”① 在西方国家中，“利用”（access）一词的一般解释是：（使用、接近或进入的）方法、权利；进入之路，通路，入口。《简明档案学词典》对“档案利用”的解释是：“政府机关、社会团体或公民个人为了某种目的按规定阅读、收看或收听档案文件的活动。”②《档案学辞典》中对“档案利用”的解释是：“档案管理业务工作的重要环节。以馆（室）藏档案资源为基础，通过一定的方式，直接提供档案为用户服务的工作。”③ 中华人民共和国档案行业标准《档案工作基本术语》（DA/T 1—2000）对“档案利用”的解释是：“利用者以阅览、复制、摘录等方式使用档案的活动。”

---

① 陈兆祦，和宝荣，王英玮．档案管理学基础．3 版．北京：中国人民大学出版社，2005：292.

② 陈兆祦，黄坤坊．简明档案学词典．北京：中国档案出版社，1993：39.

③ 吴宝康，冯子直．档案学辞典．上海：上海辞书出版社，1994：197.

档案提供利用工作的基本内容，就是介绍和报道馆（室）藏档案的内容和成分，通过各种方式为档案用户实际提供档案信息及相关信息，满足用户的各种合法利用需求。档案提供利用工作的主体是档案部门，它是档案部门的一项基本职能活动，主要通过各项有效的档案用户服务活动来实现。所以，不能把“档案提供利用工作”等同于“档案用户服务”，前者是职能，后者是该职能的实现方式。下面我们继续讨论档案用户服务的含义，并进一步说明两者之间的关系。

二、档案用户服务的含义

从一般意义来说，服务就是行动、过程和表现。英文中与中文“服务”一词对应的是service一词，对其含义有不同的解释，其中比较典型的解释是：

（1）s＝smile（微笑），即服务人员要给用户提供微笑服务。

（2）e＝excellent（出色），即服务人员要把每一项微小的服务做得很出色。

（3）r＝ready（准备好），即服务人员要随时准备好为用户服务。

（4）v＝viewing（看待），即服务人员要把每一位用户看作贵宾。

（5）i＝inviting（邀请），即服务人员要在为每一位用户服务之后请他再次光临。

（6）c＝creating（创造），即服务人员要能够创造出令用户满意的服务气氛。

（7）e＝eye（目光），即每一位服务人员要始终用热情好客的目光关注用户，预测用户的需要，提供及时服务，使用户时刻感受到服务人员在关心自己。

档案用户服务就是档案部门为支持本单位所收藏档案信息及信息产品（包括二次性档案信息产品、三次性档案信息产品等）价值的实现而采取的行动、过程和表现。

与含义非常明确的档案提供利用工作相比，档案用户服务具有以下四个突出特点。

第一，无形性。档案提供利用工作是有形的业务活动，它提供给用户的档案或其信息产品，都是看得见、摸得着、物质化、数量化的事物；而档案用户服务作为一种“产品”是看不见、摸不着、非数量化的，档案用户不可能在接受某种档案服务之前进行检验或试用。档案用户服务在很大程度上是无形的和抽象的，无形性是档案用户服务的最明显特点。

第二，差异性。规范的档案提供利用工作应该是无差别的，即对提出档案信息利用需求的所有合法用户，档案部门都不能歧视，都需要依据法规和制度的要求对其提供无差别的档案及其信息产品。而档案用户服务在不同的时间、地点和场合是存在差异的，即使是同一位档案服务人员，在不同时间和场合所提供的服务也是存在差异的。档案用户服务的构成成分及其质量水平经常变化，很难统一界定，没有固定的标准，具有较大的差异性。

第三，不可存储性。在开展档案提供利用工作的过程中，人们可以通过登记和统计等方式和手段，把所提供的档案及其信息产品的数量和用户的情况记录并存储起来。而档案用户服务则是一种在特定时间内的用户的感受或情感需要，不可存贮，也容易消失。用户服务也不能如有形的档案及其信息产品那样被存储起来，并在用户需要时拿出来。

第四，不可分离性。在档案用户服务的过程中，服务者同用户不能间接接触，只能直接接触。档案人员向用户提供服务的时刻，正是用户获得服务的时刻，二者在时间上是不可分离的；而档案提供利用工作为用户提供的档案及其信息产品是可以通过间接的方式实现的，如通过网络传输、举办档案展览、代理查询等途径，也可以满足用户对档案信息的利用需求。

通过上述分析，我们不难发现档案提供利用工作确实同档案用户服务有着千丝万缕的联系——良好的档案用户服务可以有效地提升档案提供利用工作的品质，扩大档案部门的社会影响力。然而，如果把两者混为一谈，就会在一定程度上影响档案部门的职能实现，甚至会人为地忽视档案用户服务的作用，降低服务品质，影响档案工作根本目的的实现。档案提供利用工作所追求的目标是及时有效地把用户所需要的档案信息提供给他，消除其“不确定性”；而档案用户服务所追求的目标是有效地提升档案用户的满足感。从一定意义上说，档案用户服务是整个档案工作的存在与发展的生命线，是档案提供利用工作成功的保证。我们可以注意到这样一种常见的情况，即档案用户通过档案部门所提供的档案信息，有效地消除了利用前的不确定性，也解决了工作、生产、生活或研究工作中的实际问题，但是档案人员的服务不到位、不周到、不及时或不注意细节等问题的存在，也会大大降低用户的满足感。因此，档案工作者只有在档案提供利用工作实践中，把有形的档案信息及其产品与无形的、周到的、细心的档案用户服务有机地结合起来，才能更为有效地满足用户的现实需要和心理方面的诉求。

在以往的档案利用理论研究中，研究者把档案提供利用工作和档案用户服务两个概念结合在一起，并统称为档案的利用服务工作，是有一定道理的。

三、档案提供利用工作在档案工作中的地位

档案提供利用工作是档案工作为社会各项事业服务的直接手段，是沟通档案工作内外关系的一个重要环节，在档案工作中占有突出地位。这主要表现在两方面：一方面，档案提供利用工作代表整个档案管理的成果与各行业发生信息传递、数据和文献供应、咨询服务关系，集中地体现了档案工作的方向和存在价值。它是档案工作联系社会的一个窗口，档案提供利用工作做得如何，是衡量档案部门业务开展的程度、工作质量如何的主要标志之一。另一方面，档案提供利用工作在一定程度上体现了外界利用档案的需要，对整个档案工作具有一定的检验和推动作用。其具体表现为：第一，档案提供利用工作的开展，必然会向档案工作本身的其他环节提出相应的要求，这将促进这些工作环节的开展和提高；第二，通过档案提供利用工作的实践，档案部门可以获得有关档案管理的反馈信息，能比较客观地发现其他环节工作的优劣，有利于扬长补短，不断提高整个档案工作的管理水平；第三，档案提供利用工作与广大档案信息用户发生各种联系，做好档案提供利用工作是对档案工作最实际、最有效的宣传，不仅能够引起社会各方面对档案工作的重视，而且档案部门会在档案信息资源的形成、积累、收集、鉴定等各项业务活动方面得到更多的理解和支持。

总之，档案提供利用工作是档案工作中最富有活力的一项职能活动。只有做好档案提供利用，才能使整个档案工作充满生机，否则整个档案工作的社会存在价值就会遭到人们的质疑。当前我国处于历史发展的转型期，若想使档案事业蓬勃发展，不断扩大档案事业对人类社会进步和发展的综合贡献力和影响力，就必须下大力气做好档案提供利用工作。

四、对优质档案用户服务的基本要求

由于档案用户服务是档案提供利用工作职能实现的必要保证，所以必须对档案用户服

务提出相应的要求。一般来说，优质的档案用户服务应该达到如下几个方面的要求。

（一）确立用户服务导向观念

所谓用户服务导向，就是档案部门在开展档案提供利用工作实践活动的过程中，始终把档案用户视为“贵宾”，确立“以用户为中心”的服务理念，一切工作活动（包括利用政策的制定、利用策略的设计、礼仪制度的内容选择、利用工作的组织和评价等）都以目标用户的需要为出发点，集中档案部门的可用资源和力量，千方百计地满足档案用户的合法信息需求，不断提高档案用户对档案部门服务的满意度、信任度和忠诚度。在现实的档案提供利用工作活动中，档案部门要首先明确谁是自己的用户，识别用户对档案部门所能提供的档案及其信息产品和服务质量的具体要求，并以此为基础改进提供利用的方式、完善档案资源结构、提高档案信息产品的加工质量、制定合理的利用服务策略。

实现用户导向的档案提供利用工作目标，是一个涉及档案部门所有业务工作活动的战略过程。因为档案部门的每一项工作，不论是不与用户发生直接联系的各项基础工作还是直接与用户发生关联的业务工作，几乎都对用户产生影响。这就要求档案部门的管理者从用户的需要出发，制定相应的档案工作政策、制度和规范，合理地配置和使用档案部门的各种资源，保证档案部门对用户的各项服务承诺的兑现。

判断一个档案部门是否真正实现了用户导向，可以从以下几个方面来进行：

第一，用户利用档案部门所提供的档案信息资源的方便性。

第二，档案部门是否有效地履行了对用户的信息服务承诺。

第三，档案部门所提供的档案资源及其信息产品是否达到了既定的标准和规范的要求。

第四，档案部门与档案用户之间是否保持了有效的沟通，对用户的反馈意见是否给予了及时答复。

第五，档案部门是否同用户进行了满意的合作。

在档案部门开展档案提供利用工作的过程中，档案人员与用户会有许多直接接触的机会，无论是与用户进行交流活动，还是有意识地同用户建立联系、进行用户辅导、处理用户的投诉等，都应充分利用这些机会向用户学习。一个直接的、有效的学习方法就是经常与档案用户保持联系。档案部门的工作人员如果能够定期与一些经常利用档案信息的用户保持沟通关系，那么不仅可以获取大量的有用信息，还可以使档案用户感到档案部门对他们的关心和重视。所以，向用户学习是实现档案部门用户导向服务策略的一个非常具体且有效的方式。向用户学习不应走过场，而应当是一个连续不断的过程。只有如此，方可有效地了解和掌握档案用户动态的需求规律和主要特点，从而为更有效地组织档案提供利用工作创造有利条件。

（二）真诚与微笑

真诚地对待每一位档案用户，并为他们提供微笑服务，是档案部门实现优质用户服务的基本要求之一。卡耐基曾言：“要使别人喜欢你，首先你得改变对人的态度，把精神放得轻松一点，表情自然，笑容可掬，这样别人就会对你产生喜爱的感觉了。”①

在档案提供利用工作过程中，档案人员要真心地为用户着想，千方百计地为用户排忧解难，努力满足用户的各种合理、合法的档案信息利用需求。对于那些根据现行法规和制度规定不能提供的档案信息，档案人员要真诚地向用户说明不能提供的原因，并尽量为用户提供其他有价值的信息线索，做到待人以诚，取得用户的理解和支持，决不可态度生硬，草率了事。

微笑服务是提高档案用户满意度的必要方式。如果你能用微笑去对待每一位档案用户，那么你就能成为受档案用户欢迎的人！多数实践经验表明，微笑不“花费”档案人员什么，却可以有效地提升档案部门的服务质量。虽然微笑产生于一刹那间，但它可以给档案用户留下关于档案部门的良好记忆。微笑服务可以实现档案人员与用户之间关系的和谐，给用户带来快乐，建立档案用户对档案部门的好感。正如一位学者所言，微笑是疲倦者的休息室、沮丧者的兴奋剂、悲哀者的阳光。让我们在档案提供利用工作实践中，通过真诚的微笑服务，给每一位用户带来温暖的阳光。

（三）讲求效率

讲求效率，就是要求档案部门快速而准确地为档案用户服务。在实际工作中，档案人员的服务动作要快速敏捷，不能拖沓敷衍；档案部门的信息检索或查询系统的响应时间要尽可能缩短；档案部门为档案用户服务设计的程序要准确无误，方便操作；档案信息服务平台（如档案信息网站）的设计要体现用户友好原则的要求，力戒烦琐冗杂、组织混乱、无章可循。

一般来说，档案用户总是希望档案部门能在比较短的时间内满足他们对档案信息的需要，所以一个讲求效率的档案部门，还应当制定出不同的应对策略。我们建议采取以下几项基本服务策略：

第一，区分用户需求的缓急程度，首先满足那些急需档案信息解决实际问题的用户需求。

第二，对不能在短时间内满足的用户需求，应与用户约定一个服务时间范围，并承诺在约定的时间范围内满足用户的需要。

第三，由于法律或政策原因不能为用户提供相关档案信息的，档案人员应首先向用户解释清楚相关的法律法规及政策和规范文件的规定，并提出一些合理性建议，如还有哪些相关信息资源可以利用等。

第四，不断提高档案部门的现代化信息服务平台（如数字档案馆、数字档案室等）的建设水平，提升档案信息及相关信息的检索服务能力。

（四）随时做好服务的准备

档案人员要随时做好服务的准备，其中包括做好心理方面的准备和做好物质方面的准备两个方面的内容。每一名档案人员都应当明确自己在档案用户面前所扮演的角色，按照

---

① 夏志强．决定成败的 60 个工作细节．沈阳：万卷出版公司，2006：285.

一名合格的档案工作者的行为规范去面对用户，而不能按照个人的好恶去采取行动。所谓做好心理方面的准备，就是要求档案人员每一天都能够在工作期间保持一种良好的心态，牢记“以用户为尊”的服务理念，热情地投入工作。档案人员良好的心理准备可以有效地提高档案用户的满意度，并为档案部门赢得更为广泛的社会支持。档案部门的事业发展需要来自政府的大力支持，但是从根本意义上讲，来自社会、来自档案用户的支持更为重要。档案人员的心理准备一般应包括以下几个方面：

（1）调整好心态，忘掉不愉快的事情，全身心地投入工作；

（2）让自己充满热情，用热情去感动用户；

（3）强化“以用户为尊”的服务意识，把每一位用户都视为上宾；

（4）提前 5 分钟开始工作，让自己早一些进入工作状态。

所谓做好物质方面的准备，一般应考虑以下几个方面：

（1）保持服务环境的清洁；

（2）保持系统平台的正常运转；

（3）保持档案资源的可用性。

清洁的环境会使档案用户产生舒适感，正常运转的档案信息系统会使用户的查询得到及时响应，档案资源的可用性会使用户的终极诉求得到满足。

（五）做好可见服务，树立全员服务意识

档案部门应把自己的服务工作置于用户的监督之下，使用户能感觉到档案部门的工作成果。如整齐清洁的办公环境和阅览环境，周到热情的服务态度，悉心开发的档案信息系统，明确具体的服务流程提示，及时有效的档案咨询服务，等等。服务不仅是直接为用户服务的档案人员的事情，而且是档案部门所有工作人员的事情。如果每一位档案工作人员都能发自内心地同熟悉的或不熟悉的用户道一声“您好”，如果每一位第一次上门的用户都能得到他所遇到的任何一名档案部门的工作人员的热情指引和帮助，那么整个档案部门在用户心目中的形象就会大为提升。所以，每一位档案部门的工作人员都应当注意做好可见的服务，这对于整个档案事业的发展至关重要。

（六）讲礼仪

中国是礼仪之邦，档案人员应该成为整个社会讲究仪容仪表的表率。仪容仪表不仅体现在着装打扮上，而且体现在语言运用、行为举止上。一句亲切的问候、一句“欢迎您再次光临”、一个甜蜜的微笑等，都会使档案用户获得心理上的满足。在称呼用户时，如果能够在对方的姓氏后面加上“先生”或“女士”或者职务、职衔，就会让档案用户感受到档案人员对他们的尊重。如果档案人员能够对档案用户的成绩给予称赞，如“您的研究成果水平真高”“您的文章写得真好”“您的工作效率真高”等，那么用户对档案人员的服务将会更加满意。

角色就是一种职能，是每个处在这个位置的人被期待的、符合规范的行为模式。档案人员扮演着一种非常重要的社会角色。所以，在档案用户面前，档案人员必须注意自己的仪容仪表，不能拖沓懒散。我们很难想象，一名衣冠不整、不修边幅的档案人员，会给档

案用户带来好的心情。

（七）出色服务

档案部门的每位工作者如果都能做到上述六点，就是称职的，所提供的服务就是优良和出色的。

第二节　档案提供利用工作的方式

档案资源只有通过有效的途径提供给用户使用，才能实现其现实价值和历史价值。对于我国的档案部门来说，绝大部分档案资源的生命周期是有限的，所以不能认为只要保证了档案的完整和安全，就达到了档案管理的根本目的。每个档案部门都应树立一种明确的资源利用意识，确立“资源的闲置就等于浪费”的管理理念，积极开展档案提供利用工作，促进档案资源的合理开发与有效利用。

档案资源管理机构（包括国家档案馆、立档单位的档案部门等）提供档案为社会服务，是通过各种各样的方式进行的。这些方式概括起来说一般有如下几种：

其一，提供档案原件。如档案资源管理机构内开辟阅览室，用户在专门的阅览室内查阅使用档案原件；在某些情况下将档案原件暂时借出使用；等等。

其二，提供档案复制品。如制作各种形式的档案复本，代替原件在专门的阅览室内供用户使用或提供外借使用；编辑出版文件汇编和在报刊上公布档案；举办档案展览；等等。

其三，提供综合性档案信息材料。如编写各种档案参考资料，制发档案证明，函复查询外调，依据档案材料撰写专门文章和著作，向社会提供加工的档案信息产品或知识产品，等等。

其四，提供数字化档案信息。如将传统载体的档案资源数字化处理后，通过档案网站向用户提供网络信息服务；对捕获的电子文件和网络信息资源进行加工组织后，通过内网、专网、互联网、移动互联网向用户发布；在阅览室内为用户提供网络化档案信息服务；为用户复制档案数字化信息产品；利用数字化档案信息资源举办网上档案展览；利用网络开展现行文件目录及全文信息的查询服务；等等。

一、档案阅览

通过档案阅览方式来满足档案用户的直接性利用需求，是档案资源管理机构的一种基本的档案提供利用工作方式。阅览室是档案资源管理机构集中接待档案用户，直接依据用户的需要传播档案信息，当面提供服务的基本场所。阅览室又似档案资源管理机构对外的“窗口”，外界往往通过它直接感受到档案资源管理机构的服务质量和服务水平，档案资源管理机构也可以通过它直接了解和掌握用户的反馈信息。档案是历史的原始记录，一般是单份、孤本或稀本，有的档案内容具有一定的保密性。这些特点，决定了档案一般不宜外借。各立档单位管理的档案资源，不能也不必全部数字化并广为传播，而应主要采用机构内阅览的提供利用方式。

档案阅览这种利用方式的优势主要表现在：

（1）可以为档案用户提供专门的服务设施。包括“硬件”设施和“软件”设施等。

（2）可以有效地保证档案的安全。档案部门可以利用技术监控和专人监护等手段，确保档案原件的安全。

（3）可以为档案用户提供及时的信息咨询服务。

（4）可以提高档案的周转率和利用率，避免因一人借出而妨碍多人利用之弊。

（5）便于档案部门随时了解和研究档案利用的情况，从而改进和提高利用工作的质量。

当然，档案阅览服务也存在一定的局限性。如档案用户会受到一定程度的时空条件限制，只能在档案部门的工作时间到档案部门去利用档案；一些用户的生活习惯会受到限制或禁止；等等。

要做好档案阅览服务工作，档案人员必须具备为用户服务的明确思想、良好的工作作风和扎实的业务基本功。档案人员应该热情主动、认真负责地满足用户提出的各种合理的阅览要求，熟悉所藏档案的基本成分及价值，熟练地掌握各种检索工具或档案信息检索系统的使用方法，根据用户的要求迅速地查找和选择分散在不同全宗、类别里的档案，力争查全、找准。同时，档案人员应积极协助和指导用户使用档案检索工具或档案信息检索系统，必要时还应主动向用户推荐或代选档案材料和研究资料，以满足用户的不同需求，耐心负责地解答与借阅档案和研究题目有关的问题。

阅览室的设置，既要考虑服务的便捷，又要方便管控。阅览室地址的选择，以既适于阅览和从事研究，又便于取调档案为宜。室内一般应设有服务台、阅览桌、阅览制度告知栏、检索终端、监护设备等服务设施。阅览室应配置可供用户查询使用的档案检索工具、检索终端、档案参考资料，或附设为用户服务的图书资料室，备有与馆藏有关的和通用的历史、经济、政治、文化出版物，报刊资料，以及文摘、索引、书目、辞典、年鉴、手册和指南之类的工具书，供用户使用。

阅览室内应安装必要的电源，用户可以携带自己的计算机进入阅览室。信息化程度较高的档案部门的阅览室，还可以为用户提供计算机，用户可以利用计算机对档案进行检索，并直接利用已经数字化的档案信息材料，如果需要，可将有关的档案拷贝下来——可以向档案人员提出申请，档案人员应在较短的时间内完成拷贝。此外，档案阅览室还可以根据需要配备电脑、缩微阅读器和复印、打印设备。

考虑到来馆用户的目的各有不同，有的是为了进行历史研究而利用档案，有的纯粹是为了休闲而利用档案。这两种用户的知识背景不同，利用档案的方式和要求也有很大区别。进行历史研究的用户由于经常利用档案，对档案馆的馆藏有一定的了解，在利用档案的过程中不需要档案人员进行过多辅导。而带着休闲目的来到档案馆的用户，由于对馆藏内容和档案知识了解不多，他们在利用档案时，往往需要档案人员进行必要的指导。在利用档案的要求上，研究人员一般要求有一个安静的环境，而带着休闲目的的利用者在利用档案时往往不会要求这一点。为了能够给所有的用户提供优质的服务，档案馆对于这两类用户可以采取不同的服务策略。有条件的档案馆可以开辟两个阅览室，把利用目的不同的用户引入不同的阅览室，并提供差异化的服务。

阅览室须制定阅览制度，作为服务人员和用户共同遵守的行动规范，阅览室工作人员要负责宣传与监督它的实施。如规定档案借阅范围、办法以及其他有关的规则。为了保护档案和有效控制涉密档案，用户不能借阅与其利用范围无关的档案。对于残旧、脆化等易损档案和特别珍贵的档案最好提供复制本，以及已经有数字化副本的档案，一般不出借原件。尚未经过整理的零散文件，一般不提供借阅。当出于特殊的公务活动需要必须借阅档案时，档案人员须逐件登记。用户必须爱护档案，不得在档案文件上做任何记号和涂改。用户不得将档案带出阅览室；阅毕的档案，档案人员应及时收回，并认真检查和清点。如发现污损、涂改、遗失及其他异常情况，档案人员须立即采取措施，予以妥善处理。为了总结工作经验和改进阅览工作，档案部门应建立利用登记和统计分析制度；通过对用户类型、利用档案成分、利用效果、用户意见的研究，取得阅览服务的信息反馈。档案部门应定期汇总分析上述情况，了解用户的意见和动向，采集用户的满意度信息，掌握利用工作的某些规律性，持续改进和提升档案阅览服务乃至整个档案利用工作的质量。

二、档案外借

档案外借，就是档案资源管理机构根据用户的特殊利用需要，暂时把档案原件借出使用的提供利用方式。档案原件一般不借出使用，但在个别情况下，为照顾本单位或上级单位的工作需要，或某些单位必须用档案原件作证等特殊需要，也可以暂时将档案借出档案机构使用。

相对于档案馆来说，在一个立档单位内部，把档案原件借给本单位的领导及有关业务部门使用，也是一种较为常见的档案提供利用方式。有时各单位的档案部门还必须根据本单位各职能部门的计划安排和工作进展情况，主动地为有关部门和人员提供档案原件的外借服务。但是，对于特别珍贵的或残破的、脆化的常规文件、古稀文本，以及照片、影片、录像带、录音带等原件，不能外借使用。

档案外借，要遵守严格的制度。档案外借的一般制度性要求包括：

（1）在履行一定的批准手续和登记手续后，档案原件才能外借使用。在登记过程中，档案人员除了要登记一些基本的项目（如借阅人、借阅时间、借阅档案的题名与档案号、预计归还的时间等）外，还应对重要档案原件中涉及的一些关键性数据项进行必要登记，确保档案内容的安全。

（2）档案借出使用的期限不宜过长，以免失控，发生档案的遗失或失密、泄密等问题。

（3）对外借档案原件的数量也应进行必要的控制，一次借出使用的档案数量不宜过多。

（4）在借出档案原件时应认真清点和登记，并责成借用单位注意保密和保护档案；借用单位和直接当事人应对所借档案的完整和保密负完全责任。保证借出的档案能完整地按时收回，是档案资源管理机构在提供利用工作中必须予以重视的问题。

（5）档案资源管理机构工作人员应掌握档案的借出情况，督促借阅者按期归还。在收回借出档案时，对案卷的数量和卷内文件情况需要进行细致的检查。如果发现档案原件出现污损、涂改、抽换、散失等问题，应及时向主管领导汇报，以便及时妥善处理。

三、制发档案复制品

制发档案复制品，亦称“复制供应”，是指档案资源管理机构根据用户的需要，利用各种复制设备制作档案复制品，以满足用户需要的一种档案提供利用方式。随着社会对档案利用需要的不断增长、档案部门服务条件的改善，根据档案原件制发各种复制品，已成为档案部门特别是档案馆档案提供利用的一种日趋发展的方式。目前档案资源管理机构为用户提供的这种服务的主要形式包括（见表 9－1）：

表 9－1　　制发档案复制品的主要方式

序号	复制方法与手段	制发档案复制品的种类
1	人工抄写	档案副本、档案内容摘录
2	打字、打印	档案副本、档案内容摘录
3	静电复印	档案副本、档案内容摘录
4	摄影	档案影像副本
5	扫描	档案数字化副本
6	下载	档案电子副本
7	晒印	标准图、通用图、设计成图等图样的成套或单份复制品
8	缩微	档案缩微品
9	转录	磁带、磁盘、光盘等形式的数字档案副本

制发档案复制品的档案提供利用方式具有较多的优点：

首先，用户不用到档案资源管理机构即可获得所需要的档案信息材料，既方便用户，又可在同一时间内，满足较多用户的并发性档案信息利用需要，使档案更充分地发挥作用。

其次，有利于档案原件的保护和流传。

再次，能够为用户提供相关的已有成果信息，避免了重复劳动、重复投入，可以在很大程度上节省人力、物力和财力资源。

最后，有利于促进档案信息的交流与共享，有利于档案信息进入技术市场，提高企业和科研部门的科技成果的转化能力。

因此，制发档案复制品是档案提供利用的一种有效方式，档案资源管理机构应根据条件，更多地以复制品代替档案原件提供利用。当然，提供档案复制品的方式也有它的局限性，因而应注意提高复制技术水平，尽量满足用户的不同复制利用要求；同时，在制发范围和批准权限等方面应妥善处理。制发档案复制品，可以与阅览室工作相结合，也可以单独规划与组织。档案复制品必须和档案原件仔细校对，并注明档案资源管理机构的名称、档案原件的档号。必要时，档案部门还应加盖公章，以示对复制品的真实性和可靠性负责。

四、档案展览

档案展览是指根据某种需要，按照一定的主题或专题，系统地组织、陈列或发布档案信息材料，展示和介绍有关档案的内容和成分，满足用户需要的一种档案提供利用方式。

档案展览的主要特点和作用是：

（1）档案展览本身就是提供档案信息的现场，观众可以从中得到较为集中和系统的材料，甚至能够发现从未见过和难以找到的珍贵材料和信息线索。

（2）能在一定范围内组织较多的观众参观，服务面比较广。

（3）经过选择和组织而展出的典型材料，能以档案的原始性、真实性和形象鲜明见长，能给观众留下深刻的印象，起到生动的宣传教育作用。

（4）档案展览可以显示档案丰富的内容及其特有的作用，引起人们对档案的注意和利用的兴趣，从而也宣传了档案工作的意义。

（5）网上档案展览可以更为广泛地宣传馆藏精品，提高档案馆的社会影响力。同时还可以有效地节约成本，提高档案信息传播的效果。不断更新的展览内容，还可以更有效地满足档案用户的个性化利用需要。

档案展览，依据举办展览的时间长短，可被分为长期性展览和临时性展览；依据展览的内容构成，可被分为综合性展览和专题性展览；依据举办主体，可被分为档案馆举办的展览和各单位举办的内部展览；依据受众对象，可被分为内部档案展览和社会性档案展览；依据地点和方式，可被分为固定展览、巡回展览、网上展览；等等。常见的档案展览类型请参见表 9-2。

表 9-2　　常见的档案展览类型

序号	主办单位	展览形式	备注
1	档案馆	长期性档案展览	陈列展出本馆保存的珍贵档案文献副本、实物、图片等
		临时的综合性或专题性档案展览	配合各种工作和有关的活动，酌情举办各种类型的档案展览会，如历史档案展览会、革命历史档案展览会、各种专题展览会；还可配合各种纪念活动，组织有关人物或事件展览会等
		联合型档案展览	由两个以上档案馆参与组织的，围绕某一专题或主体进行的档案展览活动
		网上档案展览	利用档案网站开展的旨在传播档案信息，进行爱国主义宣传教育、历史知识教育、优秀文化传统教育的展览形式
		档案工作成果展	通过展出档案馆的各种编研成果和服务效果等方面的信息内容，提高档案信息产品和知识产品的利用率，扩大档案工作的社会影响力
		档案工作成就展	宣传档案工作的各种成就和工作业绩，扩大社会影响，提高社会的档案意识水平
2	单位档案管理机构	小型展览	为配合本单位目前的任务和有关的工作，提高本单位的文档质量和规范化水平，可以举办文件质量展、工作成就展、规章制度展、归档情况展、档案整理成果展等
		长期性展览	大、中型企事业单位为了提高本单位的社会服务能力、产品竞争力，宣传企业（事业）文化，扩大单位影响力，可以利用档案、档案复制品、实物、图片及文字说明等，设置长期性的展馆、展室，面向社会提供档案信息及相关的文化信息服务
		网上展览	利用本单位的网站或网页在互联网上展出本单位的档案精品、典型人物照片与事迹材料、企业各时期的商标及广告宣传材料、企业生产流程、企业发展规划与发展蓝图等

举办档案展览是一项严肃的任务，它的政治性、思想性和文化性较强，又是一个具有科学性和艺术性的工作项目，必须认真细致地筹划和组织。为此，举办档案展览要注意以

下几个方面的要求。

第一，选好展览的主题和规划展览，是组织好档案展览的关键。所以要明确举办展览的目的，确定主题以及展出档案的内容和范围，也就是确定举办一个什么类型的档案展览。展览的内容，是由举办的目的和档案资源管理机构所保存的档案的情况决定的。为了保证展览内容的思想性和科学性，最好事先拟出详细的展览计划和展出档案的提纲，提请有关领导批准后据以实施。

第二，围绕主题查找和挑选展出的档案，是组织展览过程中最重要的一环。档案展览内容的思想性、科学性和展出的效果如何，取决于展出档案的内容和种类，要选择最有价值和最有意义的材料，特别是选择能正确反映历史事件、揭示事物本质的材料。

第三，在选择展出档案时，需要对形成档案的历史环境、事件始末进行深入的了解和研究。只有以历史唯物主义的观点，在深入研究材料的基础上选出的档案，才会是精练和正确地反映问题本质的档案。

第四，为了加强展出效果，应进行周密的展览设计，并根据整体方案对选出的档案进行分类排列。一般的分类排列方法是先按专题分开，每个专题内再按事件和时间顺序排列，既要照顾到一个专题内档案的集中和系统性，又要照顾到各个专题间的相互联系，使人看了既感到材料丰富、全面，又觉得主题明显、中心突出和完整地反映了历史事实的过程。

第五，最贵重的档案，可陈列在引人注意的地方。为了使观众能一目了然，在每一部分或专题之前，可以写明标题、提要、介绍等。在不涂写档案的前提下，为档案的重点内容加上鲜明的标记。

第六，在档案展出时，必须注意档案的保护和保密工作。展出的档案一般都用复制品，在展出原件时应采取透明装置等保护措施，以防止档案的遗失和损坏。展出机密性的档案，需经领导批准和规定参观者的范围。

第七，在展览过程中应配合进行讲解工作，解答观众提出的有关问题，并适当地进行必要的宣传。

五、制发档案证明

档案证明是档案资源管理机构根据组织或个人的询问和申请，为了核查某种事实在所保存的档案中有关的记载而编写的书面证明材料。某些机关、团体等组织和个人，为了处理和解决某个问题，往往需要档案资源管理机构提供档案中所记载的有关问题和事实的证明材料。例如，公安、检察、司法机关需要审理案件方面的证明材料，个人需要有关工龄、学历和财产方面的证明材料，等等。因此，档案资源管理机构制发档案证明，是满足机关、团体和公民利用档案来说明一定事实的一种手段，是档案资源管理机构提供档案为组织和公民服务的重要方式之一。

制发档案证明是一项政治性很强的工作，对申请书的审查和档案证明的编写，都必须严肃认真地对待。档案证明必须经过机关、团体或个人的申请才能制发。在申请书中，申请人须写明申请档案证明的目的，要求证明的事项及其发生的时间、地点等情况，以便于档案资源管理机构对申请书的审查，以及证明材料的查找与编写。档案证明应根据档案正本或可靠的抄本来编写。只有在没有正本或可靠抄本的情况下，才根据草案、草稿来编写，但应在证明材料上加以说明，如未经签署、记录的草稿或试行草案等。不论根据什么材料编写，都要在档案证明上注明材料出处和根据。档案证明的文字要求确切明了，内容范围要限定，不能超出申请证明的问题范围而列入其他材料。

档案资源管理机构是管理档案的机构，不是国家公证机关，不能代替其他机关的职权和任务。档案资源管理机构所发的档案证明，只是向有关机关或个人证明某种事实在本档案资源管理机构所保存的档案中有无记载和如何记载，不是直接对某种事实下结论或给予某种权利。因此，编写档案证明以引述或节录档案原文为主要方法，如果必须由档案工作者根据档案内容综合或摘要叙述，务必保证表述的准确性和真实性。

书写档案证明的工作人员不能擅自对材料进行解释，否则证明材料就会失去真实性，不能起到凭证作用。如发现档案材料互相矛盾，应将几种不同的材料同时列入档案证明，以供使用者分析研究。对于一般人不易了解的某些名词、术语或事件，可做必要的注释和说明。档案证明中还应写明档案证明接受者（申请者）以及制发档案证明的档案馆的名称和证明制发日期。档案证明写好后，须经认真校对、审查批准，并加盖档案馆或机关公章发出。

六、档案咨询

档案咨询是档案人员根据用户提出的问题，以档案的信息内容为主要依据，解答用户提出的问题，向用户提供档案信息及有关情报的一种档案提供利用方式。

档案咨询的范围，一般包括两部分：解答咨询——通过口头（包括电话）、书面（如信函）、网络服务（如电子邮件）等形式，答复询问；协助检索——指导用户使用检索工具，为查找馆（室）藏档案资料提供新的线索。广大用户在利用档案的过程中，可能会遇到许多疑难问题，需要档案人员帮助解决。用户提出的咨询问题多种多样，有的要查找某一事实、某个专题的档案材料或询问其检索途径，有的要求介绍馆（室）藏档案与检索工具的使用方法，有的要求解答与档案有关的名词、术语，有的要求扩大研究课题材料的查找线索，等等。这些咨询题目和内容，有一般咨询，有专门性咨询，有事实性或知识性咨询，有专题研究性咨询或情报性咨询。对于一般咨询和事实性或知识性咨询，档案人员在接待与档案借阅过程中，可随时解答；专门性咨询和专题研究性咨询或情报性咨询则要由专人负责解答。常见的档案用户咨询问题如表 9-3 所示。

表 9-3　　常见的档案用户咨询问题

咨询类型	序号	常见咨询问题
业务问题咨询	1	服务内容、服务时间、办公地点、信息索取的方法
	2	档案利用限制、档案复制价格、服务费用和标准
	3	档案公布要求
	4	档案专业知识
检索问题咨询	5	检索工具、检索系统的使用方法、检索效果
	6	档案检索信息的覆盖面
	7	能否提供定题检索服务
事实、数据问题咨询	8	有无有关专题、主题的档案、资料、数据
	9	有无某个事件、某个人物、某种事实或数据的档案、资料
	10	有无能够解决用户合法权益问题的文件

档案咨询工作的一般程序（见图 9-1）包括：

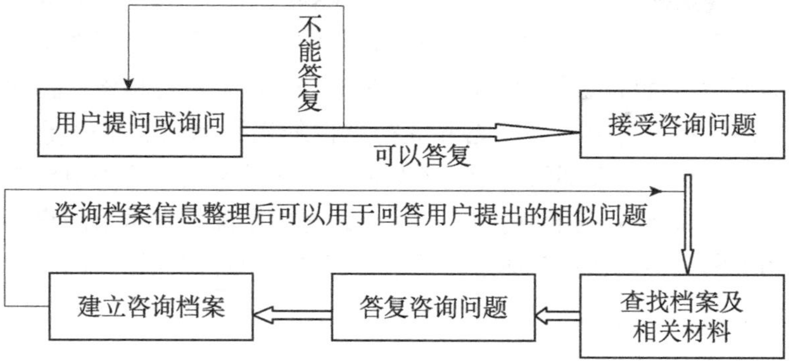

图 9-1　档案咨询工作流程图

1. 接受咨询问题

档案人员在接受咨询时，首先要审明咨询的目的、内容、范围和要求的深度广度，以便确定检索途径和咨询方式。特别要结合审题，明确本馆（室）有无咨询依据材料和承担咨询的条件。尚未明确的，应向提出咨询的机关、个人进一步问清，以避免无效劳动或答不切询。对用户在借阅档案过程中提出的问题，较简单、有把握的则立即回答，或借助于检索工具和有关材料，在短时间内予以解决。问题比较复杂和困难的，记录下来研究后再予答复。接待咨询要求档案人员热情认真，解答翔实。无论用户当面还是电话咨询，凡不能即席解答的，或让用户稍候，或另约时间等等，都应从便于用户考虑，使之省时省事而又能获得满意的结果。必须指出的是，不是所提问题都要处理、解答。如所咨询问题的内容已超出业务范围而应由其他机关、单位办理的，涉及党和国家机密的，属于家庭与个人方面不宜公开的问题等等，档案人员可以说明情况，谢绝解答。

2. 查找档案及相关材料

档案人员根据用户提出的咨询问题，深入分析研究，确定查找范围，选定检索工具，明确检索途径和方法，查找有关的档案材料。

3. 答复咨询问题

对咨询问题的回答可视具体情况，分别采取直接提供答案、提供档案复制本、介绍有关查找线索等途径。提供档案材料时要注明档案材料的出处，包括作者、文种、形成时间、档号（全宗号、目录号、案卷号、页号）。若档案中对同一事实有不同记载，要将其全部提供给用户，由他们分析判断决定取舍。

4. 建立咨询档案

档案人员应有目的地给所回答的咨询问题建立咨询档案。凡是重要的、有长远参考价值的、可能重复出现的与解答不了的咨询问题，都应做完整的记载，包括各种原始记录、解答咨询的过程、最后结果等。咨询档案对于全面掌握咨询情况、总结经验、改进工作、探索规律都有重要意义，是一种有参考价值的材料，应该持久地连续积累和发挥它的效益。

随着我国档案部门数字化、信息化和网络化管理水平的不断提高，档案馆和立档单位的档案部门也可以通过网络途径来答复用户的合法咨询问题。目前最常见的是通过电子邮件的形式，答复用户的咨询问题。目前我国许多档案馆已开始了档案信息化的进程，全部或部分档案目录已经上网，档案全文数据库的建设和应用也得到了不断发展，这都为档案馆和立档单位的档案部门开展网上档案咨询工作提供了必要条件。档案用户坐在自己的办公室或在自己的家中，就可以通过互联网对有关的档案数据进行检索。在检索到所需档案的目录信息线索后，用户可以向档案馆和立档单位的档案部门发出电子邮件提出利用申请，档案馆和立档单位的档案部门的专门人员应以最快的速度对有关申请进行审核，如果利用要求合法，就可以将有关档案的信息内容，通过电子邮件发送给用户。随着档案馆社会化服务工作的不断完善，档案馆通过网络途径答复用户咨询问题，已成为一种主要的咨询服务方式。

七、档案论坛

档案论坛是档案馆为了提高社会公众的档案意识水平，促进档案信息资源的开发利用，而在固定时间和地点定期举办的主题讲解活动。通过这种论坛，档案馆的工作人员和研究人员可以向社会公众介绍馆藏、引导研究、讲述有关学术研究成果等。

各级国家档案馆应确定相对固定的时间和场所举办论坛，如把每周的某一天定为论坛举办日，并充分利用档案馆的报告厅、会议室等场所来开展此项活动。为了扩大影响，档案馆还应该加强与有关政府部门或图书馆、文化馆、纪念馆、博物馆等文化事业单位的合作，共同围绕社会公众关心的问题、重大纪念活动等，组织更大规模的论坛活动。

档案论坛的主题选择可以参考表 9－4。

表 9－4　　档案论坛主题类型

顺序号	论坛主题	听众对象
1	如何利用档案开展历史研究	对历史研究感兴趣的大学生和社会公众等
2	如何顺利检索到所需档案	档案馆的经常性用户和社会公众
3	档案与人类文化	社会公众、学生用户
4	档案与地方历史	社会公众、史学爱好者
5	档案与公民合法权益保障	社会公众
6	档案与企业文化建设	企业档案用户
7	档案与历史事件	社会公众、学生用户
8	馆藏珍品介绍	社会公众
9	档案与文物收藏	社会公众
10	档案与印章文化	篆刻爱好者
11	档案与地方旅游资源	社会公众、游客
12	档案与历史人物	社会公众
13	档案与民俗	社会公众
14	档案编研成果介绍	历史研究者、地方志编写人员
15	档案学术问题研究	档案工作者

八、实地参观和考察

这是档案馆为社会公众提供的又一种非常有效的社会化服务活动。在实际工作中，档案馆为了更有效地吸引社会公众利用档案信息资源，提高社会公众的整体档案意识水平，消除档案馆的“神秘感”，可以组织社会公众（包括本地公民、学生、外地游客等）到档案馆进行实地考察、参观、旅游。国外的档案利用工作实践经验表明，公众通过这种利用方式可以了解档案馆的“庐山真面目”，了解档案馆的职能及馆藏特色，了解档案馆所能提供的信息服务及其相关的手续和制度。百闻不如一见，只有让社会公众亲自体验了档案馆的真实情况，才能有效地改变社会公众对档案馆的一些传统认识。通过组织社会公众到档案馆进行实地参观和考察，档案馆还可以扩大自身的社会影响，并提高社会公众利用档案信息资源的意识。“人生百年，立于幼学”，档案馆应在与中小学学生的互动中，不断强化国民的档案文化意识。

为了使这种档案提供利用工作能够顺利地进行，档案馆还需要做好细致的组织工作。如通过电话预约、网上预约、单位组织等方式，档案馆可以有计划地开展此项服务工作。此外，档案馆也可以通过同有关的单位合作来开展这种服务。如同旅行社及有关的文化事业单位共同组织参观档案馆的活动，来满足社会公众了解档案馆及其所藏资源和服务的需要。

第三节 档案开放与公民权利的保障

一、档案开放的概念

档案开放就是档案管理单位根据档案价值实现的客观规律和特点，依法向社会公众和组织公开未被列入保密范围与“豁免公开”范围的档案内容，并通过有效方式及时提供给有关组织或个人，以满足其合法利用需求的社会化服务政策与措施。它是公民知情权、参政权、议政权等民主权利得以实现的必要保证，是国家政治民主化的重要标志。

这一概念的基本含义主要包括以下几个方面。

（一）档案开放必须建立在对档案价值实现的规律和特点深刻理解的基础上

在现代社会中，越来越多的人已经意识到文件与档案是国家和社会的一种核心信息资源，如果档案资源得不到及时有效的开发利用，就会因为资源的闲置而造成巨大的浪费。这种核心信息资源也同样具有自己的“生命周期”，即活跃期、休眠期、死亡期等生命阶段。在其生命周期的活跃期范围内，如果得不到有效的开发利用，许多文件和档案就会失去它们发挥作用的时机，甚至成为无用的“故纸堆”，多数档案会在休眠期间“死去”，只有少量的具有历史文化价值的档案能从休眠期中“醒来”，被人们作为“永久性的社会历史记忆”保存下去。为此，我们必须把握时机，及时组织档案信息的开放，才能使档案潜在的社会利用价值转化为现实的利用价值，为民所用，造福于民，并推动社会各项建设事业的健康发展。

在以往的理论中，我们一般认为档案的第一价值的实现发生在立档单位的保存阶段，档案第二价值的实现发生在国家档案馆管理阶段；首先要实现档案的第一价值，即档案对其形成者的价值，然后才能实现由第一价值向第二价值的过渡，进而实现其对社会的价值。这种理论在传统的封闭和半封闭的社会背景条件下，是具有一定说服力的。但是，就目前我国的政府信息化建设与发展的情况而言，这种理论已经暴露出其中的不适宜之处。因为现代政府的基本社会职能就是服务，其建设与发展的目标就是要建立“阳光政府”，而这种类型政府的基本标志之一就是实现政务信息的依法公开。在以往的社会环境中，社会公众的档案意识薄弱，维护权利的意识也非常弱；而在新时代的社会信息环境中，公民和组织的知情意识、信息共享意识、依法维权的意识等，都已经得到了前所未有的提高。所以，档案部门如果还固守原来的档案管理思维和价值理论，就会被时代淘汰。为此，档案部门必须非常注意开展现行文件（或归档文件）和档案资源的开放，以便为其社会价值的实现搭建一个良好的“平台”。档案信息是一种不同于图书、情报资料的社会文化信息资源，具有较为突出的内向性特征。如果不及时有效地对档案加以公开，社会组织和公民就很难了解其中有哪些方面的信息可以满足他们的利用需求。就此而言，开放档案，特别是开放现行文件或现行档案，是引导社会用户有效地开发和利用这种核心信息资源的必要前提和基础。

（二）档案开放的范围应当依法确定

一般来说，凡是未被列入保密范围或“豁免公开”范围的文件和档案，原则上都可向公众开放。但是，档案开放应讲求实际效果，所以具体的开放形式应根据实际需要来加以选择。例如，对利用率较高且与百姓切身利益相关的政策、现行法律法规档案，以及反映重大历史事件、重要历史人物、民族风俗文化等方面的档案，可以采用全文公开的方式予以开放；对于那些利用需求不明的现行文件和档案，可以首先开放其目录信息，以便引导社会用户正确选择和使用；另外，还可以直接根据社会用户的合法性申请，查询相关的档案内容，满足其利用需要。政府档案是一种公共的社会精神文化财富，通常应当无偿提供给社会公众。各级人民政府应当树立这样一种新的理念，即人民群众对政府的执政情况了解得越多，他们的参政、议政意识才会越强，政府的政策和措施才能得到更为充分的社会理解和支持，才能真正体现“立法为公、执政为民”的政府服务宗旨。当然，出于国家安全、社会稳定及维护公民隐私权益的需要，各级人民政府的档案管理部门要依法对那些涉及国家安全、外交、军事、核心技术等方面机密的档案，以及涉及公民个人隐私的档案，加强管理和控制。

（三）档案开放应通过多种渠道和方式进行

档案开放就是让越来越多的社会组织和个人有效地开发和利用政府的文件与档案，使这种社会核心信息资源的有用性和有益性得到更为充分的认识和利用，避免因资源闲置而造成浪费。档案部门有责任也有义务帮助社会公众接触、认识和有效利用这种核心信息资源。一般来说，信息流通的有效性取决于信息传播的渠道，有什么样的渠道就有什么样的信息利用方式。档案部门应当积极地选择和构建各种有效的档案信息传播渠道，如建立和完善档案信息服务网站、开辟公众容易接近的阅览场所、设立信息展厅、利用大众传播媒介、利用大学讲坛和中小学课堂等，逐步实现面向社会公众的服务格局。同时，档案部门还应当根据每一种渠道的特点，运用相应的服务方式，满足社会公众对档案开放信息的利用需要。

（四）档案开放既是一种利用服务政策，也是一种服务措施

政策的有效性是保证一项事业不断进步和发展的关键性因素。档案部门的服务政策只有充分体现其服务对象最根本的利益要求，才能获得社会公众的认可，才能得到事业发展的真正动力源泉。档案开放是我国自 20 世纪 70 年代末确定的一项重要的档案服务政策，它的出台极大地推动了我国档案事业，特别是档案馆事业的发展，并有效地促进了社会档案信息意识的提高。随着我国政治、经济体制改革的不断深入，档案开放的政策也逐步得到丰富、发展和完善，并以法律、法规的形式确立下来。对于档案部门来说，档案开放也是一种服务措施。它要求档案部门必须通过各种有效的变革，实现档案开放所确定的各种政策目标。档案开放措施的施行，已经使越来越多的档案馆走出了“封闭”或“半封闭”的“死亡之谷”，重新回到了社会母亲温暖的怀抱，并且通过开展社会性的档案开放信息服务，赢得了越来越多的社会公众的青睐。“赢服务者赢天下”，在这个信息时代，谁能赢得社会公众的支持，谁就会立于不败之地。因此，档案开放不能只停留在口头上，而应当成为一项被落到实处的利用服务措施。

（五）档案开放是公民民主权利得以实现的必要保证，也是国家政治民主化的重要标志

一个民主的社会、一个亲民的政府，必须让百姓享有较为充分的民主权利。档案开放是公民知情权、参政权、议政权等民主权利得以实现的必要保证。如果没有档案开放，公民就很难知晓真实可靠的政务信息，当然也就不可能真正地参政、议政；同时政府的各项方针、路线、政策和措施办法等，也很难为社会公众所接受和认可。所以，各级政府部门必须把有效的档案开放作为其“执政为民”的一项必要的政策和措施来对待，决不可漠视，更不能将其作为一种“政绩”的招牌，而使其有名无实。档案开放也是一个国家政治民主化的重要标志。当今世界的政治文化可以分为“民本文化”和“官本文化”，前者属于开放性的文化，后者属于封闭性的文化，两者“道”不同，故不能两立。我国政府正在积极推进政治民主化的进程，档案部门必须努力跟进，并将档案开放的政策与措施落到实处。

二、档案开放的依据和意义

（一）档案开放的依据

1. 实践依据

自从档案的开放原则和思想被提出至今，档案开放的实践对促进各有关国家的政治、经济、文化和科学技术的发展，起到了良好的影响作用。它使民主的思想深入人心，使社会的档案信息资源得到越来越多的开发利用。档案开放实践的直接结果，就是使公民的知情权得到了有效保障，并为社会公众的参政、议政提供了基本的信息支持。档案是一种权力，生成档案就意味着权力的产生，利用档案也同样意味着公民民主权利的实现。所以，档案开放不仅是档案部门的事情，而是一项整个社会都应关注的事情。在一个民主社会中，政府的权力来自人民的委托，广泛的公民权利衍生出公民对政府行政的知情权。政务

信息公开是"阳光政府"的重要标志之一，而政务公开中最重要、最普遍的事情就是依法对现行文件和档案等公共信息资源的开放。

我国的档案开放实践表明，档案开放不仅可以促进档案提供利用工作的开展，有效提高档案信息资源的开发利用水平，而且可以为档案事业的整体发展创造一种动力机制。对档案部门来说，开放不仅是对社会、对社会公众的给予，更是一种获得，它所释放出来的推动我国档案事业发展的能量是难以测度的。无论档案开放的最初要求是来自公众还是来自某种社会组织，随着开放程度的提高，它都会逐渐内化为档案部门的一种根本性的生存与发展需要，成为档案事业存在的根据和理由、发展的动力和生命的灵魂。这种动力机制反映在两个方面：一是来自外部的动力。档案开放带给档案部门的不仅是广大档案用户信息利用需求的满足，还有日益广泛的社会认可、与社会生活的密切接触，以及随之而来的理解、支持和各种档案事业发展所需要的社会资源。二是来自档案部门内部的动力。档案开放对档案业务管理工作提出了许多新的要求，从而对档案的收集、鉴定、整理、编目与检索、数字化及上网工程的实施等起到了全面的推动作用，档案管理的全程化、规范化、集约化、信息化的水平不断提升，其中的科技含量日益提高，社会化服务越来越丰富，档案开放使档案事业的发展出现了勃勃生机。

2. 理论依据

科学的理论是实践活动应当具备的条件之一。如果没有科学的理论指导，档案开放的实践就会走许多弯路。档案之于国家行政是一种必不可少的重要资政资源，档案之于社会公众同样是一种实现和维护其合法权益的核心信息资源。我国自 20 世纪 80 年代以来所进行的开放理论研究成果，特别是档案价值实现方面的理论研究成果，为今后档案开放政策的进一步发展和完善提供了较为坚实的理论支撑。另外，我国及世界其他国家理论界在政务信息公开、建立无缝隙政府、公民权利实现等方面的研究成果，对深入开展档案开放也具有重要理论借鉴意义。

3. 法律依据

就目前而言，虽然我国现有的档案法律、法规还存在一些需要进一步修正和完善之处，但是就整体来说，档案开放的工作已经具备了较好的法律法规条件。《档案法》及其实施办法，为我国的档案开放提供了最基本的法律和法规依据，同时我国档案行政部门依法制定的《各级国家档案馆开放档案办法》等，也为档案开放提供了更为具体的指南。随着我国政务信息公开立法工作的发展，政府信息公开法律和法规的陆续出台，档案开放的法律环境条件将会越来越好。

（二）档案开放的意义

档案开放是从我国档案管理的状况和形势发展需要的实际情况出发提出的。由于全党工作重点的转移、社会主义现代化建设的发展，经济管理和科学研究等各方面迫切要求各类档案馆更为广泛系统地提供档案资料，以满足咨询和研究等各种需要。我国档案工作经过新中国成立以来多年的发展，各项业务工作已走上了正轨，也初步具备了档案开放的条件。提出档案开放，正是适应新的历史时期客观形势的需要，也是档案馆自身工作发展的规律，这对我国社会进步和档案事业都有重要的意义。

(1) 档案开放是强化“开发利用档案信息资源，服务四化建设”的新方针，有利于政治民主化和繁荣科学文化的一项新政策。我国档案开放的方针，是我国整个社会实行改革开放战略决策的一个组成部分，它从一个侧面反映着我国社会开放的程度，并服务于社会的改革、开放。档案开放也是政治民主化的一种表现，它体现着我国公民利用档案的权利。档案开放必将有利于加速我国民主政治的建设和科学文化事业的繁荣。积极地做好档案开放工作，已成为档案部门的社会责任。

(2) 档案开放是档案管理的一项重大改革，对于档案馆事业的发展具有深远的影响。长期以来，全国星罗棋布的档案馆在为各个机关、单位和社会利用服务方面，都做出了重要的贡献。但是由于种种原因，档案馆系统始终未能摆脱封闭和半封闭的状况。档案开放则标志着档案馆对传统观念和封闭思想的根本转变，这不仅简化了利用档案的手续，开阔了利用档案的领域，而且通过广泛地为社会主义物质文明和精神文明建设服务的实践，必将促进档案馆事业向更高的水平发展。同时，更充分地发挥档案馆的社会服务功能和更充分地实现档案的社会价值，也必将提高社会公众的档案意识，进一步唤起社会各方面对国家档案馆的关注和支持，这将有力地推动国家档案馆事业持续健康发展。

三、档案开放的要求和措施

档案开放，是新时代赋予档案工作者的一项光荣而又艰巨的任务，是我国档案馆事业发展的动力源。它向档案工作提出了更高的要求，必须采取相应的措施予以保证。

(一) 档案的开放与保密

要正确处理档案开放与保密的关系，明确档案开放的范围。档案部门必须解放思想，提高认识，树立档案开放和保密观念相统一的全面思想。一方面应该看到，我国各级档案馆保存的30年以前形成的档案，特别是历史档案（尤其是古代档案），绝大多数已不涉及现在党和国家机密。这批丰厚的档案信息资源，只有及时地开放利用，才有利于空前发展的社会主义现代化建设和各项事业。同时档案部门也必须明确，档案开放并非档案馆无条件地敞开门户，不受任何限制。只有有利于社会主义事业，而无损于党和国家、民族、公民权利等各方面利益的档案，才能开放。档案的开放和必要的限制，在任何档案开放的国家都是存在的。我国的《档案法》对档案开放的一般年限及其掌握原则做了基本的规定，并在《各级国家档案馆开放档案办法》等规范文件中，具体规定了档案开放和控制利用的范围。各级国家档案馆应据此对馆藏所有已到开放年限的档案，及时进行开放审查，具体确定本馆档案开放的范围。

(二) 做好基础工作，为档案开放创造必要条件

各级各类档案馆开放的档案及其管理与设施，起码应该达到下列要求：(1) 开放利用的档案经过系统的整理。(2) 编有供用户自行检索的案卷或文件级开放目录。(3) 破损或字迹褪变、扩散的档案，经过修复保护。(4) 古老、珍贵和重要的档案，以复制件代替原件提供利用。(5) 设有档案开放阅览室，并配备必要的阅览和复制设备，以及其他必要的利用服务设施。档案部门要具备这些初步条件需要进行大量的工作。为此，档案部门必须

把档案开放工作和各项业务建设密切结合起来，以档案开放推动和促进档案的收集、整理、完善检索体系等各项基础工作，为开放利用创造良好的条件。

（三）建立和健全档案开放的规章制度

由于档案开放是档案馆一项严肃而细致的工作，所以必须有严密的制度保证。各级国家档案馆应根据《档案法》及其实施办法、《各级国家档案馆开放档案办法》等有关规定，制定本馆的实施细则及其他规章制度。其中特别需要明确下列几方面的内容：

（1）定期审查馆藏档案的密级，确定解密和划分控制使用的范围。各级国家档案馆保存的 1991 年 1 月 1 日前形成的涉密档案，由档案馆负责进行解密工作。对形成将满 30 年的涉密档案，原档案形成机关、单位认为仍属国家机密的，应提前通知同级档案行政管理机关和国家档案馆，逾期未通知延长保密期限的，由各级国家档案馆按照 1991 年国家档案局、国家保密局发布的《各级国家档案馆馆藏档案解密和划分控制使用范围的暂行规定》中有关条款，确定是否解密和划控。1991 年 1 月 1 日前形成的未进馆的涉密档案，其解密工作由各档案形成机关、单位负责进行。馆藏的 1991 年 1 月 1 日后形成的涉密档案，未接到保密期限变更通知的，自保密期限届满之日起，即自行解密。档案馆必须根据有关文件的规定，陆续地具体确定开放的案卷及其他保管单位。

（2）档案馆的寄存档案是否开放和如何开放，必须由寄存者或其合法继承者决定。如无合法继承者，寄存档案的开放由档案馆按照《档案法》及其实施办法、《各级国家档案馆开放档案办法》中的开放年限和掌握标准等有关规定办理。

（3）在使用开放的档案时，用户可以摘抄、复制，也可在研究著述中引用，但不得以任何形式公布。即用户不得以刊物、广播、展览、宣读等形式向社会公开档案的全部或部分原文。属于国家所有的档案，由国家授权的档案馆或有关单位公布。

（四）通过多种形式加强开放的档案信息服务工作

各级国家档案馆应继承我国档案部门的优良传统，主动地开展档案信息的编研工作，汇编各种档案史料，编写与出版档案参考资料，为用户提供高质量的档案信息产品服务。另外，各级国家档案馆也要注意开展档案的数字化、网络化和信息化服务工作，不断提高档案馆的信息服务能力和服务水平。具体服务形式包括：

1. 重视馆藏档案的数字化和电子化，积极推动业已开放档案的信息服务的网络化

馆藏档案的数字化，是实现档案信息网络化和信息化服务的重要前提。所以，各级国家档案馆要积极开展馆藏档案的数字化工作，积极推动“存量资源数字化、增量资源电子化”政策的落实，为社会化档案信息服务体系的建设提供丰富的数字化、电子化档案信息资源。目前我国许多档案馆都在积极开展此项工作，并已经取得了令人欣慰的成绩。可以说，没有数字化的档案资源，档案信息网络化服务就会成为一句空话。

2. 重视办好网上档案展览，积极开展开放档案信息的主动推送服务

利用档案网站举办档案展览已经成为目前许多档案馆面向社会用户提供档案信息服务的一种主要方式。丰富多彩的网上档案展览，不仅可以使用户了解档案开放的信息，还可以有效地扩大档案馆的社会影响力，增强整个社会的档案意识，促进档案信息资源的开发

利用。同时，各级国家档案馆应通过搜集和分析党和国家及社会各方面的利用需求信息（包括规划、计划信息，重大活动安排信息，社会利民政策信息，学术研究、历史研究、文化建设的需求信息，等等），有针对性地加工和组织档案信息、数据及相关的信息资源，以档案信息包、档案数据包的形式，积极开展主动的档案资源的网络推送服务。

3. 建立档案数据库，为开放档案的利用和服务工作奠定坚实的基础

近年来，一些国家档案馆利用开放的档案资源，建立了档案目录数据库和档案全文数据库，为广大社会用户提供了越来越多的档案信息数据资源。通过网络，用户可以根据自己的需要检索所需的档案信息资源。这不仅极大地方便了用户对档案信息资源的利用，而且使档案信息资源的利用效率得到了有效改善。为此，各级国家档案馆应在数字档案馆工程的建设过程中，下大力气组织好档案数据库，包括档案目录数据库、档案全文数据库和专题档案数据库等的建设工作。如按照历史时期建设综合性的“革命历史档案全文数据库”“民国时期档案全文数据库”“太平天国档案资料全文数据库”“明代历史档案全文数据库”“清代档案专题数据库”“中华人民共和国专题档案全文数据库”等。有条件的国家综合性档案馆可以根据用户调研，建设反映地方历史、地方文化、地方人物的专题数据库。但是，档案馆无论建立何种类型的目录数据库或全文数据库，都必须坚持三个原则，即档案资源保证原则、用户需求保证原则和规范标准保证原则，不能盲目地开展此类工作。

四、公布档案

公布档案是指档案部门依据国家有关法律和法规的要求，通过各种有效方式，及时向社会公开发布已被列入开放范围的档案内容信息的活动。向社会公布档案，可以通过报纸、刊物、图书、声像出版物、电子出版物、缩微品、计算机信息网络、电台、电视台等媒介，采取刊印、陈列、展览、宣读、网络传播、播放等形式。

按照目前的档案法律和法规的要求，档案馆保管的档案，由档案馆公布。必要时应当征得形成档案的单位的同意，或者在报请其主管部门批准后公布。

国家机关、社会团体和国有企事业组织保管的档案，由保管档案的组织公布，重要的档案应当经其主管机关批准后公布。

其他组织和个人的档案，由档案所有者公布，法律、法规规定应当报经市或者区、县档案行政管理部门批准的除外。

向社会公布档案，应当遵守国家保密规定，不得损害国家、集体或者其他公民的利益。任何组织和个人不得擅自公布不属于自己所有的档案。

档案的公布应按国家规定进行，任何组织和个人不得擅自公布属于国家所有的档案。

第四节　档案用户需求的特点与规律

网络信息技术在档案信息服务领域的越来越广泛的应用，使得档案部门，特别是各级国家档案馆的用户越来越多。在以往的档案利用服务实践中，档案部门只需为“看得见”

的用户服务；而今它们不仅要为“看得见”的用户服务，还要为“看不见”的用户服务。深入总结和研究档案用户需求的特点和规律，是每个档案部门做好用户服务工作的重要前提。一个档案部门只有能够比较清楚地回答“我的用户对象有哪些”“他们的需求有什么特点和规律”“我们能够为他们提供哪些方面的信息服务”等问题，它所提供的服务才能称得上是有效的；否则，档案部门的服务将会是无效的或者是效果不佳的。

一、档案用户的基本构成

每个档案部门都有自己的服务对象。根据不同的划分标准，档案用户可被划分为不同的类型。

（一）根据提供服务的主体划分

依据这一划分标准，我们可以把档案用户划分为立档单位的档案部门（档案室）用户、文件中心的用户、国家档案馆用户等类型。其中立档单位的档案部门用户又可以依据具体单位，被划分为党政机关档案室用户、企业单位档案室用户、事业单位档案室用户、社会团体档案室用户等。文件中心的用户可以分为政府文件中心的用户和私人文件中心的用户。国家档案馆用户可以分为企事业单位档案馆用户、国家综合档案馆用户、国家专门档案馆用户等。

对档案用户的类型进行此种划分的价值是：使每一种档案管理机构都能明确自己的服务对象是谁，从而为开展有针对性的档案信息服务提供必要的依据。各级各类档案机构都应在组织和开展本单位的档案信息服务实践中，认真调查研究自己的用户构成，做好用户调研工作，分清用户的需求特点，探究用户对档案信息的需求规律。

（二）根据档案用户的职业特征划分

根据这一标准，我们可以把用户划分为学术研究者、机关单位的工作人员、工程技术人员、领导和管理人员、新闻工作者、作家、学生和普通公民等。

从事不同社会职业和职能分工活动的用户，对档案信息的利用需求往往表现出不同的特点和规律，所以档案部门依据用户的职业特征对其所服务的对象进行划分，可以有效地提高用户服务的质量和水平。

（三）根据档案用户的需求性质划分

根据这一标准，我们可以把档案用户划分为学术研究型用户、工作业务型用户、休闲型用户、寻求证据型用户、学习型用户等。学术研究型用户通常包括各种专家、学者等专门从事科学研究工作的人员；工作业务型用户通常包括各种从事实际管理工作、领导工作、业务工作的人员；休闲型用户通常包括来自各个地方的文物爱好者、收藏人士、地方文化爱好者、档案文化爱好者等；寻求证据型用户一般包括为解决有关矛盾和纠纷而寻找档案证据的人员；学习型用户一般包括需要了解和学习有关历史事件、历史人物、历史文化等方面的档案知识内容的学生和普通公民。

档案部门如果能够有效地根据用户需求的性质，对服务对象做比较合理的划分，就可以组织更为有效的信息服务，提高档案用户的满意度。

（四）根据档案用户所选择的利用途径划分

根据这一标准，我们可以把档案用户划分为“看得见的用户”和“看不见的用户”两种类型。所谓“看得见的用户”，是指亲自到档案部门利用档案信息资源的用户；所谓“看不见的用户”，是指通过档案部门的网络信息平台利用档案信息资源的用户。由于现代信息技术的运用，特别是档案部门信息网站的建设水平的不断提高，越来越多的用户会选择通过互联网、移动互联网、局域网、专网等档案信息发布平台，来实现自己的利用需求目的。所以，档案部门必须重视这种趋向，科学地组织档案信息的上网工作，并通过各种网络工具加强与用户之间的互动，采集和分析用户的反馈信息，及时有效地回答用户提出的问题，认真对待和处理用户的网上投诉。

（五）根据档案用户的利用习惯划分

根据这一标准，我们可以把档案用户划分为“传统型的用户”和“现代型的用户”。前者比较习惯于通过利用档案部门所提供的阅览、出借、复制供应等传统形式的服务方式来满足自己的档案信息需求；后者则习惯于通过利用档案部门提供的现代信息服务手段和方式来满足自身的档案信息需求。所以，档案部门应当根据用户不同的利用习惯，来考虑为其提供相应形式的服务。

（六）根据档案用户的利用频度划分

根据这一标准，我们可以把档案用户划分为经常性用户和随机性用户。所谓经常性用户，是指那些能够根据自身的研究、工作、生活等方面的需要，经常利用档案部门信息资源来解决问题、开展工作的用户。这种用户通常具有较高的档案意识水平和较强的档案利用能力，是档案部门的常客。所谓随机性用户，是指那些只是偶尔光顾档案部门或浏览档案信息网站的“过客”。这种用户通常不具备较高的档案意识，只是因为一些特殊性的需要才会按政策规定、法律要求或个人兴趣来利用档案部门所提供的档案信息服务。

（七）根据档案用户需求的呈现与否划分

根据这一标准，我们可以把档案用户划分为“现实用户”和“潜在用户”等。所谓“现实用户”，是指已经做出需求表达并产生需求行为的档案用户；所谓“潜在用户”，是指尚未做出需求表达或产生需求行为的档案用户。档案部门的重要职责之一就是为各种“现实用户”提供优质的档案信息服务及相关服务，同时通过用户辅导、宣传等方式和手段，激发“潜在用户”利用档案部门信息资源的动机，促进其需求行为的产生，使之转变为“现实用户”。

此外，档案部门还可以根据用户的年龄特征、所在地域特征、文化程度特征、信息组织能力特征、国籍特征、宗教信仰特征等标准，对档案用户进行不同种类的划分。值得注意的是：每一种划分都必须是有意义的，不能为划分而划分；用户划分的结果应符合用户服务的目标要求，即为档案部门科学有效地组织用户服务提供必要的支持。

二、档案用户的需求构成

不同类型的档案用户的档案信息需求往往具有不同的构成，所以，档案部门要想组织有效的信息服务并使每一位档案用户感到满意，就必须注意研究和分析档案用户的需求构成。对于档案部门来说，最重要的是要了解和熟悉那些经常性用户的信息需求构成情况，因为只有做到了这一点，档案部门才能在服务实践中有效地满足用户的需求，才能为用户提供令其感到满意的服务。

根据多年来国内外档案部门的实际工作经验及档案学界的研究成果，我们可以比较清楚地了解一些主要类型用户的需求构成情况。但是值得我们在档案利用服务实践中注意的问题是：每一种类型的档案用户的利用需求构成不是一成不变的，而是具有动态性的。为此，档案部门与用户之间的交流与沟通，以及档案部门对用户信息利用需求趋势的分析和把握，依然是我们获取档案用户需求构成信息的重要途径。

通过表 9－5，我们可以了解到一些主要类型的用户需求的基本构成情况。

表 9－5　　用户需求的构成

序号	用户类型	用户需求的构成	备注
1	科研人员	与有关研究课题、专题、主题相关的回溯性档案信息材料；可以补充档案内容的书刊资料及档案部门和有关部门编写的档案史料汇编、档案参考资料；等等	如史学研究者、科学工作者、学术（学位）论文撰写者等
2	史书志书编写者	与特定历史时期、历史事件、历史人物有关的档案信息材料；有关社会组织单位的，专业、系统、全面的历史档案信息；相关历史时期或组织单位及专业系统的其他类型的历史文献资料、工具书；等等	如历史研究机构的工作人员，从事史学教学和研究的教师，地方志、厂（公司）史、专业史等方面的编写人员；等等
3	单位领导者、管理者	经过加工的，能够反映本单位或本行业工作情况、业务情况、财务情况、市场情况、产品生产与销售情况、人力资源情况等有关的综合性档案信息材料；相关单位、竞争对手的信息材料；市场分析、预测材料；政府及行业主管部门制定的政策、规范材料；等等	如各单位的主要负责人、单位内各部门的负责人等
4	普通机关职员	与其所从事的工作或职能分工有关的档案信息材料；有关实际问题或矛盾的“前案”材料；政府部门及单位制定的，与其工作业务相关的规范性文件材料；等等	如政府部门的普通公务员、社会组织的一般业务工作人员等
5	工程技术人员	与其所从事研发、设计、生产、建设等项具体工作有关的档案信息材料；能够满足其阶段性工作需要的档案信息材料；能够帮助其解决所面临的技术难题、生产难题的档案信息材料；反映新产品、新工艺、新技术、新材料的档案信息材料及其他有关的情报资料；等等	如各公司、企业的工程师等

续前表

序号	用户类型	用户需求的构成	备注
6	新闻工作者	与其所关心的社会热点问题、重大历史事件及历史人物纪念活动相关的档案信息材料；反映地方或行业特色文化内容的档案信息材料；等等	如报刊、电台、电视台的记者，各种大众传媒的专栏撰稿人，等等
7	普通公众	与其个人兴趣爱好相关的档案信息材料；反映其家族历史情况的档案信息材料；能够帮助其维护合法公民权益的档案信息材料；能够帮助其理解有关学习中所遇到问题的档案信息材料；等等	如普通市民、企业员工、农民、学生等

三、档案用户需求的规律

档案部门若想组织有效的用户服务工作，还应当认真研究和发现所服务对象的需求特点和规律。这对于每个档案部门的档案人员来说都是至关重要的。根据目前所掌握的情况，我们可以从以下几个方面来认识和把握不同档案部门用户需求的一般规律。

（一）档案用户需求行为与社会环境及有关单位工作任务（和计划）的同一性

档案用户的需求及其利用行为，在很大程度上受到社会环境因素的影响。其中包括政治环境因素、法律环境因素和学术环境因素等。深入分析这些因素作用下的各种用户需求和行为现象，对有效认识这一规律，具有重要的作用。

新中国成立以来，我国的社会环境变化，给档案用户的需求带来了种种影响。“文革”期间，社会上“左”的思想盛行，政治运动不断，所以人事档案的利用需求最多。此后，为了落实党的方针政策，在1979—1982年期间，档案用户多因落实政策而查档。进入20世纪80年代后，受党和国家编史修志工作的影响，各级档案馆又出现了档案用户为编史修志而大量利用档案信息的现象。目前，随着社会主义市场经济的发展，档案部门收藏的经济方面的档案信息，又成为用户需求的焦点。列宁认为，规律是现象的平静的反映。从上述现象中，我们可以看到一个基本的事实，即由于受到一定社会环境的影响，档案用户的需求会在一定时期表现出明显的社会倾向性特征。

档案用户的利用需求是社会性与个体性的统一。他们的需求总是与其所在单位或所从事工作的任务及计划相关联的，这就是其档案信息利用需求的社会性。同时，这些利用需求，又都是通过具体的档案用户需求行为表现出来的。故此，档案用户的信息利用需求是社会性与个体性的统一。

认识这种规律性，对于档案部门有效地组织档案利用服务工作，满足用户的需求，具有重要的意义。实践证明，档案利用服务工作什么时候遵循了这一规律，什么时候就能有效地促进用户需求的实现，否则，就会陷入被动的局面之中。从理论上讲，规律发挥作用是有一定条件的，只要具备相应的客观条件，规律就会重复出现。然而，由于这种重复是相对的，因此，要在档案利用服务实践中有效地利用这一规律，必须首先了解或预见客观环境、机关单位工作职能及任务的变化情况，这样才能有的放矢地做出相应的反应。

（二）对档案信息的宣传报道程度与档案用户需求强度的同一性

档案信息是一种原生性的信息资源，这一特征决定了它副本不多、传播不广、内容鲜为人知的社会属性。所以，档案部门要想吸引更多的用户开发利用档案信息资源，就必须扩大对档案信息的宣传和报道。例如，黑龙江省档案馆注意加强对馆藏有关原黑龙江将军衙门档案的宣传报道，吸引了许多本地和外省的研究者前来利用这些档案。实践证明，档案部门对某些具有社会价值的档案信息的宣传报道越广泛、越充分，利用这部分档案的用户就会越多。但值得注意的是，档案用户的这种需求行为规律，仅在一定的时期内起作用。当某一部分档案的开发已经得到充分实现时，用户就会把注意力转向其他未被开发或开发得不充分的档案信息。

从 20 世纪 90 年代开始的档案信息化工程建设，特别是档案信息网站的建设工作，极大地推动了我国档案馆及机关单位档案信息的传播，为社会公众开发利用档案信息资源提供了路径、搭建了平台。从一些档案网站的用户流量统计数字来分析，档案信息化工程极大地促进了馆藏档案信息的利用率。那些反映地方文化、重要历史事件、历史人物、历史机构及国家政策与法律法规等方面的档案信息内容，已经成为社会公众喜闻乐见的重要信息资源。为此，大力加强档案馆藏信息资源的数字化工作，努力提高上网档案信息的比例，应当成为今后各级国家档案馆的一项核心工作任务。

遵循这条规律，并且在实践中自觉地运用它，对于馆藏档案的社会价值的实现，具有重要作用。实践和档案学研究的结果表明，档案价值的实现是档案用户需求与档案信息双向交流的过程。没有一定的档案用户需求，档案信息就找不到“信宿”，而没有档案信息的存在，也就无从谈起档案用户需求的满足。为此，档案部门必须借助各种有效的宣传媒体和网络信息平台，传播档案信息情报。此外，为了使社会公众对馆藏档案资源有更深入的了解，档案部门应注意印发和出版相应的档案目录、索引、指南，加强档案目录数据库和全文数据库的建设，并不断提高上网信息的数量和质量。这对吸引用户利用档案，具有重要的导向作用。

（三）档案用户需求心理的求便规律

档案是否具有易用性是决定档案用户是否利用档案服务的重要因素。在历史档案开放以前，档案部门对用户的社会利用采取了许多限制措施，给用户需求的实现设置了许多人为的障碍。目前，许多档案馆的馆藏档案均已依法向社会开放，为了使用户能够有效地开发利用这部分档案信息资源，各级国家档案馆应当为档案用户创造便利的利用条件，并努力简化手续，为用户提供方便。图书情报部门之所以在社会上影响大、用户多，除了这两种信息源本身的有利条件外，关键还在于它们在实际工作中坚持方便用户（读者）的原则。国外某些国家的档案馆为了方便核心用户，除在利用方面给予优待外，还为他们办理旨在简化手续的长期阅览证。此外，用户有效地利用馆藏档案，还要有现代化的检索工具和检索系统做保障。与国外一些先进国家的档案馆相比，我们在这方面的工作还相当薄弱，必须加强。

总之，减少不必要的手续，建立有效的档案信息检索系统，提高上网信息的比例和组织化水平，缩短用户的查找时间，是适应用户心理需要、取得良好服务效果的重要方法。

（四）档案用户利用档案的行为结果对其以后需求行为的影响规律

行为科学认为，如果存在强烈的冲突因素、行为受到挫折或行为的结果不是所期望的，那么，以此为基础的心理定势会受到削弱或者消失，而且行为的主体也会对与该行为有关的客体逐渐持否定态度；相反，则会巩固和加强已有的心理定势，促成新的需求的产生。档案用户良好的利用行为结果，有利于促进新的档案需求行为的产生；相反，档案用户不良的利用行为结果，则会抑制新的需求行为的产生。因此，在实际工作中，档案人员应遵循这一规律，自觉地改善档案服务态度，提高服务水平。只有这样，档案部门才会赢得更多用户的青睐。

第五节　网上用户服务

为“看不见”的档案用户服务，满足在线用户的需求，已经成为 21 世纪的档案部门信息服务工作的主要价值取向之一。

一、网络信息时代档案用户获取信息的新动向

随着 IT 技术的普及应用，人类社会开始真正进入一个崭新的时代——信息时代。档案部门建立网站，利用网站向社会公众发布档案信息，不仅可以让用户更为有效地共享公共档案信息资源，促进档案部门社会信息服务职能的实现，而且可以直接获取用户的反馈信息，准确掌握用户需求的动向。

在政府信息上网工程的带动下，我国的绝大多数国家档案馆都已经在互联网上建立了自己的网站，这些网站成为档案部门向社会公众发布规范性文件信息、历史档案信息、文化信息的重要窗口和信息资源平台。目前，在线档案用户的数量已经超过了到档案部门直接利用档案信息的“看得见的用户”的数量，并且还在迅速增加。我国一些地区数字档案馆的建设，不仅对档案部门的信息化建设工作起到了示范作用，同时也为社会公众利用档案信息资源和享受档案部门服务提供了更为便捷的信息环境条件。

就西方一些发达国家的档案信息服务经验而言，档案网站所提供的信息资源越丰富，组织和维护的水平越高，档案用户的在线访问量就越大，档案部门的社会影响力和对社会进步与发展的贡献率也就越大。欧美国家在档案网站的建设方面起步较早，并且拥有大量的“看不见的用户”。目前，我国档案网站的建设水平和信息发布与组织水平同国外相比，依然存在着比较明显的差距。但是，随着我国档案网站建设经验的不断积累和丰富，档案部门将拥有越来越多的在线档案信息用户。为此，各级国家档案馆的网站建设者有必要借鉴国外的一些先进经验，树立现代档案信息服务意识，为越来越多的“看不见的用户”提供优质的档案信息服务。

二、网上用户的服务工作

与“看得见的用户”相比，网上用户通常是匿名的。网上用户中有的可能到过档案部门，但绝大多数可能从未到过档案部门。这种类型的用户通常可以在档案部门的网站上找到可以满足他们需求的信息材料。这种用户的数量会越来越多，其也是档案部门今后服务的主要对象之一。所以，档案部门若想不断提高自身的信息服务质量，就必须对网上用户的构成有所了解。

档案部门可以通过分析访问档案网站的用户计算机域名的方式，来获取网上用户的数据。

获取网上用户其他信息的方法，有在线反馈表、用户留言板、电子邮箱等。另外，档案网站也可以采用用户访问身份验证的方式，要求新用户在访问档案网站时，填写基本信息和他们利用档案的目的以及档案的用途。通过分析用这些方式所收集到的信息，档案部门可以基本上了解网上用户的基本构成情况，并对他们的信息需求构成有一个比较清楚的认识。

根据国内外的有关调查材料，目前档案部门的网上用户包括“个人用户”和“组织用户”两种基本类型。其中“个人用户”已经占到网上用户总数的60%以上。网上用户主要包括专业的研究人员、普通社会公众、社会组织团体的工作人员，以及党政机关的人员等。

为了更好地满足更多的网上用户，很明显，档案部门需要提供更多的信息（更加完整的目录）和更高质量的信息（附有主题词索引的目录），使用户通过主题词检索等途径更加容易利用档案信息资源。当然，档案部门的在线服务应服务于所有的用户，网上用户应得到与访问档案部门的用户同样等级的服务。

对于一些网上用户来说，利用档案图片、音频和视频信息材料，是另一个正在变得越来越重要的领域。一些档案网站通过数字化项目为网上用户提供了这种服务，并收到了良好的服务效果。通过在网站上设置专栏、开设专题展览等服务方式，一些档案网站吸引了越来越多的用户点击和利用档案网站的信息资源。

由于社会公众对档案部门的总体认知程度还不高，所以档案部门的网站的点击率依然不是很高。为了解决这一问题，档案部门目前可以采取的方式就是与那些富有影响力的网络搜索服务公司，如百度、谷歌等合作，把在线档案信息的描述重点放在建立国际互联网的数据接口上，允许“网络机器人”进入档案网站的一些栏目，使档案网站的这些栏目的网页在国际互联网上有更好的呈现度，进而提高用户的访问量。

从对用户访问档案网站的途径的调查看，80%的用户是直接从搜索引擎到达那些静态的页面的。然后，他们中的许多用户使用带有相关描述的“索引链接”浏览站点。就网上用户的利用习惯来说，一般的用户在利用网络资源时，通常喜欢采取“点击”的方式，而不喜欢通过“打字”的方式输入网址后再利用档案网站的资源。向搜索引擎开放档案网站的一些网页内容，将满足最广泛的用户需要。

网上用户与在档案部门利用档案的用户同样重要。档案部门为了吸引那些不喜欢去档案部门的潜在用户，需要设计好档案网站，提升在线信息服务能力。

通过本章上述内容的陈述和说明，你也许对档案提供利用工作和用户服务的目的与基本的业务工作内容、要求和方法有了一定的了解，然而我们觉得这还是很不够的，因为好的档案信息服务只有通过档案利用工作实践才能真正得到体现。良好的档案提供利用工作和用户服务理念只能为我们的行为提供向导，能否把服务做到位并达到用户的合理期望要求，只能通过实践来检验和证明。

作为真正的档案工作者，我们必须明确一个基本道理：我们为档案用户提供的不仅是他们所需要的档案信息资源本身，还包括我们的热情、周到、细致、及时的服务。因为如果服务不到位，过不了多久就没有用户肯来利用我们的信息资源了。即使有用户利用，也只是一种被动的为满足工作、生产或科研的需要而不得已之行为。没有了来自广大用户的支持和理解，我们的档案管理将失去存在与发展的必要前提。

我们强调档案提供利用工作和用户服务的重要性，绝不是忽视其他档案管理业务工作，其实说到底，档案提供利用工作和用户服务只是整个档案管理“价值链”上的一个组成部分。按照全程管理原理的要求，优质的档案信息服务工作是整个档案部门一系列业务管理活动的成果体现和目的体现，它既相对独立于其他档案业务管理活动，又贯穿于档案部门各项管理业务活动的始终。

让利用档案部门信息服务的用户满意，对于提升档案部门的社会影响力和贡献力至关重要。所以，档案部门要特别注意服务的细节、服务的承诺，决不能粗心大意。为此，档案部门不仅要在服务环境的营造、服务设施的完善、服务手段和方式的选择、服务制度和规范的建立等方面充分考虑用户的需求，而且要在服务态度、服务的及时性、服务的便捷性等方面为用户着想。简单拒绝、不耐烦的解释、难看的面部表情、不合理的收费、无端的限制、漫不经心的态度、以貌取人的行为等，都是造成档案部门用户服务失败的因素，必须杜绝。在基础条件具备的情况下，档案人员的服务态度将“决定一切”。

在现代的档案提供利用工作和用户服务实践中，沟通是关键。无论你是想了解用户想什么、需要什么，还是想知晓用户对你的服务的满意程度等，都离不开与用户之间的有效沟通。实践表明，档案部门坚持与用户沟通，是密切档案部门与用户间的联系、加强档案部门用户管理的一项关键性的活动。

在网络信息时代，档案网站和数字档案馆（室）的建设为档案部门提升用户服务的水平和质量注入了新的活力，档案部门必须注意建设和利用好这些现代化的档案信息服务平台，营造良好的服务环境，为社会公众和组织利用档案信息资源创造更为便捷的条件。

鉴于部分档案内容的保密性，档案部门和档案人员还应树立正确的保密观念和信息安全意识，在档案提供利用和用户服务实践中自觉地遵守国家法律法规，维护国家的机密、组织秘密和公民的隐私。

三、档案信息推送服务

（一）档案信息推送服务的概念

传统的档案信息服务在多数情况下是根据用户的需求，利用一定的检索系统为用户寻找可以与其需求相匹配的档案数据和信息的过程，即“为用户找信息”；而在信息网络环境下的档案信息服务除了采取传统的“为用户找信息”的方式外，还可以由档案管理部门根据所掌握的用户需求规律和特点及用户的动态需求线索，利用信息推送技术主动地为用户提供相关的档案目录信息、全文信息、“碎片化”主题信息，并通过内部网络、局域网或互联网传输给用户，即“为信息找用户”。随着大数据思维、“互联网+”档案信息服务、移动互联网技术等现代档案服务思想和技术的应用，“为信息找用户”的档案信息推送服务已逐渐成为立档单位档案部门和国家档案馆“为民服务”的一种主要方式。

同传统的档案信息服务方式相比较，档案信息推送服务的基本特征包括：

（1）主动性和及时性。这是档案信息推送服务最基本的特征。立档单位档案部门、国家档案馆的工作人员和信息服务系统，根据对相关档案用户既往需求信息的分析和记录，当有新的相关档案信息被发现时，依据传送档案信息的类型和重要性的不同，利用推送软件主动提醒用户接收新信息线索或新消息，激发和引导用户利用档案资源信息，从而提高档案信息的利用效率。档案信息推送服务的及时性强，“信源”能及时地向档案用户推送不断更新的动态信息；不要求用户掌握专门的档案信息检索技术，对用户的要求低，普遍适用于广大公众。

（2）针对性和动态性。档案信息推送服务提供的信息是根据用户的特定需求定制的，这充分满足了用户对个性化服务的要求。这种个性化的服务还是动态的，档案用户只需在定制之初描述信息需求，推送软件就会自动跟踪档案用户的利用需求的倾向，适时地完成特定档案信息的推送和个性化传播。

（3）准确性和集成性。在档案信息推送服务中，档案人员从各种渠道，通过各种方式获取信息，并对其进行加工集成，再通过一定的渠道（如电子邮件、微信公众号等）将信息传递给用户，这种经过加工的档案信息显然会更全面、更准确地消除用户在工作和生活中出现的各种不确定性。

（4）便捷性和高效性。在一般情况下，档案用户只需输入一次信息请求，就可获得连续的相关档案信息服务。档案信息推送服务还可采用信息代理机制，自动跟踪用户的档案信息需求。这样的推送服务既节省了用户搜索档案信息线索和撷取档案信息的时间，又减少了冗余档案信息的传送，提高了档案信息与用户需求的匹配度，从而可以极大地提高档案部门为用户服务的工作效率，也使广大档案用户获得更多的便捷服务，可以增强档案用户的满意度。

（二）档案信息推送服务的过程和基本方式

1. 档案信息推送服务的基本过程

档案信息推送服务的基本过程是：了解用户信息需求、搜索专题信息、定期反馈信息。具体为：（1）由用户向系统输入自己的信息需求，包括用户的个人注册信息、用户感兴趣的信息主题等；（2）由系统或人工在网上进行针对性的搜索；（3）最后定期通过邮件、“频道”报送、预留网页、手机短信、微信公众号等多种途径将相关档案信息传送给档案用户。档案部门可以效仿其他信息服务机构推出诸如个性化频道定制、个人智能化搜索代理等类型的主动信息服务。

2. 档案信息推送服务的方式

互联网的信息推送技术，也被称为“网播”，是1996年由PointCast公司首先开始使用的。PointCast公司与有关媒体公司合作，利用其信息推送软件，向互联网的广大用户主动发布、推送各种新闻、财经、体育等信息。用户在互联网上浏览时，不是盲目地点击和浏览，而是可像收听电台广播那样，选择自己感兴趣的频道或节目，有目的地获取信息。

档案信息推送的方式一般包括：(1) 直接推送式，即直接将档案部门保存的数字化信息资源中的信息本身（数据、图表、图像等）发送给用户；(2) 间接推送式，即只将有关档案信息的目录或索引通知发送给档案用户，由用户根据通知去查询相应的“信源”。

本章思考题

1. 档案管理的根本目的是什么？如何组织有效的档案信息服务工作？

2. 作为一个单位的档案工作者，你可以通过哪些途径和方式来满足用户的合理合法的档案信息需求？

3. 在现代社会条件下，档案管理部门应当如何组织和开展档案信息咨询服务工作？

4. 有效的档案用户服务工作应当具备哪些基本特征？

5. 如何改进我国档案部门的档案提供利用工作和用户服务工作的质量？

6. 你对《档案法》及其实施办法等法律法规的内容中事关档案信息利用的条款，有何修改建议或评价？

7. 从用户角度出发，你对档案馆的网站建设工作有什么建议？

8. “态度决定一切”的观念对档案信息服务工作有何指导意义？

9. 档案部门优质服务的标准有哪些？对此，你有何建议？

第十章

档案登记和统计

内容提要

本章主要说明和介绍了档案登记和档案统计的相关理论、知识、技能和实际工作经验。包括：档案登记和统计概述、档案统计原理及步骤、档案登记的基本形式和内容、档案统计台账的建立、全国档案事业统计年报制度。

第一节　档案登记和统计概述

一、档案登记和统计的概念

档案登记和统计是档案管理的重要业务工作内容，需要根据法规标准的要求，运用科学的统计学方法和技术手段，以指标、数据等形式记录和反映档案和档案工作的进程、现状，揭示档案管理中存在的问题、矛盾、发展规律和特点。

依据《档案法》、《中华人民共和国统计法》、《机关档案管理规定》和《档案工作基本术语》（DA/T 1—2000）等法律法规和标准要求，对档案登记和统计的概念可以做如下理解。

（一）档案登记

《档案工作基本术语》（DA/T 1—2000）对档案统计的术语定义是："登录档案和档案管理有关数据的过程。"这一定义说明档案登记的目的是对档案管理中发生的种种较为重要的事实、行为、现象、数字等进行随时记录，以把握整个档案管理活动进程与现状。

（二）档案统计

《档案工作基本术语》（DA/T 1—2000）对档案统计的术语定义是："对反映和说明档案及档案工作现象的数量特征进行搜集整理和分析的活动。"档案统计是一种较为宏观的定量描述、定量分析的技术方法，其目的是通过对档案和档案管理的数量现象的描述和分析，进而认识把握档案管理的总体状态、发展趋势和性质，为立档单位、国家档案馆及各级党委的档案行政部门的科学决策和管理行动提供真实、准确、完整的基础性信息支持。

（三）档案登记和统计的关系

档案登记和统计的总体关系是：登记虽不是专门为统计而设置的，但登记的结果可以成为重要的统计素材和基础。档案统计除专门设置的统计调查项目外，许多基础性的数据都来源于档案登记的结果数据。就此而言，档案登记可以说是有效开展档案统计的前提条件和重要基础。档案登记和统计是贯穿于档案管理始终的一项综合性业务活动。通过档案登记，档案人员可以有效地了解档案管理的各项业务活动和工作任务的进程及结果，从而为及时掌握档案管理状况提供客观依据，是实现业务计划安排、业务监督与评价的基本依据；对相关档案登记数据和统计调查数据的整理、分析，可以从宏观上使管理和决策机构全面系统地掌握相关单位、系统（行业）、地区和全国档案工作的发展现状、趋势与特点，从而为制定科学合理的档案事业发展规划、档案工作计划、行动方案，开展科学决策，明确人财物等资源的合理配置和使用目标，保证档案事业发展的健康有序开展，创造有利条件。

二、档案登记和统计的任务与要求

（一）档案登记和统计的任务

根据《机关档案管理规定》《企业档案管理规定》《档案馆工作通则》等法规文件的要求，档案登记和统计工作的基本任务包括：

（1）机关[①]应建立完善统计工作，对所保管档案情况、档案年度出入库情况、档案设施设备情况、档案利用情况、档案移交进馆情况、档案鉴定销毁情况、档案信息化情况、档案人员情况、档案业务社会化服务情况等进行定期统计并建立完备的台账。

（2）机关应编制档案工作情况统计年报，汇总分析当年档案工作情况形成年度报告，并报送同级档案行政管理部门、上级档案部门。

（3）机关应加强对档案工作变化情况的分析，为决策提供参考。

（4）企业应做好档案统计工作。国有大中型企业应按档案行政管理部门的要求填写有关报表。企业应认真做好对国家和社会有保存价值的档案的登记工作。

（5）国家档案馆应对档案的收进和移出、全宗和案卷数量、利用等情况，及时准确地进行统计；应按照统一规定和要求，向同级和上一级档案业务管理机关报送本馆基本情况统计表和全宗卡片，并于每年1月份补报上一年度的全宗变化情况。

（二）档案登记和统计的要求

档案登记和统计应当符合准确、及时、科学的要求；档案统计的结果应当真实、准确、完整，支持以可视化方式显示，便于统计分析。具体要求包括：

1. 真实性和准确性

保证档案登记和统计数字的真实性、准确性，是档案登记和统计的根本要求。档案登

① 《机关档案管理规定》中的“机关”是指“各级党和国家机关、人民团体”。

记和统计必须实事求是，一切从实际出发，保证统计资料的准确性和客观性。档案管理情况的统计，自 1984 年起已被纳入国民经济和社会发展计划的国家统计指标体系，所以档案统计必须依照《中华人民共和国统计法》和国家有关规定，如实地提供统计数据，不得虚报、瞒报、拒报，不得伪造、篡改。

2. 完整性和及时性

保证档案登记和统计数据的完整性和及时性是有效开展档案统计的必要前提。各立档单位和国家档案馆应建立统计制度，将档案统计纳入正常的工作轨道。各级各类国家档案馆和立档单位的档案管理部门应做到档案登记和统计制度化并相互配合，逐步在全国档案系统中形成一个上下贯通、条块结合的档案统计网络。如果没有登记和统计数据，就会给档案管理和档案事业发展造成一定的盲目性；而数据登记和统计填报不及时，也会给各项决策和管理工作带来不利影响。

3. 代表性和科学性

档案登记和统计对象的选择要具有代表性。档案登记和统计的目的是通过登记和统计，获取真实的数据和信息，及时掌握现实的档案管理状态，为科学管理与决策提供准确的数据和信息支持。在常规的档案登记和统计中，应选择那些能够反映档案和档案管理情况的基本方面和关键因素。档案统计应按《中华人民共和国统计法》和国家有关规定的要求，应用科学的标准和方法去收集、整理统计资料，开展统计分析。档案统计涉及统计学相关知识，需要结合统计学的原理，选用科学的统计方法搜集、整理、分析相关统计资料，编制规范的统计报表，统一格式和标准，明确统计的范围、内容、项目和要求，设计形成合力的统计指标体系，以便使各级档案部门有所遵循，使档案统计更具科学性。

在实际工作中，各级各类国家档案馆和立档单位只有满足了上述基本要求，才能使档案登记和统计发挥有效的服务和监督作用。档案登记和统计，是有关方面从事研究的不可或缺的重要数据和信息来源。

三、档案登记和统计的意义

科学的档案登记和统计工作意义在于：

（一）保证各项档案管理活动顺利进行的必要条件

档案登记和统计贯穿于档案收集、整理、鉴定、保管、检索、利用等各个业务环节，是及时、准确地了解和掌握各项业务工作开展现状及存在问题的重要信息来源；通过对在档案登记和统计调查中所获得的相关数据的系统整理和分析，档案部门可以有效掌握档案管理的发展趋势和主要特点，找到现存问题和矛盾的产生原因，从而为相关档案管理政策的制定、法律法规及标准制度的内容调整等项工作的开展提供科学的依据。因此，档案登记和统计是保证各项档案管理工作顺利进行的必要条件。

（二）促进档案管理水平整体提升的有利条件

通过开展科学的档案登记和统计，利用定量与定性分析相结合的方式，可以有效地揭示和认识档案和档案管理活动中存在的问题、矛盾及档案管理的发展规律和主要特点。在此基础上，档案管理部门可以更加有效地开展精细化管理，并为我国档案管理的整体水平的提升创造有利条件。

（三）促进档案管理科学决策能力提高的信息依据

通过科学的档案登记和统计，档案部门能够系统地了解和掌握档案管理与利用的数量状况和变化情况，把握档案管理的发展趋势和特点、档案部门的工作量，以及档案部门对人力、财力、物力的需求量，全面系统地认识档案管理在整个社会和经济发展中的地位和作用，从而为我国档案事业的科学决策提供真实、准确、系统、完整的信息依据。

（四）衡量和评价档案管理质量的客观依据

档案登记和统计的工作成果多数是通过数字的形式表现出来的，这是直接衡量档案管理业绩和管理质量的客观尺度。同时，通过开展档案统计分析，档案管理部门可以获得相关的对比分析数据、综合情况数据、变化情况数据，从而为客观地评价有关立档单位、国家档案馆的档案管理质量，提供真实、准确的依据。

第二节 档案统计原理及步骤

档案统计是对反映和说明档案及档案工作现象的数量特征进行搜集整理和分析的活动。其工作原理和一般工作步骤主要包括如下内容。

一、档案统计指标及统计指标体系的设计原则

（一）档案统计指标

档案统计指标是指反映档案和档案管理总体现象数量特征的概念和具体数值。它包括几个构成要素：指标名称、计量单位、计算方法、时间限制、空间限制、指标数值。这是统计实际工作中经常使用的统计指标的含义。完整的档案统计指标包括四项内容：

（1）指标名称，用以说明所反映现象数量特征的性质和内容。

（2）统计的时间界限和空间范围。

（3）计量单位。

（4）指标的数值。

统计指标的特点主要包括：

第一，数量性。所有的统计指标都可用数值来表现。统计指标所反映的就是客观现象的数量特征。正因为统计指标具有数量性的特点，它才能对客观总体进行量的描述，才使统计数据分析和研究成为可能。

第二，综合性。统计指标既是同质总体大量个别单位的总计，又是大量个别单位标志差异的综合，是许多个体现象数量综合的结果。统计指标的形成应经过从个体到总体的过

程，它可以通过个别单位数量差异的抽象化来体现总体综合数量的特征。

第三，具体性。含义包括两个方面：一是统计指标不是抽象的概念和数字，而是一定的具体的现象的量的反映，是在质的基础上的量的集合；二是统计指标说明的是客观存在的、已经发生的事实，反映了现象在具体地点、时间和条件下的数量变化。统计指标反映的是过去的事实和根据这些事实综合计算出来的实际数量。

统计指标的种类可以从不同的角度来认识：

(1) 统计指标按说明总体内容的不同，可分为数量指标和质量指标。数量指标是用来说明总体外延规模的统计指标。例如，室藏档案总量、馆藏档案总量、全宗档案数量、档案利用人次（卷次）、档案借阅数量等。数量指标所反映的是总体的绝对数量，其数值的大小随着总体范围的变化而变化，它是认识总体现象的基础指标。质量指标是说明总体内部数量关系和总体单位水平的统计指标。它通常用相对数和平均数的形式表现，其数值的大小与总体范围的变化没有直接关系。例如，不同年度和历史时期的馆藏档案数量增长的百分比、各个年度的档案工作人员的平均数量等。

(2) 统计指标按作用和表现形式的不同，可分为总量指标、相对指标和平均指标。

(3) 统计指标按管理功能作用的不同，可分为描述指标、评价指标和预警指标。描述指标主要反映档案管理的状况、过程和结果，提供对档案管理总体现象的基本认识，是统计信息的主体。评价指标被用于对档案管理的结果进行比较、评估和考核，以检查各项业务工作的质量或其他定额指标的结合使用。包括国家档案馆评价指标和立档单位的评价指标。预警指标一般被用于对档案和档案管理的状况进行监测，对档案管理中即将发生的失衡、失控等情况进行预报、警示。通常选择档案管理中的关键性、敏感性档案现象，建立相应的监测指标体系，如濒危档案的数量增长量、档案人员流失率、档案库房缺失率、文件归档完整率等。

（二）档案统计指标体系

由于档案和档案管理现象具有复杂多样性，因此各种现象之间相互联系的性质，只用个别统计指标来反映是不够的，需要采用指标体系来对其进行描述。统计指标体系就是各种相互联系的统计指标所构成的一个有机整体，用来说明所研究现象各个方面相互依存和相互制约的关系。统计指标体系因各种现象本身联系的多样性和统计研究的不同目的而被分为不同的类别。

根据所研究问题的范围大小，档案统计指标体系可以被分为宏观统计指标体系和微观统计指标体系。宏观统计指标体系就是反映整个现象大范围的统计指标体系，如反映国家档案事业的统计指标体系。微观统计指标体系就是反映现象较小范围的统计指标体系，如反映具体立档单位情况的档案统计指标体系。介于这两者之间的档案统计指标体系可以被称为中观统计指标体系，如反映各地区或各部门情况的档案统计指标体系。

根据所反映现象的范围内容不同，档案统计指标体系可以被分为综合性档案统计指标体系和专题性档案统计指标体系。综合性档案统计指标体系是较全面地反映总系统及其各个子系统的综合情况的统计指标体系。专题性统计指标体系则是反映某一个方面或问题的统计指标体系。

（三）档案统计指标及统计指标体系的设计原则

科学地选择档案统计指标与构建档案统计指标体系是保证档案登记和统计有效进行的基础，也是使统计研究获得正确结论的前提。因此，档案统计指标及统计指标体系的设计需要满足以下原则。

1. 客观性原则

档案统计指标及统计指标体系的设计必须立足中国档案工作实践。具体来讲，档案统计指标及统计指标体系的设计不仅要符合档案工作本身的性质、特点和运动规律，而且要能反映我国档案事业的发展现状和特点，适应我国档案管理的原则，统计内容要尽可能全面地反映我国档案工作状况。

2. 实用性原则

档案统计指标及统计指标体系的设计要与管理的要求或者研究的目的相匹配，要注重实用性。档案登记和统计工作是为了准确地掌握档案工作与事业的基本情况，继而对档案工作与事业实行科学管理提供可靠、科学的依据，因此，选择哪些指标，哪个作为核心指标，怎样确定这些指标的计算方法，以及怎样运用它们来对档案和档案工作进行考核和观察等，都要充分地考虑到管理的要求或研究的目的。

3. 层次性原则

档案统计调查是一项兼具复杂性与技术性的工作，其调查对象也具有广泛性和复杂性。要将大量复杂而多变的档案工作现象通过数字有条理地反映出来，必须从整体和全局考虑各个档案统计指标之间的联系，形成一套多层次、多系统的统计指标群，以便全面描述档案工作现象和过程的各个方面。

4. 统一性原则

统计指标及统计指标体系的设计要考虑统一性原则，强调计量单位和计量方法的科学、统一与稳定。档案统计必须按照统一的指标、统一的计算方法、统一的计算口径和统一的时间来进行。如果破坏了这种统一性，各行其是，汇总出来的统计数字就不能准确地反映客观情况，因而是没有意义的。

（四）常用的档案统计指标

目前我国档案统计的主要指标包括：

（1）有关档案馆（室）保存档案情况的主要指标。通常包括三类：保存档案总量；不同种类、不同历史时期、不同保管期限、不同制成材料、不同整理状况档案的数量；保存档案资料数量。

（2）有关提供利用方面的指标。包括利用者情况的统计指标和利用服务情况的指标。

（3）有关档案管理经费和档案机构建设方面的指标。

（4）有关档案人员基本情况的指标。

（5）有关档案专业教育基本情况的指标。

具体情况可以参见表10－1中所列举的内容。

表 10-1　　常用档案统计指标一览表

一级指标	二级指标	三级指标
保存档案情况指标	档案总量	立档单位保存档案总量/国家档案馆保存档案总量
	结构分量	不同种类档案数量/不同历史时期档案数量/不同保管期限档案数量/不同制成材料档案数量/不同整理状况档案数量
	资料数量	不同种类资料总量/不同种类资料数量
提供利用情况指标	利用者数量	
	利用服务情况	提供利用总量/不同方面利用分量/编研成果数量
档案管理经费和档案机构建设情况指标	档案事业费/机构设置/档案馆基建情况/档案库房面积/档案设备	
档案人员基本情况指标	人员总量	
	结构分量	不同年龄组/不同文化程度/不同档案专业程度/不同专业技术职称
档案专业教育基本情况指标	普通高校	学生数量/师资数量
	成人高校	学生数量/师资数量
	中等学校	学生数量/师资数量

二、档案统计调查

档案统计工作首先要从统计调查开始。档案统计调查是根据档案统计的目的与要求，采用科学的调查方法，有计划、有组织地搜集档案统计资料的过程。档案统计调查的基本任务是取得各种原始数据和资料，并对其中的有关数据进行核算。

（一）制定档案统计调查方案

为了使调查工作顺利进行，及时完成搜集资料的任务，每一项调查都应制定一个调查方案（即调查工作计划），作为全部调查阶段的指导性文件。方案中一般应包括以下几方面的内容。

1. 明确调查任务

调查方案首先需要指明调查的任务或要解决的问题。调查任务要重点突出，主次分明。

2. 选定调查范围

在明确了调查任务之后，就可进一步选定调查范围。调查范围一般包括调查对象和调查单位。前者指调查研究的现象总体；后者指组成调查总体的单位，在统计研究中称“总体单位”，也就是在调查中需要登记其特征的单位。

3. 确定统计调查指标

档案统计调查指标是指需要调查的内容，由调查的数字和基本情况组成。它们是说明调查单位基本特征的指标，可以反映和说明档案工作的现象、过程和发展规律。

4. 设计统计调查表

统计调查表是将确定的调查指标，按照合理的顺序编制成的表格。统计调查表是档案统计的载体和工具，直接影响统计工作的质量与数量。

5. 制订组织实施计划

为保证调查工作有组织、有计划地进行，调查方案还应包括一个组织实施计划。具体内容包括但不局限于调查时间、地点、方式、资料的报送方法，以及调查工作的组织领导和调查前的准备工作等。

（二）档案统计调查的方式

档案统计调查有统计报表和专门调查统计两种基本方式。

1. 统计报表

统计报表是下级档案行政管理机关和档案馆（室），按照统一的规定向上级机关以表的形式定期报送的文件，它是档案统计中最基本、最常用的调查方式。读者可通过本章第五节的内容对其进行深入了解。档案统计报表有：

（1）基本情况统计报表。它是由国家档案局制定，国家统计局批准发至各省、自治区、直辖市以及中央、国家各级档案机构，以调查全国档案工作情况的统计报表，如《档案工作基本情况统计年报》。

（2）专业档案统计表。它是中央各专业主管机关根据自身工作需要制发，调查本专业或本系统档案工作基本情况的统计报表，如《铁路档案工作基本情况统计年报》。

（3）地方档案统计表。它是由各省、自治区、直辖市档案行政管理部门和统计部门制定批准，用以了解本地区有关档案工作基本情况的统计报表。

2. 专门调查统计

专门调查统计是根据特殊需要临时组织的，单独对某一方面工作和情况进行的调查统计，是统计报表的补充形式。专门调查统计有普遍调查统计和抽样调查统计两种类型。

（1）普遍调查统计指对调查范围内的所有对象逐一进行调查统计。

（2）抽样调查统计指在调查范围内采用一定方法选择部分对象作为样本所进行的调查统计。

以上两种类型的专门调查统计具有不同功能，在实际工作中采用哪种类型要根据统计工作目的、任务和对象的特点加以确定。但需要明确的是，专门调查统计不能太多，以免造成不必要的重复，增加实际工作部门的压力。

三、档案统计整理

为使档案统计调查所获得的大量的、个别单位的原始资料成为能反映整体现象的资料，有关部门必须对原始资料进行分类、汇总和综合整理，使之系统化、条理化。档案统计整理的结果是各种统计表。档案统计整理的一般步骤包括：

（一）统计审核

审核档案统计资料的完整性和准确性是档案统计整理的首要环节。例如，档案统计项目和调查单位是否完整，统计报表中数字的计算是否平衡，其逻辑关系是否正常合理，等等。

（二）统计分组

分组（分类）是整理和分析统计资料的基础。通过对档案统计资料进行分组，档案人员可以研究档案工作中诸现象的类型和特征、总体的构成，以及现象之间的依存关系，继而发现各种类型现象的质的特征及发展规律。

正确地选择分组标准（也称分组标志）是保证实现分组任务的关键，是使统计研究获得正确结论的前提。必须选择最能实现研究目的、最能反映现象本质的标准，对同一现象，当研究目的、时间、地点和条件不同时，须采用不同的分组标准。

档案统计分组，根据分组标准的多少又可分为简单分组和复合分组两种。简单分组是按一个标准对统计资料进行分组，复合分组是按两个以上标准对统计资料进行分组。

（三）编制统计表

统计表应能简明精确地把观察结果反映出来，应能显著地表现出被研究现象的基本特征，表现出现象之间的联系和相互依存性。统计表的设计应该满足下列具体要求。

（1）表格紧凑。统计表的横格可以较长些，纵栏则要短些，但横格、纵栏的幅面都不宜过大。

（2）构成体系。一系列的统计表、统计表内部的各项目，应当构成一个有联系的整体。在制表时，各个统计表、各个项目的序列应被合理地安排。

（3）标题精确。统计表的总标题、标目（栏目名称）必须精确。表的总标题应该简要明确地反映统计表所有项目的基本内容，表达出表中数字资料的主要意思，并应标明资料的所属地区和时间。统计表中的指标名称、各个项目的概念，应该明确、具体。对某些不易被了解的概念，应做统一解释和说明。

（4）明确计量单位。统计表中应指明计量单位的名称并附以必要的说明。

（5）统计表应注明填报单位、时间及制表人。

四、档案统计分析

档案统计分析是对反映档案工作现象的大量统计数据进行综合分析，从中发现问题、说明问题，为科学管理档案提供依据，是整个档案统计工作的最后阶段。通过档案统计分析，档案人员可以透过现象掌握本质，揭示档案工作发展的规律性。因此，档案统计分析是提供统计研究成果的阶段，也是发挥统计作用的阶段。

（一）档案统计分析的原则与步骤

1. 档案统计分析的原则

（1）以全面、联系、辩证的观点来观察问题，反对形而上学的分析方法。

（2）以大量、充分的统计资料为依据，切忌主观随意性。

（3）切忌就数字论数字，要从大量的原始数据中分析档案工作的发展水平和变化趋势，研究各项业务之间的相互联系和平衡关系。

2. 档案统计分析的步骤

（1）选题。明确统计分析的目的，根据具体的工作需要，选定需要分析的问题。选题须有现实意义和针对性，不能脱离实际。

（2）收集和鉴定统计资料。资料的来源有定期统计报表、平时积累的统计资料、从有关部门搜集的资料、典型调查的资料等。在统计资料收集齐全后，档案人员要对资料的完整性、可靠度和适用性加以鉴定，对有错误的资料进行重新调查，或加以调整。

（3）选用适当的统计分析方法进行具体分析。要根据分析的目的，灵活运用各种分析方法，从地区上、时间上、结构上、相互联系上进行系统、深入、细致的分析。

（4）撰写统计分析报告。得出结论，并提出建议。

（二）常用的档案统计分析方法

档案统计分析是指对档案统计资料进行分析、研究，以认识档案工作的状况和发展规律，并找出解决问题的方法。档案统计分析的方法比较多，一般常用的有：对比分析法、动态分析法、指数分析法、分组分析法、综合分析法、对比分析法、因果分析法与相关分析法等。

（三）档案统计分析的表现形式

档案统计分析的结果须用特定的形式明确表现出来。采用何种形式，要根据分析的对象、内容和解决的问题而定。统计分析的表现形式主要有统计分析报告、文字说明和统计图三种。

1. 统计分析报告

统计分析报告是一种常用的、重要的表达统计分析结果的形式，包括以下几种：

（1）定期分析报告。它主要是对计划执行过程进行检查分析，一般按月、季、年定期检查分析计划执行情况，并写出报告。内容包括：计划完成程度，计划完成与否及原因，计划执行中存在的问题和发展趋势，有哪些薄弱环节，改进的建议和措施，等等。

（2）专题分析报告。这是根据某一时期的中心工作，针对某一专门问题，进行深入细致的分析后提出的报告。它的特点是重点突出、内容专一。

（3）综合分析报告。这是对研究对象进行综合分析后所做的报告。它的内容丰富完整，能充分说明档案工作现象的内在联系和发展规律。综合分析报告必须具有准确性、鲜明性、生动性。

2. 文字说明

文字说明使用简短的文字表达分析的结果，一般是结合统计分析报告内容所做的说明。

文字说明不应简单地重复计算出来的数字，而应指出数字所反映的问题，揭示隐藏在现象后面的本质，说明规律性，指出亟待解决的问题。

3. 统计图

统计图是根据统计分析结果绘制的图形，用以说明档案工作现象的规模、水平、结构、发展趋势等。统计图能以具体的形象说明档案工作的现象和过程，从而使阅读者直观地获得明确而深刻的印象。常用的统计图有下面几种：

（1）条形图。即以相同宽度的条形的长短来比较指标数字大小的统计图。

（2）象形图。即以直观、形象的图形来比较指标数值大小的统计图。

（3）动态曲线图。即以曲线的升降来表现统计对象在实践中发展变化情况的统计图。

（4）饼状结构图。即以全圆面积表现统计对象总体，以所分成的扇形面积表现各组成部分所占比例大小的统计图。

第三节　档案登记的基本形式和内容

档案登记，就是登录档案和档案管理有关数据的过程，是档案统计的基础。档案登记主要包括档案数量和状况登记、档案利用情况登记。

一、档案数量和状况登记

档案数量和状况登记的基本形式包括：

（一）卷内文件目录、案卷目录和归档文件目录

卷内文件目录是对卷内单份文件进行登记的簿册。它是档案整理工作中的一种编目，同时又对案卷内文件起着保护和统计数量的作用。

案卷目录是登记每一个案卷标题及其他基本状况的簿册。它是统计已整理编目档案的最可靠的基础材料。

按照《归档文件整理规则》（DA/T 22—2015）的规定，“归档文件应依据档号顺序编制归档文件目录”。归档文件目录设置序号、档号、责任号、文号、题名、日期、密级、页数和备注等。

（二）收进登记簿

收进登记簿是档案馆为了记载档案增长情况所用的。收进登记簿的登记，是以收进档案的次数为单位编号进行的，每次收进档案不管是一个还是几个全宗，抑或是全宗的一部分，都只占一个顺序号，每个顺序号下以全宗为单位登记。在登记后把顺序号记在移交目录或其他的交接文据上，以资对照查询。收进的档案如系初次进馆，则应先在“全宗名册”上登记，以取得全宗号，然后再登入收进登记簿。收进登记簿样式见表 10－2。

表 10－2　收进登记簿

序号	收到日期	移交单位	文据（名称、日期、编号）	全宗（或类别）名称	所属年度	数量			档案状况简要说明	全宗号	备注
						卷	件	米			

（三）全宗名册

全宗名册是登记档案馆所保存的每一个全宗的名册，是档案馆统计全宗数量和固定全宗号所用的工具，全宗名册样式见表 10－3。

表 10-3 **全宗名册**

全宗号	初次入馆日期	全宗名称	移出说明	备注

全宗号即全宗名称的代号，用以统计全宗数量。除了当档案馆新建全宗名册时可以按其他各种特征编排全宗号外，在一般情况下，全宗号都是在每一个全宗初次入馆登记时，按入馆先后进行编排的。

全宗名称必须是立档单位的全称。如名称有变化，应将历次名称登上并指出改变日期。由于现行机关全宗名称的改变难以推断，因此应在每一全宗名称下留有适当空格，以便改变时填写。

移出说明一栏，只有在一个全宗全部档案从档案馆移出时才填写。

档案馆如有新中国成立前旧政权全宗，应和新中国成立后全宗分别设立全宗名册，并分别编号登记。因此，一个档案馆可视全宗性质设立一本或几本全宗名册，如新中国成立前旧政权档案全宗、革命历史档案全宗、新中国成立后档案全宗，应分别设立全宗名册，分别编号等级，在全宗号前加“旧”“革”“建”等不同的字头以示区别。

（四）全宗单

《全宗单》(GB/T 13967—2008) 规定：全宗单是以表格的形式反映全宗基本情况、全宗内档案成分与数量的统计文件。全宗单的内容由全宗情况介绍、档案成分与数量统计两部分构成。

1. 全宗单格式要求

(1) 全宗单封面格式。封面用纸幅面尺寸规格为 A4 型 297mm×210mm（长×宽）或 16 开型 260mm×184mm（长×宽）。全宗单封面页项目包括（见图 10-1）：

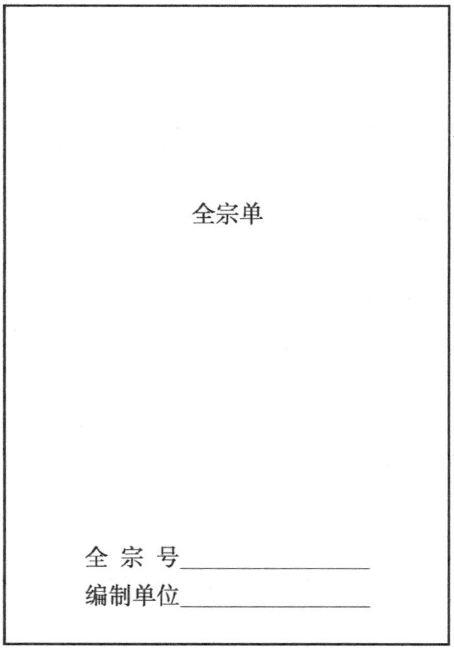

图 10-1 全宗单封面

- 名称：全宗单。
- 全宗号：馆编数字序号或代字加数字序号。
- 编制单位：编制全宗单的档案馆或其他档案收藏单位名称。

（2）全宗单正页格式。全宗单正页用纸幅面尺寸规格等于封面用纸幅面尺寸；正页由全宗情况介绍表格和档案数量统计表格组成；全宗情况介绍表格图文区尺寸规格为 267mm×165mm（长×宽）；档案数量统计表格图文区尺寸规格为 267mm×170mm（长×宽）。

2. 全宗单栏目及其填写方法

（1）全宗情况介绍。

全宗情况介绍栏目包括全宗名称、起止日期、检索工具编制种类、缩微及计算机应用情况、备注（见图 10－2）。

<table>
<tr><th colspan="4">全宗情况介绍</th></tr>
<tr><td>全宗名称</td><td>起止日期</td><td rowspan="5">检索工具编制种类</td><td></td></tr>
<tr><td></td><td></td><td></td></tr>
<tr><td></td><td></td><td></td></tr>
<tr><td></td><td></td><td></td></tr>
<tr><td></td><td></td><td></td></tr>
<tr><td>缩微及计算机应用情况</td><td colspan="3"></td></tr>
<tr><td>备注</td><td colspan="3"></td></tr>
</table>

图 10－2　全宗情况介绍表格格式

全宗名称：全宗名称应填写全称或规范化简称；全宗名称（所有曾用名称）按时间顺序分别填写；中华人民共和国成立前形成的档案在全宗名称的书写上应加必要的定语或说明，如“国民政府教育部”“密云县[①]政府（民国）”“国民政府（汪伪）外交部”“礼部（清）”；中华人民共和国成立前的个人全宗，在人名后用圆括号注明人物所属时代，如“端方（清）”“冯玉祥（民国）”“蒋中正（民国）”。

起止日期：一般采用公元纪年填写，必要时可以使用朝年或其他历法年号。使用公元纪年时按《数据和交换格式 信息交换 日期和时间表示法》（GB/T 7408—2005）的规定填写，起止年度之间加“～”。

检索工具编制种类：填写全宗有哪些类型的检索工具。

缩微及计算机应用情况：填写全宗档案缩微复制的数量、档案数字化的数量，以及使

① 现为密云区。

用计算机存储、检索等情况。

备注：填写需要说明的本全宗其他事项。

（2）档案数量统计。

档案数量统计的项目包括登记日期、接收或移交单位名称、档案类别、保管期限、收进档案数量、移出档案数量、现有档案数量。

登记日期：填写收进或移出（移交或鉴定后销毁）档案的时间。

接收或移交单位名称：应填写全称或规范化通用简称，禁用曾用名称。

档案类别：按档案的不同门类、不同载体顺序填写。

保管期限：按国家有关规定划分为永久、定期两种。

收进档案数量：按档案类别分别填写收进已编目档案和未编目档案的数量。填写内容包括文书档案的案卷卷数和上架排列长度（米）、科技档案的卷数和底图的张数、声像档案（影片档案）的盒（盘）数和照片档案（底片）的张数，以及其他专业档案（城建档案、会计档案、地名档案、人口普查档案、艺术档案等）和各种资料的卷（册、盒）数。

移出档案数量：按档案类别分别填写移出（移交或鉴定后销毁）已编目档案和未编目档案的数量。

现有档案数量：按档案类别分别填写收入数减去移出数后结存的已编目档案和未编目档案数量。

全宗单一般按全宗号的顺序排列保留。如果档案馆全宗数量多，全宗单的数量也就相应的多，为了便于查找使用，档案部门可以为所有全宗单另制一套索引，也可以直接将全宗单按照一定的特点（如立档单位的性质、组织系统、地区、立档单位名称的笔画等）加以分类排列保管。

（五）案卷目录登记簿

案卷目录登记簿是用来统计档案馆内各个全宗案卷目录的数量，固定案卷目录顺序号的。一个全宗内的案卷目录应集中按顺序编号保管。其格式见表 10－4：

表 10－4　　案卷目录登记簿

顺序号	全宗号	目录号	目录名称	所属年度	案卷数量	目录页数	目录份数	移出说明	备注

使用方法：按全宗分户登记，每一全宗内的目录编一顺序号，不同全宗的目录不要编在一起，每一全宗的目录之间，要留一定的空格。“移出说明”一栏只有在整个目录的档案移出时才填写。某一案卷目录内的档案文件全部移出，应在案卷目录登记簿上注销，新编制的目录要进行登记，旧的案卷目录不必销毁，与新的案卷目录分别保存。革命历史档案、旧政权档案和新中国成立以后的档案，应分别登记。

（六）立档单位档案部门对档案数量和状况的登记

立档单位档案部门除编有“卷内文件目录”和“案卷目录”外，还需建立一本“总登记簿”。

总登记簿登记的项目包括案卷收入、案卷移出和目录中现有数量三个部分。其具体内容和格式如表 10－5 所示。已建立综合性档案统计台账的立档单位，可不再采用总登记簿。

表 10－5 总登记簿

案卷目录号	案卷目录名称（组织机构名称）	所属年度	案卷收入			案卷移出（或销毁）				目录中现有数量		备注
			收入日期	目录中之数量	实收数量	移出日期	移交何处	移出原因和文据	移出数量	卷	米	

二、档案利用情况登记

档案利用情况登记，是档案馆（室）登记工作中重要的组成部分。它是对档案发挥作用的范围及利用档案要求的说明，既是衡量利用工作质量的依据，也是整个档案工作成果的一种反映。通过对档案利用过程的登记，档案部门能了解档案的利用情况，为改进利用工作质量提供依据。档案利用情况登记形式有以下几种。

（一）利用者登记卡

利用者登记卡是档案馆掌握服务对象情况的一种登记形式。登记内容可参见表 10－6。

表 10－6 利用者登记卡

姓名：	性别：	年龄：	阅览证号：
所在机关：	职务：		
印鉴或签字：	填卡日期：		

利用者登记卡，是每个利用者在第一次来馆利用档案办理入馆手续发予阅览证的时候填写的。它本身是领取阅览证的一种凭证。它所设置的内容是为了确定利用者利用档案的范围，同时它也是对利用者人数和情况进行登记的一种基本材料。

（二）档案利用登记簿

档案利用登记簿是一种全面、系统地记录档案提供利用情况的综合性登记形式。它既是档案机构记录、掌握提供利用情况的一种登记形式，同时又是档案机构在向利用者具体提供档案时履行交接手续的一种交接凭据。立档单位档案部门往往将其作为唯一的档案利用登记手段使用。其具体的登记项目及格式可参见表 10－7。

表 10－7 档案利用登记簿

顺序号	日期	利用者			利用目的	利用方式	档案		利用者签名	归还	
		姓名	职务	工作单位			档案号	数量（卷/件）		日期	经手人

（三）档案借出登记簿

档案借出登记簿是专用于对档案被借出档案机构之外的情况进行登记的一种登记形式。档案馆和档案室均可使用。其格式参见表 10－8。

表 10－8　　　　档案借出登记簿

<table>
<tr><th rowspan="2">顺序号</th><th rowspan="2">借出日期</th><th rowspan="2">借阅单位(地点及电话号码)</th><th rowspan="2">利用目的</th><th colspan="6">借出案卷</th><th colspan="2">归还案卷</th><th rowspan="2">备注</th></tr>
<tr><th>数量</th><th>全宗号</th><th>目录号</th><th>案卷号</th><th>借阅期限</th><th>借卷人签名</th><th>日期</th><th>签名</th></tr>
<tr><td></td><td></td><td></td><td></td><td></td><td></td><td></td><td></td><td></td><td></td><td></td><td></td><td></td></tr>
</table>

（四）档案复制、摘抄登记表

档案复制、摘抄登记表是专用于对档案在利用中被复制、摘抄的情况进行登记的一种登记形式，具有提出复制、摘抄申请，履行批准手续和确认复制、摘抄事实的凭据性质。这种登记表一般被应用于档案馆和规模较大的档案室。复制、摘抄登记表一般为散页的表格，以方便使用。但在每月或每年结束时，档案部门应将其装订成册，从而形成全面系统的记录复制、摘抄情况的登记簿。其具体登记项目及格式参见表 10－9。

表 10－9　　　　档案复制、摘抄登记表

<table>
<tr><th rowspan="2">编号</th><th colspan="3">利用者</th><th colspan="2">拟复制、摘抄档案</th><th rowspan="2">份数</th><th rowspan="2">用途</th><th colspan="2">审批</th><th rowspan="2">日期</th><th rowspan="2">复制、摘抄人签名</th></tr>
<tr><th>姓名</th><th>职务</th><th>工作单位</th><th>文件标题</th><th>档号</th><th>意见</th><th>审批人</th></tr>
<tr><td></td><td></td><td></td><td></td><td></td><td></td><td></td><td></td><td></td><td></td><td></td><td></td></tr>
</table>

（五）档案利用效果登记表

档案利用效果登记表是立档单位档案部门和国家档案馆记录档案实际利用情况及其效果的登记形式。其具体登记内容和格式可参见表 10－10。

表 10－10　　　　档案利用效果登记表

<table>
<tr><th colspan="6">利用者基本情况</th><th>利用目的</th><th>利用档案的数量（卷/件）</th><th>档号</th><th colspan="5">利用方式</th><th>利用效果</th></tr>
<tr><td>姓名</td><td>性别</td><td>年龄</td><td>职业</td><td>职务</td><td>工作单位</td><td rowspan="2"></td><td rowspan="2"></td><td rowspan="2"></td><td>阅览</td><td>借出</td><td>复制</td><td>摘抄</td><td>制发证明</td><td rowspan="2"></td></tr>
<tr><td></td><td></td><td></td><td></td><td></td><td></td><td></td><td></td><td></td><td></td><td></td></tr>
<tr><td colspan="6">满意度</td><td colspan="9">意见和建议</td></tr>
<tr><td colspan="6"></td><td colspan="9"></td></tr>
</table>

档案利用效果登记表中各项目内容的表述应充分考虑利用者的心理因素，并尽量使之具体化、指标化，以便于填写。例如，登记表的开头可设一段简短的沟通性、说明性文字，着重说明此登记表的目的仅在于了解利用效果，为改进利用服务工作提供现实素材和依据，绝无任何其他用意，并感谢利用者通过如实填报此表所给予的合作和支持，以融洽档案机构与利用者之间的关系，消除利用者的顾虑与戒备心理。

第四节　档案统计台账的建立

统计台账是根据填报《全国档案事业统计年报制度》及各立档单位和国家档案馆管理

工作的实际需要，在遵守国家法律法规要求的前提下，用一定的表格形式，将分散的原始记录资料按规定的指标和时间先后顺序进行系统登记、积累和汇总统计的账册。档案统计台账可提供全面系统的基本统计资料，有利于积累历史统计资料，为开展分析研究工作打下基础。

档案统计台账的指标设置应在满足国家档案事业统计报表所需的基本内容的前提下，结合各单位自身的特点和需求。统计台账的记载必须与原始记录数据衔接，做到准确、及时、连续、完整、清晰，查询方便。使用计算机管理档案统计台账的单位，要做好资料的备份工作——既要保存磁介质资料，也要打印纸介质资料保存备查。

一、档案部门保存档案、资料情况统计

（一）保存档案和资料总量统计

档案馆（室）保管档案情况、资料总量情况统计台账主要包括以下几种类型。

1. 全宗一览表

全宗一览表的登录项目主要包括序号、全宗号、全宗名称、已接收档案年度、全宗变动情况说明等，详见表 10－11。

表 10－11　　全宗一览表

序号	全宗号	全宗名称	已接收档案年度	全宗变动情况说明

注：“全宗变动情况说明”应完整反映全宗各时期的变化；此表可采用 Excel 软件制作，并根据全宗变化情况及时更新。

2. 全宗档案总量一览表

这种统计台账是用来登录一个全宗档案数量及其变化情况的一览表。各单位可以根据档案门类或档案所属大类设计登录项目，并逐年连续统计。这种统计台账既可以反映出全宗档案的数量情况，又可以反映出每个年度新增加档案的数量情况，详见表 10－12。

表 10－12　　全宗档案总量一览表

全宗号：　　　　全宗名称：

<table>
<tr><td colspan="2" rowspan="2">项目</td><td colspan="14">年　度</td></tr>
<tr><td colspan="2">2019</td><td colspan="2">2020</td><td colspan="2">2021</td><td colspan="2">2022</td><td colspan="2">2023</td><td colspan="2">2024</td><td colspan="2">2025</td></tr>
<tr><td colspan="2" rowspan="2">文书档案</td><td>卷</td><td rowspan="2">m</td><td></td><td></td><td></td><td></td><td></td><td></td><td></td><td></td><td></td><td></td><td></td><td></td></tr>
<tr><td>件</td><td></td><td></td><td></td><td></td><td></td><td></td><td></td><td></td><td></td><td></td><td></td><td></td></tr>
<tr><td rowspan="7">专门档案</td><td rowspan="2">基建档案</td><td>卷</td><td rowspan="2">m</td><td></td><td></td><td></td><td></td><td></td><td></td><td></td><td></td><td></td><td></td><td></td><td></td></tr>
<tr><td>件</td><td></td><td></td><td></td><td></td><td></td><td></td><td></td><td></td><td></td><td></td><td></td><td></td></tr>
<tr><td rowspan="2">会计档案</td><td>卷</td><td rowspan="2">m</td><td></td><td></td><td></td><td></td><td></td><td></td><td></td><td></td><td></td><td></td><td></td><td></td></tr>
<tr><td>件</td><td></td><td></td><td></td><td></td><td></td><td></td><td></td><td></td><td></td><td></td><td></td><td></td></tr>
<tr><td>……</td><td>……</td><td>……</td><td></td><td></td><td></td><td></td><td></td><td></td><td></td><td></td><td></td><td></td><td></td><td></td></tr>
<tr><td rowspan="2">合计</td><td>卷</td><td rowspan="2">m</td><td></td><td></td><td></td><td></td><td></td><td></td><td></td><td></td><td></td><td></td><td></td><td></td></tr>
<tr><td>件</td><td></td><td></td><td></td><td></td><td></td><td></td><td></td><td></td><td></td><td></td><td></td><td></td></tr>
</table>

续前表

项目		年　度													
		2019		2020		2021		2022		2023		2024		2025	
声像档案	照片档案	册	张												
	录音录像档案	盘	分												
电子档案		件	GB												
缩微胶片		幅													
实物		件													
其他档案		卷	m												
		件													

注："m"为排架长度（米）；"分"为录音录像的记录时长"分钟"。

3. 立档单位保存档案情况统计表

这种统计台账是用来登录一个立档单位的档案馆（室）保存档案数量及其变化情况的一览表。各立档单位可以根据档案的种类（如纸质档案、数字档案资源）来设计登录项目，并逐年连续登记。这种统计台账既可以反映出一个立档单位保存档案的总量情况，又可以反映出每个年度新增加档案的数量情况，详见表 10－13。

表 10－13　　立档单位保存档案情况统计表

年度	保存档案数量情况															
	纸质档案										数字档案资源					
	以卷为保管单位的档案		以件为保管单位的档案		永久		长期（30 年）		短期（10 年）		电子档案（总数）		电子档案（分项数）			
	卷数	排架长度	件数	排架长度									数码照片		数字录音、数字录像	
	卷	m	件	m	卷	件	卷	件	卷	件	件	GB	件	GB	件	GB
2019																
……																

4. 立档单位档案数字化成果情况统计表

这种统计台账是用来登录一个立档单位档案馆（室）保存的传统载体档案数字化成果的总数量及其变化情况的一览表。各立档单位可以根据所保存的传统档案的种类（如纸质档案、照片档案、音像档案等）来设计登录项目，并逐年连续登记，详见表 10－14。

表 10－14　　立档单位档案数字化成果情况统计表

年度	档案数字化成果											
	纸质档案						其他载体档案					
	以卷为保管单位的档案			以件为保管单位的档案			照片档案		录音磁带、录像磁带、影片档案		其他	
	卷	幅	GB	件	幅	GB	件	GB	件	GB	件（幅）	GB
2019												
……												

（二）档案年度出入库情况统计

各级各类国家档案馆和立档单位档案部门，可通过建立如下几种档案统计台账来了解和掌握档案年度出入库情况。

1. 接收档案情况统计表

这种统计台账是档案馆或档案室为了解和掌握各个年度入库档案数量变化情况的一览表，详见表 10－15。

表 10－15　　接收档案情况统计表

<table>
<tr><td rowspan="6">年度</td><td colspan="23">年度接收档案情况</td></tr>
<tr><td colspan="2">纸质档案</td><td colspan="18">数字档案资源</td><td colspan="3">其他载体档案</td></tr>
<tr><td rowspan="3">以卷为保管单位的档案</td><td rowspan="3">以件为保管单位的档案</td><td rowspan="3" colspan="2">电子档案</td><td colspan="4">电子档案分项</td><td colspan="12">档案数字化成果</td><td rowspan="3">照片档案</td><td rowspan="3">录音磁带、录像磁带、影片档案</td><td rowspan="3">实物档案</td></tr>
<tr><td rowspan="2" colspan="2">数码照片</td><td rowspan="2" colspan="2">数字录音、数字录像</td><td colspan="6">纸质档案</td><td colspan="6">其他载体档案</td></tr>
<tr><td colspan="3">以卷为保管单位的档案</td><td colspan="3">以件为保管单位的档案</td><td colspan="2">照片档案</td><td colspan="2">录音磁带录像磁带影片档案</td><td colspan="2">其他</td></tr>
<tr><td>卷</td><td>件</td><td>件</td><td>GB</td><td>件</td><td>GB</td><td>件</td><td>GB</td><td>卷</td><td>幅</td><td>GB</td><td>件</td><td>幅</td><td>GB</td><td>件</td><td>GB</td><td>件</td><td>GB</td><td>件</td><td>GB</td><td>张</td><td>盘</td><td>件</td></tr>
<tr><td>2019</td><td></td><td></td><td></td><td></td><td></td><td></td><td></td><td></td><td></td><td></td><td></td><td></td><td></td><td></td><td></td><td></td><td></td><td></td><td></td><td></td><td></td><td></td><td></td></tr>
<tr><td>……</td><td></td><td></td><td></td><td></td><td></td><td></td><td></td><td></td><td></td><td></td><td></td><td></td><td></td><td></td><td></td><td></td><td></td><td></td><td></td><td></td><td></td><td></td><td></td></tr>
</table>

2. 立档单位移出档案数量情况统计表

这种统计台账是用来登录一个立档单位档案馆（室）向国家档案馆移交档案的数量及其变化情况的一览表。各立档单位可以根据所移出档案的种类（如纸质档案、数字档案资源等）来设计登录项目，并逐年连续登记，详见表 10－16、表 10－17。

表 10－16　　立档单位移出档案数量情况统计表（1）

<table>
<tr><td rowspan="6">年度</td><td colspan="14">移出档案数量情况</td></tr>
<tr><td colspan="2">纸质档案</td><td colspan="12">数字档案资源</td></tr>
<tr><td rowspan="3">以卷为保管单位的档案</td><td rowspan="3">以件为保管单位的档案</td><td colspan="6">电子档案</td><td colspan="6">档案数字化成果</td></tr>
<tr><td rowspan="2" colspan="2">总数</td><td rowspan="2" colspan="2">数码照片</td><td rowspan="2" colspan="2">数字录音、数字录像</td><td colspan="6">纸质档案</td></tr>
<tr><td colspan="3">以卷为保管单位的档案</td><td colspan="3">以件为保管单位的档案</td></tr>
<tr><td>卷</td><td>件</td><td>件</td><td>GB</td><td>件</td><td>GB</td><td>件</td><td>GB</td><td>卷</td><td>幅</td><td>GB</td><td>件</td><td>幅</td><td>GB</td></tr>
<tr><td>2019</td><td></td><td></td><td></td><td></td><td></td><td></td><td></td><td></td><td></td><td></td><td></td><td></td><td></td><td></td></tr>
<tr><td>……</td><td></td><td></td><td></td><td></td><td></td><td></td><td></td><td></td><td></td><td></td><td></td><td></td><td></td><td></td></tr>
</table>

表 10－17　　立档单位移出档案数量情况统计表（2）

<table>
<tr><td rowspan="4">年度</td><td colspan="14">移出档案数量情况</td></tr>
<tr><td colspan="14">其他载体档案</td></tr>
<tr><td colspan="2">照片档案</td><td colspan="2">录音磁带</td><td colspan="2">录像磁带</td><td colspan="2">影片档案</td><td colspan="6">其他档案</td></tr>
<tr><td>张</td><td>件</td><td>盘</td><td>件</td><td>盘</td><td>件</td><td>盘</td><td>件</td><td>卷</td><td>幅</td><td>盘</td><td>件</td><td>张</td><td>GB</td></tr>
<tr><td>2019</td><td></td><td></td><td></td><td></td><td></td><td></td><td></td><td></td><td></td><td></td><td></td><td></td><td></td><td></td></tr>
<tr><td>……</td><td></td><td></td><td></td><td></td><td></td><td></td><td></td><td></td><td></td><td></td><td></td><td></td><td></td><td></td></tr>
</table>

3. 征集档案数量情况统计表

这种统计台账是用来登录一个立档单位档案馆（室）每年征集档案数量及其变化情况的一览表。各单位可以根据所征集档案资源的种类（如纸质档案、数字档案资源等）来设计登录项目，并逐年连续登记，详见表 10 - 18、表 10 - 19。

表 10 - 18　　征集档案数量情况统计表（1）

年度	年度征集档案														
	纸质档案		数字档案资源												
	以卷为保管单位的档案	以件为保管单位的档案	电子档案						档案数字化成果						
									纸质档案						
			总数		数码照片		数字录音、数字录像		以卷为人管单位的档案			以件为保管单位的档案			
	卷	件	件	GB	件	GB	件	GB	卷	幅	GB	件	幅	GB	
2019															
……															

表 10 - 19　　征集档案数量情况统计表（2）

年度	年度征集档案										
	档案数字化成果						其他载体档案		实物档案	接收寄存档案	
	照片档案		录音磁带、录像磁带、影片档案		其他		照片档案	录音磁带、录像磁带、影片档案			
	件	GB	件	GB	件	GB	张	盘	件	卷	件
2019											
……											

二、档案销毁情况统计

各级各类国家档案馆和立档单位档案部门，可通过建立销毁档案数量情况统计台账来了解和掌握年度档案销毁情况。

这种统计台账是用来登录一个立档单位档案馆（室）历年销毁档案数量情况的一览表。各立档单位可以根据所销毁档案的种类（如纸质档案、电子档案、声像档案、实物档案及其他载体档案等）来设计登录项目，并逐年连续登记，详见表 10 - 20。

表 10 - 20　　立档单位销毁档案数量情况统计表

年度	销毁档案数量情况										
	纸质档案		电子档案		声像档案				其他载体档案		
	以卷为保管单位的档案	以件为保管单位的档案			照片档案	录音磁带	录像磁带	影片档案	实物档案	其他档案	
	卷	件	件	GB	张	盘	卷	件	件	卷	件
2019											
……											

三、档案资料利用、编研成果和开放数量情况统计

各级各类国家档案馆和立档单位档案部门，可通过建立如下几种档案统计台账来了解和掌握档案资料利用、编研成果和开放的数量情况。

（一）立档单位档案资料利用及编研成果数量情况统计表

这种统计台账是用来登录一个立档单位档案馆（室）历年档案资料利用数量变化情况和档案编研成果数量情况的一览表。各单位可以根据档案和资料的利用情况及档案编研情况来设计登录项目，并逐年连续登记，详见表 10－21。

表 10－21　　档案资料利用及编研成果数量情况统计表

年度	利用档案总数量		利用档案分项数量（按需求类型划分）					利用资料总数量		陈列室	网络服务		办展	本年编研档案资料			
			工作查考		……	其他								公开出版		内部参考	
	人次	卷（件）次	人次	卷（件）次	……	人次	卷（件）次	人次	册次	m^2	访问数	点击数	次	种	万字	种	万字
2019																	
……																	

（二）国家档案馆开放档案和档案目录数量情况统计表

这种统计台账是用来登录一个国家档案馆历年开放档案和档案目录数量变化情况的一览表。各级各类国家档案馆可根据具体情况来设计登录项目，并逐年连续登记，详见表 10－22。

表 10－22　　国家档案馆开放档案和档案目录数量情况统计表

年度	档案开放情况							
	新中国成立前档案		新中国成立后档案		开放档案目录		在线目录	
					案卷级	文件级	案卷级	文件级
	卷	件	卷	件	万条	万条	万条	万条
2019								
……								

（三）国家档案馆档案资料利用数量情况和政府开放信息利用情况统计表

这种统计台账是用来登录一个国家档案馆历年档案利用数量情况和政府开放信息及馆藏资料利用情况的一览表。各级各类国家档案馆可根据具体情况来设计登录项目，并逐年连续登记，详见表 10－23。

表 10－23　　国家档案馆档案资料利用数量情况和政府开放信息利用情况统计表

年度	国家档案馆档案资料利用情况							政府开放信息和馆藏资料利用情况			
	本年利用档案		利用目的					政府信息公开查阅场所	本年利用政府开放信息	本年利用资料	
			单位		个人						
			工作查考	其他	学术研究	权益维护	其他				
	人次	卷（件）次	卷（件）次	卷（件）次	卷（件）次	卷（件）次	卷（件）次	个	人次	卷（件）次	人次
2019											
……											

四、国家档案馆档案宣传、展览、编研和出版数量情况统计表

这种统计台账是用来登录一个国家档案馆历年档案宣传、展览、编研和出版数量及其变化情况的一览表。各级各类国家档案馆可根据具体情况来设计登录项目，并逐年连续登记，详见表 10－24。

表 10－24　　国家档案馆档案宣传、展览、编研和出版数量及其变化情况统计表

年度	档案宣传情况					举办档案展览情况			编研档案资料情况				档案期刊出版情况	
	档案网站	本年 IP 访问次数	档案微信公众号	推送文献数量	爱国主义教育基地	档案展览	基本陈列	参观人数	公开出版		内部参考		种类	年度出版
	个	次	个	篇	个	个	个	人次	种	万字	种	万字	种	期
2019														
……														

五、档案工作人员构成及数量情况统计表

这种统计台账是用来登录一个立档单位档案馆（室）或国家档案馆历年档案工作人员构成及其数量变化情况的一览表。参见表 10－25 和表 10－26。

表 10－25　　档案工作人员构成及数量情况统计表（1）

年度	现职人员总数	人员构成及数量情况										
		性别		年龄			文化程度					
		男	女	50 岁以上	35～49 岁	34 岁以下	博士	硕士	研究生班研究生	本科	大专	高中（中专）
	人	人	人	人	人	人	人	人	人	人	人	人
2019												
……												

表 10－26　　档案工作人员构成及数量情况统计表（2）

年度	人员构成及数量情况													
	档案专业程度（受过档案专业教育）						档案干部专业技术职务					兼职人员	本年度接受在职培训教育	
	博士研究生	硕士研究生	研究生班研究生	大学本科	大专	中专	研究馆员	副研究馆员	馆员	助理馆员	管理员			
	人	人	人	人	人	人	人	人	人	人	人	人	人	次
2019														
……														

六、档案部门设施设备数量情况统计

各级各类国家档案馆和立档单位档案部门，可通过建立如下几种档案统计台账来了解和掌握设施设备数量及其变化情况。

（一）立档单位档案部门设施设备数量情况统计表

这种统计台账是用来登录一个立档单位的档案馆（室）设施设备数量情况及其变化情况的一览表，详见表 10－27。

表 10－27　　立档单位档案馆部门设施设备数量情况统计表

年度	档案馆（室）建筑面积	档案库房建筑面积	档案馆（室）设备				
			服务器	安全防范系统			
				门禁系统	视频监控系统	自动灭火系统	温湿度控制系统
	m^2	m^2	台	套	套	套	套
2019							
……							

（二）国家档案馆设施设备数量情况统计表

这种统计台账是用来登录一个国家档案馆设施设备数量情况及其变化情况的一览表，详见表 10－28。

表 10－28　　国家档案馆设施设备数量情况统计表

年度	馆内设施设备情况						
	缩微设备	服务器	安全防范系统			自动灭火系统	
			门禁系统	视频监控系统	温湿度控制系统	气体灭火系统	细水雾灭火系统
	台	个	套	套	套	套	套
2019							
……							

七、档案馆基本建设情况统计表

这种统计台账是用来登录一个国家档案馆基本建设情况及其变化情况的一览表，详见

表 10－29。

表 10－29　　档案馆基本建设情况统计表

年度	档案馆基本建设情况																	
	档案馆建筑面积					本年度在建项目							本年度竣工项目					
	建筑总面积	档案库房建筑面积	后库面积	档案业务技术用房建筑面积	对外服务用房建筑面积	新建	改扩建	建筑面积	档案库房建筑面积	计划总投资额	累计完成投资额	本年度完成投资额	新建	改扩建	建筑面积	档案库房建筑面积	计划总投资额	实际完成投资额
	m^2	m^2	m^2	m^2	m^2	个	个	m^2	m^2	万元	万元	万元	个	个	m^2	m^2	万元	万元
2019																		
……																		

八、立档单位档案部门和国家档案馆档案编目及档案抢救情况统计表

这种统计台账是用来登录一个立档单位的档案馆（室）和国家档案馆档案编目、档案抢救数量情况及其变化情况的一览表，详见表 10－30。

表 10－30　　立档单位档案部门和国家档案馆档案编目及档案抢救情况统计表

年度	档案编目情况			国家重点档案抢救情况					
	手工目录	机读目录		应抢救档案总数		已抢救档案数量		本年度抢救档案数量	
		案卷级	文件级						
	本	万条	万条	卷	件	卷	件	卷	件
2019									
……									

第五节　全国档案事业统计年报制度

全国档案事业统计年报制度始于 1983 年，是由国家档案局根据《中华人民共和国统计法》及相关规定的要求，为了准确地掌握全国档案事业的基本情况，对全国档案事业实行科学管理提供可靠、科学的依据，切实履行档案部门的职责，建立有序的工作制度，而制定的一项按年度开展的统计调查制度。根据我国档案事业发展和变化情况，国家档案行政管理部门会对统计调查的指标和项目内容，进行必要的调整。

一、全国档案事业统计年报制度概述

（一）统计目的

建立和实施全国档案事业统计年报制度的目的是：

（1）科学、准确、系统地掌握全国档案事业的基本情况。

（2）为科学管理全国档案事业提供可靠、科学的依据。

（3）为切实履行档案部门的职责，建立有序的工作制度提供依据。

（二）统计对象

各级档案行政管理部门（包括中央、省、地、县各级档案局），各级各类档案馆，县直以上机关、人民团体、民主党派档案室（处、科），企事业单位档案室（处、科），开办档案专业教育的高等学校、中等学校和规定范围内的各级各类档案部门，均为统计对象。

（三）统计内容

统计内容包括档案行政管理部门基本情况、档案馆基本情况、档案室基本情况、档案专业教育基本情况、档案科技基本情况和国家综合档案馆基本建设情况等。

（四）统计频率和时间

全国档案事业统计年报制度按报告期别为年报。统计时期为上一年度（1 月 1 日至 12 月 31 日）。

（五）统计方法

一般采用全面调查的方法进行。

（六）组织实施

由国家档案局政策法规研究司统一组织，分级实施，由各级各类档案部门负责数据的审核和上报。

（七）报送要求

中央、国家机关，人民团体，民主党派负责本机关及所属企事业单位档案机构统计年报的汇总工作，然后将综合年报的数据于次年 3 月 15 日前报送国家档案局；中央级国家档案馆报送时间为次年 3 月 15 日前；地方各级档案行政管理部门负责本行政区域内列入统计范围的各级各类档案机构统计年报的汇总工作，并将汇总出的综合年报数据逐级上报到省、自治区、直辖市档案局，由省、自治区、直辖市档案局汇总出本省、自治区、直辖市的综合年报数据，于次年 3 月 31 日前报送国家档案局，同时抄送本省、自治区、直辖市统计局。报送方式为邮寄报送——将纸质报表和数据寄送国家档案局政策法规研究司。

在填报基本表时，填报单位只需填写本单位对应表格，凡与本单位无关的表格，不要填报。

统计年报要坚持严肃认真的态度，不得虚报、瞒报；实行分级分类的单位类别代码，各级各类部门应按类填报。

基本表中档案排架长度和电子档案计量单位的数字取整数，小数点以后四舍五入；其他涉及小数的数字保留两位。如有特殊情况，另附说明。

（八）统计资料公布及数据共享

本报表制度综合统计数据由国家档案局公布。部分综合数据可与其他部门及在本系统内共享使用。

二、关于档案馆基本情况的主要统计调查指标

（一）机构情况

机构指列入年度档案工作基本情况统计范围的各级各类档案馆，其中包括国家档案馆（综合档案馆、专门档案馆）、部门档案馆、企业档案馆和事业单位档案馆等。具体是指：

（1）国家综合档案馆。指归口中央或地方各级档案行政管理部门直接管理的，按行政区划或历史时期设置的，收集和管理所辖范围内多种门类档案的档案馆。

（2）国家专门档案馆。指归口中央或地方各级档案行政管理部门（或有关部门）直接管理的，收集和管理某一专门领域或某种特殊载体形态档案的档案馆，如照片档案馆、城建档案馆等。

（3）部门档案馆。指中央或地方某些专业主管部门所属的，收集、管理本部门及其直属机构档案的档案馆。

（4）企业档案馆。指列入本年报统计范围的企业集团和大型企业设置的负责收集、管理本企业及其所属单位档案的档案馆。

（5）事业单位档案馆。指事业单位设置的负责收集、管理本单位及其所属机构档案的档案馆，包括文化事业单位（如理工农林医类以外的大专院校、文艺团体、新闻出版单位等）档案馆和科技事业单位（如研究院、设计院、理工农林医类大专院校等）档案馆。

（二）人员情况

人员情况指列入年度档案工作基本情况统计范围的各级各类档案馆的定编、人员构成情况。其中包括：

（1）定编。指机构编制管理机关核定的本单位人员数额。

（2）现有全部门专职人员。指本单位专门从事档案工作的在职职工。

（3）文化程度。指学历。

（4）博士研究生。指在具有招收和培养攻读博士学位研究生资格的普通高等学校和科研机构完成博士研究生课程学习并取得博士学位的。

（5）硕士研究生。指在具有招收和培养攻读硕士学位研究生资格的普通高等学校和科研机构完成硕士研究生课程学习并取得硕士学位的（含党校通过全国教育统考招生录取的研究生）。

（6）研究生班研究生。指在具有招收和培养研究生班研究生资格的普通高等学校和科研机构完成研究生课程学习并取得毕业证书的。

（7）大学本科、大专。指在普通高等院校和国家承认学历的成人高校（包括夜大学、函授大学、电视大学、职工大学和自学高考等）学习过并取得毕业证书的。

（8）高中（中专）。指在普通高中、职业高中以及各类中等专业学校、中等技术学校、有关部门批准的业余中等专业学校学习过并取得毕业证书的。

（9）档案干部专业技术职务。指专职档案干部评聘的专业技术职务。在档案部门工作聘为其他业务、技术职称的人员，应按级别分别填入与其对应的栏目。如技术员相当于“管理员”，助教、助理工程师、助理翻译、助理编辑、助理记者、助理会计师等相当于“助理馆员”，讲师、工程师、翻译、编辑、记者、会计师等相当于“馆员”，副教授、副编审、副译审、高级记者等相当于“副研究馆员”，教授、编审、译审、特级记者等相当于“研究馆员”，高级工程师、高级会计师相当于“副研究馆员”或“研究馆员”。

（三）馆藏情况

馆藏情况指列入年度档案工作基本情况统计范围的各级各类档案馆保存纸质档案、数字档案资源、其他载体档案、馆藏资料、档案编目情况、国家重点档案抢救情况及本年档案接收情况等。具体包括：

1. 纸质档案的数量统计指标

（1）全宗数量。全宗是指一个具有社会独立性的组织或个人在其社会实践中所形成的档案的有机整体。

（2）案卷数量。案卷是由互有联系的若干文件组合成的档案保管单位。

（3）以件为保管单位档案数量。指按照《归档文件整理规则》（DA/T 22—2000）的要求，以件为基本保管单位的纸质档案。

（4）排架长度。指档案装订或装盒后竖排在柜架上的长度，一般用“米”计量。

2. 数字档案资源的数量统计指标

数字档案资源是指国家机构、社会组织和个人在社会活动过程中形成的具有一定保存价值的数字记录，包括电子档案、数字化档案、各职能部门的行业及专业档案数据库、互联网中具有档案价值的数字信息等，计量单位为GB。

（1）数字档案馆。指运用现代信息技术对电子档案及其他数字资源进行采集、存储、管理，并通过各种网络平台提供利用的档案信息集成管理体系。

（2）电子档案。指机关、团体、企事业单位和其他组织在处理公务过程中形成的对国家和社会具有保存价值并归档保存的电子文件。

（3）馆藏档案数字化成果。包括数字图像、档案目录数据、元数据、数字化工作中产生的工作文件、存储载体等。

3. 其他载体档案的数量统计指标

（1）照片档案的数量。指专门集中保管的照片档案，与其他档案一起立卷保管的照片档案不计在内。

（2）缩微胶片的数量。指所保管的、截至填报年度的累计全部缩微胶片，包括接收来的缩微胶片档案和馆藏档案的缩微复制品。

（3）实物档案的数量。

4. 馆藏资料的数量统计指标

馆藏资料指已编目的用作资料的古籍、图书、期刊、报纸等，以及其他形式的技术资料、编研资料和不作为档案保管的文件材料。

5. 档案编目的数量统计指标

(1) 手工目录。包括以全宗为单位编制的案卷名册、以全宗为单位编制的案卷及卷内文件目录、以全宗为单位编制的所有归档文件的名册，即案卷目录、全引目录、归档文件目录。

(2) 机读目录。即计算机可读目录，指输入计算机并通过计算机进行编制和检索的档案目录。

(3) 案卷级目录。指以全宗为单位登录案卷的题名及其他特征并按案卷号次序编排而成的一种档案目录。

(4) 文件级目录。登录文件题名及其他特征并固定文件排列次序的一种档案目录。

6. 国家重点档案抢救情况的数量统计指标

国家重点档案指由各级国家档案馆保存，在中国各个历史时期形成的，在政治、军事、经济、科学、技术、文化、宗教等方面具有重要的研究和利用价值，国家需要永久保存的珍贵档案。主要范围包括：

(1) 1949 年以前，中国共产党及其领导的革命组织、革命根据地、革命政权，以及革命活动家的档案。

(2) 1949 年以前，各个历史时期政权机构、社会组织和著名人物的档案。

(3) 中华人民共和国成立以来，反映党和国家领导人活动的档案。

(4) 经省级（含计划单列市）档案部门鉴定确认，并报国家档案局批准的其他重点档案。

7. 本年接收档案情况的数量统计指标

指本年度接收的上一年度或以前年度档案数量情况。

（四）档案开放情况的数量统计指标

(1) 开放档案数量统计指标。指各级各类国家档案馆已经依法向社会开放的档案数量。

(2) 开放档案目录数量统计指标。指为已开放档案编制的、供利用者自行检索的开放性检索工具的数量。

（五）档案利用情况的数量统计指标

(1) 利用人次。指当年每日查档人数累计。

(2) 利用卷（件）次。指当年每日提供档案的数量累计。

(3) 利用目的中的“工作查考”（指用于行政事务等日常工作等）的人次和卷（件）次，“学术研究”（指个人用于历史研究或其他学术研究，以及各种地方志、专业志的编修，等等）的人次和卷（件）次，“权益维护”（指公民个人用于维护合法权益的方式）的人次和卷（件）次。

(4) 政府信息公开查阅场所的数量统计。指按照《中华人民共和国政府信息公开条例》的要求，各级人民政府在国家档案馆设置的政府信息查阅场所的数量。

（六）档案宣传情况的数量统计指标

（1）本年 IP 访问次数。指使用 IP 地址登录访问网站的数量。

（2）微信公众号数量。指官方认证的档案微信公众号的数量。

（3）推送文章数量。数量指本年度档案微信公众号的发文总量。

（4）爱国主义教育基地。指经各级党委、政府或者相关部门批准命名、公开挂牌，由国家档案馆管理，以馆藏档案为主要资源，向社会开展爱国主义、革命传统教育和国情、省情、市情、区情、县情教育及科技文化知识教育的活动场所。

（5）基本陈列。指以档案原件或复制品、仿制品的陈列展出为手段，揭示档案馆馆藏，系统反映馆藏特色，内容相对固定，在馆内常年展出的方式。

（6）本年编研档案资料。指本单位利用档案自编或与其他有关部门合编的档案汇集、参考资料等。其中，“公开出版”指当年由各级出版社正式出版的书籍（包括公开发行和内部发行），“内部参考”指当年编纂完毕未公开出版、留作内部使用的参考资料。

（7）档案期刊。定期公开出版的档案刊物。

（七）馆内设施设备情况的数量统计指标

（1）服务器。指信息系统中为客户端计算机提供特定应用服务的计算机系统，是信息系统的重要组成部分。按照外观，服务器可以被分为台式服务器和机架式服务器。不能正常使用的服务器不计入本指标。

（2）门禁系统（出入口控制系统）。指利用自定义符识别和模式识别技术对出入口目标进行识别并控制出入口执行机构启闭的电子系统或网络。

（3）视频监控系统。指利用视频探测技术，监视设防区域并实时显示、记录现场图像的电子系统或网络。

（4）温湿度控制系统。指运用现代科技手段，通过传感技术、自动化技术、信息化技术实现对温度和湿度进行实时监测，并控制空气调节设备、通风设备、除湿设备等保持库房温湿度符合标准规范的集成系统。

（5）气体灭火系统。指以气体状态进行灭火的物质为灭火剂的灭火系统。灭火物质包括：二氧化碳，七氟丙烷，三氟甲烷，氮气（IG100），氩气（IG－01），氮气与氩气混合气（IG55），氮、氩、二氧化碳混合气（IG541）。

（6）细水雾灭火系统。指由一个或多个细水雾喷头、供水管网、加压供水设备及相关控制装置等组成，能在发生火灾时向保护对象或空间喷放细水雾并产生扑灭、抑制火灾效果的自动灭火系统。

（八）档案馆基本建设情况的数量统计指标

（1）档案库房建筑面积。指档案馆专门用于保管各种类型档案的用房的建筑面积。

（2）后库面积。指由本单位管理的异地战备库，由国家综合档案馆填报。

（3）档案业务和技术用房建筑面积。指档案馆用于接收、收集、整理、保护、数字化加工等档案基础业务、技术的用房的建筑面积。

（4）对外服务用房建筑面积。指档案馆用于阅览、展览等提供利用档案的用房的建筑面积。

（5）竣工面积。指竣工的可供使用的房屋建筑面积。

三、关于档案室基本情况的主要统计调查指标

（一）人员情况的数量统计指标

参见档案馆人员情况的数量统计指标设计，但应注意分清专职和兼职档案人员的数量状况。

（二）室存情况的数量统计指标

（1）案卷的数量。指互有联系的若干文件组合成的档案保管单位的数量。

（2）以件为保管单位的档案数量。指按照《归档文件整理规则》（DA/T 22—2000）的要求，以件为基本保管单位的纸质档案的数量。

（3）排架长度。指档案装盒后竖排在柜架上的长度。

（4）照片档案的数量。指专门集中保管的照片档案的数量，与其他档案一起立卷保管的照片档案不计在内。

（5）实物档案的数量。

（6）数字档案室。是指机关（团体和其他社会组织）在履行职能过程中，运用现代信息技术对机关电子档案和数字化档案信息进行采集、加工、存储、管理，并通过不同类型网络提供共享利用和有限公共档案信息服务的档案信息集成管理平台。

（7）电子档案的数量。指机关、团体、企事业单位和其他组织在处理公务过程中形成的对国家和社会具有保存价值并归档保存的电子档案的数量，计量单位为GB。

（8）室存档案数字化成果的数量。指室存传统载体档案经扫描仪等数字化转换设备转换得到的数字格式副本的数量。

（9）室存资料的数量。指已编目的用作资料的古籍、图书、期刊、报纸等，以及其他形式的技术资料、编研资料和不作为档案保管的文件的数量。

（10）手工目录的数量。包括以全宗为单位编制的案卷名册、以全宗为单位编制的案卷及卷内文件目录、以全宗为单位编制的所有归档文件的名册的数量，即案卷目录、全引目录、归档文件目录的数量。

（11）机读目录的数量。即计算机可读目录，指输入计算机并通过计算机进行编制和检索的档案目录的数量。

（12）案卷级目录的数量。以全宗为单位登录案卷的题名及其他特征并按案卷号次序编排而成的一种档案目录的数量。

（13）文件级目录的数量。登录文件题名及其他特征并固定文件排列次序的一种档案目录的数量。

（14）本年移出档案的数量。指本年度因机构或职能变化导致部分室存档案所有者变更，而移交给有关单位的档案的数量。

（三）档案利用情况的数量统计指标

（1）利用人次。指当年每日查档人数累计。

（2）利用卷（件）次。指当年每日提供档案的数量累计。

（3）工作查考的利用数量。指用于行政事务等日常工作，如制订计划、落实政策、案件处理、人事工作等的档案数量累计。

（4）陈列室的数量和面积。陈列指以档案原件或复制品、仿制品的陈列展出为手段，揭示机关、企事业单位发展历史，对内开展职工爱岗敬业教育，对外作为接待、宣传窗口，内容相对固定，在本单位常年展出的方式。

（5）本年编研档案资料的数量。指本单位利用档案自编或与其他有关部门合编的档案汇集、参考资料等的数量。一个书名为一种。其中，“公开出版”指当年由各级出版社正式出版的书籍（包括公开发行和内部发行），“内部参考”指当年编纂完毕未公开出版、留作内部使用的参考资料。

（四）室内设施设备情况的数量统计指标

（1）服务器。指信息系统中为客户端计算机提供特定应用服务的计算机系统，是信息系统的重要组成部分。按照外观，服务器可以被分为台式服务器和机架式服务器。不能正常使用的服务器不计入指标。

（2）门禁系统（出入口控制系统）。指利用自定义符识别和模式识别技术对出入口目标进行识别并控制出入口执行机构启闭的电子系统或网络。

（3）视频监控系统。指利用视频探测技术，监视设防区域并实时显示、记录现场图像的电子系统或网络。

（4）温湿度控制系统。指运用现代科技手段，通过传感技术、自动化技术、信息化技术实现对温度和湿度进行实时监测，并控制空气调节设备、通风设备、除湿设备等保持库房温湿度符合标准规范的集成系统。

本章思考题

1. 什么是档案登记和统计？档案登记和统计的作用是什么？
2. 档案登记和统计的任务和要求是什么？档案登记和统计的意义有哪些？
3. 档案统计工作的基本步骤有哪些？
4. 档案登记的基本形式和内容有哪些？
5. 什么是全宗单？
6. 如何建立和使用档案统计台账？
7. 什么是全国档案事业统计年报制度？

第十一章
档案管理信息化

内容提要

本章的主要内容包括档案管理信息化概述、档案管理信息化的主要任务、档案管理信息化需要解决的主要矛盾和问题、档案管理信息化的发展前景和主要举措、档案管理信息化的思想理论建设等。

第一节　档案管理信息化概述

"信息化"一词自从 20 世纪 60 年代问世以来，经过数十年的发展，已经成为一个最具时代特征的概念。人们对信息化概念的理解也在不断的争论和实践过程中，得到了深化。1963 年日本学者梅棹忠夫出版了他的专著《信息产业论》(又译《论信息产业》或《情报产业论》)，在这本书中，他第一次提出了"信息化"这个名词，并将以信息为中心的社会称为"信息化社会"。梅棹忠夫认为："信息化是通信现代化、计算机化和行为合理化的总称。"1967 年，日本科学技术和经济研究团体正式提出信息化 (informationalization) 概念。1978 年，法国的西蒙·诺拉和阿兰·孟克出版了《社会信息化》一书，对信息化概念的国际传播起到了重要作用。该书探讨了计算机与远程通信紧密结合所产生的远程数据处理对社会发展带来的巨大影响，并指出信息化是人类社会必然的发展趋势。1986 年年底，中国科技促进发展研究中心等单位在北京召开了"首届中国信息化问题学术会议"，讨论了信息化的战略与政策、道路与发展模式，信息化与社会发展、信息化的测度等问题，会后还出版了《信息化——历史的使命》文集。1998 年联合国教科文组织编写的《知识社会》一书认为："信息化既是一个技术的进程，又是一个社会的进程。它要求在产品或服务的生产过程中实现管理流程、组织机构、生产技能及生产工具的变革。"国家档案局在 2000 年提出了推进档案信息化建设的任务。1999 年 12 月，孙淑扬、邱晓威主编的《档案计算机管理教程》一书，是我国第一部系统介绍和讲述档案信息化的专业教材。该书认为："档案管理现代化属于管理现代化。管理现代化就是把管理工作信息化和最优化。"2002 年，国家档案局发布了《全国档案信息化建设实施纲要》。档案信息化是国家信息化的一项重要内容和有机组成部分，是现代社会发展的必然趋势。"大力加强档案信息化建设，是发展先进生产力的现实需要，是发展社会主义先进文化的必然要求，是为最广大人民群众服务的重要举措。”①

认识和理解档案管理信息化概念，应该以理解信息化、档案信息化等概念的内涵为基本前提。

一、信息化

认识和理解信息化概念，是认识和掌握档案管理信息化概念的基本前提。自从1967年信息化概念被正式提出以来，随着信息化的持续发展和推进，学术界对信息化概念的认识不断深入和丰富，从不同角度对信息化概念进行了深入思考。主要观点包括：

（1）联合国教科文组织认为，信息化既是一个技术的进程，又是一个社会的进程。它要求在产品或服务的生产过程中实现管理流程、组织机构、生产技能及生产工具的变革。

（2）中国《2006—2020年国家信息化发展战略》中对信息化的界定是，信息化是充分利用信息技术，开发利用信息资源，促进信息交流和知识共享，提高经济增长质量，推动经济社会发展转型的历史进程。

（3）周宏仁在《信息化概论》一书中对信息化的定义是，利用现代信息技术对人类社会的信息和知识的生产、传播和利用进行全面的改造，并因而导致人类社会生产体系的转变的社会转型的过程。信息化使人类社会的政治、经济、军事、科技、文化等各个方面发生了深刻的变化，因而推动着人类社会的进步。从目前世界各国利用现代信息技术的种种努力及其所追逐的目标来看，本质上，信息化是一个推动社会转型的过程，一个从工业社会向信息社会转变的过程。

基于上述认识，我们可以看出学界对信息化内涵的主要认识成果包括：

（1）信息化既是一个技术的进程或信息技术的应用问题，也是一个社会的进程，即社会发展和演变的过程。没有现代信息技术的推动和有效应用，就无所谓信息化；但是，如果仅仅停留在这个层面，而不去触及国家和社会的体制机制、政策法规、标准体系、模式流程等，信息化就仅仅是一种形式方面的改变而已。所以，真正深层次意义上的信息化，应该是一个推动社会转型（由传统社会形态向新型社会形态转变）的过程。

（2）信息化概念具有生产力（生产技能与生产工具）发展的内涵，同时更具有生产关系变革的发展内涵。

（3）信息化所带来的直接变化是人类社会信息和知识的生产、传播和利用方式的转变，是一种以数字化、智能化、网络化等为特征的信息和知识生产、传播和利用方式的变革。

二、档案信息化

中国档案信息化的思想和实践开始于20世纪70年代末。档案界对档案信息化的认识，发端于对计算机在档案管理中的应用的实践和思考。孙淑扬、邱晓威在《档案计算机管理教程》中认为：“档案管理现代化属于管理现代化。管理现代化就是把管理工作信息化和最优化。其具体含义：一是把现代科学技术综合、全面地运用于管理活动之中；二是当

---

① 杨公之．档案信息化建设实务．北京：档案出版社，2003：2.

前的现代化管理技术主要是指计算机信息技术等；三是管理现代化的目的在于使管理工作趋于完善，并使整体功能和效率提高，达到优化。”[①]“档案管理现代化是指用科学的思想、组织、方法和手段，对档案工作进行有效的管理，使之获得最佳的工作效率、经济效益和社会效益。”[②] 可见，档案信息化最初是作为管理信息化概念的一个组成部分提出的，是与“档案工作最优化”并列的一个概念。

2002 年 11 月 25 日，国家档案局制发了《全国档案信息化建设实施纲要》。该文件确立了全国档案信息化建设的指导思想、目的和主要任务，明确了档案信息化概念的基本内涵是：档案信息化是国家信息化建设的组成部分，是以档案网络建设为基础，以档案信息资源建设为核心，以扩大档案信息资源开发利用为目标，加快推进档案资源数字化、信息管理标准化、信息服务网络化的进程。自从《全国档案信息化建设实施纲要》发布以来，档案学界对档案信息化的概念认识，主要形成了以下几种有代表性的观点：

（1）档案信息化是“在国家档案行政管理部门的统一规划和组织下，在档案管理活动中全面应用现代信息技术，对档案信息资源进行处置、管理和提供利用服务。换句话说，档案信息化是指档案管理模式从以面向档案实体保管为重点，向以档案实体的数字化信息这种主要形式向社会提供服务为重心的转变过程。这是一个长期的发展过程。在这一过程中，要不断地采用现代信息技术装备档案部门，从而不断地提高档案管理和利用的现代化水平”[③]。

（2）档案信息化“是信息技术与档案管理的有机结合”，“离开信息技术，档案信息化是无从谈起的”。“档案信息化是源自信息技术进步的一场档案管理革命，技术虽然只扮演着工具的角色，但却是这场革命的源动力，是整个档案信息化的龙头和先导。”“信息化对档案职业而言是一场‘蜕变’，整个职业从传统文化行业向现代 IT 行业转型。”[④]

（3）档案信息化“是国家信息化、地区信息化、行业信息化和机构信息化的重要组成，也是当代档案学理论和实践的核心任务”。“简而言之，档案信息化是指应用信息技术生成、管理、开发利用档案的过程。”[⑤]

（4）陆雄文主编的《管理学大辞典》认为，档案信息化是在国家档案建设管理部门的统一规划和组织下，在档案管理的活动中全面应用现代信息技术，对档案信息资源进行数字化管理和提供利用。档案管理模式从以档案实体保管和利用为重点，转向以档案信息的数字化存储和提供服务为重心，从而使档案工作进一步走向规范化、数字化、网络化、社会化。档案信息化是指档案管理模式从以档案实体为重心向以档案信息为重心转变的过程。这是一个长期的发展过程，在这一过程中，要不断地采用现代信息技术装备档案部门，从而极大地提高档案管理和利用的现代化水平。

上述认识基本上揭示了档案信息化概念的基本内涵，说明了档案信息化应符合如下思想要求：

第一，档案信息化不是一项仅由档案部门实施的孤立的转型、变革活动，而是国家及

---

① 孙淑扬，邱晓威．档案计算机管理教程．北京：中国人民大学出版社，1999：2.

② 同①.

③ 杨公之．档案信息化建设导论．北京：中国档案出版社，2001：7.

④ 张照余，吴品才．档案信息化建设．档案管理，2007（6）.

⑤ 王英玮，陈智为，刘越男．档案管理学．北京：中国人民大学出版社，2015：325.

有关社会活动领域信息化的有机组成部分。

第二，档案信息化的源动力是对现代信息技术的应用。

第三，档案信息化是一个长期发展变革的过程，是一个通过应用现代信息技术改革传统的档案管理模式，有效提高档案信息资源收集、管理、利用开发服务水平的过程。

第四，档案信息化是一项系统工程，需要国家档案行政管理部门统筹规划和组织实施。

第五，档案信息化的业务目标是使档案工作进一步走向规范化、数字化、网络化、社会化。

第六，档案信息化的终极目的是持续提升档案部门为国家、社会和公民个人提供档案数据、信息、知识服务的能力，不断提高档案部门的档案信息服务的质量和水平。

三、档案管理信息化

档案管理信息化是档案信息化的组成部分，是指应用现代信息技术，不断完善和提升档案管理信息系统和相关业务信息系统的功能，并按照档案管理的科学化、规范化、标准化要求，变革档案管理的传统模式，转变档案管理的业务流程；持续改进和提升档案部门对各种业务信息系统所产生的电子文件、业务数据、原生信息记录的数字化、网络化、智能化资源的管控能力，档案信息服务平台的建设水平和服务能力，档案资源的信息安全保障能力。

从本质上讲，档案管理信息化是为有效解决社会组织（包括党政机关、企事业单位、社会团体及其他社会组织）和人民群众日益增长的信息需求与档案管理部门相对滞后的档案信息服务能力之间的矛盾，而采取的一项长期性的重大举措及其实施过程。

档案管理信息化概念的基本含义是：

（1）档案管理信息化是档案信息化的组成部分。档案管理信息化应被纳入国家档案信息化的统一部署和规划之中，并作为其中的一项主要内容进行统筹规划和组织实施。

（2）档案管理信息化是国家档案资源体系、档案信息服务体系、档案信息安全保障体系这“三大体系”建设的重要内容，其质量将直接影响“三大体系”建设的整体质量和水平。持续改进和提升档案部门对各种业务信息系统所产生的电子文件、业务数据、原生信息记录的数字化、网络化、智能化资源管控能力，档案信息服务平台的建设水平和服务能力，档案资源的信息安全保障能力这“三大能力”，是档案管理信息化的核心任务。

（3）档案管理信息化的关键是根据档案管理转型和发展的需要，适时采用成熟的现代信息技术，变革档案管理的传统模式和业务工作流程，持续提升档案管理的效率和质量。

（4）档案管理信息化需要解决的基本矛盾是相对滞后的档案管理模式、流程和手段与现代社会持续增长的高效、高品质档案信息服务需求之间的矛盾。档案管理信息化的有效组织和实施，可以为解决各种社会组织和广大人民群众日益增长的档案信息需求与档案管理部门相对滞后的档案信息服务能力之间的矛盾，创造有利条件。

（5）档案管理信息化必须重视应用现代信息技术，按照档案管理的科学化、规范化、标准化要求，不断完善和提升档案管理信息系统、服务平台和相关业务信息系统的功能。

第二节　档案管理信息化的主要任务

档案管理信息化的基本任务是：实现传统档案管理模式的转型升级（改造和优化升级），建立符合新时代档案事业发展要求的档案资源体系、利用服务体系、安全保障体系，催生更加适应社会组织和公民需要的新型档案管理服务机构和部门，建立一支懂管理、懂技术、能有效服务的复合型档案工作者队伍。

在现阶段和今后一个时期内，我国档案部门的档案管理信息化的主要任务，应包括以下几个方面。

一、档案资源体系的数字化建设

"数字化生存"已成为新时代社会发展的主旋律。2016 年 4 月 1 日国家档案局印发的《全国档案事业发展"十三五"规划纲要》提出的档案管理现代化发展目标之一是："档案管理信息化。全面推进档案资源存量数字化、增量电子化、利用网络化；创新档案信息化管理模式，加快与信息社会融合，以信息化为核心的档案管理现代化水平明显提升。"各级各类档案管理部门，应按照存量档案资源数字化、增量档案资源电子化和电子档案真实完整、安全可靠、长期可用的要求，加快档案资源体系的数字化建设，实现电子文件和电子档案的规范化、标准化管理。

各级档案管理部门应以国家的大数据发展战略实施为契机，加强电子文件归档和电子档案管理；以数字档案馆（室）建设为抓手，有计划地开展电子档案接收工作；以制度规范、标准体系建设为引领，积极推进传统载体档案的数字化加工，转变档案资源的存在形态和网络流通能力；以社会需求为重点，转变传统档案资源体系建设的结构和内容构成，拓展与广大人民群众密切相关的数字档案资源的收集渠道，丰富和优化档案馆（室）藏的数字档案资源内容。

为有效推进档案资源体系的数字化建设，我国还制定了一系列的推荐标准。其中主要包括《电子文件归档与电子档案管理规范》(GB/T 18894—2016)、《电子文件管理系统通用功能要求》(GB/T 29194—2012)、《CAD 电子文件光盘存储、归档与档案管理要求》(GB/T 17678.1—1999)、《信息与文献 文件管理过程 文件元数据 第一部分：原则》(GB/T 26163.1—2010)、《纸质档案数字化规范》(DA/T 31—2017)、《版式电子文件长期保存格式需求》(DA/T 47—2009)、《公务电子邮件归档与管理规则》(DA/T 32—2005)、《电子文件归档光盘技术要求与应用规范》(DA/T 38—2008)、《文书类电子文件元数据方案》(DA/T 46—2009) 等。

二、档案信息应用系统与服务体系建设

各级档案管理部门应在明确应用需求的基础上，加强科学管理，打造档案收集、存储和利用服务的应用平台，构建以人为本、各方参与、社会协同、便捷高效的档案应用系统与档案信息服务体系。

档案信息应用系统与服务体系建设的具体任务内容应包括：构建电子文档一体化管理平台；升级民生档案信息公共服务平台；推进档案信息共建共享，提高档案数字资源共享程度，使档案利用服务更加便捷普惠；使网站、移动平台上的档案信息内容和服务更加丰富、便捷，档案馆公共服务水平显著提升；深化档案行政管理系统应用。

三、档案信息化基础设施与安全体系建设

各级档案管理部门应通过基础设施建设、组织制度完善和安全技术保障等多种手段，实现档案信息化系统和档案数据、信息的可管可控，涉密数字档案资源管理更加规范、安全。

档案信息化基础设施与安全体系建设的具体任务内容包括：按国家法律法规的要求，加强档案机房建设；加强网络、信息化设施建设；加强数字档案管理平台建设；加快数字档案馆（室）建设；推进档案信息化平台和智能档案馆（库）建设；积极开展档案信息系统等级保护工作；完善档案信息应急、灾备管理机制，加强档案数据安全备份与灾难恢复的管理；进一步提高档案信息系统与档案网站的安全保护水平；加强档案数字化外包安全管理。

四、复合型档案工作者队伍建设

档案信息的完整性与安全性管理，要求现代档案管理人员既要熟悉和掌握电子文件和电子档案的全程规范管理知识，又要掌握计算机系统和网络安全防护的相关知识，不断提高信息化工作技能。

复合型档案工作者队伍建设的具体任务内容包括：档案管理人员应立足本职工作，强化自我学习意识；档案管理人员应积极参与信息化教育和相关培训，补充专业知识，提高自身的业务素质和工作水平；为尽快实现传统档案管理模式向现代管理模式的转变，政府部门应有计划地对本系统的档案管理人员进行信息化技能培训，培训内容涵盖计算机、网络、信息工程等方面的知识；相关档案管理部门还应创造必要的条件，让档案管理人员及时了解档案发展趋势和现代科技在档案工作中的应用，不断提高工作技能。

第三节　档案管理信息化需要解决的主要矛盾和问题

档案管理信息化是档案工作适应社会发展潮流和变革需要的必然选择。任何试图以不变或缓变来应对的想法和行动策略都是不可取的，也是不能取的。在信息社会中，各行各业的人都应当做好准备，迎接这个变革的时代，应对信息技术的广泛应用和发展给我们带来的种种机遇和挑战，解决好理想与现实之间的矛盾和问题。本节主要介绍在档案管理信息化进程中的一些主要矛盾和问题，并提出相关的建议。

一、滞后的档案管理观念和档案管理信息化之间的矛盾

所谓滞后的档案管理观念，就是人们已经习以为常的基于纸质档案和经典的文件生命周期理论的档案管理思想认识。在这种观念的引领下，档案管理人员往往习惯于在“后

台”默默地承担档案管理的繁重任务，主要通过人工的方式来完成业务工作，充当档案“保管员”“整理员”，并满足于“你查我调”式的被动服务模式。即使有了先进的计算机等电子设备，也只是让这些设备设施的功能服务于传统的档案管理模式和管理业务流程；“收、管、调”就是档案管理人员工作的全部内容。正是由于这种滞后的档案管理理念驱动，一些档案部门和档案管理人员乃至分管领导者基本上忘记了档案管理的根本目的是什么，忘记了如何通过改进管理模式和管理流程来有效满足国家、组织和社会对档案数据、信息和知识的利用需求，忘记了档案部门生存与发展的根本。诚然，也有一些档案部门做了一些表面文章，制定了一些超越现实条件和能力的不切合实际的发展计划和目标，在实践中却由于滞后的档案管理观念制约，成了“空想的贵族”“行动的跛子和矮子”。

现代信息技术给档案管理的创新和发展，带来了新的机遇，提供了新的可能。这种变化主要体现在：

第一，改变了档案管理的主体对象。传统意义上的档案管理对象是以纸质档案为主体的档案实体。这种档案实体的流动性很差，整合加工的难度很大，传送的速度很慢，也不能超越时空限制来满足多用户的利用需求。但是，随着人类信息社会的高速发展，尤其是计算机的普及和网络通信技术、信息存储技术、数据处理技术的不断完善和进步，人类已经开始习惯于“数字化生存”的模式。人类生产、生活形成的数字化数据、信息、文件和资料等越来越多，数字化记录以不可逆转之势，快速取代传统的记录形成模式。电子记录、电子文件、数据电文、电子文献等数字化记录，正在逐步取代纸质记录成为现代档案管理的主体对象。这种以电子档案为主体的档案管理对象，其管理模式、管理流程与传统档案的管理模式和管理流程有很大的差异。如何适应新的管理对象的管理要求，是每个档案部门和档案管理人员都需要认真思考和解决的一个主要问题。

第二，改变了档案管理的模式。传统的“后台”管理模式已经无法有效地满足档案管理目标的要求。这是因为，传统的管理模式很难有效保证所收集档案的真实性、完整性、可用性和安全保密性。电子文件、电子记录的主要特点之一就是信息内容的易变、容易灭失而不留痕迹。如果按照传统的模式来管理这些新的对象，档案部门和档案管理人员的生存根基就会遭受严重的挑战，因为人们可能对你所管理的历史记录的真实性、准确性和完整性提出质疑，档案的双重价值（凭证价值和信息价值）也会因此而逐渐丧失。基于此，现代档案管理模式提出了“全生命周期管理”“全寿期管理”“前端控制”“过程控制”“审计跟踪”“OAIS 参考模型”“档案连续体模型”等新的治理和管理思想及管控思路。档案管理的标准化和规范化要求，也因为新的信息技术的广泛应用，正在发生根本性的变革。档案管理如何与其他各项工作协同、融合发展，并真正成为各项工作活动和社会发展不可或缺的组成部分，也成为档案部门和档案管理人员在现代档案管理模式转型变革过程中，需要认真思考和解决的一个基本问题。

第三，改变了档案管理的流程。传统的档案管理流程是基于“文件”与“档案”的“二元主义”思想设计的。简单地说，就是“你管你的我管我的”，甚至连“文书处理部门立卷制度”的推行和落实都成了问题。一个单位的各职能部门或机构基本上没有意识到“档案管理”也是自己责任和义务的组成部分；组织机构设置的垂直隶属关系、部门之间的壁垒等因素，也在客观上阻碍了档案管理部门的业务流程的有效延伸及与其他业务活动的协同和融合。但是，随着国家机构改革的推进，国家和社会组织的组织机构的扁平化和协同性的不断提升，信息网络的“互联、互通”功能日渐落地，传统的档案管理流程已经日益暴露出其落后的一面。为此，如何依托现代信息网络等有利条件，按照全程管理的思路，践行现代档案管理的科学理论，重构适应信息环境发展需要和新时代档案管理目标要求的科学档案管理流程，也是需要档案理论界和档案管理实践部门着力研究和探索的一个重要问题。

第四，改变了档案服务的方式。在信息社会里，人人都希望享受快捷、普惠、有效的信息服务。传统的档案服务方式，无论是阅览服务、展览服务、借阅服务还是编研服务，都需要被重新考量。如何利用信息网络优势，发挥网络的交互作用，及时了解和预测各类档案用户对档案数据和信息的利用需求，进行“供给侧”的改革，增强主动服务能力，使广大档案用户得到及时、有效的档案数据和信息服务，也是信息社会中每个档案管理部门和档案管理人员需要深入思考的问题。

第五，改变了档案管理的作业方式。传统的档案管理作业方式基本上是手工性的或者半手工性的。计算机等信息设备和设施的许多先进的信息获取、加工和传送功能，还基本上处于闲置状态或被人为地忽视。某些管理者的头脑中依然残存着“老吏抱案死”的陈腐思想，怀疑电子档案的存在价值，总是觉得“还是纸的东西安全可靠”“电子的东西看不见摸不着”；对档案管理的数字化、电子化、网络化发展要求始终抱着抵触情绪，不愿意转变档案管理的传统作业方式，片面地强调“双套制”和“收管用”的老思路、老做法，拒绝学习和应用新标准、新技术。但是，随着我国信息化进程的加速，信息技术的应用已经成为有效推动各行各业发展的新动能。档案管理的作业方式，已经开始向数字化、信息化和网络化方向深入发展。在国家层面，各种新的政策、规范和标准不断推出；在单位层面，许多单位开始实践新的适应信息化发展需要的管理模式、流程和做法。所以，如何提出新的适合现代信息社会发展需要的档案管理作业方式，应成为档案管理部门和档案管理人员需要思考的一个新问题。

第六，改变了档案管理人员队伍的知识要求和能级要求。现代信息技术在档案管理中的应用，不仅改变了档案管理的理念、模式、流程、服务和作业方式，而且从根本上改变了档案管理人员队伍的知识结构和能力构成。一支能够适应现代信息社会发展需要的复合型档案管理人员队伍的建设，往往是实现档案管理各项理想目标的关键性因素。这种队伍应从整体上加以设计、组建和培养。传统的理论常常将档案管理人员的能级建设与提升的关注点放在个体层面，提出了一系列空想的、不可实现的培养目标。新的档案管理人员队伍建设理论，则更加强调从整体层面提出切实可行的人才队伍建设和发展目标。在现代信息社会中，通过利用信息技术和网络环境，加强人员之间的协同和业务合作，发挥人员团队的综合优势，已成为解决问题的重要路径。所以，档案管理人员队伍的建设，应从队伍的组建和人员更替阶段开始，就考虑到现代档案管理所需要的合格人才的素质要求，将有组织管理才能、信息技术才能、档案管理专业才能、数据和信息加工才能、历史研究才能、宣传鼓动才能、写作才能的各类人才，组建成新一代的档案管理人员团队。同时，为了防止知识的老化，还应通过组织和参加业务培训等继续教育方式，不断更新档案管理人员队伍的知识结构，提升档案管理人员对新技术的应用能力和创新发展能力。

二、滞后的档案管理体制机制与档案管理信息化之间的矛盾

随着我国信息化事业的不断发展和进步，传统的档案管理体制机制已经越来越不适应新时代国家和社会现代化的发展需要。在档案管理实践中，“政事不分”“安于现状”“保守求安”等问题日益突出。例如：国家档案馆的业务工作人员缺乏为社会提供档案数据、信息服务的内在驱动力，对于档案管理和信息服务方面出现的新问题缺乏深入研究、探索和实践的紧迫意识和解决问题的动力，职业危机意识不强；基层档案管理部门缺乏必要的发展条件，人员工作积极性和主动性不强，新的档案管理规范、标准难以得到切实的贯彻执行，单位领导长期忽视档案管理的存在价值；等等。凡此种种，从根本上讲，主要原因就是档案管理的体制和机制不够健全，现行的体制机制不能适应国家、社会乃至单位层面的信息化发展要求。传统的档案管理体制机制与档案管理信息化之间的矛盾，已成为制约新时代我国档案管理健康发展的突出问题。

2018 年 2 月 28 日，中国共产党第十九届中央委员会第三次全体会议通过了《中共中央关于深化党和国家机构改革的决定》，极大地推动了我国党和国家机构的深刻变革。无论是国家层面还是地方层面还是单位层面的体制机制都正在发生着深刻的变革。党的十八大以来，以习近平同志为核心的党中央明确提出，全面深化改革的总目标是完善和发展中国特色社会主义制度、推进国家治理体系和治理能力现代化。国家档案局适应统筹推进“五位一体”总体布局、协调推进“四个全面”战略布局的要求，加强党的领导，坚持问题导向，突出重点领域，深化党和国家机构改革，在一些重要领域和关键环节取得了重大进展，为党和国家事业取得历史性成就、发生历史性变革提供了有力保障。这次改革提出的改革原则是：坚持党的全面领导，坚持以人民为中心，坚持优化协同高效，坚持全面依法治国。其中，坚持优化协同高效原则对改革传统的档案管理体制具有现实的指导意义。该原则的基本思想内涵是：优化就是要科学合理、权责一致，协同就是要有统有分、有主有次，高效就是要履职到位、流程通畅；必须坚持问题导向，聚焦发展所需、基层所盼、民心所向，优化党和国家机构设置和职能配置，坚持一类事项原则上由一个部门统筹、一件事情原则上由一个部门负责，加强相关机构配合联动，避免政出多门、责任不明、推诿扯皮，下决心破除制约改革发展的体制机制弊端，使党和国家机构设置更加科学、职能更加优化、权责更加协同、监督监管更加有力、运行更加高效。按照上述原则，全国各地都推进了档案管理体制和机制的变革行动。档案行政管理职能划转给党委（如省委办公厅、市委办公厅等），各级国家档案馆成为真正意义上的文化事业单位。在许多单位，党委（党组）也加强了对本单位、本部门的档案工作的领导，明确了主管领导和分管领导及各个部门（机构）领导的档案管理责任，建立了统一的档案管理网络，设立了专门的综合协调机构（如“文信委”“文档信息安全管理委员会”“信安委”等），负责协调解决单位档案工作中遇到的重要问题和矛盾。2018 年 10 月 11 日，国家档案局李明华局长签署国家档案局第 13 号令——《机关档案管理规定》，要求机关应当建立“由分管档案工作的单位负责人、办公厅（室）（或承担该职能的其他综合办事机构）及相关部门负责人组成的档案工作协调机制”，并通过这种协调机制的建立，“协调处理本机关、本系统档案工作重大事务和重要事项”。

这表明，解决传统的档案管理体制机制与档案管理信息化之间的矛盾的契机已经出

现，各级党委应按照“政事分开”的改革原则，切实加强对本地区、本行业、本系统档案的行政治理，各级各类档案管理部门应该把握这一新的发展机遇和时机，积极主动地开展档案管理体制和机制的变革实践。

第四节　档案管理信息化的发展现状和主要举措

为适应大数据时代的要求，我国档案管理工作要加快转型升级，逐步实现以信息化为核心的档案管理现代化。截至2016年，我国已有16家单位的数字档案馆系统通过了国家示范数字档案馆测试，4家单位的数字档案室获得了国家示范数字档案室评价。在档案数字化方面，各级档案馆数字档案资源体系建设取得了初步成效，数字化档案资源达2 243万GB，数字化全文识别也取得了重要进展。此外，档案信息服务体系建设也取得了较大成绩。通过建设全国开放档案信息资源共享平台并面向社会开通运行，40多家档案馆上传数据102万条，制作发布专题170多个。明清、民国、革命历史3个全国档案目录中心已分别接收各地文件级目录17万条、1 042万条、54万条，为在全国范围内实现档案资源馆际共享创造了条件。

但是，档案管理中的矛盾依然存在，而且新的问题和新的矛盾也在不断涌现。例如，目前依然有不少省级档案部门没有按计划接入国家电子政务内网，仍有很多信息系统在“孤立运行”，严重影响了我国档案信息资源的有效利用和开放档案数据、信息的社会共享目标的实现。为此，档案管理部门应在各级党委的统一领导下，以档案信息化建设为核心，采取有力措施，积极开展档案管理的信息化工作。

在新时代，各级各类档案管理机构应采取的新举措主要包括：

一、强化数字档案资源体系的建设

在网络信息环境下，档案管理部门应在各级党委的统一领导下，按照存量档案资源数字化、增量档案资源电子化的规划目标，加强档案馆（室）及其他档案管理机构的数字档案资源体系建设，做到科学、规范、合法合规，并在具体的实践过程中，对标先进，找出差距，努力补足在数字档案资源建设方面（包括思想观念、行动方案、资金设备、基础设施、软件配套、人员配置等）存在的“短板”，实现观念突围、方案落地、资金设备保障到位、基础设施完备、软件配套合理、人员配置满足档案信息化发展需要等具体目标。

在国家档案馆层面，各级国家档案馆应按照党和国家的互联互通的信息化建设要求，逐步实现“三个互通”（即政务信息的互通、业务数据的互通、档案数据的互通）的数字资源整合和共享目标，实现包括政务信息、业务数据等在内的各类电子文件的在线归档、在线移交接收、在线利用，彻底打破各部门之间的“数据壁垒”，消除各部门之间的“信息孤岛”现象。

在基层单位层面，各级各类党政机关、企事业单位及其他社会组织，应按照国家档案行政管理部门的统一部署和规范要求，认真贯彻法律法规和国家的信息化方针政策，加强与本单位的信息化部门的协同与合作，利用单位内网、专网、局域网等信息化设施，以数字档案室建设、文档数据中心建设为抓手，打破单位内部各个机构、部门之间的“壁垒”，增强对本单位各项业务活动中文档数据的实时捕获、撷取能力，加强电子数据、电子记录、电子文件的归档控制，不断提升对本单位、本部门的电子档案资源的整体管控能力，促进本单位、本部门数字档案资源的整合和集成管理工作的开展。

在行业层面，各行业主管部门应将本行业、本系统的数字档案资源建设纳入规划、计划，纳入相关领导和人员的业绩考核体系，并实现与其他业务工作同步部署、同步实施、同步发展，努力为本行业、本系统的专门档案馆建设提供必要的数字档案资源支持。

二、加强数字档案资源服务体系的建设

数字档案资源的存在价值在于有效开发利用。信息网络的价值在于互联，信息资源的价值在于互通。数字档案资源的闲置就是最大的浪费。档案管理信息化的主要目标之一就是实现档案信息服务的网络化。各级各类档案管理部门，应在坚持安全第一的基本前提下，充分利用现代信息技术所带来的各种便利条件，大力开展数字档案资源利用服务体系的建设，努力为各种合法用户提供及时、便捷、有效的档案数据、信息和知识服务。

在网络信息环境条件下，档案管理部门开展数字档案馆、数字档案室、档案信息网站、数据中心、信息服务中心等档案信息服务平台建设的根本目的，就是打造一个能够为党和国家的各项决策提供有力支持，为各项职能业务活动的持续、健康有序发展提供证据保障支持，为维护国家利益、单位利益和公民利益提供法律证据支持，为满足人民群众日益增长的文化需求提供信息支持的档案数据、信息和知识利用服务体系。

各级国家档案馆（包括综合性国家档案馆、专门性国家档案馆）应充分利用现代信息技术和政府信息网络，不断提升数字档案馆和档案信息网站的建设水平，加强横向和纵向的数字档案资源的整合、共享，以实现党和国家所确立的“让信息多跑路”“让群众少跑路”的服务目标，使数字档案资源利用服务体系成为党和国家公共服务体系的有机组成部分。

各个立档单位应充分把握数字档案馆（室）建设的良好契机，在保证档案信息安全的前提下，加强本单位的数字档案资源服务体系的建设。同时，各个立档单位的档案工作者还应努力研究本单位的工作发展规划、工作计划、单位内各个部门的具体计划安排，分析和掌握本单位的主要业务建设和发展目标、任务安排、项目内容，把握重要的服务阶段、业务时间节点，通过查找、筛选数字档案资源的内容和其他信息资源的相关内容，事先准备好各种可以有效满足决策需要、计划或规划目标需要、任务执行需要、项目实施需要的“档案信息包”“档案数据包”“档案建议包”“档案知识包”等，根据相关业务工作的进度安排、时间节点控制要求，及时将这些资源利用内部网络加以推送。此外，各立档单位的档案管理人员还应经常性地通过网络等信息沟通渠道，及时了解各类用户的利益需求和利用效果反馈信息，并在分析的基础上，形成用户需求动态分析表，不断提升档案信息资源的利用服务质量和整体水平。

三、加强数字档案资源的安全保障体系建设

数字档案资源的安全保障体系建设是一项系统性、动态性和长期性的工作，需要政府、档案管理部门、档案数据和信息用户共同参与建设和维护。在政府层面，应将数字档案资源的安全保障体系建设，纳入国家的信息化安全治理工作，与整个国家的信息安全工

作同步开展，同时要根据数字档案资源的特殊性（如内向信息多、涉密信息较之其他数字资源的比重高等），制定切实的安全治理政策，不断完善法律法规体系，强化安全检查和指导工作。在单位层面，应将数字档案资源的安全保障体系建设，纳入本单位的信息化安全管理工作，与整个单位的信息安全工作同步开展，并明确责任分工，切实抓好安全责任落实，深入开展安全风险排查，不断完善安全防护措施，建立健全对数字档案资源安全长效的管控机制。

在当前和今后一个时期，各级各类数字档案资源管理部门的主要工作任务应包括：

第一，按照党和国家的统一部署和要求，不断提升对数字档案资源安全管理工作重要性的认识，更新观念。就如何面对复杂严峻的网络安全形势，2016 年 4 月 19 日，习近平总书记在网络安全和信息化工作座谈会议上的讲话中提出了“树立正确的网络安全观”的明确要求，并指出了当今网络安全的五个主要特点：一是网络安全是整体的而不是割裂的。在信息时代，网络安全对国家安全牵一发而动全身，同许多其他方面的安全都有着密切关系。二是网络安全是动态的而不是静态的。信息技术变化越来越快，过去分散独立的网络变得高度关联、相互依赖，网络安全的威胁来源和攻击手段不断变化，那种依靠装几个安全设备和安全软件就想永保安全的想法已不合时宜，需要树立动态、综合的防护理念。三是网络安全是开放的而不是封闭的。只有立足开放环境，加强对外交流、合作、互动、博弈，吸收先进技术，网络安全水平才会不断提高。四是网络安全是相对的而不是绝对的。没有绝对安全，要立足基本国情保安全，避免不计成本追求绝对安全，那样不仅会背上沉重负担，甚至可能顾此失彼。五是网络安全是共同的而不是孤立的。网络安全为人民，网络安全靠人民，维护网络安全是全社会的共同责任，需要政府、企业、社会组织、广大网民共同参与，共筑网络安全防线。这为档案部门在数字档案资源安全管理工作中更新传统观念，确立新的安全观，指明了行动方向。

第二，加快构建数字档案资源安全保障体系。数字档案资源安全保障体系是指保护数字档案信息及信息系统在数字档案资源的存储、处理、传输过程中不被非法访问或修改，而且对合法用户不发生拒绝服务的相关理论、技术和规范的总称。其中涉及数字档案资源的信息内容、信息载体（物理平台、系统平台、通信平台、网络平台和应用平台等）、信息环境（硬环境和软环境）、信息主体（接触数字档案资源的人员）等安全因素。数字档案资源安全的基本内涵包括：实体安全（主要是指物理安全，保证系统不以电磁等方式向外泄漏信息，保证系统至少能够提供基本的服务）、运行安全（主要是指保证档案信息系统在运行过程中提供的数据、信息服务安全，应保证档案信息系统的可用性和可靠性，保证档案虚拟系统的专用性，使档案信息系统在任何时候都不被非授权的人员恶意利用，保障档案信息系统的正常运行，确保系统时刻能为授权人员提供基本服务）、数据安全（主要涉及档案数据通信及档案数据存储的安全，即要保证数据的发送源不被伪造，保证数据在传输、存储过程中不被获取并解析，不被非法修改，保证系统的可审计性，使得数据发布者无法否认所发布的信息内容和对数据所做的操作等）、内容安全（在数字档案处理和利用过程中要防止内容欺骗，如身份冒充、地址欺骗等，并为数字档案资源管理和利用提供真实性、机密性、完整性和可用性支持）。相对完善的数字档案资源安全保障体系建设，是切实维护数字档案安全和有效利用的重要条件。各级党委和政府及企事业单位，都应按照“积极防范、突出重点、依法管理，既确保国家秘密安全又便利信息资源合理利用”的信息安全保密的指导方针，切实加强对数字档案资源的理论研究、规范建设、标准制定与适用工作，全面加强档案信息网络安全检查，摸清家底，认清风险，找出漏洞，通报结果，督促整改。要建立统一高效的档案信息网络安全风险报告机制、经验共享机制、研判处置机制，准确把握档案信息网络安全风险发生的规律、动向、趋势。

第三，重视档案信息系统建设与国家的信息基础设施安全保障体系的协同发展。信息基础设施是信息社会运行的神经中枢，是网络安全的重中之重，也是可能遭到重点攻击的目标。为此，国家正下大力气加强关键信息基础设施的安全防护。档案部门应充分把握这一历史性的机遇，努力加强与国家信息基础设施安全保障体系建设的协同发展，将数字档案资源安全保障体系的建设纳入国家、地方、行业和本单位的信息基础设施安全保障整体规划、计划之中，并提出明确的功能需求。

第四，要切实做好数字档案资源安全责任的落实。在网络信息环境下，数字档案资源安全的本质在对抗，对抗的本质在攻防两端的能力较量。各级档案管理部门应按照党和国家的统一要求，切实抓好网络安全责任制的落实，制定档案信息网络的安全标准，明确安全保护的对象、层级和措施。习近平总书记指出：维护网络安全，首先要知道风险在哪里，是什么样的风险，什么时候发生风险，正所谓“聪者听于无声，明者见于未形”。感知网络安全态势是最基本的工作。2018 年 9 月 21 日印发的《国家档案局关于进一步筑牢安全防线确保档案安全的通知》（档发〔2018〕16 号），明确要求：各级档案部门主要负责同志作为“第一责任人”，对档案安全要直接抓、直接管；要层层签订档案安全责任书，进一步明确和细化档案安全责任，把责任落实到每个岗位、每位同志、每个环节。该文件还要求各级档案部门坚持“安全第一、预防为主”的档案安全工作方针，坚持问题导向，增强底线思维，综合分析本单位的档案安全工作现状，认真梳理查找风险隐患点，发现问题逐一解决，对存在的隐患逐一消除。

第五，要不断完善数字档案资源管理的安全防护措施。国家档案行政管理部门确定的档案安全防护措施主要包括：

（1）加强档案库房巡查和整体管控制度建设和行动能力。实行 24 小时值班制度，定期组织应急培训和实战演练，精心做好消防设施设备的保养。

（2）加强档案信息系统管理，积极运用现代化科技手段确保网络安全、应用安全和数据安全，对关键信息基础设施予以重点保护，对保存档案数据资源的信息系统与互联网等其他系统严格实施物理隔离。

（3）进一步做好档案数据备份，科学制定备份策略和恢复策略，做好档案数据异质异地备份，及时抓好相关数据的检查、迁移，确保档案数据长期安全保存。

（4）建立健全数字档案资源的安全长效管理机制。各级党委和档案部门要进一步加强组织领导，把数字档案资源安全管理工作列入重要议事日程，定期研究部署有关工作，以强烈的政治责任感和历史使命感解决好影响和威胁数字档案资源安全的重大问题。各级党委和档案部门要深入贯彻国家安全观，使数字档案安全警示教育常态化，警钟长鸣、防患于未然；有针对性地完善数字档案资源安全规范和制度标准，加强执行落实情况的监督检查，不断提高数字档案资源安全管理工作的规范化、制度化水平。

（5）建立和完善经常性的数字档案资源安全监督检查机制。各级党委和档案部门在进行档案行政执法检查、业务建设评价、工作绩效考核、项目档案验收、评选表彰先进、档案人员教育培训等工作中，均应把档案安全作为重点工作来抓，应在数字档案资源安全管理工作中，认真落实《档案工作突发事件应急处置管理办法》《档案馆防治灾害工作指南》等规范的要求，主动加强与消防、保密、网管和公安等部门的协作，健全突发事件应急预案，建立突发事件应急响应机制。

（6）加强数字档案资源安全管理的人、财、物投入，保证满足档案安全设施设备、档案信息系统的建设与运维、档案安全风险评估等方面的条件要求，为档案安全管理提供有力支撑。

第五节　档案管理信息化的思想理论建设

没有科学的理论指导的实践必然是盲目的实践。随着我国档案管理信息工作的不断深入发展，能否获得科学的档案管理信息化的理论指导，将成为档案工作成败的关键所在。本节着重介绍两种理论思想，即开放档案信息系统（OAIS）的建设思想和档案连续体（records continuum）思想，希望对当下和今后的档案管理信息化建设，提供必要的思想理论指导。

一、开放档案信息系统的建设思想

开放档案信息系统（Open Archival Information System，OAIS）的建设思想的核心内容是 OAIS 参考模型。OAIS 参考模型于 1999 年 5 月首次发布，在国际标准化组织（International Organization for Standardization，ISO）和空间数据系统咨询委员会（Consultative Committee for Space Data Systems，CCSDS）的推动下，逐步成为数字档案系统普遍遵从的标准规范，来自图书馆、档案馆、科学数据、文化传承等领域的相关项目和系统都纷纷以其为准，进行系统的规划和设计。该模型针对数字信息的长期保存和维护的档案系统提供了一个概念性的框架，描述了一个档案系统存在的环境、档案系统的功能组织和支持档案处理的信息基础结构。

OAIS 参考模型同时支持数字化的和物理存在的存档信息。它特别对数字化信息给予了较多关注，这些数字化信息或者是作为档案的主体，或者是作为对数字化资源和物理存档资源的支持信息存在。OAIS 参考模型提供了一个完整的档案信息保存功能，它包括接收、档案存储、数据管理、保存规划、行政管理和分发。它同时论述了数字信息从一种媒体或格式到另一种媒体或格式的移植、信息表示的数据模型、信息保存中软件的作用、档案系统之间数字信息的交换等。它还确立了各个档案功能内部和外部的接口，以及一系列在这些接口之上的高层服务。

（一）OAIS 的应用环境

OAIS 认为，一个 OAIS 是一个置身于生产者、用户和管理者之间的存档体系。如图 11－1 所示。

围绕 OAIS 进行档案存储、管理和利用的角色分别有生产者、管理者和用户。

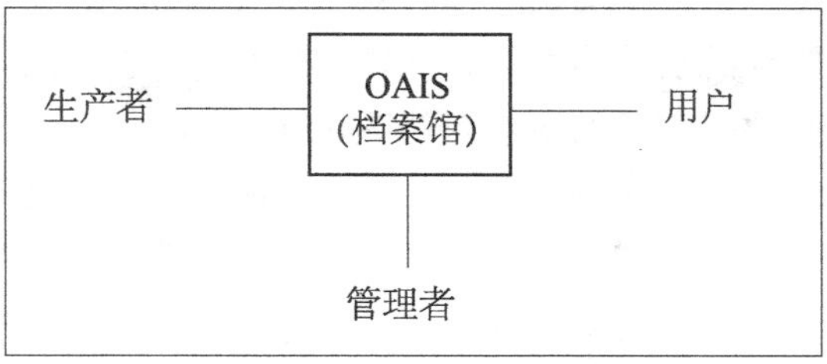

图 11-1 生产者、用户和管理者存档体系示意图

其中：

(1) 生产者是提供需要保存的信息的人或者客户系统。生产者通过 OAIS 的接收 (ingest) 过程向 OAIS 提交要保存的信息，包括元数据。这个过程接受提交的数据并准备到档案系统中存储。生产者与 OAIS 的相互作用通常被描述为提交协议，具体包括：提交的信息类型、期望生产者能提供的元数据，以及从生产者到存档的实际传送管理。

(2) 管理者由设置 OAIS 整体政策的人组成。这一角色确立档案收集的范围，明确档案条目的保存许可，指明资金来源，监管使用的情况，定期评论 OAIS 的政策和运作。

(3) 用户指的是与 OAIS 服务交互以获取特定保存信息的人或系统。OAIS 的用户包括了被称为“目标用户”(DC) 的特殊用户。

管理者、生产者、用户在 OAIS 中更多代表功能性，而不是单纯的组织角色。所有这些角色可以被包含在单一的组织架构内，也可以分布在多个不同的组织中。

(二) OAIS 功能模型

OAIS 参考模型中定义了 6 个功能实体，图 11-2 描述了 OAIS 中功能模型的框架结构。

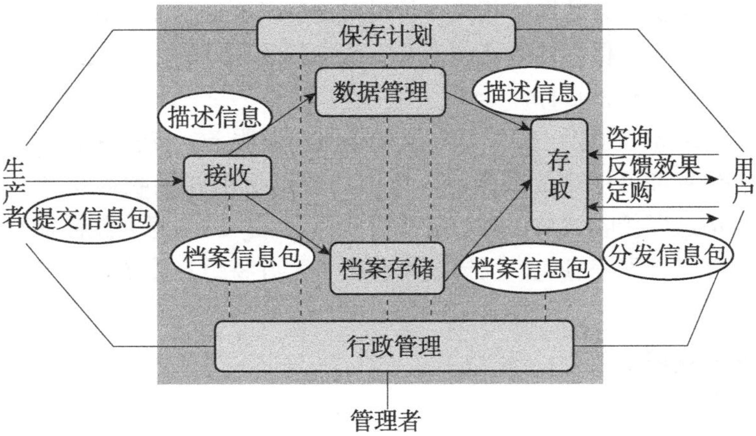

图 11-2 OAIS 功能模型

每个功能实体的职责分述如下：

(1) 接收 (ingest) 功能。这一实体提供的服务和功能是从信息生产者那里接收提交信息包，并且对内容存储和内容管理进行准备，以便所提交信息能够在档案系统中得到存储和管理。接收功能包括：接收提交信息包；对子提交信息包进行质量确认；生成符合档案系统数据格式和文件标准的档案信息包；从档案信息包中抽取出描述信息以存入档案数据库；协调对档案存储和数据管理的更新与修改工作。

（2）档案存储（archival storage）功能。这一实体为存储、维护和检索档案信息包提供服务。档案存储功能包括：从“接收实体”接收档案信息包，并将它们添加到永久存储库中；管理存储体系；更新档案资源的存储媒体；进行例行的或专门的错误检测；提供灾难恢复功能；为存取提供档案信息包以实现档案提取。

（3）数据管理（data management）功能。这一实体为两类描述信息提供保管、维护和存取服务。这两类描述信息分别是：识别和证明档案资源的描述信息；识别和证明行政管理数据的描述信息（行政管理数据是用来管理档案馆的）。数据管理的功能包括：管理档案数据库（维护数据库中概念模型及视图的定义、维护系统的参照完整性等），执行数据库更新（装载新的描述信息或档案管理数据），对管理数据提供查询功能以产生检索结果集，从这些检索结果集中生成查询报告。

（4）行政管理（administration）功能。这一实体是向档案系统的所有工作提供服务。行政管理功能包括：与信息生产者进行商讨以达成提交协议；对提交进行审计以确保提交内容符合档案标准；对系统的软硬件环境进行配置和管理；提供系统监督功能，如监测档案系统运作情况，详细记录、报告档案的内容；对档案的内容进行移植和修改；建立并维护档案标准和政策；提供客户支持；提出存储请求。

（5）保存计划（preservation planning）功能。这一实体提供的服务和功能是监测OAIS的环境，提供相关建议以确保在OAIS中存储的信息在被保存了一段时间之后，仍然能够被相应的目标用户访问。保存计划包括的主要功能有为迁移当前的档案资源而评价档案内容；周期性地提供存档信息建议以迁移当前的档案馆藏；对档案系统的标准和政策进行建议；监测技术环境和目标用户的服务需求及知识背景的变化。保存计划同样包括设计信息包的模板，提供设计帮助和相关评价以对这些模板进行专业化处理，形成特定的提交信息包和档案信息包。保存计划还包括开发详细的迁移计划，开发迁移软件原型和相应测试计划，以实现管理移植目标。

（6）存取（access）功能。这一实体为支持用户而服务，支持用户对OAIS所存信息的存在、描述、位置和可用性做出测定，让用户可以请求并接收信息产品。存取功能包括：与用户进行沟通以接收请求；对于某些需要特别保护的信息实施限制存取控制；对用户的申请给予回复（分发信息包、反馈结果和报告）并将信息传送给用户。

（三）OAIS信息模型

1. 信息模型描述

OAIS对信息对象进行了高度抽象，以“信息包”（information package）的概念来说明档案生产者向OAIS的提交过程和OAIS向档案用户的分发过程。一个信息包是一个包含名为内容信息（content information）和保存描述信息（preservation description information，PDI）两种信息对象的容器。内容信息和保存描述信息被认为是通过封装信息（packaging information）进行封装和标识的，而为了使封装的信息包可以被了解和发现，需要通过描述信息（descriptive information）对信息包进行描述。图 11－3 对 OAIS 的信息模型框架进行了描述。

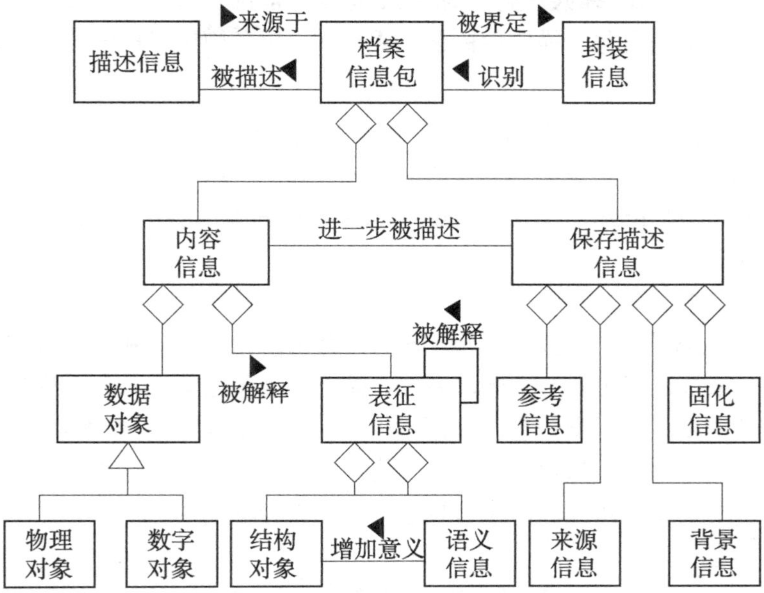

图 11－3 OAIS 的信息模型框架示意图

（1）内容信息。

内容信息是最初的保存目标。它由数据对象和与数据对象相关的表征信息组成。数据对象包括物理对象和数字对象。表征信息则是使数据对象能被指定用户群读懂的信息。

（2）保存描述信息。

对保存内容信息而言，保存描述信息的应用是必需的。保存描述信息能够对内容信息进行永久解释，只有有了保存描述信息，才能确保清楚地识别内容信息，并且懂得内容信息产生的环境。它主要侧重于描述内容信息以前和现在的状态，保证它们被唯一标识，并保证它们不会被非法改动。保存描述信息分为四种类型，即来源信息、背景信息、参考信息和固化信息。

● 来源信息（provenance）：存储内容信息的历史记录，包括内容信息的来源、所做的变化、编辑者等。

● 背景信息（context）：描述的是内容信息与信息包之外的其他信息的关系。例如，背景信息可能描述了内容信息为什么产生，以及它与另一个可利用到的内容信息对象有什么关系。

● 参考信息（reference）：引用信息中存储和描述内容信息的识别机制，提供了一个或更多的标识符或系统标识符，通过这些标识符，内容信息可以被唯一地识别出来。

● 固化信息（fixity）：即存储数据完整性检查信息或数据验证信息，用于保证特定的内容信息不会被非法改动，如数字签名等。

（3）封装信息。

封装信息是指在特定的媒体类别中将软件包中的组件和可识别的实体进行实际或逻辑绑定。例如，如果一张光盘上某些文件的内容信息和保存描述信息可识别，封装信息的内容就是 ISO 9660 标准的文件结构信息。

（4）描述信息。

描述信息能够提供足够的数据资源特征信息以保证用户对需要的资源进行访问，如以某种信息形式显示的信息包的描述性标题，或是目录服务中用以检索的一组特征。

2. 三种信息包

OAIS 对提交给它的信息包、它所存储的信息包，以及它分发给其他用户的信息包进行了区分，分别将这些信息包称作：提交信息包（submission information package，SIP）、档案信息包（archival information package，AIP）和分发信息包（dissemination information package，DIP）。

（1）提交信息包。

提交信息包是信息生产者提供给 OAIS 的信息包。它的格式和具体内容通常情况下是生产者和 OAIS 系统之间协商的结果。多数的提交信息包通常有一些内容信息和保存描述信息，但它可能需要多个提交信息包来形成一个完整的内容信息和相应的保存描述信息，从而进一步形成一个档案信息包。一个提交信息包也可能包含需要被包含在多个档案信息包中的信息。提交信息包对应的打包信息通常会以某种形式存在。

（2）档案信息包。

在 OAIS 中，一个或多个提交信息包需要被转换成一个或多个档案信息包进行保存。档案信息包有一系列完整的保存描述信息和相关的内容信息。一个档案信息包还可能由多个其他的档案信息包组成。档案信息包的封装信息需要遵守 OAIS 内部的标准，而且在 OAIS 的管理下，它还可能发生变化。

（3）分发信息包。

根据消费者的请求，OAIS 需要以分发信息包的方式提供一个档案信息包的所有或者部分内容给用户。一个分发信息包也可能包括多个档案信息包，并且它可能有也可能没有完整的保存描述信息。封装信息需要以某种方式显性出现，以使用户可以明确地辨别出所要的信息。根据分发媒体和用户需求的不同，封装信息可能以多种方式存在。

（四）OAIS 实施应用

1. 基于 OAIS 功能模型进行结构设计

（1）接收模块设计要点。

接收模块主要包括以下五种功能：

第一，接收提交功能。提供适当的存储能力或装置，以接收生产者的提交信息包。接收提交功能还包括提交信息包中内容信息保管权的合法转移，以及对内容信息进行特殊的存取控制，并向生产者提供提交信息包的“接收回执”，当提交发生错误时，需要发出重新提交的申请。

第二，质量验证功能。验证提交信息包向集结地的传送是否成功（验证反馈）。

第三，档案信息包生成功能。按照档案馆的数据格式和文件标准，将一个或多个提交信息包转换成一个或多个档案信息包。其中包括文件格式的转换、表征数据的转换，并对提交信息包的内容信息进行重组。

第四，描述信息生成功能。从档案信息包中提取描述信息，并且从其他来源收集描述信息，将这些描述信息提供给协同更新，最后由协同更新提交给数据管理模块。

第五，协同更新功能。负责将档案信息包传送给档案存取模块，将描述信息传送给数据管理模块。协同更新功能还将存储鉴定信息合并到档案信息包的描述信息中，并按照数据库的更新申请，将它传送给数据管理模块。

（2）档案存储模块设计要点。

档案存储模块的设计应包括以下六种功能：

第一，接收数据功能。接收接收模块的存储申请和档案信息包，并将档案信息包转移到档案馆的永久存储库中。

第二，管理存储级别功能。按照档案信息包所要求的特殊级别的服务、特殊的安全措施来确定恰当的档案信息包的保护级别。

第三，更换媒体功能。随时间的推移，对档案信息包进行迁移。

第四，错误检测功能。确保在内部的档案存储数据传送中，没有档案信息包被破坏。

第五，灾难恢复功能。复制档案资源的数字内容并将复本存储到物理隔离设备中。

第六，提供数据功能。向存取模块提供存储的档案信息包的副本。这一功能在接收到请求档案信息包的申请，然后对要求的档案信息包进行鉴定后，按照要求的格式类型提供这些用户所需的档案信息包，或者将这些档案信息包传送到某一集结地。

（3）数据管理模块设计要点。

数据管理模块的设计，应体现以下四种功能要求：

第一，数据库管理功能。负责维护数据管理数据库的完整性。数据管理数据库中既含有描述信息又含有系统信息。描述信息用于鉴定并描述档案馆的资源，而系统信息用于支持档案馆的运作。

第二，提供咨询功能。从存取模块接收咨询申请，执行咨询并生成反馈结果后传送给咨询申请人。

第三，报告生成功能。接收接收模块、存取模块或行政管理模块关于需要报告的申请，了解报告的生成需求并进行其他必需的处理，在形成报告后将报告提供给申请人。

第四，数据库更新功能。增加、修改或删除数据管理永久存储库中的信息。

（4）行政管理模块设计要点。

行政管理模块的设计，应体现以下八种功能：

第一，商定提交协议功能。为 OAIS 请求想要的档案信息并与生产者商定提交协议和数据提交的进度表。

第二，管理系统配置功能。对档案系统提供系统监督，不断地监控整个档案系统，系统地控制配置的变化。

第三，档案信息更新功能。提供档案内容更新的机制。

第四，物理存取控制功能。根据权限表对档案内容的物理存取行为提供限制或许可。

第五，制定标准和政策功能。负责制定和维护档案系统的标准和政策，包括为档案存储级别制定存储管理政策、迁移管理政策，为数据库制定行政管理政策、灾难恢复政策，为档案内容制定安全政策，等等。

第六，审查提交功能。检验提交的信息包（提交信息包或档案信息包）是否符合提交协议的规定。

第七，激活需求功能。维护需求记录，定期比较需求与档案内容，确保所有需要的数据都可以获取到。

第八，客户服务功能。创建、维护和删除用户账号，收集并回复关于利用服务及其产品的反馈意见。

（5）保存计划模块设计要点。

保存计划模块的设计，应体现以下四种功能：

第一，监控指定用户群功能。与档案馆的用户和生产者相互沟通，以追踪他们对服务的需求和可利用的产品技术的变化。这一功能可以通过调查、定期的正式检查、请求用户团体反馈或请求用户个人反馈来完成。

第二，监控技术功能。负责追踪新出现的数字技术、信息标准和计算机软硬件平台，以确定哪些技术可能影响当前档案资源的长期保存。

第三，制定保存策略和标准功能。负责制定并推荐策略和标准，以确保档案馆能够更好地预见未来指定用户群对服务需求的变化，更好地预见技术的发展趋势。

第四，制定封装设计和迁移计划功能。制定新的信息包设计方案和详细的迁移计划及原型，执行行政管理模块的政策和指令，就信息包设计方案的应用和特定的档案资源及提交信息的迁移计划提出参考说明。

（6）存取模块设计要点。

存取模块的设计，应体现如下三种功能：

第一，协同存取活动功能。对单个用户提供档案馆信息资源的接口。该接口通过计算机网络来实现，所服务的三种不同的用户申请分别是：咨询申请，它由数据管理模块执行，会立即返回反馈结果并提交给用户；报告申请，咨询问题相对较多并要求形成格式化的报告传送给用户；定购申请，由数据管理模块或存取模块准备规范的分发信息包用以进行在线传送或离线传送。

第二，产生分发信息包功能。接受分发申请后，从存取模块检索档案信息包，然后将数据拷贝转移到一个集结地以供进一步的加工处理。

第三，传送回复功能。答复用户并进行在线传送和离线传送（传送分发信息包、反馈结果以及报告和帮助）。

2. 基于长期保存策略的保管活动

（1）明确迁移动机或需求。

数据迁移（digital migration）是指将数据从一个 OAIS 系统转换到另一个系统中的同时，保持数据内容不变。计算机产业的快速发展和电子数据的短暂生命周期是使用 OAIS 系统进行长期信息存储时必须考虑的问题。OAIS 无论能够多好地维护当前的资源，都要不断把资源迁移到不同媒体或不同软硬件环境中。数据迁移的主要动机体现在以下三个方面：

第一，不断降低的存储成本。软硬件的飞速发展使得存储器的容量不断增大，网络带宽不断增加，存储成本不断降低。存储介质的更新推动了数据迁移的发生。此外，档案信息包设计的不断完善使得数据信息和存储介质的相关性逐步降低，从而使数据迁移过程逐渐简化。为了提高数据存储的性价比，OAIS 系统必须跟上新技术发展的步伐，改善原有的档案信息包并采用新的存储技术。

第二，新的服务需求。用户在享受新技术带来的好处的同时，对系统的期望也在不断提高。系统需要不断加入新的服务以满足用户的需求。由此就导致了 OAIS 需要为特定用户群定义新的分发信息包，进而需要产生新的档案信息包以减少输出转换的复杂度。除此之外，OAIS 还需要为不同用户提供不同层面的服务，并满足特定用户对资源的描述期望，这就需要把数据分别存储到不同介质上以实现不同质量的访问服务。层出不穷的新的服务需求迫使 OAIS 不断进行数据迁移的工作。

第三，存储介质的损坏。数字存储介质的可靠性随时间的推移而逐渐降低。即使是非常完备的存储介质，在长时间使用后也不得不被淘汰，这就使得档案信息包必须在存储介质损坏前被迁移到新的介质中。

（2）明确保存方式。

其中包括以下四个方面的内容：

第一，介质更新（refreshment）。当替换数据存储介质只需保持系统中其他软硬件不变就能够进行数据迁移的时候，通常采用介质更新策略进行迁移。介质更新是指将原有数据和档案信息包完全不变地从旧介质拷贝到新介质，在迁移过程中，数据信息和存储设备中的映射机制始终保持不变。

第二，数据复制（replication）。当封装信息、内容信息和保存描述信息不需要改变时，通常用数据复制策略。数据复制在迁移过程中将保持封装信息、内容信息和保存描述信息不变，而存储设备中的映射机制有可能改变。

第三，重新包装（repackaging）。重新包装会导致迁移前后的封装信息发生改变。当迁移过程中需要对封装信息进行一些改变时，适合采用重新包装的迁移策略。封装信息在内容信息和保存描述信息的分发和关联中起重要作用。如果内容信息和保存描述信息本身由许多组件组成，则封装信息需要重新分发和关联它们。

第四，数据转换（transformation）。如果在迁移过程中需要对内容信息、保存描述信息进行改变，则需要进行数据转换。数据转换会导致迁移过程中内容信息和保存描述信息中的比特流发生改变。数据转换生成的结果是档案信息包需要包含被迁移数据的全部信息，需要比原有档案信息包质量更高。

描述信息在数据迁移中起到重要的作用。根据描述信息在迁移过程中的影响程度的不同，数据转换可以被分为两类：可逆转换（reversible transformation）和不可逆转换（non-reversible transformation）。可逆转换指转换后的表示信息集合与原集合有一一对应关系，不可逆转换指转换后的表示信息集合与原集合不存在一一对应关系。

二、档案连续体思想

档案的本质是原始的历史记录，具有档案属性的文档（document）经过鉴选后可以成为固化的档案文件（record）；一个独立的社会组织形成的全部档案文件的整体（archive or fond），构成一个档案全宗；一定社会历史时期、一定区域的社会组织的存在不是孤立的，而是按照既定的社会制度安排，相互作用而存在的，它们形成的档案全宗可以被视为一个群体，称为全宗群（archives or fonds）。一般来说，组织中的行为个体在从事相关业务活动中，为了使其业务活动有迹可循、有案可查，就需要形成文档记录，所以，文档从产生之初就具有了档案的基因。我国的一些学者立足于“大文件”观，将“records continuum”翻译成“文件连续体”，也有一些学者的将其译为“记录连续体”。本书立足于档案管理角度，将“records continuum”翻译成“档案连续体”。我们只有在计算机系统的环境中理解档案连续体思想，才可以获得对连续体思想内涵的全面认识。一般来说，文件概念可包含文档概念。用集合表示，文件表示的数据集合是一个较大的信息集合，而文档表示的是一个小数据集合；文档表示的小数据集合可以被包含在文件表示的较大数据集合里面。“document”一词，在作为单数使用时，可译为“文档”；在作为复数使用时，可译为“文件”。例如，在档案连续体思想中，“archival document”可被译为“具有档案性质的文档”，而“archival documents”则可被译为“具有档案性质的文件”（简称档案文件）。“record”是经过固化的相关活动或事件的凭证，故可以被翻译为“档案”。“archive”在连续体思想中是用来表示一个组织的档案整体，故可以被译为“全宗”；“archives”在连续体思想中用来表示一定社会历史时期或一定地区内具有社会互动关系的若干个组织的档案集合，故可被译为“全宗集合”①。

（一）档案连续体思想的由来

20 世纪 80 年代中期，澳大利亚的弗兰克·阿普沃德和苏·麦克米希等人，在莫纳什大学（Monash University）建立了档案连续体研究小组（从事理论研究并推动相关文件、档案标准的制定），首次提出了“档案连续体”的思想观念。到 20 世纪 90 年代中期，这种思想得到了许多国家的关注。

在数字环境中，许多具备档案性质的信息，并不具有物理实体，所以物理实体的保存已不再是档案专业最根本的任务。在大量的电子信息中辨识出有保存价值者，并给予其控制，以保证其有效利用，便逐渐成为档案管理的根本任务。档案连续体思想正是基于此种认识而提出的一种新管理思想。弗兰克·阿普沃德称之为“后保管时代”（post-custodial）的档案保存思想。因为该理论非常强调档案保存活动对权力结构、身份认同及集体记忆的塑造作用，所以常呈现出浓厚的建构主义（constructivism）与后现代主义（post-modernism）思想的色彩。

档案连续体思想的主要观点可以概括为以下几个方面：

（1）在数字环境中，我们所需要的档案思维应消除（eliminate）传统将文件与档案二分的管理制度，扬弃文件现行价值与历史价值的对立观点，也反对将组织内的档案管理与其业务视为各自分离、互不相干的活动。扬弃文件生命周期管理的单向线性作业模式是连续体体制的主要特征。

（2）档案的本质是多元复杂的，在不同的时空环境中，同一组档案可同时具备不同的功能、任务与价值。传统档案学中的二元对立观点（如文件与档案、现行价值与历史价值等区分），在管理实务上过度简化了档案的性质，常导致档案被武断地处置。

档案连续体思想则认为一套有效的档案管理体系，应能整合各种形式的档案保存活动；在此体系中，无论内容繁简或保存时限长短（短如数秒，长至永恒）的档案，均应得到适当处置。

---

① 为了同我国的“全宗群”概念相区别，本书将其命名为“全宗集合”。

(3) 在数字环境中，所有与文件生产、使用、管理、保存有关的人员，均须整合在一个完整且可信任的档案保存体制之下。在这种体制中，相关人员应体验并承担部分档案保存的责任，方能达成档案保存的使命。档案连续体思想的描述主题包含各种形态的档案实践作为，它勾勒并提倡一个消除“文件/档案”区别的档案保存体系，并敦促各类组织将档案保存活动整合于基本业务活动中，以增进管理效益并提升组织与个人行事的责任制(accountability)。

1996 年，弗兰克·阿普沃德提出了一个“档案连续体示意图”。该示意图将人类社会的记录保存活动大略分成四个不同层次；但各层次的活动既无明确的界限，也不一定遵循特定的时序，据此强调任何档案都会因观察层次不同而具有不同意义、功能与价值；各层次的档案保存行动者，因其职能或需求，可以在档案存在的任何时间点，对该档案进行相应的保存活动。档案保存的相关处置，不一定遵循档案的生命周期时序；各层次的档案保存工作职能内容，也不一定泾渭分明；各层次的档案保存，在时间上交相渗透，上下合作、互补。

首先，档案连续体思想认为，文件与档案不是线性时间历程的两个端点，而是每一文档在不同时空结构中，在性质上呈现出的两个相对状态；文件与档案之间是一个连续体，没有明确分野。

具体来说，文件生命周期理论对文件与档案的区分是：文档 A 在产生后一段时间内都被视为文件（对档案产生者尚有某种实用价值）。在通过价值鉴定后，该文档则成为档案性文件（对档案产生者不再具有使用价值，但具有历史价值）。而档案连续体思想则认为，文档 A 在任何时空中都可能同时具有档案的原始利用价值与档案的历史价值；某一文档在同一时间点，因使用情境或意义环境不同，其性质既可能较偏重于文件，也可能较偏重于档案。对甲而言，文档 A 可能是文件；对乙而言，文档 A 可能是具有高度档案性的信息。文档 A 在性质上究竟是文件还是档案，完全根据其所处的环境而定，而不是仅根据文档形成的时间长短而定。

其次，档案连续体思想试图消除现有文件、档案体制中的二分现象。它认为在立档单位的档案保存体制方面，文档创建与档案保存，不应被看作两种不同的行动。一组档案的生产，就是个体行动者对其活动进行特定方面的捕获与保存。文档创建就是某种形式的档案保存行动。一个健全的档案保存体制，应将文档创建者也纳入管理架构内。在明确的档案保存意识中，业务执行者要确保所有应被记录的业务活动，均有档案记录。

在社会整体的档案保存体制方面，档案连续体思想认为文件管理与档案管理不应是二分的工作领域。人类社会的档案保存体制，应该是一个连续体，要涵盖从个人到社会的各个方面，并整合文档创建者、文件管理人员与档案管理人员的业务管理活动。在该体制内，应建立一个完整的文件、档案与其组织职能关系的档案保存体系（an umbrella of recordkeeping)，整合组织内外的文件、档案人员及相关组织业务人员，并以分工协作的方式达成档案保存的目标。

1998 年，苏·麦克米希提出了档案的角色与功能是多方面的这一观点，并认为档案具有五种重要功能。这些功能包括：

(1) 档案往往是权力与权威的基础，它建构了社会关系并塑造了行政治理行为。

(2) 档案可确认行政责任归属。无论是从企业组织管理、社会行政角度还是从文化或历史的角度来看，档案保存都是建立行政责任制的必要作为。

（3）档案可保存人类社会经验，形成集体记忆。

（4）档案保存是一种见证社会历程的行动，它也塑造个人或集体的身份认同。

（5）档案是一种信息资产，因此档案保存也必须发挥对企业或组织运作的增值作用。

（二）档案连续体示意图

1. 决定人类社会档案保存的四种要素思想

决定人类社会档案保存的四种要素，分别由四个轴来代表：档案保存轴（the record-keeping axis）、凭证轴（the evidential axis）、行动主体轴（the identity axis）、社会互动轴（the transactional axis）（见图 11－4）。弗兰克·阿普沃德对图中四个轴的阐释如下。

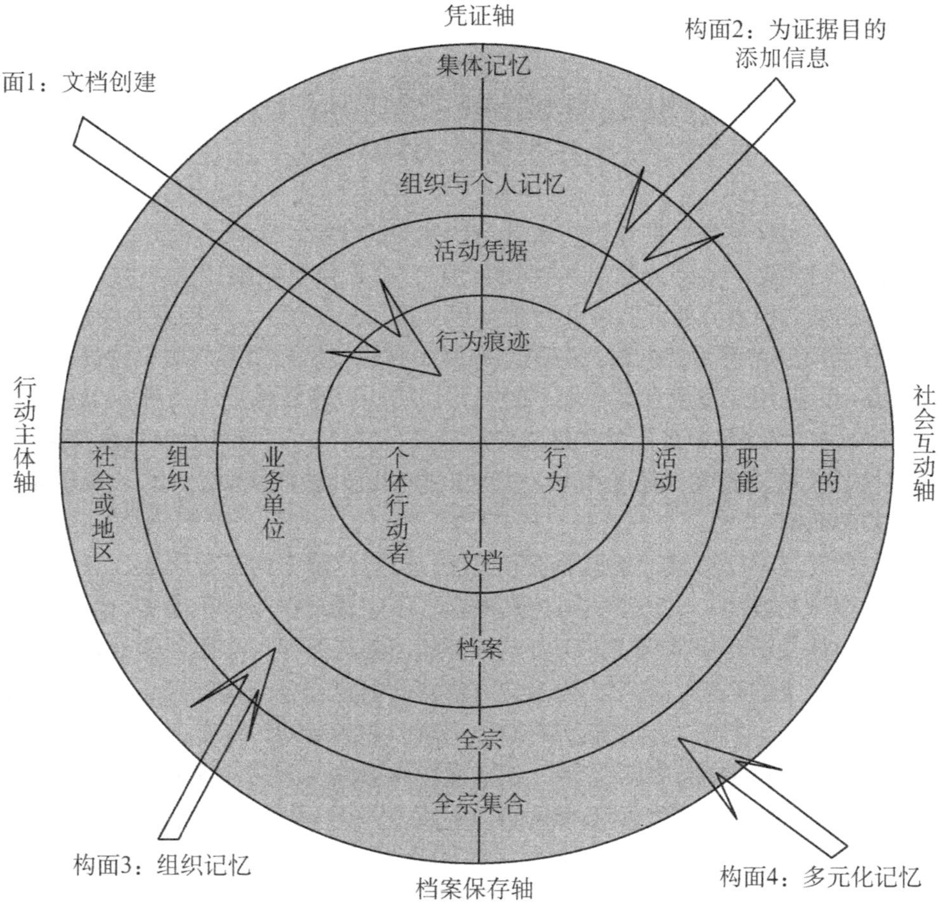

图 11－4　档案连续体示意图

资料来源：MCKEMMISH S，UPWARD F H，REED B. Records continuum model//Encyclopedia of library and information sciences. New York：Marcel Dekker，Inc.，2010：4447－4448.

（1）档案保存轴。

人类活动常促成或伴随各种信息记录的产生，档案保存轴所代表的是档案的四个保存层级为：文档（document）、档案（record）、全宗（archive）、全宗集合（archives）。

首先，该轴中的文档是指因行动者执行某行动（act）而产生的一组有形信息（不一定是纸质文档）。文档虽然不能完全等同于该行动，但可作为该行动的代言者（representation）；每一组文档均有其内容（content）、结构（structure）、创建背景（context of creation），但一个文档尚不足以构成档案，因为所谓的档案必须能反映更丰富的互动环境（context of communication），所以档案通常是由多个文档共同构成的。根据数个文档相互关联，我们得以认知档案及其代表的社会活动环境。单一文档仅是一个个体，只有被置于一组相关的文档群体中，才具有档案的意义（即“环境性”）。

全宗是一个组织所存的档案整体，全宗通常由多组或多类档案构成。来自一个组织的各个子单位的档案，共同反映了该组织的整体活动与业务职能。全宗集合则是全宗的汇聚，在图中，它指的是某个社会或某个地区所有档案资源的总和，是该社会或地区全部档案全宗的联合保存，而不是指对某一特定全宗的保存。

（2）凭证轴。

凭证轴是指档案实体在四个观察层级所呈现出来的凭据性质，这四个层级的档案可以共同见证一个社会的运行过程。每一文档均是某一社会行动的代表性痕迹（representational trace）；这些代表性痕迹的集合所构成的档案，能为某种集体的行动历程提供证明，所以档案就是“活动凭据（evidence）”。

全宗层级的档案是塑造组织与个人记忆（organizational/individual memory）的基础，而全宗集合层级的档案保存则构成了一个社会的集体记忆（collective memory）。

（3）行动主体轴。

行动主体轴是指从事社会互动行为（transaction）的主体，包括四个层次，即个体行动者（actor/actors）、业务单位（units）、组织（organization）、社会或地区（institution）。这四个层级的划分是概念性的，各层级及其现实的行动主体的对应也是有弹性的，可根据档案记录保存的具体情境而定。

这个架构也可用来弹性地观察规模不同的组织。例如，当档案保存的对象是一个个体户时，则业务单位可能是这个人从事的各种工作项目（将票务服务、旅馆代订、财务管理等不同性质的工作视为业务单位）；相反，当档案保存的对象是一个大型跨国公司时，档案保存层级与实际组织层级的对应也会随之调整。

无论这四个概念层次如何与现实对应，行动主体轴所强调的都是不同层级的行动主体均有其档案记录保存的目标、需求与义务，档案保存的内容虽有微观与宏观之分，但保存重要的社会行动凭据的目的是一致的。

（4）社会互动轴。

社会互动轴是指档案保存者的社会行动形态、职能与目的。其中也包括四个层级，即行为（acts）、活动（activities）、职能（functions）和目的（purposes）。这个轴所强调的是档案、行动者、社会行动三者之间的对应与关联关系。档案为各层级行动主体在日常社会生活中进行社会互动时形成的档案文件，档案的意义由文件实体的文本及其所处的业务环境共同决定。

档案保存的理由是它能反映社会互动的职能与目的：在个体行动者与业务单位层级，档案所获得并保存的信息应能充分反映组织业务的运行动态；到了组织层级，档案应能充分反映组织整体的职能及行动面貌；从社会或地区层级来看，档案须能充分反映某类型组织或某类社会制度之目的、形态与运作规则。

2. 四个构面思想

档案保存的目的、使命及其所对应的活动，可按照从个体层到社会层的四个基本结构面（简称“构面”①）顺序来理解。这四个构面是指：文档创建（document creation）、为证据目的添加信息（adding information for evidential pruposes）、组织记忆（organizing memory）、多元化记忆（pluralizing memory）。

（1）构面1——文档创建。

文档的生产者是个体行动者。个人在日常活动中会采取各种行动，但档案保存格外关注的是具有交流性质的互动（transaction），互动的部分会被行动者以某种形式记录下来，形成有形记录。弗兰克·阿普沃德认为，凡是记录均具有潜在的档案价值。

构面1的记录单位是文档，有证据力的文档是证明行动者曾从事过特定行动的行动记录。文档创建本身就是一种档案保存活动。行动者在社会互动历程中产生格式文档，目的就是保存对该行动的记忆与凭据，所以文档创建基本上就是档案保存的一部分。苏·麦克米希认为，文档创建就是一种档案保存，并且是一种选择性的保存。因为任何形式的文档都是对所记录事件的选择性呈现，因此文档创建不是客观中立的行为，相反，它是一种选择性的记忆行为；在从事文档创建的同时，行动者也在建构他所认知的社会现实。

档案连续体思想强调文档创建是社会实践（social practices）的一部分，是文档创建与社会互动相互作用、相互建构的结果。一个完整的档案保存体系应把各种个体行动者纳入管理架构中，以确保文档创建和保存活动是完备的，并足以建立相应的工作责任制。

（2）构面2——为证据目的添加信息。

为证据目的添加信息是一种超越个人行动层级的组织性档案保存活动。这种行动层级所产生的记录实体，即档案实体，是人为选择与建构的结果。

在构面1的文档创建层级，个体行动者创建文档的作为已含有捕获的概念；行动者采用书写或其他方式将行动情况记录下来，也就是在进行捕获的动作，所以文档创建就是个人层级的记录捕获。

而构面2的行动主体则是一个组织的业务单位，一个单位可能会有若干行动者，每个行动者在从事业务活动中，都创建（亦即进行个人层级的捕获）一定数量的文档；但从组织单位的角度看，档案保存不需要（也不可能）保存所有行动者创建的所有文档，而是重点捕获能代表或呈现该单位行动者从事组织性活动的记录，以作为单位曾从事的特定活动或发生事件的凭据。组织性的捕获活动决定哪些文件应当保存、应保存多久、应如何保存等。构面2说明的文件捕获，其实是个体行动者从所属组织的立场出发，对其执行的行动进行有形记录的创建、汇集、整理，以供业务单位利用。

（3）构面3——组织记忆。

构面3说明了组织层级的档案保存活动，其中包含了现代组织的档案管理的各类实践活动。组织性活动是现代社会运转的基本特征。各种形态的组织是社会运动的基础。

构面3所关注的是以组织为行动主体所进行的各种活动及其所反映的社会职能。

① 构面是基本结构面的简称，是一个集合概念，由若干基本要素按一定的方式、方法组成。从不同的维度出发，利用一定的条件要素，可以形成不同的构面。档案连续体中的构面所描述的是各层级档案的产生与保存活动。

组织从事档案保存的目的具有多元性。例如，如果将档案视为组织的信息资产，档案管理的目标就会偏重于档案的信息功能。

档案连续体思想是一种强调社会责任的理论，即强调档案与组织行事责任制的关联。弗兰克・阿普沃德的示意图将第三个社会互动轴标示为职能，目的是强调组织性的档案保存，应能够反映某一组织所扮演的社会角色，以满足社会对组织档案的期待，而不仅仅是保存组织内部所需的信息内容。构面3所表达的思想同职能鉴定（functional appraisal）、宏观鉴定（macro appraisal）与文献战略（documentation strategy）等档案鉴定思想有着高度的一致性。

（4）构面4：多元化记忆。

构面4说明的是社会层级的档案保存活动。这个层级所关注的行动主体是社会机构。弗兰克・阿普沃德所指的机构并非单一组织，而是社会现象中较稳定的制度，如某国家的教育、金融、司法等制度，或文化习俗方面的现象，如婚姻家庭制度、社会阶级制度、次文化群体规范、各种行业文化等。这个层级的档案保存，要求尽可能捕获足以展现社会繁富层面的重要档案，以便形成社会的集体记忆。

根据弗兰克・阿普沃德的档案连续体示意图，构面4的基本关注点虽与传统档案学相同，但在实践上存在较大差异。具体表现在：

第一，在档案连续体的体制中，一项文档记录的生成可同时触动四个构面的保存活动。四个构面的行动者可在同一时空范围内，分别对同一项文档记录进行同步处置，不需要依时顺序进行，即：当构面1至构面3的档案人员在进行文档的创建、捕获与整理时，构面4的档案人员也可同步评估该文档对社会整体的长期性凭据价值。

在电子网络环境中，信息可被大量复制、传播或同时满足多人的利用需要。由于某些电子信息（如网络信息与电子邮件）的更新或消失速度极快，加之信息数量的庞大与科技更新换代的迅速等因素的影响，文档记录长期累积而不加处置是不被允许的。

第二，在以保管为主的生命周期工作模式中，档案人员的工作主要是保管和监护档案实体；但在后保管时代的档案连续体体制中，档案专业的重心则是对社会整体的档案保存体制进行运筹帷幄的管理，形成一个分布保存、事权分化但合作紧密的档案保存网络，档案机构在网络中扮演指挥控制的枢纽角色。一个档案馆可以没有自行保存的馆藏，而仅成为其所属网络的控管节点并提供存取机制与社会服务。

上述两种思想理论，对开展我国档案管理信息化工作，具有一定的参考和借鉴价值。有效地理解和合理运用这两种思想理论，并结合我国各立档单位的数字化档案资源管理实践对其加以完善和发展，对做好档案管理信息化工作，统一人们的思想认识，科学地开展数字化档案资源体系的建设，均具有不容忽视的价值。

本章思考题

1. 什么是档案信息化？如何理解档案信息化的概念？
2. 什么是档案管理信息化？它主要涉及哪些方面的内容？
3. 档案管理信息化的基本任务是什么？
4. 传统的档案管理体制机制与档案管理信息化之间的矛盾是什么？如何解决？
5. 传统的档案管理观念与档案管理信息化之间的矛盾是什么？如何解决？

6. 如何进一步加强数字档案资源利用服务体系的建设？
7. 如何进一步加强数字档案资源的安全保障体系建设？
8. 如何进一步强化数字档案资源体系的建设？
9. OAIS 的思想内涵和实践价值是什么？
10. 档案连续体思想理论的主要内容是什么？

第十二章

电子档案管理

内容提要

本章着重说明和介绍了电子文件的归档，电子文件的收集与整理，电子档案的移交与接收，电子档案的存储、备份与元数据的维护，电子档案的处置，电子档案的长期保存、统计和利用，等等。

第一节　电子文件的归档

参照《电子文件管理暂行办法》（厅字〔2009〕39 号）、《电子公文归档管理暂行办法》、《电子文件归档与电子档案管理规范》（GB/T 18894—2016）、《企业电子文件归档和电子档案管理指南》（办综〔2015〕119 号）、《公务电子邮件归档与管理规则》（DA/T 32—2005）、《电子办公环境中文件管理原则与功能要求》等规范和标准的要求，本节主要介绍电子文件归档的概念、一般要求、归档范围、归档程序及要求、归档时间与归档方式、归档格式等方面的内容。

一、电子文件归档的概念

《电子文件归档与电子档案管理规范》（GB/T 18894—2016）对电子文件归档的术语定义是：“将具有凭证、查考和保存价值且办理完毕、经过系统整理的电子文件及其元数据管理权限向档案部门提交的过程。”《电子档案管理基本术语》（DA/T 58—2014）对电子文件归档的术语定义是：“按照国家规定将具有保存价值的电子文件及其元数据的保管权交给档案部门的过程。”《企业电子文件归档和电子档案管理指南》对电子文件归档的术语定义是：“将具有保存价值且办理完毕、经系统整理的电子文件及其元数据、管理权限向档案部门提交的过程。”综合上述各种认识，电子文件归档概念的术语定义可以表述为：

电子文件归档是指在系统环境下，将有保存价值的电子文件及其元数据的管理权限向档案部门提交的过程。

这一定义的基本含义是：

第一，电子文件的归档应在系统环境下进行。各种电子文件的形成机构或单位，均应按照国家和本单位的归档制度要求，通过系统方式，将已被固化的电子文件及其元数据的管理权限向档案部门移交。

第二，归档的电子文件是有一定保存价值的。这里所谓的保存价值，是指对国家和社会及形成单位具有利用价值（包括业务、法律、行政、财务、文化、历史研究等方面的凭证价值、查考价值）。如果一个定义将“凭证价值”“查考价值”与“保存价值”并用，则是一种同义反复式的表达，不符合逻辑规则的要求。“办理完毕、经系统整理”的定义种差表达，仅是对归档电子文件及其元数据的一种管理要求，不能反映对归档电子文件的全部管理要求，没有必要做进一步的强调。电子文件归档的上位术语概念“归档”已经包括的“归集”“归鉴”“整序”等方面的含义，不需要在下位术语概念中重复强调。

第三，电子文件归档的实质是将电子文件及其元数据的管理权限向档案部门提交。在完成这一控制管理过程后，在各系统中存在的电子文件及其元数据已经处于固化状态，电子文件的形成机构在未得到档案部门同意的情形下，不得随意改变已经提交的电子文件及其元数据。这也是保证电子文件的合法证据力的需要。电子文件可以实现不同时空、节点上的共存，如果其本身可以随意改变，则其相互印证性就会受到破坏和损害，以致会失去其凭证性或证据性价值。电子文件的“管理权限”和“保管权限”是不同的概念，不可以混淆使用。基于电子文件的全程管理、全寿期管理、前端控制等原则，电子文件的管理权限既包括对所提交进入 ERMS、EDMS 的电子文件及其元数据的保管权、控制权和维护权，又包括对原系统中纳入归档范围的电子文件及其元数据的保管权、控制权和维护权。

二、电子文件归档的一般要求

目前我国对电子文件归档的要求，在各种相关的规范和标准中均有体现。为方便大家了解，本书将主要的相关规定和要求逐一加以陈述。

（一）《电子文件管理暂行办法》对电子文件归档的要求

《电子文件管理暂行办法》的第十六条，对电子文件归档的业务工作内容提出了以下六项基本要求：

（1）电子文件应当在办理完毕后实时或定期归档，定期归档应当在第二年 6 月底前完成。

（2）归档电子文件的保管期限划分应当准确。

（3）电子文件及其元数据应当同时归档。

（4）电子文件归档时，应当进行真实、完整、可用方面的鉴定、检测，并由相关责任人确认。

（5）电子文件应当以国家规定的标准存储格式进行归档，属于国家秘密的电子文件应当使用专用保密存储介质存储，并按保密规定办理归档手续。

（6）具有永久保存价值或者其他重要价值的电子文件，应当转换为纸质文件或者缩微胶卷同时归档。

（二）《电子文件归档与电子档案管理规范》对电子文件归档的要求

《电子文件归档与电子档案管理规范》从制度建设和管理责任角度对电子文件归档提出了原则性要求，其内容可以概括为以下几个方面：

（1）电子文件归档应遵循纳入单位信息化建设规划、技术与管理并重、便于利用和安全可靠的原则。

（2）应对电子文件实施全程管理，确保电子文件的真实性、可靠性、完整性与可用性。

（3）应建立严格的管理制度，明确相关部门电子文件归档的职责与分工：档案管理部门负责制定电子文件归档的管理制度，提出业务系统电子文件归档功能要求，负责指导电子文件形成或办理部门按归档要求管理应归档电子文件，负责电子文件归档工作；电子文件形成或办理部门负责电子文件的收集、整理、著录和移交归档工作；信息化部门负责依据标准建设业务系统电子文件归档功能；保密部门负责监督涉密电子文件归档的保密管理。

（4）应明确各门类电子文件及其元数据的归档范围、时间、程序、接口和格式等要求。

（5）应执行规范的工作程序，采取必要的技术手段，对电子文件归档的全过程实行监控。

（6）应基于安全的网络和离线存储介质实施电子文件归档。

（三）《电子公文归档管理暂行办法》对电子公文归档的要求

电子公文，是指各地区、各部门通过由国务院办公厅统一配置的电子公文传输系统处理后形成的具有规范格式的公文的电子数据。《电子公文归档管理暂行办法》对电子公文的归档要求包括：

（1）电子公文形成单位应指定有关部门或专人负责本单位的电子公文归档工作，将电子公文的收集、整理、归档、保管、利用纳入机关文书处理程序和相关人员的岗位责任。机关档案部门应参与和指导电子公文的形成、办理、收集和归档等各工作环节。

（2）副省级以上档案行政管理部门负责对电子公文的归档管理工作进行监督和指导。电子公文的真实性、完整性、安全性和可识别性，移交前由形成部门负责，移交后由档案部门负责。

（3）电子公文参照国家有关纸质文件的归档范围进行归档并划定保管期限。电子公文一般应在办理完毕后即时向机关档案部门归档。

（4）电子公文形成单位必须将具有永久和长期保存价值的电子公文制成纸质公文，与原电子公文的存储载体一同归档，并使两者建立互联。

（5）需要永久和长期保存的电子公文，应在每一个存储载体中同时存有相应的符合规范要求的机读目录。

（6）电子公文的收发登记表、机读目录、相关软件、其他说明等应与相对应的电子公文一同归档保存。

（7）电子公文的归档应在“全国政府系统办公业务资源网电子邮件系统”平台上进行，各电子公文形成单位档案部门应配置足够容量和处理能力及相对安全的系统设备。

（8）电子公文形成单位应在运行电子公文处理系统的硬件环境中设置足够容量、安全的暂存存储器，存放处理完毕应归档保存的电子公文，以保证归档电子公文的完整、安全。

（9）电子公文形成单位应在电子公文处理系统中设置符合安全要求的操作日志，随时自动记录对电子公文实时操作的人员、时间、设备、项目、内容等，以保证归档电子公文的真实性。

（10）电子公文形成单位应在电子公文归档时对相关项目进行检查，检查项目包括与纸质公文核对内容、签章，审核电子公文收发登记表、操作日志及相关的著录条目等，确认电子公文及相关的信息和软件无缺损且未被非正常改动，电子公文与相应的纸质公文内容及其表现形式一致，处理过程无差错。

（四）《企业电子文件归档和电子档案管理指南》对企业电子文件归档的要求

《企业电子文件归档和电子档案管理指南》对企业电子文件归档的管理原则、管理机制、管理制度等，均提出了较为具体的要求。具体内容如下：

（1）管理原则。具有保存价值的电子文件是企业文件的一部分，必须纳入归档范围，以维护企业档案的齐全、完整、系统。电子文件归档以真实、可靠、完整、可用为目标，贯彻全程管理、前端控制、统一管理原则。真实是指电子文件能够被证实与其本来的内容相符，确由生成者或发送者生成或发送，在其所称的生成或发送时间生成或发送内容。可靠指电子文件的内容完全和正确地表达其所反映的事务、活动或事实。完整是指电子文件的内容、结构和背景信息齐全且没有破坏、变异或丢失。可用是指电子文件能够得以检索、呈现和理解。

（2）管理机制。企业应将电子文件归档纳入企业信息化建设和档案管理工作规划、计划，纳入有关部门和人员岗位职责，配备必要的人员、资金和设备设施，为电子文件归档提供保障。企业可成立由档案部门、信息技术部门、保密部门和业务部门组成的电子文件归档工作协调机构，并负责审定电子文件归档的规章、制度和标准规范，制定电子文件归档规划，审定电子文件归档年度计划，协调电子文件归档工作中的有关问题，等等。档案部门在电子文件归档工作中的职责有：制定电子文件归档规章制度和标准规范，就企业制定的有关业务规章制度、标准规范提出电子文件归档条款；制定电子文件的归档范围和电子档案保管期限表；会同有关部门制定电子文件归档的规划、计划；负责电子文件的接收归档和电子档案管理工作，定期对电子文件归档进行真实性、可读性检查，形成检测报告；对本企业所属单位的电子文件归档工作进行指导、监督和检查；参与本企业业务系统的规划、设计、开发和实施等工作，提出电子文件归档需求，并跟踪实现的过程。信息技术部门的归档职责包括：负责在业务系统规划、设计、开发、实施、运维等过程中，落实电子文件归档要求，将电子文件归档要求在业务系统中予以实现；为电子文件归档提供信息技术支持；等等。业务部门在电子文件归档中应承担的职责包括：协助档案部门编制本部门形成的电子文件归档范围和由本部门归档的电子档案保管期限表；负责本部门形成的电子文件收集、整理并及时移交归档。安全保密部门的职责是：负责电子文件归档的安全保密管理。

（3）管理制度。企业应制定和完善电子文件归档制度，内容包括：企业应制定电子文件归档管理办法，如电子文件归档的管理办法、管理原则、管理职责，电子文件形成、收集、整理、移交归档的原则要求，保证电子文件归档过程中的真实性、完整性、可用性的原则要求，特别要把档案部门参与业务系统开发、实施等要求纳入管理办法。企业应制定电子文件归档的通用规范，如电子文件的收集、鉴定、整理、移交，元数据捕获节点。企业应制定各类电子文件归档的管理规范，如各类电子文件的归档范围、保管期限、元数据捕获节点等。企业可以已实施的业务系统为主线，制定各业务系统产生的电子文件归档和电子档案管理规范，如《OA系统电子文件归档和电子档案管理规范》《ERP系统电子文件归档和电子档案管理规范》等。

三、电子文件的归档范围

根据《电子文件归档与电子档案管理规范》等标准规范的要求，电子文件的归档范围应包括：

（1）反映单位职能活动，具有保存价值的各门类电子文件及其元数据。

（2）文书类电子文件归档范围可按照《机关文件材料归档范围和档案保管期限规定》《企业文件材料归档范围和档案保管期限规定》等执行。

（3）照片、录音、录像等声像类电子文件归档范围可参照《照片档案管理规范》（GB/T 11821—2002）、《数码照片归档与管理规范》（GB/T 50—2014）执行。

（4）科技类电子文件的归档范围可按照《科学技术研究课题档案管理规范》（DA/T 2—1992）、《国家电子政务工程建设项目档案管理暂行办法》、《科学技术档案案卷构成的一般要求》（GB/T 11822—2008）、《建设项目档案管理规范》（DA/T 28—2018）、《建设电子文件与电子档案管理规范》（CJJ/T 117—2017）等标准执行。

（5）各专业类电子文件归档范围可按《会计档案管理办法》《机关档案管理规定》等国家相关规定执行。

（6）邮件类电子文件归档范围可按《公务电子邮件归档与管理规则》（DA/T 32—2005）等标准执行。

（7）网页、社交媒体类电子文件归档范围可按《机关文件材料归档范围和文书档案保管期限规定》《机关档案管理规定》执行。

四、电子文件元数据的归档范围

根据《电子文件归档与电子档案管理规范》《数字档案室建设指南》等标准规范的要求，电子文件元数据的归档范围应包括：

（1）应归档电子文件元数据应与电子文件一并收集、归档。

（2）文书类电子文件应归档元数据按照《文书类电子文件元数据方案》（DA/T 46—2009）等标准执行，至少包括：题名、文件编号、责任者、日期、机构或问题、保管期限、密级、格式信息、计算机文件名、计算机文件大小、文档创建程序等实体元数据；记录有关电子文件拟制、办理活动的业务行为、行为时间和机构人员名称等元数据，应记录的拟制、办理活动，包括发文的起草、审核、签发、复核、登记、用印、核发等，收文的签收、登记、初审、承办、传阅、催办、答复等。

（3）科技、专业、邮件、网页、社交媒体类电子文件应归档元数据，可参照（2）给出的要求执行。

（4）声像类电子文件应归档元数据包括题名、摄影者、录音者、摄像者、人物、地点、业务活动描述、密级、计算机文件名等。在实际工作中，可参照《照片类电子档案元数据方案》（DA/T 54—2014）、《录音录像类电子档案元数据方案》（DA/T 63—2017）等规定执行。

五、电子文件的归档程序及要求

电子文件形成或办理部门、档案部门可在归档过程中基于业务系统、电子档案管理系统（如 ERMS）完成电子文件及其元数据的清点、鉴定、登记、填写电子文件归档登记表等主要归档程序。具体要求包括：

（1）应清点、核实电子文件的门类、形成年度、保管期限、件数及其元数据数量等。

（2）应对电子文件的真实性、可靠性、完整性和可用性进行鉴定，鉴定合格率应达到100%。包括：电子文件及其元数据的形成、收集和归档符合制度要求；电子文件及其元数据能一一对应，数量准确且齐全、完整；电子文件及其元数据的格式符合规定要求；以专有格式归档的，其专用软件、技术资料等齐全、完整；加密电子文件已解密；电子文件及其元数据要经安全网络或专用离线存储介质传输、移交；电子文件无病毒，电子文件离线存储介质无病毒、无损伤、可正常使用。

（3）档案部门应将清点、鉴定合格的电子文件及其元数据导入电子档案管理系统预归档库，自动采集电子文件的结构元数据，通过计算机文件名建立电子文件与元数据的关联，在管理过程元数据中记录登记行为，登记归档电子文件。

（4）应依据清点、鉴定结果，按批次或归档年度填写归档电子文件登记表，完成电子文件的归档。

六、电子文件的归档时间与归档方式

电子文件形成或办理部门应定期将已收集、积累并经过整理的电子文件及其元数据，向档案部门提交归档。归档时间不得晚于电子文件形成后的第二年 6 月底。

电子文件形成或办理部门应基于安全的网络环境或专用离线存储介质，采用在线归档或离线归档方式，通过电子档案管理系统客户端或归档接口，完成电子文件及其元数据的归档。

电子文件形成或办理部门应结合业务系统、电子档案管理系统运行网络环境和本单位实际，确定电子文件及其元数据归档接口并做出书面说明。归档接口通常包括：web-service 归档接口、中间数据库归档接口、归档电子文件及其元数据的规范存储结构等。

七、电子文件的归档格式

电子文件的归档格式应具备格式开放、不绑定软硬件、具备显示一致性、可转换、易于利用等性能，能够支持同级国家综合档案馆向长期保存格式转换。电子文件应以通用格式形成、收集并归档，或在归档前转换为通用格式。具体要求包括：

（1）版式文件格式应按照《版式电子文件长期保存格式需求》（DA/T 47—2009）执行，可采用 PDF、PDF/A 格式。

（2）以文本、位图文件形成的文书、科技、专业类电子文件，应满足的格式要求包括：电子公文正本、定稿、公文处理单等，应以版式文件格式归档；其他电子文件、电子文件组件，可以版式文件、RTF、WPS、DOCX、JPG、TIF、PNG 等通用格式归档，或将电子文件及其组件按顺序合并转换为一个版式文件。

（3）在计算机辅助设计与制造过程中形成的科技类电子文件，归档格式要求包括：二维矢量文件以 SVG、SWF、WMF、EPS、DXF 等格式归档；三维矢量文件，需永久保存的应转换为 STEP 格式归档，其他可根据需要按二维矢量文件的归档格式要求，转为二维矢量文件归档。

（4）以数据库文件形成的科技、专业类电子文件，应根据数据库表结构及电子档案管理要求，转化为 ET、XLS、DBF、XML 等任一格式归档。也可以参照纸质表单或电子表单版面格式，将应归档数据库数据转换为版式文件归档。

（5）照片类电子文件以 JPG、TIF 等格式归档；录音类电子文件以 WAV、MP3 等格式归档；录像类电子文件以 MPG、MP4、FLV、AVI 等格式归档，珍贵且需要永久保存的，可收集、归档一套 MXF[①] 格式文件。

（6）公务电子邮件以 EML 格式归档；网页、社交媒体类电子文件，以 HTML 等格式归档。

（7）专用软件生成的电子文件，原则上应转换成通用格式归档。

八、电子文件元数据的归档格式

电子文件的形成单位应根据电子文件归档接口，以及元数据的形成情况，确定电子文件元数据的归档格式。一般要求包括：

（1）经业务系统形成的各门类电子文件元数据，应根据归档接口确定归档格式。选择 webservice 归档接口或归档电子文件及其元数据的规范存储结构等归档接口时，可以 ET、XLS、DBF、XML 等任一格式归档。选择中间数据库归档接口时，可与电子文件一并由业务系统数据库推送至中间数据库，也可再由中间数据库导出数据库数据文件。

（2）声像类电子文件元数据，在单台计算机中经办公、绘图等应用软件形成的电子文件，可以 ET、XLS、DBF 等格式归档。

第二节　电子文件的收集与整理

一、电子文件及其元数据的收集

各单位对电子文件及其元数据的收集要求一般包括：

第一，应在业务系统电子文件拟制、办理过程中完成电子文件的收集；声像类电子文件，在单台计算机中经办公、绘图等应用软件形成的电子文件的收集，由电子文件形成部门基于电子档案管理系统或手工完成。

---

① MXF 通常被视为一种“容器”文件格式，也就是说 MXF 文件格式与内容数据的格式无关，这得益于 MXF 底层使用了 KLV（键-长度-值）三元组编码方式。MXF 文件通常包含文件头、文件体和文件尾等几个部分。

第二，应齐全、完整地收集电子文件及其组件，电子文件内容信息与其形成时保持一致。具体要求有：同一业务活动形成的电子文件应齐全、完整。电子公文的正本、正文与附件、定稿或修订稿、公文处理单等，应齐全、完整。电子公文格式要素符合《党政机关公文格式》（GB/T 9704—2012）的有关要求。在计算机辅助设计和制造过程中形成的产品模型图、装配图、工程图、物料清单、工艺卡片、设计与工艺变更通知等电子文件及其组件应齐全、完整。声像类电子文件应能客观、完整地反映业务活动的主要内容、人物和场景等。邮件、网页、社交媒体等类电子文件的文字信息、图像、动画、音视频文件等应齐全、完整，网页版面格式保持不变；需收集、归档完整的网站系统时，应同时收集网站设计文件、维护手册等。以专有格式存储的电子文件不能转换为通用格式电子文件时，应同时收集专用软件、技术资料、操作手册等。

第三，以公务电子邮件附件形式传输、交换的电子文件，应下载并收集、归入业务系统或存储文件夹中。

第四，应由业务系统在电子文件拟制、办理过程中捕获（采集）文书、科技、专业等类电子文件的元数据。

第五，可使用 WPS 表格或电子档案管理系统按照相应的要求著录、采集在单台计算机中经办公、绘图等应用软件形成的各门类电子文件元数据，以及声像类电子文件元数据。

二、电子文件的整理

在混合文档管理模式下，电子文件的整理一般包括划分保管期限、分类、排序、命名、存储等方面的内容。要做好电子文件的整理工作，通常应按下述要求进行。

第一，应在电子文件拟制、办理或收集过程中完成划分保管期限、分类、排序、命名、存储等整理活动，并同步完成会议记录、涉密文件等纸质文件的整理。

第二，应以件为管理单位整理电子文件，也可以根据实际需要以卷为管理单位进行整理。整理活动应保持电子文件内在的有机联系，建立电子文件与元数据的关联。

第三，应基于业务系统完成电子文件（包括纸质文件）的整理；声像类电子文件的整理，由电子文件形成部门基于电子档案管理系统或手工完成。

归档电子文件的保管期限可划分为永久和定期两种，其中定期的可划分为 30 年、10 年等。

电子文件的分类应按电子档案分类方案执行。各单位在编制电子档案分类方案时，可以根据自身的实际情况，参照国家、行业、地方的档案业务标准来进行。例如，文书类电子文件的分类整理可参照《归档文件整理规则》（DA/T 22—2015）执行；科技类电子文件的分类整理可参照《科学技术档案案卷构成的一般要求》（GB/T 11822—2008）、《建设项目档案管理规范》（DA/T 28—2018）、《企业文件材料归档范围和档案保管期限规定》及相关部门制定的推荐标准执行；专业、邮件、网页、社交媒体等类电子文件的分类整理可参照《归档文件整理规则》（DA/T 22—2015）等推荐标准执行，但有其他专门规定的，从其规定；声像类电子文件可按照年度、业务活动等分类标准进行分类。

第四，应在整理过程中基于业务系统电子文件元数据库，建立纸质文件目录数据；涉密纸质文件目录数据的录入，应符合国家保密法律法规、标准规范的要求，目录数据项的选择和确定可参照《电子文件归档与电子档案管理规范》（GB/T 18894—2016）中 6.2.2 的规定执行。

第五，在混合文档管理模式下，应在分类方案下根据业务活动、形成时间等关键字，对电子文件元数据、纸质文件目录数据库进行同步排序。排序结果应可以保持电子文件、纸质文件之间的有机联系。

第六，电子文件的命名应按规则进行。电子文件的命名规则应能保持电子文件及其组件的内在有机联系与排列顺序，能通过计算机文件名元数据建立电子文件与相应元数据的关联，具体要求包括：应由业务系统按内置规则自动、有序地为电子文件及其组件命名；在单台计算机中经办公、绘图等类应用软件形成的电子文件，应采用完整、准确的电子文件题名命名；声像类电子文件可采用数字摄录设备自动赋予的计算机文件名。

第七，可参照分类方案在计算机存储器中建立文件夹，集中存储电子文件及其组件，完成电子文件的整理工作。

三、电子档案的编目

（一）混合文档管理模式下电子档案的编目要求

（1）对电子档案与纸质档案的整理审核、档号编制等编目活动，应同步进行。

（2）对在整理阶段划分的电子档案保管期限和分类结果应进行审核与确认，对不合理或不准确的要进行修正。

（3）在整理审核基础上，应对电子档案和纸质档案重新排序，并依据排序结果编制文件级档号。

（4）应采用文件级档号或唯一标识符作为要素，为电子档案及其组件重新命名，同时更新相应的计算机文件名元数据。

（5）可按照《档案著录规则》（DA/T 18—1999）及《电子文件归档与电子档案管理规范》（GB/T 18894—2016）中 6.2.4 的要求对电子档案、纸质档案做进一步著录，规范、客观、准确地描述档案的内容和形式特征。

（6）完成整理编目后，要将电子档案及其元数据、纸质档案目录数据等，归入电子档案管理系统的正式库，并参照《电子文件归档与电子档案管理规范》（GB/T 18894—2016）中 7.2.9 给出的要求分类、有序地存储电子档案及其组件。

（二）编制电子档案档号的一般要求

（1）档号应参照《档号编制规则》（DA/T 13—1994）等标准以及电子档案全程管理的要求，确定档号的编制规则。

（2）应采用同级国家档案馆档号编制规则为室藏电子档案、纸质档案编制档号。

（3）档号的编制应符合唯一性原则。档号应能唯一标识全宗内任一电子档案或纸质档案。

（4）以档号作为电子档案命名要素时，计算机文件名应能在计算机存储器中唯一标识、有序存储全宗内任意一件电子档案及其组件。

第三节　电子档案的移交与接收

根据国家档案局2012年8月29日印发的《电子档案移交与接收办法》的规定，电子档案的移交和接收应当真实可靠、齐全完整和安全可用；涉密电子档案的移交与接收应当符合国家有关保密安全的要求；各级档案行政管理部门负责对电子档案的移交、接收工作进行监督和指导。档案移交单位和各级国家综合档案馆应当切实履行电子档案移交和接收职责。档案移交单位在向国家综合档案馆移交电子档案之前，应当对电子档案数据的真实性、完整性、可用性和安全性进行检验，合格后方可移交。

一、电子档案的移交

属于国家综合档案馆接收范围的电子档案，应当向同级国家综合档案馆移交。档案移交单位一般自电子档案形成之日起5年内向同级国家综合档案馆移交。对于有特殊要求的电子档案，可以适当延长移交时间。涉密电子档案移交时间应符合国家有关规定的要求。

（一）电子档案的移交要求

《电子档案移交与接收办法》对电子档案的移交提出了如下五点基本要求：

（1）元数据应当与电子档案一起移交，一般采用基于XML的封装方式组织档案数据。

（2）电子档案的文件格式按照国家有关规定执行。

（3）电子档案有相应纸质、缩微制品等载体的，应当在元数据中著录相关信息。

（4）采用技术手段加密的电子档案应当解密后移交，压缩的电子档案应当解压缩后移交；特殊格式的电子档案应当与其读取平台一起移交。

（5）档案移交单位应当将已移交的电子档案在本单位至少保存5年。

（二）电子档案的移交流程与方式

电子档案移交的主要流程是：组织和迁移转换电子档案数据、检验电子档案数据、移交电子档案数据等。

电子档案的移交可采用离线或在线两种方式进行。如果采用离线方式移交电子档案，应满足如下基本要求：

第一，移交单位一般采用光盘移交电子档案，光盘应当符合归档要求。

第二，移交单位一般向同级国家综合档案馆移交一套光盘，光盘应当单个装盒。

第三，移交单位应当按照有关要求进行光盘数据刻录及检测。

第四，存储电子档案的载体和载体盒上应当分别标注反映其内容的标签（标签的标注方法见表 12－1)。

表 12－1　　电子档案载体标注内容

载体标识：全宗号—年度—载体顺序号	
载体盒标注：全宗号、年度、载体顺序号、数据量、密级、保管期限、存入日期、运行环境、套别等	
1	全宗号是档案馆分配给立档单位的编号
2	年度是该载体内档案起止年度，如 2001 年至 2006 年即标定为 2001/2006
3	载体顺序号是电子档案载体排列的顺序号，由阿拉伯数字组成
4	数据量是载体内档案存储容量
5	密级按存储在载体内电子档案的密级标注，保管期限按存储在载体内电子档案的保管期限标注
6	存入日期是将电子档案拷贝至载体的日期，格式为年月日，如 2011 年 2 月 8 日即写为 20110208
7	运行环境即识别或操作电子档案的软、硬件平台
8	套别是指档案馆存储电子档案载体的套号，用大写英文字母 A、B、C 表示。A 表示封存保管，B 表示查阅利用，C 表示异地备份

第五，移交载体内电子档案的存储结构参考图 12－1 及其说明要求执行。

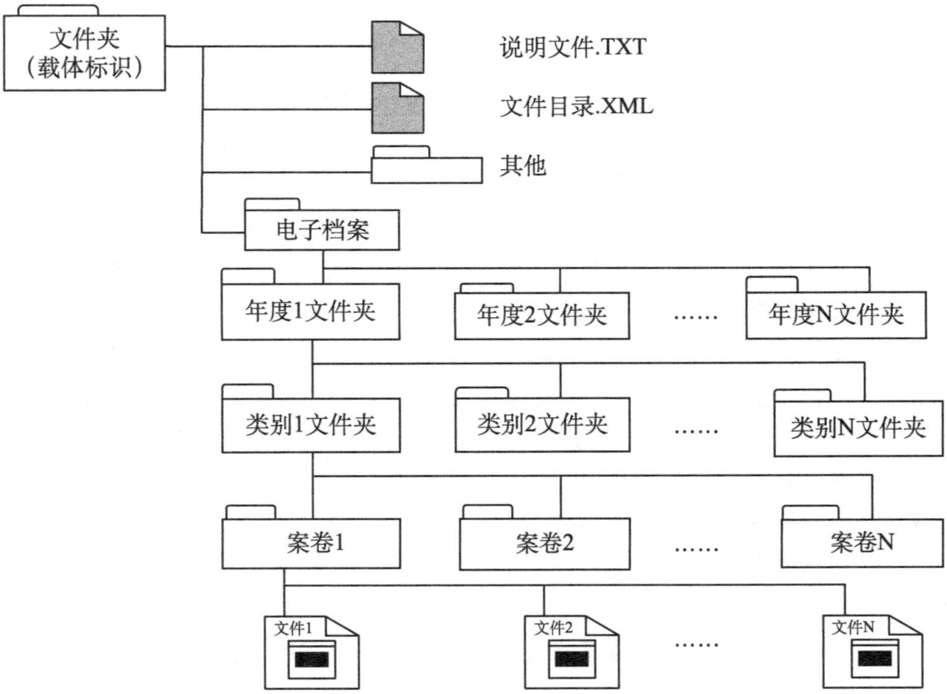

图 12－1　移交载体内电子档案的存储结构示意图

(1) 说明文件命名为“说明文件．TXT”，一个载体只有一个说明文件，存放本载体有关信息，包括载体参数（如载体容量、载体类型等）、载体编号、载体保管单位、载体制作单位、载体检查单位、读取本载体内档案所需要的软硬件环境及其他各种有助于说明本载体的信息。

(2) 目录文件命名为“文件目录．XML”或“案卷目录．XML”，存放有关档案的目录信息，目录文件与每份电子档案相对应，根据电子档案具体归档方式进行文件级描述或案卷级描述（将标识中的“文件”二字改为“案卷”），每个条目中包括载体内电子档案顺序号、档号、责任者、题名、日期、密级、电子档案名称、备注等内容。

（3）目录文件 XML 信息格式如下（encoding 属性值可以是“GB18030”“GB2312”“UTF-8”）：

```
<?xml version= “1.0” encoding= “GB18030”?>
    <文件目录>
    <文件>
    <顺序号>      </顺序号>
    <档号>        </档号>
    <责任者>      </责任者>
    <题名>        </题名>
    <日期>        </日期>
    <密级>        </密级>
    <电子档案名称>  </电子档案名称>
    <备注>        </备注>
    </文件>
    ……
    <文件>
    ……
    </文件>
    </文件目录>
```

（4）电子档案文件夹命名为“电子档案”，存放电子档案及其元数据，一般按年度—类别—案卷的层次设置文件夹。根据档案整理和分类方法以及实际情况可对存储结构中的类别、案卷、文件等层级进行取舍。

（5）其他文件夹命名为“其他”，存放各种其他存入载体的文件，主要包括：所采用的元数据规范、数据封装规范、分类编号规则、文件命名规则、XML 模式及交接信息（包含交接、迁移、转换、保存等元数据和《电子档案移交与接收登记表》的扫描件或电子签名件）等等，这些文件应采用 TXT、XML 和符合长期保存要求的格式。

在线移交电子档案的基本要求主要包括：

第一，在线移交电子档案的单位应当通过与管理要求相适应的网络传输电子档案。

第二，传输的数据应当包含符合要求的电子档案及其元数据。

第三，数据结构一般为一张或多张光盘载体内电子档案的存储结构组合，单张光盘的数据量小于光盘的实际容量。

二、电子档案的接收

各级各类国家档案馆在接收电子档案时，应满足如下基本要求：

第一，国家综合档案馆应当建立电子档案接收平台，进行电子档案数据的接收、检验、迁移、转换、存储等工作。

第二，电子档案接收的主要流程是：检验电子档案数据、办理交接手续、接收电子档案数据、著录保存交接信息、迁移和转换电子档案数据、存储电子档案数据等。

第三，国家综合档案馆应当对接收的电子档案数据的真实性、完整性、可用性和安全性进行检验，合格后方可接收。文书类电子档案的四性检测可依据《文书类电子档案检测一般要求》（DA/T 70—2018）执行。

第四，电子档案检验合格后办理交接手续，填写《电子档案移交与接收登记表》（参见表 12－2），由交接双方签字、盖章，各自留存一份；《电子档案移交与接收登记表》可采用电子形式并以电子签名方式予以确认。

表 12－2　　电子档案移交与接收登记表

<table>
<tr><td>交接工作名称</td><td colspan="3"></td></tr>
<tr><td>内容描述</td><td colspan="3"></td></tr>
<tr><td>移交电子档案数量</td><td></td><td>移交数据量</td><td></td></tr>
<tr><td>载体起止顺序号</td><td></td><td>移交载体类型、规格</td><td></td></tr>
<tr><td rowspan="2">检验内容</td><td colspan="3">单位名称：</td></tr>
<tr><td colspan="2">移交单位：</td><td>接收单位：</td></tr>
<tr><td>真实性检验</td><td colspan="2"></td><td></td></tr>
<tr><td>完整性检验</td><td colspan="2"></td><td></td></tr>
<tr><td>可用性检验</td><td colspan="2"></td><td></td></tr>
<tr><td>安全性检验</td><td colspan="2"></td><td></td></tr>
<tr><td>载体外观检验</td><td colspan="2"></td><td></td></tr>
<tr><td>填表人（签名）</td><td colspan="2">年　月　日</td><td>年　月　日</td></tr>
<tr><td>审核人（签名）</td><td colspan="2">年　月　日</td><td>年　月　日</td></tr>
<tr><td>单位（印章）</td><td colspan="2">年　月　日</td><td>年　月　日</td></tr>
</table>

填写说明：

- 交接工作名称：按移交单位或全宗号、移交档案的年度、批次等内容描述本次交接工作。
- 内容描述：交接档案内容、类别、数据类型、格式、交接方式、过程等说明事项。
- 移交电子档案数量：交接档案的文件总数和案卷总数。
- 移交数据量：一般以 GB 为单位，精确到小数点后 3 位。
- 载体起止顺序号：在线移交时，按载体内电子档案的存储结构组织数据，并标其顺序号。
- 移交载体类型、规格：在线移交时，填写“在线”。
- 真实性检验：检验移交档案的内容、范围的正确性及交接前后数据的一致性，可填写检验方法。
- 完整性检验：检验移交的档案和档案数据的完整性。
- 可用性检验：检验电子档案的可读性等。
- 安全性检验：对计算机病毒等进行检测。
- 载体外观检验：检查载体标识、有无划痕、是否清洁等。

第五，国家综合档案馆应当将电子档案交接、迁移、转换、存储等信息补充到电子档案元数据中。国家综合档案馆应当对电子档案数据迁移和转换前后的一致性进行校验。

第六，国家综合档案馆应当对接收的电子档案载体保存 5 年以上。

第七，国家综合档案馆对电子档案载体应当按照《电子文件归档光盘技术要求和应用规范》（DA/T 38—2018）和《磁性载体档案管理与保护规范》（DA/T 15—95）进行管理。

三、电子档案的四性检测

为保障归档电子文件和电子档案的真实性、完整性、可用性和安全性，便于电子文件归档以及电子档案移交、接收和长期保存过程中的检测，依据《文书类电子档案检测一般要求》（DA/T 70—2018），各立档单位的档案部门和国家档案馆在接收文书类电子档案[①]时，应注意开展以下检测工作。

（一）电子文件归档环节的四性检测内容

1. 真实性检测

电子文件归档环节的真实性检测内容主要包括：电子文件来源真实性、电子文件元数据准确性、电子文件内容真实性、元数据与内容关联一致性、归档信息包真实性[②] 5 项。电子文件来源真实性检测，是通过检测归档电子文件中的固化信息[③]是否有效来确认电子文件来源的真实性。电子文件元数据准确性检测，是检测归档电子文件元数据是否符合《文书类电子文件元数据方案》（DA/T 46—2009）等标准或自定义元数据方案要求，包括数据长度、类型、格式、值域，以及元数据项赋值是否合理等。电子文件内容真实性检测，是检测电子文件内容数据中包含的电子属性信息与电子文件元数据中记录的信息是否一致。元数据与内容关联一致性检测，是检测电子文件元数据中记录的文件存储位置与电子文件内容数据的实际存储位置是否一致。归档信息包真实性检测，是检测电子文件归档信息包的信息组织结构和内容是否符合国家有关规定，以及归档的信息包与业务部门发送的信息包是否一致。

2. 完整性检测

电子文件归档环节的完整性检测内容包括：电子文件数据总量、电子文件元数据完整性、电子文件内容完整性、归档信息包完整性 4 项。其中，电子文件数据总量检测，是检测《电子文件归档与电子档案管理规范》（GB/T 18894—2016）表 A.1《电子文件归档登记表》中登记的电子文件数量和字节数与实际归档的电子文件数量和字节数是否相符。电子文件元数据完整性检测，是对照《文书类电子文件元数据方案》（DA/T 46—2009）或自定义元数据方案检测元数据项是否齐全完整，反映重要问题的归档电子文件是否包括主要修改过程和办理情况记录，具有连续编号的元数据项（比如档号、件内顺序号等）是否有漏号现象，等等。电子文件内容完整性检测，是检测归档电子文件的内容数据是否齐全完整。归档信息包完整性检测，是对照单位的归档范围，检测归档信息包的元数据和内容数据是否符合要求；对照归档信息包元数据中记录的文件数量，检测内容数据是否齐全

---

① 文书类电子档案是指反映党务、政务、生产经营管理等各项管理活动的电子档案。

② 归档信息包是指电子文件归档时立档单位内部业务部门向档案部门提交的信息包。

③ 固化信息是指为维护电子文件真实性而采取的技术措施的元数据。技术措施包括但不限于数字摘要、电子签名、电子印章、时间戳等。

完整。

3. 可用性检测

电子文件归档环节的可用性检测内容包括：电子文件元数据可用性、电子文件内容可用性、电子文件软硬件环境、归档信息包可用性 4 项。电子文件元数据可用性检测，是检测电子文件元数据格式是否可以被正常访问。电子文件内容可用性检测，是检测电子文件内容数据格式是否符合归档要求，是否可以被正常打开和浏览。电子文件软硬件环境检测，是检测电子属性元数据中记录的软硬件环境信息是否符合归档要求。归档信息包可用性检测，是检测归档信息包是否包含影响其可用性的因素，如使用非公开压缩算法、加密等。

4. 安全性检测

电子文件归档环节的安全性检测内容包括：归档信息包病毒、归档载体安全性、归档过程安全性 3 项。归档信息包病毒检测，是检测系统环境中是否安装了杀毒软件，以及归档信息包是否包含计算机病毒。归档载体安全性检测，是检测载体内是否含有非归档文件；通过外观、读取情况等判定载体是否安全、可靠；针对光盘，检测其是否符合《电子文件归档光盘技术要求和应用规范》(DA/T 38—2008) 的有关要求。归档过程安全性检测，是检测归档信息包在归档和保存过程中是否安全、可控。

（二）电子档案移交与接收环节的四性检测内容

1. 真实性检测

在电子档案的移交和接收环节所进行的真实性检测内容主要包括：电子档案来源真实性、电子档案元数据准确性、电子档案内容真实性、元数据与内容关联一致性、移交信息包真实性 5 项。电子档案来源真实性检测，是通过检测移交电子档案中的固化信息是否有效来确认电子档案来源的真实性。电子档案元数据准确性检测，是检测电子档案元数据是否符合《文书类电子文件元数据方案》(DA/T 46—2009) 等标准或自定义元数据方案要求，包括数据长度、类型、格式、值域，以及元数据项赋值是否合理等。电子档案内容真实性检测，是检测电子档案内容数据中包含的电子属性信息与电子档案元数据中记录的信息是否一致。元数据与内容关联一致性检测，是检测电子档案元数据中记录的文件存储位置与电子档案内容数据的实际存储位置是否一致。移交信息包真实性检测，是检测电子档案移交信息包的信息组织结构和内容是否符合《电子档案移交与接收办法》附件 2 的要求，以及接收的信息包与移交的信息包是否一致。

2. 完整性检测

在电子档案的移交和接收环节所进行的完整性检测内容主要包括：电子档案数据总量、电子档案元数据完整性、电子档案内容完整性、移交信息包完整性 4 项。电子档案数据总量检测，是检测《电子档案移交与接收办法》附件 3 中登记的电子档案数量和字节数与实际移交的电子档案数量和字节数是否相符。电子档案元数据完整性检测，是对照《文书类电子文件元数据方案》(DA/T 46—2009) 或自定义元数据方案检测元数据项是否齐全完整，反映重要问题的电子档案是否包括主要修改过程和办理情况记录，具有连续编号的元数据项（比如档号、件内顺序号等）是否有漏号现象，等等。电子档案内容完整性检测，是检测电子档案的内容数据是否齐全完整。移交信息包完整性检测，是对照移交信息包元数据中记录的文件数量，检测内容数据是否齐全、完整。

3. 可用性检测

在电子档案的移交和接收环节所进行的可用性检测内容主要包括：电子档案元数据可用性、电子档案内容可用性、电子档案软硬件环境、移交信息包可用性 4 项。电子档案元数据可用性检测，是检测电子档案元数据是否可以被正常访问。电子档案内容可用性检测，是检测电子档案内容数据格式是否符合移交要求，是否可以被正常打开和浏览。电子档案软硬件环境检测，是检测电子属性元数据中记录的软硬件环境信息是否符合移交要求。移交信息包可用性检测，是检测移交信息包是否包含影响其可用性的因素，如使用非公开压缩算法、加密等。

4. 安全性检测

在电子档案的移交和接收环节所进行的安全性检测内容主要包括移交信息包病毒、移交载体安全性、移交过程安全性 3 项。移交信息包病毒检测，是检测系统环境中是否安装了杀毒软件，以及电子档案移交信息包是否包含计算机病毒。移交载体安全性检测，是检测载体内是否含有非移交文件，通过外观、读取情况等判定载体是否安全、可靠。移交过程安全性检测，是检测移交信息包在移交和接收过程中是否安全、可控。

（三）电子档案长期保存环节的四性检测内容

电子档案长期保存环节的四性检测是在设定检测策略的基础上，开展电子档案的真实性、完整性、可用性和安全性的检测。

1. 电子档案长期保存环节的检测策略与执行

鉴于在长期保存过程中需要对电子档案进行定期和不定期的多次检测，有必要制定检测策略。检测策略设置包括但不限于以下方面：

（1）能够对电子档案的封装格式及电子档案元数据与内容数据的关联方式进行设置。

（2）能够对电子档案的存储路径、存储方式、备份策略进行设置。

（3）能够对电子档案各项检测指标进行设置。

（4）能够对各类电子档案的检测周期进行设置。

（5）能够对各类电子档案的长期保存格式进行设置。

（6）能够对电子档案的访问授权策略和操作流程进行设置。

检测时，依据预先设定的检测策略执行。检测策略执行具体要求包括：

（1）在未发生系统更新、数据迁移、格式转换等影响电子档案元数据和内容数据的行为的情况下，只需要对电子档案的固化信息进行检测；在发生了系统更新、数据迁移、格式转换等影响电子档案元数据和内容数据的行为的情况下，需要进行全面检测。

（2）原则上每两年对长期保存电子档案进行一次全面检测；每季度对长期保存电子档案进行抽检，抽检比例不低于 5%。

（3）在电子档案长期保存过程中，针对电子档案所做的任何操作（检测、迁移、格式转换、备份恢复、提取出库等）都应记录，并补充到电子档案的元数据中去。在检测时优先检测变化了的这部分元数据信息。

2. 真实性检测

电子档案长期保存环节的真实性检测内容包括：电子档案固化信息、电子档案元数据准确性、电子档案内容真实性、元数据与内容关联一致性、保存信息包真实性 5 项。电子档案固化信息检测，是通过检测长期保存电子档案中的固化信息是否有效来确认电子档案在长期保存期间的真实性。电子档案元数据准确性检测，是检测电子档案元数据是否符合《文书类电子文件元数据方案》（DA/T 46—2009）等标准或自定义元数据方案要求，包括数据长度、类型、格式、值域，以及元数据项赋值是否合理等。电子档案内容真实性检测，是检测电子档案内容数据中包含的电子属性信息与电子档案元数据中记录的信息是否一致。元数据与内容关联一致性检测，是检测电子档案元数据中记录的文件存储位置与电子档案内容数据的实际存储位置是否一致。保存信息包真实性检测，是检测电子档案保存信息包和入库时是否一致；在保存信息包为 EEP 封装包的情况下，检测 EEP 封装包及其元数据是否符合《基于 XML 的电子文件封装规范》（DA/T 48—2009）的要求。

3. 完整性检测

电子档案长期保存环节的完整性检测内容包括：电子档案数据总量、电子档案元数据完整性、电子档案内容完整性、保存信息包完整性 4 项。电子档案数据总量检测，是按批次检测电子档案元数据中记录的电子档案数量和字节数与实际的电子档案数量和字节数是否相符。电子档案元数据完整性检测，是对照《文书类电子文件元数据方案》（DA/T 46—2009）自定义元数据方案检测元数据项是否齐全完整，具有连续编号的元数据项（比如档号、件内顺序号等）是否有漏号现象。电子档案内容完整性检测，是检测电子档案的内容数据是否齐全完整。保存信息包完整性检测，是检测电子档案保存信息包的元数据和内容数据是否齐全完整；在保存信息包为 EEP 封装包的情况下，对照《文书类电子文件元数据方案》（DA/T 46—2009）和《基于 XML 的电子文件封装规范》（DA/T 48—2009）的要求检测 EEP 封装包的元数据项目是否完整。

4. 可用性检测

电子档案长期保存环节的可用性检测内容包括：电子档案元数据可用性、电子档案内容可用性、电子档案软硬件环境、备份数据可恢复性 4 项。电子档案元数据可用性检测，是检测电子档案元数据是否可以被正常访问。电子档案内容可用性检测，是检测电子档案内容数据是否可以被正常打开和浏览，是否利于长期保存。电子档案软硬件环境检测，是检测电子档案软硬件环境是否适合继续长期保存。备份数据可恢复性检测，是检测备份数据是否可以完整恢复。

5. 安全性检测

电子档案长期保存环节的安全性检测内容包括：保存信息包病毒、保存载体安全性、软件系统安全性、载体保管环境安全性 4 项。保存信息包病毒检测，是检测系统环境中是否安装了杀毒软件，以及电子档案保存信息包是否包含计算机病毒。保存载体安全性检测，是通过外观、读取情况等判定载体是否安全、可靠。软件系统安全性检测，是检测系统是否存在隐含的安全漏洞。载体保管环境安全性检测，是对照国家有关规定，判断磁盘、磁带、光盘等各类载体的保管环境是否符合要求。

第四节　电子档案的存储、备份与元数据的维护

一、电子档案的存储

在系统环境下，电子档案的存储应满足如下基本要求。

第一，各单位应为电子档案及其元数据的安全存储，配置与电子档案管理系统相适应的在线存储设备。

第二，电子档案管理系统要根据档号等标识符构成要素在计算机存储器中逐级建立文件夹，分门别类、集中有序地存储电子档案及其组件，并在元数据中自动记录电子档案在线存储路径。

第三，在线存储系统应实施容错技术方案，定期扫描、诊断硬磁盘，发现问题要及时处理。

二、电子档案的备份

电子档案的备份要满足的基本要求如下。

第一，应结合单位电子档案管理和信息化建设实际，在确保电子档案真实、完整、可用和安全的基础上，统筹制定电子档案备份方案和策略，实施电子档案及其元数据、电子档案管理系统及其配置数据、日志数据等的备份管理。

第二，电子档案近线备份与灾难备份的基本要求包括：最好采用磁带备份系统进行近线备份，并定期对电子档案及其元数据、电子档案管理系统的配置数据和日志数据等进行全量、增量或差异备份；电子档案数量达到一定量且条件许可时，可实施电子档案管理系统和数据库系统的热备份；本单位建设灾难备份中心时，应将电子档案及其元数据、电子档案管理系统的灾难备份纳入规划之中，进行同步分析、设计和建设。电子档案的灾难备份和灾难恢复应参考《信息安全技术信息系统灾难恢复规范》（GB/T 20988—2007）等标准要求执行。

第三，电子档案离线备份的基本要求包括：应采用一次性写入光盘、磁带、硬磁带等离线存储介质，参照《计数抽样检验程序 第 1 部分：按接收质量限（AQL）检索的逐批检验抽样计划》（GB/T 2828. 1—2012）、《硬磁盘驱动器通用规范》（GB/T 12628—2008）、《CAD 电子文件光盘存储、归档与档案管理要求》（GB/T 17678. 1—1999）、《磁性载体档案管理与保护规范》（DA/T 15—1995）、《电子文件归档光盘技术要求和应用规范》（DA/T 38—2008）等标准，实施电子档案及其元数据、电子档案管理系统配置数据、日志数据等的离线备份；电子档案离线存储介质应至少制作一套，可根据异地备份、电子档案珍贵程度和日常应用需要等实际情况，制作第二套、第三套离线存储，并在装具上标识套别；应对离线存储介质进行规范管理，按规则编制离线存储介质编号，按规范结构存储备份对象和相应的说明文件，标识离线存储介质，禁止在光盘表面粘贴标签；离线存储介质的保管除参照纸质档案保管要求外，还应具备的条件有，应做防写处理（避免擦、划、触摸记录涂层）、硬装盒保存（竖放或平放，避免挤压）、远离强磁场和强热源并与有害气体隔离、保管环境温湿度符合要求（温度为光盘 17～20℃，磁性载体 15～27℃；相对湿度为光

盘 20%～50%，磁性载体 40%～60%）。

第四，电子档案和电子档案存储介质自形成之日起 1 年内，送同级国家档案馆电子档案中心进行备份。

第五，应定期对磁性载体进行抽样检测，抽样率不低于 10%。抽样检测过程中如果发现永久性误差，应扩大检测范围或进行 100%的检测，同时要对发生永久性误差的磁性存储介质进行复制或更新。

第六，对光盘进行定期检测，检测结果超过三级预警线时应立即实施更新。

第七，当离线存储技术即将被淘汰时，应立即将其中存储的电子档案及其元数据等转换至新型且性能可靠的离线存储介质之中。

第八，确认离线存储介质的复制、更新和转换等管理活动成功时，再按照相关规定对原离线存储介质实施破坏性销毁。应对离线存储介质管理活动进行登记，登记内容主要包括：单位名称、管理授权、责任部门、管理类型（如更新、复制、转换）、源介质描述（包括类型、品牌、参数、数量等）、目标介质描述（包括类型、品牌、参数、数量等）、完成情况（操作前后电子档案及其元数据内容、数量等一致性情况）、管理起止时间、操作者，以及填表人、审核人、单位的签章等。

三、电子档案的元数据维护

各单位对电子档案的元数据维护要求，主要包括以下几个方面：

第一，应基于电子档案管理系统，在电子档案管理全过程中持续开展电子档案元数据的采集（捕获）、备份、转换和迁移的管理活动。

第二，实施电子档案管理系统升级或更新、电子档案格式转换等管理活动时，应自动采集（捕获）新增的电子档案背景、结构元数据，包括信息系统描述、格式信息、音频编码标准、技术参数等。

第三，应参照《信息与文献 文件管理过程 文件元数据 第 1 部分：原则》（GB/T 26163.1—2010）等标准，持续并自动采集（捕获）电子档案管理过程元数据；应记录的电子档案管理过程包括登记、格式转换、迁移、鉴定、销毁、移交等，具体要求可参照《电子文件归档与电子档案管理规范》（GB/T 18894—2016）中的 8.1.4、10.2.5、10.3.4 给出的要求执行。

第四，应通过备份、格式转换、迁移等措施管理电子档案元数据，电子文件归档接收的以及归档后形成的电子档案元数据的采集，可参照《电子文件归档与电子档案管理规范》（GB/T 18894—2016）中的 9.2、10.2、10.3.4 给出的要求执行。

第五，禁止修改电子档案背景、结构和管理过程元数据。对题名、责任者、文件编号、日期、人物、保管期限、保密等级等元数据的修改，应符合国家规定的要求，修改操作应记录于日志文件中。

第六，应确保电子档案及其元数据之间的关联关系得到有效维护。

第五节　电子档案的处置

电子档案的处置工作主要包括电子档案的销毁鉴定和保密审查、转换或迁移、移交与销毁等内容。

一、电子档案的销毁鉴定和保密审查要求

各立档单位和国家档案馆在进行电子档案销毁鉴定的过程中，应按如下要求进行：

第一，应定期对电子档案进行销毁鉴定和保密审查，鉴定和审查程序要符合国家法律法规、标准规范的规定。

第二，档案部门应主要以本单位编制的符合规定要求的档案保管期限表，开展电子档案的销毁鉴定，提出被鉴定对象的续存或销毁意见，必要时可协同相关职能部门开展暂存文档的鉴定销毁工作。但是，销毁鉴定意见须经上级领导或分管部门审核、批准后，方可实施。

第三，电子档案的解密审查应由档案部门、保密部门共同实施，必要时可协助相关职能部门做好相关工作。解密审查意见也须经上级领导或主管部门审核、批准后方可实施。

第四，应根据电子档案所标密级并结合国家有关政策、规范，参照《文献保密等级代码与标识》（GB/T 7156—2003）① 等标准，定期对涉密电子档案进行密级审查，实施解密、延长保密期限或提升密级等处置活动。

第五，到期（保密期满）的电子档案移交进馆前，应进行解密审查。

二、电子档案的转换或迁移要求

电子档案的转换或迁移要求，主要包括如下几项。

第一，应在确保电子档案真实、完整、可用和安全的基础上，参照《信息和文献·数字记录转换和迁移过程》（ISO 13008—2012）等标准，实施电子档案及其元数据的转换或迁移。

第二，在出现如下情况时，应实施电子档案或元数据的格式转换。其中包括：当电子档案当前格式将被淘汰或失去技术支持时，应实施电子档案或元数据的格式转换；当因技术更新、介质检测不合格等原因需要更换离线存储介质时，应实施电子档案或元数据离线存储介质的转换；当支撑电子档案管理系统运行的操作系统、数据库管理系统、台式计算机、服务器、磁盘阵列等主要系统硬件、基础软件等设备升级、更新时，应实施电子档案管理系统、电子档案及其元数据的迁移；当电子档案管理系统更新时，应实施电子档案及其元数据的迁移。

第三，应按照确认转换或迁移需求、评估转换或迁移风险、制定转换或迁移方案、审批转换或迁移方案、转换或迁移测试、实施转换或迁移、评估转换或迁移结果、报告转换或迁移结果等步骤，实施电子档案及元数据的转换或迁移。

第四，应在确信转换或迁移活动成功实施后，根据本单位实际，对转换或迁移前的电子档案及其元数据，进行销毁或继续留存的处置。电子档案及其元数据库的转换、迁移，应记录在电子档案管理过程元数据中，并填写电子档案格式转换与迁移登记表。登记表的

---

① 文献保密等级分为 6 级：公开级（指文献可在国内外发行和交换）、国内级（指文献可在国内发行和交换）、内部级（指文献可在国内某系统或某部门内部发行、交换和赠阅）、秘密级（指文献内容涉及国家一般秘密）、机密级（指文献内容涉及国家重要秘密）、绝密级（指文献内容涉及国家核心秘密）。

格式和著录项目可参考《电子文件归档与电子档案管理规范》(GB/T 18894—2016)的附录 A3 执行(见表 12-3)。

表 12-3　　电子档案格式转换与迁移登记表

单位名称		
管理授权		
责任部门		
管理类型	□格式转换　□迁移	
原格式或系统描述		
目标格式或系统描述		
完成情况(操作前后电子档案及其元数据内容、数量一致性情况等)		
操作起止时间		
操作者		
填表人(签名): 年　月　日	审核人(签名): 年　月　日	单位(签章): 年　月　日

第五,重新对格式转换后的电子档案进行备份。

三、电子档案的移交与销毁

电子档案的移交与销毁的基本要求包括:

第一,保管期限为永久的电子档案及其元数据,除有特殊要求的以外,一般应在其形成之日起 5 年内,向国家档案馆移交。移交工作应按照《电子档案移交与接收办法》和同级国家档案馆的要求执行。

第二,纸质、银盐感光材料等各门类传统载体档案,应以数字副本及其目录数据移交进馆,以确保移交年度内数字档案资源的完整性;纸质档案数字化转换应按照《纸质档案数字化规范》(DA/T 31—2017)、《信息与文献·信息数字化实施指南》(ISO/TR 13028—2010)以及同级国家档案馆的要求执行。

第三,电子档案的销毁应参照国家关于档案销毁的有关规定与程序执行。

第四,应从在线存储设备、异地容灾备份系统中彻底删除应销毁的电子档案,电子档案管理系统应在管理过程元数据、日志中自动记录鉴定、销毁活动,将销毁电子档案的元数据移入销毁数据库。

第五,应销毁电子档案的离线存储介质,且应对其实施破坏性销毁;在实施销毁前,应对备份其中的其他电子档案进行离线存储介质的转换。

第六,属于保密范围的电子档案,其销毁应按国家保密规定实施。

第七,应填写电子档案销毁登记表[《电子文件归档与电子档案管理规范》(GB/T 18894—2016)的附录 A.4(见表 12-4)],并归档保存。

表 12-4　　电子档案销毁登记表

单位名称		
销毁授权		
被销毁电子档案情况（范围、数量、大小等）		
在线存储内容销毁说明		
异地容灾备份内容销毁说明		
离线存储介质销毁说明		
销毁起止时间		
操作者		
填表人（签名）： 年　月　日	审核人（签名）： 年　月　日	单位（签章）： 年　月　日

第六节　电子档案的长期保存、统计和利用

一、电子档案的长期保存

电子档案的长期保存是指用一种可靠的、科学合理的方式长期维护电子档案真实、完整、有效的行为。

（一）电子档案长期保存应遵循的原则

档案部门在开展电子档案管理的实践中，应注意遵循以下 6 项原则：

第一，价值性原则。各单位应充分理解电子档案作为业务、证据及社会资源的价值，并对其实施相匹配的管理。

第二，统筹性原则。各单位对电子档案的管理应充分融入相关人员和机构的管理活动，并对相关人员的岗位和职责予以明确界定和设置。

第三，合规性原则。电子档案的保存应当满足真实、完整、可用、安全等基本要求。

第四，有效性原则。电子档案的管理应满足可被发掘、检索和利用的需要。

第五，本源性原则。电子档案应在数字环境中加以管理。

第六，适当性原则。电子档案应当按需要予以管理、防护、保存，并按规范要求进行处置。

（二）电子档案长期保存策略

电子档案长期保存策略，是指根据法律法规和业务及研究的需要，从整体上确立的电子档案长期保存工作的宏观规划及相关的组织和控制措施与手段，是电子档案长期保存的

依据和基础。涉及的内容主要包括：保存政策、责任体系、操作规程、考核机制、资金保障等。

1. 保存政策

电子档案保存机构首先必须制定保存政策，保存政策是有效实施电子档案长期保存的依据。保存政策的内容包括组织、人员、法律、权益、措施等各方面，甚至还可能涉及馆际合作、知识产权、质量管理和审计策略等。

2. 责任体系

电子档案保存机构必须对所保存的电子档案的保管权、所有权、使用权进行明确定义。

3. 操作规程

在电子档案长期保存期间，必须按照一定的操作规程对其进行相应的管理操作，确保电子档案符合长期保存的目标。主要执行的操作包括：

（1）环境规划。对电子档案长期保存的软硬件环境进行规划，构建起符合要求的保存环境。涉及的内容包括机房、网络、主机、存储、备份、安全、系统软件、工具软件、应用软件等。

（2）封装入库。电子档案的长期保存库要同管理库、利用库物理分开，在入库时应当按照相关规范的要求将其转换成适合长期保存的电子文件格式并完成封装，实现电子文件的自描述、自包含、自证明。

（3）备份恢复。应当制定完善的数据备份策略，定时执行，备份方式包括但不限于全备份、差分备份和增量备份。对于备份的数据，每年至少安排一次恢复演练，确保备份数据可恢复。对于存放备份数据的载体要进行异地保管，有条件的保存机构可以建立同城或者异地数据容灾备份中心。

（4）异质备份。对重要电子档案要及时进行异质备份，确保电子档案长期保存、安全可靠、便于共享，异质备份的载体可选用缩微胶片或者光盘。

（5）文件检测。对于不同重要级别的电子档案以及不同形态的载体应当规定不同的检测频度。文件检测包括文件的准确性、完整性、可用性和安全性检测；载体检测包括载体的外观检测和物理损坏检测。具体的检测方法按照《电子档案四性检测方案》执行。

（6）格式转换。当电子文件依赖的系统环境发生变化或者新的长期保存格式出现时，需要对电子文件进行格式转换。转换过程要有详细的记录；转换前、转换后都要做好备份工作；转换完成之后，采用新的格式替代原始格式，但原始格式依然保留，并对原始格式和新的转换格式执行重新封装操作。

（7）文件迁移。随着系统设备更新或系统扩充，电子档案需要执行迁移操作。迁移过程要有详细的记录；迁移前、迁移后都要做好备份工作；迁移前先要进行测试并且制定应急预案，以防迁移过程中出现意外情况。

（8）档案存取。从电子档案保存库中存取档案必须经过严格的审批程序，经相关负责人批准之后才能存取，确保存取操作符合管理制度规定，并且对存取过程和存取内容进行记录。

4. 考核机制

电子档案保存机构应当制定对其保存行为进行监督、评价的考核机制，并报各级档案行政管理部门备案。考核机制既可以用于保存机构内部的绩效考核，也可以用于各级档案行政管理部门对同级电子档案保存机构的工作评价和考核。

5. 资金保障

电子档案长期保存项目需要投入大量的资金，既包括项目建设的资金，也包括日常运维的资金，电子档案保存机构应当积极向有关部门申请资金，并确保资金落到实处。

（三）电子档案长期保存技术策略

电子档案长期保存技术策略是其他策略得以执行的前提条件，是实现电子档案长期保存的核心和关键。涉及的内容主要包括：信息化基础设施、保存环境、元数据、保存格式、保存技术方案等。

1. 信息化基础设施

为了实现电子档案的长期保存，保存机构应当配备完善的信息化基础设施，其中包括：

（1）计算机机房。应建立达到C类机房设计各项指标要求的独立计算机机房，配备必要的供配电、恒温恒湿、消防报警、监视控制等设施。

（2）网络安全系统。建立千兆以上的内部以太网络；保存库与管理库、利用库所在的网络物理隔开；涉密和非涉密网络系统的设计分别满足分保和等保的要求，并采取必要的安全防护措施。

（3）主机存储备份系统。建立独立的长期保存运行环境，配备必要的主机、存储、备份系统，相关设备的配置必须符合电子档案长期保存环境规划的要求，执行完善的备份策略确保数据安全，并便于将来的扩展和迁移。

（4）软件系统。配置必要、成熟的系统软件和工具软件，包括操作系统、数据库、中间件、封装工具、转换工具、检测工具等软件系统，鼓励采用具有自主知识产权的国产软件系统。应用软件的设计开发应选择具有相应资质的国内公司，软件功能符合电子文件长期保存需求规范要求。

2. 保存环境

保存机构应当针对不同的存储载体建立满足要求的保存环境，以实现电子档案存储载体的长期保存。其中应满足的相关要求包括：

（1）磁性载体。对环境的要求包括有适宜的温湿度、远离外磁场、避光保存、保持清洁、科学存放等。

（2）光盘。置于空气洁净的冷、干、暗的环境；放在盒内垂直置于光盘架内存放；相对湿度变化范围为20%～50%，温度变化范围为4～20℃；避光保存；等等。

（3）缩微品。需有适宜的温湿度且不含有害气体；选择适当的保管器具和存放位置；使用中避免污染和刮伤图像表面；保存中，胶卷不得卷得过紧，不能加橡皮筋缠绕；等等。

3. 元数据

元数据是描述电子档案的背景、内容、结构及其整个管理过程的数据，对于保证电子档案的真实性、完整性具有重要意义。具体要求包括：

（1）在电子档案长期保存系统设计中，首先应当遵循或制定各类电子档案的元数据方案，比如文书类电子档案应当遵循《文书类电子文件元数据方案》（DA/T 46—2009）的规定，对于图像类、图形类、音视频类电子档案则应当制定相应的元数据方案。

（2）为了维持元数据和电子文件之间的联系，建议采用封装的技术手段对电子档案进行管理，具体技术措施可参考《基于 XML 的电子文件封装规范》（DA/T 48—2009）。

（3）电子档案进入长期保存库时，必须对其元数据的完整性和封装包的合法性进行全面检测，严防不合格的电子档案进入长期保存库。

（4）在电子档案长期保存过程中，对任何针对电子档案的操作都应当予以记录并作为元数据的一部分进行保存。

4. 保存格式

对电子档案长期保存格式的选择在一定程度上决定了电子档案是否长期可用。文书类电子档案应当遵循《版式电子文件长期保存格式需求》（DA/T 47—2009），选择符合规范要求的文件格式；图像类、图形类、音视频类电子档案则应选择主流、成熟、开放的格式。

5. 保存技术方案

对电子档案长期保存技术方案的选择应从技术的可行性、可持续性、实用性和合理性等方面综合考虑。常见的保存技术方案包括更新、迁移、仿真、再生等，但没有一种技术方案可以解决所有问题，保存机构可以结合自身实际情况选择最适合自己的技术方案。

（四）电子档案长期保存安全的要求

电子档案长期保存安全策略涉及电子档案的信息安全和电子档案的实体（主要指电子档案的存储载体）安全两个方面。对电子档案的安全保存提出科学合理的要求，是档案部门实现电子档案长期保存的有力保障。

1. 安全等级保护

各类档案部门应按照国家信息安全等级保护标准和涉密信息系统分级保护管理规定，建立电子档案管理系统和信息内容安全保密防护体系，严格执行安全保密管理制度。

2. 安全防护

电子档案存储载体的保存，应当选择有利于安全保密管理的介质和场所，配备必要的防火、防水、防湿、防尘、防鼠、防光、防虫、防霉、防高温、防污染等安全防护措施。

3. 综合防护

电子档案长期保存信息安全策略应从物理层面、网络层面、系统层面、应用层面、管理层面这五个层面进行综合防护。

（1）在物理层面应当采取的措施包括：环境安全、介质安全、防物理破坏、防电磁泄漏、设备冗余、设备安全、电力保障等。

（2）在网络层面应当采取的措施包括：链路加密、VLAN 划分、安全审计、入侵检测、安全隔离、违规外联监控、防火墙等。

（3）在系统层面应当采取的措施包括：漏洞扫描、防病毒、操作系统加固、数据库加固、备份恢复等。

（4）在应用层面应当采取的措施包括：身份认证、权限控制、数据加密、数字签名、应用审计等。

（5）在管理层面应当采取的措施包括：管理制度、管理机构、管理人员、标准法规、运维管理、应急预案等。

值得注意的是，由于电子档案长期保存的责任重大，档案部门应当在国家相关法律法规的框架下制定本机构电子档案长期保存安全管理制度，明确责任和处理办法。各级档案行政管理部门应按照安全管理制度对保存部门进行监督，对保存机构出现的安全责任事故，追究相应的法律责任。

二、电子档案的统计

各单位对电子档案的统计，应按如下要求进行：

第一，应按档案统计年报及本单位实际需要，对各门类的电子档案情况进行统计。

第二，可按档案门类、年度、保管期限、案卷数量、件数、大小、格式、时长、销毁、移交等要素，对室藏电子档案数量等情况进行统计。

第三，可按年度、档案门类、保管期限、案卷数、件数、利用人次、复制、下载等要素，对电子档案利用情况进行统计。

三、电子档案的利用

电子档案的利用应严格遵守国家保密法律法规、标准规范的相关保密规定。各单位应根据工作岗位、职责要求等，在电子档案管理系统为用户设置相应的电子档案利用权限。档案用户应在合法权限允许的范围内检索、浏览、复制、下载电子档案、电子档案组件及其元数据。电子档案及其元数据的离线存储介质不得外借，其使用应在档案部门的监控范围内进行。用户对电子档案采用在线方式进行利用时，应遵守国家有关信息安全的相关规定；档案部门应从技术和管理两个方面采取严格的管理措施。

本章思考题

1. 如何有效地进行电子文件的归档？《电子文件管理暂行办法》对电子文件归档的要求有哪些？

2. 《电子文件归档与电子档案管理规范》（GB/T 18894—2016）对电子文件归档的要求有哪些？

3. 《电子公文归档管理暂行办法》对电子公文归档的要求有哪些？

4. 《企业电子文件归档和电子档案管理指南》对企业电子文件归档的要求有哪些？

5. 电子文件的归档时间与归档方式是什么？电子文件的归档程序是什么？电子文件元数据的归档格式有哪些？

6. 如何开展电子文件的收集与整理？

7. 电子文件及其元数据的收集如何进行？

8. 电子档案的移交与接收如何进行？

9. 电子文件归档和电子档案接收的四性检测内容有哪些?

10. 电子档案的处置如何开展? 电子档案的销毁鉴定和保密审查要求有哪些?

11. 电子档案的转换与迁移要求有哪些?

12. 电子档案长期保存应遵循的原则和长期保存的策略及要求有哪些?

第十三章

传统载体档案数字化

内容提要

本章着重说明和介绍了纸质档案和录音录像档案的数字化管理的相关内容，其中包括纸质档案的数字化工作概述、纸质档案数字化的业务流程、录音录像档案数字化、档案数字化安全管理等方面的知识内容。

档案数字化，是指采用扫描仪、数码相机、音视频采集等数码设备，将纸质档案、照片档案、音像档案等转化为存储在光磁介质上并能被计算机识别的数字图像、数字文本等数字信息的处理过程。

第一节　纸质档案的数字化工作概述

纸质档案的数字化，不仅可以改变纸质档案资源内容的存在形态，将静态资源转变为可以通过网络传输和更便于利用、开发的动态资源，还可以为档案部门和相关部门利用计算机技术和数据加工技术更好地管理和开发纸质档案资源的内容，提供方便的条件。但是，数字化的纸质档案副本不能被简单地称为"数字档案"。这是因为，纸质档案是一定的物理存储介质和人类活动原始数据、信息的复合整体，虽然人们可以通过数字化来改变档案内容的存在和运动方式，但如果失去了原始档案的支撑和证明，数字化的档案副本就只能成为有一定参考意义的资料而已。一般来说，档案以什么形态形成，最好就以什么形态保存，这是由档案的本质决定的，任何人、任何组织都没有权力对其加以改变。唯有如此，档案的凭证价值和完整的、可被理解的参考价值（或信息价值、工具价值）才会得到有效维护。当下，有一些不懂档案本质和形成规律的人，"创造"了这样一种错误的逻辑，即：档案文件或其他材料在被数字化之后，都可以成为"电子文件"；这种"电子文件"经过"归档"之后，就可以顺理成章地成为"电子档案"，"选择"和"长期保存"才是"大档案"的本质。按照这种逻辑，被数字化的人事档案可以被称为"数字档案"，被数字化之后经过挑选和"归档"的资料也可以被称为"数字档案"。凡此种种，都是试图颠覆档案本质的错误思想和行为，应当坚决予以杜绝。试想，如果数字化这么神奇，那么我们为什么还要在社会活动中劳心费神地形成、积累、分类整理和鉴定留存各种原始的文件材料呢？

认清了上述问题之后，档案部门才能在正确的思想引领下，有序、有目标地开展纸质档案的数字化工作。2005 年国家档案局制发了行业推荐标准《纸质档案数字化技术规范》(DA/T 31—2005)。该标准的发布实施，从技术标准方面对纸质档案数字化工作提出了要求，很好地促进了纸质档案数字化工作向科学化、规范化的方向发展，在档案信息化工作中发挥了重要作用。由于纸质档案数字化工作所依赖的信息技术发展迅速，经过十余年的实践，数字化设备、存储、网络等技术条件均发生了较大的变化，同时，纸质档案数字化的管理方法和管理理念等都在不断更新、发展。因此，2017 年国家档案局档案科学技术研究所、国家档案局信息管理中心、国家档案局技术部及时对该标准进行了修订，适时调整了相关要求，并从档案行业层面科学规范了纸质档案的数字化工作。修订版更加注重我国纸质档案数字化工作自身的特点，结合目前信息技术发展的水平，提出了适用于我国档案行业的纸质档案数字化的规范性要求。

一、纸质档案数字化的概念

数字化（digitization）是指利用计算机技术将模拟信号转换为数字信号的处理过程。纸质档案数字化（digitization of paper-based records）是指采用扫描仪等设备对纸质档案进行数字化加工，使其转化为存储在磁带、磁盘、光盘等载体上的数字图像，并按照纸质档案的内在联系，建立起目录数据与数字图像的关联关系的处理过程。

这一概念的基本含义是：

第一，纸质档案数字化的对象主要是传统意义上的纸基（纸介质）档案实体。

第二，纸质档案数字化依托的主要技术设备是扫描仪、数码相机等数字化加工设备。

第三，纸质档案的数字化成果是各种数字图像（digital image），即表示实物图像的整数阵列。数字图像的分辨率（单位长度内图像包含的点数或像素数，一般用每英寸点数 DPI 表示）应满足档案管理和有效利用的基本要求。一个二维或更高维的采样并量化的函数，由相同维数的连续图像产生。

第四，各种数字图像应按照纸质档案的历史联系和逻辑联系（内在联系），建立目录数据与数字图像之间的有效关联，以便于对纸质档案的数字化成果的有效管理和利用。

二、纸质档案数字化的一般管理要求和基本环节

各单位在开展纸质档案数字化的工作中，应遵守如下要求：

第一，应根据档案的珍贵程度、开放程度、利用率、亟待抢救程度、数字化资金情况等因素统筹规划、科学开展纸质档案数字化工作。纸质档案数字化工作的开展应遵循《信息与文献 档案数字化实施指南》(ISO/TR 13028—2010) 和《文献档案资料数字化工作导则》(GB/T 20530—2006) 提出的要求和建议。

第二，应采取有效的管理和技术手段，确保纸质档案数字化成果质量。纸质档案数字化应遵循档案管理的客观规律，真实反映档案内容，最大限度地展现档案原貌。

第三，纸质档案数字化应保存数字化项目信息、技术环境、数字化各类技术参数等方面的元数据。元数据元素的确定应符合《信息与文献 档案数字化实施指南》(ISO/TR 13028—2010) 提出的要求。

第四，应加强纸质档案数字化各环节的安全管理，确保档案实体和档案信息的安全。

第五，在加工涉密档案时，档案部门应按照涉密档案相关保密要求开展工作。相关法律法规主要包括：《中华人民共和国保守国家秘密法》《计算机信息系统保密管理暂行规定》《中共中央保密委员会办公室、国家保密局关于国家秘密载体保密管理的规定》《国家秘密设备、产品的保密规定》等。在纸质档案数字化过程中形成的秘密载体（是指以文字、数据、符号、图形、图像、声音等方式记载国家秘密信息的磁介质、光盘等各类物品）的制作、收发、传递、使用、复制、保存、维修和销毁，应当符合国家保密规定。

纸质档案数字化的基本环节主要包括：数字化前处理、目录数据库建立、档案扫描、图像处理、数据挂接、数字化成果验收与移交等。

三、纸质档案数字化对象的选择

依据《机关档案管理规定》《企业档案工作规范》《数字档案室建设指南》《企业数字档案馆（室）建设指南》等标准和规范的要求，各立档单位应加强数字档案资源体系的建设，并将数字档案资源建设作为立档单位数字档案馆（室）建设的重点任务（包括纸质档案数字化、电子文件归档及专题数据库建设等）。在数字档案资源建设过程中，一定数量的档案数据是保证数字档案馆（室）发挥效用的基础。为此，档案行政部门建议存量档案数字化率宜达到70%以上。

纸质档案数字化的内容和范围如下：

（1）立档单位的文书档案、管理类（包括经营管理、生产技术管理、行政管理、党群工作等）档案除已到保管期限、短期或10年期档案外，有条件的立档单位可全部将其数字化。对于有正本、文稿处理单、修改底稿等的档案，立档单位可只对正本和文稿处理单进行数字化；具有重要修改内容的历次修改稿和重要档案的历次修改稿需数字化。

（2）立档单位正在研制或正在生产的核心产品或核心业务档案应全部数字化，非核心产品、已停产的产品、非核心业务档案可根据立档单位的实际需要有选择地数字化。

（3）立档单位的科研档案可全部数字化。

（4）立档单位的生产、科研、办公、生活建筑物的可行性研究、设计、施工、竣工验收等阶段的质量管理档案、竣工图档案可以数字化，其他阶段形成的档案可以有选择地数字化。

（5）立档单位的设备仪器档案可依据重要程度有选择地数字化。

（6）立档单位的会计档案，可根据本单位的实际需求及人力、物力配置情况有选择地数字化。

（7）立档单位的职工档案、干部档案的数字化，需档案部门与组织人事部门或人力资源管理部门充分协商后，按照中国共产党中央委员会组织部、人力资源和社会保障部的有关规定执行。

四、纸质档案数字化的组织与管理

（一）机构及人员

各单位应建立纸质档案数字化工作组织，对数字化工作进行统筹规划、组织实施、协调管理、安全保障、技术保障、监督检查、成果验收等，确保数字化工作的顺利开展。

为保证纸质档案数字化工作的正常有序进行，各单位应配备具有相应能力的工作人员，包括熟悉档案业务并具有较高的调查研究水平和良好的组织领导能力的管理人员、熟悉相关标准规范并能够为纸质档案数字化工作各环节提供技术支持的技术人员、掌握一定数字化基础知识并熟悉本职工作的操作人员等。同时，各单位应通过科学规范的管理制度，对工作人员进行规范化管理。除此之外，为强化数字化工作的安全性，各单位应加强对外聘工作人员的审核。

（二）基础设施

开展纸质档案的数字化工作，相关单位的基础设施应满足如下要求：

第一，应配备专用加工场地，并进行合理布局，形成档案存放、数字化前处理、档案著录、档案扫描、图像处理、质量检查等工作区域。

第二，加工场地的选择及温湿度等环境的控制不应不利于档案实体的保护。场地内应配备可覆盖全部场地的防火、防水、防有害生物、防盗报警、视频监控等安全管理的设施设备。

第三，应合理规划、配备和管理纸质档案数字化设施设备，确保设施设备安全、先进，能够满足数字化工作的需要。

（三）工作方案

纸质档案的数字化工作，应依据科学合理的工作方案来进行。各单位在制定纸质档案数字化工作方案时，应按如下要求进行：

第一，应在充分调研的基础上，制定科学合理的工作方案，确保纸质档案数字化工作达到预期目标。

第二，纸质档案数字化工作方案应包括数字化对象、工作目标、工作内容、成本核算、数字化技术方法和主要技术指标、验收依据、人员安排、责任分工、进度安排、安全管理措施等内容。

第三，数字化对象的确定应综合考虑档案的珍贵程度、开放程度、利用率、亟待抢救程度、数字化资金情况等因素。

第四，应对纸质档案数字化工作方案进行专家论证，确保其科学、规范、合理。

第五，纸质档案数字化工作方案应经审批后严格执行。工作方案审批结果应与在数字化工作过程中形成的其他文件一并保存。

（四）管理制度

各单位在开展纸质档案数字化工作时，应按照科学化和规范化的要求，制定相应的管理制度，以有效保障档案安全和纸质档案数字化成果质量。纸质档案数字化管理制度应包含岗位管理、人员管理、场地管理、设备管理、数据管理、档案实体管理等方面的制度。具体内容包括：

第一，岗位管理制度主要规定数字化工作各岗位的工作目标和职责，形成明确的岗位业务流程规范、考核标准、奖惩办法等。

第二，人员管理制度主要对人员的安全责任、日常行为、外聘人员信息审核及管理、非工作人员来访登记等进行规范。

第三，场地管理制度主要对人员出入和工作场地内基础设施、环境、网络、监控设施、现场物品、证件等的管理进行规范。

第四，设备管理制度主要对数字化工作各环节涉及的全部设备的管理进行规范。

第五，数据管理制度主要对数字化各环节所产生的数据的管理进行规范。

第六，档案实体管理制度主要对档案实体在数字化过程中的交接、管理、存放等工作进行规范。

（五）工作流程控制

各单位在开展纸质档案数字化工作时，应依据相关的法律法规和各类技术标准，制定相关的工作流程和各环节操作规范等，对纸质档案数字化全过程进行有效的控制，确保数字化成果质量。具体要求包括：

第一，应加强对纸质档案数字化工作的全流程安全管理。

第二，应建立完善的问题反馈机制，对在纸质档案数字化工作过程中后端环节发现的在前端环节中产生的问题进行及时反馈和修正。

第三，应按档案出库、数字化前处理、档案扫描、图像处理、数据库建立、数据挂接、数字化成果验收与移交、档案归还入库的顺序，确立纸质档案的数字化工作流程。

（六）工作文件管理

各单位在开展纸质档案数字化工作时，应根据情况制定符合实际要求的纸质档案数字化工作文件，加强对数字化工作的管理。

纸质档案数字化工作文件主要包括：纸质档案数字化工作方案、纸质档案数字化审批书、纸质档案数字化流程单、纸质档案数字化前处理工作单、纸质档案扫描工作单、数字图像处理工作单、数据录入工作单、纸质档案数字化验收登记表、纸质档案数字化成果移交清单等。采取外包方式实施数字化时，还应包括项目招标文件、投标文件、中标通知书、项目合同、保密协议等。部分工作文件示例参见表 13－1 至表 13－8。

各单位应加强对纸质档案数字化工作文件的管理，明确在数字化工作过程中形成的工作文件的整理、归档、移交等管理要求。

表 13－1　　纸质档案数字化审批书

批次	
数字化对象	
档案数字化部门意见	部门负责人： 年　　月　　日

续前表

<table>
<tr><td>档案保管部门意见</td><td>部门负责人：
年　　月　　日</td></tr>
<tr><td>单位意见</td><td>现批准对　　　　　等全宗共计　　　　　　卷（件）纸质档案进行数字化。

法定代表人：
（单位签章）
年　　月　　日</td></tr>
</table>

表 13-2　　　　　　　　纸质档案数字化流程单

全宗号＿＿＿＿＿　目录号＿＿＿＿＿　案卷号＿＿＿＿＿

<table>
<tr><td>进度</td><td colspan="23">□数字化前处理　□前处理质检　□数据库建立　□目录质检　□档案扫描　□图像处理　□图像质检
□数据挂接　□挂接质检　□数据验收　□装订还原</td></tr>
<tr><td rowspan="2"></td><td colspan="3">数字化前处理</td><td colspan="2">前处理质检</td><td colspan="2">数据库建立</td><td colspan="2">目录质检</td><td colspan="2">档案扫描</td><td colspan="2">图像处理</td><td colspan="2">图像质检</td><td colspan="2">数据挂接</td><td colspan="2">挂接质检</td><td colspan="2">数据验收</td><td colspan="2">装订还原</td></tr>
<tr><td>整理编页</td><td>目录数据准备</td><td>技术修复</td><td>前处理质检</td><td>备注</td><td>数据录入</td><td>备注</td><td>目录质检</td><td>备注</td><td>档案扫描</td><td>备注</td><td>图像处理</td><td>备注</td><td>图像质检</td><td>备注</td><td>数据挂接</td><td>备注</td><td>挂接质检</td><td>备注</td><td>数据验收</td><td>备注</td><td>装订还原</td><td>备注</td></tr>
<tr><td>完成人员</td><td></td><td></td><td></td><td></td><td></td><td></td><td></td><td></td><td></td><td></td><td></td><td></td><td></td><td></td><td></td><td></td><td></td><td></td><td></td><td></td><td></td><td></td><td></td></tr>
<tr><td>完成时间</td><td></td><td></td><td></td><td></td><td></td><td></td><td></td><td></td><td></td><td></td><td></td><td></td><td></td><td></td><td></td><td></td><td></td><td></td><td></td><td></td><td></td><td></td><td></td></tr>
</table>

表 13-3　　　　　　　　纸质档案数字化前处理工作单

全宗号＿＿＿＿＿　目录号＿＿＿＿＿　案卷号＿＿＿＿＿

<table>
<tr><td>件号</td><td>编页起始号</td><td>需扫描页数</td><td>特殊情况记录</td><td>页面修整页号</td><td>页面修整完成情况</td><td>总体质量检查</td><td>备注</td></tr>
<tr><td></td><td></td><td></td><td></td><td></td><td></td><td></td><td></td></tr>
<tr><td></td><td></td><td></td><td></td><td></td><td></td><td></td><td></td></tr>
<tr><td></td><td></td><td></td><td></td><td></td><td></td><td></td><td></td></tr>
<tr><td></td><td></td><td></td><td></td><td></td><td></td><td></td><td></td></tr>
<tr><td></td><td></td><td></td><td></td><td></td><td></td><td></td><td></td></tr>
<tr><td></td><td></td><td></td><td></td><td></td><td></td><td></td><td></td></tr>
<tr><td colspan="8">档案整理人：　　　　　　　　　　　　完成时间：
页面修整人：　　　　　　　　　　　　完成时间：
总体质检人：　　　　　　　　　　　　完成时间：</td></tr>
</table>

表 13－4　　纸质档案扫描工作单

全宗号＿＿＿＿＿　目录号＿＿＿＿＿　案卷号＿＿＿＿＿

件号	扫描页数	扫描特殊情况记录	总体质量检查	备注
档案扫描人：			完成时间：	
总体质检人：			完成时间：	

表 13－5　　数字图像处理工作单

全宗号＿＿＿＿＿　目录号＿＿＿＿＿　案卷号＿＿＿＿＿

件号	图像处理完成情况	图像处理特殊情况记录	总体质量检查	备注
图像处理人：			完成时间：	
总体质检人：			完成时间：	

表 13－6　　数据录入工作单

全宗号＿＿＿＿＿　目录号＿＿＿＿＿

卷号	起止件号	特殊情况记录	总体质量检查	备注
数据录入人：			完成时间：	
总体质检人：			完成时间：	

表 13－7　　纸质档案数字化验收登记表

批次＿＿＿＿＿　验收人＿＿＿＿＿　验收时间＿＿年＿＿月＿＿日

全宗号	总卷数	图像数据						目录数据						元数据				数据挂接					工作文件				载体				验收意见
		图像总数	计算机全检项	全检结果	抽检数	抽检项	抽检结果	条目总数	计算机全检项	全检结果	抽检条目数	抽检项	抽检结果	计算机全检项	全检结果	抽检项	抽检结果	计算机全检项	全检结果	抽检条数	抽检项	抽检结果	总册数	抽检册数	抽检项	抽检结果	载体类型	载体数量	检验项	检验结果	
合计																															

表 13-8　　纸质档案数字化成果移交清单

<table>
<tr><td>批次</td><td colspan="6"></td></tr>
<tr><td>全宗号</td><td colspan="6"></td></tr>
<tr><td>内容描述</td><td colspan="6"></td></tr>
<tr><td>移交数字图像数量（页）</td><td></td><td>移交条目数（条）</td><td colspan="2"></td><td>数字化工作文档（件、册）</td><td></td></tr>
<tr><td>载体起止顺序号</td><td></td><td colspan="3">移交载体类型、规格</td><td colspan="2"></td></tr>
<tr><td rowspan="2">检验内容</td><td colspan="6">单位名称</td></tr>
<tr><td colspan="3">移交单位：</td><td colspan="3">接收单位：</td></tr>
<tr><td>真实性检验</td><td colspan="3"></td><td colspan="3"></td></tr>
<tr><td>完整性检验</td><td colspan="3"></td><td colspan="3"></td></tr>
<tr><td>可用性检验</td><td colspan="3"></td><td colspan="3"></td></tr>
<tr><td>安全性检验</td><td colspan="3"></td><td colspan="3"></td></tr>
<tr><td>载体外观检验</td><td colspan="3"></td><td colspan="3"></td></tr>
<tr><td>填表人（签名）</td><td colspan="3">年　月　日</td><td colspan="3">年　月　日</td></tr>
<tr><td>审核人（签名）</td><td colspan="3">年　月　日</td><td colspan="3">年　月　日</td></tr>
<tr><td>单位（印章）</td><td colspan="3">年　月　日</td><td colspan="3">年　月　日</td></tr>
</table>

（七）档案数字化外包

纸质档案数字化工作如需外包，档案部门应：从企业性质、股东组成、安全保密、企业规模、注册资金情况等方面严格审查数字化加工企业的相关资质；按照《文献档案资料数字化工作导则》（GB/T 20530—2006）第 5 章的要求评估数字化加工企业的技术能力；从规章制度的建立健全程度等方面考查加工企业的管理能力。

在项目实施过程中，档案部门应依据《档案数字化外包安全管理规范》，在档案部门、数字化服务机构、数字化场所、数字化加工设备、档案实体、数字化成果移交接收与设备处理等层面执行严格的安全管理要求。

档案部门应指派专门人员参与纸质档案数字化外包业务的监督、指导，完成质量监控、进度监控、投资监控、安全监控和协调沟通等方面的工作。

第二节　纸质档案数字化的业务流程

纸质档案数字化的业务工作流程（见图 13-1）是：档案出库、数字化前处理、档案扫描、图像处理、数据库建立、数据挂接、数字化成果验收与移交、档案归还入库。本节主要介绍流程中各个环节工作的基本业务要求。

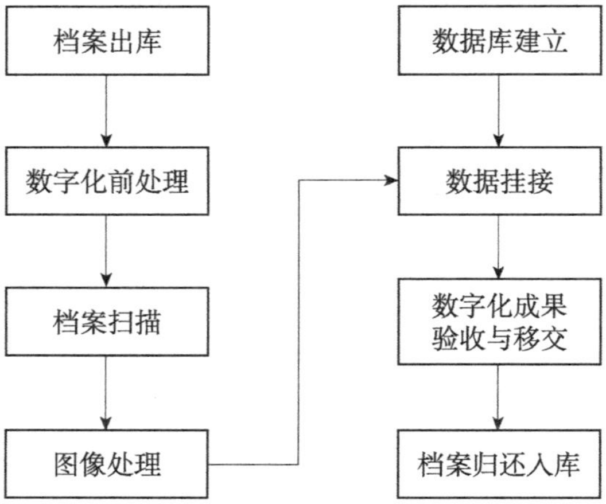

图 13－1　纸质档案数字化工作流程图

一、档案出库

档案保管部门应按照纸质档案数字化工作方案确定的数字化对象开展档案调取、清点、登记等前期准备工作，并提交档案出库申请，经相关责任人批准后，严格按照档案库房管理规定为数字化对象办理出库相关手续，并在与数字化部门共同清点无误后，对档案进行交接出库。

纸质档案数字化过程中，应设置距离数字化加工场所较近的保管库用以临时存放纸质档案，并对纸质档案的领取与归还进行严格管理，认真做好检查、清点、登记等工作，确保纸质档案的安全。

二、数字化前处理

（一）确定扫描页

原则上应将被确定为数字化对象的纸质档案全部扫描，不宜进行挑选扫描。确有不需要扫描的页面，应加以标注。

（二）编制页号

应对没有页号或页号不正确的档案重新编制页号；在重新编制页号时，应在统一位置书写页号，且不压盖档案内容；书写页号所使用的笔、墨等不应破坏档案原件或对档案长期保存造成影响；应对破损页面、缺页等特殊情况进行登记。

（三）目录数据准备

按照目录数据库建立时制定的数据规则，对照档案原件内容，规范档案中的目录内容。对需在目录数据库中进行标记的情况进行标记。

（四）拆除装订

应以对纸质档案的保护为原则确定是否拆除装订。如需拆除装订物，应注意保护档案不受损害，并对排列顺序不准确的档案进行重排。使用特殊装订且拆除装订后需恢复的档案，在拆除装订物时应采用拍照等方式记录档案原貌，以便于恢复。

（五）技术修复

破损严重或因其他原因无法直接进行扫描的纸质档案，应先由专业技术人员进行技术修复；对于因折皱不平而影响扫描质量的纸质档案，应先进行压平等相应技术处理。

三、数据库建立

各单位应制定目录数据库数据规则，包括数据字段长度、字段类型、字段内容要求等。目录数据库数据规则的制定应符合《档案著录规则》（DA/T 18—1999）对档案著录的要求。在纸质档案目录准备与目录数据库建立工作中均应严格遵守目录数据库数据规则。

数据库选择应考虑可转换为通用数据格式的，以便于数据交换。

数据库结构的设计应特别注意保持档案的内在联系，有利于纸质档案数字化成果的管理和利用。

将在纸质档案数字化前处理工作中对纸质档案目录进行修改、补充的结果录入数据库，形成准确、完整的目录数据。

可采用计算机自动校对与人工校对相结合的方式，对目录数据的质量进行检查，包括著录项目的完整性、著录内容的规范性和准确性等。发现不合格的数据应及时进行修改。

四、档案扫描

（一）纸质档案扫描的基本要求

档案扫描应根据纸质档案原件实际情况、数字化目的、数字化规模、计算机网络和存储条件等选择相应的扫描设备，并进行相关参数的设置和调整。参数的设置和调整应保证扫描后数字图像清晰、完整、不失真，图像效果最接近档案原貌。

（二）纸质档案数字化的扫描设备要求

第一，扫描设备的选择应特别注意对档案实体的保护，尽量采用对档案实体破坏性小的扫描设备进行数字化。

第二，对于超出所使用扫描仪扫描尺寸的档案，可采用更大幅面扫描仪进行扫描，也可以采用小幅面扫描仪分幅扫描后再进行图像拼接。

第三，分幅扫描时，相邻图像之间应留有足够的重叠，并且采用标版等方式明确说明分幅方法；若后期采用软件自动拼接的方式，重叠尺寸建议不小于单幅图像对应原件尺寸的 1/3。

第四，应遵循相关设备的使用规律进行定期维护、保养。

（三）扫描色彩模式

为最大限度保留档案原件信息，便于多种方式的利用，宜全部采用彩色模式进行扫描。页面中有红头、印章或插有照片、彩色插图、多色彩文字等的档案，尤其应采用彩色模式进行扫描。页面为黑白两色，并且字迹清晰、不带插图的档案，也可采用黑白二值模式进行扫描。页面为黑白两色，但字迹清晰度差或带有插图的档案，也可采用灰度模式进行扫描。

（四）扫描分辨率

对扫描分辨率的选择，应保证扫描后图像清晰、完整，并综合考虑数字图像后期利用方式等因素。扫描分辨率应不小于 200DPI。当文字偏小、密集、清晰度较差时，建议扫描分辨率不小于 300DPI。当有 COM 输出、仿真复制、印刷出版等其他用途时，可根据需要调整扫描分辨率：需要进行 COM 输出的档案，扫描分辨率建议不小于 300 DPI；需要进行高精度仿真复制的档案，扫描分辨率建议不小于 600 DPI；需要进行印刷出版的档案，可结合档案幅面、印刷出版幅面、印刷精度要求等选择合适的分辨率。

（五）存储格式

纸质档案数字图像长期保存格式为 TIFF、JPEG 或 JPEG2000 等通用格式，图像压缩率的选择可根据实际应用的需求而定。

在利用纸质档案数字图像时，也可从网络浏览速度、易操作性、存储空间占用等方面进行综合考虑，将图像转换为 PDF 等其他格式。同一批档案应采用相同的存储格式。

（六）图像命名

各单位可以档号为基础对数字图像进行命名。图像命名方式的选择应确保图像命名的唯一性；可将数字图像存储为单页文件，并按档号与图像流水号的组合对图像进行命名。当数字图像确需被存储为多页文件时，可采用该档案的档号对图像进行命名。各单位应科学建立纸质档案数字图像的存储路径，确保数据挂接的准确性。

五、图像处理

（一）图像拼接

对分幅扫描形成的多幅数字图像，应进行拼接处理，将其合并为一个完整的图像，以保证纸质档案数字图像的整体性。拼接时应确保拼接处平滑地融合，拼接后整幅图像无明显拼接痕迹。

（二）旋转及纠偏

对不符合阅读方向的数字图像应进行旋转还原。对出现偏斜的图像应进行纠偏处理，以视觉上基本不感觉偏斜为准。

（三）裁边

如需对数字图像进行裁边处理，应在距页边最外延至少 2mm 处裁剪图像。

（四）去污

如需对数字图像进行去污处理，以去除在扫描过程中产生的污点、污线、黑边等影响图像质量的杂质，应遵循展现档案原貌的原则，在处理过程中不得去除档案页面原有的纸张褪变斑点、水渍、污点、装订孔等痕迹。

（五）图像质量检查

数字图像不完整、无法清晰识别或图像失真度较大时，应重新扫描。对于漏扫、重扫、多扫等情况，应及时改正。数字图像的排列顺序与档案原件不一致时，应及时进行调整。应对数字图像拼接、旋转及纠偏、裁边、去污等处理情况进行检查，当发现有不符合图像质量要求的情况时，应重新进行图像处理。

六、数据挂接

各单位应借助相关软件对数据库中的目录数据与其对应的纸质档案数字图像进行挂接，以实现目录数据与数字图像的关联。具体的工作内容包括：

（一）挂接准备

各单位以纸质档案目录数据库为依据，把每一份档案文件扫描所得的一个或多个数字图像存储为一个图像文件。将数字图像文件存储到相应文件夹时，应保证每一个数字图像文件的名称与档案目录数据库中该文件的档号相同，数字图像文件的页数与档案目录数据库中该文件的页数一致，数字图像文件的总数与目录数据库中文件的总数吻合。图像文件的文件名与档案目录数据库中该文件的档号应具有一致性和唯一性，并建立一一对应的关联关系；数字图像应可以正常打开，发现错误应及时纠正，为实现档案目录数据库与图像文件的批量挂接创造条件。

（二）汇总挂接

在档案数字化转换过程中形成的目录数据库与图像数据库，通过质检确认合格后，可通过网络加载到数据服务器端汇总。通过编制程序或借助相应软件，档案部门可实现档案目录数据对相关联的数字图像文件的自动搜索、加入对应的电子地址信息等，实现批量、快速挂接。

应逐条对挂接结果进行检查，包括目录数据与纸质档案数字图像对应的准确性、已挂接数字图像与实际扫描数量的一致性等。

七、数字化成果验收与移交

（一）验收方式

档案部门可成立专门的验收组对纸质档案数字化成果进行验收。应采用计算机自动检验与人工检验相结合的方式对纸质档案数字化成果进行验收检验。

（二）验收内容

纸质档案数字化成果包括档案目录数据、元数据、数字图像、数据挂接、数字化工作中产生的工作文件、存储载体等。

各单位应对目录数据进行验收，主要包括数据库中各条目的内容与格式等的准确程度、必填项是否填写等；应对元数据进行验收，主要包括元数据的完整性和赋值规范性等；应对数字图像进行验收，主要包括数字化参数、存储路径、命名、排列顺序的准确性，图像的完整性，图像质量，等等；应对数据挂接进行验收，主要包括目录数据与其对应的数字图像挂接的准确性等；应对工作文件进行验收，主要包括工作文件的完整性、规范性等；应对存储载体进行验收，主要包括载体的可用性、有无病毒等。

（三）验收指标

能够采用计算机自动检验的项目应采用计算机自动检验的方式进行100%检验，检验合格率应为100%。对于无法用计算机自动检验的项目，可根据情况以件或卷为单位采用抽检的方式进行人工检验。人工检验的抽检比例不得低于5%。对于数据库条目与数字图像内容对应的准确性，抽检合格率应为100%，其他内容的抽检合格率应不低于95%。

（四）验收结论

当每批纸质档案数字化成果质量检验达到行业标准的要求时，予以验收“通过”。验收未通过的成果应视情况进行返工或修改后，重新进行验收。验收完成后须经验收组成员签字。验收“通过”的结论，必须经相关领导审核、签字后方有效。

（五）移交

验收合格的数据应按照纸质档案数字化工作方案及时移交，并履行交接手续，填写纸质档案数字化成果移交清单。

八、档案归还入库

档案归还入库涉及的工作内容包括：档案装订、档案归还入库的清点等。

纸质档案数字化工作完成后，拆除过装订物的档案如需装订，应注意保持档案原貌，做到安全、准确、无遗漏。应按照档案入库相关要求对纸质档案进行处理和清点，并履行档案入库手续。

第三节　录音录像档案数字化

为保障对以模拟信号形成的录音档案和录像档案进行数字化转换工作的规范性、科学性，国家档案局发布了行业推荐标准《录音录像档案数字化规范》(DA/T 62—2017)。该标准涉及录音录像档案数字化工作的组织与管理、档案出库、数字化前处理、数据库建立、信息采集、音视频处理、数据挂接、数字化成果验收与移交、档案归还入库等全过程，结合目前信息技术发展的水平，提出了普遍适用于档案行业的录音录像档案数字化工作的规范性要求。

一、录音录像档案数字化概述

录音录像档案（audio-visual records）是国家机构、社会组织或个人在社会活动中直接形成的以记载在物理载体上的影像或声音为主要反映方式的有保存价值的历史记录。录音录像档案数字化（digitization of audio-visual records）就是对模拟录音录像档案进行数字化加工，使其转化为存储在磁带、磁盘、光盘等载体上的数字音频文件和视频文件，并按照录音录像档案的内在联系，建立起目录数据与数字音视频文件关联关系的处理过程。

录音录像档案数字化工作的基本要求包括：

第一，各单位应根据档案的珍贵程度、开放程度、利用率、亟待抢救程度、数字化资金情况等因素统筹规划、科学开展录音录像档案数字化工作。录音录像档案数字化工作的开展应遵循《信息与文献——用于记录数字化实施指南》(ISO/TR 13028—2011）和《文献档案资料数字化工作导则》(GB/T 20530—2006）提出的要求和建议。

第二，应采取有效的管理和技术手段，真实反映录音录像档案内容，确保数字化成果质量。

第三，在录音录像档案数字化过程中，应保存数字化项目信息、技术环境、数字化各类技术参数等方面的元数据。元数据元素的确定应符合《信息与文献——用于记录数字化实施指南》(ISO/TR 13028—2011）提出的要求。

第四，应加强对录音录像档案数字化各环节的安全管理，确保档案实体和档案信息的安全，避免或减少各环节操作对档案实体的破坏。

第五，加工涉密档案时，应按照国家有关规定执行。若同一物理载体中同时记录非涉密档案和涉密档案，则该物理载体应按照涉密档案相关要求处理。

录音录像档案数字化的基本环节主要包括：档案出库、数字化前处理、数据库建立、信息采集、音视频处理、数据挂接、数字化成果验收与移交、档案归还入库等。

二、录音录像档案数字化工作的组织和管理

各单位应建立录音录像档案数字化工作组织，对数字化工作进行统筹规划、组织实施、协调管理、安全保障、技术保障、监督检查、成果验收等，确保录音录像档案数字化工作的顺利开展。

各单位要配备具有相应能力的工作人员，包括熟悉档案业务并具有较高的调查研究水平和良好的组织领导能力的管理人员、熟悉相关标准规范并能够为录音录像档案数字化工作各环节提供技术支持的技术人员、掌握一定数字化基础知识并熟悉本职工作的操作人员等。应通过科学规范的管理制度，对工作人员进行规范化管理；为强化数字化工作的安全性，应加强对外聘工作人员的审核。

三、录音录像档案数字化基础设施要求

各单位要为录音录像档案数字化工作配备必要的基础设施。具体要求包括：

第一，应配备专用的录音录像档案数字化加工场地，并合理布局，形成档案存放、数字化前处理、档案著录、信息采集、音视频处理、质量检查等工作区域。

第二，加工场地的选择及温湿度等环境的控制不应不利于档案实体的保护。

第三，场地内应配备可覆盖全部场地的防火、防水、防有害生物、防盗报警、视频监控等安全管理系统。

第四，应合理规划、配备和管理录音录像档案数字化设施设备，确保设施设备安全、先进，能够满足录音录像档案数字化工作的需要。

四、录音录像档案数字化工作方案的制定要求

制定录音录像档案数字化工作方案，应满足如下几点要求：

第一，应在充分调研的基础上，制定科学合理的工作方案，确保录音录像档案数字化工作达到预期目标。

第二，工作方案应包括数字化对象、工作目标、工作内容、成本核算、数字化技术方法和主要技术指标、验收依据、人员安排、责任分工、进度安排、安全管理措施等内容。数字化对象的确定应综合考虑档案的珍贵程度、开放程度、利用率、亟待抢救程度、数字化资金情况等因素。

第三，必要时可对工作方案进行专家论证，确保其科学、规范、合理。

第四，工作方案应经审批后严格执行。工作方案审批结果应与在录音录像档案数字化工作过程中形成的其他文件一并保存。

五、录音录像档案数字化工作的管理制度

各单位应制定科学化、规范化的录音录像档案数字化管理制度，并在数字化工作过程中严格执行，以有效保障档案安全和数字化工作质量。

录音录像档案数字化管理制度应包含岗位管理、人员管理、场地管理、设备管理、数据管理、档案实体管理等方面。

第一，岗位管理制度主要规定数字化工作各岗位的工作目标和职责，形成明确的岗位业务流程规范、考核标准、奖惩办法等。

第二，人员管理制度主要对人员的安全责任、日常行为、外聘人员信息审核及管理、非工作人员来访登记等进行规范。

第三，场地管理制度主要对人员出入和工作场地内基础设施、环境、网络、监控设施、现场物品、证件等的管理进行规范。

第四，设备管理制度主要对数字化工作各环节涉及的全部设备的管理进行规范。

第五，数据管理制度主要对数字化各环节所产生的数据的管理进行规范。

第六，档案实体管理制度主要对档案实体在数字化过程中的交接、管理、存放等工作进行规范。

六、录音录像档案数字化工作流程控制

各单位应依照相关法律法规和各类技术标准，制定相关的工作流程和各环节操作规范等，对录音录像档案数字化全过程进行有效的控制，确保数字化成果质量。录音录像档案数字化流程示例参见图 13－2。

应加强对录音录像档案数字化工作的全流程安全管理，及时对信息采集、音视频处理等各个环节产生的数据进行备份。

应建立完善的问题反馈机制，对在录音录像档案数字化工作过程中后端环节发现的在前端环节中产生的问题进行及时反馈和修正。

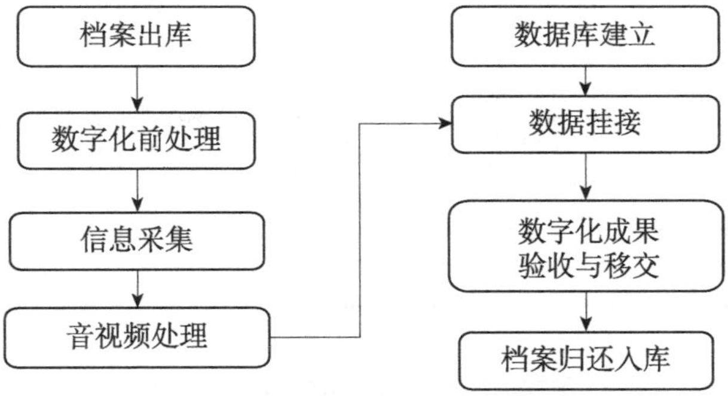

图 13－2　录音录像档案数字化流程示例

七、录音录像档案数字化工作文件管理要求

各单位应根据情况制定符合实际要求的录音录像档案数字化工作文件，以此加强对数字化工作的管理。主要包括录音录像档案数字化工作方案、数字化审批书、数字化流程单、数据验收单、项目鉴定验收报告、数字化成果移交清单等。采取外包方式实施数字化时，还应包括项目招标文件、投标文件、中标通知书、项目合同、保密协议等。部分工作单示例参见表 13－9 至表 13－16。

各单位应加强对数字化工作文件的管理，明确数字化工作过程中形成的工作文件的整理、归档、移交等管理要求。

表 13－9　　录音录像档案数字化审批书

批次：　　　　　　　　　　　　　　　　审批书编号：

<table>
<tr><td>经办人</td><td></td><td>时间</td><td></td></tr>
<tr><td>数字化对象</td><td colspan="3"></td></tr>
<tr><td>档案数字化
部门意见</td><td colspan="3">部门负责人：
年　　月　　日</td></tr>
<tr><td>档案保管
部门意见</td><td colspan="3">部门负责人：
年　　月　　日</td></tr>
<tr><td>单位意见</td><td colspan="3">现批准对　　　　等全宗共计　　　　　　　　盘录音录像档案进行数字化。
法定代表人：
（单位签章）
年　　月　　日</td></tr>
</table>

表 13－10　　录音录像档案数字化流程单

全宗号__________　目录号__________　案卷号__________

<table>
<tr><td>进度</td><td colspan="23">□数字化前处理　□前处理质检　□数据库建立　□目录质检　□信息采集　□采集质检　□音视频处理　□数据挂接　□挂接质检　□数据验收　□装订还原</td></tr>
<tr><td rowspan="2"></td><td colspan="3">数字化前处理</td><td colspan="2">前处理质检</td><td colspan="2">数据库建立</td><td colspan="2">目录质检</td><td colspan="2">信息采集</td><td colspan="2">采集质检</td><td colspan="2">音视频处理</td><td colspan="2">数据挂接</td><td colspan="2">挂接质检</td><td colspan="2">数据验收</td><td colspan="2">装订还原</td></tr>
<tr><td>整理编页</td><td>目录数据准备</td><td>技术修复</td><td>前处理质检</td><td>备注</td><td>数据录入</td><td>备注</td><td>目录质检</td><td>备注</td><td>信息采集</td><td>备注</td><td>采集质检</td><td>备注</td><td>音视频处理</td><td>备注</td><td>数据挂接</td><td>备注</td><td>挂接质检</td><td>备注</td><td>数据验收</td><td>备注</td><td>装订还原</td><td>备注</td></tr>
<tr><td>完成人员</td><td></td><td></td><td></td><td></td><td></td><td></td><td></td><td></td><td></td><td></td><td></td><td></td><td></td><td></td><td></td><td></td><td></td><td></td><td></td><td></td><td></td><td></td><td></td></tr>
<tr><td>完成时间</td><td></td><td></td><td></td><td></td><td></td><td></td><td></td><td></td><td></td><td></td><td></td><td></td><td></td><td></td><td></td><td></td><td></td><td></td><td></td><td></td><td></td><td></td><td></td></tr>
</table>

表 13－11　　录音录像档案数字化前处理工作单

全宗号__________　目录号__________　案卷号__________

<table>
<tr><td rowspan="2">盘号</td><td rowspan="2">载体类型</td><td colspan="2">确定采集信息范围</td><td colspan="3">档案检查</td><td rowspan="2">总体质量检查</td><td rowspan="2">备注</td></tr>
<tr><td>整理情况记录</td><td>特殊情况记录</td><td>外观检查与处理</td><td>声音或画面质量</td><td>目录数据库中进行标记</td></tr>
<tr><td></td><td></td><td></td><td></td><td></td><td></td><td></td><td></td><td></td></tr>
<tr><td></td><td></td><td></td><td></td><td></td><td></td><td></td><td></td><td></td></tr>
<tr><td></td><td></td><td></td><td></td><td></td><td></td><td></td><td></td><td></td></tr>
<tr><td></td><td></td><td></td><td></td><td></td><td></td><td></td><td></td><td></td></tr>
<tr><td></td><td></td><td></td><td></td><td></td><td></td><td></td><td></td><td></td></tr>
<tr><td></td><td></td><td></td><td></td><td></td><td></td><td></td><td></td><td></td></tr>
<tr><td colspan="9">档案整理人：　　　　　　　　　　　　完成时间：
档案检查人：　　　　　　　　　　　　完成时间：
总体质检人：　　　　　　　　　　　　完成时间：</td></tr>
</table>

表 13－12　　　录音录像档案信息采集工作单

全宗号________　目录号________　案卷号________

件号	盘号	信息采集时长	采集特殊情况记录	总体质量检查	备注
档案采集人：			完成时间：		
总体质检人：			完成时间：		

表 13－13　　　音视频处理工作单

全宗号________　目录号________　案卷号________

件号	音视频处理情况	音视频处理特殊情况记录	总体质量检查	备注
音视频处理人：		完成时间：		
总体质检人：		完成时间：		

表 13－14　　　数据录入工作单

全宗号________　目录号________　案卷号________

件号	特殊情况记录	总体质量检查	备注
数据录入人：		完成时间：	
总体质检人：		完成时间：	

表 13－15　　　录音录像档案数字化验收登记表

批次________　验收人________　验收时间____年____月____日

全宗号	总盘数	音视频数据						目录数据						元数据				数据挂接					工作文件				载体				验收意见
		音视频总数	计算机全检项	全检结果	抽检数	抽检项	抽检结果	条目总数	计算机全检项	全检结果	抽检条目数	抽检项	抽检结果	计算机全检项	全检结果	抽检项	抽检结果	计算机全检项	全检结果	抽检条数	抽检项	抽检结果	总册数	抽检册数	抽检项	抽检结果	载体类型	载体数量	检验项	检验结果	
合计																															

表 13－16　　录音录像档案数字化成果移交清单

<table>
<tr><td>批次</td><td colspan="6"></td></tr>
<tr><td>全宗号</td><td colspan="6"></td></tr>
<tr><td>内容描述</td><td colspan="6"></td></tr>
<tr><td>移交音视频文件数量（个）</td><td></td><td>移交条目数（条）</td><td colspan="2"></td><td>数字化工作文档（件、册）</td><td></td></tr>
<tr><td>载体起止顺序号</td><td></td><td colspan="3">移交载体类型、规格</td><td colspan="2"></td></tr>
<tr><td rowspan="2">检验内容</td><td colspan="6">单位名称</td></tr>
<tr><td colspan="3">移交单位：</td><td colspan="3">接收单位：</td></tr>
<tr><td>真实性检验</td><td colspan="3"></td><td colspan="3"></td></tr>
<tr><td>完整性检验</td><td colspan="3"></td><td colspan="3"></td></tr>
<tr><td>可用性检验</td><td colspan="3"></td><td colspan="3"></td></tr>
<tr><td>安全性检验</td><td colspan="3"></td><td colspan="3"></td></tr>
<tr><td>载体外观检验</td><td colspan="3"></td><td colspan="3"></td></tr>
<tr><td>填表人（签名）</td><td colspan="3">年　月　日</td><td colspan="3">年　月　日</td></tr>
<tr><td>审核人（签名）</td><td colspan="3">年　月　日</td><td colspan="3">年　月　日</td></tr>
<tr><td>单位（印章）</td><td colspan="3">年　月　日</td><td colspan="3">年　月　日</td></tr>
</table>

八、录音录像档案数字化外包的要求

录音录像档案数字化工作如需外包，档案部门应：从企业性质、股东组成、安全保密、企业规模、注册资金情况等方面严格审查数字化加工企业的相关资质；按照《文献档案资料数字化工作导则》（GB/T 20530—2006）第 5 章的要求评估数字化加工企业的技术能力；从规章制度的建立健全程度等方面考查加工企业的管理能力。如需审查数字化加工企业的保密资质，档案部门应按照《国家秘密载体印制资质管理办法》（国保发〔2012〕7 号）等文件的要求执行。

在项目实施过程中，档案部门应依据《档案数字化外包安全管理规范》，在档案部门、数字化服务机构、数字化场所、数字化加工设备、档案实体、数字化成果移交接收与设备处理等层面执行严格的安全管理要求。

档案部门应指派专门人员参与录音录像档案数字化外包业务的监督、指导，完成质量监控、进度监控、投资监控、安全监控和协调沟通等方面的工作。

九、录音录像档案数字化流程管理

（一）档案出库

档案保管部门应按照录音录像档案数字化工作方案确定的数字化对象开展档案调取、清点、登记等前期准备工作，并提交档案出库申请，经相关责任人批准后，严格按照档案库房管理规定为数字化对象办理出库相关手续，并在与数字化部门共同清点无误后，对档案进行交接出库。

在数字化过程中，应设置距离数字化加工场所较近的保管库用以临时存放录音录像档案，对温湿度等环境进行有效控制，并对档案的领取与归还进行严格管理，认真做好检查、清点、登记等工作，确保档案安全。

（二）数字化前处理

第一，确定信息采集范围。原则上应将被确定为数字化对象的录音录像档案信息全部采集，不宜进行挑选采集。确有不需要采集的对象，应加以标注。

第二，进行档案检查。(1) 对录音录像档案载体进行外观检查，如出现下列情况，应对录音录像档案载体进行适度的清洗或修复等技术处理：档案载体物理形态出现卷曲、变形、划伤、脆裂、粘连、磁粉脱落等情况；档案载体出现可见性微斑、变色、生霉等情况；档案载体出现受潮、灰尘附着等情况；档案载体出现影响录音录像档案数字化的其他情况。(2) 检查声音、画面的质量，对存在的问题进行记录。(3) 记录录音录像档案载体编号、载体类型等信息。(4) 对需在目录数据库中进行标记的情况进行标记。

（三）数据库建立

数据库建立的主要要求包括：

第一，应制定目录数据库数据规则，包括数据字段类型、字段长度、字段内容要求等。目录数据库数据规则的制定应符合《档案著录规则》（DA/T 18—1999）对档案著录的要求。在录音录像档案目录准备与目录数据库建立工作中均应严格遵守该规则。

第二，数据库选择应考虑可转换为通用数据格式的，以便于数据交换。

第三，数据库结构的设计应特别注意保持档案的内在联系，有利于数字化成果的管理和利用。

第四，在录音录像档案数字化过程中，应记录数字化项目信息、音视频生成环境、数字化各类技术参数等信息。

第五，可采用计算机自动校对与人工校对相结合的方式，对目录数据的质量进行检查，包括著录项目的完整性、著录内容的规范性和准确性等。发现不合格的数据应及时进行修改。

（四）信息采集

1. 信息采集的基本要求

第一，应根据档案原件实际情况、数字化目的、数字化规模、计算机网络和存储条件等选择相应的信息采集设备，并进行相关参数的设置和调整。参数的设置和调整应保证采集后的数字音视频信息清晰、完整、不失真，声音和画面效果最接近档案原貌。

第二，应按有关规定对从库房调用的录音录像档案进行温湿度平衡调整后，再进行信息采集。

2. 信息采集设备

信息采集设备的选择应特别注意对档案实体的保护，尽量采用对档案实体破坏性小的信息采集设备进行数字化；在信息采集前，应对相应的采集设备进行清洁、检查和调整，并设定正确的参数；应遵循相关设备的使用规律进行定期维护、保养。

3. 技术参数

录音档案数字化的技术参数应满足表 13－17 中的要求。

表 13－17　录音档案数字化主要技术参数参考

采样率	不低于 44.1kHz 珍贵或有特别用途的录音档案，采样率不低于 96kHz
量化位数	24bit
声道	以原始声道数记录
文件格式	WAVE 格式

录像档案数字化的技术参数应满足表 13－18 中的要求。

表 13－18　录像档案数字化主要技术参数参考

视频编码格式	H.264 或 MPEG－2 IBP 珍贵或有特别用途的录像档案可采用无压缩方式
帧率	与档案原件相同
画面宽高比	与档案原件相同
分辨率	标清：720×576 或 720×480 高清：不低于 1 920×1 080
色度采样率	标清：不低于 4∶2∶0 高清：不低于 4∶2∶2
视频量化位数	不低于 8bit 珍贵或有特别用途的录像档案不低于 10bit
视频比特率	标清：不低于 8Mbit/s 高清：不低于 16Mbit/s
音频编码格式	PCM
音频采样率	不低于 48kHz
音频量化位数	不低于 16bit 珍贵或有特别用途的录像档案采用 24bit
声道	以原始声道数记录
文件格式	AVI 或 MXF

4. 文件切分与著录

对于同一物理载体中记录多个不同主题录音录像档案的，应根据每个主题的起止时间，在采集时按照主题进行切分，针对每个主题按照《档案著录规则》（DA/T 18—1999）的要求进行著录，并根据录音录像档案的特点进行深层次的著录，将结果录入数据库，形成准确、完整的目录数据。档号的编制方法应符合本档案部门的档号编制规则。

音视频文件首尾空白无内容的部分如果时间过长，可进行适当剪切，在声音或画面开始前和结束后各保留 5 秒左右的空白。

5. 文件命名

可采用档号对音视频文件进行命名，并确保唯一性；当一条目录对应采集后的多个音视频文件时，可按档号与顺序号组合的方式对音视频文件进行命名；应科学建立音视频文件的存储路径，确保数据挂接的准确性。

6. 质量检查

信息采集完成后，应通过播放、对比档案原件和采集到的音视频文件等方式进行质量检查。当存在音视频不清晰、不同步等差错，不符合音视频质量要求时，属于采集问题的，应对该档案进行重新采集。

7. 档案恢复

数字化工作完成后，应对录音录像档案进行整理恢复。对于带式档案，应在数字化完成后进行倒带操作。

（五）音视频处理

音视频文件在提供利用前，针对原始音视频文件的拷贝文件，可采用压缩比更高的编码格式进行文件转换；可进行适当的降噪、振幅标准化等处理，以抑制和去除噪声、爆音；可对影像画面进行去蒙尘、去划痕、校色、画面稳定处理等。

（六）数据挂接

应借助相关软件对数据库中的目录数据与其对应的录音录像档案数字化音视频文件进行挂接，以实现目录数据与音视频文件的关联。同时应在软件中通过档号或者原始介质索引号等形式建立音视频文件与档案原件的关联。应逐条检查挂接结果，包括目录数据与音视频文件对应的准确性、已挂接音视频文件与实际数字化数量的一致性、音视频文件能否正常打开等，发现错误应及时进行纠正。

（七）数字化成果验收与移交

1. 数字化成果验收

（1）验收方式。

建议成立专门的数字化成果验收组对数字化成果进行验收；应采用计算机自动检验与人工检验相结合的方式对录音录像档案数字化成果进行验收检验。

（2）验收内容。

录音录像档案数字化成果包括档案目录数据、元数据、音视频文件、数据挂接、数字化工作中产生的工作文件、存储载体等。应对目录数据进行验收，主要包括数据库中各条目的内容与格式等的准确程度、必填项是否填写等；应对元数据进行验收，主要包括元数据的完整性和赋值规范性等；应对音视频文件进行验收，主要包括技术参数、存储路径、命名、排列顺序的准确性，音视频文件的完整性，音视频的清晰度，是否出现不同步、畸变，等等；应对数据挂接进行验收，主要包括目录数据与其对应的音视频文件挂接的准确性等；应对工作文件进行验收，主要包括工作文件的完整性和规范性等；应对存储载体进行验收，主要包括载体的可用性、有无病毒等。

（3）验收指标。

能够采用计算机自动检验的项目应采用计算机自动检验的方式进行100%检验，检验合格率应为100%；应对每个音视频文件进行验收，对前部、中部、后部进行分段播放，播放时长之和不低于该音视频文件总时长的10%；应对数字化成果进行抽检验收，被抽检的音视频文件须完整播放，抽检的音视频文件的个数及持续时间总和均不应低于该批次音视频文件的5%。对于目录数据与其音视频文件对应的准确性，抽检合格率应为100%，其他内容的抽检合格率应不低于95%。

（4）验收结论。

当每批录音录像档案数字化成果质量检验达到行业标准的要求时，予以验收"通过"。验收未通过的成果应视情况进行返工或修改后，重新进行验收。验收完成后须经验收组成员签字。验收"通过"的结论，必须经相关领导审核、签字后方有效。

2. 数字化成果移交

验收合格的数据应按照录音录像档案数字化工作方案及时移交，并履行交接手续，填写录音录像档案数字化成果移交清单。

（八）档案归还入库

应按照录音录像档案归还入库的相关要求，对完成数字化处理的录音录像档案原件进行处理和清点，并履行档案入库手续。

第四节　档案数字化安全管理

各级各类国家档案馆和立档单位的档案管理部门在开展档案数字化的活动中，应根据《中华人民共和国保守国家秘密法》、《档案数字化外包安全管理规范》（档办发〔2014〕7号）、《纸质档案数字化技术规范》（DA/T 31—2005）等法律法规和标准制度的要求，认真做好档案数字化安全保密工作。

一、档案数字化安全管理的一般要求

档案数字化安全管理工作是一项需要相关部门和人员相互协调、密切合作才能完成的工作。为此，做好档案数字化安全管理工作的基本前提是明确各相关方的责任和义务，建设有效的管理机制和管理网络。具体要求可包括以下几个方面。

第一，各级党委的档案部门和国家保密行政管理部门的职责是：加强对档案数字化工作的安全管理，并对档案数字化安全保密工作实行监督和指导。

第二，各级国家档案馆（包括综合性档案馆和专门档案馆）和立档单位（或档案形成单位）的职责是：结合本单位、本系统、本地区的实际情况，对档案数字化安全管理实行统筹规划和科学计划；在分步实施过程中，要突出重点，科学划定档案的数字化范围，按

步骤开展档案数字化工作。

第三，各级国家档案馆和立档单位是档案数字化的实施主体。根据国家规定，档案数字化原则上应由档案馆和档案形成单位自行组织开展。确需服务外包的，在同等条件下，应优先选择具有相关涉密资质的档案数字化服务机构。

第四，各级国家档案馆和立档单位在实施档案数字化之前，应当按照《中华人民共和国保守国家秘密法》等国家有关保密规定对档案中涉密的档案文件进行梳理和清理工作，做好档案的密级鉴定工作。

第五，涉密档案数字化需要服务外包的，应当由具备涉密档案数字化加工资质的档案数字化服务机构承担。需要数字化的档案中包含密级文件的，应当根据其最高密级要求，确定计算机及其存储介质等设施设备的密级，并采取违规外联监控、安全审计、移动存储介质管控、身份鉴别、访问控制等安全保密措施。使用的硬盘、移动硬盘、U 盘、光盘等存储介质按涉密载体管理，不得在非涉密计算机及其网络上使用。

第六，各级国家档案馆和立档单位应当将档案数字化安全管理工作纳入本单位安全管理工作制度、计划和行动安排，明确主管领导责任，指定专人负责落实档案数字化各项安全保密措施，并根据安全保密有关规定和档案工作相关要求，对档案数字化安全管理工作进行定期检查。

第七，各级国家档案馆和立档单位应当建立严格的安全管理制度，在档案数字化加工之前，应当与档案数字化服务机构签订安全保密协议，提出安全保密要求，督促落实保障措施。数字化加工协议（合同）可按要求，告知同级党委的档案部门和国家保密行政管理部门。

第八，档案数字化服务机构应严格遵守《档案法》《中华人民共和国保守国家秘密法》及国家档案馆和立档单位的各项安全保密规章制度，保证档案数字化工作的全过程安全。

二、档案数字化外包安全管理

各级国家档案馆和立档单位开展档案数字化外包工作，应遵循《档案数字化外包安全管理规范》的规定和要求进行。具有独立法人身份的档案数字化加工服务机构（以下简称“数字化服务机构”）承担档案数字化外包服务，同样应遵循《档案数字化外包安全管理规范》的规定。

档案数字化外包安全管理应按照“安全第一、预防为主”的原则，采取科学有效的安全管理措施，应用确保档案安全的技术手段，建立权责明确、覆盖档案数字化全过程的岗位责任制，对档案数字化全过程实行严格监督和管理，确保档案实体与信息安全。

（一）档案部门的数字化外包安全管理责任

各级国家档案馆和立档单位在开展数字化外包工作中，应注意履行下述责任要求：

（1）加强组织管理。各级国家档案馆和立档单位应成立由主要领导或分管领导参加的档案数字化外包管理组织，明确档案数字化管理的部门、人员及其职责。

（2）确定外包范围。各级国家档案馆和立档单位应根据档案数字化总体规划，确定数字化外包档案的范围，提出档案数字化外包安全管理要求和技术指标。

（3）明确安全要求。各级国家档案馆和立档单位应提出档案数字化外包招标文件中有关安全管理的要求，协助制定招标文件，审定合同。

（4）选择合格的数字化服务机构。各级国家档案馆和立档单位应对数字化服务机构的相关资质、业绩、人员、设备和加工软件等进行考察，并了解是否存在违约行为、安全事故等不良记录。在同等条件下，应优先选用具有与数字化加工相关的涉密资质的数字化服务机构。

（5）建立健全安保制度。各级国家档案馆和立档单位应建立档案数字化安全保密制度，与数字化服务机构签订安全保密协议，并对档案数字化加工人员进行安全保密教育。制订档案实体交接、数字化加工过程管理、数字化成果验收与交接、存储介质管理、档案实体保护等操作规程或规章制度。

（6）建立项目管理档案。各级国家档案馆和立档单位应建立档案数字化外包项目管理档案，记录档案部门和数字化服务机构实施档案数字化外包项目的全过程。

（7）建立监管机制。各级国家档案馆和立档单位应建立监管机制，对数字化服务机构的保密、安全措施落实情况进行监督、检查，防止档案实体受损、丢失，杜绝数字化服务机构擅自复制、留存、使用档案信息的行为。

（二）数字化服务机构的安全资质

在档案的数字化工作中，数字化服务机构必须满足如下资质条件要求。主要包括：

第一，数字化服务机构必须具有工商管理部门核发的有效营业执照，业务范围必须包括档案数字化加工或数据处理类项目。

第二，数字化服务机构的法人必须是在中华人民共和国境内注册的企业法人或事业单位法人，股东及工作人员必须为中华人民共和国境内公民，国家另有规定的除外。

第三，数字化服务机构的工作人员必须提供本人身份证明和公安部门提供的无犯罪记录证明，必要时提供政审材料。

第四，数字化服务机构必须与其工作人员签订符合国家劳动法律法规要求的劳动合同。

第五，数字化服务机构的人员数量与素质、技术与管理水平、设施与设备状况能够满足拟承担项目的要求。

第六，数字化服务机构必须制定并执行数字化安全保密制度，制定并执行档案实体交接、数字化加工过程管理、数字化成果验收与交接、存储介质管理、档案实体保护等操作规范和管理制度。

第七，数字化服务机构应建立安全岗位责任制，配备专人负责安全保密工作。

第八，数字化服务机构应对工作人员进行安全保密教育和必要的上岗培训，并与工作人员签订保密协议，明确规定工作人员不得阅读、摘抄、外泄档案内容和其他安全保密责任、义务。安全保密协议应报送档案部门备案。

第九，数字化服务机构必须积极支持、配合档案行政管理部门的安全保密检查。

（三）数字化加工场所的安全管理

档案数字化加工场所一般应在档案馆或档案形成单位内部，并参照保密要害部位管理要求，实行全封闭管理，安装监控摄像和录像设备，全程摄录加工现场情况。档案部门和数字化服务机构应指定有关人员经常对数字化加工场所进行巡查，确保有关数字化加工和管理的各项规章制度和操作规范得到切实贯彻和执行。具体要求包括：

（1）数字化加工场所一般设在档案部门可封闭的独立建筑内。

（2）数字化加工场所应符合防盗、防火、防尘、防水、防潮、防高温、防日光及紫外线照射、防有害生物、防污染等安全管理要求。

（3）数字化加工场所应配备满足安全管理需要的视频监控设备，确保档案暂存处、数字化加工工位、服务器、数据导出端及门窗等无监控死角；视频监控系统应由档案部门专人负责。视频监控数据自产生之日起保存不少于 6 个月；档案部门应定期对视频监控数据进行回放检查，在删除视频监控数据之前，要留存视频回放安全检查记录。

数字化加工场所设于档案部门之外的，档案部门应定期检查视频监控系统。数字化服务机构应将视频监控数据移交档案部门保存。

（4）数字化加工场所应配备符合国家标准并满足工作需要的档案装具，用于分别存放待数字化处理和已数字化处理的档案。

（5）数字化加工场所须封断所有档案数字化加工设备的无线网络功能，并定期进行相关检测。

（6）数字化工作人员存放随身物品要有专用储物箱柜，并与档案装具分区放置；数字化加工场所不得有非工作需要的私人物品，包括照相机、摄像机、手机、录音机、笔记本电脑、平板电脑等各类电子设备和各类移动存储介质；严禁擅自将数字化加工场所内的物品带离现场。

（7）工作人员要挂牌上岗，接受身份核查登记和安全检查，严禁无关人员进入数字化加工场所。数字化工作人员不得在数字化加工场所内从事与数字化无关的活动，严禁在数字化加工区内喝水、进食、吸烟等，严禁携带火种进入数字化加工场所。

（四）档案数字化加工设备、网络环境与数据载体的安全管理

1. 档案数字化加工设备

第一，一般情况下，在档案数字化加工过程中建议使用档案部门提供的相关设备，使用数字化服务机构设备的，档案部门应当对其进行必要的安全检查。

第二，档案数字化加工使用的计算机、扫描仪等设备，必须采用技术手段或专业物理设备封闭所有不必要的信息输出装置或端口，如 USB 接口、红外线、蓝牙、SCSI 接口、光驱接口等，对封闭的装置或端口要定期进行检查。

第三，在档案数字化加工过程中，推荐使用国产设备并使用正版软件。数字安全与网络临近软硬件必须使用通过国家安全认证的国产品牌产品。除必要的操作系统、杀毒软件、加工软件和第三方安全管理软件外，档案数字化加工计算机不允许安装任何与加工无关的软件。

2. 网络环境管理

档案数字化加工网络要与其他网络物理隔离，禁止使用无线网卡、无线键盘、无线鼠标等设备。在档案数字化加工网络环境中，应配备具有权限管理、设备管理、端口管理、日志管理和安全审计等功能的数字化加工安全保护系统，准确记录授权用户的访问行为、设备接入和电子档案信息流向等信息。

档案数字化加工系统应具备流程定义、任务分配、过程跟踪、质量检测、成品制作、数据验收、数据备份管理等功能，并分别设置管理员、保密员、审计员，实行“三员分离”。

3. 数据载体（介质）管理

在档案数字化加工过程中，一般由档案部门提供计算机等设备的硬盘、移动存储介质，以及无法确保数据可靠清除的设备，并逐一检查、登记。数字化工作完成后，这些设备应交还档案部门统一保管或销毁，严禁擅自带走。用于档案数字化加工的设备和存储介质严禁与其他设备和存储介质交叉使用，非数字化专用的设备和存储介质严禁带入数字化加工场所。

在档案数字化过程中使用的移动存储介质和刻录设备应由档案部门指定专人保管，并对使用情况进行记录。档案数字化成果的拷贝和刻录应相对集中。档案部门应指定专人负责移动存储介质数量的清点，数字化服务机构完成拷贝或刻录的数据介质（包括损坏的数据介质）应及时交接给档案部门指定的人员，并办理交接手续。

档案数字化设备和存储介质不得擅自送外维修，必须送外维修的应办理书面审批手续，并由档案部门人员现场监督。

处理尚未开放档案的信息设备的管理和使用应符合国家有关秘密载体管理和使用的相关规定。

（五）数字化工作中的档案实体的安全管理

1. 国家档案馆和立档单位档案部门应承担的档案实体安全管理责任

（1）检查、鉴别、登记和标示。档案部门要对拟数字化的档案进行涉密性、完整性、有序性及档案实体与目录的一致性检查。涉密档案要予以筛除，档案实体破损、残缺的要进行登记与处理，档案实体与文件目录不对应的要进行必要的记录或标示。

（2）档案部门人员应按照工作计划分批调档，并与数字化服务机构的档案接收人员一道清点、核对档案实体的内容、数量、状况，双方确认准确无误后填写档案交接清单，一式两份。档案交接清单要注明交接档案的内容、数量、状况、交接时间和经办人等。

2. 数字化服务机构应承担的档案实体管理责任

（1）不得损毁档案。出现档案损毁时，数字化服务机构需按有关规定接受处罚，并进行修复和登记。需要拆装档案时，应尽可能地保持档案原貌。

（2）在档案数字化过程中要建立档案流程单，流程单包括档号、加工工序、设备编号、数量、经手人、加工时间等。在数字化加工过程中，档案流程单应与档案实体同步流转。

（3）在档案数字化过程中发现有涉密标识且无解密标识的档案，数字化服务机构应停止对该档案的数字化加工，在登记目录后立即将档案移交档案部门。

（4）正在进行数字化加工的档案必须每天入库（柜），不得在加工工位上留存过夜。

（5）数字化档案要专人专柜保管，数字化加工完毕的档案要及时归还入库。对于离库时间较长或有虫霉隐患的档案，应进行消毒杀虫处理。

（六）档案数字化成果移交接收与设备处理的安全管理

档案数字化任务完成后，档案部门应组织专业人员按照有关规范的要求，对向档案部门移交的数字化加工介质（如存储介质、移动介质、备份介质等）、加工监控视频回放安全检查记录、档案实体出入库交接记录、加工人员变更记录等进行安全保密专项验收；凡未开展安全保密专项验收或验收不合格的，不得对项目进行总体验收。

档案数字化成果必须通过真实性、完整性、可用性和安全性检测，检测合格后双方办理数据交接手续。

档案数字化任务完成后，数字化服务机构应会同档案部门拆除其自带加工设备中的硬盘等存储介质，并将其与在数字化过程中使用过的其他移动存储介质一起移交给档案部门，并办理相关移交手续。

档案数字化任务完成后，档案部门必须组织专业人员对数字化服务机构所用的设备进行检查，以确保其设备中无信息留存。凡存有信息的，必须做清除信息的安全处理。

本章思考题

1. 什么是纸质档案数字化？
2. 纸质档案数字化的一般管理要求和基本环节是什么？
3. 纸质档案数字化对象如何选择？
4. 纸质档案数字化的组织与管理如何有效进行？
5. 纸质档案数字化的业务流程如何把握？
6. 什么是录音录像档案数字化？
7. 录音录像档案数字化工作的组织和管理如何开展？
8. 录音录像档案数字化的基础设施要求是什么？
9. 录音录像档案数字化工作方案的制定要求是什么？

后　记

《档案管理学基础》从 1985 年 10 月第 1 版问世以来，至今已过去三十多年的时光，截至目前，共进行了三次修订。第一次修订是 1995 年完成的，第二次修订是 2005 年完成的。本书第一版的编写者都是在档案管理理论研究方面取得过突出成就，在国内具有广泛影响力的教授、专家和学者，其中包括陈兆祦、和宝荣、邓绍兴、陈智为、李凤英、王德俊、金美英、费云东、蔡廷光、秦国经、陈锵义、朱先华、赵铭忠、耿立大、喻小林；由陈兆祦、和宝荣两位先生担任主编。第二版的编写者包括陈兆祦、和宝荣、冯惠玲、高德礼、王恒祥、袁振华、高林涛、孙淑扬等学者；由陈兆祦、和宝荣担任主编。第三版的编写者包括陈兆祦、和宝荣、冯惠玲、王英玮等学者；由陈兆祦、和宝荣、王英玮担任主编，并由王英玮重新撰写完成。本次修订是该书的第三次修订，参与编写工作的专家学者包括王英玮、钱毅、李颖、吴志杰、吕豪杰等；由王英玮担任主编、主要撰稿和统稿人，其他各位专家、学者承担了部分章节的修订和完善工作。

本次修订按照继承与发展、总结与创新相结合的指导思想，对全书的大部分内容进行了重新撰写、补充和完善。进入 21 世纪以来，国内外的档案管理理论和实践均发生了较大的变化，档案管理的对象日益复杂，新的管理思想、管理理论、管理经验层出不穷，我国档案管理的相关法律法规、标准规范的推陈出新不断提速；各级党委的档案行政部门、各类国家档案馆和社会组织、个人和家庭对档案管理的科学理论、原则、技术和方法的需求也十分迫切，原来的档案管理知识内容已很难有效满足新时代广大档案工作者的工作和学习需要。正是基于这种新时代的新形势、新需求、新经验、新认识成果，在深入研究和总结提炼已有的成功经验和认识成果的基础上，本书的编写团队历时两年的时间，才完成了本次修订工作。

本次修订的主要内容是：

第一，进一步完善了本书的知识体系框架，增添了反映现代档案管理需要的新理论、新知识、新方法。内容涉及档案管理基础理论、档案管理基本知识、档案信息化管理知识等三个知识模块。

第二，本书的第一章和第二章着重介绍和阐述了档案和档案管理的基础理论知识，包括管理对象和管理工作知识。

第三，本书的第三至第六章和第十章着重介绍和总结了现代档案实体管理的应用理论和相关原则、方法、技术。

第四，本书的第七至第九章着重介绍和总结了现代档案内容管理的应用理论和相关原则、方法、技术。

第五，本书的第十一至第十三章着重介绍和总结了现代档案管理信息化、电子档案管理、传统载体档案数字化管理等方面的专业知识和方法。

同以往的版本不同，本次修订拓展了关注的视野，不仅注重文书档案管理的知识，而且注意总结和介绍电子档案、档案数字化副本的管理理论和相关知识。其中的一些理论思想是国内首次提出的。可以说，本书是一部关于档案管理的综合性、基础性的专业理论和知识教材，可以满足高等教育学校档案管理教学、各级各类档案机构的上岗人员培训及其他有志于学习和了解档案管理基础知识的朋友们的需要。

由于时间紧、任务重，本书难免存在一些缺点和不足，也会存在一些文字和表述方面的错讹，希望广大读者、专家学者给予批评和指正。

在本书的编辑和出版过程中，中国人民大学出版社人文分社社长潘宇同志、编辑盛杰同志付出了辛勤的劳动。在此，我由衷地感激你们！

本书由王英玮负责总体设计和统稿工作。参加本书撰写的人员及分工是：第一章、第二章、第三章、第四章、第五章、第七章、第八章、第九章、第十章，由王英玮负责撰写。第六章由吴志杰和王英玮撰写。第九章由吕豪杰、王英玮撰写。第十一章由钱毅和王英玮撰写。第十二章由李颖和王英玮撰写。

王英玮

2020 年 6 月于畅思书斋

图书在版编目（CIP）数据

档案管理学基础 / 陈兆祦，和宝荣，王英玮著 . --
4 版 . -- 北京：中国人民大学出版社，2021. 3
新编 21 世纪档案学系列教材
ISBN 978-7-300-29050-8

Ⅰ. ①档… Ⅱ. ①陈… ②和… ③王… Ⅲ. ①档案管理学－高等学校－教材 Ⅳ. ①G270

中国版本图书馆 CIP 数据核字（2021）第 028759 号

新编 21 世纪档案学系列教材
档案管理学基础（第四版）
陈兆祦　和宝荣　王英玮　著
Dang'an Guanlixue Jichu

出版发行	中国人民大学出版社		
社　　址	北京中关村大街 31 号	**邮政编码**	100080
电　　话	010－62511242（总编室）		010－62511770（质管部）
	010－82501766（邮购部）		010－62514148（门市部）
	010－62511173（发行公司）		010－62515275（盗版举报）
网　　址	http://www. crup. com. cn		
经　　销	新华书店		
印　　刷	天津鑫丰华印务有限公司	**版　　次**	1986 年 10 月第 1 版
开　　本	787 mm×1092 mm　1/16		2021 年 3 月第 4 版
印　　张	28. 5	**印　　次**	2025 年 7 月第 4 次印刷
字　　数	674 000	**定　　价**	68. 00 元

中国人民大学出版社　管理分社

教师教学服务说明

中国人民大学出版社管理分社以出版工商管理和公共管理类精品图书为宗旨。为更好地服务一线教师，我们着力建设了一批数字化、立体化的网络教学资源。教师可以通过以下方式获得免费下载教学资源的权限：

★ 在中国人民大学出版社网站 www.crup.com.cn 进行注册，注册后进入“会员中心”，在左侧点击“我的教师认证”，填写相关信息，提交后等待审核。我们将在一个工作日内为您开通相关资源的下载权限。

★ 如您急需教学资源或需要其他帮助，请加入教师 QQ 群或在工作时间与我们联络。

中国人民大学出版社　管理分社

教师 QQ 群： 648333426（工商管理）　114970332（财会）　648117133（公共管理）
教师群仅限教师加入，入群请备注（学校+姓名）

联系电话： 010-62515782，82501868，82501048，62514760

电子邮箱： glcbfs@crup.com.cn

通讯地址： 北京市海淀区中关村大街甲 59 号文化大厦 1501 室（100872）

管理书社　　人大社财会　　公共管理与政治学悦读坊